Kury   Kriminologische Forschung in der Diskussion:
        Berichte, Standpunkte, Analysen

D1705270

*Interdisziplinäre Beiträge
zur kriminologischen Forschung*

Herausgegeben vom
Kriminologischen Forschungsinstitut
Niedersachsen e.V.
Direktor Dr. Helmut Kury

Band 10

Carl Heymanns Verlag KG · Köln · Berlin · Bonn · München

Kriminologische Forschung in der Diskussion: Berichte, Standpunkte, Analysen

Herausgegeben von

Helmut Kury

Carl Heymanns Verlag KG · Köln · Berlin · Bonn · München

CIP-Kurztitelaufnahme der Deutschen Bibliothek

Kriminologische Forschung in der Diskussion :
Berichte, Standpunkte, Analysen / hrsg. von
Helmut Kury. — Köln ; Berlin ; Bonn ; München :
Heymann, 1985.
  (Interdisziplinäre Beiträge zur kriminolo-
  gischen Forschung ; Bd. 10)
  ISBN 3-452-20281-X
NE: Kury, Helmut [Hrsg.]; GT

»Gefördert aus Mitteln der Stiftung Volkswagenwerk«

© Carl Heymanns Verlag KG · Köln · Berlin · Bonn · München 1985

1985 ISBN 3-452-20281-X
Gesamtherstellung: MVR Druck Köln GmbH

Inhalt

Helmut Kury
Vorwort   9

I. Zur Funktion kriminologischer Forschung

Stephan Quensel
Kriminologische Forschung: Für Wen? Oder die Gren-
zen einer rationalen Kriminalpolitik - Kritische
Fragen an meine kritischen Kollegen -   43

Richard Blath
Kriminologische   Forschung   aus   strafrechtspolitischer Sicht   77

F.H. McClintock
Research and Policy from a Criminological Perspektive   111

Friedhelm Berckhauer
Zur Auseinandersetzung um die "Staatskriminologie"   129

Hans-Jörg Albrecht
Perspektiven der kriminologischen Forschung   141

Raino Lahti
Kriminalität, Kriminologie und Kriminalpolitik in
den nordischen Wohlfahrtsstaaten   169

II. Probleme und Ergebnisse kriminologischer Forschung

1. Prävention

Hedwig Lerchenmüller u. Edith Retzmann
Wirkungsmöglichkeiten und Grenzen der Delinquenzprävention in den Sozialisationsinstanzen Familie
und Schule - Ergebnisbewertung zweier Evaluationsstudien   223

Albert R. Hauber
Jugendkriminalität und ihre Konsequenzen: Tradi-
tionelle und alternative Maßnahmen der Polizei   238

Albert R. Hauber
Ein Ansatz schulischer Sozialisation zur Präven-
tion von Jugendkriminalität   255

Anton Rosner
Kann und soll Prävention in der Schule delinquenzspezifisch sein?   278

2. Diversion

Günter Blau
Diversion unter nationalem und internationalem
Aspekt   311

Gerd Ferdinand Kirchhoff
Diversion im Jugendstrafrecht. Das STOP-Programm
der INTEG nach zwei Jahren   341

Klaus Sessar u. Eike Hering
Bedeutung und Reichweite pädagogisch gemeinter
Verfahrenseinstellungen durch den Jugendstaatsan-
walt. Das Beispiel des "Lübecker Modells"   371

Hermann Beckmann
Ungenutzte Möglichkeiten des Vorverfahrens   417

Rainer-Dieter Hering
Gerichtshilfe, eine justizinterne Institution -
Möglichkeiten eines Täter-Opfer-Ausgleichs -   433

Jürgen Hilse
Die Betreuungsweisung im "Modellprojekt Jugendgerichtshilfe" in Braunschweig   453

Erich Marks
Modellprojekt Jugendgerichtshilfe
Projekt-Zwischenbilanz in der Diskussion   475

        3. Bewährungshilfe und Führungsaufsicht

Bernhard Hesener, Eva Zimmermann u. Erika Bietsch
Die Ausgestaltung der Bewährungsunterstellung -
Ausgewählte Ergebnisse aus laufenden Forschungs-
projekten   495

H.-Folke Jacobsen
Thesen zur Führungsaufsicht und ihren Probanden   535

Renate Bockwoldt
Bewährungshilfe und Führungsaufsicht - Eine Zwischenbilanz   549

4. Strafvollzug

Alexander Böhm

Probleme der Strafvollzugsforschung, insbesondere
bezüglich Vollzugslockerungen   575

Christine Beckers u. Dieter Beckers

Urlaubsvergabepraxis und Urlaubsverlauf in drei
Justizvollzugsanstalten des geschlossenen begin-
nenden Vollzugs in Niedersachsen   605

Rüdiger Wohlgemuth

Vollzugslockerung Urlaub. Bericht über die Diskussion in der Arbeitsgruppe des 4. Colloquiums des
Kriminologischen Forschungsinstituts Niedersachsen e.V.   617

III. ERTRAG DER TAGUNGSDISKUSSIONEN

Helmut Kury

Bedeutung kriminologischer Forschung - Zusammenfassung der Diskussionen   627

IV. VERZEICHNIS DER AUTOREN, REGISTER

Autorenverzeichnis   643

Personenregister   645

Sachregister   651

Vorwort

Die empirisch-kriminologische Forschung hat sich in der Bundesrepublik in der letzten Zeit, insbesondere seit Ende der 60er Jahre relativ stark entwickelt. Das hängt insbesondere damit zusammen, daß sich die Forschungskapazität wesentlich erhöht hat. So wurde vor 15 Jahren die Forschungsgruppe Kriminologie am Max-Planck-Institut für ausländisches und internationales Strafrecht in Freiburg gegründet, die in der Zwischenzeit zahlreiche Projektberichte und empirische Ergebnisse zu aktuellen Problemen kriminologischer Forschung vorgelegt hat (vgl. zusammenfassend Forschungsgruppe Kriminologie 1980). Vor 5 Jahren wurde als zweite große empirisch arbeitende und unabhängige Gruppe das Kriminologische Forschungsinstitut Niedersachsen (KFN) ins Leben gerufen. Auch hier wurden Forschungsvorhaben zu aktuellen kriminologischen und kriminalpolitischen Themenbereichen, schwerpunktmäßig unter dem Aspekt praxisorientierter Forschung, in Angriff genommen und in der Zwischenzeit teilweise abgeschlossen (vgl. etwa Kury 1981; zu den Institutionen kriminologischer Forschung vgl. zusammenfassend Berckhauer 1985).

Die Inhalte der Forschung haben sich im Laufe der Jahre teilweise erheblich gewandelt. Bildete beispielsweise in den 70er Jahren die Behandlungsforschung, der es insbesondere um die Erfassung der Wirkungsweise von Resozialisierungsprogrammen im Strafvollzug ging, einen Schwerpunkt empirischer Kriminologie, so erfolgte in den letzten Jahren, auch unter dem Einfluß der Kritik am Behandlungsansatz, eine Verlagerung der Forschungsinteressen u.a. zu ambulanten Maßnahmen bzw. Alternativen zur Strafverfolgung, ohne daß die Behandlungsforschung, die insbesondere auch zur wichtigen Methodendiskussion in der empirischen Kriminologie beigetragen hat (vgl. zusammenfassend etwa Kury 1983), ganz an Interesse verlor. In diesem Zusammenhang

wurden beispielsweise Forschungsprojekte zur Bewährungshilfe und (Jugend)gerichtshilfe in Angriff genommen (vgl. etwa
Renschler-Delcker 1980; Bockwoldt 1982; Momberg 1982;
Kerner u.a. 1984; s.a. die empirischen Projekte zu diesen
Themenbereichen des KFN, vgl. die Beiträge von Hilse, Hesener und Bietsch in Kury 1984). Eine intensive, z.T. sehr
kontrovers geführte Diskussion kam auch zu Möglichkeiten
und Problemen der Diversion in Gang (vgl. ausführlich Kury
u. Lerchenmüller 1981; Kerner 1983; zusammenfassend Kaiser
1985). In der Zwischenzeit werden auch in der Bundesrepublik hierzu mehrere Modellprojekte durchgeführt, deren bisher vorliegende Ergebnisse ermutigend sind.

Das zunehmende Engagement von Soziologen, insbesondere aber
auch Psychologen innerhalb der empirischen kriminologischen
Forschung führte auch zu einer Intensivierung der Methodendiskussion (vgl. zusammenfassend etwa Kury 1984a). Gerade
Psychologen wurden in kriminologischen Forschungsgruppen
aufgrund ihrer in der Regel guten Methodenkenntnisse vermehrt zur Durchführung und Betreuung empirischer Vorhaben
eingestellt. Die Qualität empirischer Forschung in diesem
Bereich konnte dadurch wesentlich gesteigert werden.

Im Zusammenhang mit der Zunahme der Forschungsbemühungen
in der Kriminologie und dem Anwachsen entsprechender Ergebnisse wurde auch die Frage nach der Umsetzung dieser Resultate sowie nach deren Relevanz für die Praxis interessanter
und entsprechend mehr diskutiert. Einig ist man sich weitgehend darin, daß der Einfluß kriminologischer Forschung
auf die Praxis als nicht zu hoch eingeschätzt werden darf.
Das dürfte jedoch für die empirische Sozialforschung insgesamt gelten. Die Gründe hierfür werden erwartungsgemäß unterschiedlich gesehen, je nachdem etwa, ob ein Praktiker
oder Wissenschaftler zu der Frage Stellung nimmt. Vor allem
auch im Bereich der Evaluationsforschung zu Resozialisierungsprogrammen im Strafvollzug wurden Fragen und Probleme
der Zusammenarbeit zwischen Wissenschaft und Praxis und

Möglichkeiten bzw. Hemmnisse hinsichtlich der Umsetzung der gefundenen Resultate kritisch diskutiert (vgl. zusammenfassend etwa Kury 1984b).

Das Kriminologische Forschungsinstitut Niedersachsen (KFN) hat sein 4. internationales wissenschaftliches Colloquium, das vom 26.-28.10.1983 in Hannover stattfand, unter das Thema gestellt: "Kriminologische Forschung in der Diskussion - Berichte, Standpunkte, Analysen". Damit sollte ein Rahmen geschaffen werden, der es erlaubt, neben den angesprochenen weitere aktuelle Probleme gegenwärtiger Kriminologie zu erörtern. In einem ersten Themenblock nahmen mehrere Referenten kritisch zu Fragen der Funktion kriminologischer Forschung Stellung, und zwar sowohl aus der Sicht von Praktikern als auch Wissenschaftlern. Im zweiten Themenblock ging es vor allem um Ergebnisse kriminologischer Forschung, und zwar zu den Bereichen Kriminalprävention, Diversion, Bewährungshilfe/Führungsaufsicht und Strafvollzug. Wie bei den früheren Colloquien erfolgreich praktiziert, nahmen neben deutschen wiederum auch auswärtige Fachwissenschaftler zu den einzelnen Bereichen Stellung. Die Institutsmitarbeiter trugen die neuesten Ergebnisse aus ihrer Forschung vor.

Auch diesmal wurde das Colloquium von zahlreichen Wissenschaftlern und Praktikern aus dem In- und Ausland besucht. So lieferten Kollegen aus Finnland, Holland und Schottland eigene Beiträge aus ihrer spezifischen Sicht. Die einzelnen Referenten des Colloquiums kamen aus unterschiedlichen Praxisfeldern bzw. vertraten aufgrund ihrer verschiedenen wissenschaftlichen Herkunft unterschiedliche wissenschaftliche Konzeptionen, was sich sehr bereichernd und belebend auf die Diskussionen auswirkte.

Die einzelnen auf dem Colloquium vorgetragenen Referate werden hiermit in von den Autoren teilweise überarbeiteter und ergänzter Form der wissenschaftlichen Fachöffentlich-

keit vorgestellt. Wenige die einzelnen Themen ergänzende
Beiträge wurden zusätzlich aufgenommen. Bei sämtlichen Aufsätzen handelt es sich um bisher nicht veröffentlichte Ori-
ginalarbeiten.

Die einzelnen Autoren nehmen in ihren Aufsätzen u.a. zu
folgenden Problemen und Inhalten Stellung:

Quensel erörtert in seinem einleitenden Beitrag kritisch
verschiedene Fragestellungen unter den Gesichtspunkten der
Ziele der Forschung, der Motive der Forscher aber auch des
Nutzens, den diese Forschung den Betroffenen und der Kriminalpolitik bringt. In seiner eingangs formulierten Frage,
ob für "andere" geforscht werden könne, hebt er insbesondere hervor, daß es zum einen für den Forscher nahezu
unmöglich sei, 'wertfrei' oder aber gezielt 'parteilich',
im Sinne des Betroffenen zu arbeiten und hinterfragt zum
anderen, inwieweit Kriminalpolitik auf Forschungsergebnissen basiere bzw. letztere sich kriminalpolitisch umsetzen
ließen.

Zu seiner Hypothese, Forschung würde zum Selbstzweck für
die Forscher, führt er näher aus, welche Auswirkungen kriminologische Forschungsergebnisse in den verschiedenen sozial-
politischen Instanzen bislang gehabt haben und gelangt zu
der Auffassung, daß Forschung allenfalls auf der administrativen Mikro-Ebene und weniger auf der höheren politischen
Ebene Eingang findet.

Ausführlich erörtert der Autor die Frage, wie die Kriminologie die Kriminalpolitik beeinflussen könne und diskutiert
zwei mögliche Zugangswege. Der erste liegt im Bewußtsein
der politisch Handelnden, wobei Quensel davon ausgeht, daß
ihre kriminalpolitischen Entscheidungen aus subjektiven Erfahrungen resultieren, die jedoch weniger durch eigene Rea-
litätserfahrungen mit Kriminalität als vielmehr durch eine
entsprechende Sozialisation beeinflußt sind, so daß nur

eine selektierte Übernahme kriminologischer Forschungsergebnisse und Theorien stattfindet. Der zweite Weg erfolgt dadurch, daß Forschungsergebnisse als Legitimation für das eigene politische Handeln verwendet werden, indem z.B. Forschungsergebnisse nachträglich als Beleg vorausgegangener Entscheidungen herangezogen werden.

In einem weiteren Abschnitt diskutiert Quensel den Widerspruch zwischen der scheinbar bestehenden Geschlossenheit der Kriminalpolitik und den tatsächlich existierenden Interessengegensätzen. Er sieht darin eine wichtige Möglichkeit kriminalpolitischer Einflußnahme, indem nicht mehr großangelegte Forschung betrieben wird, sondern auf überschaubare lokale Möglichkeiten zurückgegriffen wird.

Für die künftige Forschung hält er es für geboten, kriminologische Befunde in die alltägliche kriminalpolitische Auseinandersetzung wirksamer einzubringen. Hierzu bedarf es jedoch zunächst neuer und zusätzlicher 'Forschungsanstrengungen', um die obengenannten Wege der Umsetzung kriminologischer Ergebnisse in die Bewußtseins- und Legitimationsstruktur genauer zu untersuchen.

Blath geht von der Fragestellung aus, ob sozialwissenschaftliche und insbesondere kriminologische Forschung ohne Parteinahme für die eine oder andere Personengruppe überhaupt möglich sei und stützt hierauf seine weiteren Ausführungen zum Verhältnis zwischen Kriminologie und Strafrechtspolitik.

Einleitend setzt er sich mit dem Verhältnis von Wissenschaft und Politik im allgemeinen auseinander, die er als zwei voneinander getrennte Handlungssysteme betrachtet, deren Kommunikationsinhalte sich jedoch häufig miteinander vermischen. Insbesondere für den Wissenschaftsbereich verdeutlicht Blath, in welcher Weise dem Anspruch bzw. dem Selbstverständnis empirischer Sozialwissenschaften, wertfrei Wissen zu produzieren, durch vorhandene Schwachstellen nur annähernd Genüge geleistet wird.

Im weiteren befaßt sich der Autor mit dem Ist-Zustand des
Verhältnisses von Kriminologie und Strafrechtspolitik, indem er kurz die Aufgabenstellung der Strafrechtspolitik
aufzeigt und auf zumindest denkbare Möglichkeiten der Mitwirkung der Kriminologie bei der Lösung strafrechtlicher
Probleme verweist sowie Fragestellungen aufwirft, zu deren
Beantwortung die Kriminologie grundsätzlich beitragen könnte. Im Anschluß daran geht er auf das Selbstverständnis der
deutschen Kriminologie ein.

Als Beispiele dafür, wie sich kriminologische Forschung in
die Strafrechtspolitik positiv einbringen läßt, führt Blath
zwei Forschungsvorhaben des Bundesministeriums für Justiz
an, zum einen das Projekt über Erziehungskurse im Rahmen
der Jugendgerichtsbarkeit, zum anderen die Anschlußunter-
chungen zur bundesweiten Erfassung von Wirtschaftsstraftaten nach einheitlichen Gesichtspunkten. Die beiden Projekte werden in groben Zügen dargestellt.

Abschließend geht er auf die mögliche Weiterentwicklung des
Verhältnisses Strafrechtspolitik/Kriminologie ein und führt
die aus strafrechtspolitischer Sicht wünschenswerten Schwerpunkte für die künftige Entwicklung kriminologischer Forschungsinhalte an.

McClintock (Schottland) führt zu Beginn seines Beitrages
einige wesentliche Sachverhalte der gegenwärtigen kriminologischen Forschung in Großbritannien an, wobei er zunächst
auf die bestehenden unterschiedlichen Rechtssysteme in England und Wales, Schottland und Nordirland und desweiteren
auf die in diesen Ländern voneinander abweichenden Problema-
tiken und Ausprägungen der Kriminalität verweist.

Ausgehend von der Kritik, daß die derzeitige Diskussion
über Kriminalität in Großbritannien so allgemein geführt
wird, als handele es sich hierbei um ein weitestgehend homo-
genes Phänomen, benennt der Autor verschiedene Problembe-
reiche, zu denen Forschung betrieben wird, wie beispiels-

weise die Rolle der Polizei oder die Überbelegung der Gefängnisse. Letztere könnten zur Resozialisierung der Rechtsbrecher nichts beitragen.

Um den Stand der Diskussion zu verdeutlichen, stellt er
drei Sichtweisen (Modelle) des Kriminalrechts dar. Erstens
die 'expansionist perspective', wonach mittels höherer finanzieller Aufwendungen das bestehende Justizsystem effektiver gestaltet werden soll, zweitens die 'reductionist
perspective', die eine Erweiterung von sozialen Einrichtungen unabhängig und außerhalb der Kontrolle des Kriminalrechts fordert und drittens die 'minimalist perspective',
die sowohl eine Reduzierung kriminalrechtlicher Interventionen als auch die Reduzierung zentralisierter Machtstruk-
turen befürwortet und von der Eigenverantwortlichkeit des
Bürgers, die zu unterstützen sei, ausgeht.

Jede dieser Richtungen betreibt ihre eigene Forschung, wobei McClintock abschließend hervorhebt, daß die orthodoxe
Kriminologie durch die sozialen und politischen Unruhen der
60er Jahre in verschiedenen Punkten nachhaltig beeinflußt
worden sei.

Berckhauer setzt sich in seinem Beitrag mit den Inhalten
der "Staatskriminologie" auseinander und hebt hervor, daß
nicht von einer "Staatskriminologie" per se gesprochen werden könne, da, wenn Kriminologie überhaupt von staatlichen
Einrichtungen betrieben würde, große Differenzen zwischen
diesen, insbesondere hinsichtlich Aufgaben und Realisierungsmöglichkeiten, bestünden.

Er skizziert im weiteren die Aufgaben der Kriminologie in-
nerhalb der Justiz sowie die Grenzen und Risiken der
"Staatskriminologie", um abschließend, vor dem Hintergrund
der Kontroverse um freie und staatliche Kriminologie, die
Frage zu problematisieren, 'ob Staatskriminologie bestimmte
Forschungsfragen monopolisiere'.

Albrecht beschreibt in seinem Beitrag zunächst die derzeitige nationale Forschungslage bezüglich Kriminologie, auch im Verhältnis zum internationalen Forschungs- und Meinungsstand.

Er weist nach, daß sowohl in der deutschen Kriminologie als auch im internationalen Vergleich die Forschungsschwerpunkte weniger auf Normgenese und -implementierung sowie Reaktions- und Entscheidungsmuster strafrechtlicher Sozialkontrolle als vielmehr auf empirischer Sanktionsforschung liegen und führt darüber hinaus weitere Aspekte internationaler kriminologischer Forschung an.

Insbesondere geht er auf die Sanktionsforschung ein, die im Hinblick auf die verschiedenen Sanktions- und Behandlungsprogramme immer noch ein offenes Forschungsfeld darstellt. Auch für den Untersuchungsbereich der Generalprävention stellt er fest, daß die Forschungsfragen nicht erschöpfend behandelt sind, sondern im Gegenteil die Forschungsergebnisse dazu beigetragen haben, neue Fragestellungen aufzuwerfen. Daran anschließend zeigt er auf, welche Perspektiven in diesem Bereich künftig verstärkt aufgegriffen werden sollten.

Im weiteren wendet der Autor sich einzelnen Komplexen der empirischen Sanktionsforschung zu, wie z.B. dem Bereich finanzieller Sanktionen oder der kriminellen Karriereforschung, wobei sich insbesondere hinsichtlich der Anwendung von Sanktionen Forschungslücken beobachten lassen, die sowohl inhaltlich als auch von der Fragestellung her und damit zuzusammenhängend vom theoretischen Zugang begründet sind.

Einflußgrößen, die die kriminologische Forschung beeinträchtigen, resultieren sowohl aus normativen, institutionellen sowie finanziellen Rahmenbedingungen, wie Albrecht für die Evaluationsforschung und den damit verbundenen Problemen

der Untersuchungsanordnungen sowie den Anforderungen des
Datenschutzes ausführt.

Im Hinblick auf die weitere Entwicklung kriminologischer
Forschung geht Albrecht auf forschungspolitische Fragen
ein. Dabei stehen insbesondere im Vordergrund Probleme des
Verhältnisses zwischen universitären und staatlichen Forschungseinrichtungen und damit verbunden Befürchtungen um
die Unabhängigkeit bei der Wahl der Inhalte sowie der
Austrocknung universitärer und außerstaatlicher Forschung.

Lahti (Finnland) gibt im ersten Teil seines Aufsatzes einen
generellen Überblick über die Entwicklung der registrierten
Kriminalität und deren Kontrolle in Finnland und den übrigen nordischen Wohlfahrtsstaaten.

Seine einleitenden allgemeinen Informationen über die wirtschaftliche und kulturelle Entwicklung der skandinavischen
Staaten, die zahlreiche Gemeinsamkeiten aufweisen, bilden
den Hintergrund für seine weiteren Ausführungen. Das Haupt-
augenmerk richtet er jedoch auf Finnland, wobei er den raschen Anstieg der dort statistisch registrierten Kriminalität innerhalb der letzten 30 Jahre u.a. auf die starke Industrialisierung und Urbanisierung in den 60er Jahren sowie
auf Schwankungen in der Anzeigebereitschaft der Bevölkerung
und Reformen in der Strafgesetzgebung zurückführt.

Er berichtet über Sonderuntersuchungen, die Auskunft über
die Quote der Dunkelziffer, vor allem bei Eigentums- und
Gewaltdelikten, sowie über die Opfer und Schäden der Kriminalität, aber auch über die Art deren Aufdeckung geben.

Die Möglichkeiten, die einzelnen nordischen Länder hinsichtlich Kriminalität und deren Entwicklung zu vergleichen,
haben sich mit dem 1982 herausgegebenen Bericht "Nordic
Criminal Statistics 1950-1980" entscheidend verbessert.
Lahti führt einige Beispiele dieser Vergleiche an, weist

aber zugleich darauf hin, daß diese eher Unterschiede im
Kontrollsystem und der Statistik aufdecken als tatsächliche
Unterschiede in der Kriminalität.

Im zweiten Teil umreißt der Autor einige Entwicklungsverläufe und Schwerpunkte der kriminologischen Forschung in
den nordischen Ländern und geht dabei zunächst auf deren
Organisationsweise ein, um anschließend diese Forschung inhaltlich zu charakterisieren.

Es bestehen in einigen Ländern halb selbständige staatliche
Forschungseinrichtungen, die den Justizministerien unterstehen. Daneben erhält die kriminologische Forschung eine
besondere Förderung durch den im Jahre 1961 überregional
gegründeten Skandinavischen Forschungsrat. Die inhaltliche
Ausrichtung der Forschung in den einzelnen Ländern ist
überwiegend praxisorientiert und zielt darauf ab, an den
staatlichen Planungsfunktionen zu partizipieren und die Sozialforschung zum Nutzen gesellschaftspolitischer Beschlußfassungen zu fördern.

Um zu verdeutlichen, welche Veränderungen sich in der
Schwerpunktsetzung der skandinavischen Kriminologie in den
letzten Jahren vollzogen haben, vergleicht Lahti zwei Lehrbücher in Hinblick auf ihre Fragestellung und kommt zu dem
Schluß, daß eine Verlagerung der Inhalte der Kriminologie
von der Betrachtung des Individuums zur Beobachtung über
Eigenschaften von Gemeinschaften stattgefunden habe.

Auf die Frage, inwieweit sich durch diese Veränderung die
Wechselwirkung zwischen kriminologischer Forschung und kriminalpolitischer Beschlußfassung verstärkt habe, geht Lahti
abschließend ein und betont, daß es nicht die Aufgabe der
Kriminologie sein könne, das Problem der Kriminalität zu
lösen, sondern allein bei der Zielfindung und -erreichung
der Kriminalpolitik von Nutzen sein kann.

Lerchenmüller und Retzmann stellen in ihrem Beitrag eine kurze Zusammenfassung der Ergebnisse und Bewertungen ihrer Forschungsprojekte im Bereich der Delinquenzprävention vor. Intention beider Projekte ist die Verbesserung der Sozialisationsbedingungen in der Familie und Schule als wichtigste Sozialisationsinstanzen und die damit verbundene Reduktion psycho-sozialer Störungen.

Ausgangspunkt im Projekt Elterntraining von Retzmann ist die Bedeutung familiärer Interaktionsbeziehungen für die Entwicklung des Kindes, wobei zur Behandlung sozial auffälliger und delinquenter Verhaltensweisen bei Kindern ein Elterntraining entwickelt wurde, über dessen Aufbau und Durchführung in groben Zügen berichtet wird. Einen breiteren Raum nehmen die Ergebnisse der Arbeit mit der Elterngruppe ein, indem der hier gewählte methodische Ansatz, Rollenspiel und Video-Beobachtung, hinsichtlich seiner Eignung als Erhebungsverfahren bewertet, zum anderen der Trainingsverlauf analysiert wird.

Lerchenmüller gibt einen kurzen Überblick über die Resultate der formativen und summativen Evaluation ihres speziell für die Schule entwickelten sozialen Lernprogramms, bestehend aus einem Schülertraining und einer trainingsbegleitenden Lehrerberatung.

Abschließend werden aus den Erfahrungen beider Projekte sozialpolitische Schlußfolgerungen in Hinblick auf den Einsatz spezieller Erziehungsprogramme in Sozialisationsinstanzen zur Delinquenzprävention gezogen und sowohl Schwierigkeiten und Gefahren als auch mögliche Nebenwirkungen aufgezeigt.

Hauber (Holland) analysiert in seinem ersten Beitrag die Interaktion zwischen Polizei und straffälligen Jugendlichen. Ausgehend von der Prämisse, daß kriminelles Verhalten in sozialen Situationen als ein Interaktionsprozeß zwischen

auslösenden Bedingungen und der persönlichen Motivation der
Beteiligten verstanden werden kann, sind abweichendes Ver-
halten Jugendlicher und die darauffolgenden polizeilichen
Maßnahmen nicht mehr isoliert voneinander zu sehen.

Als mögliche Maßnahmen der Polizei auf Straftaten nennt der
Autor neben dem traditionellen Reaktionsmuster alternative
Formen, wie sie beispielweise in dem Projekt "HALT" innerhalb einer Betreuungseinrichtung für Jugendliche in Rotterdam erprobt werden. Hier werden in enger Zusammenarbeit mit
der Polizei den Jugendlichen Möglichkeiten einer alternativen Strafverbüßung durch z.B. Schadenswiedergutmachung
und Gespräche angeboten. Als weitere Reaktionsformen werden
auch präventive Maßnahmen, wie Informationsveranstaltungen
der Polizei in Schulen oder der Einsatz von Bezirkspolizisten genannt.

Daran anlehnend wird im dritten Abschnitt darauf eingegangen, wie Jugendliche auf traditionelle und alternative Erledigungsmuster reagieren und welchen Einfluß die unterschiedlichen Einrichtungen auf die Eintellungs- und Verhaltensmuster der Jugendlichen haben.

Abschließend geht Hauber nochmals auf die verschiedenen
Maßnahmen im Hinblick auf ihre Effektivität ein und differenziert insbesondere die Behandlungsprogramme bei vandalistischem Verhalten, indem er für Jugendliche bei Delikten
wie leichter Sachbeschädigung ein anderes Programm vorschlägt als bei schwerer Sachbeschädigung.

In seinem zweiten Beitrag zeigt Hauber einleitend die steigende Tendenz der Jugendkriminalität sowohl in den Niederlanden als auch in der Bundesrepublik auf. Nach einer
kurzen Darstellung dreier Ansätze zur Prävention bzw. Reduktion von Jugendkriminalität hebt er insbesondere den interaktionistischen Ansatz hervor. Für die Entstehung von Jugendkriminalität sind nach ihm die familiäre Lebenssitua-

tion und die schulische Lernorganisation von besonderer
Bedeutung.

Vor allem in der Schule durchgeführte Präventionsmaßnahmen,
eingebettet in den schulischen Sozialisationsprozeß, erscheinen ihm als besonders erfolgversprechend. Er führt
Untersuchungen an, die einen Zusammenhang zwischen Schulerfolg und vandalistischem Verhalten herstellen und betont,
daß zumindest ein Teil der Jugendkriminalität die Folge
direkter oder indirekter Aggressionen darstellt, die häufig
durch Versagenserlebnisse hervorgerufen werden. Die Schule
soll aufgrund dessen neben kognitivem Lernen auch zur Entwicklung sozialer Fähigkeiten beitragen, wozu jedoch verschiedene Voraussetzungen, wie z.B. eine positive Lehrer-
Schüler-Beziehung, erfüllt werden müssen.

In einem weiteren Abschnitt berichtet Hauber über ein Trainingsprogramm, in dem in Zusammenarbeit mit den Verkehrsbetrieben Rotterdam, punktuelle Aufklärungsarbeit, integriert
in den Schulalltag, betrieben wurde, um dem Vandalismus
durch Kinder und Jugendliche entgegenzuwirken. Hierbei geht
er insbesondere auf die Evaluationsergebnisse in Hinblick
auf die Angemessenheit des Trainingsinhalts und der Arbeitsmethoden sowie auf die Reaktionen von Schülern und Lehrern
und schließlich auf die Zielerreichung ein.

Aus den Erfahrungen mit der Projektdurchführung in Rotterdam führt Hauber einige Modifikationen und Schlußfolgerungen für künftige Trainings an, um abschließend drei Schwerpunkte, auf die sich die weitere Forschungsarbeit im dargestellten Projekt konzentriert, vorzustellen.

Rosner beschäftigt sich mit der Frage, inwieweit Prävention
in der Schule delinquenzspezifisch sein kann bzw. sein
soll. Er erörtert die allgemeine Problematik, die mit der
Einengung auf das Ziel der Delinquenzvorbeugung und -vermei-
dung verbunden ist exemplarisch für den schulischen Be-

reich, da die Schule eine zentrale Bedeutung für Delinquenzprävention in dem Sinne hat, als zum einen schulbedingte
Ursachen von Delinquenz bearbeitet, zum anderen aber auch
Probleme reduziert werden können, deren Ursachen zwar außerhalb der Schule liegen, die jedoch auch eine Belastung für
die Aufgaben der Schule darstellen.

Nach einer stichwortartigen Auflistung von Möglichkeiten,
die Delinquenzprävention in der Schule bietet, wendet er
sich der Klassifizierung und Abgrenzung von Präventionsmaßnahmen zu. Die von ihm behandelten Aspekte richten sich auf
den Zusammenhang zwischen der inhaltlichen Spezifizierung
von Präventionsprogrammen - Maßnahmen mit ganzheitlicher,
unspezifischer gegenüber spezifischer Orientierung - und
dem handlungsleitenden Modell zur Aufklärung von Delinquenz. Die Frage, welche Zielgruppen angesprochen und welche inhaltlichen Schwerpunkte behandelt werden sollen,
stellt einen weiteren Gesichtspunkt dar. Als dritten Aspekt
führt er die Wirkungen von Delinquenzprävention an, wobei
er betont, daß neben kurz- und langfristigen Wirkungen die
mittelbaren Zielvariablen von beinahe ebenso großer Bedeutung sind, wie das zentrale Präventionsziel der Reduzierung
von Delinquenzraten.

Daran anschließend geht Rosner auf drei im Kriminologischen
Forschungsinstitut Niedersachsen durchgeführte Delinquenzpräventionsprojekte ein, indem er deren inhaltliche Arbeits-
konzepte sowie die bei Durchführung aufgetretenen Probleme
umreißt. Hierbei konzentriert er sich jedoch im wesentlichen auf die Schwerpunkte der in der hierzu eingerichteten
Arbeitsgruppe des 4. Colloquiums geführten Diskussion, um
schließlich die in ähnlicher Form in den Projekten aufgetretenen Probleme und Erfahrungen zusammenfassend darzustellen.

Blau skizziert im ersten Abschnitt seines Beitrages Ent-
scheidungsbedingungen, Entfaltung sowie den Rückgang von

Diversion in den USA. Starke Formalisierung, hoher Zeitaufwand sowie eine daraus folgende Stigmatisierung der Beschuldigten zeichnete u.a. das amerikanische Strafverfahren bis gegen Ende der sechziger Jahre aus und bildete damit die Grundlage für kriminalpolitische Diversionsprogramme.

Im weiteren benennt er verschiedene Gründe für den Rückgang von Diversion in den USA und beschreibt, in welchem Ausmaß und mit welch unterschiedlicher Verwendung dieser Begriff zugleich an internationaler Bedeutung gewonnen hat. Dabei wird näher auf die Entwicklung in der Bundesrepublik Deutschland eingegangen, wo die Diversions-Diskussion insbesondere auf dem Felde des Jugendstrafrechts geführt wird und bereits auf Erfahrungen aus empirischen Projekten zurückgegriffen werden kann.

Im letzten Teil seines Beitrages stellt der Autor Überlegungen darüber an, inwieweit die Aufnahmebereitschaft für Diversion epochenspezifische, gesellschaftspolitische und sozialpsychologische Hintergründe hat. Dabei reflektiert er eine zunehmende Substituierung formalisierter und bürokratisierter staatlicher Justiz durch zumindest partiell nichtstaatliche Entscheidungs- und Schlichtungsgremien, die im extremsten Fall auf die Abschaffung des Strafrechts zugunsten gesellschaftlicher Konfliktlösungsmodelle hinausläuft. Blau hebt in diesem Zusammenhang die Notwendigkeit der Einbettung von Diversion in das formelle Verfahrensrecht hervor und betont, daß rechtsstaatliche Errungenschaften nicht verloren gehen dürften.

Kirchhoff geht in seinem Beitrag auf das seit mehreren Jahren bestehende STOP-Programm der Gesellschaft zur Förderung integrativer Maßnahmen ein, bei dem es sich um ein Diversionsprogramm der Jugendgerichtshilfe mit dem Ziel handelt, die Sanktionspraxis der Jugendstaatsanwälte und -richter in Hinblick darauf zu verändern, statt einer Verurteilung jugendlicher Ladendiebstahlsersttäter das Verfahren folgenlos einzustellen.

Der Autor greift dabei insbesondere die Kritik an der Diversion in der von Kerner herausgegebenen Publikation auf und überprüft in Anlehnung an das laufende STOP-Programm, inwieweit diese Kritik Gültigkeit besitzt, wobei er zu dem Schluß kommt, daß die vorgebrachten Einwände durch die praktischen Erfahrungen in ihrer Generalisierung nicht haltbar sind.

Die Diversionskritik richtet sich u.a. darauf, daß die Diversionsbewegung nicht losgelöst von breiteren gesellschaftlichen und staatlichen Strömungen gesehen werden könne, sondern mit Kapazitätsproblemen der Kriminalitätskontrolle zusammenhinge. Ähnlich sei die Entwicklung in den USA gewesen, wo auch mit zunehmender Überlastung des Justiz- und Gefängnissystems in Diversion eine Erleichterung in der Situation gesehen wurde. Weitere wesentliche Aspekte der Kritik sind die Befürchtung, Diversionsprogramme könnten zu einer Kontrollverdichtung führen, bzw. würden persönliche und soziale Probleme überbetonen. Die vielfach geführte Diskussion zur Nichtintervention ist auch in diesem Zusammenhang zu sehen.

Im dritten Teil seines Beitrages berichtet der Autor anhand von Datenmaterial über den weiteren Verlauf des eigenen Programms, geht dabei auf die Vorgehensweise und Arbeit sowie auf die Einflußmöglichkeiten gegenüber der Justiz näher ein.

Abschließend stellt Kirchhoff die weitere Planung vor, da das Programmangebot, das sich bislang allein auf Ladendiebstahlsersttäter beschränkt hatte, auf die Delikte Schwarzfahren und Fahren ohne Führerschein ausgeweitet werden soll und geht näher auf die inhaltliche Ausgestaltung des künftigen Programmangebots ein.

Sessar und Hering stellen in ihrem Beitrag einleitend theoretische Überlegungen zur Diversion an und geben eine geraffte Darstellung der gegenwärtigen Diversionssituation im

Justizbereich, um anschließend auf das an der Staatsanwaltschaft Lübeck laufende Diversionsmodell und die aus der
Begleitforschung sich bisher ergebenden Daten näher einzugehen.

Mit Maßnahmen der Diversion wird eine veränderte Sanktionspraxis angestrebt, um jugendliche Tatverdächtige und Täter
durch die Justiz weniger zu belasten und zu stigmatisieren.
Die Autoren unterscheiden in diesem Zusammenhang, welche
Relevanz eine Verfahrenseinstellung durch den Richter, die
eine Anklage voraussetzt, oder eine Einstellung durch den
Staatsanwalt, bei der auf eine Anklage verzichtet wird, für
sozialpädagogische Maßnahmen, wie z.B. Programme der Jugendgerichtshilfe, hat.

Nach einer kurzen Bechreibung, in welcher Weise Diversion
in der Jugendstrafgesetzgebung künftig Niederschlag finden
soll, wenden sich die Verfasser der Praxis zu, indem sie
einen Vergleich zwischen den einzelnen Bundesländern hinsichtlich des Verhältnisses von Anklage- zu Einstellungsquoten auf der Basis der anklagefähigen Verfahren anstellen
und zudem auf die unterschiedliche Vorgehensweise vor Einstellung des Verfahrens in einzelnen Städten eingehen.

Ausführlich wird im Anschluß daran auf die aus der Aktenanalyse dreier Jahrgänge erhobenen Grunddaten des Lübecker
Modells, das in verkürzter Form vorgestellt wird, eingegangen. Es wurden Stichproben sämtlicher in der Jugendabteilung der Staatsanwaltschaft registrierten Delikte, mit Ausnahme von Kapital- und Drogendelikten sowie Brandstiftungen, aus den Jahren 1974 und 1980 gezogen, die dem Vergleich unterschiedlicher Verfahrenserledigung, u.a. auch
aufgrund der Einführung des Modells im Jahre 1980, dienten.
Auch die Verfahren aus dem Jahre 1983 waren Modellfälle,
die mit Verfahren der Städte Köln, Braunschweig und Hamburg
verglichen werden sollen, da diese jeweils unter unterschiedlichen Bedingungen aber gleicher Bestimmung einge-

stellt worden waren. Im folgenden werden die Ergebnisse
dieser Erhebung vorgestellt und interpretiert.

Neben den Ausführungen zu einer Abkürzung der bislang sich
über Monate erstreckenden Verfahrensdauer, gehen die Autoren in einem weiteren Abschnitt resümierend auf die im Lübecker Modell unternommenen Anstrengungen ein, die sie als
ersten Schritt in Richtung einer differenzierten Reaktion
auf jugendliche Verhaltensweisen charakterisieren. Die Bandbreite der berücksichtigten Fälle wird jedoch als zu schmal
erachtet. Entsprechend sei eine Erweiterung der Fälle in
Hinblick auf Täter und Taten wichtig.

Abschließend betonen die Autoren nochmals die Notwendigkeit, sich von der Auffassung, daß allein eine Anklage mit
Verurteilung als Ziel gelten kann, zu lösen und fordern die
Justiz dazu auf, geeignete Kriterien zu entwickeln, aufgrund derer Jugendstrafverfahren künftig adäquater erledigt
werden können.

Beckmann verdeutlicht am Beispiel eines Modellprojekts in
Marl die Notwendigkeit einer engen Kooperation der Jugendgerichtshilfe mit den zuständigen Polizeibehörden im Rahmen
der bestehenden Gesetze, um durch frühzeitige Benachrichtigung über Straftäter und -taten bereits im Vorverfahren
tätig werden zu können.

Ausgangspunkt dieser Überlegungen bilden sowohl die lange
Dauer des Strafverfahrens, die bewirkt, daß der unmittelbare Bezug zur Straftat beim Täter verloren geht und damit
die Wahrscheinlichkeit des Rückfalls erhöht wird, als auch
die überwiegend materielle Bedeutung, die "Bagatelldelikten" beigemessen wird. Damit wird aber das Schuldempfinden
des jugendlichen Straftäters sowie die Angst vor Stigmatisierung außer acht gelassen.

Ziel der Jugendgerichtshilfe ist es aufgrund dessen, unmittelbar nach einer Straftat aktiv zu werden, um ein förmliches Strafverfahren durch anderweitige Maßnahmen, wie beispielsweise Ableistung von Sozialdienst oder Teilnahme an Verkehrserziehungskursen, zu ersetzen, so daß dem Staatsanwalt bereits vor Anklageerhebung ein Jugendgerichtshilfebericht vorliegt. Mit dieser Vorgehensweise soll ein Beitrag zu einer weiteren Entkriminalisierung geleistet werden.

Hering umreißt zunächst das Arbeitsfeld der Erwachsenengerichtshilfe, deren Intention es ist, Staatsanwaltschaft, Gericht und anderen justitiellen Einrichtungen einschlägige Informationen über den sozialen Bezugsrahmen des Täters an die Hand zu geben, um so zu einer objektiveren Urteilsfindung gelangen zu können.

Er hebt hervor, daß von der Gerichtshilfe zwar in einigen Bundesländern noch kaum Gebrauch gemacht wird, dort jedoch, wo sie in Anspruch genommen wird, habe sie einen beachtlichen Stellenwert im System einer täter- und spezialpräventiv orientierten Strafrechtspflege erlangt.

Im weiteren geht Hering insbesondere auf die Einschaltung der Gerichtshilfe im Rahmen eines Täter-Opfer-Ausgleichs ein, wobei eine Konfliktlösung zwischen Täter und Opfer angestrebt wird. Für die Umsetzung dieses Ansatzes in die Praxis sollen künftig Formen ermittelt und erarbeitet werden, die zur Resozialisierung des Täters und zur Rehabilitierung des Opfers gleichermaßen beitragen. Konkrete Überlegungen werden bezüglich Sexualdelikten angestellt.

Ausführlich schildert er anhand eines Fallbeispiels die Vorgehensweise der Gerichtshilfe in Tübingen, die seit drei Jahren mit Opfern von Vergewaltigungen zur Vermeidung von Sekundärschäden arbeitet.

Abschließend diskutiert der Autor die Fragen, inwieweit
eine derartig veränderte Verfahrensweise dem Täter hilfreich sein kann oder ob es sich hierbei nicht vielmehr um
eine reine Opferhilfe handele und wo der Ansatz für eine
Konfliktregulierung hierfür liege.

Hilse stellt den organisatorischen Ablauf und die inhaltliche Gestaltung eines Modellprojekts des Kriminologischen
Forschungsinstituts Niedersachsen (KFN) in der Jugendgerichtshilfe vor. Ziel dieser in den letzten Jahren in der
Bundesrepublik Deutschland zahlreich erprobten ambulanten
Betreuungsmaßnahmen ist es, erzieherisch und pädagogisch
wirksam auf jugendliche Straftäter einzuwirken, um so mögliche "kriminelle Karrieren" erfolgreich zu verhindern.

Der Autor beschreibt zunächst die Vorgehensweise bei der
Zuweisung der Jugendlichen zu den eingerichteten Betreuungsgruppen, wobei insbesondere die Bedeutung des Jugendgerichtshelfers hervorgehoben wird. Dieser muß u.a. darüber
entscheiden, ob eine Integration des betreffenden Jugendlichen in die Gruppe möglich ist, darüber hinaus aber auch
den Jugendrichter anhand erzieherischer, sozialer und für-
sorgerischer Aspekte von der Relevanz der Maßnahme überzeugen.

Ein Erfahrungsbericht über die organisatorische und inhaltliche Ausgestaltung einer derartigen Betreuungsgruppe liegt
mit der Schilderung über die Arbeit der "Zweiradgruppe" in
Braunschweig vor, nach deren Konzeption Jugendliche betreut
werden, die bereits mehrfach Verstöße gegen die Straßenverkehrsordnung begangen haben.

Abschließend bewertet Hilse, inwieweit diese ambulante Sanktionsform den im Jugendgerichtsgesetz betonten Erziehungsgedanken berücksichtigt, welche generalpräventive Wirkung dieser Sanktion zuzuschreiben ist und welche Probleme bei der
Realisation des Zieles der (Re)Integration jugendlicher

Straffälliger in die bestehende Sozialordnung auftreten.

Marks zieht in seinem Beitrag eine Zwischenbilanz zur Pra-
xisentwicklung des Braunschweiger Jugendgerichtshilfe-Mo-
dellprojekts und zu der projektbegleitenden Forschung, indem er die Diskussionsergebnisse und offenen Fragestellungen der Arbeitsgruppe II auf dem 4. Wissenschaftlichen Colloquium des KFN zusammenfassend darstellt.

Der Autor benennt dabei mehrere Themenschwerpunkte, wobei
sich der erste mit der "Pädagogisierung" der Tätigkeit der
Jugendgerichtshelfer befaßt, die in zunehmendem Maße sozialpädagogische Betreuungsarbeit leisten müssen. Zum zweiten
geht er auf die Definitionsproblematik von Bagatelldelikten
unter dem Gesichtspunkt ein, wann eine Straftat unter Strafverfolgungsaspekten unbeachtet bleiben kann bzw. wann das
Eingreifen der Jugendgerichtshilfe gerechtfertigt ist.

Unter dem dritten Punkt führt er neben einigen Beispielen
ambulanter Betreuungsmaßnahmen der Jugendgerichtshilfe in
Braunschweig zwei weitere Aspekte an, die für das Gelingen
der JGH-Tätigkeit bedeutsam sind. Einerseits ist wichtig,
nicht allein die Probleme und Bedürfnisse der Klienten,
sondern auch die Interessen und Fähigkeiten der Betreuer zu
berücksichtigen, da diese die Arbeit im wesentlichen mitbe-
stimmen, andererseits verdeutlicht er die Notwendigkeit
eines speziellen Förderungsvereins, um die einbezogenen Jugendgerichtshelfer finanziell abzusichern.

Im weiteren hebt Marks die Relevanz der zweimal jährlich
stattfindenden Projekttreffen hervor. Hierbei betont er zugleich die Rolle des fachlichen Supervisors sowie die Bedeutung einer einheitlichen regionalen Zuständigkeit aller im
Jugendstrafrechtsverfahren beteiligten Dienste, wie es in
Braunschweig der Fall ist. Abschließend führt er einige
Fragestellungen im Hinblick auf die Perspektive der Begleitforschung an.

In ihrem gemeinsamen Beitrag stellen Hesener, Zimmermann und Bietsch erste Teilergebnisse ihrer laufenden Projekte aus dem Kriminologischen Forschungsinstitut Niedersachsen (KFN) über die Ausgestaltung der Bewährungsunterstellung vor. Ausgangspunkt hierfür sind die Defizite in der Bewährungshilfeforschung, insbesondere in Hinblick auf die konkrete Gestaltung der Arbeitsbeziehung zwischen Bewährungshelfer und Proband, die durch die konträre Aufgabenstellung des Bewährungshelfers - Kontrollausübung und Hilfegewährung - negativen Einfluß auf eine erfolgreiche Beendigung der Unterstellung nehmen kann.

Wenig bekannt ist bislang, wie Bewährungshilfeprobanden die Unterstellung erleben und interpretieren. Zu dieser Thematik stellt Hesener erste deskriptive Ergebnisse einer Befragung dar, in der jugendliche und erwachsene Probanden das Unterstellungsverhältnis und im besonderen die Person des Bewährungshelfers bewerten sollen. Im Rahmen dieser Bewertung standen vor allem der sozial-emotionale Aspekt, die Beurteilung der Handlungskompetenz und Leistungsmöglichkeiten sowie der Einfluß und die Macht des Bewährungshelfers im Vordergrund.

Zimmermann geht auf den Rollenkonflikt des Bewährungshelfers ein, der durch die Spannung zwischen den Funktionen Hilfeleistung und Aufsicht bzw. Kontrolle hervorgerufen wird und hinterfragt des weiteren, inwieweit dieser Konflikt durch gerichtliche Auflagen und Weisungen noch verstärkt bzw. der Bewährungshilfeprozeß hierdurch vorstrukturiert wird. Anhand von Beispielen verdeutlicht sie häufig wiederkehrende Schwierigkeiten bei der Ausführung dieser Anordnungen, hervorgerufen durch spezifische Problem- und Konfliktbearbeitungsmuster sowohl auf seiten der Probanden als auch auf seiten des Bewährungshelfers.

Bietsch macht deutlich, inwieweit die finanzielle Situation der Probanden den Bewährungshilfeprozeß, aber auch die Beziehung zum Bewährungshelfer beeinflußt, indem sie aus ihrer Untersuchung zur Beschreibung der Lebenssituation weiblicher Probanden diesen Teilaspekt herausgreift. Sie beschreibt die sich aus prekärer finanzieller Situation ergebenden Probleme, die häufig psychische Reaktionen oder Flucht in Krankheit, Alkohol etc. zur Folge haben. Für den Bewährungshelfer stellt diese zwar relativ kleine Gruppe ein sehr arbeitsintensives Klientel dar, da aufgrund der Problembelastungen die Hilfeerwartungen an ihn sehr hoch sind. Wie Bietsch jedoch anhand der Daten der Aktenanalyse zeigt, erfolgt auf diese Erwartungen zu wenig Hilfe, so daß sie abschließend fordert, daß während der Unterstellung den Probandinnen mehr Hilfe zur Absicherung des Lebensunterhalts auf der einen Seite und eine Betreuung unter sozialpädagogischen Gesichtspunkten auf der anderen Seite zuteil werden sollte.

Jacobsen geht zunächst auf die Diskussion um die Führungsaufsicht ein und umreißt zugleich deren Status in den letzten Jahren.

Wesentliches Thema seines Beitrages ist die Arbeitsbeziehung zwischen Bewährungshelfer und Proband unter der besonderen Fragestellung, welche Voraussetzungen Bewährungshelfer für die Betreuung von aus psychiatrischen Krankenhäusern und Entziehungsanstalten Entlassenen mitbringen, wie die Gestaltung dieser Beziehung aussieht und inwieweit es im Rahmen der traditionellen Bewährungshilfe möglich ist, den Anforderungen der Führungsaufsicht sowie deren Klientel gerecht zu werden.

Indem der Autor seine Thesen näher ausführt, verdeutlicht er die Situation des Bewährungshelfers, der in bezug auf die Probanden eine ausgeprägt heterogene Struktur allein schon aufgrund der Merkmale Straftat, strafrechtliche Vorbelastung, Länge der Aufenthaltsdauer in Institutionen oder Alter der Probanden vorfindet. Hinzu kommt die nicht eindeutige Regelung der Tätigkeitsbereiche von Führungsaufsicht

und Bewährungshilfe, so daß die Arbeitsbeziehung zwischen
Bewährungshelfer und Proband methodisch unverändert ist,
jedoch unter veränderten äußeren Bedingungen geschieht. Ein
weiterer wesentlicher Aspekt ist die Betreuung insbesondere
psychiatrischer Entlassener, wobei die berufliche Qualifikation der Bewährungshelfer häufig nicht ausreichend ist und
einer fachlichen Unterstützung bedürfte, die jedoch in den
meisten Fällen unterbleibt.

Bockwoldt setzt die Diskussion der Arbeitsgruppe III "Bewährungshilfe und Führungsaufsicht" des 4. Wissenschaftlichen
Colloquiums des KFN fort, indem sie die faktische Gestaltung der Bewährungshilfe, nämlich die Praxis des Umgangs
der Sozialarbeiter mit ihrer Klientel kritisch beleuchtet
und betont, daß die Methode angewandter Bewährungshilfe und
-kontrolle bis dato keiner detaillierten empirischen Untersuchung unterzogen worden sei.

Sie hebt den impliziten Widerspruch in der Bewährungshilfe
zwischen altruistischer und professioneller Hilfe hervor
und hinterfragt, inwieweit eine Beziehung, die per Gerichtsbeschluß hergestellt wurde, vor diesem Hintergrund
überhaupt funktionsfähig ist.

Im zweiten Abschnitt ihres Beitrages führt die Autorin in
protokollarischer Form die wichtigsten Diskussionsinhalte
der o.g. Arbeitsgruppe an, in der die KFN-Projekte im
Bereich Bewährungshilfe und Führungsaufsicht vorgestellt
wurden und unter spezifischen Themenschwerpunkten, wie z.B.
'Die Arbeitsbeziehung zwischen Bewährungshelfer und Proband' oder 'Objektive und subjektive Problembelastungen der
Probandinnen am Beispiel ihrer finanziellen Situation',
diskutiert wurden.

Böhm problematisiert in seinem Beitrag zunächst, inwieweit
es wissenschaftlicher Forschung im Strafvollzug gelingt,
einen "objektiven" Zugang zum Forschungsfeld zu bekommen.

Seine Folgerungen beruhen auf Erfahrungen aus seiner langjährigen Tätigkeit in der Vollzugspraxis, wobei er dem
wissenschaftlichen Ertrag der Vollzugsforschung sowie dessen Praxisrelevanz eher einen insgesamt bescheidenen Stellenwert zuweist.

Der Autor diskutiert, inwieweit die Kritik am Strafvollzug,
daß dieser mehr schade als nütze, hohe Rückfallquoten verursache, den Inhaftierten zerstöre und kriminelle Karrieren
bedinge, heute noch berechtigt ist. Der Vollzug der Freiheitsstrafe stelle einen schweren Rechtseingriff dar. Böhm
verweist auf die Bedeutung generalpräventiver Aufgaben
staatlichen Strafens, wobei als kriminalpolitisches Ziel
die Ersetzung des Vollzugs von Freiheitsstrafen durch weniger repressive Maßnahmen und Strafen Berücksichtigung finden sollte, ohne daß dabei jedoch die Intentionen des
Strafvollzugs außer acht gelassen werden dürften.

Im weiteren Verlauf seines Beitrages befaßt Böhm sich mit
der empirischen Vollzugsforschung in Deutschland, indem er
sich mit den von Dünkel und Rosner in ihrer Untersuchung
"Die Entwicklung des Strafvollzugs in der Bundesrepublik
Deutschland seit 1970" getroffenen Feststellungen kritisch
auseinandersetzt. Ausführlich wird dabei auf das statistische Verfahren bei der Registrierung von Entlassungen eingegangen, das in den Haftanstalten unterschiedlich gehandhabt
wird. Die These der o.g. Autoren, ein strenger geschlossener Vollzug erhöhe das Konfliktpotential, wird in einem
weiteren Punkt unter dem Aspekt, daß gerade eine Liberalisierung zu einem solchen Ergebnis führe, kritisch beleuchtet.

Vollzugslockerungen, wie Urlaub und Ausgang, gelten im Regelvollzug zwar als wichtiges Behandlungsmittel, werden jedoch weniger in Verbindung mit dem Vollzugsziel als vielmehr unter dem Gesichtspunkt gesehen, die Gefahr erneuter
Straffälligkeit oder einer Nichtrückkehr zu verringern. Die

Vollzugsforschung sollte aufgrunddessen zum einen die Möglichkeiten der Nutzung von Lockerungen zur Erreichung des Vollzugsziels aufzeigen, zum anderen aber auch darlegen, welche Modalitäten die Mißbrauchsgefahr bei gefährdeten Personengruppen verringert.

Eine weitere Forderung an die Vollzugsforschung stellt sich in Hinblick auf den offenen Vollzug. Daß dieser sehr positiv und als weniger konfliktbelastet bewertet wird, findet seine Begründung mehr in der Selektion der für den offenen Vollzug geeigneten Gefangenen, als in dem Ausmaß an Öffnung an sich. In den überwiegenden Fällen befinden sich in entsprechenden Abteilung bzw. Anstalten sozial gut integrierte Täter, die kaum einer Beratung und persönlichen Betreuung zur Resozialisierung bedürfen und damit den Vollzug billiger machen. Hierin besteht eine Forderung an die Forschung, sich der Rekrutierungsmethode der Insassen für den offenen Vollzug zuzuwenden und Behandlungsmodelle für weniger gut integrierte Inhaftierte zu entwickeln und zu überprüfen, um diese für den offenen Vollzug vorzubereiten und zu fördern.

Der Beitrag von Beckers und Beckers konzentriert sich auf die Wiedergabe der wesentlichsten Ergebnisse der Untersuchung des KFN zur Urlaubsvergabepraxis und des Urlaubsverlaufs in drei niedersächsischen Justizvollzugsanstalten.

Hierzu werden quantitative Angaben zum Vollzugsplan bei Strafgefangenen mit einer Haftdauer von mehr als zwölf Monaten unter dem Blickwinkel besonderer Hilfs- und Behandlungsmaßnahmen und der damit in Zusammenhang stehenden Vollzugslockerung gemacht.

Des weiteren wird auf urlaubsvorbereitende Maßnahmen eingegangen und etwa mitgeteilt, in welcher Häufigkeit und Effektivität vorbereitende Einzel- und Gruppengespräche mit welchem Personenkreis stattfinden.

Die Ergebnisse liefern schließlich sowohl Angaben zu Urlaubsanträgen und bewilligten Beurlaubungen als auch über
die Quote der Urlaubsversagen, wobei als Hauptursache hierfür verspätete Rückkehr oder eine erneute Straftat angeführt werden.

Wohlgemuth gibt in seinem Beitrag eine Zusammenfassung der
Diskussion der Arbeitsgruppe "Vollzugslockerung" Urlaub" beim
4. Colloquium des KFN, die sich aufgrund des Projektberich-
tes von Beckers und Beckers ergab. Danach ist die Urlaubsvergabe vor allem sowohl vom dem Anstaltsklima, der Vollzugsanpassung des Gefangenen als auch von seiner sozialen
Integration vor der Haft abhängig. In der weiteren Diskussion wurde das Problem der Urlaubsverspätung angesprochen
sowie auf die Bedingungen hingewiesen, die zu einem Urlaubsversagen führen können. Es zeigte sich, daß eine Verringe-
rung der Versagensquote möglich sei, wenn eine intensive
Vor- und Nachbereitung des Urlaubs stattfinden würde und
zwar sowohl von seiten der Fachdienste als auch der Vollzugsmitarbeiter. Des weiteren gibt der Autor einen Überblick über die in der Diskussion offen gebliebenen Fragen,
deren Beantwortung nur durch entsprechende Forschungsvorhaben möglich ist.

Kury gibt abschließend einen stichwortartigen Überblick
über die wesentlichen Inhalte der einzelnen Diskussionen,
wie sie im Anschluß an die Beiträge stattfanden. Hierbei
wird der Ertrag der Diskussionen   zusammengefaßt in die
beiden Bereiche a) Inhalte bzw. Möglichkeiten kriminologischer Forschung und b) einzelne Projekte, insbesondere zur
Diversion. Im ersten Teil ging es insbesondere um die Pra-
xis- bzw. gesellschaftliche Relevanz der Resultate der Kriminologie, im zweiten um Alternativen zum herkömmlichen
Sanktionssystem.

Abschließend soll allen in- und ausländischen Referenten
des 4. internationalen wissenschaftlichen Colloquiums des

Kriminologischen Forschungsinstituts Niedersachsen (KFN)
und den Mitarbeitern an diesem Sammelband gedankt werden.
Durch ihre Beiträge haben sie zum Gelingen der Veranstaltung, aber auch zur Förderung der Institutsarbeit beigetragen.

Mein besonderer Dank gilt auch allen beteiligten Mitarbeitern des Instituts, ohne deren Mithilfe es nicht möglich
gewesen wäre, das 4. Colloquium in dieser Form durchzuführen, das vor allem auch deshalb, weil die Teilnehmerzahl an
dieser wissenschaftlichen Veranstaltung seit ihrem erstmaligen Stattfinden im Jahre 1980 kontinuierlich angestie-
gen ist. Gerade auch dieser Umstand spricht für die positive und große Resonanz, die sie bundesweit und auch im Ausland gefunden hat.

Der Ertrag dieser inzwischen zur festen Institution gewordenen wissenschaftlichen Veranstaltung, die auch vom Wissenschaftsrat der Bundesrepublik Deutschland in seinem Gutachten über die Arbeit des Instituts besonders gewürdigt wurde, rechtfertigt im nachhinein die zu seinem Gelingen inve-
stierten Bemühungen. Mit der Ausrichtung dieser Colloquien
zu aktuellen Themen der kriminologischen Forschung versucht
das KFN von Beginn seiner Arbeit an einen Beitrag zur Verständigung und zur Zusammenarbeit in der Kriminologie zu
leisten. Daß das gelungen ist, wird vom Wissenschaftsrat
besonders betont und von den Teilnehmern immer wieder bestätigt. Von allen Seiten wurde das Vorhaben, das Colloquium
auch in Zukunft beizubehalten, begrüßt und unterstützt.

Auch die Publikationen der einzelnen Colloquiumsbeiträge,
die den Ertrag der Veranstaltung auch Nichtteilnehmern zugänglich macht, findet große Resonanz. So begrüßt der Wissenschaftsrat in seinem Gutachten explizit die Herausgabe
der Veröffentlichungsreihe des Instituts und empfiehlt "vor
allem zum Zwecke einer Dokumentation von Colloquien, die
das Institut durchführt", diese Praxis beizubehalten.

Danken möchte ich besonders auch Frau Gundula Buchner,
Herrn Manuel Sack und Herrn Wolfgang Raczek für ihre Mithilfe bei der Durchsicht der Manuskripte und der Erstellung
der Verzeichnisse; Frau Effinghausen, Frau Habenicht und
Frau Mietzner für die sorgfältige Herstellung der Rein-
schrift der druckfertigen Vorlage.

Schließlich sei dem Carl Heymanns Verlag in Köln u.a. für
die gute Zusammenarbeit bei der Fertigstellung und Druck-
legung dieses zehnten Bandes der Institutsreihe gedankt.

Hannover, im Februar 1985

                                        Helmut Kury

Literatur

BERCKHAUER, F.: Institutionen der Kriminologie. (In: G. Kaiser, H.-J. Kerner, F. Sack, H. Schellhoss (Hrsg.): Kleines Kriminologisches Wörterbuch. 2. Aufl.,Heidelberg, 1985, S. 152-156).

BOCKWOLDT, R.: Strafaussetzung und Bewährungshilfe in Theorie und Praxis. (Lübeck, 1982).

FORSCHUNGSGRUPPE KRIMINOLOGIE (Hrsg.): Empirische Kriminologie. Ein Jahrzehnt kriminologischer Forschung am Max-Planck-Institut in Freiburg im Breisgau - Bestandsaufnahme und Ausblick -. (Freiburg, 1980).

KAISER, G.: Diversion. (In: G. Kaiser, H.-J. Kerner, F. Sack, H. Schellhoss (Hrsg.): Kleines Kriminologisches Wörterbuch. Heidelberg, 1985, S. 72-76).

KERNER, H.-J. (Hrsg.): Diversion statt Strafe? (Heidelberg, 1983).

KERNER, H.-J.; HERMANN, D.; BOCKWOLDT, R.: Straf(rest)aussetzung und Bewährungshilfe. (Heidelberg, 1984).

KURY, H.: Das Kriminologische Forschungsinstitut Niedersachsen e.V. und sein Forschungsprogramm. (In: H. Kury (Hrsg.): Perspektiven und Probleme kriminologischer Forschung. Köln u.a., 1981, S. 33-79).

KURY, H. (Hrsg.): Methodische Probleme der Behandlungsforschung insbesondere in der Sozialtherapie. (Köln u.a., 1983).

KURY, H. (Hrsg.): Ambulante Maßnahmen zwischen Hilfe und Kontrolle. (Köln u.a., 1984).

KURY, H. (Hrsg.): Methodologische Probleme in der kriminologischen Forschungspraxis. (Köln u.a., 1984a).

KURY, H.: Evaluation als angewandte Forschung - Probleme in der Zusammenarbeit zwischen Wissenschaft und Praxis. (In: H. Kury (Hrsg.): Methodologische Probleme in der kriminologischen Forschungspraxis. Köln u.a., 1984b, S. 307-355).

KURY, H.; LERCHENMÜLLER, H. (Hrsg.): Diversion. Alternativen zu klassischen Sanktionsformen. (Bochum, 1981, 2 Bände).

MOMBERG, R.: Die Ermittlungstätigkeit der Jugendgerichtshilfe und ihr Einfluß auf die Entscheidung des Jugendrichters. (Göttingen, 1982).

RENSCHLER-DELCKER, U.: Die Gerichtshilfe in der Praxis der Strafrechtspflege. (In: Forschungsgruppe Kriminologie (Hrsg.): Empirische Kriminologie. Ein Jahrzehnt kriminologischer Forschung am Max-Planck-Institut Freiburg - Bestandsaufnahme und Ausblick -. Freiburg, 1980, S. 293-303).

I.

Zur Funktion kriminologischer Forschung

Stephan Quensel

KRIMINOLOGISCHE FORSCHUNG: FÜR WEN?
ODER DIE GRENZEN EINER RATIONALEN KRIMINALPOLITIK
- KRITISCHE FRAGEN AN MEINE KRITISCHEN KOLLEGEN -

Inhalt

1. Kann man "für andere" forschen?

2. Forschen wir für uns selber?

3. Wie beeinflußt die Kriminologie die Kriminalpolitik?

4. Gibt es eine einheitliche Kriminalpolitik?

5. Kriminologische Forschung muß realpolitisch werden.

Anmerkungen

Literatur

"Wir können nicht _für_ die unterdrückte Klasse oder im
Namen der unterdrückten Klasse kämpfen (das war und
ist die Selbsttäuschung des "klassischen Intellektuellen"). Wir müssen gemeinsam _mit_ den Unterdrückten kämpfen. Aber das setzt voraus und schließt ein, daß wir
eigene Gründe haben, uns an den sozialen Auseinan-
dersetzungen zu beteiligen; daß wir uns die Motivationen des Handelns nicht ausborgen. Der gemeinsame
Prospekt ist die Abschaffung des Elends" (Basaglia
u. Basaglia-Ongaro 1980, S. 46).

1. Kann man "für andere" forschen?

1.1. Es ist ein bei Kritikern beliebtes Spiel, der traditionellen Kriminologie vorzuwerfen, sie treibe letztlich
'Staatsforschung', indem man etwa besorgt auf außeruniversi-
täre Forschungsaktivitäten blickt[1] oder als kritischer Kriminologe anderen kritischen Kriminologen ihre Beteiligung
am Terrorismusprojekt der Bundesrepublik ankreidet[2]. Es ist
umgekehrt gepflegte Tradition einer 'positivistischen' Wissenschaft, die eigene 'Wertneutralität' zu betonen, um die
Gefahren der praxisfernen Abgehobenheit der anderen heraus-
zustellen[3]. Dieses Spiel ist eingebettet in die alte Auseinandersetzung zwischen Kriminologen und Strafrechtlern,
von Birkmeyer bis hin in den Frankfurter Kreis[4]; seinen
Rahmen findet es in der klassischen wissenssoziologischen
Diskussion von Weber bis hin zu Beckers und Gouldners
Streit über das Thema 'On whose side we are on'[5].

Natürlich steckt hinter jeder dieser Aussagen ein wahrer
Kern - verlören sie doch andernfalls an Überzeugungskraft.
Dieser Kern zeigt sich vor allem in der immer mehr zunehmenden Behinderung auch nur vermeintlich kritischer Forschungsvorhaben (Brusten u.a. 1981a); er gilt aber auch für die in
diesem Beitrag angesprochene eher wissenschaftsinterne Diskussion: So wird das Bundeskriminalamt verstärkt polizei-

relevante Themen zu fördern versuchen, so sichert die Mitarbeit am Terrorismusprojekt den Ausweis der Objektivität
auch der konservativen individualbezogenen Aussagen. Und so
verzerren eine unreflektierte Wertneutralität ebenso wie
die Parteilichkeit die zugrundeliegenden Daten in je gleicher Weise, während die labeling-Zooperspektive Hand in
Hand mit der traditionellen Kriminologie die Verbrechen der
Mächtigen außer Ansatz ließ (Liazos 1972).

1.2. Dieser wahre Kern trägt solche Argumente freilich nur
zum Teil, bedenkt man die folgenden beiden Sachverhalte,
die ihm zumeist undiskutiert zugrunde liegen:

Zunächst scheint es auf unserer, der Forscher Seite fak-
tisch nahezu unmöglich zu sein, 'wertfrei' oder aber gezielt 'parteilich' im Sinne der Betroffenen zu arbeiten -
eine alte wissenssoziologische Fragestellung, die jüngst in
der Problematik der Qualität solcher Betroffenenperspek-
tiven wieder aufbricht[6]. Eine solche Annahme stößt angesichts der Statusverhältnisse gegenüber den üblichen 'Ob-
jekten' der Kriminologie wie aber auch gegenüber den 'mächtigen Kriminellen' mit ihren vorgängig unterschiedlichen
Denkmustern und Verhaltensspielräumen[7] auf nur mit erheblichem Aufwand verschiebbare Grenzen, zumal wir alle im
Rahmen einer Realität agieren, die durch das allumfassende
Sanktionssystem immer schon entscheidend vorgeprägt ist.

Noch illusionärer scheint die immer wieder als selbstverständlich angenommene Prämisse, daß Kriminalpolitik überhaupt auf Forschungsergebnissen beruhe bzw. daß solche sich
kriminalpolitisch umsetzen ließen. Diesem "weitverbreiteten
Vorurteil unter Sozialwissenschaftlern, daß Wissen jedem
Handeln vorauszugehen und Information als solche einen Wert
habe, der sie für Entscheidungsträger begehrenswert mache"
(Nowotny 1982, S.119) folgen auch Kriminologen gerne[8]. Zu
fragen wäre deshalb: Was verwendet man tatsächlich auf der

je 'anderen Seite' von unseren Befunden?, wann werden
'Staatsforschungsergebnisse' jemals in der offiziellen Kriminalpolitik relevant[9] und wie reagieren die 'Betroffenen'
auf kritisch-radikale Befunde: Verweist der eine nicht gerne auf die radikale Kritik der Gegenseite - etwa bei der
Abschaffung sozialtherapeutischer Anstalten (Schwind 1981a,
S. 124), während der andere, der Bürger oder Arbeiter "offensichtlich ... die anarchistische Auffassung, daß ein
Rechtsbruch ein politischer Akt sei ... nicht überall akzeptiert" (Foucault 1976, S. 10) sowie kopfschüttelnd die 'radical nonintervention' als Verlust des notwendigen Krimina-
litäts-Schutzes begreift, um mit gutem Gewissen konservativen Law and Order-Parolen zu folgen (Taylor 1981). Zu
bedenken wäre auch, daß in derselben 'verkehrten Weise' es
gerade die 'staatstragenden' Erklärungs- und Forschungspro-
dukte sind, freilich nur, wenn sie publiziert werden, mit
denen die Kritiker bevorzugt arbeiten: Kriminalstatistiken
als Ausweis kriminalpolitischer Verwaltung bzw. bestimmter
gesellschaftlicher Grundströmungen (Pilgram 1980), Gutachten als Beleg einer repressiven Kriminalpsychiatrie (Moser
1971), Aktenanalysen zum Beweis der Klassenjustiz (Peters
1973).

1.3. Mit solchen Prämissen sitzen wir als Forscher wie
Kritiker offenbar einer alten Eitelkeit der Akademiker auf:
Wir halten die an der Universität ausgebildeten Studenten
für Wissenschaftler[10] und werten das Hineinwachsen dieser
"Techniker des praktischen Wissens"[11] in die Kriminalpolitik als Jurist, Gutachter oder Anstaltspsychologe allein
schon als Beleg für den Einfluß unserer Wissenschaft[12]; wir
setzen die zweifelsohne vorhandene Praxisunterwerfung der
(traditionellen) Kriminologie mit deren Praxiseinfluß
gleich[13] und begreifen den Ausbau der 'Staatsforschung' als
Ausdruck des Informationsbedürfnisses der Praxis (Kaiser
1977, S. 517); wir vermerken dann aber auch gerne jedes
Zitat im Urteil oder bei der Gesetzesbegründung, jeden
Modellversuch oder gar die Versicherung der Politiker, sie

erwarteten große Verbesserungsmöglichkeiten der Praxis durch die Wissenschaft[14] als Beleg der eigenen Bedeutung, ohne deren Legitimations- und Beliebigkeitscharakter zu durchschauen.

1.4. Inwieweit sind dann also unsere universitären wie hoch-schulfreien Forschungsergebnisse frei, frei verfügbar, frei manipulierbar oder eben überhaupt frei im gleichsam luft- und wirklichkeitsleeren Raum? Kommt es allein auf die tat-sächliche Machtverteilung, auf die Ressourcen, auf die Art der Verwertung dieser Befunde an? Welche Rolle spielt hier-bei die Herrschaft über den Durchsetzungsapparat, dessen innere Trägheit und informelle selbstregulierende Mecha-nismen (Treiber 1984), das scheinbare Medienmonopol, das Aufkom-men neuer sozialer Bewegungen oder die Notwendigkeit zur Legitimation staatlich-apparativen Handelns? Spielen diese Faktoren überhaupt eine Rolle? Und wie steht es mit dem 'falschen Bewußtsein' nicht nur bei den Forschern, sondern auch bei den Bürgern und Betroffenen, dürfen wir hier eingreifen und wenn, wie (Krüger 1981, S. 103 f.)? Wie schützen wir uns vor den unerwünschten Auswirkungen perverser Koalitionen (Greenberg 1981), können wir uns überhaupt schützen, müssen wir, dürfen wir dies?

2. Forschen wir für uns selber?

Wenn die Basis unserer Argumente derart löchrig ist, liegt es nahe anzunehmen, daß deren jeweils richtiger Kern - wie bei jeder psychologischen Rationalisierung - eingesetzt wird, um einem dahinterstehenden Interesse ein legitimes Gewand zu verleihen: Also weder Staats- oder Betroffenen-forschung noch Wertfreiheit oder Parteilichkeit, sondern kriminologische Forschung eben um der Forscher Willen?

2.1. 'Für wen' forschen wir, schreiben, lehren, lesen wir eigentlich? Für die Mächtigen, die finanzkräftigen Auftraggeber, die Betroffenen, Beobachteten, Interviewten, für die Kapitalisten oder die Armen, die Täter oder die Opfer, die Apparate oder den Klienten? Schauen wir uns um: Wer von uns steht denn ganz im Lager dieser Betroffenen, kumpelt dort, teilt sein Einkommen mit ihnen und distanziert sich nicht, fühlt sich nicht letztlich besser, verachtet sie nicht, trotz aller heimlichen Bewunderung und Neugier. Und wer von uns redet denn in der 'Kriminalpolitik' mit, teilt die dort vorhandenen Machtressourcen, beklagt nicht die Korruption im Apparat, fühlt sich den Polizisten überlegen, Richtern gegenüber frei und belächelt nicht die Tumbheit unserer Politiker - vor allem dann, wenn man sieht, wie Wissenschaftler als Minister scheitern? Forschen wir _für_ diese Leute oder forschen wir vielleicht auch _gegen_ sie, arbeiten wir also weniger für die Betroffenen, sondern eher gegen den Apparat oder umgekehrt, weniger für diesen Apparat, sondern eher gegen die Betroffenen - zwei Möglichkeiten, anarchistische oder sadistische Motive wissenschaftlich auszuleben?

2.2. Sind wir Kriminologen also, wie viele andere Wissenschaftler und Intellektuelle auch, nichts als eine _Zwischenklasse_, die von und für die Forschung lebt (Mannheim 1964)? Dies gilt wohl in ganz existentieller Weise zunächst, wenn es um das Stellengerangel in Forschungsprojekten geht, um die Einrichtung, Ausweitung und Verlängerung von Projekten, um die Versorgung von Mitarbeitern. Aber dies gilt auch existentiell für jene, die mit solchen Projekten, mit dem 'publish or perish', mit Kongressen, mit Vorlesungen, die von mehr oder weniger Studenten besucht wurden, mit ihren Doktoranden, Schülern, mit ihren 'Theorien' beweisen, daß sie 'in' sind, berufungswürdig, anerkannt, zitiert (und doch so bald vergessen): Eine kleine Gruppe kriminologischer Forscher, die aus materiellen, konkurrenzbezogenen

Gründen gezwungen ist, sich in immer neuen Forschungsvorhaben zu reproduzieren, in schlagwortartigen Schubkasten-Theo-
rien ihren Marktwert zu beweisen, sich zu spezialisieren,
zu diversifizieren, Paradigmen zu entwickeln und sie radikal zu kritisieren, synkretistische Integrationsversuche zu
meiden und Sicherheit bei Autoritäten in Schulen und Stan-
desorganisationen zu finden.

2.3. Wie gut paßt in diesen Existenzkampf dann die staatliche Forschung mit ihren lebenslangen Beamtenstellen mitsamt der These der Wertfreiheit, die sich um die Folgen der
eigenen Forschung nicht kümmern muß oder umgekehrt die
ähnlich universitätsmäßig abgesicherte Forderung nach Parteilichkeit, die neben der emotionalen Identifikation auch
die Eigenständigkeit betont; auf diese Weise kann das Ver-
langen nach Methodenreinheit wie das positivistische Daten-
sammeln in genau derselben Weise Zukunftsfragen außer acht
lassen wie die radikale Kritik, die sich nicht auf politisch realisierbare Vorschläge für's Heute einlassen muß
(Young 1975, S. 70).

Verfolgt man diese künstliche und doch so existentiell wesentliche Welt, den Kampf um die Verteilung der Forschungs-
mittel, die Auseinandersetzung mit Vertretern anderer Disziplinen, die schon etabliert das Feld besetzen, dann liegt
es wahrlich nahe, diesen ganzen aufgeblasenen Forschungs-
betrieb als 'Forschung für uns selber' zu begreifen, als
einen Betrieb, der wie so viele andere nicht produzierende
Berufe - vom 'hilflosen Helfer' bis hin zum bürokratischen
Funktionär - vor allem sich selber dient, Forschungsprobleme, Theorien, Argumente, Ideologien erfindet, um als
'Advokat ohne Klientenauftrag' (Giesen 1983, S. 233) selber
zu überleben, besser zu überleben als viele, 'für die es zu
forschen gilt'.

2.4. Diese Skepsis gewinnt an Realitätsgehalt, wenn ich
überlege, welche Auswirkungen kriminologische Forschungsergebnisse - gleich welcher Art - in den mir bekannten Fel-
dern der Straftatbestände, des Sanktionsapparates, der Jugendhilfe, der Drogen- und Psychiatriepolitik gehabt
haben[15]. Man wird hier allenfalls auf der direkt administrativen Mikro-Ebene den Rückgriff auf zumeist hauseigene Forschung finden, auf der eher höheren politisch planenden
Meta-Ebene wird man dagegen fast vergeblich nach umge-
setzten Forschungsbefunden suchen (Caplan 1979); dies gilt
gleicherweise für die übergroße Menge der konservativ
gleichbleibenden Kontrollpolitik wie aber auch für die wenigen gelungenen Reformversuche - etwa bei der Einschränkung
des Sexualstrafrechts und der Abtreibung, der Abschaffung
der überkurzen Freiheitsstrafe, der Reduzierung geschlossener Fürsorgeheime, der vorübergehenden Einrichtung sozialtherapeutischer Anstalten oder für die steckenbleibende
sozialpsychiatrische Bewegung. Zwar haben auch hier Wissenschaftler mitgesprochen und geschrieben, gelegentlich sogar
umsetzbare Vorschläge vorgelegt, - als Juristen, Mediziner,
Pädagogen, Soziologen und Psychologen - doch degenerierten
die vorgebrachten Forschungsergebnisse oder Theorieansätze
nur allzu rasch zum 'austauschbaren Argument', zum Florett,
das gegenüber richtig eingesetzten, scheinbar objektiven
Zahlen - wie etwa die berüchtigten 80 % Rückfall aus den
Strafanstalten oder die 50.000 Drogenabhängigen - über das
Lieblingsargument der "ständig steigenden Kriminalität" bis
hin zu Beispielen aus der realisierten Praxis und zum
engagierten Experiment eher lächerlich wenn nicht stumpf
wirkten[16].

Die viel beklagte Kluft zwischen Forschung und Praxis - die
praxisfremde Elfenbeinturmwissenschaft wie die alltagsprak-
tische Theoriefeindlichkeit - existiert. Sie existiert zum
Vorteil beider Gemeinden (Caplan 1979), sie ermöglicht sowohl der Forschung wie dem Kontrollapparat in den letzten
Jahrzehnten bis hinein in unsere Zeit ein nahezu exponen-

tielles Wachstum (vgl. Trotha 1980, S. 118), das den Gedanken nahelegt, daß diese Gesellschaft vielleicht doch neben
dem Kontrollapparat eine dazu passende Forschung benötigt.

3. Wie beeinflußt die Kriminologie die Kriminalpolitik?

"Wissen und Macht sind integriert und man sollte nicht
von dem Augenblick träumen, in dem das Wissen nicht
mehr von der Macht abhängt ... Es ist nicht möglich,
daß sich Macht ohne Wissen vollzieht; es ist nicht
möglich, daß das Wissen nicht Macht hervorbringt "
(Foucault 1976, S. 38).

Gibt es also doch eine Nabelschnur, die beide verbindet,
die nicht nur den Forscher ernährt, sondern dem 'Ernährer'
- wer das auch immer sei - Ansehen und Existenzberechtigung
verleiht?

Im Gegensatz zu anderen Wissenschaften, etwa aus dem Bereich der Naturwissenschaften oder auch aus dem der politisch umsetzbaren Werbepsychologie oder Meinungsforschung,
bei denen wir eine direkte Wirkung von Forschungsergebnissen in den politischen Raum hinein beobachten können (vgl.
Rosenmayr 1982), erfolgt dieser Einfluß bei der Kriminologie - wie bei allen anderen Wissenschaften vom 'abweichenden Verhalten' - weithin indirekt über eher langfristig
wirksame Kanäle und zwar in sicher nicht zufällig doppelter
Weise: Über das Bewußtsein der politisch Handelnden wie zum
Zweck der Legitimation dieses politischen Handelns. Dabei
repräsentiert die Wissenschaft vom abweichenden Verhalten
in ihren diversen Spielarten in besonderer Weise einen
zentralen Aspekt einer jeden Wissenschaft im politischen
Geschehen, "nämlich die fortschreitende Verdrängung religiöser und weltanschaulicher Leitbilder durch den Glauben
an die wohltätige problemlösende und wahre Kraft der Wissenschaft wieder wettzumachen" (vgl. Badura 1982, S. 94).

<u>3.1.</u>Kriminalpolitischen Entscheidungen liegen stets bestimm-
te Vorstellungen, Bewertungen, Ansichten über die Art der
Delikte, über die Täter wie über Sinn und Wirksamkeit der
Reaktion zugrunde; Vorstellungen, die zumeist recht grob
wenn nicht gar einfältig sind, in denen Stereotype, Vorurteile, Wert- und Gefühlsmomente mit Theoriefetzen ununter-
scheidbar ineinander verflochten sind - dies reicht vom
Verbrechensbild über die Bedeutung der abschreckenden Generalprävention bis hin in die jüngste Therapiediskussion:
Diese <u>Bewußtseinsstruktur</u> wird nur wenig von eigenen Reali-
tätserfahrungen beeinflußt; sie ist nahezu ausschließlich
Ergebnis einer entsprechenden Sozialisation, die von der
frühen Räuberangst über den Gemeinschaftskundeunterricht
und Massenmedieneinfluß bis in die jeweils berufsspezifi-
sche Ausbildung hineinreicht, wobei mit zunehmendem Alter
die Aufnahme neuer, in die vorgegebene Bewußtseinsstruktur
nicht hineinpassender Informationen immer unwahrscheinli-
cher wird.

Bei diesen unterschiedlichen Formen der 'Sozialisation' werden stets 'kriminologische Theorien' in zumeist arg ver-
ballhornter Form übermittelt; kriminologische Forschungsergebnisse erscheinen dabei entweder als direktes Beispiel
- etwa die hohe Rückfälligkeit Straffälliger als Beleg für
die Gefährlichkeit dieser Täter - oder zumeist indirekt als
verarbeiteter Bestandteil solcher 'Theorien' - etwa die besondere Kriminalitätsbelastung der Gastarbeiter, Arbeitslosen oder Obdachlosen[17].

Diese sehr grob gerasterte Bewußtseinsstruktur weist heute
bei uns bei nahezu allen an der Entwicklung der Kriminalpolitik Beteiligten weitgehende Übereinstimmungen auf,
deren 'theoretische Wurzeln' bis in die Anfänge dieses Jahrhunderts, also bis in die Sozialisation unserer Eltern und
Großeltern zurückreichen. Unter Ausblendung der noch zur
Jahrhundertwende lebhaften sozialwissenschaftlichen Analysen dominieren dabei heute individuumzentrierte Vorstel-

lungen, ergänzt durch familienbezogene Überlegungen, die
weithin an der klassischen Armutskriminalität aus der Zeit
um die Jahrhundertwende orientiert sind (vgl. Mikinovic
1982)[18].

Als übergreifend gemeinsames Wissen lenkt diese Bewußtseinsstruktur[19] nicht nur das kriminalpolitische Verhalten von
Gesetzgebung, Rechtsprechung und Justizverwaltung, sie fördert auch die Ausbildung solcher Professionen, die diesem
Vorstellungsgehalt entsprechen - von der Polizei über die
Sozialarbeit bis hin in das moderne Therapiegeschäft -,
dieses Wissen bestimmt die Anlage unserer Theorien, Forschungsprojekte und kriminalpolitischen Vorschläge (vgl.
Planungspapier 1974 ; Kaiser 1977, S. 522). Vor allem aber
prägt dieses Gedankenraster das Bewußtsein der breiten Bevölkerung einschließlich ihrer kritischen Minderheiten, der
Sozialisationsagenten und der Massenmedien, die so gleichsam im 'konservativen Zirkel' (Mitzlaff 1975) nicht nur die
geläufige Bewußtseinsstruktur fortschreiben, sondern auch
dafür sorgen, daß die kriminalpolitische Landschaft keine
allzu großen Widersprüche aufweisen kann. Das Schicksal der
Labeling-Theorie, in klassischer Weise vereinnahmt zu werden[20], oder der fehlgeschlagene Versuch, über die Abschaffung der kurzen Freiheitsstrafe die Gefängnisse zu leeren,
mögen hierfür als Beispiel dienen.

3.2. Können so neue Forschungsergebnisse, neue theoretische
Perspektiven über den sehr engen Kreis der Kollegen hinaus
im Rahmen der Ausbildung neuer Bewußtseinsstrukturen allenfalls nur sehr langfristig kriminalpolitische Relevanz gewinnen, so verspricht der zweite Weg, durch die Verwendung
solcher Forschungsergebnisse Legitimation für das eigene
Handeln zu gewinnen, einen direkteren, kurzfristigeren Zugang.

Kriminologische Forschung kann in zweierlei Weise kriminal-
politischem Handeln Legitimation verleihen; einmal in direkter Weise indem man sich zur - nachträglichen - Begrün-

dung vorangegangener Entscheidungen auf bestimmte Forschungsergebnisse beruft bzw. sie sogar praktisch legiti-
mierend in der eigenen Arbeit einsetzt; man wird diese "pa-
rasitäre Nutzung" weniger im Gesetzgebungsbereich beobachten als vielmehr in der auf Legitimationsgewinn hin angelegten öffentlichen Diskussion (Giesen 1983) bzw. vor allem
auf der den kriminalpolitischen Alltag beherrschenden professionellen Ebene etwa in den Urteilsbegründungen, in Gutachten wie in testdiagnostischen Stellungnahmen[21], bei
denen die Wissenschaft nicht als Entscheidungshilfe, sondern zumeist allein als Ausweis der eigenen Expertenschaft
benutzt wird.

Der weitaus üblichere Weg ist freilich der, kriminologische
Forschung als Aushängeschild, als Beleg für die eigene Aufgeschlossenheit zu verwenden - ohne jemals deren Ergebnisse
ernstzunehmen. Die Einrichtung von Forschungsinstituten,
die grundsätzliche Bereitwilligkeit, eigene Maßnahmen evaluieren zu lassen, forschungsbegleitende Modellvorhaben zu
unterstützen, staatliche Reports, Anhörungsverfahren und
gut dotierte Enquêten zuzulassen, verwertet das 'wertfreie'
Image dieser Forschung, belegt die eigene 'objektive' Fort-
schrittlichkeit und vertröstet uns auf eine nicht allzuweit
entfernt liegende Zukunft, in der diese Probleme nach der
endgültigen wissenschaftlichen Klärung alsbald bewältigt
werden könnten: Die Einrichtung der sozialtherapeutischen
Anstalten wie die im angelsächsischen Bereich so beliebten
Reports zur Drogenproblematik[22] bieten hierfür ein gutes
Beispiel. Besonders gut funktionieren diese "trivialeren
Nebeneffekte der Konjunktur der Sozialwissenschaften im politisch administrativen Bereich" (Offe 1982, S. 111) dann,
wenn man auf diese Weise der 'freien Forschung' sogar die
Untersuchung unangenehmer Themen ermöglicht, wenn man im
Bundeskriminalamt die Analyse der polizeilichen Drogenar-
beit unterstützt (Maassen 1981), bei der Deutschen Forschungsgemeinschaft einen Forschungsschwerpunkt zur Normgenese einrichtet, der dann einschlägig kaum in Anspruch

genommen wird (Bieker u. Floerecke 1983) oder wenn man
kritischen Kriminologen Lehrstühle verschafft, - gelingt es
doch scheinbar stets, unerfreuliche Ergebnisse solch wider-
ständiger Forschung zu entschärfen bzw. - im weitaus selte-
neren Fall - deren Befunde in den eigenen kriminalpolitischen Denk- und Tätigkeitshorizont einzubauen, wie dies
etwa im Bereich der Diversifikation in allen ihren Spielarten gelegentlich geschehen soll[23].

So eindeutig diese Legitimationsfunktion 'konservierend'
wirkt - worauf wir von Kritikern dieser Funktion immer wieder hingewiesen werden - so liegt doch zugleich auch hierin
eine Möglichkeit, mit wissenschaftlichen Ergebnissen die
Art der Kriminalpolitik zu beeinflussen. Dies geschieht
einmal dadurch, daß - im Guten wie im Schlechten - die bei
uns übliche Art der Kriminalpolitik kaum jemals zureichend
die Folgen bestimmter Entscheidungen vorausplanen kann (ich
spreche dies unten unter dem Stichwort der Paradoxien an),
weswegen bestimmte Großzügigkeiten der Forschung gegenüber
ein unerwartetes Eigengewicht gewinnen können, - ein guter
Grund, warum etablierte Institutionen sich vor allem kritisch vorgetragenen Forschungsvorhaben oder forschungsmäßig
begründeten Neuerungen gegenüber sperren. Und zum anderen
geschieht dies dadurch, daß eine solche Legitimation stets
nur dann wirksam werden kann, wenn sie zumindest gelegentlich Ernstcharakter annimmt (Humphries u. Greenberg 1981,
S. 215), wenn man also auch tatsächlich einmal realisiert,
was im Programm versprochen wurde, also sozialtherapeutische Anstalten einrichtet, die Abtreibung zumindest teilweise entkriminalisiert und den Schutz der Bevölkerung tatsächlich erhöht, - weswegen ja Hinweise auf die niedrige Aufklä-
rungsziffer der Polizei oder auf die ansteigende Kriminali-
tätswelle so zweischneidig ausfallen können[24].

3.3. Beiden Zugangswegen, - der Ausbildung der Bewußtseinsstruktur wie dem Legitimationsgewinn - ist gemeinsam, daß

die kriminalpolitische Fragestellung bzw. die jeweiligen
Ergebnisse der ihr zugrunde liegenden kriminologischen Forschung einen zentralen Punkt sowohl unseres Selbstverständnisses wie der allgemeinen Politik berühren.

Für jeden von uns besitzt die Frage der 'Normalität', der
Einpassung in das Normengefüge unserer Gesellschaft bzw. in
das der sie jeweils konstituierenden Subkulturen und konkreten Bezugsgruppen eine entscheidende Bedeutung für die
eigene Identität; die Frage der Abweichung von diesen Normen, die Garantie des ganz andersartigen Normbrechers wie
dessen unsichtbare Sichtbarkeit scheinen Voraussetzung
nicht nur unserer Wohlanständigkeit sondern unseres existen-
tiellen Stellenwerts in dieser Gesellschaft. Der Versuch,
durch neue Forschungsergebnisse oder Theorieperspektiven
dieses bisherige identitätsstiftende Bewußtsein zu ändern,
gerät damit beim Normalbürger in ähnlicher Weise zur exi-
stentiellen Bedrohung wie bei den Professionellen, die aus
diesem kriminalpolitischen Geschäft ihre materielle Existenz ableiten.

Für eine Gesellschaft, deren Interaktionsgeschehen in je
ihrer Weise auf Normen gegründet sein muß (Popitz 1980), die
davon lebt, daß die Mehrzahl ihrer Mitglieder an diese Normen glaubt, ihre Notwendigkeit wie Legitimität hinnimmt,
wird damit die Figur des Normbrechers zum zentralen Garan-
ten ihres Fortbestehens, während kritische Forschungsergebnisse nur allzu leicht an den Rand revolutionärer Selbst-
auflösung führen.

Schließlich gilt für den Staat, also für den eigentlichen
Herrschaftsapparat, daß das strafrechtliche Gewalt- und
Sanktionsmonopol über seine Bürger nicht nur die ursprüng-
lichen Anfänge dieses Apparates entscheidend mitbestimmten
(Diamond 1971), sondern daß die Garantie   Schutz vor Verbrechen
zu gewähren, diesem Staatswesen noch immer eine zentrale
Legitimation verleiht, wie wir dies in der Terroristen- und

Drogenhysterie oder in der Gastarbeiter- bzw. Jugendkrimina-
litätsdiskussion bis in die jüngste Zeit hinein als Mittel
erleben können, alle anderen Probleme einschließlich der
Arbeitslosigkeit und Friedensgefährdung zu verdrängen[25].

3.4. Nähme man also die Forderung nach einer gezielt geplanten kriminologischen Forschung ernst, dann böten sich hier,
freilich dünne, Zugangswege zur kriminalpolitischen Realität, - Wege, die etwa bei der Verdrängung der Gefängnisstrafe innerhalb der letzten 100 Jahre oder bei der Aus-
schaltung der Todesstrafe bis hin in die Umfrageergebnisse
der Bevölkerung im letzten Jahrzehnt (Kerner 1980,
S. 133 f.) genauer zu erforschen wären. Wiederum wurde bisher aus kritischer Sicht mehr über deren Schwierigkeiten
als über deren Möglichkeiten diskutiert; tatsächlich ist
wohl auch die Chance, in das herrschende kriminalpolitische
System grundsätzlich einzubrechen, relativ gering, da einerseits die Langfristigkeit möglicher Bewußtseinsveränderun-
gen wie die dagegen zu mobilisierenden Abwehrstrategien
schrecken und andererseits die Vereinnahmung und notfalls
die Isolation kritischer Forscher und Forschungsergebnisse
(Mathiesen 1980, S. 224) einer jeden strategischen Verwertung eigener Forschungsergebnisse kaum überwindbare Hemmnisse entgegenzustellen scheint.

Und doch könnte es sein, daß die existentielle Bedeutung
kriminologischen Wissens für den einzelnen, Gesellschaft
und Staat Möglichkeiten eröffnet, weitaus grundlegender
bestimmte unerwünschte Verhältnisse zu delegitimieren, als
dies bei anderen Forschungsergebnissen der Fall sein dürfte
(vgl. hierzu Feyerabend 1983, S. 254 f.): Die Größe des
Widerstands gegen die Aufnahme neuer Befunde wird dann zum
Hinweis für die dahinterstehende Verletzbarkeit; die Notwendigkeit der Legitimation zum Einfallstor für neue Ideen.

Wenn sich diese These belegen ließe, dann ergäbe sich überdies ein interessantes Ungleichgewicht zwischen traditionel-
ler Forschung einerseits und kritischen Neuansätzen andererseits; während jene allenfalls routinemäßig die überkommene
Bewußtseins- und Herrschaftsstruktur festschreiben, ohne
daß ihre Forschungsergebnisse selber zu konkreten kriminalpolitischen Folgen führten, könnten diese im schlimmeren
Falle eben dieselbe 'Hofnarren-Rolle' übernehmen, im positiven Falle dagegen tatsächlich über die aktuelle kriminalpolitische Problematik hinaus Einfluß gewinnen.

4. Gibt es eine einheitliche Kriminalpolitik?

Untersucht man dementsprechend die Ausgangsbedingungen für
die Verwirklichung einer solchen eher 'indirekten' kriminalpolitischen Einflußnahme stößt man auf eine dritte höchst
problematische Grundannahme der gegenwärtigen Diskussion um
die Möglichkeit einer gezielten kriminalpolitischen Umsetzung solcher Forschungsergebnisse. Neben den anfangs angeschnittenen Prämissen, der Identifikation mit den Betroffenen sowie der direkten Verwertbarkeit kriminologischer
Forschungsergebnisse, setzt diese Diskussion nämlich voraus, daß es so etwas wie eine einheitliche Kriminalpolitik
überhaupt gäbe (Stallberg u. Stallberg 1977, S. 28 f.), daß
diese primär durch Normsetzung auf zentraler Ebene gelenkt
und daß sie insgesamt rational geplanten Zielvorstellungen
folgend durchgeführt werden - weshalb es dann eigentlich
nur folgerichtig sei, daß eine solche Kriminalpolitik Forschungsergebnisse, die sie bestätigen, in ihr Vorgehen ein-
bauen, und ihr widersprechend 'kritische Ergebnisse' nach
Überprüfung der in ihnen enthaltenen Verwertungsmöglichkei-
ten verwerfen werde.

4.1. Unsere gegenwärtige kriminalpolitische Realität scheint
dieser Annahme auf den ersten Blick auch weithin zu entspre-

chen. Ihr äußerlich monolithischer Charakter, die hohe Übereinstimmung zwischen Justiz, Therapie und Sozialarbeit,
ihre nahezu ungebrochene Einstellung gegenüber dem mora-
lisch minderwertigen Täter wie ihre Übereinstimmung mit der
Ansicht breiter Bevölkerungskreise gleich welcher politischen Richtung zeugen hiervon ebenso wie der immer wieder
konstatierbare Zirkel zwischen Praxis, Theorie und Forschung. Angesichts dieser überzeugenden und durch entsprechend undialektische Analysen leicht zu bestätigenden Realität liegt es dann nahe, daß auch kritische Kriminologen
immer wieder meinen, diese Kriminalpolitik sei von - meist
nicht näher bezeichneten - Mächtigen bzw. deren Agenten ins
Werk gesetzt und von einer staatstragenden Wissenschaft
entsprechend planvoll abgestützt[26].

Erst wenn man sich von dieser Spielart systemfunktionalen
Denkens befreit und die konkreten kriminalpolitischen Prozesse verfolgt - von der Gesetzgebung (Scheerer 1979) über
die Auseinandersetzung im 'großen Netzwerk mittlerer Mäch-
tigkeit' (Beck 1982, S. X) bis hin in den jeweiligen kriminalpolitischen Alltag auf der Ebene der Stadt, bei der
Verwaltung, in den Parteien, bei Gericht wie im Kampf um
den Strafentlassenen - erst dann zeigen sich die Risse und
Widersprüche, aus denen heraus sich die jeweils historische
Kriminalpolitik ergibt[27]. Verfolgt man in diesem "Dickicht
des Faktischen ..., das mit Regeln durchwoben ist, die Ideologie und Bürokratie gesetzt haben" (Basaglia u. Basaglia-
Ongaro 1980, S. 47), die hier wirksamen spezifischen Inter-
essenlagen und Interessengegensätze zwischen Polizei und
Bewährungshilfe, Strafvollzug und Therapeuten, Opfer und
Verfolgern, Staatsanwalt, Richter und Verteidiger, unteren
und oberen Gerichten, Finanz-, Sozial- und Justizverwaltung
auf kommunaler, Landes- und Bundesebene, dann wird die
Frage, wie der zunächst so überzeugende Konsens zustandekommen kann, zum eigentlich entscheidenden Problem. Dies gilt
umso mehr, weil sich in diesem Konsens nicht nur die am
kriminalpolitischen Geschäft direkt Interessierten zusammen-

finden, sondern weil er auch von denen getragen wird, die
davon betroffen sind, von den Bürgern, die eine überaus
teure und ineffektive Kriminalpolitik ertragen und bezahlen
wie von den durch diese Kriminalpolitik Erfaßten, die in
jeweils verstärkt rigider Weise in ihrem Fall den Eingriff
wohl als schlecht, beim Zellennachbarn dagegen als berechtigt erleben[28].

Aus diesem Widerspruch zwischen scheinbar monolithischer
Geschlossenheit dieser Kriminalpolitik und tatsächlich existierenden Interessengegensätzen ergibt sich eine wichtige
Möglichkeit kriminalpolitischer Einflußnahme, insofern die
äußerlich scheinbare Statik dieser Politik, tatsächlich Folge eines komplex ausbalancierten Gleichgewichts unterschiedlicher und häufig nicht voll bewußter Interessen und Macht-
lagen ist, weshalb etwa Steinert heute zu Recht anstelle
großer flächendeckender Experimente vorschlägt, auf lokale
Möglichkeiten und Randbedingungen in ihrer Überschaubarkeit
zurückzugreifen[29].

4.2. Der irrationale Charakter einer derart produzierten
Kriminalpolitik zeigt sich in ihren paradoxen Voraussetzungen wie Folgen. Auf diese bereits von Durkheim generell
herausgearbeiteten paradoxen Voraussetzungen haben etwa
Brauneck (1965) und Popitz (1968) mit ihren Überlegungen zur
Bedeutung der Dunkelziffer hingewiesen; paradox ist auch
die Tatsache, daß sich ein effektiv arbeitender Apparat
durch Überfüllung lahmlegen würde und daß diese Gesellschaft ihren 'problembeladenen' Mitbürgern durch das krimi-
nalisierende Etikett bestimmter Verhaltensweisen diese zugleich als Lösungsweg wie als Bestrafungsansatz zur Verfügung stellt.

Dieser irrationale Charakter zeigt sich aber auch in den
paradoxen Folgen unserer Kriminalpolitik (Marx 1981), etwa
darin, daß die Kriminalisierung des Drogenkonsums einen

schwarzen Markt und entsprechende Beschaffungskriminalität
hervorruft (Pommerehne u. Hartmann 1980), daß die Art unserer Strafverfahren den Beteiligten ihren Konflikt wie die
Möglichkeit der Kompensation nimmt (Christie 1982) oder daß
die Technik, Strafgefangene zusammenzusperren, eben den Ver-
brecher produziert, für den man solche Anstalten glaubt
einrichten zu müssen.

So sehr diese paradoxen Folgen ganzen Berufszweigen als
Existenzbasis dient, so wäre es doch wohl überzogen, diese
Paradoxa als willentlich geplante systemerhaltende Macht-
instrumente zu deuten, wie dies freilich in überzogener
Kritik immer wieder geschieht[30].

4.3. Die oben erwähnten objektiven Interessengegensätze wie
die eben angesprochenen Paradoxa waren in ihren Folgen offensichtlich tragbar, solange ein zunehmendes Wirtschaftswachs-
tum ausreichend Mittel bereitstellte, die diversen Interessen in je ihrer Weise zu befriedigen - Polizisten wie
Therapeuten, Opfer wie sozialhilfebedürftige Rückfalltäter - und solange die Kosten für Sozialarbeitsstellen, Gefängnisse und Therapieplätze in einem sich stets ausweiten-
den Gesamtetat nicht nennenswert zu Buche schlugen, weswegen es ja bei uns in der traditionellen wie in der kritischen Kriminologie bisher stets als unfein galt, solche
Kostenrechnungen aufzustellen oder gar mit ihnen zu argumen-
tieren (siehe dazu Kaiser 1977, S. 523 f.).

Angesichts der gegenwärtigen Kostenklemme vor allem auch
der Kommunen, die ja aller Voraussicht nach weiter zunehmen
wird, könnte, ähnlich wie etwa im Medizinbereich (Beck
1982, S. 18 f.), bei zunehmend verstärktem Verteilungskampf
eine Neubewertung der Arbeitsweise der unterschiedlichen
Interessen wie der Kosten der so überaus teuren paradoxen
Folgen gegenwärtiger Kriminalpolitik über den damit verbundenen ökonomischen Druck eine Chance entstehen lassen, kri-

minologische Forschungsergebnisse in einer direkteren Weise in die damit verbundene kriminalpolitische Auseinandersetzung einzubringen (vgl. Research priorities in addiction 1982, S. 10).

Die sich hier bietende Chance, die sich besonders deutlich im extremen Randbereich dieser Kriminalpolitik, nämlich in der gegenwärtigen Überfüllung der Gefängnisse zeigt, könnte die anfangs angesprochenen Bewußtseinsbarrieren durchbrechen und damit rational begründeten kriminologischen Forschungsergebnissen einen direkten Einfluß eröffnen, wenn diese in Kenntnis der jeweils gegebenen - lokalen - Interessen und Ressourcenstruktur praktikable Alternativen beispielhaft realisieren helfen. Man wird dadurch sicher einerseits dem 'staatlichen Legitimationsbedürfnis' entgegenkommen, da, im Verhältnis zur gegenwärtigen Lage, nahezu jede Alternative kostengünstiger und auch 'effektiver' ausfiele; man würde andererseits aber auch den Betroffenen eben wegen dieser 'Effektivität' besser helfen und zwar sowohl den heute prisonisiert-stigmatisierten Tätern wie deren dadurch potentiell erhöht gefährdeten Opfern. Der dadurch mögliche längerfristige Gewinn - Abbau der 'Legitimationsstrategie durch Kriminalisierung' - dürfte die kaum noch weitere Verfestigung staatlicher Macht durch entsprechenden Ausbau 'softer' Kontrollen zumindest ausgleichen, weshalb ich es falsch fände, wenn wir uns weiterhin auf abstrakte Kritiken oder auf statistisch-methodische Spielereien zurückzögen, um den gegenwärtigen Kriminalpolitikern eine Lösung der Probleme in der gewohnten Wurstelweise zu überlassen[31].

5. Kriminologische Forschung muß realpolitisch werden

Fassen wir zusammen: Ich gehe davon aus, daß kriminologische Forschung im o.g. weiten Sinne zunächst einmal um des Forschers Willen für sich selber geschieht, daß ihr Einfluß üblicherweise nur indirekt über Sozialisation und Legiti-

mation erfolgt, daß jedoch heute angesichts unserer Kosten-
situation die daraus resultierende Kriminalpolitik mit ihren ungeplant-paradoxen Folgen die Chance eröffnet, kriminalpolitisch wirksam zu werden, sofern der Kriminologe
nicht abstrakt für die da oben oder für die da unten arbeitet, sondern konkret überlegt, wie er seine Befunde in die
alltägliche kriminalpolitische Auseinandersetzung wirksam
einbringen kann. Erst dann, wenn er sich in dieses Geschäft
einläßt, wird die Frage, für oder gegen wen er arbeitet,
relevant; solange er positivistisch die Folgen seines Tuns
außer acht läßt oder kritisch das praktische Geschäft den
anderen überläßt, ist diese Frage im Sinne des bisherigen
inkrementalen Weiterwurstelns stets schon entschieden.

Um jedoch in dieser Weise wirksam zu werden, bedarf es neuer und zusätzlicher 'Forschungsanstrengungen', in denen einmal die anfangs erwähnten Wege der Umsetzung kriminologischer Ergebnisse in die Bewußtseins- und Legitimationsstruktur genauer untersucht werden und zum anderen die komplexe Produktion der gegenwärtigen kriminalpolitischen Realität mit ihren subjektiven Bewußtseins- und objektiven
Interessenhintergründen auf dem Prüfstand steht (Basaglia
u. Basiglia-Ongaro 1980, S. 47).

Um freilich erkenntnismäßig wie praktisch wirksam zu werden, wird diese Art der Forschung deshalb sich nicht allein
auf die heute noch übliche Forschungspraxis distanzierter
Beobachtung und distanzierender Kritik beschränken dürfen;
diese Forschung muß vielmehr selber real-politisch werden,
was vornehmlich auf lokaler Ebene im dort eher überschau-
baren politischen Geschehen beispielsetzend geschehen könnte, um im Widerstand gegen die Umsetzung dieser Forschungs-
befunde Möglichkeiten zu ihrer Realisierung zu erkennen und
wahrzunehmen, - eine alte Forderung der Aktionsforschung
(vgl. Wolff 1974), die leider als Folge überzogener Ansprü-
che voreilig aufgegeben wurde.

Wenn auf diesem Wege auch der böse Verschwörungspopanz kapi-
talistischer Klassenjustiz wie das Schreckgespenst sadisti-
scher Vertreter des Sanktionsapparates auf der Strecke bleiben mag, so könnte auf diese Weise selbst ein kritisch eingestellter Kriminologe angesichts der gegenwärtigen desola-
ten Situation letztlich den Betroffenen, Opfern wie Tätern,
helfen, ohne den Staatsapparat insgesamt wesentlich weiter
zu verfestigen oder gar zu erschüttern: "In den politischen
Gruppen steckt seit langem die Angst, daß ihr Diskurs in
die denunzierten Mechanismen integriert wird. Ich glaube
jedoch, daß sich die Dinge so abspielen müssen. Nicht weil
er von Natur aus verdorben ist, kann der Diskurs umfunktio-
niert werden, sondern weil er in einen Zusammenhang von
Kämpfen eingeschrieben ist. Daß sich der Gegner auf ihren
Zugriff wirft und ihn in seinen eigenen Zugriff verwandeln
will, offenbart gerade den Wert des Einsatzes und die Strategie des Kampfes: Wie beim Judo ist die beste Erwiderung
auf ein gegnerisches Manöver nicht das Zurückweichen sondern seine Ausnutzung für sich selbst als Ausgangspunkt für
die nächste Phase" (Foucault 1976, S. 108).

Anmerkungen

1 Brusten 1980; 1981; 1983; Gipser u. Klein-Schonnefeld 1980 und dazu Jäger 1980 sowie Kreissl 1983 und die Beiträge in European Group 1981.

2 Behr u.a. 1982; 1983; sowie die Auseinandersetzung zwischen Feltes, Böllinger und Jäger (In: Kriminologisches Journal, 1983, S. 122-145).

3 Vgl. aus der Sicht der praxisnahen Kriminologie: Steinhilper u. Berckhauer 1980; aus eher kriminalpolitisch-theoretischer Sicht Naucke 1977 und dazu Trotha 1980.

4 Siehe Jäger 1976; Hassemer u.a. 1983; vgl. auch Kaufmann 1962; Brauneck 1963.

5 Becker 1967; 1973; Gouldner 1968; 1974; vgl. insgesamt Dahrendorf 1967; Beck 1974.

6 Brumlik 1980; sowie Diskussionsbeiträge von Niemeyer und Dürkop (In: Kriminologisches Journal 1981, S. 309-317); s. auch Müller 1984.

7 Vgl. dazu die Diskussion in Eser u. Schumann 1976 sowie Brusten 1981a.

8 Vgl. etwa den kurzen Überblick bei Albrecht 1982; sowie ausführlicher Kaiser 1977; 1981; siehe auch Blankenburg 1982, S. 209; sowie die in Anm. 1-3 Genannten.

9 So klagte Eyrich vom BKA auf dem 4. Wissenschaftlichen Colloquium des Kriminologischen Forschungsinstituts (26.-28.10.1983) darüber, daß selbst einschlägige Forschungsergebnisse des BKA in den Glasschränken der Polizei verschimmelten.

10 Vgl. die bei Dreitzel zitierte Rede Goffmans aus dem Jahre 1982 zur Situation der Soziologenausbildung: "Wir haben es also noch nicht fertiggebracht, bei unseren Studenten das hohe Niveau antrainierter Inkompetenz zu produzieren, das die Psychologen bei den ihren erreicht haben, obwohl wir, weiß Gott, daran arbeiten" (Süddeutsche Zeitung Nr. 220, S. 113 vom 24./25.9.1983).

11 Sartre (In: Basaglia u. Basaglia-Ongaro 1980, S. 35), denn: "Als Intellektueller gibt er sich erst dann zu erkennen, wenn er seine Tätigkeit und den Gegenstand seiner Tätigkeit mit Zweifel überzieht ...".

12 Vgl. hierzu den Widerspruch zwischen dem Anwachsen der Akademiker und deren schwindender Legitimation als Experte, insbesondere im Gefolge zunehmender Erkenntnis der Beliebigkeit ihrer Experten-Argumente, auf das Hartmann u. Hartmann 1982 aufmerksam macht (vgl. dazu auch

die Diskussion zwischen Richerzhagen und den Autoren
(In: Kölner Zeitschrift für Soziologie und Sozialpsychologie 1983, S. 403-410)). Tatsächlich kann man ja auch
in weiten Bereichen dieser Praxis feststellen, daß
- entfiele nur die (placeboähnliche) Erwartungshaltung
der Klienten - Laien und Selbsthilfegruppen effektiver
helfen als Sozialarbeiter und daß der klassische Fürsor-
ger häufig realere Hilfe vermitteln konnte als therapeutisch zusatzausgebildete Sozialpädagogen und Psychologen.

13 Sack 1978, S. 221 ebenso wie sein Kontrahent Kaiser
    1979, S. 58.

14 Vgl. Caplan nach Albrecht 1982, S. 198 und Blath in
    diesem Band.

15 Vgl. Schumann u.a. 1981; sowie die Diskussion (In:Krimi-
    nologisches Journal 1981, Heft 3).

16 Vgl. hierzu die historische Analyse der Kriminalreform
    im 19. Jahrhundert in England, bei der keineswegs, wie
    gerne angenommen, Benthams Argumente wichtig waren, son-
    dern die von einer Geschäftswelt vorangetrieben wurde,
    die sich wegen der überscharfen Gesetzgebung und der
    deshalb geringen Anwendung ungeschützt glaubte
    (Rustigan 1981).

17 Zur Aufklärung solcher 'natürlicher Interpretationen',
    die wir von den ersten Lebenstagen an erlernen (Feyer-
    abend 1983, S. 93 ff.), wäre eine gründliche Analyse
    der Inhalte von Kinder- und Schulbüchern (vgl. Scheu
    1977, S. 97 ff.; Beddies u. Knepper 1979) ebenso not-
    wendig wie die der 'trivialen Ausbildungsliteratur'
    (vgl. etwa Brusten 1973), Examenshilfen oder schubka-
    stenartiger Theorieklassifikationen in den üblichen
    kriminologischen Lehrbüchern (vgl. etwa Blankenburgs
    Sammelrezension (In: Kölner Zeitschrift für Soziologie
    und Sozialpsychologie 1982, S. 164-166).

18 Foucault (1976, S. 56) verweist auf die problematische
    Notwendigkeit der Betroffenen, insbesondere der Prole-
    tarier zu Anfang des 19. Jahrhunderts, auf eben diese
    Familienmoral zurückzugreifen, um auf diese Weise in
    der Klassenauseinandersetzung seine 'Rechtschaffenheit'
    zu demonstrieren. Im übrigen greife ich hier möglicher-
    weise zu kurz: Krisberg (1975, S. 166) meint, daß unser
    'mental prison' in den Themen und Ideologien von sechs
    Jahrhunderten Strafpraxis wurzele und auch heute noch
    'the modern correctional system' entscheidend präge.

19 In Kapitel 1 und 12 des 'Drogenelends' bin ich auf die
    Art und Funktion dieser Bewußtseinsstruktur im Feld der
    Drogenpolitik näher eingegangen (Quensel 1982).

20 Vgl. Pilgram 1975; Camus 1982, S. 13; eine Übernahme,
    die im ursprünglichen Charakter der Labeling-Theorie
    als "Antwort eines bedrohten Mittelstandes" (Trotha
    1980, S. 108 f.) angelegt sein mag.

21 Siehe Böllinger 1980; Kerner 1980a zur Art der Verwen-
    dung in Gerichtsbeschlüssen; Kury u. Beckers 1983 sowie
    die Diskussion "Zur Problematik der Beurteilung von
    Schweregraden schuldmindernder oder schuldausschließen-
    der Störungen" mit der kritischen Anmerkung von Maisch
    zur forensischen Psychiatrie: "Wie kann eine angewandte
    Wissenschaft eigentlich etwas zu praktischen Problemlö-
    sungen beitragen, wenn sie noch nicht einmal ihre Aufga-
    ben, Zielsetzungen, empirische Reichweite(n) im Verhält-
    nis zu Anforderungen und Erwartungen einhellig klar
    sind". (In: 'Diagnostische Urteilsbildung zur Einschät-
    zung von Schweregraden psychischer Störungen' - jeweils
    in Heft 6 der Monatsschrift für Kriminologie 1983).

22 Vgl. die Zusammenstellung in Quensel 1982, Anm. 91 so-
    wie die Besprechung weiterer Reports (In: Monatsschrift
    für Kriminologie und Strafrechtsreform, 1984, Heft 1).

23 Vgl. Herriger 1980 und die Beiträge in Kerner 1983.

24 Unter diesem Legitimationsaspekt wäre eine gründliche
    Analyse der vom Familienministerium geförderten Unter-
    suchung von Albrecht u. Lamnek (1979) und der darauf
    folgenden Reaktion aus polizeilicher Sicht (Schwind
    1981, S. 88, Lit. in Anm. 38) sicher fruchtbar (vgl.
    Quensel 1980; Brusten 1981).

25 Vgl. zu den hier angeschnittenen bisher wenig untersuch-
    ten, gleichwohl für das kriminologische Selbstverständ-
    nis, zentralen Fragen einerseits die Arbeiten zur Rolle
    der Verbrechensfurcht von Kerner 1980; Steinert 1980
    und Kunz 1983; andererseits die Analyse der Funktion
    der Strafgesetzgebung etwa bei Hay 1975; Foucault 1976;
    Quensel 1982, Kap. 12.

26 Vgl. etwa Quinney 1974; 1974a; Tifft u. Sullivan 1980;
    dazu Greenberg 1983, insbesondere S. 317.

27 Vgl. hierzu auf theoretischer Ebene Treibers (1984)
    Analyse der Rolle intermediärer Systeme und selbstregu-
    latorischer Mechanismen im Schatten kodifizierten
    Rechts bei der Implementation regulativer Politik sowie
    die Ausführungen Walters (1982), die sich aus seinem
    praxisorientierten Projekt fast zwangsläufig ergeben;
    zur konkreten Problematik vgl. Riedmüller u.a. 1982.

28 Dabei klammere ich aus die von Foucault herausgearbei-
    tete tieferreichende Wirkungsweise dieser 'Mikrophysik
    der Macht' (1976, S. 95 ff.), da es mir hier eher auf
    die aktuelle kriminalpolitische Auseinandersetzung an-
    kommt.

29 Steinert 1983. Als Beispiele für solche Analysen vgl. Przybilla (1982) und Kriminalität in Neumünster 1983.

30 Das fällt bei Foucault (1976, S. 28, S. 42) auf; vgl. dazu Block u. Chambliss 1982, S. 13.

31 Dieser Vorbehalt gilt auch gegenüber der sonst aufschlußreichen Analyse der abolitionistischen Perspektive durch Scheerer (1984), abgesehen davon, daß die von ihm zitierten Abolitionisten Christie, Hulsman und Mathiesen sich keineswegs nur auf die abstrakte Kritik beschränken, sondern sich sehr direkt - mit allen notwendigen Kompromissen - in das kriminalpolitische Geschäft einlassen, bietet der konkrete Hinweis auf mögliche Alternativen wie auch das modellhaft realisierte Beispiel häufig eine bessere Kritik und Entlegitimierungschance, als die abstrakt globale Forderung des "weg mit ...". In der politischen Alltagsrealität freilich wird es häufig so sein, daß derart konkrete Hinweise, um salonfähig zu werden, des Flaschenschutzes angeblich irrationaler, globaler Radikalforderungen bedürfen.

Literatur

ALBRECHT, G.: Muß angewandte Soziologie konforme Soziologie sein. (In: U. Beck (Hrsg.): Soziologie und Praxis. Erfahrungen, Konflikte, Perspektiven. Göttingen, 1982, S. 161-204).

ALBRECHT, P.A.; LAMNEK, S.: Jugendkriminalität im Zerrbild der Statistik. (München, 1979).

BADURA, B.: Soziologie und Sozialpolitik: Alte Themen, neue Aufgaben. (In: U. Beck (Hrsg.): Soziologie und Praxis. Erfahrungen, Konflikte, Perspektiven. Göttingen, 1982, S. 93-106).

BASAGLIA, F.; BASAGLIA-ONGARO, F. (Hrsg.): Befriedigungsverbrechen: Über die Dienstbarkeit der Intellektuellen. (Frankfurt, 1980).

BECK, U.: Objektivität und Normativität - Die Theorie-Praxis-Debatte in der modernen deutschen und amerikanischen Soziologie. (Reinbek, 1974).

BECK, U. (Hrsg.): Soziologie und Praxis. Erfahrungen, Konflikte, Perspektiven. (Göttingen, 1982).

BECKER, H.: Whose side are we on. (In: Social Problems, 1967, S. 239-247).

BECKER, H.: Außenseiter. (Frankfurt/M., 1973, Kap. 10, S. 178-186).

BEDDIES, H.; KNEPPER, H.: Schulbuchkritik in fremden Diensten. (In: G. Stein (Hrsg.): Schulbuchschelte als Politikum und Herausforderung wissenschaftlicher Schulbucharbeit. Stuttgart, 1979, S. 124-132).

BEHR, C. u.a.: Die Nutzung wissenschaftlicher Erkenntnisse für die Aufrechterhaltung und den Ausbau staatlicher Kontrolle. (In: Psychologie und Gesellschaftskritik, 1982, S. 5 ff.).

BEHR, C. u.a.: Analysen zum Terrorismus. Wissenschaftliche Bausteine gegen soziale Bewegungen. (Manuskript, 1983).

BIEKER, R.; FLOERECKE, P.: Trotz beachtlicher Leistungen noch viele Forschungsfragen offen. (In: Monatsschrift für Kriminologie und Strafrechtsreform, 1983, S. 178-183).

BIRKMEYER, K.v.: Was läßt von Liszt vom Strafrecht übrig? (München, 1907).

BLANKENBURG, E.: Die Praxisrelevanz einer Nicht-Disziplin: Der Fall (der) Rechtssoziologie. (In: U. Beck (Hrsg.): Soziologie und Praxis. Erfahrungen, Konflikte, Perspektiven. Göttingen, 1982, S. 205- 218).

BLOCK, A.; CHAMBLISS, W.: Organizing crime. (2. Aufl., New York, 1982).

BÖLLINGER, L.: Prognoseprobleme bei der Strafaussetzung zur Bewährung. (In: Vom Nutzen und Nachteil der Sozialwissenschaften I. Frankfurt/M., 1980).

BRAUNECK, A.E.: Was läßt die Kriminologie vom Strafrecht übrig? (In: Monatsschrift für Kriminologie und Strafrechtsreform, 1963, S. 193-201).

BRAUNECK, A.E.: Zur sozialpsychologischen Bedeutung des Kriminalitätsumfangs. (In: H. Kaufmann u.a. (Hrsg.): Erinnerungsgabe für Grünhut. Marburg, 1965, S. 23 ff.).

BRUMLIK, H.: Fremdheit und Konflikt. (In: Kriminologisches Journal, 1980, S. 310-320).

BRUSTEN, M.: Hüter der öffentlichen Ordnung. Eine kritische Analyse von Polizeiliteratur. (In: Neue Praxis, 1973, S. 175-193).

BRUSTEN, M.: Politik und Praxis der kriminologischen Forschung. (In: Kriminologisches Journal, 1980, S. 69-72).

BRUSTEN, M.: Staatliche Institutionalisierung kriminologischer Forschung. (In: H. Kury (Hrsg.): Perspektiven und Probleme kriminologischer Forschung. Köln u.a., 1981, S. 135-182).

BRUSTEN, M. u.a.: Freiheit der Wissenschaft - Mythos oder Realität. (Frankfurt/M., 1981a).

BRUSTEN, M.: Forschung für wen, für was und mit welchen Konsequenzen. (Manuskript, 1983).

CAMUS, J.; ELTING, A.: Grundlagen und Möglichkeiten integrationstheoretischer Konzeptionen in der kriminologischen Forschung. (Bochum, 1982).

CAPLAN, N.: The two-communities theory and knowledge utilization. (In: American Behavioral Scientist, 1979, S. 459-470).

CHRISTIE, N.: Limits to pain. (Oxford, 1982).

DAHRENDORF, R.: Sozialwissenschaft und Werturteil. (In: R. Dahrendorf: Pfade aus Utopia. München, 1967, S. 74 ff.).

DIAMOND, A.: Primitive law, past and present. (London, 1971).

ESER, A.; SCHUMANN, K. (Hrsg.): Forschung im Konflikt mit Recht und Ethik. (Stuttgart, 1976).

EUROPEAN GROUP FOR THE STUDY OF DEVIANCE AND SOCIAL CONTROL (Hrsg.): State Control on Information in the Field of Deviance and Social Control. (Wuppertal, 1981).

FEYERABEND, P.: Wider den Methodenzwang. (2. Aufl., Frankfurt/M., 1983).

FOUCAULT, M.: Mikrophysik der Macht. (Berlin, 1976).

GIESEN, B.: Moralische Unternehmer und öffentliche Diskussion. Überlegungen zur gesellschaftlichen Thematisierung sozialer Probleme. (In: Kölner Zeitschrift für Soziologie und Sozialpsychologie, 1983, S. 230-254).

GIPSER, G.; KLEIN-SCHONNEFELD, S.: Über die Ergründung des Bösen in der Welt - Fragen an Staatsforschung und Auftragsforschung. (In: Kriminologisches Journal, 1980, S. 199-207).

GOULDNER, A.: The sociologist as partisan: Sociology and the welfare state. (In: The American Sociologist, 1968, S. 103-116).

GOULDNER, A.: Epilog: Theoretiker zieht sich - teilweise - wieder auf sich selbst zurück. (In: Die westliche Soziologie in der Krise, Bd. 2. Reinbek, 1974, S. 565-601).

GREENBERG, D.: Crime and capitalism. (Palo Alto, 1981).

GREENBERG, D.: Reflections on the justice model debate. (In: Contemporary Crises, 1983, S. 313-327).

GREENBERG, D.; HUMPHRIES, D.: The cooptation of fixed sentencing reform. (In: D. Greenberg: Crime and capitalism. Palo Alto, 1981, S. 367-386).

HARTMANN, H.; HARTMANN, M.: Vom Elend der Experten: Zwischen Akademisierung und Deprofessionalisierung. (In: Kölner Zeitschrift für Soziologie und Sozialpsychologie, 1982, S. 193-223).

HASSEMER, W.; LÜDERSSEN, K.; NAUCKE, W.: Fortschritte im Strafrecht durch die Sozialwissenschaften? (Karlsruhe, 1983).

HAY, D.: Property, authority and the criminal law. (In: D. Hay u.a. (Hrsg.): Albions fatal tree. London, 1975, S. 17-63).

HERRIGER, N.: Familienintervention und soziale Kontrolle - Strategien der Kolonisierung von Lebensstilen. (In: Kriminologisches Journal, 1980, S. 283-300).

HUMPHRIES, D.; GREENBERG, D.: The dialectics of crime control. (In: D. Greenberg: Crime and capitalism. Palo Alto, 1981, S. 209-254).

JÄGER, H.: Veränderung des Strafrechts durch Kriminologie? (In: Kriminologisches Journal, 1976, S. 98-113).

JÄGER, H.: Zur Ambivalenz von Staatsforschung und staatlicher Auftragsforschung in der Kriminologie. (In: Kriminologisches Journal, 1980, S. 228-231).

KAISER, G.: Kriminologie als angewandte Wissenschaft. (In: Schweizerische Zeitschrift für Strafrecht. Lebendiges Strafrecht. Festgabe zum 65. Geburtstag von Hans Schultz. Bern, 1977, S. 514-531).

KAISER, G.: Strafrechtssoziologie: Dimensionen oder Partitur der Kriminologie? (In: Monatsschrift für Kriminologie und Strafrechtsreform, 1979, S. 50-62).

KAISER, G.: Kriminologische Forschung - ein Ausblick. (In: H. Kury (Hrsg.): Perspektiven und Probleme kriminologischer Forschung. Köln u.a., 1981, S. 635-661).

KAUFMANN, H.: Was läßt die Kriminologie vom Strafrecht übrig. (In: Juristenzeitung, 1962, S. 193-199).

KERNER, H.-J.: Kriminalitätseinschätzung und innere Sicherheit. (Wiesbaden, 1980).

KERNER, H.-J.: Können und dürfen Therapeuten prognostizieren. (In: Vom Nutzen und Nachteil ... I. Frankfurt/M., 1980a).

KERNER, H.-J. (Hrsg.): Diversion statt Strafe. Probleme und Gefahren einer neuen Strategie strafrechtlicher Sozialkontrolle. (Heidelberg, 1983).

KREISSL, R.: Staatsforschung und staatstaugliche Forschung in der Kriminologie. (In: Kriminologisches Journal, 1983, S. 110-121).

KRIMINALITÄT IN NEUMÜNSTER: Bericht der Enquête-Kommission zur Untersuchung der Ursachen der Kriminalität in Neumünster. (Herausgegeben von der Ratsversammlung der Stadt Neumünster. Neumünster, 1983).

KRISBERG, B.: Crime and privilege. Toward a new criminology. (Englewood Cliffs, 1975).

KRÜGER, M.: Wissenssoziologie. (Stuttgart, 1981).

KUNZ, K.: Die Verbrechensfurcht als Gegenstand der Kriminologie und als Faktor der Kriminalpolitik. (In: Monatsschrift für Kriminologie und Strafrechtsreform, 1983, S. 162-174).

KURY, H. (Hrsg.): Perspektiven und Probleme kriminologischer Forschung. (Köln u.a., 1981).

KURY, H.; BECKERS, C.: Probleme der Psychodiagnostik bei sozial Auffälligen, insbesondere im Bereich des Strafvollzugs. (In: Monatsschrift für Kriminologie und Strafrechtsreform, 1983, S. 63-72).

LIAZOS, A.: The poverty of the sociology of deviance: Nuts, sluts and perverts. (In: Social Problems, 1972, S. 103-120).

LÜDERSSEN, K.; SACK, F. (Hrsg.): Seminar: Abweichendes Verhalten IV, Kriminalpolitik und Strafrecht. (Frankfurt/M., 1980).

MAASSEN, M.: Polizeiliche Drogenkontrolle. (In: A. Kreuzer u.a.: Drogenabhängigkeit und Kontrolle. Wiesbaden, 1981, S. 283-368).

MANNHEIM, K.: Wissenssoziologie. (Berlin, 1964).

MARX, G.: Ironies of social control: Authorities as contributors to deviance through escalation, nonenforcement and covert facilitation. (In: Social Problems, 1981, S. 221-246).

MATHIESEN, T.: Law, society and political action: Towards a strategy under late capitalism. (London, 1980).

MIKINOVIC, S.: Zum Diskurs über abweichendes Verhalten Jugendlicher. Das Auftreten des Schuldvorwurfs an die Familie zur Jahrhundertwende. (In: Kriminalsoziologische Bibliographie, 1982, Heft 36/37, S. 25-37).

MITZLAFF, S.: Erklärung, Scheinerklärung und ein heuristisches Modell, um den kritischen Zugang zu Theorien abweichenden Verhaltens zu strukturieren. (In: A. Abele u.a. (Hrsg.): Abweichendes Verhalten, Erklärungen, Scheinerklärungen und praktische Probleme. Stuttgart, 1975, S. 65-123).

MOSER, T.: Repressive Kriminalpsychiatrie. (Frankfurt/M., 1971).

MÜLLER, S. (Hrsg.): Verstehen oder Kolonisieren. (Bielefeld, 1984).

NAUCKE, W.: Die Abhängigkeiten zwischen Kriminologie und Kriminalpolitik, erörtert an neueren kriminologischen Schulrichtungen. (In: K. Lüderssen, F. Sack

(Hrsg.): Seminar: Abweichendes Verhalten IV, Kriminalpolitik und Strafrecht. Frankfurt/M., 1980,
S. 68-91).

NOWOTNY, H.: Vom Definieren, vom Lösen und vom Verwalten
sozialer Probleme: Der Beitrag der Armutsforschung.
(In: U. Beck (Hrsg.): Soziologie und Praxis. Erfahrungen, Konflikte, Perspektiven. Göttingen, 1982, S.
115-134).

OFFE, C.: Sozialwissenschaften zwischen Auftragsforschung
und sozialer Bewegung. (In: U. Beck (Hrsg.): Soziologie und Praxis. Erfahrungen, Konflikte, Perspektiven. Göttingen, 1982, S. 107-113).

PETERS, D.: Richter im Dienste der Macht: Zur gesellschaftlichen Verteilung der Kriminalität. (Stuttgart,
1973).

PILGRAM, A.; STEINERT, H.: Die Labeling-Theorie aus der
Perspektive kriminalpolitischer Pragmatik. (In: Kriminologisches Journal, 1975, S. 172-181).

PILGRAM, A.: Kriminalität in Österreich. (Wien, 1980).

PLANUNGSPAPIER, Verhütung und Bekämpfung der Kriminalität.
Abschlußbericht. (Berlin,1974).

POMMEREHNE, W.; HARTMANN, H.: Ein ökonomischer Ansatz zur
Rauschgiftkontrolle. (In: Jahrbuch für Sozialwissenschaften 31, 1980, S. 102-143).

POPITZ, H.: Über die Präventivwirkung des Nichtwissens.
(Tübingen, 1968).

POPITZ, H.: Die normative Konstruktion von Gesellschaft.
(Tübingen, 1980).

PRZYBILLA, K.: Drogen in der Stadt. (Münster, 1982).

QUENSEL, S.: Warum die Jugendkriminalität steigen muß..
(In: Monatschrift für Kriminologie und Strafrechtsreform, 1980, S. 413-418).

QUENSEL, S.: Drogenelend. (Frankfurt/M., 1982).

QUINNEY, R.: Die Ideologie des Rechts: Über eine radikale
Alternative zum legalen Zwang. (In: K. Lüderssen, F.
Sack (Hrsg.): Seminar: Abweichendes Verhalten I, Die
selektiven Normen der Gesellschaft. Frankfurt/M.,
1974, S. 80-124).

QUINNEY, R.: Critique of legal order. Crime control in capitalist society. (Boston, 1974a).

RESEARCH PRIORITIES IN ADDICTION. Report of a Social Science Research Council Sub-Committee. (Surrey RH1 3DN, 1982).

RIEDMÜLLER, B.; KOENEN, E.; KARDORFF, E.: Sozialforschung als Mittel der Reformpolitik. Erfahrungen bei der Vorbereitung einer Dokumentation/Evaluation sozial-psychiatrischer Dienste. (In: U. Beck (Hrsg.): Soziologie und Praxis. Erfahrungen, Konflikte, Perspektiven. Göttingen, 1982, S. 307-332).

ROSENMAYR, L.: Wider die Harmonie-Illusion. Praxisbeziehung als Herausforderung zur Neubestimmung der Soziologie. (In: U. Beck (Hrsg.): Soziologie und Praxis. Erfahrungen, Konflikte, Perspektiven. Göttingen, 1982, S. 28-58).

RUSTIGAN, M.: A Reinterpretation of criminal law reform in nineteenth century England. (In: D. Greenberg (Ed): Crime and capitalism. Palo Alto, 1981, S. 255-278).

SACK, F.: Probleme der Kriminalsoziologie. (In: R. König (Hrsg.): Handbuch der empirischen Sozialforschung. Bd. 12: Wahlverhalten, Vorurteile, Kriminalität. 2. Auflage, Stuttgart, 1978, S. 192-492).

SCHEERER, S.: Strafgesetzgebung. Handwörterbuch der Kriminologie. (Berlin, 1979, S. 393-404).

SCHEERER, S.: Die abolitionistische Perspektive. (Manuskript, 1984).

SCHEU, U.: Wir werden nicht als Mädchen geboren - wir werden dazu gemacht. Zur frühkindlichen Erziehung in unserer Gesellschaft. (Frankfurt/M., 1977).

SCHMIDBAUER, W.: Die hilflosen Helfer: Über die seelische Problematik der helfenden Berufe. (Reinbek, 1977).

SCHUMANN, K. u.a.: Sozialwissenschaft im Strafrecht. (In: Kriminologisches Journal, 1981, S. 164-170).

SCHUR, E.: Radical non-intervention: Rethinking the delinquency problem. (Englewood Cliffs, N.J., 1973).

SCHWIND, H.-D. u.a. (Hrsg.): Präventive Kriminalpolitik. (Heidelberg, 1980).

SCHWIND, H.-D.: Kriminologische Forschung und Kriminalpolitik. (In: H. Kury (Hrsg.): Perspektiven und Probleme kriminologischer Forschung. Köln u.a., 1981, S. 80-94).

SCHWIND, H.-D.: Zur Zukunft der Sozialtherapeutischen Anstalt. (In: Neue Zeitschrift für Strafrecht, 1981a, S. 121-124).

STALLBERG, F.W.; STALLBERG, R.: Kriminalisierung und Kon-
    flikt - Zur Analyse ihres Zusammenhangs. (In: Monats-
    schrift für Kriminologie und Strafrechtsreform,
    1977, S. 16-32).

STEINERT, H.: Kleine Ermutigung für den kritischen Straf-
    rechtler, sich vom "Strafbedürfnis der Bevölkerung"
    (und seinen Produzenten) nicht einschüchtern zu las-
    sen. (In: K. Lüderssen, F. Sack (Hrsg.): Seminar:
    Abweichendes Verhalten IV, Kriminalpolitik und Straf-
    recht. Frankfurt/M., 1980, S. 302-357).

STEINERT, H.: Kriminalpolitik ˜durch Kriminologen. Ein Ta-
    gungsbericht. (In: Kriminologisches Journal, 1983,
    S. 7-13).

STEINHILPER, G.; BERCKHAUER, F.: Kriminologische Forschung
    als Beitrag zur Kriminalitätsvorbeugung. (In: H.-D.
    Schwind u.a. (Hrsg.): Präventive Kriminalpolitik.
    Heidelberg, 1980, S. 127-143).

TAYLOR, I.: Law and order. (London, 1981).

TIFFT, L.; SULLIVAN, D.: The struggle to be human: Crime,
    criminology and anarchism. (In: Cienfuegos Press,
    1980).

TREIBER, H.: Regulative Politik in der Krise? Anmerkungen
    zu einem aktuellen Thema oder Reflexive Rationalität
    im Schatten des gesatzten Rechts. (In: Kriminalsozio-
    logische Bibliographie, 1984, Heft 2, S. 28-54).

TROTHA, T.v.: Gesellschaftlicher Wandel, Theoriebildung und
    Fallstricke im Umgang mit der Theorie. (In: K.
    Lüderssen, F. Sack (Hrsg.): Seminar: Abweichendes
    Verhalten IV, Kriminalpolitik und Strafrecht. Frank-
    furt/M., 1980, S. 92-124).

WALTER, M.: Praxisorientierte kriminologische Forschung -
    Möglichkeiten und Gefahren. (In: H. Kury (Hrsg.):
    Prävention abweichenden Verhaltens - Maßnahmen der
    Vorbeugung und Nachbetreuung. Köln u.a., 1982,
    S. 29-50).

WEBER, M.: Der Sinn der 'Wertfreiheit' der Sozialwissen-
    schaften. (In: M. Weber: Soziologie, Analysen, Poli-
    tik. Stuttgart, 1973, S. 263-309).

WOLFF, J.: Das Verhältnis von Theorie und Praxis in der
    Kriminologie. (In: Kölner Zeitschrift für Soziologie
    und Sozialpsychologie, 1974, S. 301-315).

YOUNG, J.: Working class criminology. (In: Critical Crimi-
    nology. London, 1975, S. 63-94).

Richard Blath

KRIMINOLOGISCHE FORSCHUNG AUS STRAFRECHTSPOLITISCHER SICHT[*]

Inhalt

1.   Zum Verhältnis von Politik und Wissenschaft

2.   Zum Verhältnis von Strafrechtspolitik und Krimi-
          nologie

3.   Kriminologische Forschung im Bundesministerium
          der Justiz

4.   Weiterentwicklung des Verhältnisses von Straf-
          rechtspolitik und Kriminologie

          Anmerkungen

          Literatur

"Alle Unparteilichkeit ist künstlich. Der Mensch ist immer parteiisch und tut sehr recht daran. Selbst Unparteilich- keit ist parteiisch. (Jemand, der Unparteilichkeit für sich bzw. für seine Äußerungen in Anspruch nimmt, ist; Einfügung vom Verfasser) ... von der Partei der Unparteiischen"[1].

Becker befaßt sich in seinem Aufsatz "Whose side are we on?" mit der Frage, ob sozialwissenschaftliche und insbeson- dere auch kriminologische Forschung ohne Parteinahme für die eine oder andere Personengruppe (z.B. "subordinates" oder "superordinates") überhaupt möglich ist. Seine grund- sätzlichen Zweifel, kriminologische Forschung sei allein wissenschaftsinternen Zwecken verpflichtet und ansonsten nicht parteiisch, haben mich dazu bewogen, dieses Zitat an den Anfang meiner Ausführungen zu stellen.

Gehören die Kriminologie oder die Kriminologen, Kriminal- psychologen oder -soziologen, Vertreter der Kriminalpsychia- trie der "Partei der Unparteiischen" an? Oder verhält es sich nicht vielmehr so, daß "bestimmte Arten, Straftaten zu erklären, ... regelmäßig zu bestimmten Arten kriminalpo- litischer Reaktion (führen)" oder "umgekehrt: bestimmte kri- minalpolitische Forderungen ... sich die dazugehörige Krimi- nologie (schaffen)"[2]?

Das Verhältnis von "Kriminologie und Strafrechtspolitik" aus der Sicht eines Ministeriums, dem die Vorbereitung strafrechtlicher Gesetze obliegt, zu betrachten, fordert eine Antwort auf diese Fragen. Konkrete Überlegungen zum Verhältnis von Kriminologie und Strafrechtspolitik blieben andernfalls rational zumindest unzureichend begründet, wären einer argumentativen Diskussion schwerer zugänglich[3]. Die gegenwärtige Diskussion in der Kriminologie um Behand- lungsideologie[4], Neoklassizismus und Abolitionismus[5], auch um die Schrecknisse einer drohenden Staatskriminologie[6], scheint mir gerade an der fehlenden Reflexion grundsätz- licher Wert- und Zwecksetzungen, auf denen die jeweils vorgetragenen Argumentationen beruhen, zu leiden.

Ich werde mich zunächst mit dem Verhältnis von Wissenschaft und Politik im allgemeinen befassen. Anschließend werde ich - hierauf aufbauend - auf das Verhältnis von Kriminologie und Strafrechtspolitik eingehen und - in einem weiteren Abschnitt - zwei konkrete Beispiele zur Erläuterung dieses Verhältnisses erwähnen.

1. Zum Verhältnis von Politik und Wissenschaft

In unserer Gesellschaft gelten Politik und Staat auf der einen und Wissenschaft auf der anderen Seite weithin als - mindestens - zwei voneinander getrennte Handlungssysteme. Danach kommt den politischen und staatlichen Institutionen die Aufgabe zu, die dem Gemeinwohl[7] verpflichteten Zielvorstellungen zu entwickeln, gegenwärtige und zukünftig absehbare, die Allgemeinheit betreffende Problemlagen zu erkennen und Maßnahmen zu ihrer Bewältigung zu ergreifen[8].

Demgegenüber wird zumeist dem Wissenschaftssystem die Aufgabe zugeschrieben, unabhängig von einem öffentlichen, vermeintlich oder tatsächlich bestehenden Handlungsbedarf systematisch erworbenes Wissen zu vermehren, dem "Erkenntnisfortschritt" in diesem Sinne zu dienen[9].

Geht es also - nach der wohl herrschenden Auffassung - im Bereich von Politik und Staat um die Entwicklung konkreter Handlungsziele und um die Lösung aktueller oder vorhersehbarer gesellschaftlicher Problemlagen, so richtet sich das wissenschaftliche Interesse auf die Beschreibung, Deutung und Erklärung ihres jeweiligen Objektbereichs.

Wenn auch diese unterschiedlichen Interessen beider Systeme das Selbstverständnis ihrer Akteure weitgehend bestimmen, so beschränken diese sich in ihrem Handeln, insbesondere auch in ihren öffentlichen Äußerungen, häufig nicht auf die Verfolgung dieser jeweils vorrangigen Interessen. Akteure des politischen und staatlichen Systems formulieren - mit dem Anspruch auf empirische Gültigkeit - Aussagen über die Wirklichkeit. Akteure des Wissenschaftssystems artikulieren - mit dem Anspruch auf Wohlbegründetheit - politische Interessen.

Geschieht dies in expliziter Weise, so sind die jeweils vorgetragenen Aussagen, Forderungen, Stellungnahmen einer rationalen Argumentation zugänglich. Probleme in der Kommunikation zwischen beiden Handlungssystemen treten dann auf, wenn - auf seiten des politischen und staatlichen Systems - Beschreibungen, Deutungen und Erklärungen von Wirklichkeit, - auf seiten des Wissenschaftssystems - Bewertungen und Forderungen implizit und nicht als solche kenntlich gemacht in die jeweilige Argumentation aufgenommen werden[10]. Die Konturen der Kommunikationsinhalte werden dann verwischt, es wird unklar, ob man über das, was ist, redet oder reden will, ob man darüber redet, ob das, was ist, gut oder schlecht ist, oder ob man darüber redet, was sein soll oder nicht sein soll.

In beiden Systemen, Politik und Staat auf der einen, Wissenschaft auf der anderen Seite, gibt es eine Vielzahl von Einfallstoren für derartige Vermischungen in der Argumentation.

Für das politische und staatliche System möchte ich hier nur eines nennen: Staat und Politik benötigen für die Entwicklung von Handlungszielen und Problemlösungen Wirklichkeitsbeschreibungen, - deutungen und -erklärungen. Hier besteht die Gefahr, daß die Aussagen über die Wirklichkeit, die ja notwendigerweise immer Rekonstruktionen darstellen[11], so formuliert werden, daß die auf bestimmten Interessen beruhenden Zielbestimmungen und Problemlösungsvorschläge bzw. Problemlösungsmaßnahmen unmittelbar als adäquat und gerechtfertigt erscheinen. Etwas eingehender möchte ich mich mit den Einfallstoren für ideologische Aussagen im Bereich des Wissenschaftssystems befassen. Ich beschränke mich dabei auf die empirischen Sozialwissenschaften, zu denen ich auch die Kriminologie zähle.

Die wichtigsten Einfallstore für ideologisch behaftete Aussagen oder sogar Aussagensysteme sehe ich

a. in der Festlegung bestimmter Forschungsinteressen,

b. in der Tatsache, daß Beschreibungen der und Theorien über die soziale Wirklichkeit notwendigerweise Rekonstruktionen darstellen und

c. schließlich darin, daß die Forschungsmethoden nach wie vor erhebliche Fehlerquellen enthalten und u.a. deswegen die empirischen Untersuchungsergebnisse häufig in Zweifel gezogen werden können.

Diese drei Punkte möchte ich kurz erläutern.

ad a.: An der häufig zu hörenden Behauptung, daß die Festlegung von Forschungsinteressen allein oder wenigstens größtenteils dem Streben nach Erkenntnisfortschritt entspringt, habe ich erhebliche Zweifel. Ich glaube vielmehr, daß Forschungsinteressen häufig von impliziten Menschenbildern, von impliziter Rechtfertigung der oder Kritik an gegenwärtigen Gesellschaftsstrukturen, von impliziten politischen Zielvorstellungen zumindest teilweise geleitet werden[12]. In den verwendeten Theorien, Hypothesen, Ergebnisbeschreibungen und Interpretationen offenbaren sich diese Hintergrundannahmen, Bewertungen oder Interessen häufig nicht.

ad b.: Die Tatsache, daß die Theoriebildung in den empirischen Sozialwissenschaften immer nur Abstraktion von Wirklichkeit darstellt, daß hierbei notwendigerweise immer nur Teilaspekte der Wirklichkeit erfaßt werden, birgt die Gefahr in sich, daß in die Vorgänge des Abstrahierens, Reduzierens und Rekonstruierens wiederum implizite Vorstellungen über den Menschen, über sein Zusammenleben mit anderen, über soziale Strukturen einfließen: Vorstellungen, die durchaus auch von

Bewertungen oder Idealvorstellungen mitgeprägt sein
können[13].

ad c.: Schließlich ist auf den empirischen Forschungsprozeß hinzuweisen, der fast immer Interpretationen
außerhalb der theoretisch formulierten Hypothesen nahelegt oder sogar - im Falle einer Nichtbestätigung der
Hypothesen - weiterführende Interpretationen und Diskussionen geradezu provoziert. Auch derartige Interpretationen gewähren den erwähnten impliziten Vorstellungen Einlaß in die "wissenschaftliche" Argumentation[14].

Diese Gegebenheiten im Forschungsprozeß führen häufig dazu,
daß Handlungsempfehlungen für die Praxis, die aus sozialwissenschaftlichen Ergebnissen abgeleitet werden, eben im
allgemeinen nicht als "technologisch", d.h. durch empirisch
abgesicherte Erkenntnis begründbar anzusehen sind, sondern
letztlich auf vorwissenschaftlichen Bewertungen, Überzeugungen oder Interessen beruhen.

Es zeigt sich also, daß die empirischen Sozialwissenschaften ihrem Anspruch, oder besser, ihrem Selbstverständnis,
wertfrei Wissen zu produzieren, allenfalls annähernd genügen können. Um Mißverständnisse zu vermeiden: Die von der
Wissenschaftstheorie entwickelte Differenzierung von Ist-
Aussagen und normativen Aussagen wird weder übersehen noch
als unzweckmäßig erachtet[15]. Auch hier wird dem generellen
Forschungszweck, möglichst wahre Aussagen über die soziale
Wirklichkeit zu erstellen, ein hoher Stellenwert eingeräumt. Im konkreten Forschungsprozeß ist jedoch kein Sozialwissenschaftler davor gefeit, daß er in seine Aussagen
vortheoretische und normativ-wertende Vorannahmen einfließen läßt, mag er sich auch noch so sehr der wissenschaftlichen Objektivität verpflichtet fühlen.

Damit, so meine ich, ist Howard S. Becker zuzustimmen, wenn
er die Möglichkeit einer Unparteilichkeit in Zweifel

zieht[16]. Die empirischen Sozialwissenschaften sind meist nicht unparteiisch. Wenn sie Unparteilichkeit für sich in Anspruch nehmen, dann übersehen sie die vortheoretischen oder normativ-wertenden Grundlagen eigener Wissensproduktion. Und man wird auch Naucke zustimmen müssen, daß jeder kriminologische Ansatz wenigstens in der Tendenz zu einer bestimmten Kriminalpolitik führt und umgekehrt[17]. Sein Lösungsvorschlag, "... eine parteipolitisch unabhängige Kriminologie zu entwickeln ..."[18], scheint mir aus den zuvor erläuterten Gründen allerdings nicht erfolgversprechend. Ich sehe einen Ausweg nur darin, die Hintergrundannahmen und die wertgebundenen oder auch politischen Standpunkte sozialwissenschaftlicher Forschung und Theoriebildung explizit zu machen.

Wenn aber die Objektivität und Wertfreiheit sozialwissenschaftlicher Forschung in dieser Weise in Zweifel gezogen werden muß, wird auch die normative Begründbarkeit sozialwissenschaftlichen Handelns allein aus der Zielsetzung des Erkenntnisfortschritts heraus in Frage gestellt. Meines Erachtens sollte sozialwissenschaftliches Handeln vor allem darin begründet sein, zu einer an Kriterien des Gemeinwohls und der Gerechtigkeit zu messenden Lösung zwischenmenschlicher Problemsituationen beizutragen. Die Einlösung dieses wissenschaftsethischen Postulats erfordert aber eine explizite normativ-ethische Begründung von Forschungsinteressen, erfordert eine stärkere Sensibilisierung für versteckte Bewertungen und Soll-Vorstellungen in wissenschaftlichen Aussagen.

Für eine solche Ausrichtung sozialwissenschaftlicher Forschung hat die Erlanger Schule der konstruktivistischen Philosophie und Wissenschaftstheorie diskussionswürdige Vorschläge entwickelt[19]. Auch das von Habermas entworfene Modell einer "herrschaftsfreien Kommunikation"[20] und seine Vorschläge zur Klärung problematisierter Geltungsansprüche[21] ließen sich in diesem Sinne nutzbar machen. Beide

wissenschaftstheoretischen Ansätze heben die Wert- und Norm-
gebundenheit auch jener sozialwissenschaftlichen Forschung
hervor, die sich selbst als "wertfrei" versteht[22].

Eine stärkere selbstkritische Einstellung der Sozialwissenschaften käme auch einer erhöhten Rationalität in der argumentativen Kommunikation zwischen Politik und Staat auf der
einen und Wissenschaftssystem auf der anderen Seite zugute.
Gerade die mangelnde Explikation der im Hintergrund mit-
schwingenden Wirklichkeitsvorstellungen, Bewertungen und
Idealbilder erschwert diese Kommunikation. Häufig werden
nämlich diese vortheoretischen Annahmen und Bewertungen,
zum Teil auch politische Interessen, in den wissenschaftlichen Wirklichkeitsbeschreibungen indirekt vermittelt.
Wenn Akteure in Politik und Staat diese wissenschaftlichen
Wirklichkeitsbeschreibungen dann - wenigstens teilweise zu
Recht - als ideologiebehaftet zurückweisen, dann beruht
diese Kritik letztlich darauf, daß die Bewertungen und
Interessen nicht akzeptiert werden. Häufig wird dann die
Auseinandersetzung zwischen Wissenschaft auf der einen Seite und Politik und Staat auf der anderen Seite auf einer
empirisch-analytischen Ebene geführt. Der eigentliche Konflikt besteht jedoch auf der normativ-wertenden Ebene. Dieser Konflikt wird aber nicht thematisiert.

Werden andererseits aus dem Bereich der Sozialwissenschaften politische Interessen oder Forderungen explizit artikuliert, so wird ihnen häufig zuerkannt, sie seien in besonderer Weise - eben "wissenschaftlich" - begründet. Hierbei
wird nicht bedacht, daß diese Interessen und Forderungen
durch empirisch-analytische Forschung allein nicht begründet werden können und häufig sogar ausschließlich auf norma-
tiv - wertenden Prämissen beruhen. Insoweit können seitens
der Sozialwissenschaften vorgebrachte Interessen und Forderungen keine besondere Begründetheit für sich in Anspruch
nehmen[23].

Das Verhältnis zwischen Staat und Politik auf der einen und Wissenschaft auf der anderen Seite werde ich im folgenden für die Beziehung zwischen Kriminologie und Strafrechtspolitik näher erläutern.

2. Zum Verhältnis von Strafrechtspolitik und Kriminologie

Strafrechtspolitik verstehe ich als einen Teil der Kriminalpolitik. Definiert man Kriminalpolitik als "... Gewinnung und Realisierung von Ordnungsvorstellungen im Bereich der Strafrechtspflege"[24], dann läßt sich Strafrechtspolitik begrifflich fassen als die Gewinnung und Realisierung von Ordnungsvorstellungen auf dem Wege der Strafgesetzgebung. In Anlehnung an Rehbinders Definition der Rechtspolitik könnte man auch formulieren: Strafrechtspolitik fragt und entscheidet, welche sozialen Ziele durch welche strafrechtlichen Mittel erreicht werden sollen[25].

Das Betreiben konkreter Strafrechtspolitik in diesem Sinne hängt von der Aufgabe ab, die man dem Strafrecht und der Strafrechtspflege zuschreibt. "Die Aufgabe des Strafrechts ist der Schutz des Zusammenlebens der Menschen in der Gemeinschaft"[26]. Zwar werde dieser Schutz teilweise auch von der "Sozialordnung", d.h. von außerrechtlichen Normensystemen, gewährt. Dieser reiche jedoch nicht aus und müsse durch eine "Rechtsordnung", u.a. eine Strafrechtsordnung, ergänzt werden[27].

Hinter dieser Aufgabenzuschreibung verbirgt sich die als paradigmatisch für die derzeitigen Sozialwissenschaften zu bezeichnende Vorannahme, daß sich Menschen in ihrem Sozialverhalten im wesentlichen nicht auf genetisch bedingte Instinkte oder Reiz-Reaktions-Muster verlassen können, sondern - als Individuen - Verhaltenserwartungen erlernen, interpretieren und aushandeln müssen, - als Gesellschaften - Systeme von Verhaltenserwartungen erstellen, bewahren und verändern müssen[28].

Es gibt auch gute Gründe für die Existenz eines formalisierten - rechtlichen - Normensystems, das die fundamentalen
Verhaltensnormen festlegt, und für das Bestehen formaler
Instanzen der Sozialkontrolle, die für die Befolgung dieser
Normen Sorge zu tragen haben. Ich möchte hier nur darauf
hinweisen, daß in Gesellschaften mit hoher Arbeitsteilung,
in denen viele soziale Beziehungen nicht auf persönlicher
Bekanntschaft beruhen, sondern durch formelle Rollen geprägt sind, allein die Herstellung von Erwartungssicherheit
eines formalisierten und kodifizierten Normensystems bedarf[29]. Ich möchte es auch als kulturelle Errungenschaft
der Menschen bezeichnen, daß sie die Regelung schwerwiegen-
der Konflikte, die Reaktion auf die Verletzung wichtiger
Lebensgüter dem Staat als einer Herrschaftsordnung, als
einer Institution, die das Gewaltmonopol für sich in Anspruch nehmen kann, übertragen haben. Eskalationen in der
Konfliktaustragung können so noch am ehesten verhindert
oder wenigstens minimiert werden[30].

Aus der Übertragung des Gewaltmonopols an den Staat ergibt
sich eine zweite Aufgabe des Strafrechts, nämlich die Begrenzung der staatlichen Eingriffe in das Zusammenleben der
Bürger. Tatbestände der Strafrechtsnormen zeigen nicht nur
positiv die strafrechtlich verbotenen Handlungen auf, sondern beschränken auch die Eingriffsbefugnisse des Staates
auf eben die kriminalisierten Handlungen. Begrenzungen des
staatlichen Eingriffs ergeben sich nicht nur aus dem materiellen Strafrecht, sondern auch z.B. aus dem Strafprozeßrecht und den rechtlichen Regelungen über den Strafvollzug[31].

Unterstellt man diese beiden Aufgaben des Strafrechts als
gegeben und zweckmäßig, dann fällt der Strafrechtspolitik
die Aufgabe zu, in dem vom Grundgesetz vorgegebenen Rahmen
festzulegen,

a. welche Handlungen strafrechtlich normiert werden
   sollen, wie weit sich der Strafrechtsschutz aus-
   dehnen soll,

b. welche strafrechtlichen Reaktionen bei der Verletzung der Strafrechtsnormen festzulegen sind,

c. wie weit die Eingriffsbefugnisse des Staates bei
   der Strafverfolgung reichen sollen.

Ein bestehendes Strafrechtssystem - wie wir es haben -
vorausgesetzt, stellen sich für die Strafrechtspolitik die
konkreten Fragen,

a. welche Straftatbestände - aufgrund gesellschaftlicher Veränderungen - abgeschafft, verändert oder
   neu geschaffen werden sollen (Stichworte Kriminali-
   sierung/Entkriminalisierung),

b. ob bestehende Reaktionsmuster auf strafbares Verhalten der Änderung oder Ergänzung bedürfen,

c. ob die bestehenden staatlichen Eingriffsbefugnisse
   für die Strafverfolgung ausreichen oder ob sie
   bereits zu weit ausgedehnt sind.

Bei der Beantwortung konkreter strafrechtspolitischer Fragen sind empirische und normativ-wertende Sachverhalte zu
klären[32]. Häufig dürften empirische und normativ-wertende
Sachverhalte in enger Verknüpfung auftreten. Dies wird auch
in dem folgenden Beispiel deutlich:

Bei der Frage nach der Kriminalisierung oder Entkriminalisierung bestimmter Handlungen wäre - normativ-wertend -
nach dem Unwertgehalt der Handlungen zu fragen. Der an dem
Wertsystem der Gesellschaft zu messende Unwertgehalt aber
richtet sich u.a. an dem durch die Handlung angerichteten
Schaden. Die Höhe des Schadens - soweit er sich materiell
bestimmen läßt - festzustellen, wäre wiederum eine empirische Frage. Möglicherweise ließe sich der Unwertgehalt
einer Handlung teilweise auch empirisch ermitteln, z.B.
über Meinungsumfragen, wenn man auf den Grad des Konsenses
in der Gesellschaft über den Unwertgehalt einer Handlung ab-
stellt[33].

Empirische und normativ-wertende Argumente spielen auch bei
der strafrechtspolitischen Entscheidung über die Angemessenheit strafrechtlicher Reaktionen auf das inkriminierte Handeln eine Rolle. Auf normativ-wertender Ebene wäre zum
Beispiel zu entscheiden, ob die angestrebten strafrechtlichen Reaktionen dem Grundsatz des Übermaßverbots entsprechen. Empirisch wäre hier zum Beispiel die Frage zu entscheiden, ob bei den vorgesehenen Reaktionen auch eine
Realisierung der intendierten Strafzwecke erreicht werden
kann[34].

Ebenso sind bei der Frage nach den geeigneten und vertret-
baren Strafverfolgungsmaßnahmen empirische und normativ-wertende Gesichtspunkte zu berücksichtigen, wobei hier vor
allem Fragen der Praktikabilität und Effektivität den empirischen Aspekt ausmachen[35]. Der hinreichende Schutz des
Bürgers vor staatlichen Verfolgungsmaßnahmen wäre einer der
zu berücksichtigenden normativ-wertenden Gesichtspunkte.

Die so kurz aufgezeigte Aufgabenstellung der Strafrechtspolitik verweist unmittelbar auf die zumindest denkbare Möglichkeit der Mitwirkung der Kriminologie bei der Lösung
strafrechtlicher Probleme, d.h. also hier bei der Strafgesetzgebung. Legt man ein analytisches Modell der Strafgesetzgebung mit den Phasen

- Problemanalyse,
- Zielanalyse,
- Mittelanalyse,
- Implementation,
- Evaluation

zugrunde[36], so könnte die Kriminologie auf allen Ebenen
dieses analytischen Modells mitwirken - mit Ausnahme der
Implementation, dies ist eine Angelegenheit der Praxis[37].
Spielt man dieses Modell am Beispiel eines Gesetzgebungsverfahrens zu einer materiellen strafrechtlichen Verbotsnorm

durch, so ergäben sich folgende Fragestellungen, zu deren
Beantwortung die Kriminologie grundsätzlich beitragen
könnte.

Auf der Ebene der Problemanalyse könnte die Kriminologie
Beiträge zur Phänomenologie jener Handlungen, die kriminali-
siert oder entkriminalisiert werden sollen, leisten[38]. Auch
Beiträge zum Unwertgehalt dieser Handlungen könnten von der
Kriminologie und auch von benachbarten Disziplinen wie der
Rechtssoziologie oder der allgemeinen Soziologie erbracht
werden[39].

Auf der Ebene der Zielanalyse könnten vor allem empirische
Zielkonflikte analysiert werden, z.B. ein Konflikt zwischen
den Zielen Schutz der Gesellschaft und spezialpräventive
Vermeidung krimineller Karrieren[40].

Auf der Ebene der Mittelanalyse wäre aus kriminologischer
Sicht z.B. zu diskutieren, ob die Kriminalisierung bestimmter Handlungen die strafrechtspolitischen Ziele verwirklichen kann, welche strafrechtlichen Reaktionen am ehesten
geeignet sein könnten, die angestrebten Ziele zu erreichen[41]. Wichtig wäre an dieser Stelle auch der Versuch
einer Analyse nicht beabsichtigter Nebenwirkungen bestimmter Maßnahmen[42].

Schließlich könnte im Rahmen einer Evaluation geprüft werden, ob die angestrebten strafrechtspolitischen Ziele erreicht wurden und ob Korrekturen des Gesetzes zweckmäßig
wären[43].

Diese kriminologische Mitwirkung könnte in verschiedenen
Phasen des Gesetzgebungsverfahrens erfolgen, bei der Vorbereitung der Gesetzentwürfe in den Ministerien, im Bundestag
oder im Bundesrat und - nach Einbringung des Gesetzentwurfs
- bei den Beratungen im Bundestag und im Bundesrat bzw. in
ihren Ausschüssen.

Seitens der Kriminologie ist häufig der Vorwurf an die
Akteure der Strafrechtspolitik zu vernehmen, kriminologische Erkenntnisse würden in den Gesetzgebungsverfahren gar
nicht oder nicht hinreichend berücksichtigt. Zu einer Rezep-
tion kriminologischer Erkenntnisse sei man allenfalls dann
bereit, wenn sie die eingeschlagene strafrechtspolitische
Zielrichtung unterstützten. Aufgrund meiner bisherigen Erfahrungen im Bundesministerium der Justiz kann ich demgegenüber feststellen, daß dort eine große Bereitschaft
herrscht, kriminologisches Wissen in die Gesetzgebungsar-
beit aufzunehmen, ja sogar daß eine stärkere Unterstützung
seitens der Kriminologie gewünscht wird. Wenn trotzdem -
dies sei zugestanden - in den Begründungen zu strafrechtlichen Gesetzesentwürfen kriminologische Argumente relativ
selten auftreten, dann ist dies zum Teil auch auf das
Selbstverständnis mancher Kriminologie oder besser Kriminologen und auf die Art bisheriger kriminologischer Wissensproduktion zurückzuführen. Beides erschwert die Kommunikation zwischen Strafrechtspolitik und Kriminologie.

Diese beiden Punkte möchte ich kurz erläutern. Zunächst zum
Selbstverständnis der Kriminologie. Meines Erachtens lassen
sich gegenwärtig in der deutschen Kriminologie drei Arten
des Selbstverständnisses unterscheiden, wobei die Übergänge
fließend sind:

1. Die traditionelle, vorwiegend täterorientierte Kriminologie versteht sich wesentlich als Hilfswissenschaft für die Anwendung und Durchsetzung des
   Strafrechts. Leferenz hat auf dem 17. Colloquium
   der Südwestdeutschen Kriminologischen Institute dieses Selbstverständnis der Kriminologie als ihre eigentliche Bestimmung herausgestellt[44]. Diese Position setzt die vorhandenen Strafrechtsnormen und
   strafrechtlichen Instanzen im wesentlichen als gegeben und als legitim voraus und stellt ihre empirischen Erkenntnisse in den Dienst der praktischen

Strafrechtspflege. Mit der Rolle des gerichtspsy-
chiatrischen Gutachters läßt sich dieses Selbstverständnis der Kriminologie kurz und prägnant kennzeichnen[45].

2. Die zweite Art kriminologischen Selbstverständnisses setzt ebenfalls die bestehende Rechtsordnung
als gegeben und legitim voraus, beruft sich jedoch
zur Begründung ihres wissenschaftlichen Handelns im
wesentlichen auf den Erkenntnisfortschritt. "Die
Kriminologie" - so Kaiser - "ist ... in der Wahl
und Erfüllung ihrer Forschungsaufgaben grundsätzlich frei"[46]. Hier wird Kriminologie als empirische
Wissenschaft beschrieben, die sich allerdings nicht
auf die Täter als Forschungsobjekte beschränkt, sondern auch Strafgesetzgebung, Instanzen strafrechtlicher Sozialkontrolle und auch die praktische Kriminalpolitik zum Forschungsgegenstand erhebt. Imma-
nente Kritik des bestehenden Strafrechtssystems aufgrund vorgefundener empirischer Ergebnisse wird
hierbei nicht ausgeschlossen.

3. Die dritte Art des Selbstverständnisses wird wesentlich von der Kritik an der bestehenden gesellschaftlichen und auch strafrechtlichen Ordnung geprägt[47].
Diese Art des Selbstverständnisses reicht von der
kritischen Beobachtung strafrechtlicher Sozialkontrolle - z.B. im Hinblick auf ihre vermeintliche
ständige Ausweitung[48] - bis hin zu einer expliziten
Ablehnung der bestehenden Gesellschaftsordnung aufgrund bestimmter gesellschaftstheoretischer Grundpo-
sitionen[49].

Von einer Kriminologie, die sich als Hilfswissenschaft für
die Anwendung des Strafrechts versteht, kann wohl auch die
Strafrechtspolitik Unterstützung erwarten. So könnten bei
einer Neufassung oder Veränderung von materiellen Strafrechtsnormen z.B. hinsichtlich subjektiver Tatbestandsmerk-

male gerichtspsychiatrische Erkenntnisse Bedeutung erlangen. Ich sehe allerdings auch deutliche Grenzen für die strafrechtspolitische Bedeutsamkeit einer Kriminologie, die sich in erster Linie mit Fragen der Gerichtspsychiatrie und ihrer praktischen Anwendung befaßt. Nicht allein die Begrenztheit und begrenzte Anwendbarkeit psychiatrischer Modelle psychischer Abweichung schränken die Bedeutung der Gerichtspsychiatrie für die Strafrechtspolitik ein. Vor allem bleiben Aspekte des Strafverfahrens, die Frage nach der Praktikabilität und Effektivität der verschiedenen strafrechtlichen Reaktionen weitgehend ausgespart.

Andererseits wird eine Kriminologie, die die bestehende staatliche Ordnung und damit auch das Bestehen des Strafrechtssystems im wesentlichen ablehnt, nur eine geringe strafrechtspolitische Relevanz besitzen. Wenn z.B. Steinert schreibt, "Wir müssen die Politik kritisieren, um sinnvoll Wissenschaft betreiben zu können und wir müssen die Wissenschaft kritisieren, um dieser kritisierbaren Form von Politik ein Stück ihrer wissenschaftlichen Unterstützung zu entziehen"[50], dann scheinen mir die Möglichkeiten einer rationalen Kommunikation zwischen Kriminologie und Strafrechtspolitik nicht mehr gegeben. Dies bedeutet nicht, daß ich der Kriminologie die Berechtigung, Strafrechtspolitik zu kritisieren, abspreche. Kritik gehört durchaus zu den wichtigsten Funktionen der Kriminologie und die Berechtigung zur Kritik wird auch durch die zu Beginn meines Vortrags erwähnten ethischen Grundlagen der Sozialwissenschaften ausdrücklich getragen. Ich wende mich vielmehr dagegen, daß - wie es in dem Zitat zum Ausdruck gelangt - dazu aufgefordert wird, einer bestimmten Kriminalpolitik und damit auch Strafrechtspolitik nur deswegen die kriminologische Begründbarkeit zu nehmen, weil sie den eigenen strafrechtspolitischen oder darüber hinaus gesellschaftspolitischen Vorstellungen widerspricht.

Hierdurch werden die Argumentationsebenen verschoben. Wenn
ein Dissens zwischen Kriminologen und Akteuren der Strafrechtspolitik besteht hinsichtlich strafrechtspolitischer
oder gar gesellschaftspolitischer Zielsetzungen, dann soll
man sich zunächst auch auf dieser Argumentationsebene auseinandersetzen. Werden empirische kriminologische Erkenntnisse in diese Auseinandersetzung eingebracht, dann mag man
darüber streiten, ob diese Ergebnisse empirische Gültigkeit
beanspruchen können und ob sie für den strafrechtspolitischen Streitpunkt relevant sind.

Wenn aber Kriminologie nur dazu dienen soll, der staatlichen Strafrechtspolitik die wissenschaftliche Begründbarkeit zu entziehen, dann wird der Eindruck erweckt, die
Kriminologie als empirische Wissenschaft könnte die eigenen
strafrechtspolitischen Ziele und Handlungsvorschläge erschöpfend begründen. Dies aber ist schon deswegen nicht
möglich, weil in Strafrechtspolitik immer auch Wertentschei-
dungen impliziert sind.

Wenn Kriminologie auf diese Weise eingesetzt wird, dann
werden die in der kriminologischen Argumentation enthaltenen Vorannahmen und Wertungen verschleiert. Genau darin
besteht dann die Verzerrung in der argumentativen Auseinandersetzung. Der strafrechtspolitische Streit gerät zu einer
Auseinandersetzung auf kriminologischer Ebene, obwohl er
eigentlich auf einer normativ-wertenden Ebene zu führen
wäre. Dies wiederum führt zu einer Ablehnung von seitens
dieser Kriminologie vorgetragenen Argumente als ideologisch
durch die Akteure der Strafrechtspolitik, obwohl diese Argumente vielleicht durchaus Beachtung verdienten.

Nur um Mißverständnissen vorzubeugen, möchte ich erwähnen,
daß ich die Diskussion alternativer Gesellschafts- und
Rechtsordnungen in der Kriminologie als legitim erachte.
Dies wird durch das Grundrecht der Freiheit der Wissenschaft getragen.

Bei einer Forderung nach Umsetzung dieser Vorstellungen in konkrete Politik ist die selbstkritische Prüfung dieser Vorschläge vor dem Hintergrund bestehender gesellschaftlicher und grundrechtlich fixierter Werte und eine Prüfung möglicher unbeabsichtigter Nebenwirkungen unerläßlich. Beispiel: Wenn in der Kriminologie die Abschaffung des Strafrechts und seiner Institutionen gefordert wird[51], dann muß auch diskutiert werden, welcher rechtsstaatlicher Sicherungen für den einzelnen Bürger man sich damit begeben würde.

Das an zweiter Stelle erwähnte Selbstverständnis der Kriminologie als eine den gesamten Bereich der Strafrechtspflege umfassenden empirischen Wissenschaft bietet - wenigstens auf dem ersten Blick - die besten Voraussetzungen für eine rationale Kommunikation zwischen Strafrechtspolitik und Kriminologie, denn hier ergibt sich eine relativ klare Einschränkung der Argumentation auf empirische Sachverhalte.

Allerdings sind auch einer empirischen kriminologischen Begründbarkeit - selbst dort wo sie am Platze und gefordert ist - Grenzen gesetzt. Dies beginnt bei der Datenerhebung für kriminologische Forschung und endet bei der Theoriebildung. So bedeutet z.B. die Begriffs- und Theoriebildung eine erhebliche Abstraktion von der sozialen Wirklichkeit. Konkrete soziale Sachverhalte werden immer nur partiell erfaßt. Selbst multivariate Betrachtungsweisen thematisieren nur einen geringen Teil der faktischen sozialen Zusammenhänge.

Daß insbesondere die Bildung kriminologischer Theorien die "Komplexität" sozialer Sachverhalte reduziert, erscheint unter dem Ziel des Erkenntnisfortschritts auch notwendig und nützlich. Nur: Strafrechtspolitik hat es mit der vollen Komplexität sozialer Wirklichkeit zu tun, muß in ihren Zielsetzungen und Lösungsvorschlägen dieser Komplexität Rechnung tragen. Und dann können abstrakte Theorien, die häufig zudem noch nicht einmal hinreichend empirisch bestätigt sind[52], eben nur in einem geringen Maße zur Lösung konkreter strafrechtspolitischer Probleme beitragen. Es kommt hinzu, daß - wie eingangs für die Sozialwissenschaften insgesamt unterstellt - in die Theoriebildung vortheoretische Annahmen und Wertungen einfließen, mit denen sich die Strafrechtspolitik, will sie diese Theorien zur Begründung heranziehen, auseinandersetzen muß.

So sind also der Mitwirkung der Kriminologie aufgrund ihres Selbstverständnisses und ihrer wissenschaftlichen Erkenntnisinteressen Grenzen gesetzt. Werden aber seitens der Kriminologie diese Grenzen gesehen und auch artikuliert, so sehe ich gute Möglichkeiten für eine fruchtbare und für beide Seiten befriedigende Zusammenarbeit. Von daher wären aus der Sicht der Strafrechtspolitik an die Kriminologie folgende Wünsche zu richten:

1. Vortheoretische und normativ-wertende Grundlagen kriminologischer Theorien oder allgemeiner kriminologischer Erkenntnisse sollten von der Kriminologie selbst expliziert werden.

2. Bestehende kriminologische Erkenntnisse sollten wenigstens teilweise auf konkret zu lösende strafrechtspolitische Probleme anwendbar sein.

3. Kriminologische Forschung sollte sich - auch - an konkret zu lösenden strafrechtspolitischen Problemen ausrichten. Dies entspräche auch der eingangs erwähnten Forderung nach einer ethischen Begründung sozialwissenschaftlichen Handelns über das Ziel des Erkenntnisfortschritts hinaus.

An dieser Stelle eine kurze Anmerkung zu der Kritik an der sogenannten "Staatskriminologie". Die Kritik an der behördennahen oder behördeninternen Forschung ist weitgehend bekannt und braucht hier nicht weiter dargelegt zu werden.

Erst jüngst haben sich Kaiser und Störzer mit dieser Kritik
auseinandergesetzt[53].

Ich habe vorhin die These vertreten, daß die Ergebnisse
kriminologischer Forschung einerseits Wirklichkeit nur partiell wiedergeben, andererseits zumeist auch Wertungen enthalten. Letzteres gilt vor allem auch für die aus kriminologischen Ergebnissen abgeleiteten kriminalpolitischen
Handlungsvorschläge. Dies bedeutet, daß die Strafrechtspolitik die kriminologischen Ergebnisse häufig nicht unmittelbar anwenden kann. Dies bedeutet ferner, daß sie die implizit enthältenen Wertungen kritisch prüfen muß. Andererseits
erfordert eine rationale Strafrechtspolitik ein möglichst
differenziertes Bild der zu regelnden sozialen Wirklichkeit. Schon von daher kann ihr die Legitimität eigener
Forschungstätigkeit nicht abgesprochen werden. Wenn die
Strafrechtspolitik die für ihr Handeln notwendigen kriminologischen Informationen in der Universitätsforschung nicht vorfindet, dann ist sie eigentlich sogar verpflichtet, durch
eigene Forschung diese Informationen zu gewinnen. Die behördeninterne Forschung weist zudem gewisse Vorteile gegenüber
der Universitätsforschung auf[54].

Daß behördeninterne Forschung die Universitätsforschung
nicht ersetzen kann und auch nicht darf, steht dabei außer
Zweifel. Eine solche Gefahr vermag ich auch nicht auszumachen.

3. Kriminologische Forschung im Bundesminsterium der Justiz

Wie sich kriminologische Forschung fruchtbar in Strafrechtspolitik einbringen läßt, möchte ich kurz anhand zweier
Forschungsvorhaben erläutern, die das Bundesministerium der
Justiz vergeben hat, nämlich am Beispiel eines Projekts
über Erziehungskurse im Rahmen der Jugendgerichtsbarkeit
und am Beispiel von Anschlußuntersuchungen zur bundesweiten

Erfassung von Wirtschaftsstraftaten nach einheitlichen Gesichtspunkten.

In den 70er Jahren hat die jugendgerichtliche Praxis eine neue Form einer Weisung nach dem Jugendstrafrecht entwickelt, die sogenannten Erziehungskurse. Erziehungskurse wurden zu dieser Zeit auch bereits in der Jugendhilfe erprobt. Diese neue Entwicklung erschien aus strafrechtspolitischer Sicht begrüßenswert, da sie dem Erziehungsgedanken des Jugendstrafrechts in besonderer Weise Ausdruck verleiht.

Das Bundesministerium der Justiz hat daraufhin einen Forschungsauftrag vergeben mit dem Ziel, eine erste Bestandsaufnahme über die bisherigen Erfahrungen mit dieser Weisung zu erstellen und die sozialpädagogische Begründbarkeit und Praktikabilität dieser Kurse zu untersuchen. Es sollte damit überprüft werden, ob sich die auf der Zielebene bereits bestehende strafrechtspolitische Zweckmäßigkeit auch durch die bisherigen Erfahrungen mit den Erziehungskursen begründen läßt. Aufgrund der Ergebnisse wäre dann zu prüfen gewesen, ob gesetzliche Änderungen im Bereich des Jugendstrafrechts angezeigt gewesen wären. Unabhängig von dem Forschungsauftrag ergab sich die Notwendigkeit einer Änderung des Jugendgerichtsgesetzes. Im Rahmen der Vorbereitungen zu dieser geplanten JGG-Novelle wurde auch geprüft, ob Erziehungskurse in den Katalog der Weisungen mit aufgenommen werden sollten. Nach dem Stand der bisherigen Vorbereitungen zu diesem Gesetzesvorhaben ist vorgesehen, die Erziehungskurse in die Richtlinien zum JGG aufzunehmen[55]. Der Forschungsbericht zu dem Projekt liegt inzwischen dem Bundesjustizministerium vor[56]. Die Ergebnisse des Forschungsprojekts können jetzt in das Gesetzgebungsverfahren eingebracht werden.

Das zweite Beispiel trägt den typischen Charakter einer Evaluation von erfolgten Gesetzesänderungen. Durch Anschlußuntersuchungen zur bundesweiten Erfassung von Wirtschafts-

straftaten nach einheitlichen Gesichtspunkten sollen unter
anderem die Anwendbarkeit der materiellstrafrechtlichen Normen des 1. Gesetzes zur Bekämpfung der Wirtschaftskriminalität überprüft werden. Weitere Schwerpunkte dieser An-
schlußuntersuchung bilden die Abgrenzung von Betrug, Untreue, Wucher, Vorteilsgewährung und Bestechung als Wirtschaftsstraftaten, dies vor allem im Hinblick auf die Zuständigkeit der Wirtschaftsstrafkammern, und die Einstellungspraxis bei Wirtschaftsstraftaten nach § 153a der
Strafprozeßordnung[57].

Während das Projekt über die Erziehungskurse also eher der
Gesetzesvorbereitung diente, verfolgten die Anschlußuntersuchungen das Ziel einer Überprüfung neuerer gesetzlicher
Vorschriften auf ihre Praktikabilität und damit auch teilweise auf ihre Effektivität hin.

4. Weiterentwicklung des Verhältnisses von Strafrechtspolitik und Kriminologie

Nachdem ich mich bisher mit dem Ist-Zustand des Verhältnisses Kriminologie/Strafrechtspolitik befaßt habe, möchte
ich abschließend noch kurz auf die mögliche Weiterentwicklung dieses Verhältnisses eingehen. Dies kann allerdings
allenfalls die Zuverlässigkeit einer Prophetie erreichen,
Prognosen werden nicht angestrebt.

In der Kriminologie scheint sich derzeit eine gewisse Unsicherheit zu verbreiten. Diese Unsicherheit bezieht sich
offenbar weniger auf die Fragestellungen, Theorien und Methoden der Kriminologie als vielmehr auf die kriminalpolitische Diskussion. So berichtete Steinert von der Ratlosigkeit, die am Ende einer Tagung übrig geblieben sei, Ratlosigkeit hinsichtlich der Beteiligung an Debatten in der
"großen Öffentlichkeit"[58]. Von Trotha spricht von "Zurückhaltung, Skepsis, Ernüchterung" in kriminalpolitischen Fragen, meint, daß keiner wisse, "wie's lang gehen soll."[59].

Dies mag an den derzeit stark differierenden kriminalpolitischen Vorstellungen, die in der Kriminologie diskutiert
werden, liegen: zum Teil wird noch an dem Behandlungskonzept festgehalten, trotz der Enttäuschung über die nicht
erwartungsgemäßen Erfolge[60]. Andere wenden sich von dem
Behandlungskonzept ab und folgen der Neoklassizismus-Diskus-
sion, welche die Tat wieder in den Vordergrund strafrechtlicher Reaktionen rückt[61]. Der Neoklassizismus erfährt
- z.B. von Christie - Kritik aufgrund seiner verdeckten Botschaft, einem starken Staat das Wort zu reden[62]. Andere
meinen, man sollte den Bürgern ihre Konflikte wiedergeben
und das Strafrecht ganz abschaffen[63].

Verunsicherung erscheint in der Tat verständlich angesichts
der Divergenzen dieser kriminalpolitischen Vorstellungen.

Aus strafrechtspolitischer Sicht verursacht diese Diskussion auf den ersten Blick eher Kopfschütteln angesichts der
konkreten Probleme, die sich der Strafrechtspolitik stellen. An erster Stelle sind hier die knappen finanziellen
Mittel zu nennen, die die Umsetzung zuvor geplanter Reformen behindern. Die Arbeitsbelastung der Gerichte fordert
baldige Maßnahmen im Interesse der ordnungsgemäßen Aufrechterhaltung der Rechtsprechung. Strafanstalten haben ihre normalen Belegungskapazitäten überschritten. Das Rechtsbewußt-
sein wird durch weit verbreitete Zweifel an der Legitimität
staatlichen Handelns tangiert. In der beschriebenen kriminologischen Diskussion scheinen dies keine Themen zu sein. Es
sei denn, einzelne staatliche Versuche oder Vorschläge zur
Bewältigung dieser Probleme werden kritisiert.

Ist die Kriminologie - so möchte man fragen - auch von
einer teilweise von den realen Lebenszusammenhängen abge-
hobenen Sinnkrise befallen? Muß sie sich deswegen vor allem
mit sich selbst befassen?

Ich habe den Eindruck, daß die in der Kriminologie geführte kriminalpolitische Diskussion etwas abgehoben ist von der kriminologischen Praxis. Dort werden konkrete Forschungsprojekte zu Ende geführt oder geplant, unabhängig von der großen kriminalpolitischen Diskussion. Dennoch scheint mir diese abgehobene kriminalpolitische Diskussion für die Kriminologie und auch für ihr Verhältnis zur Strafrechtspolitik wichtig zu sein. Ich vermute in der Tat, daß diese Diskussion Ausdruck einer Art "Sinnkrise" ist, nämlich einer Verunsicherung hinsichtlich der politischen oder auch ethischen Begründung kriminologischer Forschung. Erkenntnisfortschritt wird offenbar auch von vielen Kriminologen mit unterschiedlicher theoretischer Ausrichtung als unzureichende Begründung angesehen. Soll sich kriminologische Forschung vor allem an dem Schutzinteresse der Gesellschaft ausrichten oder im Interesse der Beforschten, hier vor allem der straffällig Gewordenen, erfolgen? Soll das Strafverfolgungsinteresse des Staates durch Forschung unterstützt oder aber kritisiert werden? Ich will hier für die Kriminologie keine Antwort vorformulieren, ich meine jedoch, daß die genannten "Gegensätze" keine sich ausschließenden Begründungen darstellen. Aus dieser Diskussion eröffnet sich meiner Ansicht nach jedenfalls die große Chance, daß sich die Kriminologie - über das Ziel des Erkenntnisfortschritts hinaus - ihrer gesellschaftspolitischen Aufgabenstellung stärker bewußt wird. Für die Forschungspraxis würde dies bedeuten, daß stärker über die verfolgten Forschungsinteressen reflektiert und die normativ-wertenden und auch kriminalpolitischen Voraussetzungen der konkreten Forschungsvorhaben explizit gemacht werden. Dies käme auch einer rationaleren Kommunikation zwischen Kriminologie und Strafrechtspolitik entgegen.

Zur weiteren Entwicklung konkreter Forschungsinhalte oder Paradigmata in der Kriminologie möchte ich keine Prophetien abgeben. Wünschenswert aus strafrechtspolitischer Sicht erschien mir eine Entwicklung, die folgende Schwerpunkte setzt:

1. Untersuchung der Praktikabilität und Effektivität strafrechtlicher Reaktionen, die einerseits möglichst wenig in den Lebensbereich von Beschuldigten eingreifen, also vermeiden, daß sich ihre psychische und soziale Situation wesentlich verschlechtert, strafrechtlicher Reaktionen, die andererseits aber spezial- und generalpräventiven Zwecken genügen.

2. Möglichkeiten der Kriminalprävention, die unerwünschte Nebeneffekte einer nicht strafrechtlichen Reaktion, etwa durch Stigmatisierungseffekte, vermeiden.

3. Abschätzung der strafrechtlich relevanten Auswirkungen der bestehenden oder abschbaren Strukturprobleme und Strukturveränderungen in der Gesellschaft und Vorschläge für ihre Bewältigung. Ich nenne hier nur Stichworte: Arbeitslosigkeit, Automatisierung, Massenmedien, Zweifel an der Legitimation staatlichen Handelns.

Ich glaube, daß die Strafrechtspolitik mehr denn je zur Lösung dieser Probleme - soweit sie den Gegenstandsbereich der Strafrechtspolitik berühren - der Unterstützung durch die Kriminologie bedarf.

Anmerkungen

* Der Beitrag gibt die persönlichen Ansichten des Ver-
fassers wieder.

1 Becker 1967, zitiert nach Kaiser 1976, S. 533. Das
Zitat kennzeichnet treffend die Problemstellung, mit
der sich Becker in diesem Aufsatz befaßt, auch wenn es
in dieser Form nicht in dem Aufsatz enthalten ist.

2 Naucke 1980, S. 69.

3 Zu den Kriterien argumentativer Diskussion vgl. Habermas 1981, S. 44 ff.

4 Vgl. hierzu stellvertretend für viele Lipton, Martinson
u. Wilks 1975; Fenn u. Spiess 1980.

5 Vgl. z.B. Council of Europe 1980; Christie 1983; von
Hirsch 1983; Scheerer 1983; von Trotha 1983.

6 Vgl. z.B. Brusten 1981; siehe auch Kaiser 1983; Störzer
1983.

7 Zum Begriff des Gemeinwohls vgl. z.B. Köck 1982,   S.
149 ff.

8 Die kurze Charakterisierung von Staat und Politik mag
für die vorliegenden Argumentationen genügen. Zwischen
und in den verschiedenen wissenschaftlichen Disziplinen, die Staat und Politik zu ihrem Forschungsgegenstand zählen - wie z.B. die Politologie, die Soziologie
und die Rechtswissenschaft -, sind Vorstellungen über
Wesen und Aufgaben von Staat und Politik streitig
(Scheuner 1981, S. 4; Köck 1982, S. 148).

9 Erkenntnisfortschritt als oberstes Ziel wissenschaftlichen Handelns wird vor allem vom Kritischen Rationa-
lismus postuliert. Vgl. hierzu z.B. Radnitzky 1979, S.
471; Topitsch 1971.

10 Derartig vermischte Aussagen werden im allgemeinen als
ideologisch bezeichnet. Zum Begriff der Ideologie vgl.
z.B. Geiger 1953.

11 Vgl. hierzu Berger u. Luckmann 1969.

12 Bei der "Aktionsforschung" ist die Interessengegeben-
heit offensichtlich, da sie explizit auf Veränderung
ihres Forschungsgegenstands ausgerichtet ist. Zur Aktionsforschung vgl. z.B. Oelschlägel u. Hering 1978.

13 Unterschiedliche Hintergrundtheorien werden unmittelbar
evident, wenn man sich "Labeling-Ansätze" auf der einen
Seite (vgl. z.B. Rüther 1975) und kontrolltheoretische

Ansätze auf der anderen Seite (Hirschi 1969; Friday 1980) vor Augen hält.

14 Probleme der Stichprobenziehung und der Messung seien hier nur beispielhaft genannt.

15 Vgl. hierzu z.B. Radnitzky 1979; Albert u. Topitsch 1971; Albert 1969.

16 "... there is no position from which sociological research can be done that is not biased in one or another way" (Becker 1967, S. 245; siehe auch Anm. 1).

17 Siehe Anm. 2.

18 Naucke 1980, S. 90.

19 So weisen Lorenzen u. Schwemmer (1975, S. 149 f.) im Rahmen der von ihnen entwickelten Ethik den Sozialwissenschaften die Aufgabe zu, Verfahren zur Lösung zwischenmenschlicher Konflikte zu erarbeiten. Sie schlagen selbst ein Konfliktlösungsverfahren vor, das sie "Moralprinzip" nennen. Es enthält die Aufforderung an die Konfliktparteien, bei Konflikten auf Handlungs- oder Normebene von beiden Seiten annehmbare Oberziele oder Supranormen zu finden und hieraus konsensfähige Subziele oder Unternormen abzuleiten. Dieser wissenschaftsethische Ansatz erscheint allerdings insofern zu eng, als er ausschließlich auf Konflikte abhebt. Er sollte allgemeiner auf zwischenmenschliche Problemsituationen bezogen werden.

20 Habermas erörtert in diesem Modell Rahmenbedingungen für eine Kommunikationssituation, in der eine Einigung über streitige Normvorstellungen erreicht werden könnte (zitiert als Habermas u. Luhmann 1971).

21 In seiner "Theorie des kommunikativen Handelns" zeigt Habermas (1981, insbesondere S. 25 ff., S. 152 ff.) Möglichkeiten dafür auf, wie streitige Geltungsansprüche verschiedener Handlungs- bzw. Aussagearten überprüft werden können.

22 Vgl. hierzu auch Habermas 1971.

23 Feyerabend (1979, insbesondere S. 145 ff.) hat in seiner programmatischen Schrift "Erkenntnis für freie Menschen" die häufige Scheinobjektivität wissenschaftlicher Aussagen zu Recht kritisiert.

24 Zipf 1980, S. 7.

25 Rehbinder, zitiert nach Zipf 1980, S. 6.

26 Jescheck 1978, S. 1.

27 Jescheck 1978, S. 2.

28 Vgl. hierzu z.B. König 1965; Luhmann 1972.

29 Der Begriff der Erwartungssicherheit entstammt der all-
    gemeinen Systemtheorie. Er besagt, daß Individuen (und
    auch Organisationen) ihr Handeln nur dann sinnvoll pla-
    nen können, wenn es ihnen möglich ist, die Auswirkungen
    ihres Handelns mit einer gewissen Sicherheit zu progno-
    stizieren (vgl. hierzu Luhmann 1972, S. 31 ff.).

30 Elias (1981) hat die Bedeutsamkeit des staatlichen Ge-
    waltmonopols für den inneren Frieden im Zusammenhang
    mit terroristischen Bestrebungen anschaulich dargelegt.

31 Vgl. hierzu z.B. Jescheck 1978, S. 19 f.; Zipf 1980, S.
    29 ff. m.w.N.

32 Dies gilt im übrigen für jede Art politischen Handelns.
    Normativ-wertende Aspekte der Strafrechtspolitik werden
    hier nicht näher behandelt, da es hier vor allem um die
    Mitwirkung der Kriminologie an der Gestaltung einer
    rationalen Strafrechtspolitik geht. Kriminologische Er-
    kenntnisse sind vor allem für den Bereich empirischer
    Sachverhalte bedeutsam. Zu den normativ-wertenden Sach-
    verhalten bzw. Grundprinzipien der Strafrechtspolitik
    vgl. z.B. Zipf 1980, S. 45 ff.

33 Der Unwertgehalt strafwürdiger Handlungen wurde in empi-
    rischen Studien über die Schwere der Kriminalität mehr-
    fach untersucht. Vgl. hierzu zusammenfassend Kerner
    1980, S. 293 ff.

34 Als Beispiel kann hier die Vielzahl der Untersuchungen
    zu Behandlungsmaßnahmen im Strafvollzug erwähnt werden.
    Vgl. z.B. eine zusammenfassende Darstellung solcher
    Untersuchungen von Blass-Wilhelms 1983.

35 Untersuchungen zum Strafverfahren sind Beispiele für
    den Beitrag der Kriminologie zu diesem Fragenbereich.
    Vgl. z.B. Riess 1981; Blath u. Hobe 1982.

36 Diese Phasen bilden ein grobes Raster für politische
    Planung überhaupt. Zur Anwendung dieses Rasters auf die
    Gesetzgebung vgl. z.B. Hucke u. Wollmann 1982; Hugger
    1983.

37 Die Implementation kann allerdings auch zum Gegenstand
    der Evaluation(sforschung) gemacht werden.

38 Ein Beispiel hierfür ist der Entwurf eines Zweiten
    Gesetzes zur Bekämpfung der Wirtschaftskriminalität (2.
    WiKG), in dessen Begründung, insbesondere zu den Tatbe-
    ständen über Computerbetrug und Fälschung gespeicherter
    Daten mehrfach auf kriminologische Erkenntnisse verwie-
    sen wird (Deutscher Bundestag, Drucksache 10/318 vom
    26.08.1983, S. 16 ff.).

39 Vgl. Anm. 33.

40 Zu den Strafzwecken vgl. z.B. Jescheck 1978, S. 47 ff.

41 Vor allem auf der Ebene der Mittelanalyse dürfte krimi-
    nologisches Wissen gefragt sein. Hier bestehen indes
    auch die größten Anwendungsprobleme kriminologischer Er-
    kenntnisse. Denn es geht um die praktische Anwendung
    kriminologischer Theorien. Diese aber konkurrieren un-
    tereinander in ihren Geltungsansprüchen und liefern un-
    terschiedliche Prognosen. Damit stellt sich das Problem
    der Auswahl der für die Mittelanalyse heranzuziehenden
    Theorie(n). Weiter unten wird auf dieses Problem noch
    eingegangen werden.

42 Vgl. hierzu die verschiedenen Beiträge in dem Bericht
    über den 20. Deutschen Soziologentag in Bremen 1980;
    zitiert als Matthes 1981.

43 Hier ist der Bereich der Evaluationsforschung angespro-
    chen. Im Bereich der Strafrechtspflege wurde eine Viel-
    zahl von Evaluationsstudien durchgeführt. Vgl. zusammen-
    fassend z.B. Lipton, Martinson u. Wilks 1975; Blass-
    Wilhelms 1983.

44 Vgl. die Zusammenfassung des Referats in Streng u.
    Störzer 1982, S. 36.

45 Diese Position deckt sich weitgehend damit, was Kaiser
    (1980, S. 4) als "enge Auffassung von Kriminologie"
    versteht.

46 Kaiser 1983, S. 49 ; vgl. auch Kaiser 1980, S. 10 ff.

47 Dieses Selbstverständnis kommt vor allem in Etikettie-
    rungsansätzen (vgl. hierzu z.B. Rüther 1975) und in
    konflikttheoretischen Ansätzen (vgl. hierzu z.B. Stall-
    berg u. Stallberg 1977; zusammenfassend Kaiser 1980, S.
    132 f.) zum Ausdruck.

48 So z.B. im Zusammenhang mit der Diskussion um die
    Ausweitung der Kriminalprävention. Vgl. hierzu Riehle
    1983.

49 So z.B. bei Quinney 1970, insbesondere S. 35 ff.

50 Steinert 1983, S. 11.

51 Vgl. hierzu z.B. Scheerer 1983; Council of Europe 1980.

52 Vgl. hierzu Springer 1973.

53 Kaiser 1983, S. 58 ff.; Störzer 1983.

54 Störzer (1983, S. 80 ff.) nennt z.B. Nähe zu dem For-
    schungsfeld, Mitarbeit von Praktikern im Forschungsteam
    und Kontakte zu den Praktikern vor Ort.

55 Vgl. Referentenentwurf: Erstes Gesetz zur Änderung des Jugendgerichtsgesetzes (1. JGGÄndG) vom 18. November 1983, S. 21.

56 Der Forschungsbericht von M. Busch und G. Hartmann wurde Dezember 1983 unter dem Titel "Soziale Trainings-kurse im Rahmen des Jugendgerichtsgesetzes" vom Bundes-ministerium der Justiz veröffentlicht.

57 Es ist beabsichtigt, die Forschungsberichte zu diesem Projekt im Verlauf des Jahres 1984 zu veröffentlichen.

58 Steinert 1983, S. 13.

59 Von Trotha 1983, S. 34.

60 Vgl. hierzu z.B. Fenn u. Spiess 1980; Dünkel 1983, S. 138.

61 Vgl. hierzu z.B. Christie 1983.

62 Christie 1983, S. 26 ff.; siehe Anm. 5.

63 Siehe Anm. 51.

Literatur

ALBERT, H.: Traktat über kritische Vernunft. 2. unveränd. Aufl.(Tübingen, 1969).

ALBERT, H.; TOPITSCH, E. (Hrsg.): Werturteilsstreit. (Darmstadt, 1971).

BECKER, H.S.: Whose side are we on? (In: Social Problems 14, 1967, S. 239-247).

BERGER, P.; LUCKMANN, T.: Die gesellschaftliche Konstruktion der Wirklichkeit. (Frankfurt a.M., 1969).

BLASS-WILHELMS, W.: Evaluation im Strafvollzug. Überblick und Kritik vorliegender Studien. (In: H. Kury (Hrsg.): Methodische Probleme der Behandlungsforschung - insbesondere in der Sozialtherapie. Köln u.a., 1983, S. 81-119).

BLATH, R.; HOBE, K.: Strafverfahren gegen linksterroristische Straftäter und ihre Unterstützer. (Bundesministerium der Justiz, Bonn, 1982).

BRUSTEN, M.: Staatliche Institutionalisierung kriminologischer Forschung. (In: H. Kury (Hrsg.): Perspektiven und Probleme kriminologischer Forschung. Köln u.a., 1981, S. 135-182).

BUSCH, M.; HARTMANN, G.: Soziale Trainingskurse im Rahmen des Jugendgerichtsgesetzes. (Bundesministerium der Justiz, Bonn, 1983).

CHRISTIE, N.: Die versteckte Botschaft des Neoklassizismus. (In: Kriminologisches Journal 15, 1983, S. 14-33).

COUNCIL OF EUROPE (Hrsg.): Report on Decriminalisation. (Straßburg, 1980).

DÜNKEL, F.: Methodische Probleme der Effizienzforschung bei Behandlungsmaßnahmen im Strafvollzug, insbesondere der Sozialtherapie. (In: H. Kury (Hrsg.): Methodische Probleme der Behandlungsforschung - insbesondere in der Sozialtherapie. Köln u.a., 1983, S. 121-147).

ELIAS, N.: Zivilisation und Gewalt. (In: J. Matthes (Hrsg.): Lebenswelt und soziale Probleme. Verhandlungen des 20. Deutschen Soziologentages zu Bremen 1980. Frankfurt u.a., 1981, S. 98-122).

FENN, R.; SPIES, G.: Ergebnisse der Behandlungsforschung - Argumente für einen restriktiven Strafvollzug? (In: Zeitschrift für Strafvollzug. 29. Sonderheft. Sozialtherapie und Behandlungsforschung, 1980, S. 85-89).

FEYERABEND, P.: Erkenntnis für Menschen. (Frankfurt a.M., 1979).

FRIDAY, P.C.: Rollenbeziehungen und Kriminalität. (In: C. Kirchhoff, G.F. Kirchhoff (Hrsg.): Das Zweite Internationale Mönchengladbacher Seminar für Vergleichende Strafrechtspflege. Bochum, 1980, S. 128-152).

GEIGER, T.: Ideologie und Wahrheit. (Stuttgart, Wien, 1953).

HABERMAS, J.: Erkenntnis und Interesse. (In: H. Albert, E. Topitsch (Hrsg.): Werturteilsstreit. Darmstadt, 1971, S. 334-352).

HABERMAS, J.: Theorie des kommunikativen Handelns, Band 1. (Frankfurt a.M., 1981).

HABERMAS, J.; LUHMANN, N.: Theorie der Gesellschaft oder Sozialtechnologie. - Was leistet die Systemforschung? (Frankfurt a.M., 1971).

HIRSCHI, T.: Causes of delinquency. (University of California Press, Berkeley, 1969).

HUCKE, J.; WOLLMANN, H.: Kriterien zur Bestimmung der Wirkung von Gesetzen. (Bundesminister des Innern, Bonn, 1982).

HUGGER, W.: Gesetze - ihre Vorbereitung, Abfassung und Prüfung. (Baden-Baden, 1983).

JESCHECK, H.-H.: Lehrbuch des Strafrechts. Allgemeiner Teil. (3., vollständig neubearb. und erw. Aufl., Berlin, 1978).

KAISER, G.: Was ist eigentlich kritisch an der 'kritischen Kriminologie'? (In: G. Warda, H. Waider, L.v. Hippel, D. Meurer (Hrsg.): Festschrift für Richard Lange zum 70. Geburtstag. Berlin u.a., 1976, S. 521-539).

KAISER, G.: Kriminologie. (Heidelberg u.a., 1980).

KAISER, G.: 'Biokriminologie', 'Staatskriminologie' und die Grenzen kriminologischer Forschungsfreiheit. (In: H.-J. Kerner, H. Göppinger, F. Streng (Hrsg.): Kriminologie - Psychiatrie - Strafrecht. Festschrift für Heinz Leferenz zum 70. Geburtstag. Heidelberg, 1983, S. 47-68).

KERNER, H.-J.: Kriminalitätseinschätzung und Innere Sicherheit. (Bundeskriminalamt, Wiesbaden, 1980).

KÖCK, H.F.: Die Rolle der Demokratie in einer pluralistischen Gesellschaft. (In: J. Listl, H. Schambeck (Hrsg.): Demokratie in Anfechtung und Bewährung. Festschrift für Johannes Broermann. Berlin, 1982, S. 145-171).

KÖNIG, R.: Bemerkungen zur Sozialpsychologie.(In: R. König: Soziologische Orientierungen. Köln u.a., 1965, S. 45-78).

LIPTON, D.; MARTINSON, R.; WILKS, J.: The effectiveness of correctional treatment. A survey of treatment evaluation studies. (New York, 1975).

LORENZEN, P.; SCHWEMMER, O.: Konstruktive Logik, Ethik und Wissenschaftstheorie. 2. verbesserte Aufl. (Mannheim u.a., 1975).

LUHMANN, N.: Rechtssoziologie. Bd. 1. (Reinbek bei Hamburg, 1972).

MATTHES, J. (Hrsg.): Lebenswelt und soziale Probleme. Verhandlungen des 20. Deutschen Soziologentages zu Bremen 1980. (Frankfurt a.M. u.a., 1981).

NAUCKE, W.: Die Abhängigkeiten zwischen Kriminologie und Kriminalpolitik. (In: K. Lüderssen, F. Sack (Hrsg.): Seminar: Abweichendes Verhalten, IV. Kriminalpolitik und Strafrecht. Frankfurt a.M., 1980, S. 68-91).

OELSCHLÄGEL, D.; HERING, S.: Aktionsforschung. (In: R. Deutscher, G. Fieseler, H. Maòr (Hrsg.): Lexikon der sozialen Arbeit. Stuttgart u.a., 1978, S. 26 f.).

QUINNEY, R.: The social reality of crime. (Boston, 1970).

RADNITZKY, G.: Die Sein-Sollen-Unterscheidung als Voraussetzung der liberalen Demokratie. (In: K. Salamun (Hrsg.): Sozialphilosophie als Aufklärung. Festschrift für Ernst Topitsch. Tübingen, 1979, S. 459-493).

RIEHLE, E.: Sicherheit im Vorfeld des Rechts. (In: Kriminologisches Journal 14, 1982, S. 167-176).

RIESS, P.: Die Justizstatistik als Quelle rechtstatsächlicher Erkenntnisse. (In: R. Hamm (Hrsg.): Festschrift für Werner Sarstedt. Berlin u.a., 1981, S. 253-328).

RÜTHER, W.: Abweichendes Verhalten und labeling approach. (Köln u.a., 1975).

SCHEERER, S.: Warum sollte das Strafrecht Funktionen haben? Gespräch mit Louk Hulsman über den Entkriminalisierungsbericht des Europarates. (In: Kriminologisches Journal 15, 1983, S. 61-74).

SCHEUNER, U.: Die Legitimationsgrundlage des modernen Staates. (In: Archiv für Rechts- und Sozialphilosophie. Beiheft 15. 1981, S. 1-14).

SPRINGER, W.: Kriminalitätstheorien und ihr Realitätsge-
    halt. (Stuttgart, 1973).

STALLBERG, F.; STALLBERG, R.: Kriminalisierung und Konflikt
    - zur Analyse ihres Zusammenhangs. (In: Monats-
    schrift für Kriminologie und Strafrechtsreform 60,
    1977, S. 16-32).

STEINERT, H.: Kriminalpolitik durch Kriminologen. Ein Ta-
    gungsbericht als Einführung in das Heft. (In: Krimi-
    nologisches Journal 15, 1983, S. 7-13).

STÖRZER, H.U.: 'Staatskriminologie' - Subjektive Notizen.
    (In: H.-J. Kerner, H. Göppinger, F. Streng (Hrsg.):
    Kriminologie - Psychiatrie - Strafrecht. Festschrift
    für Heinz Leferenz zum 70. Geburtstag. Heidelberg,
    1983, S. 69-90).

STRENG, F.; STÖRZER, H.U.: Bericht über das 17. Colloquium
    der Südwestdeutschen Kriminologischen Institute.
    (In: Monatsschrift für Kriminologie und Strafrechts-
    reform 65, 1982, S. 30-37).

TOPITSCH, E.: Vom Wert wissenschaftlichen Erkennens. (In:
    H. Albert, E. Topitsch (Hrsg.): Werturteilsstreit.
    Darmstadt, 1971, S. 365-382).

VON HIRSCH, A.: Limits to pain. Eine (ziemlich) neoklas-
    sische Perspektive. (In: Kriminologisches Journal
    15, 1983, S. 57-60).

VON TROTHA, T.: Limits to pain. Diskussionsbeitrag zu einer
    Abhandlung von Nils Christie. (In: Kriminologisches
    Journal 15, 1983, S. 34-53).

ZIPF, H.: Kriminalpolitik. 2. völlig neubearb. und erw.
    Aufl. (Heidelberg u.a., 1980).

F. H. McClintock

Research and policy from a criminological perspective

This paper fits in very well with the two previous contributions. The second (Blath) was concerned with criminology and legislative policy, and the extent to which criminology has or has not had much effect in that process - if it doesn't, why doesn't it? But should it? The other question was raised in the first paper by Professor Quensel: who is criminology for? That again is an issue that we are very concerned with in what may be termed the criminological network in the United Kingdom. I am not going into great detail about the actual criminological research in the United Kingdom. A full cataloque shows no fewer than 80 research publications from the Home Office Research Unit alone in terms of one kind of criminology, and that is quite apart from research either financed from government or private sources and carried out within universities. Instead I shall raise some issues relating to the function of criminology in its present context and without using too much of a futuristic type of approach. No one has a crystal ball. I shall mention what I think are some of the issues for the development of the subject in Great Britain and in a wider context, applying at least to the industrial countries.

Turning first to the context in the United Kingdom, it is a political entity, but when one lives in it, particularly if one lives in one of the smaller parts like I do in Scotland, or even more so if you live in Northern Ireland where one of my parents came from, you question very much how 'united' it is. There are three quite distinct and largely, almost exclusively, separate legal systems. In England and

Wales the system is based upon the Anglo-Saxon Common Law
tradition, has its separate police and at the moment no
independent prosecution system, and it has its own series
of judges and judicial processes leading to sentencing.
Scotland is different. It has public prosecutors, it has a
separate judiciary, with some overlapping criminal law, but
also its own Scottish Common Law based very much on the
Roman/Dutch system. So one has built in the United Kingdom
comparative systems. Northern Ireland, while based upon a
modified English version of criminal justice and law enforcement, is again completely separate, except for appeals
to the House of Lords, sitting as a judicial body and not
as a legislative body, as a final court of appeal. Northern
Ireland can perhaps best be understood in terms of 'inter-
nal colonialism'. It can be compared to a colony within the
United Kingdom, and many discussions about Northern Ireland
resemble the old colonial attitude. The tolerance, for
example, of lack of due process in criminal justice measures in Northern Ireland, in terms of the whole terrorist
situation associated with the dispute between the North and
the South, would not be shown in England and Wales. One has
different research groups involved in these three legal
systems. They may be people who have been trained or have
worked together in the past, but they are separate research
groups.

If one looks at the main issues that are being confronted
in relation to public debate and public policy in the
United Kingdom, the first thing to single out, which is not
unique to the United Kingdom, is the concern over the
volume and nature of crime. There is a great deal of debate
over that issue, over the types of crime, the seriousness
of crime, the degree of violence, and so on. This is, especially in England and Wales, seen as an inner-city urban
phenomenon, and seen particularly in relation to minority
groups. Issues relating to alcoholism and drugs, particularly youth criminality and vandalism, are of concern and,

of course, as with other countries, there is the very big increase in concern relating to unemployment and crime. In Scotland there is less sophisticated crime, but there is a higher rate per thousand of the population of registered crime. And, as I mentioned, in Northern Ireland with that situation of the criminal justice system in crisis, a great deal of the crime is politicised. Bank robberies are seen in relation to getting funds for the I.R.A., for example, and different kinds of what are regarded as traditional crime are seen in a very consciously politicised situation. There is the broad question about crime to which a lot of research activities have been related, but to a large extent they are on a general level of crime rather than in relation to specific criminal activities in a local con-text. The first criticism is that the debate goes on about crime in general as if we had some fairly homogeneous phenomenon that is non-problematic, and need only consider what should be done about it. The matter is complicated by two issues. One is the growing concern about victims which can be seen as a side product of the ineffectiveness, or the assumed ineffectiveness, of a lot of the criminal justice processes. The other is that the Government has now completed its systematic national victimisation survey (comparable to the Dutch, the Scandinavian, the American national surveys) which covered problems in England and Wales, and Scotland, but not Northern Ireland. The finding from that survey, which does not in any way surprise anybody concerned with criminology, is that the majority of events which could be labelled criminal are not so labelled. The proportions vary from something like one or two in a hundred to something like one or two in a thousand being reported. This issue has not yet been taken up fully in the public debate, but clearly it raises questions of the effectiveness of a criminal justice system if only 2 % of the events are actually being registered. And of all those that are registered, only in 4 in 10 cases is someone apprehended. Thus the criminal justice system is dealing with a minimum, a very small minority, of the crime events, or the events that could be labelled crime, in society.

In this context the present Government sees crime as a very serious issue in contemporary society, often calling for severe punishment. Across the spectrum one tends to get people regarding crime as a growing and serious problem. Even 'left wing realists' have recently been writing on the same subject, and they have been pointing out that the move in criminology towards considering economic crime and crime committed by the powerful leads to overlooking the question, which concerns the majority of the population, of crime in our urban areas. It is clear that crime is causing a great deal of concern to the ordinary working population, especially in the urban areas, and this is realised across the whole political spectrum from left to right. The public discussion tends to be related to crimes in general or merely according to legal category, and what is missing is the evaluation of crime according to the social context of the prohibited behaviour in the immediate environment. One would hope to see much more research in this context in order that public policy may be developed on a properly assessed factual basis.

One of the other areas of importance which have been the subject of differing kinds of research is that of policing. The role of the police in contemporary society is a big issue of debate, especially the expansion of police activities into a social prevention role, and a lot of research has been instigated in that field. In England and Wales the role of the police as prosecutors has been debated, and a recent Royal Commission has recommended a separation of the roles and the etablishment of a separate system of prosecution. The whole of that area is the subject of political debate about police accountability and the extent to which police are accountable in law, accountable within their administrative and bureaucratic processes, and accountable to their local community. When we come to consider the courts, again there has been research in terms of the court process and especially sentencing. There is public debate about the overloading of the courts and consequent delays in process. A second aspect, and perhaps a more fundamental one, is the question of the abandonment of the rehabilitation or treatment model as an official part of Government policy. Some see a return to severe punishment, others seek alternatives to that system. Much of the debate, particularly relating to diversion and research about diversion, fails to focus on the main crisis. A lot of diversion research looks only at the people diverted, and fails to raise the question of to what extent, when you divert a substantial proportion of the people out of the criminal justice system, the system itself is changed. What is the nature of the formal criminal justice that remains? People are just beginning to realise the importance of this as a research issue, rather than merely concentrating on the effectiveness of the diversion programmes.

The prisons are overcrowded. This has been officially documented by a recent Government Committee. They have been found to be inadequate in physical conditions, and in accepted minimum standards for humane containment. Most of them are nineteenth century buildings. Furthermore, many do not have numbers or quality of staff to carry out even humane containment. They lack the resources for educational, social or other kinds of programmes. The Government Committee virtually stated, after looking at the evidence, that prisons do not rehabilitate, that prisons cannot rehabilitate, and that it is hypocrisy to think that there is any positive evidence in relation to the prison system in the United Kingdom. The most that can be done is to counteract the negative aspects of locking people up in custody. That view indicates a very big change of thought about rehabilitation with consequences for the court system, although that system of course is wider in relation to non-institutional measures. The recommendation of the Government Committee is that numbers in prisons should be reduced and that very large numbers of petty and inadequate persons should not be contained in them, but that prisons should concentrate on holding the more serious offenders instead. Again research in this whole area is being carried out both by Governments and Universities. Two other areas that are of debate are probation and other social work activities in relation to criminal justice systems. There is a very big discussion in terms of how much are those services in fact surveilling or controlling the under-privi-leged sections of the community under the guise of a welfare process. It is an important issue for debate and research has moved from the assessment of the effectiveness of probation and parole to that more important issue - control versus the educational function of the social serv-ices in dealing with offenders.

Finally, with the fine and monetary payments which take up 80 % of all courts' decision, there is a big move towards compensation and restitution as an alternative to the impo-sition of fines. There is also consideration of diversion away from criminal justice itself towards the police (or prosecutors in Scotland) themselves imposing fines or fixed penalties. Here again, examining and assessing such a process, some of the research that has been carried out is in terms of effectiveness rather than in terms of principle.

This brief review of these public issues shows how one has moved in terms of the area of debate from accepting things as unproblematic and doing research into how to make sys-tems more effective towards fundamental considerations re-lating to what is happening within the criminal justice system itself.

Three models or perspectives relating to criminal justice may be utilised to demonstrate where the debate lies and

research can be linked up with each different perspective.
This can fundamentally change how research is undertaken,
how it is evaluated and what its implications are. The
first one is the expansionist perspective in criminal justice, and is the one mainly emphasised by the present
United Kingdom Government. There have been announcements of
more resources for policing, of a very big programme for
the building of prisons, and of half a million pounds to be
allocated for the universities for research into law and
order. These all connect with this expansionist approach.
The concern is with the improvement of the existing criminal justice system in terms of being within a given political economy. No questions are raised about that existing
political economy. From this perspective the questions
asked are: how to make the criminal justice system more
effective? How to make it more just? But 'just' in that
sense is very much a narrow legal concept: it is not
welfare or social justice. It avoids raising fundamental
issues concerning economic and social arrangements in society. The argument tends to be that if more people were
caught and more people were punished, the crime rates would
be lower. In other words, the system is sound in principle
but lacks resources. Until comparatively recently that perspective did not even have regard to cost implications. It
did not take into account either the question of marginal
costs or make an assessment of total costs. The problem of
crime from this perspective is seen as so serious that at
any cost the system must expand so as to deal more ef-
fectively with it. There has been a change, however, over
the last eight or nine years and a gradual recognition that
that kind of expansionist perspective must be tempered by
financial considerations. The debate has tended to develop
around a classification of crime according to 'seriousness'. This has been described as taking the medieval theo-
logical notion of sin and applying it to that of crime,
albeit in a secular context. It is claimed that the system
should be expanded to deal with serious crimes, and that

minor, petty crimes be taken out by diversion, depenalisation or similar measures. But, of course, the central
question ist who is to decide what is serious. For example,
a bank robbery is seen as a serious crime, but the robbery
of an old lady in the street of her handbag is seen as less
serious. Immediately such an example portrays the value
judgements that underlie that whole debate of the expansionist perspective, especially when policy has regard to
cost. In this connection there is a renaissance of the debate on 'dangerousness'. 'Dangerous offenders' are in the
top category for getting into that expanded criminal justice system, followed by those who commit other 'serious
crimes', while those involved in other forms of criminality
are diverted out, thus supposedly making a more effective
system. Total cost has also been raised in terms of what
effect does increasing the power of the state have both in
terms of giving the police and the criminal justice system
more resources, and also in giving them more legal power.
What effect does that have on the quality of life of the
citizens? The expansionists concur largely with increasing
policing, increasing the number of persons tried and increasing punishment. It is a purist form of expansionist
philosophy, tempered only by economic and financial considerations, having little regard to the social consequences
as experienced by citizens in the quality of their lives.
There are discussions about depenalisation, diversion and
even decriminalisation, and recently there was a Scottish
report on alternatives to prosecution. This report began
with the view that trivial crimes should be taken out of
the criminal justice process because it is too costly to
process them and they do not really seriously damage society. There is a form of re-arrangement within the expansionist process. That model can be viewed, as Galtung saw
it, as grounded in the concept of legality, in the system
of the due process of law, with members of the legal
profession making the main decisions. Historians have
pointed out that that perspective had its origins in the

struggle of the middle and professional classes to emerge out of feudalism. Galtung has called it the 'blue' model of criminal justice, but it does not exist in its purity in the United Kingdom or elsewhere.

What has happened in the present century is that there has been the development of the notion of welfare justice, and this welfare element is based on the idea of economic and social justice brought about through centralised planning, with the administrators and the professionals from the 'helping' services (educational, medical and social) making the main decisions. This welfare process is in terms of counteracting some of the consequences of the laissez-faire economy and bringing about social justice in relation to the community. It has been described as the 'red' model. It moves away from that due process model to an alternative to criminal justice, going into substantive rather than formal justice and taking justice into the 'helping' ser-vices. One of the developments with the expansionist process has been to incorporate the welfare process into the criminal justice model, leading to the treatment model being enveloped by the expansionist 'blue' model. This has led to the muddling of those two models, the 'blue' and the 'red'. But from the development of that argument in rela-tion to welfare and the criminal justice system there has developed a new perspective which may be termed the reduc-tionist perspective in relation to criminal justice.

What is claimed is that one should separate out the welfare considerations from the criminal justice model, leaving it in its earlier form in terms of the blue model. What is argued is the development of the social services, not through a probation service which is answerable to the con-trolling criminal justice system, but in terms of the wel-fare needs of individuals. Similar considerations would apply to the medical and educational services. If the helping services are removed from control and accountability to criminal justice, then a reductionist perspective as regards criminal justice will follow.

Numerous writers have commented on the fact that in recent times the criminal justice system, in that muddling of blue and red models, has become a major growth industry. It is one of the few growth industries that one has in Great Britain today. Increased financial resources, the technical and capital equipment, the expansion of legal powers, and the expansion of manpower are all noted. Yet such writers claim that when what is happening is examined, a very surprising kind of investment is found, because registered crime continues to go up, and for the indentified offenders through that system the degree of recidivism is going up, and yet the expansionist argument remains of having yet more and more until suddenly crime will start going down. Reductionists look at the criminal justice system and say it is not a coherent system, there is no real proper overall control, there is no meaningful participation, and the information within the system is inadequate in order to assess it critically. The issue they raise is that one cannot make an expansionist process have control in a democratic sense over the controllers. The controllers are out of control in that system, and to continue further in the same direction will only perpetuate the problem. Finally, reductionists tend to take the 'just deserts' model and say that the criminal justice system should be reduced to what is acceptable to the citizens in terms of their feelings that their lifestyle is protected by that system, irrespective of whether research shows that it does or does not have any effect in terms of preventing crimes such as violence or burglary. If people think it does, then one must not disillusion them until they have learned to think in other more critical ways about the process. So the reductionist 'just deserts' model is a very different one from the American one, where the Americans say that to go back to the punishment system is the best system for so-

ciety. This is a relativistic view in relation to the democratic process.

The third model, mentioned by Professor Quensel in connection with some of my own work, is what may be termed the
minimalist model.

This model is not only concerned with the reduction in the
process of criminal justice intervention, but is also concerned with the reduction of the centralised power structure in the modern state. It states that reductionist thinking, which is lateral thinking, does not reduce the criminal justice system but merely transfers power from criminal
justice to other bureaucratic agencies of the state. It is
necessary to rethink the whole process of the way in which
people are involved in conflicts - conflicts over property,
conflicts with other persons and so on which amount to
crime. These should be dealt with in a much more par-
ticipatory way by people within their local community,
where the conflicts are seen in tangible terms, and the
actual information is to hand. That means a rethinking in
terms of the basic organsation of society, and the minimalist perpective does mean a reduction, not only in criminal
justice processes, but in other bureaucratically controlled
systems. It means citizens taking on the responsibility for
their own destiny in realtion to the conflict situations
that arise.

The term minimalist comes from the late nineteenth century
and early twentieth century from one of the egalitarian
socialist groups concerned with reducing the power of the
state as the direct process of intervention. In the capitalist west a great deal of the movement has been towards
more and more state power for the control of, and the solu-
tion of, social and other conflicts and other problems
within society.

The model to counteract such state power has been termed the 'green' model, because it has obviously had some resemblance to the 'green' movement, popular justice and so on. But as Sebastian Scheerer from Frankfurt pointed out in the aftermath of the Vienna conference where this was discussed, quite a lot of change in modern society already evinces that green model. The upsurge of the 'alternative society', along with the growth of, for example, self-help groups, and the use of professionals as resource persons rather than as diagnostic treatment personnel demonstrate this. This development cannot just be dismissed as an anachronistic, annihilistic, unrealistic, primitive romanticism, as some people tend to say. What is suggested here is that the green model, if utilised, would take a quite different approach to the current method of doing research within the criminal justice process. This, of course, then raises the issue of who is research done for, because very few Government agencies would support research in relation to the green model.

Each of those models has its own research implications and priorities, and if one returns to look more directly at research in the United Kingdom one finds, as in other countries of western Europe, that there is very substantial research being carried out for Governmental departments by their own research units. There ist also a substantial commitment from the Government, usually from the interested departments such as Administrative Justice or Home Office and prosecuting services, for commissioned research. There are some other organisations involved in carrying out research; for example, there is a policy research group which was founded by private funds in Great Britain, and there is NACRO (the National Association for the Care and Rehabilitation of Offenders) which also has research funds - some private and some from the Government. What, of course, is found is that the majority of the research is undertaken in the older, positivistic tradition. It is either a fact-gathering social survey type of research or it is a hypothesis-proof/refutation model. Implicit in both of these research approaches is the provision of information upon which policy-makers can base their decisions. They are what Karl Popper has termed 'piecemeal social engineering'. Martin Bulmer has succinctly described this perspective as one in which 'social science provides the evidence and conclusions to help solve a policy problem. The social scientist is a technician who commands the knowledge to make the necessary investigation and interpret the results'. That is the model that has been followed, not only with the Government research units, but also largely with University research, which has most of its additional funds from Government sources. Donald Macrae, in the Times Educational Supplement, when reviewing the research that is being undertaken in this field in the United Kingdom, said that in Britain the Social Science Research Council, doubtless without deliberate intent, is biased in favour of radical quantitative empiricism, a kind of positivism in which the techniques have become very sophisticated and the intellectual element is absent. I think that is a fair comment on that whole position. In fact a colleague of mine in Glasgow wrote a book a year or so ago in which he said that it is not really criminology, but could be called 'controlology'.

Concern is with the whole control process. What one finds ist that both with the blue model and with the mixture of the red and blue models that kind of research ist dominant, with a consensus with people in power. The values of society and the assumptions made, the definitions of social problems are to be taken as given and the researcher operates within that process and produces the answer to those questions. The orthodox criminology puts its emphasis on individuals, the study of the individual, how he is produced to conform with the rest of society, and thus orthodox criminology plus clinical criminology, the clinical perspective, predominate within that tradition. In the

1960s, we had the big radical movement in Great Britain and that was a period of tremendous turmoil socially and academically, with a tendency for the radical thinking, critical thinking, to be associated with the left and the consensus criminology to be associated with the right. Without dwelling in detail on that, it seems important to give one or two of the conclusions that are now emerging in terms of criminology in what could be called the post-1960s period coming down to the present day.

Firstly, the result of that re-appraisal from both sides has restored criminology into the mainstream of social theorising. It is no longer, as it were, outside the mainstream of social theorising.

Secondly, it has re-oriented criminological .discussion as being within a political context. Criminology is no longer a technical matter but should be seen within the political context, particularly in relation to the theory of the state. Within that perspective, there is concern over the way in which conduct is defined as crime through the legislative process, the way in which law is enforced and the penal prosseses are applied. So it is related to political power structure analysis. Also it leads to a sociological dimension in terms of the philosophy of law.

Thirdly, it introduces a much more sophisticated approach to the methodological questions in research. No longer is an unsophisticated policy of finding facts and researching facts adequate, but a whole series of epistemological issues relating to the nature of knowledge and the knowledge of conducting research has been raised.

And fourthly, the study of crime as a social interactive process emphasises the need for sociological theory in terms of the control institutions, such as the legal process and the penal process, which are no longer deemed as taken for granted.

Fifthly, it creates a much more critical awareness of the implications of accepting social problems as research topics in terms of the policy-makers. How is a problem defined? Professor Quensel and I have been involved in looking at that in relation to hard drugs. How does the behaviour become defined as a problem, rather than saying there is a problem of hard drugs? How do we do criminological research into that problem? This leads to the approach where criminology is no longer merely an attempt to solve questions formulated by the policy-makers, but where researchers actually ask the significant questions and have a dialogue in relation to that formulation of problems.

The sixth point is that the whole question of research areas is seen in a political context. When we decide to do research into parole, rather than research into community development or medical social services, we are making a point within a political context. Criminological research is itself social behaviour. There is an assumption that one goes out and does research which, as a result of one's professional standing, is objective. It is only recently that the impact and the relationship established when a person is interviewed has been given any consideration.

The seventh and last point is that as a result of the whole of the debate one has broken down the barriers of criminology as a separate entity for study and moved it out into a socio-legal field where it is important to look at the way in which conflicts are resolved in the civil law processes or outside the legal processes, rather than just taking the definition within criminal justice. I can quote a clear example from my own research in relation to family violence, criminal violence. In general in working class families, if violence occurs, the police are called in. But I made a study of some 300 cases of divorce in the civil court and in 25 % of those cases there was evidence being given for a divorce which amounted to a crime which could have been the basis of a criminal charge. For the middle class, through solicitors and lawyers and through other professionals, the civil law process is used where violence occurs to resolve a dispute. The working class is using the traditional way of calling in the police for a crime. There is a need to widen out the whole spectrum.

It is necessary to come from that kind of new perspective in relation to criminology to looking at a new kind of research model - not the 'social engineering' model in which the researcher communicates his results and their interpretations and the policy-maker utilises those results, for often the policy-makers do not utilise those results entirely. Rather, results are compartmentalised and used partly out of context for one thing and partly out of context for another. The use of research in such a way is very important; it is the way which feeds and perpetuates a state/bureaucratic system.

The alternative model is what is termed the 'enlightenment' model and it is directly in contrast to that 'social engineering' model. The enlightenment model is based on the fact that research tends to be indirect and delayed, rather than direct and immediate, in terms of its impact in relation to policy. Research knowledge should not be seen as making an exclusive claim to be taken into account by policy-makers, but only as one of a whole series of sources of knowledge that are taken into account. The impact of research is in the process of interaction and one should not see the impact of research as influencing a particular individual, or a particular group of individuals, that has to make decisions, but more in terms of affecting the climate of opinion and of altering the perpetual framework of the policy-maker. Viewed in this way it is a much more diffuse approach to dealing with the relationship between research and policy. Janowitz, back in 1971, when he first discussed the enlightenment model, said the enlightenment

model assumes the over-riding importance of the social context and focusses on developing various types of knowledge
that can be utilised by policy-makers and professionals.
While it seeks specific answers, it focusses on creating
the intellectual conditions for problem solving. The con-
sequence of effective research is to contribute to political freedom and social voluntarism by weakening the myths
in society, by refuting distortions and preventing an un-
balanced view of social reality from dominating collective
decision-making. It is quite a different process of bringing about change in relation to research. It is Carol
Weiss's statement, which is a more radical one about the
enlightenment model, which I think is the one which is more
discussed in Great Britain today. She says the enlightenment model does not consider value consensus as a prerequi-
site for useful research, as distinct from the engineering
model. It sees a role for research as social criticism. It
finds a place for research based upon various theoretical
premises. It implies that research need not necessarily be
geared to the operating feasibilities of today, but that
research provides the intellectual background of concepts,
orientations and empirical generalisations that informs
policy. As new concepts for data emerge, their gradual
accumulative effect can be to change the conventional policy-makers' relationships to goals and priorities in a practical world.

That model is important because there is a need to break
from the positivistic way of research and commissioned research, but accompanying this is also the need for estab-
lishing a different context of dialogue of research in relation to policy-making and policy change. Of course, it
raises the question of what is the role of the criminologist in relation to the community? One role which is assumed is obviously the 'controlology role' that continues
to have a very central part, certainly in the United Kingdom. Again, criminology, particularly in the wider context

of the discussions within the academic milieu, becomes a constructive criticism of the policy and practice of the existing system. It contributes to the knowledge and the ongoing debate about man and the image of man in relation to political and social control within the universities, and also contributes to that critical debate. But lastly, of course, the criminologist can be seen in his role, in terms of the 'green' model, of bringing about alternative processes which counteract the existing apathies and feelings of alienation that exist in society and which may very well be the trend to which modern industrial societies will go in the future. Therefore there is a growing number of criminologists who seek, not necessarily an exclusive role, but certainly an important role, to play in terms of research to consider not what the policy-makers are considering today, not the feasibility of the status quo, but possible developments that may materialise and lead to important trends in the future.

Friedhelm Berckhauer

Zur Auseinandersetzung um die "Staatskriminologie" [*]

1.

Ein Staatskriminologe, der sich über Staatskriminologie aus-
läßt, erscheint befangen. Er ist aber nicht stärker befangen als sich selbst frei dünkende Universitätskriminologen,
die den polemischen Begriff für geeignet halten, die nicht-
universitären Kollegen in die bei manchen verdächtig(t)e
Ecke der Staatsgewalt, des Staatsanwalts rücken zu können.
Der naheliegende Gegenbegriff "behördeneigene kriminologische Forschung" wäre nur ein Notbehelf. So wie Kriminologie und Kriminologe als Begriffe zusammengehören, so
würde der "behördeneigenen Forschung" der "behördeneigene
Forscher" entsprechen[1]. Nun, ganz so feudal ist es mit der
Staatskriminologie auch wieder nicht bestellt.

Die Bezeichnung Staatskriminologie ist zwar plakativ, aber
und auch gerade marktschreierisch und deshalb kein taug-
liches Mittel wissenschaftlicher Analyse, sondern eben ein
(wisssenschafts-)politischer Kampfbegriff.

Einmal ist es falsch, von der Staatskriminologie zu sprechen. Soweit nämlich Kriminologie überhaupt von staatlichen
Einrichtungen betrieben wird, gibt es vor allem unter den
Gesichtspunkten der Aufgaben und Realisierungsmöglichkeiten
große Unterschiede, wie ein Blick auf die verschiedenen
Einrichtungen zeigt. Bundeskriminalamt, Bayerisches Landes-
kriminalamt, Referatsgruppe Planung, Forschung, Soziale
Dienste des Nieders. Justizministeriums und die Kriminologischen Dienste im Strafvollzug sind eigentlich nur in einem
vergleichbar, die dort tätigen Kriminologen werden als Be-

amte oder Angestellte unmittelbar vom Staat unterhalten.
(Die Kollegen an den Universitäten freilich leben auch
nicht von privaten Mitteln!)

Zum anderen ist die Lage der staatlich betriebenen Kriminologie keineswegs so rosig wie Außenstehende meinen[2]. Sowohl
unter dem Blickwinkel der Personalmittel wie dem der For-
schungsmittel steht die Staatskriminologie mehr als bescheiden dar[3]. Von einem kriminologischen Wissenschaftsbudget
von insgesamt etwa 13,2 Mio DM entfällt auf den staatlichen
Sektor allein ein Anteil von 3 Mio DM, also nur ein knappes
Viertel[4]! Das neidische Schielen, wer das größte Stück For-
schungskuchen auf dem Teller habe, bringt die Kriminologie
kein Stück voran. Andere Forschungsfelder von gesellschaftlicher Bedeutung - zu erinnern ist an die Humanisierung der
Arbeitswelt, an die Gesundheitsforschung - erhalten vom
Staat (also nicht von der Wirtschaft) Mittel, die um eine
ganze Zehnerpotenz höher sind. Wir als Kriminologen müssen
uns deshalb selbstkritisch fragen, ob abweichendes Verhalten und seine sozialen Folgen oder Folgekosten so viel
unbedeutender sind als die menschliche Gesundheit oder ob
wir Kriminologen unser Anliegen und unsere (hoffentlich vorhandene) Kompetenz nur so schlecht verkaufen. Der Leser mag
die Frage selbst beantworten.

2.

Die Aufgaben der Staatskriminologie sind ebenso unterschiedlich wie die staatlichen Einrichtungen, die Kriminologie betreiben und dies, obwohl deren Zahl gering ist. Das liegt
schon an der traditionellen Aufspaltung der Kriminalitätskontrolle in zwei verschiedene Ressorts, die historisch
gesehen gute Gründe hatte (und sie vielleicht unter anderen
Gesichtspunkten wiedererlangt hat). Es erscheint mir müßig,
über die Aufgaben der Kollegen aus dem Bereich des oder der
Innenressorts zu spekulieren[5]. Für die Justiz jedenfalls

beschränken sich gegenwärtig kriminologisch orientierte Aufgaben vorrangig darauf, post festum tätig zu werden, also dann, wenn das Kind bereits in den Brunnen gefallen ist. Dafür zu sorgen, daß Kinder erst gar nicht in den Brunnen fallen können, betrachtet die Justiz nicht als ihre Aufgabe. Der von Schwind als damaligem Justizminister unternommene Versuch, Kriminalpolitik präventiv zu orientieren[6], ist eine Ausnahme geblieben und heute, von einigen Modellversuchen abgesehen, eingeschlafen - um nicht zu sagen entschlafen. Diese Selbstbeschränkung steht mit einer anderen de facto in enger Beziehung, zumindest was den aktuellen Stand betrifft. Justizbetriebene Kriminologie, für deren Abzählung man in der Bundesrepublik Deutschland gerade eine ganze Hand braucht (BMJ, PFS, KD in BW, HH und NRW), betreibt nicht

- Grundlagenforschung,

- Theoriegenerierung,

- Systemanalysen.

Sie beschränkt sich heute schon wegen der viel zu kleinen Personalkapazität darauf,

- kriminologisch orientierte Modellvorhaben durchzuführen oder zu unterstützen,

- kriminologische (Kleinst-)Projekte in ihrem Zuständigkeitsbereich durchzuführen oder über die Vergabe von Mitteln an Dritte zu fördern,

- Verwaltung und Politik über Beratung zu beeinflussen.

In Ansätzen finden wir also Praxisbegleitung und Evaluationsvorhaben. Wir suchen aber bislang vergebens nach:

- Organisationsstudien,

- Aufgabenanalysen,

- Kosten-Nutzen-Berechnungen,

- Planungsstudien und

- höher entwickelten Implementations- und Evaluations-
  untersuchungen.

So gesehen ist die Staatskriminologie nicht viel mehr als
ein Papiertiger, dessen scheinbare Größe nicht zuletzt von
seinen universitären Kritikern aufgebau(sch)t wird[7]; ein
Papiertiger, der in bestimmten Publikationen Schatten
schlägt, die mit der Realität ebenso viel zu tun haben, wie
Parapsychologie mit Psychologie.

3.

Die Grenzen der Staatskriminologie sind schon angedeutet:
Die Haushaltslage der öffentlichen Hand bestimmt mehr noch
als alles andere den Aufgabenbereich der Staatskriminolo-
gie. Wo kein Geld ist, da ist eben auch keine Forschung! Am
Beispiel der Referatsgruppe PFS läßt sich die eher traurige
Lage staatlicher Forschung ganz gut darstellen: Der "For-
schungsetat" von 25.000,-- DM für 1983 wurde im Laufe des
Jahres um 5.000,-- DM gekürzt. Von 12 Personalstellen sind
vier mit technischem Personal besetzt. Drei Stellen nehmen
Aufgaben der sozialen Dienste in der Justiz wahr, ein Kol-
lege arbeitet an einem Projekt zur Prozeßkostenhilfe in
Familiensachen, eine Kollegin betreut Modellvorhaben, die
übrigen drei Mitglieder der Gruppe arbeiten ebenfalls nur
in unterschiedlichem Ausmaß an kriminologischen Fragestellungen. Der eindrucksvolle Stellenkegel von 12 Planstellen
reduziert sich der Sache nach auf hochgerechnet sage und
schreibe zwei bis drei "Staatskriminologen".

Insgesamt sind Forschungsvorhaben staatlicher Kriminologie
bescheiden, und zwar in Umfang und oft auch im methodologi-
schem Raffinement. Das ist nicht nur eine Folge der Haushaltslage, sondern auch strukturell bedingt.

Staatliche Kriminologen können sich, um eine weitere Grenze
ihrer Arbeit zu nennen, nicht den langem Atem ihrer Univer-
sitätskollegen (oder der vom MPI) gönnen. Politik und Verwaltung benötigen, wenn überhaupt, dann doch häufig rasch
Daten. Deshalb sind retrospektive Untersuchungen auch eher
die Regel. Die Grenzen solcher Ansätze sind bekannt.

Eine weitere Grenze, die oft nicht zu überwinden ist,
stellt der Datenschutz[8] dar. Diese Forschungsbehinderung
trifft alle Kriminologen in gleicher Weise. Sie wird im
staatlichen Bereich auch nicht durch die Insiderstellung
wettgemacht. Zwar läßt sich manche Information über Weisungen an den nachgeordneten Bereich oder im Wege der Amtshil-
fe vermutlich leichter beschaffen als von außen[9]. Doch
sollte man diesen oft als Chance der Staatskriminologie
begriffenen Umstand nicht überbewerten. Er wird nämlich
durch informelle Hindernisse innerhalb der Hierarchie und
Kompetenzen mehr als aufgewogen. Da hat es insbesondere die
Kriminologie innerhalb der Bürokratie deshalb schwer, weil
viele "freie" Kollegen der Kriminologie das Image kritischer, d. h. unbequemer, ruhestörender und rufschädigender
Forschung verschafft haben. Kriminologie wird deshalb nicht
so sehr als ein potentielles Hilfsmittel zur besseren Handhabung des Justizapparates betrachtet (wie Outsider oft
glauben), sondern eher als eine mögliche Bedrohung wohler-
worbener Besitzstände innerhalb des Zuständigkeitsgefüges.
Warum sollte man mehr als unvermeidbar mit den ungeliebten
Konkurrenten kooperieren? Abschottungstendenzen wird man
deshalb dort finden, wo Organisationsanalysen, Planungskon-
zeptionen und Evaluationsstudien "ans Eingemachte" gehen.
Um nicht in Schwarz-Weiß-Malerei zu verfallen: Es gibt auch
Zweckbündnisse zwischen Praxis und Kriminologie, nur ist
eben das Erkenntnisbedürfnis nicht stets identisch. Im übrigen wird kollegiale Hilfe freilich gerne dort gewährt, wo
kriminologische Forschung keinen "Schaden" erwarten läßt
oder wo die politische Spitze unübersehbare Signale gesetzt
hat, die Gratifikationen oder Sanktionen verheißen. Der

Staatskriminologe ist deshalb nicht allzu häufig in der Mittlerrolle zwischen "reiner" Wissenschaft und täglicher Praxis. Viel eher sitzt er zwischen allen Stühlen, von den übrigen mißtrauisch beäugt.

4.

Die Risiken der Staatskriminologie werden oft beschworen. Die von der einen Seite als Chance betrachtete Praxisnähe wird von der anderen Seite eher als Betriebsblindheit ausgelegt. Praxisnähe wird zudem oft mit Theorieferne oder Theorielosigkeit gleichgesetzt. Dies scheint mir aber nicht ein Spezifikum staatlicher Kriminologie zu sein. Wer sich auf praxisorientierte Forschung einläßt - auch als "freier" Kriminologe - wird andere Wege gehen als ein "kritischer" Kriminologe. Die staatlichen Kriminologen sind wie jeder andere Wissenschaftler auch ständig der Notwendigkeit ausgesetzt, "Wirklichkeit" zu konstruieren, wobei Fehlkonstruktionen nicht ausbleiben. Informationen werden stets selegiert. Entscheidet der Vorsatz darüber, was schon verfälscht, was nur geschönt ist? Oder gibt es objektive Maßstäbe dafür, was wirklich "wirklich" ist? Wer verfügt darüber? Jeweils die andere Seite?

Ergebnisse staatlicher Kriminologie können politisches Handeln legitimieren. Man sollte das aber nicht überschätzen. Die Parteien und Politiker treten nicht vor ihre Wähler und sagen:"Unsere Kriminologen im Ministerium haben das und das als gesichert herausgefunden, also sollten wir das so machen". Diesen Glauben an die Macht der Wissenschaft haben wohl nur wir, die wir von unserer Wissenschaft leben. Oder wenigstens die Hoffnung, daß man ab und zu auf uns höre.

Bestünde ein größerer Legitimationsbedarf, dann gäbe es auch mehr Staatskriminologen. Nein, es wird wohl eher der geringe Erkenntnisbedarf sein, der für die Lage der Krimino-

logie verantwortlich ist. Betrachtet man die Unmenge kriminologisch erforschbarer Gegenstände und stellt dem die Zahl
ernsthafter, auf politischer Willensbildung beruhender Forschungsprojekte gegenüber, so wird deutlich, daß staatliche
oder staatlich geförderte kriminologische Forschung nur aus-
nahmsweise der wissenschaftlichen Überhöhung politischen
Handelns dient. Größer wird möglicherweise die Gefahr eingeschätzt, Forschungsergebnisse könnten einen Zwang zu politischem oder administrativem Handeln begründen. Das for-
schungsvermeidende Motto des Pragmatismus[10] lautet dann:
Was ich nicht weiß, macht mich nicht heiß. Im Nachhinein
ist ohne Insiderkenntnisse praktisch nicht mehr herauszube-
kommen, warum gerade ein bestimmtes Thema der kriminologischen Forschung überantwortet worden ist (z.B. die bundesweite Erfassung von Wirtschaftsstraftaten, die Sozialtherapie). Meine Hypothese geht dahin, daß systematische Zusammenhänge, sollten sie überhaupt bestehen, von persönlichen
Zufälligkeiten beeinflußt werden, z.B. dadurch, daß ein
reformfreudiger Strafrechtler Justizsenator in Berlin wird
oder ein forschungsfreudiger Kriminologe Justizminister in
Hannover.

Wäge ich insgesamt wahrgenommene Aufgaben, Chancen, Grenzen
und Risiken gegeneinander auf, so erscheint mir die Staatskriminologie als jüngere Schwester der sogenannten freien
Kriminologie als recht zurückgeblieben - um nicht den für
Hannover naheliegenden Kalauer "schwindsüchtig" zu ge-
brauchen.

5.

Das Gesamtsystem der sozialen Kontrolle ist so breit, daß
an Forschungsfragen auf Jahrzehnte eigentlich kein Mangel
herrschen kann. Insoweit scheinen mir Sorgen unbegründet,
die Staatskriminologie könnte der übrigen Kriminologie Boden streitig machen. Noch sind wir alle nicht so weit, daß

wir auf einem nur oberflächlich bekannten Gebiet "claims"
abgesteckt haben und die Schürfrechte schon vergeben sind.
Die Staatskriminologie ist meiner Meinung nach keine quantitativ ernstzunehmende Konkurrenz. Über Qualität wollen wir
hier nicht streiten.
Die Justiz zumindest ist, betrachtet man die technischen
Möglichkeiten und das bereits in anderen Ressorts realisierte, rückständig. Ist sie hoffnungslos oder im sog. Orwell-
jahr 1984 hoffnungsvoll "rückständig"?

6.

Die Kontroverse um freie und staatliche Kriminologie schiene mir insoweit wenig ergiebig zu sein, wenn ihr bloß die
Aufgabe zukäme, staatlich zur Verfügung gestellte Ressourcen in bestimmte Töpfe zu lenken. Derartige subjektiv motivierte Verteilungskämpfe könnten zwar im Interesse einzelner Kriminologen liegen, nicht aber der Kriminologie insgesamt dienen.

Die Frage sollte nicht lauten, machen die Staatskriminologen die freien Kriminologen arbeitslos, sondern: monopoli-
siert die Staatskriminologie bestimmte Forschungsfragen?
Hierbei wäre zunächst zu untersuchen, welche Themen univer-
sitäre und sonstige freie Forschung bearbeitet und wo Unterschiede zur Staatskriminologie bestehen. Einer Kriminologie, ob frei oder staatlich, die sich der "Praxisrelevanz"
verpflichtet weiß, wird - wie Offe behauptet, ohne die Kriminologie ausdrücklich in den Blick zu nehmen[11] - "administrative Verdaulichkeit zum entwicklungsbestimmten Kriterium". Dann läge es nahe, die Unterscheidung zwischen staatlicher und freier Kriminologie als künstlich zu betrachten,
soweit die Alimentierung jeweils aus öffentlichen Mitteln
kommt und das Forschungsinteresse nur graduell, aber nicht
grundsätzlich verschieden ist. Die wichtigere Frage ist,
inwieweit freie Kriminologen, die dieses Forschungsinteres-

se nicht teilen, einerseits unbeeinflußt, andererseits staatlich gefördert arbeiten können. Die empirische Antwort lautet: Es gibt zahlreiche Kriminologen, die nicht dem Motto folgen: "Wes Brot ich brech, des Sprach ich sprech". Das erfordert freilich im bürgerlichen Rechtsstaat, dem totalitäre Wissenschaftsideologie oder Parteidoktrin fremd sind, keinen Mut: Wer die herrschende Wissenschaftsideologie[12] wissenschaftlich falsch fand, hatte durchaus die persönliche Chance, Professor, also Beamter, zu werden. Dies dürfte in vielen Staaten ganz anders sein!

Verfassungsrechtlich garantierte Wissenschaftsfreiheit nur als status negativus, als Abwehrrecht gegen den Staat, hilft zugestandermaßen einer Wissenschaft, die nicht nur aus, von und mit Büchern lebt, nicht allzu weit. Kann ein Anspruch auf (vorrangige oder gar ausschließliche) Förderung bestimmter wissenschaftlicher Ansätze verfassungsrechtlich begründet werden? Wer bestimmt die Grenze zwischen Verfassungsrecht und politischem Machtanspruch, oder gibt es eine solche nicht? Wie können Wissenschaftler politischen Druck ausüben? Müssen dazu erst einmal die internen Fronten "bereinigt" werden? Haben kritische Kriminologen die Aufgabe von Killerzellen, die den Organismus Kriminologie lebensfähig halten? Kann die Diskussion um die "Staatskriminologie" dieses leisten?
Angesichts dieser Fragen erscheint mir die Heftigkeit der Polemik mancher Kollegen durchaus verständlich, aber ist sie auch nützlich?

Anmerkungen

* Überarbeitete Fassung eines für das KFN-Colloquium vor-
  bereiteten Statements, das wohl dem Zeitdruck, nicht
  aber der Zensur zum Opfer fiel. Die in dem Beitrag
  dargelegten Meinungen und Schlußfolgerungen sind solche
  des Autors, nicht die seines Dienstherrn.

1 Steinhilper, G.; Berckhauer, F.: Kriminologische Forschung als Beitrag zur Kriminalitätsvorbeugung. Referatsgruppe "Planung und ·Forschung" des Niedersächsischen Ministeriums der Justiz. (In: H.D. Schwind, F.
  Berckhauer, G. Steinhilper (Hrsg.): Präventive Kriminalpolitik. Beiträge zur ressortübergreifenden Kriminalprävention aus Forschung, Praxis und Politik. Kriminologi-
  sche· Forschung, Band 1. Heidelberg, 1980, S. 127-143,
  140) sprechen deshalb neutral von "behördeninterner kriminologischer Forschung"; ähnlich Steffen, W.: Kriminologische Forschung und polizeiliche Praxis in der Bundesrepublik Deutschland. (Maschinenschriftlich verviel-
  fältigtes Papier für den 9. Internationalen Kriminolo-
  giekongress Wien, 1983, S. 7), für die Polizei (polizei-
  interne Forschung). Diese Begriffe erscheinen mir aber
  auch nicht ganz zutreffend gewählt, weil sie die Konno-
  tation "Panzerschrankforschung" zumindest erlauben. In
  Wahrheit werden aber nicht Verschlußsachen produziert,
  vielmehr wird gerade der Kontakt zur wissenschaftlichen
  Gemeinschaft gesucht (vgl. die zahlreichen Veröffentlichungen staatlicher kriminologischer Forschungseinrichtungen).

2 Beispielsweise Brusten, M.: Social control of crimini-
  nology and criminologists. Description and reflections
  on some new developments in West Germany. (In: European
  Group for the Study of Deviance and Social Control.
  State Control on Information and the Field of Deviance
  in Social Control. Working Papers in European Criminology ,No. 2, Leuven u.a., 1981). Eine begründete Gegenposition eines Nicht-Staatskriminologen vertritt
  Kaiser, G.: "Biokriminologie", "Staatskriminologie" und
  die Grenzen kriminologischer Forschungsfreiheit. (In:
  H.-J. Kerner, H. Göppinger, F. Streng (Hrsg.): Kriminologie - Psychiatrie - Strafrecht. Festschrift für Heinz
  Leferenz zum 70. Geburtstag. Heidelberg, 1983, S.
  47-68).

3 Kalauernd könnte man sagen, die Staatskriminologie ist
  eine Kriminologie, mit der kein Staat zu machen ist.
  Bezeichnenderweise enthält das kürzlich erschienene KKW
  (Kalauers Kriminologisches Wörterbuch, Hannover, 1983)
  den Begriff Staatskriminologie nicht - wohl deshalb,
  weil dem Vernehmen nach der Herausgeber ein Staatskriminologe sein soll.

4   Vgl. dazu ausführlicher Berckhauer, F.: Institutionen
    der Kriminologie. (In: G. Kaiser u.a. (Hrsg.): Kleines
    Kriminologisches Wörterbuch. 2. Auflage. Heidelberg,
    1984 (im Erscheinen)).

5   Vgl. dazu Steffen (Anm. 1), sowie Störzer, H. U.:
    "Staatskriminologie" - subjektive Notizen. (In: H.-J.
    Kerner, H. Göppinger, F. Streng (Hrsg.): Kriminologie -
    Psychiatrie - Strafrecht. Festschrift für Heinz
    Leferenz zum 70. Geburtstag. Heidelberg, 1983, S.
    69-90).

6   Vgl. den in Anm. 1 genannten Sammelband.

7   Was für ein Tiger die übrige Kriminologie ist, das
    beurteile der Leser bitte selbst.

8   Vgl. beispielsweise Borchert, G.: Datenzugang für die
    Forschung. (In: Öffentliche Verwaltung und Datenverar-
    beitung 7/8, 1981, 18-21); ferner Büllesbach, A.: Daten-
    schutz versus Wissenschaftsfreiheit? (In: Öffentliche
    Verwaltung und Datenverarbeitung 3, 1981, S. 9-14).

9   Avenarius, H.: Informationszugang - Forschungsfinanzie-
    rung - Publikationsfreiheit: Rechtsfragen im Verhältnis
    zwischen pädagogischer Forschung und Staat. (In: Mittei-
    lungen und Nachrichten. Deutsches Institut für interna-
    tionale pädagogische Forschung 98/99, 1980, S. 28-49).

10 Vgl. Offe, C.: Sozialwissenschaften zwischen Auftrags-
    forschung und sozialer Bewegung. (In: Beck, U. (Hrsg.):
    Soziologie und Praxis. Erfahrungen, Konflikte, Perspek-
    tiven. Soziale Welt, Sonderband 1. (Göttingen, 1982, S.
    107-113), S. 111: "Zur Korrektur selbstgefälliger Illu-
    sionen über die "Praxisrelevanz" der eigenen Arbeit
    leistet freilich die Administration selbst deutliche,
    wenn auch indirekte Hilfestellung. Wo die Umstände sie
    zu einer Praxis des als "Pragmatismus" beschönigten
    tagtäglichen Durchwurstelns nötigen, haben sozialwissen-
    schaftliche Analysen bei der Administration naturgemäß
    nicht viel zu bestellen; gerade auch auf sozialdemokra-
    tischer Seite kommt man zunehmend, wie es scheint, auf
    den Topos zurück, daß dort "Therotiker" mit ihren "Pa-
    tentrezepten", gar dem vermeintlichen "Stein der Wei-
    sen" an der falschen Adresse seien."

11 Offe (Anm. 10), S. 110.

12 Nach Offe (Anm. 10), S. 110 befinden sich die So-
    zialwissenschaften in der Gefahr, "zu Tode akademisiert
    zu werden". Er meint mit akademischer Wissenschaft "die
    mit Lizenzen, sachlichen Betriebsmitteln, Karrieren und
    später Forschungsaufträgen staatlich ausgestattete
    Sozialwissenschaft mit entpolitisierter, d.h. zumindest
    der Absicht nach auf die Willensbildung keinerlei Ein-
    fluß nehmender, in Fragen der praktischen Vernunft eben

stumm bleibender Forschung und Lehre, - also das, was
man in der Studentenbewegung das organisierte Fach-
idiotentum genannt hat" (S. 108).

Hans-Jörg Albrecht

Perspektiven der kriminologischen Forschung

I.

Perspektiven kriminologischer Forschung sind in folgender Hinsicht bestimmbar:

1. Als Entwicklung und Festlegung von Schwerpunkten der Forschung, von Fragestellungen und Problemen, die dem praktischen und theoretischen Selbstverständnis bzw. leitenden Interessenmustern kriminologischer Wissenschaft entsprechen und

2. als Schranken und äußere Einflußgrößen, die die Entwicklung moderieren und das Selbstverständnis im Zaum halten.

Im folgenden s .l deshalb zunächst die derzeitige Forschungslage auch im Lichte des internationalen Forschungs- und Meinungsstands dargestellt werden, um hieraus weiterführende Fragestellungen und inhaltliche Perspektiven abzuleiten. Im Anschluß daran werden forschungsexterne Einflußgrößen, wie Forschungsförderung und rechtliche bzw. ethische Probleme der Datenerhebung und der Untersuchungsplanung behandelt.

Wenn als Ausgangspunkt die im kriminologischen Schwerpunktprogramm der Deutschen Forschungsgemeinschaft in den letzten Jahren vorgelegten Förderungsanträge sowie Forschungspläne kriminologischer Institute gewählt werden, dann ist sofort erkennbar, daß sich Kriminologie derzeit auf empirische Sanktionsforschung, also Forschung über die Wirkungsweise von strafrechtlichen Sanktionen konzentriert. Hierbei

streut die Bandbreite der Sanktionsforschung von Rehabili-
tierungs- oder Behandlungsforschung im engeren, therapeutischen Sinn, über Untersuchungen zur Implementation, Ausgestaltung und zu Folgen von Verfahrens- und Sanktionsalternativen im Jugend- und Erwachsenenstrafrecht bis hin zur
Erforschung generalpräventiver Mechanismen in Gestalt von
Integrations- und Abschreckungsprävention. Kriminologische
Forschung erfaßt auch, allerdings vergleichsweise selten
Fragen der Normgenese und -implementierung sowie Reaktions-
und Entscheidungsmuster strafrechtlicher Sozialkontrolle[1].

II.

Eine vergleichsweise geringe Betonung der Normgenese- und
Implementationsforschung spiegelt sich auch im internationalen Vergleich wider. Eine Durchsicht von fünf kriminologischen englischsprachigen Zeitschriften (Journal of
Criminology and Criminal Law, Criminology, Canadian Journal
of Criminology, British Journal of Criminology, Australian
and New Zealand Journal of Criminology) über einen Zeitraum
von 6 Jahren (1977-1982) sowie der vom Europarat zusammen-
gefaßten Berichte über laufende kriminologische Forschungsprojekte im Zeitraum 1980-1982 aus Großbritannien, Schweden, Frankreich und Holland gab zwar Hinweise auf einige
wenige Untersuchungen über die Geschichte von Strafnormen,
Strafformen, Rechts- und Gerichtssystemen sowie die Einschätzung kriminalpolitischer Strategien, empirisch ausgerichtete Projekte zur Normgenese- oder Implementationsforschung waren jedoch nicht vertreten. Im Gegensatz dazu
waren Untersuchungen zur Implementation kriminalitätsbezogener Programme lokaler Art häufiger anzutreffen. Es scheint
allerdings, daß auch die rechtssoziologische Forschung sich
im Forschungsfeld "Recht und Norm" eher mit Fragen des
Verhältnisses zwischen Recht und sozialem Wandel befaßt und
hierbei Probleme der Normgenese und der -implementation nur
am Rande berührt[2]. Die in den genannten Zeitschriften gefun-

denen, fast 400 empirischen Untersuchungen, die sich mit kriminologischen Fragestellungen befaßten, zeigen Schwerpunktbildungen in Bereichen, die als <u>soziale oder psychologische Korrelate</u> von Kriminalität bezeichnet werden können (solche Untersuchungen nehmen einen Anteil von fast 20 % ein), dicht gefolgt von Untersuchungen, die die Analyse von Entscheidungen, Verhalten und Funktionen von Kontrollinstanzen und deren Vertreter zum Gegenstand hatten. Mit jeweils 1/10 an den Untersuchungen sind Organisationsanalysen, der Test und die Überprüfung von Kriminalitätstheorien und Untersuchungen zu Wiederholungstätern, Rückfall und krimineller Karriere vertreten. Demgegenüber nimmt <u>Evaluationsforschung</u> und darunter die Behandlungsforschung im engeren Sinne einen geringeren Anteil von etwa 5 % ein. Die niedrige Quote von Evaluations- und Behandlungsforschungsuntersuchungen in den erwähnten Zeitschriften mag allerdings damit zusammenhängen, daß es vor allem im englischsprachigen Bereich in den 70er Jahren zur Herausgabe von Zeitschriften gekommen ist, die sich zentral mit Evaluation und Behandlung befassen[3]. Denn Behandlungsforschung steht immer noch hoch im Kurs. Eine Ausnahme stellen zwar die skandinavischen Staaten dar, wo jedenfalls zwangsweise rehabilitative Elemente im therapeutischen Sinn, wie Antilla z.B. aus Finnland berichtet, mehr oder weniger aus dem Strafrechts- bzw. dem kriminologischen Forschungsprogramm gestrichen sind[4], obwohl auch hier nicht auf <u>Sanktionsforschung</u>, lediglich bezogen auf sonstige strafrechtliche Maßnahmen und Sanktionen verzichtet wird. Dies gilt aber für den anglo-amerikanischen Bereich und viel mehr noch für romanischsprachige Länder. Ende der 70er Jahre haben Stellungnahmen der Nationalen Akademie der Wissenschaften in den USA, die wünschenswerte und wichtige Perspektiven in der künftigen kriminologischen Forschung zum Gegenstand hatten und die Auflösung der LEAA, die auch mit der Formulierung neuer Forschungsschwerpunkte verbunden war, erkennen lassen, daß Rehabilitationsforschung einen auch in Zukunft bedeutsamen Forschungsbereich darstellen müsse[5]. Zu diesen neuen Schwer-

punkten gehörten u.a. auch Fragen der Generalprävention
sowie die Erforschung krimineller Karrieren, Strafzumes-
sungs- und Entscheidungsprobleme in der Justiz, gemeindeorientierte oder gesellschaftsunmittelbare Kriminalitätsprävention und nicht zuletzt Korrelate und Determinanten kriminellen Verhaltens. Sanktionsforschung i.S.d. vergleichenden
Analyse der Folgen verschiedener Sanktions- und Behandlungsformen, ambulanter oder stationärer Art, therapeutischer
oder sozial stützender Art, ihres verhaltensmodifizierenden
Potentials, sei es durch generalpräventive oder individualpräventive Mechanismen ist immer noch ein offenes Forschungsfeld. Denn wenn die einschlägigen Stellungnahmen zur
Forschung über Behandlungs- oder Präventionsprogramme evaluiert werden, dann sind Zeichen der Resignation zwar vorhanden, die allerdings nur unvollkommen einerseits die Befriedigung über hieraus abgeleitete Bestätigungen klassischer
Annahmen des Strafrechts, andererseits die Befriedigung
über das Scheitern herrschaftsstabilisierender Sozialtechnologie verdecken können[6]. Es überwiegt allerdings die Auffassung, daß die bisherige Forschung eher die ineffiziente
Anwendung von Präventions- und Behandlungsverfahren und zudem inadäquate Evaluation, sei es über nicht angepaßte
diagnostische Instrumente oder mangelhafte bzw. mangelhaft
erfaßte Implementation von Programmen und nicht die Inef-
fizienz denkbarer Behandlungs- oder Präventionsverfahren
widerspiegelt[7]. Von einem Ende der Behandlungsideologie
kann auf dem Hintergrund des derzeitigen Forschungsstandes
nur dann gesprochen werden, wenn darunter ein umfassendes
Kriminalitätspräventions- und -kontrollprogramm verstanden
wird. Eine solche Ausrichtung des Strafjustiz- und Straf-
vollzugssystems hat es allerdings nirgendwo praktisch, sondern höchstens auf politischen Diskussions-, Begründungs-
und Rechtfertigungsebenen gegeben. Die Frage nach dem verhaltensmodifizierenden Potential von Behandlungsverfahren
kann insbesondere bezogen auf einzelne Straftätergruppen
heute noch nicht beantwortet werden. Dies kann gerade an
dem Diskussionsstand um die Einschätzung der Sozialtherapie

in Deutschland dokumentiert werden[8]. Im übrigen dürfte der Resozialisierungsgedanke in der Öffentlichkeit als allgemeines kriminalpolitisches Prinzip nach wie vor starken Rückhalt finden[9]. Dabei hatte sich die Problemsicht in den letzten Jahren teilweise verengt auf Methodenprobleme, die sich vor allem auf die Frage nach den Möglichkeiten der Implementation echter Experimente mit randomisierten Kontroll- und Vergleichsgruppen konzentrierte. Das Black-Box-Modell randomisierter echter Experimente hat seit der klassischen Arbeit von Campbell u. Stanley[10] die Evaluationsforschung im Bereich der Effizienzanalyse strafrechtlicher Sanktionen bestimmt und eine Methodendiskussion ausgelöst, die Probleme der Evaluation reduziert auf Probleme interner und externer Validität. Hierbei wird aber außer acht gelassen, daß Methodenfragen nicht unabhängig von den zu testenden Theorien und Hypothesen behandelt werden können[11]. Die Forderung nach theoriegeleiteter Forschung sollte deshalb stärker als bisher geschehen aufgegriffen werden und als Integration von Kriminalitäts-, Programmimplementations- und Behandlungstheorien die Grundlage für eine Effizienzforschung legen, die sich auf die Auswirkung spezifischer Behandlungsformen in spezifischen Umgebungen bei spezifischen Gruppen richtet und damit den wohl kaum einlösbaren Anspruch des Nachweises allgemeiner Wirksamkeitszusammenhänge zum Behandlungsvollzug oder anderen Sanktionsformen aufgibt.

Die Forderung nach theoriegeleiteter Forschung geht in diesem Zusammenhang Hand in Hand mit der Untersuchung von unerwünschten Nebeneffekten, wie sie bspw. in der Form von Ausweitung formeller Sozialkontrolle als Folge von Diversionsprojekten anstelle oder neben der eigentlich erwünschten Umleitung einer bestimmten Klientel oder der erwünschten Entlastung der Kriminaljustiz beobachtet wurden. Dazu gehören aber auch neben Folgen, die die Effizienzdimension betreffen und auf die anscheinend in Form von Rückfalluntersuchungen niemand verzichten will, Auswirkungen auf den

Bestraften selbst, seine Situation im Strafvollzug oder nach der Entlassung.

Allerdings wird sich die Sanktionsforschung, soweit sie die vergleichende Analyse von verschiedenen Verfahrens- und Sanktionsformen zum Gegenstand hat, mehr als bislang geschehen mit der kritischen Frage beschäftigen müssen, wie es um die Auswirkungen einer bestimmten Alternative auf die Gesamtkriminalitätsbelastung und vor allem auch auf das Sicherheitsgefühl einer Gesellschaft bestellt sein mag. Denn, so hat es Martinson formuliert, den einzelnen Bürger interessiert es nicht, um wieviele Prozentpunkte die Rückfallquote nach einem bestimmten Programm von einer anderen abweicht, es interessiert ihn vielmehr, wie sein Viktimisierungsrisiko bei der Implementierung bestimmter Programme verändert wird[12]. Hier stellt sich vor allem das zwar nicht neue, dennoch bislang auch international kaum aufgegriffene Problem, wie verschiedene Effizienzdimensionen, die Daten über individuelle Entwicklungen im Legal- und Sozialbereich, Entwicklungen und Bewegungen der Gesamtkriminalitätslage sowie Bewegungen von Kriminalitätsfurcht und Sicherheitsgefühl berühren, kombiniert werden und im Rahmen der Bewertung von Präventionsstrategien Verwendung finden können.

Nach mehr als einem Jahrzehnt von intensiven Untersuchungen zu Problemen der Generalprävention kann davon ausgegangen werden, daß auch in diesem Bereich die Forschungsfragen noch nicht erschöpft sind. Es ist vielmehr davon auszugehen, daß bisherige Forschungsergebnisse eher dazu beigetragen haben, neue, bislang nicht beachtete Fragestellungen aufzuwerfen und ein weiteres Jahrzehnt von Forschung zur Generalprävention einzuleiten[13].

Dies hängt zunächst mit der Einsicht zusammen, daß das rationale Entscheidungsmodell keineswegs für alle Handlungssituationen gültig sein kann und führte zu der Frage, wie Handlungs-

kalküle erworben werden und welche Bedingungen für das
Auftreten bestimmter Handlungskalküle, insbesondere des rationalen Kalküls als Voraussetzung für meßbare Wirkungen
strafrechtlicher Sanktionen in dieser Dimension gegeben
sein müssen. Damit hängt die Frage zusammen, wie Einstellungen oder Wissen über die Effizienz der Kontrollsysteme,
sei es als Bedingung für das Gefühl von Sicherheit oder
geringer Kriminalitätsfurcht oder als Grundlage für die
Entwicklung von Angst und Furcht vor strafrechtlicher Sanktionierung entstehen. Schließlich ist es weder auf der
Makro- noch auf der Mikroebene der Generalpräventionsforschung gelungen, Effekte der Abschreckung und Normvalidie-
rungseffekte bzw. Sicherungsfolgen von freiheitsentziehenden Maßnahmen voneinander zu trennen[14]. Zunehmend erfolgen
Versuche, die Generalpräventionsforschung wieder näher an
die kriminologische und soziologische Theoriebildung heran-
zuführen und die im Hinblick auf generalpräventive Folgen
von strafrechtlicher Sanktionierung relevanten Hypothesen
in den Rahmen von Kriminalitäts- oder Konformitätstheorien
kollektiver und individueller Art einzubinden[15]. Auch in
diesem Bereich empirischer Sanktionsforschung läßt sich das
Bedürfnis nach kontextbezogenen, spezifischen Hypothesen
und Theorien feststellen, ähnlich der Entwicklung in der
Behandlungsforschung. Da es sich vor allem bei dem Konzept
der Normvalidierung bzw. der positiven Generalprävention um
eine der zentralen Grundfragen des Strafrechts einerseits
und soziologischer Theoriebildung andererseits handelt,
scheint es verfrüht, diese Fragestellung als empirisch
nicht klärbar einzustufen. Vielmehr wird man versuchen müssen, die Forschungsfragen in komplexe Längsschnitt- und
Kohortenuntersuchungen einzubringen, die auf längere Zeit
und als echte Kohortenstudien angelegt, jedenfalls die begründete Chance bieten, über diesen Mechanismus brauchbare
Angaben zu erhalten. Dabei werden genügend Anhaltspunkte
sichtbar, in Teilbereichen eine Integration von Normgenese-
und Generalpräventionsforschung zu versuchen, denn beide Bereiche sind mit Prozessen der Absicherung von Interessen

und Problemen des Herrschaftserhalts zentral befaßt. Anderseits sollte das Augenmerk auch auf eine <u>Integration von spezial- und generalpräventiven Konzepten</u> gerichtet werden, da, wie sich beispielhaft an der Diversionsforschung zeigen läßt, zwischen Normalisierung und Entdramatisierung von Verhalten, abgeleitet aus labeling - Theorien sowie empirisch begründeten Zusammenhängen zwischen Stigmatisierung, allgemeiner Abschreckung und Normverdeutlichung ein Spannungsverhältnis besteht, das theoretisch gelöst werden muß und empirischer Absicherung bedarf. Hat die Lösung dieses Spannungsverhältnisses somit auch damit zu tun, unter welchen Bedingungen Verfahrens- und Sanktionsalternativen den sicherheits- und stabilitätsvermittelnden, u.U. auch furchterzeugenden Symbolgehalt des traditionellen strafrechtlichen Instrumentariums weiterentwickeln und ersetzen können, so muß hiermit auch die Frage verknüpft werden, unter welchen Bedingungen Sanktionsnormen im Falle der Neukriminalisierung bewußtseinsbildend wirken. Da über Programmimplementationsforschung lokaler Art der Forschungsbereich der Normgenese und -implementation bislang international kaum aufgegriffen wurde, bleibt hier ein Forschungsfeld, das vor allem in theoretischer Hinsicht interessante Perspektiven bietet. Denn fast überall in westlichen Industriegesellschaften stellen sich zur Zeit ähnliche Probleme wie bspw. die Frage nach den Bedingungen der Entstehung und des Vollzugs von Umweltschutzgesetzen und hieraus resultierendem Umweltschutz sowie der Implementierung von Wirtschaftsstrafrecht, Bedingungen, die anscheinend von überragender Bedeutung für die Entwicklungschancen hiervon betroffener Gesellschaften sind. Gerade in diesen Problemfeldern werden Ansatzpunkte zu finden sein, die die Brücke hin zu der allgemeinen, in der Soziologie und in den Sozialwissenschaften noch immer offenen Frage schlagen, nämlich wie das Verhältnis von Recht und sozialem Wandel beschaffen ist. Folgt man der Annahme, daß formales Recht in modernen Gesellschaften ein wesentliches Steuerungsmittel darstellt, dann ist auch die Kriminologie aufgerufen, das Steuerungs-

potential von Sanktionsnormen auf dem Hintergrund dieser
allgemeinen Diskussion differenziert darzustellen und nicht
auf der Ebene allgemeiner Beurteilungen und Zweifel bzw.
Hoffnungen zu verharren. Denn gerade der Rechtssoziologie
sind relevante Erkenntnisse zu entnehmen, die bspw. im
Rahmen der Diskussion um Alternativen zum Strafrecht, ge-
sellschaftsunmittelbarer Konfliktlösung und -regelung, kurz-
um zu den Mechanismen informeller Sozialkontrolle genutzt
werden könnten. Jedenfalls sind die bisherigen Analysen
bspw. von Spittler dazu geeignet, die romantische Verklä-
rung von Mediation und unmittelbarer Konfliktlösung als
vollständigem Surrogat formalisierter Verfahren und des
Strafrechts zu zerreißen[16]. Denn wenn im Zusammenhang mit
der Frage nach der Möglichkeit der Ablösung von formalen
Kontrollsystemen und Strafrecht bzw. strafrechtlichen Sanktionen an unter bestimmten Bedingungen zweifellos wirksamen
Alternativen im privaten, gesellschaftsunmittelbaren Bereich erinnert wird, so gilt es jedenfalls folgendes in
Erwägung zu ziehen. Alternativen i.S. einer gesellschaftsunmittelbaren Konfliktlösung oder Konfliktlösung mit Mitteln des Zivil- oder Verwaltungsrechts funktionieren im
derzeitigen gesellschaftlichen Kontext u.U. nur deshalb,
weil die Zentralgewalt in Form von Strafverfolgungsbehörden
und Gerichten mit entsprechenden Sanktionsbefugnissen grundsätzlich vorhanden und jedenfalls eingriffsbereit ist, sollte die private Konfliktregelung nicht greifen. Wird nicht
bspw. auch die einverständliche Konfliktlösung im zivil-
rechtlichen Vergleich dadurch gefördert, daß vor ihm die
streitige Entscheidung steht und garantiert nicht der staatliche Zwang, daß der freiwillig geschlossene Vergleich auch
tatsächlich erfüllt wird. Was heute an gesellschaftsunmit-
telbarer Konfliktregelung gefunden werden kann, steht und
blüht im Schatten der zentralen Gewalt. Dabei bleibt natürlich untersuchungsbedürftig, inwieweit verschiedene Systeme
rechtlich organisierten Zwangs (Zivil-, Verwaltungs- und
Strafrecht) austauschbar sind. Denn die vor geraumer Zeit
in den Verhandlungen des Deutschen Juristentages gestellte

Frage, ob es möglich sei, ohne Verlust an Prävention, die
Bagatelleigentums- und -vermögenskriminalität als Ordnungswidrigkeiten auszugestalten oder ihr gar mit zivilrechtli-
chen Mitteln zu begegnen, dürfte damals wie heute anhand
empirisch begründeter Argumente nicht erörtert werden können[17]. Denn die Konzentration auf die Freiheitsstrafe und
die Bewährungshilfe bzw. deren Auswirkung auf Legal- und
Sozialbewährung von Strafgefangenen und Bewährungsprobanden
hat gerade im Bereich der Umsetzung oder Vollstreckung von
Sanktionen zu einer Vernachlässigung von Sanktionsformen
geführt, die unter dem Intensitätsgrad des Freiheitsentzugs
liegen. Gerade der Bereich der gerichtlich verhängten finanziellen Sanktionen scheint offene Forschungsfragen zu bieten, die sich einmal auf die Auswirkungen von Geldstrafen
auf die Lebenssituation von Verurteilten und ihrer Familien
beziehen, zum anderen auch die Evaluation von Alternativen
zur Ersatzfreiheitsstrafe betreffen, die bspw. in Gestalt
der gemeinnützigen Arbeit nach den bereits früher in Hamburg und Berlin implementierten, allerdings nie evaluierten
Modellen derzeit überall erhebliche Anziehungskraft besitzen.

Im Bereich finanzieller Sanktionen sind aber vor allem die
als Reaktion auf Ordnungswidrigkeiten vorgesehenen Geldbußen zu nennen, die anscheinend aus dem Forschungsprogramm
empirischer Sanktionsforschung ganz ausgeblendet sind, obschon gerade die Abgrenzung Vergehen/Ordnungswidrigkeit unter kriminalpolitischen Gesichtspunkten der Einstufung bestimmter Verhaltensbereiche und dem Blickwinkel der sozialen Gestaltungskraft von Geldbußen von erheblichem Interesse ist. Über die an die Geldbuße anknüpfbare Erzwingungshaft mag wiederum auf freiheitsentziehende Sanktionen zu-
rückverwiesen werden, wo sich zeigt, daß, abgesehen natürlich von der Erforschung der Unterbringung, sei es ihrer
Anordnung, ihrer Ausgestaltung oder Aufhebung, auch andere
freiheitsentziehende Sanktionen durch die bisherigen Schwerpunkte empirischer Sanktionsforschung nicht abgedeckt wer-

den. Insgesamt gesehen haben sich jedoch in den kriminologischen Fragestellungen und Forschungsbereichen international kaum wesentliche Verschiebungen abgespielt. Denn, wie
bereits der kurze Hinweis auf die Verteilung der Forschungsthemen in den genannten Zeitschriften zeigt, blieb
und bleibt ein beträchtlicher Teil der Forschung immer
konzentriert auf einen Bereich, der mit sozialen und psychologischen Korrelaten der Kriminalität bezeichnet werden
kann. Wenn von Veränderungen oder Bewegungen geredet werden
muß, so handelt es sich eher um einzelne Verlagerungen, die
jedoch, zumeist auch durch politische Bedürfnisse und Entwicklungen initiiert, das Interesse der wissenschaftlichen
Einrichtungen und Institute an Grundlagenforschung nicht
aufgehoben haben. Dies stellt auch der ehemalige Direktor
des National Institute for Law Enforcement and Criminal
Justice, Ewing, fest, der in einer Analyse der Entwicklung
empirisch-kriminologischer Forschung in den USA Ende der
70er Jahre aus der Perspektive der Forschungsförderung und
-finanzierung darauf hinwies, daß trotz erheblicher finanzieller Investitionen in kurzfristig politikrelevante Projekte die Grundlagenforschung nie aufgegeben worden sei und
daß die zukünftige Forschungsförderung wieder eine Annäherung an die Universitätsforschung und damit an wissenschaftliche Grundlagenforschung, darunter insbesondere zu Fragen
der Bedingungen kriminellen oder abweichenden Verhaltens
versuchen müsse[18]. Den Ausgangspunkt der staatlichen kriminologischen Forschungsförderung in den USA der 80er Jahre
bilden deshalb neben dem als "Korrelate und Determinanten
kriminellen Verhaltens" bezeichneten Bereich Fragestellungen wie "Strafzumessungs- und Entscheidungsprobleme", Karriereforschung, Gewaltkriminalität und gewalttätige Straftäter, vor allem die Gefährlichkeitsfrage sowie den Bereich
gemeindeorientierter Kriminalitätsprävention.

Karriereforschung, gewohnheitsmäßige Straftäter, Intensivtäter und gefährliche Straftäter bezeichnen Fragestellungen, die insbesondere durch die Philadelphia Birth Cohort

Study stimuliert wurden und auf die sich zunehmend Forschung konzentriert[19]. Durch die bisherige Forschung ist zwar bekannt, daß lediglich eine kleine Anzahl von Straftätern einen überproportionalen Anteil von insbesondere schweren Straftaten begeht, daß kriminelle Karrieren in frühem Lebensalter beginnen, daß sie häufig durch expressive Akte eingeleitet und ebenso häufig mit instrumentellen Handlungen fortgesetzt werden, es ist ferner bekannt, daß Straftäter nicht zur Spezialisierung neigen[20]. Es ist jedoch bislang bei den vorliegenden Forschungsresultaten nicht möglich, kriminelle Karrieren prospektiv zu identifizieren oder, und dies betrifft wiederum die Generalpräventionsforschung, die durch alternative Strafzumessung oder Sanktionierung erwartbaren Kriminalitätsreduktionseffekte vorherzusagen. Hieran schließen sich Forschungsprobleme um "gefährliche Straftäter" an, die sich teilweise mit der Karriereforschung überlappen, teilweise mit dem Forschungsbereich "Gewaltkriminalität" identisch sind. Auch an dieser Fragestellung wird zunehmend Interesse gezeigt, wobei einerseits Definitions- und Entscheidungssachverhalte, den Begriff der Gefährlichkeit und die Kontrolle gefährlicher Straftäter betreffend, als forschungsrelevant erachtet werden, zum anderen die Probleme der Erklärung und damit Vorhersage. Hier wiederum zeigen sich Bezugspunkte zur Normgeneseforschung, vor allem, wenn Umweltkriminalität und Wirtschaftskriminalität betroffen sind. Denn problematisch und unsicher ist zunächst die Durchsetzung des Etiketts "gefährlich", unbekannt sind die Bedingungen für seine Aufnahme und Validierung durch die verschiedenen Gruppen der Normadressaten.

Gerade im Bereich der Anwendung von Sanktionen lassen sich Lücken beobachten, die einerseits inhaltlich, andererseits von der Fragestellung bzw. hieran anknüpfend dem theoretischen Zugang begründet sind. Denn zunächst läßt sich zeigen, daß Strafzumessungsuntersuchungen praktisch ausschließlich mit der richterlichen Reaktion auf leichte bis mittelschwere Kriminalität befaßt waren und den Bereich schwerer

Kriminalität kaum berührten. Inhaltsanalytische Verfahren,
die die offizielle Begründungsebene der Sanktionierung erfassen können und darstellen helfen, könnten in diesem
Zusammenhang jedenfalls einen Zugang bilden, das Verhältnis
zwischen normativem Strafzumessungsprogramm und der Struktur auch des Inhalts des Entscheidungsergebnisses zu bestimmen.

Schließlich fehlt bislang an solchen theoretischen Zugängen
zur Erklärung der Strafzumessung, die als Ausgangspunkt
nicht die immer wieder hervorgehobene Ungleichmäßigkeit
oder Ungleichheit in der Behandlung ähnlicher Fälle nimmt,
sondern im Gegenteil davon ausgeht, daß es doch immerhin
gelungen zu sein scheint, die durch den gesetzlichen Strafrahmen eröffneten Ermessensspielräume in ihrem varianzer-
zeugenden Potential zu reduzieren oder, wie für manche
Deliktsgruppen festgestellt werden kann, vollständig zu eli-
minieren. Denn neben dem Tatbestand der Ungleichmäßigkeit
in der Sanktionierungspraxis bleibt auch die Gleichmäßigkeit von Strafzumessungsentscheidungen erklärungsbedürftig.
Die Einseitigkeit bisheriger empirischer Forschung zur
Strafzumessung, die sich auf Abweichungen konzentriert und
allein Ungleichmäßigkeit oder Diskriminierung in den Rang
eines erklärungsbedürftigen Tatbestandes hebt, ist schon
deshalb gerechtfertigt, weil gerade in diesem Bereich nicht
davon auszugehen ist, daß sich Gleichmäßigkeit bequem als
Produkt der Befolgung von Legalnormen betrachten läßt, sondern vor allem daraufhin untersucht werden müßte, wie Äquivalenzregeln entstehen bzw. erzeugt und im Rahmen der Ju-
stizorganisation übertragen und vermittelt werden.

Man mag zwar sagen, daß die gerade erwähnten Forschungsperspektiven aus politischen oder praktischen Kalkülen abgeleitet sind, doch treffen sich in diesen Bereichen auch
angewandte und Grundlagenforschung. Denn die Fragenbereiche
sind zwar unmittelbar entscheidungs- und handlungsrelevant,
doch erweist sich an ihrer Beantwortung ebenso die Güte von

der Grundlagenforschung zugehörenden theoretischen Erwägungen, wobei der bisherige Zustand nicht gerade für die praktische Brauchbarkeit heutiger Kriminalitäts- und insbesondere Jugendkriminalitätstheorien spricht[21].

Insgesamt gesehen scheinen zwar, die internationale Forschungssituation zugrunde gelegt, die Befürchtungen von Cressey, der von einem Wandel von kriminologischer Theoriebildung hin zur Kontrollforschung sprach, nicht in der hiermit zum Ausdruck kommenden Schärfe eingetreten zu sein[22]. Doch bleibt gerade im Bereich der Theoriebildung und des Theorienvergleichs noch vieles zu tun. Dies gilt für die Erklärung von Jugendkriminalität genauso gut wie für Unterschiede zwischen Männer- und Frauenkriminalität im Längsschnitt und Querschnitt sowie die Kriminalität alter Menschen[23]. Vor allem gilt das Theoriedefizit im Hinblick auf die Integration biologischer, psychologischer und sozialer Ebenen[24].

Es ist nunmehr offensichtlich, daß man sich in den westlichen Industrieländern von der Vorstellung hat befreien müssen, man könne teilweise unter massivem Einsatz finanzieller Mittel Kriminalitätsprobleme durch ad-hoc-Forschung in Anwendungsbereichen des Kriminalrechtssystems, auf Opfer, Täter oder Instanzen bezogen, kurzfristig lösen. Diese Vorstellung mag politischen Wünschen entgegengekommen sein, es hat sich aber als illusionär erwiesen, von, auf kurze Zeiträume angelegter, angewandter Forschung tragenden Erkenntnisfortschritt erwarten zu wollen. Dabei hat die Konzentration auf die kriminalrechtliche Lösung des Problems teilweise den Blick auf die Abhängigkeit des kriminalrechtlichen von anderen gesellschaftlichen Systemen verstellt. Insoweit muß aber die Forschungsplanung auch verbunden sein mit einem größeren Anspruch an die methodische Qualität von Forschung und der Erkenntnis, daß längere Zeiträume notwendig sind, um verläßliches und brauchbares Wissen herzustellen. Hierzu gehören insbesondere für die Beantwortung sol-

cher Fragen, die sich auf Entwicklungsprozesse richten und
den grundsätzlichen kriminologischen Fragen zuzurechnen
sind, Längsschnittuntersuchungen, desgleichen auch Kohortenuntersuchungen, die jedenfalls in der Bundesrepublik
Deutschland bedauerlicherweise völlig fehlen. Abgesehen von
einer schwedischen Kohortenuntersuchung, die auf offiziellen Kriminalitätsdaten basiert, gilt dies allerdings auch
für die internationale Kriminologie, jedenfalls in der Form
der Untersuchung mehrerer, aufeinander folgender Geburts-
kohorten[25]. Langfristige Längsschnittuntersuchungen dieser
Art sind allerdings unumgänglich, wenn Effekte des Alters,
der Generation und damit des sozialen Wandels in die Theoriebildung aufgenommen werden sollen, was wiederum eine
langfristige Bindung personeller und finanzieller Art an
bestimmte Forschungsinhalte und Forschungsziele begründen
muß. Im übrigen ist zu bedauern, daß das in der Bundesrepublik Deutschland anfallende, sekundär produzierte Datenmaterial nicht mehr, als es bislang geschieht, für länger
angelegte, vor allem auch wirtschaftlich tragbare Untersuchungen genutzt wird. Dies betrifft insbesondere die
Untersuchung der Entwicklung von Opferraten über längere
Zeiträume, Prävalenz- und Inzidenzraten in der Registrierung kriminellen Verhaltens und die Entwicklung von Ent-
scheidungsmustern, vor allem der Staatsanwaltschaft im Ju-
gendkriminal- und Erwachsenenstrafrecht[26].

Entsprechendes gilt auch für Opfer- und Dunkelfelderhebun-
gen, die wie die amerikanische und holländische Erfahrung
zeigt, erst bei regelmäßiger Wiederholung die Beantwortung
drängender Forschungsfragen nach der Entwicklung des Krimi-
nalitätsvolumens und seiner Relevanz erlauben[27]. Im übrigen
wird aber erst dann, wenn bspw. Zusammenhänge zwischen
Opferbelastung, Kriminalitätsfurcht und kriminalpolitischen
Präferenzen, die im Längsschnitt festgestellt wurden, im
interkulturellen Vergleich getestet werden, von gesicherten
Erkenntnissen gesprochen werden können. Gerade dort, wo
Einstellungen und Perzeptionen eine bedeutende Rolle spie-

len, wie bspw. in der Generalpräventionsforschung, zeigt
sich immer mehr, daß auch bei solchen Längsschnittuntersuchungen, die bspw. zwei Meßzeitpunkte einsetzen, eine
Lösung der Forschungsfragen nicht erwartet werden kann.
Einstellungen und Perzeptionen, Sanktionierungsrisiko und
-bewertung betreffend sind nicht stabil, sondern scheinen
auch von dem Ausmaß bereits bisheriger Erfahrungen mit
abweichendem Verhalten abzuhängen[28].

III.

Grenzen und Schranken kriminologischer Forschung resultieren aus normativen, institutionellen und finanziellen Rahmenbedingungen, die den Zugang zu Forschungsobjekten und
-materialien, die Implementierung adäquater Versuchspläne
im Rahmen von Evaluation und die Bedingungen der Forschungsförderung betreffen. Probleme dieser Art sind nicht auf die
Bundesrepublik Deutschland beschränkt, wie ein Blick auf
die internationale Lage zeigt. Es wird gerade im Rahmen der
Evaluationsforschung gerne betont, daß das experimentelle
Design für die vergleichende Analyse von Behandlungs- oder
Sanktionsformen bzw. allgemein für die Einschätzung der
Folgen bestimmter Interventionen unerläßlich sei und anderen Untersuchungsanordnungen, wie quasi-experimentellen Anordnungen, der begleitenden Untersuchung von natürlichen
Experimenten und vor allem der ex-post-facto-Analyse vorzu-
ziehen sei. Wenn in diesem Zusammenhang auf ausländische,
insbesondere amerikanische, englische oder skandinavische
Forschung verwiesen wird, denen experimentelle Anordnungen
zugrunde lagen, so hat dieser Hinweis sicher seine Richtig-
keit, wie der Überblick über experimentelle Versuchsanordnungen im Sozial- und Kriminalbereich bei Boruch u.a.
zeigt[29]. Von den eingangs genannten, aus sechs Jahrgängen
von fünf Zeitschriften resultierenden empirischen Forschungen zur Evaluation von Behandlungs- oder anderen Interven-
tionsmaßnahmen bei Kriminalität sind immerhin 1/3 als Expe-

rimente mit randomisierten Gruppen angelegt. Wie aber gerade die Diskussion in der amerikanischen Evaluationsforschung zeigt, ist selbst hier nicht davon auszugehen, daß
die mit Evaluationsforschung verbundenen Probleme allein
durch die Manipulation von Versuchsanordnungen bzw. hieraus
resultierenden Interpretations- und Einschätzungsmöglichkei-
ten als gelöst angesehen werden kann. Es mag zwar richtig
sein, daß andere Nationen die Anwendung von kontrollierten
Experimenten im Recht dort erleichtern, wo in Deutschland
mit großen Widerständen gerechnet werden muß, doch selbst
bei zu Fragen der Generalprävention oder der Rehabilitation, der Reintegration und der Diversion durchgeführten
Experimenten ist nicht zu verkennen, daß diese sich immer
noch auf einen sehr kleinen Teil möglicher Anwendungsberei-
che strafrechtlicher Sanktionierung und Intervention, zumeist leichterer Art oder auf Modifikationen derselben Sanktionsform beziehen. Zum anderen sind mit der grundsätzlichen Durchführbarkeit von Experimenten die Probleme der
Implementation des Experiments nicht gelöst, denn Teilnahme-
verweigerung, Ausfälle und, wenn forschungsexterne Instanzen in den Versuchsplan einbezogen sind, Abweichungen von
der Zufallsentscheidung trotz vorheriger Zustimmung erfordern häufig eine Rückstufung der Untersuchungsanordnung im
nachhinein bzw. müßten es jedenfalls erfordern. Zum anderen
wird auch in der amerikanischen Evaluationsforschung gesehen, daß der größere Teil strafrechtlicher Sanktionen dem
experimentellen Zugriff eben nicht unterliegt und daß eine
Vielzahl von Änderungen im Kriminalrechtssystem so umfassenden Charakter trägt, daß die Einrichtung von Kontroll-
gruppen nicht denkbar ist. Insoweit entkommt auch die ausländische Forschung, der in Teilbereichen das Experiment erlaubt ist, nicht den Problemen, die mit der Interpretation
von Daten verbunden sind, die aus schwächeren Designs resultieren. Darüber hinaus mag es richtig sein, wenn Wolfgang ausführt, daß Wissenschaftler die ethische Verpflichtung haben, die robustesten und besten Forschungstechniken
zu kennen, um Folgerungen aus dem Datenmaterial adäquat und

verantwortlich ziehen zu können, doch folgt hieraus nicht
unbedingt, daß Wissenschaftler verpflichtet oder gar berechtigt sein könnten, diese Forschungstechniken auch anzuwenden[30]. Der Konflikt zwischen der Einhaltung von Standards der Forschung und dem Recht auf gleiche Behandlung im
Kriminaljustizsystem verliert dabei auch dadurch nicht an
Schärfe, wenn geltend gemacht wird, praktische Auswahl-
verfahren natürlicher Experimente, die jeder legislativen
oder administrativen Veränderung des Sanktionsprozesses
folgten, seien der Zufallsauswahl nicht unbedingt überlegen, wenn die Relevanz der Auswahlkriterien für die Erreichung des Auswahlziels betrachtet wird. Das kontrollierte
Experiment kann und darf die politische Entscheidung, die
ja vom Anspruch her demokratisch legitimiert ist, nicht ersetzen. Die Logik eines demokratischen Willensbildungspro-
zesses ist nicht die des wissenschaftlichen Vorgehens. Der
Vorschlag, vermehrt auf die Zeitreihendatenanalyse und die
"natürlichen Variationen" in der praktischen Handhabung der
Strafrechtspflege zurückzugreifen und die in diesem Zusammenhang im Rahmen der Kriminalitätsforschung entwickelten
Verfahren einzusetzen, ist von daher zu begrüßen.

Zunehmend scheint es allerdings im Zusammenhang mit allgemeiner sozialwissenschaftlicher Forschung und insbesondere
auch im Zusammenhang mit Kriminalitätsforschung international zu einer Selbstkontrolle der Wissenschaft zu kommen,
wie die Aufstellung sog. Ethik-Codes in den Sozialwissenschaften und die Einrichtung von sog. Ethik-Kommissionen an
Universitäten, deren Aufgabe Begutachtung von Forschungsvorhaben auf ihre Übereinstimmung mit selbstauferlegten
ethischen oder staatlichen Regeln ist (bspw. in den USA
oder in Holland), zeigt.

Daß Maßstäbe, wie Vertraulichkeit der Information, Freiwilligkeit der Teilnahme an Untersuchungen, Aufklärung über
den Inhalt und die möglichen Folgen von Untersuchungen,
Schutz der Privatsphäre, international eine beachtliche Rol-

le spielen und die Durchführung von Forschung in bestimmten
Bereichen auch bedrohen, zeigt schon der Bericht einer
amerikanischen nationalen Gefängniskommission aus dem Jahre
1977, der an der Legitimität der gesamten Forschung an oder
mit Strafgefangenen bzw. untergebrachten Personen wegen
grundsätzlicher Bedenken an der Freiwilligkeit von Teilnahmeentscheidungen zweifelte. Denn, so wurde argumentiert,
Strafgefangene seien keineswegs in einer Situation, die für
die Freiwilligkeit von Teilnahmeentscheidungen sprechen
könnte. Es kann nicht zweifelhaft sein, daß methodische
Standards, aber auch spezifische Bereiche wie strafvollzugs-
bezogene Forschungsinteressen gegenüber dem geltend gemachten Recht des einzelnen, auch vor dem wissenschaftlich
begründeten Eindringen in seine private Sphäre Schutz ver-
langen zu können und nicht zu einem Objekt der Forschung zu
werden, einen schweren Stand haben. In den USA sind im
übrigen erst vor kurzem Vorschriften des Gesundheits- und
Erziehungsministeriums geändert worden, die für jede der
von ihnen geförderten Forschungen verlangten, daß die Untersuchungspersonen (unabhängig von der Art der Untersuchung)
auf verschiedene Punkte wie Forschungsinhalt, Freiwilligkeit der Teilnahme usw. hingewiesen werden und ihr schriftliches Einverständnis erteilen mußten. Nunmehr sind nach
immerhin zehn konfliktreichen Jahren von diesen Erfordernissen die Durchführung von Interviews, teilnehmende Beobachtung sowie die Verwendung nicht personenbezogener Daten
ausgenommen. Entsprechend einschränkende Bedingungen kannte
zwar der kriminologische Förderungsbereich der Justizverwaltung in den USA nicht, doch auch hier sind Datenschutz-
vorschriften einzuhalten, die der deutschen Situation entsprechen. So enthalten die Vorschriften des Justizministeriums ausdrücklich die Anordnung, daß bei der Erhebung
personenbezogener Daten die Verpflichtung des Forschers bestehe, die betroffene Person zu benachrichtigen, wovon aber
Interviewdaten, Daten aus teilnehmender Beobachtung sowie
Daten, die existierenden Dateien entnommen sind, ausgenommen werden. In der Bundesrepublik Deutschland wird der

Datenschutz aller Voraussicht nach in den kommenden Jahren
eine große Rolle spielen und, wie die bisherigen Erfahrungen zeigen, zwar grundsätzlich nicht die Durchführung von
Forschung verhindern, aber über die Forderung nach zusätzlichen Datenschutzmaßnahmen zum einen die Kosten der Forschung erhöhen und zum andern wie die Forderung nach vorheriger Zustimmung in einer Untersuchung von Strafgefangenen
durch die adressenverwaltenden Stellen zeigte, die Ausschöpfung von Stichproben erschweren. Ein solides Arrangement
mit den für Datenschutz verantwortlichen Einrichtungen ist
deshalb notwendig, aber, wie die Erfahrung zeigt, keineswegs eine ausreichende Bedingung dafür, daß das Argument
des Datenschutzes nicht von datenverwaltenden Stellen herangezogen wird, um die Herausgabe von Daten zu verweigern
bzw. hinauszuzögern. Es ist von daher mit einer Verlängerung der Untersuchungszeit bei empirischen Forschungsprojekten zu rechnen, die aus den langwierigen Bemühungen um
Kooperation und die Schaffung von Unbedenklichkeitsbeschei-
nigungen resultiert. Schließlich ist darauf zu achten, daß
in einzelnen Verwaltungsgesetzen (bspw. in Meldegesetzen)
die Herausgabe von personenbezogenen Daten (insbesondere
Adressen) unter starken Beschränkungen steht, die nicht
durch Forschungsklauseln abgemildert werden. Die kriminologische Forschung und ihre Vertreter werden sich deshalb in
den kommenden Jahren verstärkt um eine politische Einflußnahme im Bereich der Datenschutzgesetzgebung bemühen müssen, vor allem auch deshalb, um eine Heraushebung medizi-
nisch - psychiatrischer Forschung in Forschungsklauseln zu
verhindern und wenigstens eine Gleichstellung sozialwissenschaftlicher Forschung zu erreichen.

IV.

Probleme, die die Entwicklung kriminologischer Forschung
betreffen, werden in den letzten Jahren vermehrt im Verhältnis zwischen Forschungsförderung, universitärer und staat-

lich initiierter bzw. von staatlichen Einrichtungen
selbst durchgeführter kriminologischer Forschung gesehen.
Die Befürchtungen beziehen sich auf die Unabhängigkeit der
Wahl der Inhalte und die finanzielle Austrocknung universitärer und außerstaatlicher Forschung.

Zunächst ist davon auszugehen, daß die von staatlichen
Einrichtungen angeschlossenen Forschungsgruppen durchgeführte kriminologische Forschung im internationalen Spektrum
heute eine sehr starke Position einnimmt. Das gilt für
Skandinavien ebenso wie für Frankreich, Großbritannien und
Spanien. In Frankreich wurden bspw. im Zeitraum 1980 - 1982
von insgesamt 68 im Europaratsbulletin veröffentlichten kriminologischen Forschungen 18 von der dem Justizministerium
angeschlossenen Service d'Etudes Pénales et Criminologique
durchgeführt. Die Forschungs- und Planungsgruppe am englischen Innenministerium führte etwa 1/4 der aus England
gemeldeten Projekte durch. Empirisch-kriminologische Forschung in Spanien beruht fast ausschließlich auf dem neuerdings gegründeten Centro de Investigaciones Criminológicas,
das dem Justizministerium angeschlossen ist. In Schweden,
so kann den Europaratsberichten entnommen werden, resultieren im Zeitraum 1980-1982 von 31 Projekten 17, also mehr
als die Hälfte aus der Arbeit der Forschungs- und Entwick-
lungsgruppe, die der nationalen Gefängnis- und Bewährungshilfeverwaltung untersteht. Auch in Holland führte das For-
schungs- und Dokumentationszentrum am Justizministerium
einen erheblichen Anteil der kriminologischen Untersuchungen durch. Weitaus wichtiger erscheint aber, daß in den
Ländern mit dem derzeit größten kriminologischen Forschungs-
potential, also neben den gerade erwähnten europäischen
Staaten die USA und Kanada empirisch-kriminologische Forschung in erheblichem Maße direkt von staatlichen Einrichtungen finanziert oder gefördert wird. Ist dies in den USA
schon seit längerem eine bekannte Erscheinung, so kann auch
in Kanada festgestellt werden, daß von den in den Jahren
1979/1980 laufenden kriminologischen Untersuchungen mehr

als 2/3 direkt durch Einrichtungen der Exekutive teilweise
oder ganz finanziert wurden. Die Finanzierung durch Universitäten selbst oder durch Forschungsförderungseinrichtun-
gen, die der Deutschen Forschungsgemeinschaft bspw. entsprechen würden, macht, wie auch in England nur einen kleinen
Bruchteil aus. In England wurden bspw. von den für die
Jahre 1980/1981 in den Europaratsberichten enthaltenen Projekten unter 10 % von den Universitäten selbst oder von dem
sozialwissenschaftlichen Forschungsrat finanziert. Während
das englische Innenministerium in den letzten drei Jahren
etwa 2 Mill. DM in die kriminologische Forschungsförderung
investierte, wird vom sozialwissenschaftlichen Forschungsrat berichtet, daß dort infolge knapper Mittel lediglich
noch 1/4 der beantragten Projekte gefördert werden können[31]. Die in diesem Zusammenhang geäußerte Befürchtung, es
werde zu einem Trend zur Second-Hand-Forschung an außer-
staatlichen Forschungseinrichtungen und Universitäten kommen, ist von daher verständlich, denn knapper werdende
Mittel bei gleichzeitig steigenden Anforderungen durch Lehr-
verpflichtungen zwingen zur Veränderung bei der Allokation
von Finanzmitteln. Eine neuere Analyse der Jugenddelinquenz-
forschung in England kommt dabei zu dem Schluß, daß die
Änderungen im Förderungsmechanismus zur direkten staatlichen Subventionierung hin mit dazu beigetragen hätten,
daß sich kritisch orientierte Forschung zurückgezogen und
einer Forschung Platz gemacht habe, die lediglich politisch
sichere und wenig sensible Forschungsbereiche besetzt[32].
Auf Spannungen zwischen kritisch orientierter Forschung und
der Forschungs- und Planungseinheit am englischen Innenministerium weist auch deren ehemaliger Leiter Croft hin, mit
dem bedauernden Hinweis, daß solchermaßen die Politikformu-
lierung und -vorbereitung wichtiger, unabhängiger Gesprächspartner an den Universitäten beraubt sei[33]. Dabei bleibt
jedoch immer in Erwägung zu ziehen, daß eine zu enge
Verbindung von Forschung und Politik wie bspw. aus Skandinavien von den Bedingungen der Forschungsgruppe bei der schwedischen Gefängnis- und Bewährungshilfeverwaltung oder des

Instituts für Rechtspolitik in Finnland mitgeteilt wird, zu
Versuchen führen kann, die Forschung stärker an politischen
Entscheidungsprozessen auszurichten und die Unabhängigkeit
zu beschneiden. Einer solchen Annäherung mag man positive
Seiten abgewinnen können, wie es Bishop in seiner Stellungnahme zu Veränderungen im Verhältnis zwischen der kriminologischen Forschungsgruppe und der schwedischen Gefängnis-
und Bewährungshilfeverwaltung tut, wenn er ausführt, daß
der Verlust von etwas Unabhängigkeit ein niedriger Preis
dafür sei, Forschungsperspektiven in die Politik einbringen
zu können[34]. Dieser Preis mag und sollte anderen jedoch
höher erscheinen.

Allerdings dürfte sich diese Situation von derjenigen in
Deutschland noch stark unterscheiden. Denn in Deutschland
ist derzeit davon auszugehen, daß der überwiegende Teil
kriminologischer Forschung, wie eine Untersuchung von Berckhauer zeigt, durch unabhängige Institute durchgeführt wird,
wenn auch die direkte staatliche Finanzierung von Einzel-
projekten wohl eine erhebliche Rolle spielt[35]. Der Versuch,
eine kriminologische Zentralstelle einzurichten und entsprechende Forschungsgruppen in Landeskriminalämtern, im Bundeskriminalamt oder in Justizministerien zeigte zwar durchaus
beachtliche Resultate, auch in Gestalt empirisch - kriminologischer Forschung, doch macht dies einen verschwindend kleinen Bruchteil der gesamten, in Deutschland durchgeführten
kriminologischen Forschung aus[36].

V.

Zusammengefaßt kann folgendes am Ende dieser Überlegungen
stehen. Forschungsschwerpunkte sollten in den 80er Jahren
vor allem folgende Bereiche bilden:

1. Die Formulierung und der Test von Kriminalitätstheorien, die sich auch im interkulturellen Vergleich bewähren sollten,

2. Kohortenuntersuchungen und Längsschnittstudien, insbesondere auch im Bereich der Opferforschung und
   der Generalprävention, die gleichzeitig mit Fragestellungen der Normgenese- und Implementationsforschung gekoppelt sind,

3. Prüfung und Einsatz von Evaluationsverfahren, die
   nicht auf Randomisierung beruhen,

4. Theoriegeleitete Sanktions- und Behandlungsforschung, die sich löst von globalen Ansprüchen und
   sich der beschränkten Geltung der zugrunde gelegten
   Behandlungsmodelle bewußt wird und damit auch er-
   reichbare Gruppen differenziert, die einerseits in
   der Praxis ausgelöste lokale Alternativen auf-
   greift, andererseits selbst Alternativen anstößt
   und deren Entwicklung begleitet.

Als Schranken und Grenzen müssen vor allem beachtet werden:

1. Das Recht von Untersuchungspersonen auf eine auch
   durch Wissenschaft nicht einschränkbare Privatsphäre und entsprechende Auslegung und Handhabung
   der Datenschutzgesetze bei gleichzeitiger Behauptung der Kriminologie im Vergleich zu anderen Wissenschaftsbereichen und in Erwägung, daß der so bezweckte Schutz der Einzelperson zugute kommen soll,
   nicht aber Schutz der Institutionen vor wissenschaftlicher Kontrolle und Arbeitsmehrbelastung gemeint ist,

2. Das Recht eines organisierten Gemeinwesens, an die
   Bereitstellung finanzieller Mittel Forderungen zu
   knüpfen, die zwar die Freiheit der Forschung unter
   allen Umständen achten müssen, aber dem Umstand
   Rechnung tragen dürfen, daß auch Wissenschaft und

Forschung sich in Auseinandersetzung mit anderen
gesellschaftlichen Bereichen entwickeln müssen.

Anmerkungen

1 Vgl. hierzu bspw. Albrecht, H.-J.: Bericht über ein Kolloquium zum DFG-Schwerpunktprogramm "Empirische Sanktionsforschung - Genese und Wirkungen von Sanktionsnormen und Sanktionen". (In: Monatsschrift für Kriminologie und Strafrechtsreform 64, 1981, S. 383-388).

2 Zusammenfassend Haferkamp, H.: Herrschaft und Strafrecht. Theorien der Normentstehung und Strafrechtssetzung. (Opladen, 1980).

3 Vgl. bspw. Evaluation News, Evaluation Review, Journal of Offender Counselling, Services and Rehabilitation.

4 Antilla, I.: Report from Finland. (In:Home Office Research Bulletin,1978, Nr. 6. (S. 19-22, S. 19)).

5 Ewing, B.G.: Change and continuity in criminal justice research: A perspective from NILECJ. (In: Journal of Research in Crime and Delinquency 15, 1978, S. 266-278).

6 Vgl. einerseits Wilson, J.Q.: Thinking about crime. (New York, 1975); andererseits Voss, M.; Papendorf, K.: Im Käfig des Erziehungsgedankens: Die scheiternde Jugendstrafvollzugsreform. (In: Kriminologisches Journal 14, 1981, S. 201-210).

7 Zusammenfassend Sechrest, L.; White, S.O.; Brown, E.D.: The rehabilitation of criminal offenders: Problems and prospects. (Washington, 1979).

8 Kury, H. (Hrsg.): Methodische Probleme der Behandlungsforschung - insbesondere in der Sozialtherapie. (Köln u.a., 1983).

9 Vgl. neuerdings Cullen, F.T.; Golden, K.M.; Cullen, J.B.: Is child saving dead? Attitudes toward rehabilitation in Illinois. (In: Journal of Criminal Justice 11, 1983, S. 1-14), wonach zwar 27 % der Befragten Rehabilitationsbemühungen um erwachsene Rechtsbrecher als fehlgeschlagen bezeichnen, aber nur 10 % diese Einstellung auch bezogen auf Jugendliche teilen. Demgegenüber stimmen 4/5 der These zu, es wäre unverantwortlich, Rehabilitierungsbemühungen um jugendliche Rechtsbrecher zu beenden. (S. 8 f.).

10 Campbell, D.T.; Stanley, J.C.: Experimentelle und quasi-experimentelle Anordnungen in der Unterrichtsforschung. (In: K. Ingenkamp (Hrsg.): Handbuch der Unterrichtsforschung, Teil I. Weinheim u.a., 1970, S. 448-631).

11 Westmeyer, H.: Wissenschaftstheoretische Aspekte der Feldforschung. (In: J.-L. Patry (Hrsg.): Feldforschung.

Methoden und Probleme sozialwissenschaftlicher Forschung unter natürlichen Bedingungen. Bern u.a., 1982,
S. 67-84).

12 Martinson, R.: California research at the cross roads.
(In: Crime and Delinquency 14, 1976, S. 180-191).

13 Cook, P.J.: Research in criminal deterrence: Laying the
groundwork for the second decade. (In: N. Morris, M.
Tonry (Hrsg.): Crime and justice. An annual review of
research, Vol. 2. Chicago, London, 1980, S. 211-268).

14 Zusammenfassend Blumstein, A.; Cohen, J.; Nagin, D.
(Hrsg.): Deterrence and incapacitation: Estimating the
effects of criminal sanctions on crime rates.
(Washington, 1978).

15 Minor, W.: Control theory and deterrence of crime. A
theoretical and empirical integration. (Phil. Diss.,
Florida State University, Ann Arbor, 1975).

16 Spittler, G.: Streitregelung im Schatten des Leviathan.
Eine Darstellung und Kritik rechtsethnologischer Untersuchungen. (In: Zeitschrift für Rechtssoziologie 1,
1980, S. 4-32).

17 Verhandlungen des 51. Deutschen Juristentages. (Band 1,
Gutachten. München, 1976).

18 Ewing (Anm. 5).

19 Wolfgang, M.E.; Figlio, R.M.; Sellin, Th.: Delinquency
in a birth cohort. (Chicago, London, 1972).

20 Petersilia, J.: Criminal career research: A review of
recent evidence. (In: N. Morris, M. Tonry (Hrsg.):
Crime and justice. An annual review of research,
Vol. 2. Chicago, London, 1980, S. 321-379).

21 Gibbons, D.C.: Explaining juvenile delinquency. (In: D.
Shichor, D.H. Kelly (Hrsg.): Critical issues in juvenile delinquency. Lexington, Toronto, 1980, S. 9-26).

22 Cressey, D.R.: Fifty years of criminology: From sociological theory to political control. (In: Pacific Sociological Review 22, 1979, S. 457-480).

23 Vgl. bspw. Campbell, A.: Girl delinquents. (New York,
1981); Albrecht, H.-J.; Dünkel, F.: Die vergessene Min-
derheit - alte Menschen als Straftäter. (In: Zeitschrift für Gerontologie 14, 1981, S. 259-273).

24 Vgl. Albrecht, H.J.: Jugendkriminalität als internatio-
nales soziales Problem. (In: M. Brusten, P. Malinowski
(Hrsg.): Jugend - ein soziales Problem? Opladen, 1983,
S. 184-202).

25 Eine Ausnahme stellt die Untersuchung von Hofer, H.v.;
    Lenke, L.; Thorsson, U.: Criminality among 13 Swedish
    birth cohorts. (In: British Journal of Criminology 23,
    1983, S. 263-269), dar; zusammenfassend Farrington,
    D.P.: Longitudinal research on crime and delinquency.
    (In: N. Morris, M. Tonry (Hrsg.): Crime and justice. An
    annual review of research, Vol. 1. Chicago, London,
    1979, S. 289-348).

26 Vgl. hierzu Heinz, W.; Spieß, G.: Alternativen zu for-
    mellen Reaktionen im deutschen Jugendstrafrecht. Ein
    Forschungsvorhaben zu §§ 45, 47 JGG und erste Ergebnis-
    se. (In: H.-J. Kerner, H. Kury, K. Sessar (Hrsg.):
    Deutsche Forschungen zur Kriminalitätsentstehung und
    Kriminalitätskontrolle, Band 2. Köln u.a., 1983, S.
    896-955).

27 Vgl. bspw. Van Diyk, J.M.; Steinmetz, C.D.: The burden
    of crime on Dutch society 1973-1979. (The Hague, 1980);
    Fienberg, S.E.; Reiss, A.J. (Hrsg.): Indicators of
    crime and criminal quantitative studies. (Washington,
    1980).

28 Vgl. hierzu Saltzman, L.; Paternoster, R.; Waldo, G.P.;
    Chiricos, T.G.: Deterrence and experiential effects:
    The problem of causal order in perceptual deterrence
    research. (In: Journal of Research in Crime and Delin-
    quency 19, 1982, S. 172-189).

29 Boruch, R.F.; McSweeny, A.J.; Soderstrom, E.J.: Rando-
    mized field experiments for program planning, develop-
    ment and evaluation: An illustrative bibliography. (In:
    Evaluation Quarterly 2, 1978, S. 655-695).

30 Wolfgang, M.E.: Confidentiality in criminological re-
    search and other ethical issues. (In: The Journal of
    Criminal Law and Criminology 72, 1981, S. 345-361).

31 Parker, H.; Giller, H.: More and less the same: British
    delinquency research since the 60ies. (In: British Jour-
    nal of Criminology 21, 1981, S. 230-245).

32 Parker u. Giller (Anm. 31).

33 Croft, J.: The Universities and the Home Office. (In:
    Home Office Research Bulletin, 1980, Nr. 9, S. 4).

34 Bishop, N.: Prison and probation research in Sweden.
    (In: Home Office Research Bulletin, 1982, Nr. 14, S.
    48-49).

35 Vgl. hierzu Berckhauer, F.: Stichwort "Institutionen
    der Kriminologie". (In: G. Kaiser, H.-J. Kerner, F.
    Sack, H. Schellhoss (Hrsg.): Kleines Kriminologisches
    Wörterbuch. 2. Aufl. Karlsruhe 1984).

36 Berckhauer (Anm. 35).

Raimo Lahti

Kriminalität, Kriminologie und Kriminalpolitik in den nordischen Wohlfahrtsstaaten

Inhalt

I.   Eigenschaften der nordischen (skandinavischen) Wohl-
        fahrtsstaaten

II.   Statistische Angaben über die Kriminalität und deren
        Kontrolle in Finnland und in den übrigen nordischen
        Ländern

III.   Über die Kriminologie und Kriminalpolitik in den nor-
        dischen Ländern

        Anmerkungen
        Tabellen und Diagramme

Der Titel meines Referats ist recht allgemein gehalten, da
es mein Anliegen ist, einen generellen Überblick über das
Thema zu geben. Ich gehe insofern in der aus der Überschrift hervorgehenden Reihenfolge vor, als ich zunächst
Angaben über die Kriminalität und deren Kontrolle vorbrin-
ge, bevor ich auf aktuelle Fragen der die Kriminalität betreffenden Forschung (Kriminologie) und Beschlußfassung
(Kriminalpolitik) eingehe. Der Grund für die parallele Stellung der Begriffe Kriminologie und Kriminalpolitik im Titel
ist der, daß die kriminologische Theorie und Forschung in
den nordischen Ländern seit jeher in enger Beziehung zur
Praxis und Beschlußfassung gestanden haben. - Ich halte es
indes für angebracht, eingangs einige allgemeine Informationen über die nordischen Wohlfahrtsstaaten anzuführen;
diese Informationen sind von Bedeutung, wenn etwas später
die Entwicklung der Kriminalität und deren Kontrolle besprochen wird.

I. Eigenschaften der nordischen (skandinavischen) Wohl-
   fahrtsstaaten

Die nordischen Staaten - d.h. Dänemark, Finnland, Norwegen
und Schweden (Island ist in diesem Referat außer acht gelassen worden) - weisen in ihrer wirtschaftlichen und kulturellen Entwicklung zahlreiche Gemeinsamkeiten auf. In vielerlei Hinsicht verlief diese Entwicklung parallel zu der allgemeinen Entwicklung in den Industrieländern. Die Urbanisierung ist indes - mit der Ausnahme von Dänemark - in den
nordischen Staaten nicht so stark gewesen wie in den meisten anderen Industrieländern. Die Bevölkerungszahl Skandi-
naviens ist klein: In Dänemark, Finnland und Norwegen leben
je 4-5 Millionen Menschen, in Schweden 8 Millionen; in den
drei letztgenannten Ländern ist die Bodenfläche im Vergleich zur Einwohnerzahl verhältnismäßig groß.

Schweden, Norwegen und Dänemark gehören - gemessen am Bruttosozialprodukt - zu den reichsten Ländern der Welt, und
auch Finnland nimmt in dieser Skala einen hohen Rang ein.
Die Steigerung des Lebensstandards stand in Verbindung mit
der Entwicklung des Bildungswesens sowie mit dem Umstand,
daß ein großer Teil der Bevölkerung im Berufsleben steht.
Im Verlauf dieser Entwicklung hat insbesondere der Anteil
des Dienstleistungsgewerbes und des öffentlichen Sektors an
der Arbeitskraft zugenommen. Der Anteil der Sozialausgaben
am Bruttosozialprodukt ist zugleich erheblich gestiegen.
Die Verlangsamung des Wirtschaftswachstums, die in den 70er
Jahren eintrat, ist auch in den nordischen Ländern zu
spüren gewesen, zuerst in Dänemark und dann relativ am
stärksten in Schweden. Die Zahl der Arbeitslosen hat jedoch, mit der Ausnahme von Dänemark vielleicht, im Vergleich zu den übrigen europäischen Industrieländern keine allzu
alarmierenden Ausmaße erreicht.

Die nordischen Staaten sind in ethnischer und religiöser
Hinsicht homogene Gesellschaften. Es ist dem Skandinavier
erlaubt, sich von einem nordischen Land in das andere frei
zu bewegen, und Skandinavien ist ein einheitliches Arbeits-
marktgebiet. Der Strom der Auswanderer ist in erster Linie
von Finnland nach Schweden verlaufen, und in Schweden gibt
es auch die meisten Gastarbeiter, die von außerhalb Skandi-
naviens eingewandert sind. Der Anteil der ausländischen
Bürger an der Gesamtbevölkerung beläuft sich in Schweden
insgesamt auf ca. 5 %.

Die Tabelle 1 enthält Angaben über die finnischen Lebensverhältnisse und deren Entwicklung in den Jahren 1950-1980[2].
Die für die Tabelle ausgewählten Indikatoren bieten Hinter-
grundinformationen, wenn es weiter unten im Text darum
geht, die Entwicklung der Kriminalität zu erörtern.

In der Folge der Industrialisierung und Urbanisierung hat
sich die Wirtschafts- und Sozialstruktur Finnlands in den

Tab. 1: Indikatoren der Lebensverhältnisse und der gesellschaftlichen Wandlungen in Finnland 1950-80.
(Quelle: Törnudd, P.: Crime trends in Finland 1950-
1977. (Research Institute of Legal Policy 29, Helsinki, 1978); ergänzt durch die neuen Angaben für
das Bruttosozialprodukt und das Jahr 1980)

	1950	1955	1960	1965	1970	1975	1980
Bevölkerungszahl in Mio.	4,0	4,3	4,4	4,6	4,6	4,7	4,8
Anteil der südlichsten Provinz an der Gesamtbevölkerung in %	17	17	19	20	22	23	24
Städte und Marktflecken: Anteil an der Gesamtbevölkerung in %	32	35	38	44	51	59	60
Männliche Bevölkerung zwischen 15 und 24 Jahren, in 1.000	323	321	354	437	449	415	390
Anteil der Bewohner von Städten und Marktflecken mit mind. 30.000 Einwohnern an der Gesamtbevölkerung in %	20	21	24	30	34	37	41
Aufteilung der Berufstätigen nach Sektoren, in %:							
- Landwirtschaft und sonstige Urproduktion	40	..	31	27	21	15	12
- Industrie und sonstige Veredelung	32	..	34	35	38	39	35
- Dienstleistungen	29	..	34	38	42	46	53
Bruttosozialprodukt pro Kopf der Bevölkerung in 100 Fmk (Wert von 1975; 2 Fmk = ca. 1 DM)	..	..	119	146	183	216	250
Kraftwagen je 1.000 der Bevölkerung	7	20	41	98	155	211	257
Polizeipersonal je 10.000 der Bevölkerung	17	16	16	18	20	22	23
Alkoholkonsum: in absoluten Alkohol umgerechnet, Liter pro Kopf der Bevölkerung	1,7	2,0	1,8	2,4	4,5	6,2	6,3

60er Jahren außerordentlich stark gewandelt. Die Umsiedlung
vom Land in die Städte ist in Finnland sehr plötzlich und
unkontrolliert verlaufen, und man hatte hier mit größeren
Anpassungsschwierigkeiten zu kämpfen als anderswo in Skandinavien. Die fraglichen Indikatoren zeigen in den 70er Jahren eine Beruhigung der Situation. Die Gruppe der Männer im
Alter von 15 bis 24 Jahren, einem Alter mit hoher krimineller Anfälligkeit, erreichte Anfang der 70er Jahre ihre
Maximumgröße.

Die vergleichenden Untersuchungen über Lebensstandard und
Wohlstand, die in den 70er Jahren in Skandinavien angestellt wurden, haben recht große Unterschiede zwischen den
einzelnen Ländern ergeben. Finnland nahm in diesen Vergleichen zumeist den untersten Rang ein: Zum Beispiel der
Lebensstandard ist in Finnland niedriger als in den übrigen
nordischen Ländern gewesen, und die gesellschaftlichen Gegensätze sind in Finnland schärfer zu Tage getreten als anderswo in Skandinavien. Finnland ist jedoch hinsichtlich
seines Lebensstandards wie auch hinsichtlich der gesellschaftlichen Gegensätze dabei, zu den übrigen skandinavischen Ländern aufzuschließen, und die Einkommensunterschie-
de haben sich auch in Finnland verkleinert.

II. Statistische Angaben über die Kriminalität und deren
    Kontrolle in Finnland und in den übrigen nordischen
    Ländern

1. Die Tabelle 2 stellt die Entwicklung der registrierten
   Kriminalität in Finnland in den Jahren 1950-82 dar. Ich
   möchte im folgenden die dem herrschenden kriminologischen Paradigma gemäße Interpretation dieser Entwicklung
   vorbringen (vgl. unten III. 3.-4.)[3].

   Aus der Tabelle geht hervor, daß die Kriminalität allgemein zugenommen hat. Dies hängt mit den großen Wandlun-

Tab. 2: Von der Polizei registrierte Straftaten je 100.000 der Durchschnittsbevölkerung von mindestens 15 Jahren (jährlicher Durchschnittswert). Bestimmte Deliktstypen in Finnland 1950-82.
(Quelle: Törnudd, P.:(In: Nordisk Tidsskrift for Kriminalvidenskab 7, 1984, S. 152))

	1950-1959	1960-1969	1970-1972	1973-1975	1976-1978	1979-1981	1982
Diebstahlsdelikte	751	1193	1886	2467	2586	2665	2964
Verbrechen wider das Leben	6	5	4	6	6	7	8
Körperverletzung	194	192	337	366	311	369	406
Raub	6	13	33	52	53	48	46
Widerstand gegen Beamte	18	16	28	39	35	38	40
Notzucht	4	9	8	10	8	10	10
Sittlichkeitsverbrechen	25	23	11	10	9	19	24
Sachbeschädigung	93	174	330	482	427	460	538
Brandstiftung	2	3	5	6	9	10	13
Trunkenheit am Steuer	72	191	293	441	501	532	537
Steuerdelikte	..	..	6	9	12	118	91
Urkundenfälschung	68	62	42	34	39	60	91

gen zusammen, die sich in der finnischen Gesellschaft
vollzogen haben und die durch die Indikatoren der Tabelle 1 veranschaulicht werden. Noch zu Beginn der 50er
Jahre lebten zwei Drittel der Bevölkerung Finnlands auf
dem Lande, und die Mobilität war gering. Zur Zeit der
raschen Industrialisierung und Urbanisierung in den 60er
Jahren zogen große Menschenmassen in die Ballungszentren
Südfinnlands. Das Wachstum der Städte ist zum Beispiel
auch an der raschen Zunahme der Diebstahls- und Raubkri-
minalität zu sehen. Verstädterung bedeutete mehr Gelegenheit zu kriminellen Handlungen sowie Loslösung von der
in der früheren überwiegend agrarischen Gesellschaft oft
recht wirksamen Kontrolle durch die nähere Umgebung,
d.h. durch Nachbarn und Bekannte.

Bei einigen Deliktstypen wurde der Anstieg der Kriminalität dadurch beschleunigt, daß die geburtenstarken Jahrgänge ins deliktfähige Alter kamen. Die besonders rasche
Zunahme der Gewaltkriminalität um die Jahrzehntwende zwischen den 60er und 70er Jahren ist in Verbindung mit dem
äußerst starken Zuwachs des Alkoholkonsums in der Folge
der Reformierung der Alkoholgesetzgebung zu setzen. Die
Fälle von Trunkenheit am Steuer haben außerdem mit wachsender Anzahl der Kraftwagen zugenommen.

Nachdem die Phase unbändigen gesellschaftlichen Umbruchs
abgeklungen war, ist von den 70er Jahren an auch die
Entwicklung der Kriminalität in ausgeglicheneren Bahnen
verlaufen. Der Alkoholkonsum pro Kopf ist nach dem Gip-
fel, der auf das Jahr 1974 fiel, nicht mehr nennenswert
gestiegen. Ein zunehmender Teil der Schwankungen in der
statistisch erfaßten Kriminalität ist durch die Schwankungen in der Anzeigebereitschaft der Bevölkerung und
dem Kontrolleinsatz der Behörden zu erklären. Mehr als
früher hat man die Aufmerksamkeit auf einige Formen der
Kriminalität richten müssen, die mit der gesellschaftlichen Entwicklung stärker zutage traten wie zum Beispiel

die Wirtschaftskriminalität (Steuerdelikte als typische Erscheinungsformen).

In dem Diagramm 1 werden Indexserien, die die wirtschaftliche Entwicklung widerspiegeln, mit der Entwicklung der Gesamtkriminalität und der Deliktstypen Diebstahl und Körperverletzung verglichen. Die Volumina der Konsumgüterproduktion und des Einzelhandelsabsatzes spiegeln außer der allgemeinen Konjunkturentwicklung indirekt auch die Entwicklung der Menge der Konsumgüter wider, die sich im Besitz von Gemeinschaften und Individuen befinden und also potentielle Entwendungsobjekte darstellen. Die Indexserie, die den Genußkonsum von Alkohol darstellt, wurde aus dem Grund mit hinzugezogen, da der Zusammenhang zwischen Alkohol und Gewaltkriminalität in Finnland seit jeher bedeutend ist.

Die Tabelle 3 enthält Angaben, die die Funktion des strafrechtlichen Kontrollsystems in Finnland beleuchten. Aufgeführt sind u.a. einige Angaben über die absolute Zahl der Verurteilten. Diese ist parallel zur Entwicklung der Kriminalität seit den 60er Jahren stark gestiegen. Der Anstieg der zu unbedingter Freiheitsstrafe (ohne Bewährung) Verurteilten bis zur Mitte der 70er Jahre erklärt sich vor allem durch die Zunahme des Delikts der Trunkenheit am Steuer.

Die Voraussetzungen für die bedingte Verurteilung zu Gefängnis wurden durch ein 1976 in Kraft getretenes Gesetz erweitert. Infolge dieser Gesetzesreformen wandelte sich die Sanktionierung von schweren Fällen der Trunkenheit am Steuer (mindestens 1,5 Promille während der Fahrt) erheblich: Anstelle einer Verurteilung zu einer mehrmonatigen Freiheitsstrafe ohne Bewährung begann man, Freiheitsstrafen entsprechender Länge auf Bewährung zu verhängen, meist mit einer zusätzlichen Geldstrafe kombiniert. Die Auswirkungen der genannten Gesetzesreformen

Diagramm 1: Von der Polizei registrierte Kriminalität (sämtliche Straftaten, Diebstahlsdelikte und Körperverletzungen), Volumen der industriellen Produktion (Konsumgüter), Volumen des Einzelhandelsabsatzes und Genußkonsums von Alkohol (absoluter
Alkohol) in Finnland 1970-82. Indexserien.
1970 = 100.
(Quelle: Jährlicher Bericht des Rechtspolitischen Forschungsinstituts, Kriminalitätssituation 1982).

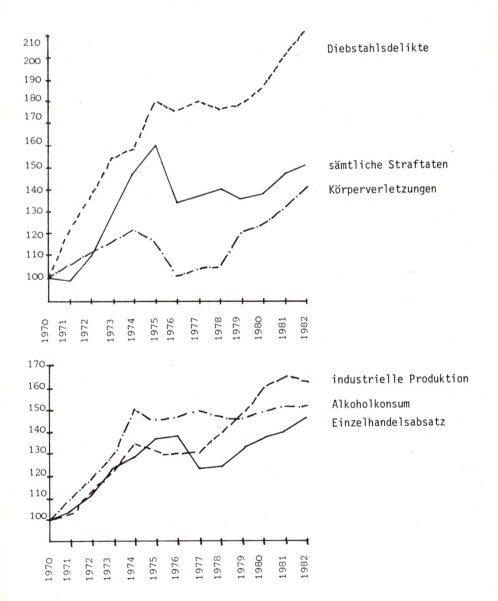

Tab. 3: Tätigkeit des strafrechtlichen Kontrollsystems in
Finnland 1950-80.
(Quellen: Törnudd, P.: Crime trends in Finland
1950-1977; Jährlicher Bericht des Rechtspolitischen
Forschungsinstituts, Kriminalitätssituation 1981)

	1950	1955	1960	1965	1970	1975	1980
Aufgeklärte Delikte:							
Urkundenfälschung, in %	90	93	93	95	80	81	82
Brandstiftung, in %	84	86	65	72	62	66	68
Raub, in %	91	66	68	67	63	52	57
Verurteilte, in 1.000							
Eigentumsdelikte	8	7	8	10	13	28	33
Gewaltverbrechen	3	3	3	3	5	7	11
Trunkenheit am Steuer	1	2	3	5	7	14	18
Zu Geldstrafe Verurteilte, in 1.000	120	151	188	226	193	343	249[1]
Zu bedingter Freiheitsstrafe (auf Bewährung) Verurteilte, in 1.000	3	2	3	4	5	12	14
Zu unbedingter Freiheitsstrafe (ohne Bewährung) Verurteilte, in 1.000	6	5	7	10	10	17	10
Gefangene am 1.1., in 1.000	8	6	7	7	5	6	5
Durchschnittliche Länge (Median) der Freiheitsstrafen in Monaten:							
Sämtliche Verurteilungen	7,6	5,5	5,9	5,1	5,0	4,5	3,9[2]
Verurteilungen wegen Diebstahlsdelikten	9,8	8,1	7,7	6,6	6,6	5,4	4,3[2]
Verurteilungen wegen Körperverletzungen	8,6	6,7	6,4	6,3	5,7	5,3	4,8[2]

[1] Hinzu kommen 5.800 mit bedingt verhängter Freiheitsstrafe kombinierte
Geldstrafen

[2] Änderung der statistischen Praxis

sind in der Tabelle als Änderung des Verhältnisses zwischen den Verurteilungen zu Gefängnis auf Bewährung und denjenigen ohne Bewährung von 1975 bis 1980 zu sehen.

Laut Tabelle 3 ist die Anzahl der Gefangenen je 1.1. des Jahres gesunken, obwohl die Zahl der zu Freiheitsstrafe ohne Bewährung Verurteilten bis 1975 gewachsen ist. Ein wichtiger Erklärungsfaktor hierfür ist in dem unteren Teil der Tabelle zu finden, wonach die durchschnittliche Länge der Freiheitsstrafen ständig abgenommen hat. Die Gefangenenzahl wurde zusätzlich durch zwei Ende der 60er Jahre erlassene Begnadigungsgesetze sowie durch gewisse in den Jahren 1969-1976 verwirklichte Gesetzesänderungen herabgesetzt. Bei diesen Reformen ging es außer um die vermehrte Strafaussetzung zur Bewährung um Maßnahmen, die zur Folge hatten, daß Geldstrafen immer weniger in Ersatzfreiheitsstrafen umgewandelt wurden, daß die Isolierung gefährlicher Rückfalltäter in Zwangsanstalten eingeschränkt wurde und daß die für Diebstahlsdelikte verhängten Strafen gemildert wurden.

2. Es ist angebracht, die obigen Daten um die Ergebnisse der Sonderuntersuchungen über die Dunkelziffer der Kriminalität sowie über die Opfer und Schäden der Kriminalität zu ergänzen. Besonders wichtig ist die von der Finnischen Statistischen Zentrale gemeinsam mit dem Rechtspolitischen Forschungsinstitut im Jahre 1980 durchgeführte Befragung, die zum Ziel hatte, die Frage zu klären, wie häufig 15- bis 75jährige Menschen in ganz Finnland Opfer von Unfällen und Delikten werden. In erster Linie wurden Gewalt- und Eigentumsdelikte untersucht, die Art ihrer Aufdeckung sowie die Quote der Dunkelziffern[4]. Der Vergleich mit der registrierten Kriminalität wurde dadurch ermöglicht, daß für eine ergänzende Untersuchung der Kriminalitätsschäden vom selben Jahr eine repräsentative Auswahl an von der Polizei erfaßten Eigentumsdelikten, wider Leben und Unversehrtheit gerichteten

Delikten sowie Sittendelikten ausgewählt wurde[5]. Dieses
Untersuchungsprojekt stand im Zusammenhang mit der von
der Organisation für wirtschaftliche Zusammenarbeit und
Entwicklung (OECD) initiierten Entwicklung der Sozial-
indikatoren in den Bereichen der persönlichen Sicherheit
und der Justizverwaltung[6].

Verletzungen der physischen Sicherheit wurden in weitem
Umfang untersucht, neben vorsätzlicher Gewaltanwendung
auch verschiedene Unfallrisiken. Auf diese Weise konnte
man z.B. den Umstand verdeutlichen, daß die Wahrscheinlichkeit, als Folge von Arbeits- und Verkehrsunfällen
verletzt oder getötet zu werden, viel größer ist als als
Folge von vorsätzlicher Gewalt. Im Jahre 1980 wurde
indes jeder zehnte Finne das Ziel einer Gewalttat. Insgesamt betrug die Zahl der Gewaltdelikte 630.000, und
sie wiesen bestimmte Häufungen auf: 45 % der Opfer wurden mehr als einmal Opfer von Gewalttaten. Die Dunkelziffer der Gewaltkriminalität war ziemlich groß, denn
der Polizei wurden nur ca. 4 % aller Fälle gemeldet. In
den meisten Fällen war die Gewaltanwendung geringfügig:
Nur 17 % der Opfer trugen eine äußerlich sichtbare Verletzung davon. Im Normalfall standen die Gewaltdelikte
in einem Zusammenhang mit Alkoholkonsum, denn zwei Drittel der Gewalttätigen standen unter Alkoholeinfluß.

Die Dunkelziffer der Eigentumskriminalität wurde nur bezüglich gegen Individuen gerichteter Entwendungen (Diebstahlsdelikte) und Sachbeschädigungen untersucht. Im
Jahre 1980 geschahen insgesamt rund 570.000 gegen Personen gerichtete Fälle von Entwendungen und Sachbeschädigungen. Nicht bekannt wurden hiervon ca. 85 %. Viele,
auch schwere Gewalttaten werden der Polizei nicht gemeldet; bei den Eigentumsdelikten wiederum scheint es vom
Wert der gestohlenen oder beschädigten Sache abzuhängen,
ob Anzeige erstattet wird oder nicht.

Die Angaben über Opfer und Schäden der Gewalt- und Eigentumskriminalität konnten mit den entsprechenden Daten der das Jahr 1974 betreffenden Untersuchung über die Schäden der Kriminalität verglichen werden. Hierbei zeigte sich, daß die Zahl der von der Polizei registrierten Gewaltdelikte von 1974 bis 1980 nahezu gleich geblieben war. Dasselbe gilt für die Zahl der Gewaltdelikte mit Verletzungsfolge. Die Art der Verletzungen weist indes darauf hin, daß die Gewaltdelikte in der zweiten Hälfte der 70er Jahre an Gefährlichkeit zugenommen haben.

Die statistisch erfaßten Eigentumsdelikte hatten von 1974 bis 1980 um 12 % zugenommen. Für diese Zunahme waren Eigentumsdelikte gegen Gemeinschaften verantwortlich; am meisten zugenommen hatten die Ladendiebstähle. Trotz der Zunahme der Deliktzahl ist der reale Wert der gestohlenen bzw. vernichteten Sachen in derselben Zeit um 10 % gesunken. Im Durchschnitt lag 1980 der Sachwert bei jedem zweiten Eigentumsdelikt unter 200 Finnmark (ca. 100 DM). Der Anteil der Opfer von diesen Delikten an der Bevölkerung hat sich in derselben Zeit nicht verändert: Er lag in beiden Jahren bei etwas mehr als 10 %. Bei den Eigentumsdelikten werden die Opfer - anders als bei Gewaltdelikten, die bestimmte Häufungen zeigen - eher zufällig betroffen.

3. Die Möglichkeiten, die einzelnen nordischen Länder hinsichtlich der Kriminalität und ihrer Entwicklung zu vergleichen, haben sich entscheidend verbessert, nachdem auf Initiative des Nordischen Ausschusses für Kriminalstatistik im Jahre 1982 der Bericht "Nordic Criminal Statistics 1950-1980" herausgegeben wurde, in dem die Kriminalität und deren Sanktionierung in den nordischen Ländern über eine Periode von 30 Jahren miteinander verglichen werden[7]. Der Verfasser des Berichts, Hanns von Hofer, hat ferner eine historische Kriminalstatistik zusammengetragen, in der Kriminalität und Strafpraxis in

Schweden von 1750 bis 1982 detailliert analysiert
werden[8].

Wie allgemein Vergleichen, sollte man auch diesen mit
einem Vorbehalt begegnen, da in der Strafgesetzgebung,
in der Funktion der Kontrollsysteme und der statistischen Erfassung der Kriminalität zwischen den Ländern
gewisse Unterschiede bestehen. In der in Finnland geführten Diskussion hat man daher auch des öfteren konstatiert, daß die Vergleiche zwischen der in verschiedenen
Ländern registrierten Kriminalität eher Unterschiede im
Kontrollsystem und der Kriminalitätsstatistik aufdecken
als tatsächliche Unterschiede in der Kriminalität.

Die Tabelle 4 und das Diagramm 2 vermitteln ein generel-
les Bild von den polizeilich registrierten Delikten gegen das Strafgesetz in den Ländern Dänemark, Norwegen,
Schweden und Finnland, von dem Prozentsatz der aufgeklär-
ten Fälle sowie von der Zahl der für schuldig befundenen
Delinquenten. Aus dem Diagramm 2 geht unter anderem in
anschaulicher Weise hervor, daß Straftaten gegen das
Strafgesetz am wenigsten in Norwegen registriert werden
und daß der Prozentsatz ihrer Aufklärung in Finnland am
höchsten ist.

Anhand der Tabellen 5-6 und der Diagramme 3-4 erhält man
eine exaktere Vorstellung von den um das Jahr 1980 in
den genannten Ländern polizeilich registrierten Delikten. Die Tabelle 6 enthält außerdem Angaben über die
Kriminalität in der Bundesrepublik Deutschland. Zu beachten an dieser Tabelle ist, daß in der Gesamtzahl der
Eigentumsdelikte neben den unter den Punkten a) und b)
aufgeführten Delikten u.a. auch die Delikte Hehlerei,
Raub und Sachbeschädigung enthalten sind.

Das Diagramm 3 zeigt die Entwicklung der Körperverlet-
zungsdelikte in den vier nordischen Ländern in den Jah-

Tab. 4: Von der Polizei registrierte Straftaten gegen das Strafgesetz in vier nordischen Ländern 1950-80. (Quelle: Nordic Criminal Statistics 1950-1980, S. 279).

	Absolute Zahlen				100 000 15(14)-67jährige				Index 1970=100			
	DK	N	S	SF	DK	N	S	SF	DK	N	S	SF
1950	109 117	:	161 778	51 273	3 829	:	3 342	1 954	49	:	33	50
1951	122 645	:	194 753	51 952a	4 287	:	4 003	1 972	55	:	39	51
1952	120 329	:	185 787	50 811	4 189	:	3 805	1 913	54	:	37	49
1953	120 168	:	192 851	54 125	4 164	:	3 939	2 018	53	:	39	52
1954	111 220	:	201 317	52 520	3 828	:	4 096	1 939	49	:	40	50
1955	115 928	:	225 231	48 240	3 967	:	4 559	1 764	51	:	45	45
1956	114 066	:	235 153	51 491	3 885	:	4 734	1 855	50	:	47	48
1957	117 091	33 481	259 176	58 009	3 975	1 427	5 172	2 080	51	57	51	54
1958	115 550	36 403	280 917	61 081	3 896	1 554	5 554	2 169	50	62	55	56
1959	119 125	38 514	278 004	63 685	3 925	1 613	5 446	2 238	50	65	54	58
1960	126 367a	38 584	276 314	65 201	4 106	1 599	5 365	2 254	53	64	53	58
1961	131 520	43 071	281 752	67 162	4 224	1 765	5 415	2 301	54	71	53	59
1962	135 681	42 840	293 763	70 194	4 306	1 737	5 597	2 361	55	70	55	61
1963	143 191	45 988	308 850	75 245	4 505	1 850	5 839	2 486	58	74	57	64
1964	150 187	47 057	336 435	81 520	4 692	1 880	6 308	2 651	60	76	62	68
1965	155 238	47 532	393 660ac	81 427	4 816	1 895	7 317	2 612	62	76	72	67
1966	152 548	48 509	410 904	79 945	4 707	1 915	7 590	2 537	60	77	75	65
1967	170 831	51 258	437 042	91 538	5 238	2 003	8 040	2 874	67	80	79	74
1968	194 326	51 747	493 926a	102 097	5 931	2 016	9 056	3 177	76	81	89	82
1969	209 745	60 060	480 979	111 022	6 366	2 325	8 758	3 433	81	93	86	88
1970	260 072	64 868	563 138	122 849	7 812	2 489	10 177	3 882	100	100	100	100
1971	298 590	73 482	614 150	138 465a	8 936	2 810	11 084	4 320	114	113	109	111
1972	301 142	79 727	598 681	155 122	8 964	3 036	10 821	4 787	115	122	106	123
1973	311 324	86 725	547 542	168 966	9 218	3 282	9 909	5 166	118	132	97	133
1974	325 725	91 208	570 610	177 615	9 616	3 408	10 319	5 390	123	137	101	139
1975	290 450	96 754b	643 405a	191 704	8 566	3 596	11 627	5 789	110	144	114	149
1976	276 731	90 262	683 279	177 669	8 133	3 334	12 330	5 350	104	134	121	138
1977	307 416	90 101	716 367	185 209	8 997	3 309	12 899	5 559	115	133	127	143
1978	340 659	103 031	683 646	183 425	9 913	3 759	12 280	5 486	127	151	121	141
1979	355 054a	107 683	698 171	192 979	10 269	3 905	12 488	5 751	131	157	123	148
1980	408 177	:	760 911	198 105d	11 745	:	13 564	5 880	150	:	133	151

a) Änderung der statistischen Praxis.
b) 1975-: Straftaten gegen Bestimmungen außerhalb des Strafgesetzes nicht einbezogen.
c) Neues Strafgesetz.
d) Änderung in dem statistischen Aufnahmeverfahren.

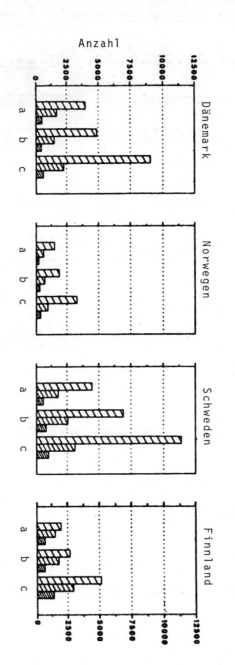

Diagramm 2: Sämtliche Straftaten gegen das Strafgesetz in vier nordischen Ländern 1950-80.
Je 100.000 der Bevölkerung im Alter zwischen 15 (14) und 67 Jahren.
(Quelle: Nordic Criminal Statistics 1950-1980, S. 278).

Tab. 5: Von der Polizei registrierte Straftaten in vier nordischen Ländern 1977-81.
(Quelle: Jährlicher Bericht des Rechtspolitischen Forschungsinstituts, Kriminalitätssituation 1982)

	Delikte je 100.000 der Durchschnittsbevölkerung					Zahl der Delikte in 1.000
	1977	1978	1979	1980	1981	1981
NORWEGEN						
Körperverletzungen	89	97	103	99	110	4
Eigentumsdelikte	1990	2273	2370	2648	2818	12
DÄNEMARK						
Körperverletzungen	73	79	84	95	104	5
Eigentumsdelikte	5770	6393	6647	7626	7577	388
Sämtliche Straftaten gegen das Strafgesetz	6042	6674	6939	7964	7956	407
SCHWEDEN						
Körperverletzungen	286	276	279	297	292	24
Eigentumsdelikte	7894	7460	7594	8290	8247	686
Trunkenheit am Steuer	269	274	262	261	253	21
Sämtliche Straftaten gegen das Strafgesetz	8682	8261	8418	9156	9142	761
Sämtliche Straftaten	10233	9706	9840	11169	11247	936
FINNLAND						
Körperverletzungen	247	247	283	292	307	15
Eigentumsdelikte	3215	3161	3184	3476	3795	182
Trunkenheit am Steuer	418	410	419	428	427	20
Sämtliche Straftaten gegen das Strafgesetz	3940	3901	4098	4199	4571	219
Sämtliche Straftaten	10122	10379	9959	10063	10596	509

Anmerkungen:
Die Bezeichnung der Deliktgruppen verweisen in erster Linie auf die in den nationalen Publikationen für Rechtsstatistik verwendeten Gruppierungen. Die Einteilung in Gruppen wurde jedoch u.a. auf die Weise vereinheitlicht, daß Fälschungsdelikte konsequent unter die Eigentumsdelikte eingeordnet wurden, während Steuerdelikte ganz außerhalb dieser Gruppe gelassen wurden. Die Delikte der Trunkenheit am Steuer sind nicht in den Verstößen gegen das Strafgesetz enthalten.

Die Deliktzahlen aus Norwegen enthalten keine sog. Verfehlungen. Die Einteilung der Delikte basiert auf den nach Abschluß der Ermittlung erhältlichen Angaben. Eine Tatserie aus verschiedenen in Tateinheiten begangenen Delikten (sog. fortgesetztes Delikt) wird in der norwegischen Kriminalitätsstatistik in den meisten Fällen nur als ein Delikt vermerkt. Die Deliktzahlen aus Schweden enthalten auch solche Taten, die später als nicht strafbar erkannt wurden. Die schwedische Kriminalitätsstatistik enthält - mit gewissen Ausnahmen - keine solchen Delikte gegen Strafbestimmungen außerhalb des Strafgesetzes, für die keine strengere Strafe als die Geldbuße festgelegt wurde.

Tab. 6: Statistisch erfaßte Kriminalität je 100.000 der
Durchschnittsbevölkerung im Jahre 1981 in vier nor-
dischen Ländern und in der Bundesrepublik Deutsch-
land.
(Quelle: Jährlicher Bericht des Rechtspolitischen
Forschungsinstituts, Kriminalitätssituation 1982)

	Sämtliche Eigentums-delikte	Davon: a) Diebstähle, einschl. Benut-zung eines Kraft-fahrzeugs ohne die Erlaubnis des Eigentümers	b) Betrugs-, Fälschungs-u. Unterschla-gungsdelikte	Rauschgift-delikte
Norwegen	2818	2469	111	72
Dänemark	7577	6524	521	36
Schweden	8247	6152	1151	811
Finnland	3795	2439	479	24
Bundesrepublik Deutschland	5485	4224	589	100

Diagramm 3: Statistisch erfaßte Körperverletzungen je 100.000
der Durchschnittsbevölkerung in vier nordischen
Ländern 1974-80. Halblogarithmische Darstellung.
(Quelle: Jährlicher Bericht des Rechtspolitischen Forschungsinstituts, Kriminalitätssituation 1981).

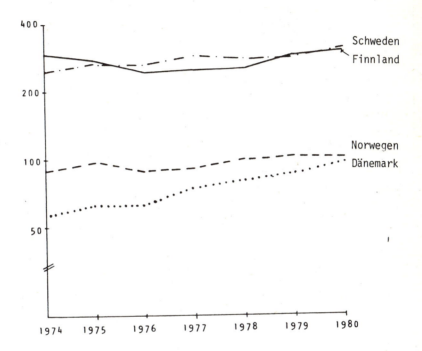

Diagramm 4: Statistisch erfaßte Eigentumsdelikte je 100.000
der Durchschnittsbevölkerung in vier nordischen
Ländern 1974-81. Halblogarithmische Darstellung.
(Quelle: Jährlicher Bericht des Rechtspolitischen Forschungsinstituts, Kriminalitätssituation 1982).

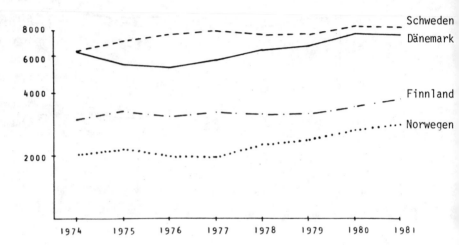

ren 1974-1980. Zuvor hob sich Finnland in innerskandi-
navischen Vergleichen als Land mit der höchsten Körper-
verletzungskriminalität ab, aber in den 70er Jahren hat
Schweden den Stand Finnlands erreicht, in einigen Jahren
sogar überschritten. Geringfügigere Fälle von Körperverletzung werden in den einzelnen Ländern auf verschiedene
Weise eingestuft, und wenn deren Zahl groß ist, so kann
sich dies in den Statistiken spürbar widerspiegeln.

Die wohlhabendsten nordischen Länder, Schweden und Dänemark, stehen, wie das Diagramm 4 zeigt, bezüglich der
Eigentumsdelikte an der Spitze. Ein hoher Wohlstand bedeutet allerdings nicht ausschließlich eine Zunahme der
Gelegenheit zu Delikten und eine relative Schwächung der
Kontrolle, sondern kann auch zu einem umfassenderen Ver-
sicherungsschutz und zur Entwicklung eines Registrie-
rungssystems führen, das den Anreiz zur Verzeichnung
auch geringfügiger Delikte bietet. Bei einigen Deliktstypen wie zum Beispiel bei Ladendiebstählen kann die
Entwicklung hingegen auch dahin führen, daß die Bereitschaft des Betroffenen, die Tat der Polizei anzuzeigen,
abnimmt. Unter anderem die Veränderungen in dem Gleichgewicht zwischen diesen in verschiedene Richtungen wirkenden Faktoren mögen erklären, warum die statistisch
erfaßte Diebstahlskriminalität Dänemarks im Jahre 1981
sogar die Kriminalität Schwedens übertroffen hat (Tabelle 6). Norwegen ist allgemein als das nordische Land mit
geringer Kriminalität angesehen worden. Die relative Anzahl der Diebstahlsdelikte liegt indes in Finnland am
niedrigsten.

Die in der tatsächlichen Kriminalitätssituation existierenden Unterschiede zwischen den einzelnen nordischen
Ländern wurden Anfang der 60er Jahre mittels Befragungen
untersucht, bei denen in ausgewählten Städten zur Wehr-
tauglichkeitsprüfung geladene junge Männer interviewt
wurden. Die Ergebnisse dieser Untersuchungen, von denen

einige summarisch in der Tabelle 7 aufgeführt sind, haben u.a. gezeigt, daß die Kleinkriminalität unter jungen Leuten in allen Ländern statistisch normal und ziemlich gleichartig ist[9].

Seit Anfang der 70er Jahre wurden zahlreiche Befragungsuntersuchungen durchgeführt, besonders mit dem Ziel, zu klären, in welchem Maße und unter welchen Verhältnissen die Menschen Opfer von Straftaten geworden sind und mit welchen Folgen. Die Tabelle 8 enthält in summarischer Form einige Ergebnisse von solchen Untersuchungen, in denen geklärt wurde, mit welcher Häufigkeit Menschen Opfer von Gewaltdelikten werden[10]. Die Befragungen über die Häufigkeit, von Gewalt- wie auch von Eigentumsdelikten betroffen zu werden, haben die Auffassung von den Niveaudifferenzen in der Kriminalität der einzelnen nordischen Länder bestätigt: Gewaltdelikte sind in Finnland und Schweden häufiger als in Dänemark, wogegen Eigentumsdelikte in Dänemark und Schweden häufiger sind als in Finnland und Norwegen.

Ende der 70er Jahre hat man mittels Interviews das Sicherheitsgefühl der Menschen untersucht. Die Furcht, allein im Dunkeln das Opfer von Gewalttaten zu werden, war am größten in Finnland, danach in Dänemark und in Schweden (eine entsprechende norwegische Untersuchung fehlt). Besonders die in Schweden angestellte Untersuchung ließ den Schluß zu, daß das Gefühl der Schutzlosigkeit oft bei solchen Gruppen (zum Beispiel bei alten Leuten) am stärksten war, bei denen das Risiko, von einer Gewalttat betroffen zu werden, am kleinsten war[11].

In den oben angeführten Statistiken und Untersuchungen lag das Haupt- oder sogar das alleinige Augenmerk auf herkömmlichen Formen der Kriminalität, in erster Linie auf Eigentums- und Gewaltdelikten. Seit den 70er Jahren hat sich das kriminalpolitische Interesse indes auch

Tab. 7: Die Dunkelziffer bei verschiedenen Delikten in
sechs Städten laut der Nordischen Untersuchung über
die Jugendkriminalität. Straftäter in Prozent von
allen im selben Ort Interviewten (N).
(Quellen: Christie, N.; Andenaes, J.; Skirbeck,
S.: A study of self-reported crime. (In: Scandinavian Studies in Criminology 1, Oslo, 1965, S.
86 ff.); Anttila, I.; Jaakkola, R.: Unrecorded criminality in Finland. (Institute of Criminology,
A:2, Helsinki, 1966); Greve, V.: Our non-deviant
criminals. (In: Scandinavian Studies in Criminology
5, Oslo, 1974, S. 99 ff.); zusammenfassend Anttila,
I.; Törnudd, P.: Kriminologia ja kriminaalipolitiikka. (Juva, WSOY, 1983, S. 68 m. Nachw.))

	DK Kopenhagen 1964 %	S Stockholm 1964 %	S Malmö 1963 %	N Oslo 1961 %	SF Helsinki 1962 %	SF Rovaniemi 1962 %
Ladendiebstahl	39	49	34	45	40	22
Sexualverbrechen an Minderjäh- rigen[1]	18	9	9	15	18	15
Illegale Ein- fuhr von Alko- hol oder Tabak- waren	60	41	58	38	34	20
Hehlerei	16	23	13	22	18	4
Trunkenheit am Steuer	22	9	8	13	15	13
Entwendung von Fahrzeugteilen	23	25	16	8	16	11
Ruhestörung im Zusammenhang mit Trunkenheit	16	..	11	7	17	15
Zechprellerei	11	5	6	7	4	-
Raub	2	2	2	2	2	-
N =	3.330	4.966	2.285	1.820	1.973	89

[1] Die Altersgrenze war während der Interviews 15 Jahre in Schweden und
Dänemark, 16 Jahre in Norwegen und 17 Jahre in Finnland.

Tab. 8: Opfer von Bedrohungen und Gewalttaten in vier nor-
dischen Ländern entsprechend den Opferbefragungen
aus Stichproben der Bevölkerung in den 70er Jahren.
(Quelle: Sveri, K.: (In: H.J. Schneider (Hrsg.):
Das Verbrechensopfer in der Strafrechtspflege.
Berlin u.a., Walter de Gruyter, 1982, S. 162)).

	Dänemark 1977 %	Finnland 1976 %	Norwegen 1974 %	Schweden 1975 %
Bedrohungen	0,5	3,9	1,1	2,4
Leichte Gewaltanwendung (ohne äußere Verletzungen)	3,3	10,5	4,7	4,6
Schwere Gewaltanwendung	1,5	2,8	0,7	1,8
N =	3.202	939	1.489	1.000

solchen Delikten wie Trunkenheit am Steuer, Verstößen gegen das Betäubungsmittelgesetz und der Wirtschaftskriminalität zugewandt, und aus diesem Grund wurden zunehmend auch Daten über diese Formen der Kriminalität gesammelt.

Die Vagheit des Begriffs Wirtschaftskriminalität hat indes die mengenmäßige Schätzung der Delikte dieses Typs erschwert. Dieser Phänomenkomplex ist in Schweden seit Ende der 70er Jahre und in Finnland seit Beginn der 80er Jahre Objekt gründlicher kriminalpolitischer Planung. In beiden Ländern hat man sein Augenmerk in erster Linie auf im Bereich des Wirtschaftslebens mit dem Ziel eines bedeutenden wirtschaftlichen Vorteils begangene Delikte gerichtet. Man schätzt, daß die wirtschaftlichen Verluste dieser Delikte ein Vielfaches der durch herkömmliche Formen der Eigentumskriminalität verursachten Schäden ausmachen. Die Schäden der Wirtschaftskriminalität (besonders der Steuerdelikte) werden mit mehreren Milliarden Finnmark in Finnland und mit über 10 Milliarden Schwedischen Kronen in Schweden veranschlagt. Eine schwedische Schätzung hinsichtlich der unmittelbaren ökonomischen Kosten der herkömmlichen Eigentumsdelikte bewegt sich um einen Betrag von einem Fünftel der entsprechenden Kosten der Wirtschaftskriminalität (ca. 3 vs. 15 Milliarden)[12].

Die oben bereits erwähnte Publikation "Nordic Criminal Statistics 1950-1980" enthält in Fülle vergleichende Angaben auch über die Tätigkeit der strafrechtlichen Sanktionssysteme in den nordischen Ländern. Aus den Diagrammen 5-6 geht die Anwendung verschiedener Sanktionen in vier skandinavischen Ländern in den Hauptzügen hervor[13]. Am auffälligsten ist, daß das Absehen von Klage und Strafverfolgung in Finnland so gut wie unbekannt ist. Die außergewöhnlich starke Stellung des strafprozeßrechtlichen Legalitätsprinzips hat in Finnland eine

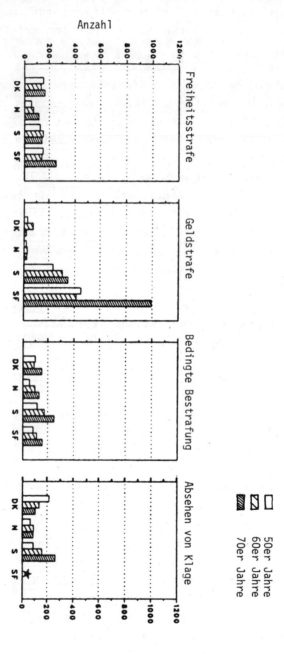

Anzahl

Freiheitsstrafe | Geldstrafe | Bedingte Bestrafung | Absehen von Klage

Diagramm 5: Verteilung der strafrechtlichen Sanktionen in Dänemark (DK), Norwegen (N), Schweden (S) und Finnland (SF) 1950-80. Sämtliche Straftaten gegen das Strafgesetz. Je 100.000 der Bevölkerung im Alter zwischen 15 (14) und 67 Jahren. In absoluten Zahlen. (Quelle: Nordic Criminal Statistcs 1950-1980, S. 284).

50er Jahre
60er Jahre
70er Jahre

Diagramm 6: Verteilung der strafrechtlichen Sanktionen in Dänemark (DK), Norwegen (N), Schweden (S)
und Finnland (SF) 1950-80. Sämtliche Straftaten gegen das Strafgesetz. In Prozent.
(Quelle: Nordic Criminal Statistics 1950-1980, S. 285)

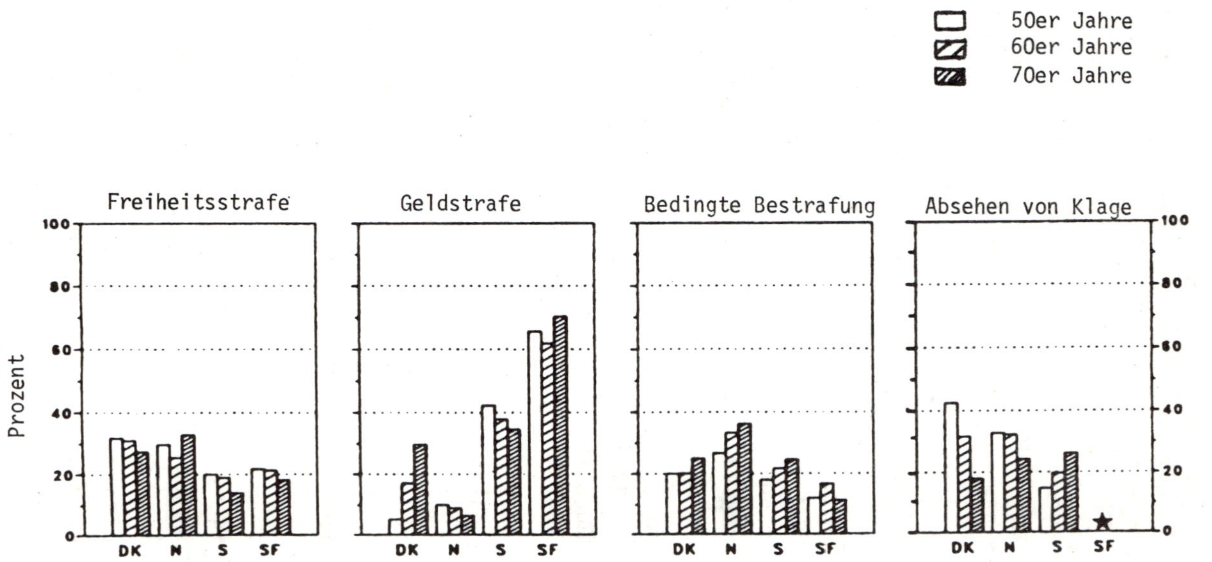

50er Jahre
60er Jahre
70er Jahre

solide, mit der politischen Geschichte verknüpfte Tradition; von Bedeutung ist u.a. auch die wenig entwickelte
Organisation der Staatsanwaltschaft.

Die Bezeichnung "bedingte Bestrafung" steht in den Diagrammen 5-6 als Oberbegriff für die in Freiheit zu voll-
streckenden Sanktionen, deren Auswahl in den übrigen
nordischen Ländern vielfältiger ist als in Finnland.
Unter diesem Begriff werden hier auch die sog. kombinier-
ten Sanktionen eingeordnet, die zum Teil in einer Anstalt und zum (größten) Teil in Freiheit vollstreckt
werden.

Seit 1975 wird eine gesamtnordische Statistik über das
Gefängniswesen ausgearbeitet. Die Tabelle 9 enthält einige von den Angaben, die heute in solcher Form vorliegen,
daß sie Vergleiche zwischen den einzelnen Ländern ermöglichen: die Zahlen der Straf- und Untersuchungsgefangenen täglich im Durchschnitt in den Jahren 1978-1982[14].
Es zeigt sich, daß die Zahl der Gefangenen relativ gesehen in Finnland deutlich am höchsten ist. Die Hauptursache hierfür ist,   daß in Finnland im Durchschnitt
längere Freiheitsstrafen verhängt werden als in den anderen skandinavischen Ländern. Der Unterschied ist vor
allem darin ersichtlich, daß in Dänemark, Norwegen und
Schweden der größte Teil der verhängten Freiheitsstrafen
eine Dauer von weniger als drei Monaten hat,   während
in Finnland solch kurzfristige   Freiheitsstrafen nur
wenig verhängt werden.

Diese besonders repressive Strafpraxis Finnlands hat
ihre geschichtliche Tradition. Zum einen hat man versucht, für diese Praxis und vor allem für ihre Entstehung gesellschaftlich-politische Erklärungsfaktoren heranzuziehen: Hiernach habe der Befreiungs- und Bürger-
krieg des Jahres 1918 sowie die zwei Kriege zwischen
1939 und 1944 in Finnland eine abweichende "Leidensska-

Tab. 9: Anzahl der Straf- und Untersuchungsgefangenen[1] in absoluten Zahlen und[2] je 100.000 der Bevölkerung in den Strafvollzugsanstalten[2] täglich (im Durchschnitt) in vier nordischen Ländern 1978-1982
(Quelle: Annual Report of the Prison Administration, Helsinki, 1983)

	Jahr	Dänemark	Finnland	Norwegen	Schweden
Untersuchungsgefangene[3]	1978	826	686	413	676
	1979	783	649	410	701
	1980	909	560	401	854
	1981	1.047	567	427	920
	1982	920	597	501	917
Strafgefangene	1978	2.170	4.713	1.315	3.602
	1979	2.132	4.567	1.291	3.706
	1980	2.304	4.528	1.350	3.710
	1981	2.423	4.316	1.365	3.915
	1982	2.439	4.170	1.363	4.049
Insgesamt	1978	2.996	5.399	1.728	4.278
	1979	2.915	5.216	1.701	4.407
	1980	3.213	5.088	1.751	4.564
	1981	3.470	4.883	1.792	4.835
	1982	3.559	4.767	1.864	4.966
Strafgefangene je 100.000 der Bevölkerung	1978	42	99	33	44
	1979	42	96	32	45
	1980	45	95	33	45
	1981	47	90	33	47
	1982	47	86	33	49
Gefangene insgesamt je 100.000 der Bevölkerung	1978	58	113	43	52
	1979	57	109	43	53
	1980	63	106	43	55
	1981	68	101	44	58
	1982	69	98	45	60

[1] Die Verwahrungen wegen Trunkenheit sind in den Zahlen nicht enthalten.

[2] Die Zahlen über die in polizeiliche Verwahrung genommenen Verhafteten fehlen bezüglich allen Ländern. Die längste Zeit, die eine Person laut Gesetz ohne gerichtlichen Haftbefehl in Verwahrung genommen werden kann, ist im folgenden angegeben:
Dänemark   24 Stunden
Finnland   17 Tage
Norwegen   24 Stunden
Schweden   5 Tage

[3] Die Angaben beziehen sich auf:
Dänemark   Untersuchungsgefangene und Verhaftete (mit Ausnahme der in polizeiliche Verwahrung Genommenen)
Finnland   Untersuchungsgefangene
Norwegen   Untersuchungsgefangene
Schweden   Untersuchungsgefangene und Verhaftete (mit Ausnahme der in polizeiliche Verwahrung Genommenen)

la" (scale of suffering) geschaffen[15]. Desgleichen hat
man auf die für Finnland typischen gesellschaftlich-poli-
tischen Gegensätze wie auch auf die geringe politische
Bedeutung derjenigen Parteien, die die unteren Gesell-
schaftsschichten vertreten, hingewiesen[16]. Zum anderen
hat man für die Entstehung der strengen Strafpraxis Finnlands auch eine Reihe von teilweise gesetzestechnischen
Faktoren verantwortlich gemacht: unter anderem, daß bei
der Erlassung des Strafgesetzes 1889 für die Zuchthausstrafe eine hohe allgemeine Mindestgrenze (6 Monate)
festgelegt und für Diebstahlsdelikte strenge Strafrahmen
konstituiert wurden.

Der Umstand, daß die Freiheitsstrafe nach wie vor in
Finnland eine üblichere Sanktionsform darstellt als in
den übrigen skandinavischen Ländern, erklärt sich teilweise durch die oben bereits angesprochenen Unterschiede
in der Tätigkeit des strafrechtlichen Kontrollsystems:
Der Aufklärungsprozentsatz der Straftaten ist in Finnland höher, und alternative Sanktionen anstelle der Freiheitsstrafe (Absehen von Klage, in Freiheit zu voll-
streckende Sanktionen) sind in Finnland relativ weniger
angewandt worden als in den übrigen skandinavischen Ländern. Gleichartige Unterschiede bestehen unter anderem
auch in den Vorschriften über die Strafbemessung bei
mehreren Gesetzesverletzungen. Bei der Betrachtung der
Kontrollsysteme ist ferner die Verschiedenheit der sich
in der Praxis herausgebildeten Tradition zu berücksichtigen. - Oben habe ich über die Tätigkeit des finnischen
Kontrollsystems erwähnt, daß in den letzten Jahrzehnten
die Verhängung von Freiheitsstrafen in Finnland reduziert worden ist, d.h. man nähert sich in dieser Hinsicht der Sanktionspraxis der übrigen nordischen Staaten.

III. Über die Kriminologie und Kriminalpolitik in den nordischen Ländern

1. Die besonderen Züge der in den nordischen Ländern betriebenen Kriminologie lassen sich natürlich aus verschiedenen Gesichtswinkeln betrachten. Zuerst möchte ich näher auf die Ressourcen und die Organisationsweise der kriminologischen Forschung in diesen Ländern eingehen. Zum zweiten möchte ich diese Forschung inhaltlich charakterisieren. Meine kurze Darlegung bleibt für diesen Teil ziemlich oberflächlich; sie kann in diesem Rahmen nur einige Entwicklungsverläufe und Schwerpunkte umreißen. Weitergehende Informationen kann man aus mehreren allgemeinen, kürzlich erschienenen Überblicken über die Kriminologie in den skandinavischen Ländern erhalten[17].

In den nordischen Staaten bestehen kriminologische Forschungsgemeinschaften einmal im Zusammenhang mit den Universitäten, und zum zweiten sind halb selbständige staatliche Forschungsinstitute gegründet worden. Von den erstgenannten sind am bedeutendstens die in Dänemark und Norwegen bestehenden Institute für Strafrecht und Kriminologie (im Zusammenhang mit den rechtswissenschaftlichen Fakultäten) sowie die Abteilung für Kriminologie an der Universität Stockholm (in Verbindung mit dem Studienfach Soziologie in der Fakultät für Sozialwissenschaften). In Finnland wird eine effektive Forschung auf Universitätsebene dadurch beeinträchtigt, daß wir keinen besonderen Lehrstuhl für Kriminologie haben. Halb selbständige staatliche Forschungsinstitute, die den Justizministerien unterstehen, sind das Rechtspolitische Forschungsinstitut in Finnland und die Forschungseinheit des Rates für Verbrechensverhütung ("Brottsförebyggande radet") in Schweden. Dem erstgenannten ging das 1963 gegründete Kriminologische Forschungsinstitut voraus.

Der letztgenannte schwedische Rat wurde im Hinblick auf
kriminalpolitische Ziele gegründet: Zu den Aufgaben des
Rats gehört es, die Kriminalitätsvorbeugung in verschiedenen Bereichen des gesellschaftlichen Lebens zu fördern
und die Maßnahmen von gesellschaftlichen Institutionen
und Privatpersonen bei der Bekämpfung der Kriminalität
zu koordinieren[18]. Ein entsprechender kriminalpolitischer Rat besteht in Dänemark seit 1971 und in Norwegen
seit 1980. Von diesen Räten verfügt der schwedische über
die besten Forschungs- und Finanzressourcen: u.a. rund
zehn Forscherstellen und eine bedeutende finanzielle Unterstützung der Forschungsprojekte durch Außenstehende
(in den Jahren 1982-83 in Höhe von rund 300.000 DM). Die
knappsten Ressourcen hat der norwegische Rat (nur eine
feste Stelle).

In den Justizministerien der nordischen Länder wurden
auch andere Planungs- und Forschungsorgane für Kriminalpolitik gegründet. Am bedeutendsten von diesen ist die
innerhalb der schwedischen Verwaltung für Gefängniswesen
tätige Forschungseinheit.

Die Voraussetzungen für die kriminologische Forschung
wurden erheblich gefördert durch den Skandinavischen Forschungsrat für Kriminologie, der im Jahre 1961 gegründet
wurde und der von den Justizministerien der skandinavischen Staaten finanziert wird. Der Forschungsrat ver-
anstaltet jährliche Forschungsseminare seines Fachs und
verteilt Forschungsstipendien (1984 in Höhe von rund
200.000 DM) und Reisebeihilfen. Zu den Aufgaben des Forschungsrats gehört es ferner, allgemeine Informations-
tätigkeit über dieses Gebiet auszuüben und den Behörden
der nordischen Staaten in kriminologischen Fragen sach-
verständige Hilfe und Beratung zukommen zu lassen[19].

In Kooperation mit dem finnischen Forschungsinstitut für
Rechtspolitik ist das 1982 gegründete Kriminalpolitische

Institut Helsinki tätig, das mit den Vereinten Nationen
verbunden ist. Das Ziel des Instituts ist es, eine
Möglichkeit zum regelmäßigen Austausch von kriminalpolitischen Erkenntnissen zwischen den verschiedene Gesell-
schafts- und Wirtschaftssysteme repräsentierenden europäischen Ländern zu eröffnen. Das Institut verfügt über
bescheidene Ressourcen: Außer der nebenberuflich angestellten Leiterin (Inkeri Anttila) bilden ein spezia-
lisierter Forscher und zwei Programm-Angestellte das Personal. Zur bisherigen Aktivität des Instituts gehört die
Organisation zweier gesamteuropäischer Seminare über Fragen der Kriminalitätsopfer[20] und über die Problematik
eines rationalen Strafrechtssystems sowie die Vorberei-
tungsarbeiten für den nächsten kriminalpolitischen Kongreß der UNO. Die Tätigkeit des Instituts wird zum
überwiegenden Teil von Finnland, der verbleibende Teil
über einen Fonds der UNO von den übrigen skandinavischen
Ländern finanziert. Dieses neue Institut trägt meiner
Einschätzung nach dazu bei, die besonders in den nordischen Ländern zu betreibende kriminalpolitische Forschung zu fördern.

Die meisten festen Stellen für kriminologische Forschung
- rund zwanzig - bestehen in Schweden. Zusammengerechnet
gibt es in den nordischen Ländern, abhängig von der Be-
rechnungsweise, 40 bis 50 solcher Stellen. Ferner wird
relativ viel Forschung durch gelegentliche finanzielle
Unterstützung ermöglicht; die wichtigsten Geldquellen
sind hierbei der oben erwähnte schwedische Rat für Verbrechensverhütung und der Skandinavische Forschungsrat
für Kriminologie. Weiterhin ist zu berücksichtigen, daß
mit dem Problemkreis der Kriminalität zusammenhängende
Fragen natürlich auch von anderen Wissenschaftsbereichen
als der Kriminologie empirisch erforscht werden (so z.B.
von der Soziologie, der Psychologie, der Psychiatrie und
der Alkoholforschung).

Als Kriminologen wirken normalerweise solche Personen,
die eine gesellschaftswissenschaftliche (soziologische)
Ausbildung erhalten haben. Dies trifft heutzutage auch
für die Professoren Nils Christie von der Osloer Universität, für Ulla Bondeson von der Kopenhagener Universität (und ihrem 1976 verstorbenen Amtsvorgänger Karl Otto
Christiansen) wie auch für den Leiter des Rechtspolitischen Forschungsinstituts von Finnland, Patrik Törnudd,
zu. (Der Professor für Kriminologie an der Universität
Stockholm, Knut Sveri, hat zwar juristische Examina abge-
legt, seine Doktorarbeit ist indes vom Sachgehalt her
eine soziologische Abhandlung.)

Der Anteil der Soziologie an der in den nordischen Ländern betriebenen Kriminologie ist - sowohl absolut als
auch relativ gemessen - deutlich gestiegen. Zwischen den
einzelnen skandinavischen Ländern bestehen indes Unterschiede zum Beispiel in der Hinsicht, daß die psychiatrisch bzw. juristisch ausgerichtete Kriminologie
traditionell in Dänemark stark vertreten ist, einem
Land, in dem sich mitteleuropäische Forschungsimpulse
wohl besser bewahrt haben als in den übrigen skandinavischen Ländern. Die Vorbilder für die soziologisch ausgerichtete Kriminologie stammen in erster Linie aus den
angelsächsischen Ländern.

Die Kriminologie weist in den nordischen Ländern seit
alters her enge Berührungspunkte zu den übrigen Kriminal-
wissenschaften auf, in erster Linie zum Strafrecht. Dafür ist u.a. der Umstand verantwortlich zu machen, daß
die Kriminologie als Studienfach an den Universitäten
dreier nordischer Länder mit dem letztgenannten Fach
verbunden ist. In Finnland hat dieser Zusammenhang auch
auf personeller Ebene stattgefunden, da zum Lehrbereich
des Professors für Strafrecht auch die Kriminologie gehört. (Einen solchen Lehrstuhl hatte lange Zeit die heute emeritierte Inkeri Anttila innegehabt; die in den

Jahren 1963-79 gleichzeitig Leiterin des Kriminologi-
schen/Rechtspolitischen Forschungsinstituts war.) Die
u.a. aufgrund ihrer kriminologischen Verdienste international bekannten Professoren Stephan Hurwitz
(1901-1981) aus Dänemark und Johannes Andenaes aus Norwegen sind von ihrer Ausbildung her gleichfalls Rechts-
wissenschaftler.

2. Die Art, wie die kriminologische Forschung organisiert
und unterstützt wird, wirkt sich auch auf ihre Ausrichtung aus. Der Umstand, daß gerade in Finnland und in
Schweden der überwiegende Teil der kriminologischen Forschung im Zusammenhang mit den Justizministerien oder
zumindest mit deren Unterstützung durchgeführt worden
ist, hat dazu geführt, daß in diesen Ländern der praktische Wert der Forschungen stärker zum Tragen gekommen
ist und die Forscher verstärktes Interesse daran gezeigt
haben, an der Beschlußfassung teilzuhaben. Die Zunahme
angewandter Forschung hat somit einem immer größeren
Teil der Kriminologie den Stempel kriminalpolitischer
Forschung aufgedrückt[21].

Die Gründung der oben erwähnten kriminalpolitischen Räte
und der mit diesen zusammenhängenden Forschungseinheiten
in den 70er Jahren ist als Teil der allgemeineren Entwicklung zu sehen, die staatlichen Planungsfunktionen zu
verstärken und die Sozialforschung zum Nutzen gesellschaftspolitischer Beschlußfassung zu fördern. Im Zusammenhang mit dieser Entwicklung erhielt die Kriminologie
in immer stärkerem Maße Impulse von der Wirtschaftswis-
senschaft und der Politologie, während man zugleich begann, in der gesellschaftspolitischen Planung allgemein
verwendete Methoden und Betrachtungsweisen auch auf die
kriminalpolitische Planung anzuwenden.

Der Einfluß des Skandinavischen Forschungsrats für Kriminologie ist u.a. darin zutage getreten, daß er als Initia-

tor und Geldgeber bei der gesamtnordischen Erforschung
der folgenden Teilbereiche aufgetreten ist: Dunkelziffer
der Kriminalität, Opfer der Kriminalität (besonders Opfer von Gewaltdelikten) und Polizeiforschung. Durch Verteilung von Stipendien, Veranstaltung von Forschungssemi-
naren und Bereitstellung von Publikationsmöglichkeiten
hat das Forschungsinstitut weiterhin Forschungsprojekte
über die im folgenden genannten Themen gefördert, die in
mehreren nordischen Ländern Beachtung gefunden haben:
Jugendkriminalität, Alternativen zur Freiheitsstrafe, offizielle und inoffizielle soziale Kontrolle, Frauenkriminologie, Wirtschaftskriminalität, alternative Konfliktlösungsmodelle und Minoritätenforschungen. - Einen vergleichbaren Einfluß auf die Ausrichtung der Kriminologie
hat in Schweden der dortige Rat für Verbrechensverhütung
ausgeübt. Das Interesse dieses Rats richtet sich seit
langem besonders auf die Wirtschaftskriminalität.

Die nordische Kriminologie läßt sich jedoch nicht ohne
weiteres in eine Schablone pressen. Neben den oben kurz
berührten Unterschieden darin, in welchem Grad der ver-
haltens- und sozialwissenschaftliche Aspekt in der Kriminologie vorherrschend ist, weist auch die soziologisch
ausgerichtete Kriminologie gewisse Differenzen in der
Schwerpunktsetzung auf, obgleich es schwer sein dürfte,
von deutlich voneinander abgegrenzten Schulen zu sprechen. Während die finnische, die schwedische und auch
die dänische Kriminologie in ihren Hauptzügen empirisch
gewesen ist und nach praktischer Anwendbarkeit gestrebt
hat, so ist für die für Norwegen typische Kriminologie -
ebenso wie für die norwegische Soziologie im allgemeinen - das Epitheton kritischer theoretischer* Forschung kennzeichnend.

Diese letztgenannte Richtung bzw. die Tendenzen, die
dieser nahestehen, haben auch in den übrigen nordischen
Ländern ihre Vertreter. Von ihrer Seite her ist auf der

Grundlage wissenschaftsinterner Kriterien die Tendenz
kritisiert worden, daß die Kriminologie in relativ zunehmendem Maße eine auf praktische Anwendung hinzielende
Behördenforschung sei, anstelle daß man für unabhängi-
gere und zugleich normalerweise theoretischere Universitätsforschung Mittel bereitstellen würde.

3. Ein Gesichtswinkel, die Veränderungen zu betrachten, die
sich in den Schwerpunktsetzungen der Kriminologie in den
letzten Jahren in Skandinavien vollzogen haben, bietet
der Vergleich zweier im skandinavischen Raum erschiene-
ner angesehener Lehrbücher hinsichtlich ihrer Fragestellungen. Ich meine zum einen das Werk "Kriminologie" von
Hurwitz, das ursprünglich 1948 auf dänisch erschien und
von Christiansen neubearbeitet 1968-71 (1983 in engli-
scher Sprache)[22], zum zweiten das Werk "Kriminologie"
(später "Kriminologie und Kriminalpolitik") von Anttila
und Törnudd, das ursprünglich 1970 auf finnisch erschien, 1973 auf schwedisch und in neubearbeiteter fin-
nischsprachiger Auflage 1983[23].

In Hurwitz' Buch - wie auch in der neubearbeiteten Version von Christiansen - konzentriert man sich darauf,
die biologischen, soziologischen und sozialpsychologischen Hintergrundfaktoren der Kriminalität zu beleuchten. Mit anderen Worten: Der Schwerpunkt des Buchs liegt
auf Phänomenen, die zum Bereich der Kriminalätiologie
und der deskriptiven Kriminologie gehören. Das Wort Ursache ("cause") wird vermieden, da man es für irreführ-
rend hält: "Crime has a complex background within which
the importance of a single factor may be impossible to
establish". Ferner werden prognostische Forschungen und
Viktimologie zum Bereich der Kriminologie gezählt, obwohl dies aus der Struktur des Werks nicht direkt ersichtlich ist.

Der erneuerte Titel des Buchs von Anttila und Törnudd
läßt bereits erkennen, daß in dem Werk die Wechselwirkung von kriminologischer Forschung und kriminalpolitischer Beschlußfassung betont wird. Es wird die Ansicht
vertreten, daß sich der Aufgabenbereich der Kriminologie
mit der Differenzierung der mittels Kriminalpolitik zu
erreichenden Wertziele erweitert hat. Anstatt ganz einfach den Kampf wider die Kriminalität bzw. den Schutz
der Gesellschaft zum Ziel der Kriminalpolitik zu erklären, berücksichtigt man in einem demokratischen Wohlfahrtsstaat bei der Beschlußfassung eine Reihe von verschiedenen Interessen und Werten: In der Kriminalpolitik
ist man bestrebt, die Kriminalität und die von den Ver-
brechensbekämpfungsmaßnahmen verursachten sozialen Kosten (u.a. Leiden und wirtschaftliche Kosten) zu minimali-
sieren sowie weiterhin diese Kosten gerecht auf die verschiedenen Beteiligten (die Gesellschaft als Gesamtheit,
faktische und potentielle Straftäter sowie faktische und
potentielle Opfer der Straftäter) zu verteilen.

Da sich nun die Ziele der Kriminalpolitik in oben erläu-
terter Weise differenziert haben, ist die Annahme nähe-
liegend, daß auch das Aufgabenbild der Kriminologie neue
Züge gewinnt. Eine Alternative sowohl zur engagierten
als auch zur objektiven, Auffassungsunterschiede nicht
reflektierenden Forschung bietet damit die wertbewußte
Forschungseinstellung. Der Forscher sollte dem Anwender
der Forschungserkenntnisse außer den empirischen Ergebnissen auch das Wissen um die wichtigen Wertentschei-
dungen der Forschung vermitteln. Er sollte zum Beispiel
die Bedeutung eines Befunds oder einer Maßnahme aus dem
Blickwinkel verschiedener Interessen und Werte analysieren. Außer an der Kriminalität an sich ist man in zunehmendem Maße auch an den verschiedenen, von den Kriminali-
tätsbekämpfungsmaßnahmen verursachten sozialen Kosten interessiert, wobei Indikatoren auch zur Messung dieser
letztgenannten Phänomene zu entwickeln sind. Wertset-

zungen und Fakten sind indes in der Forschung deutlich voneinander zu trennen.

Ein zweiter bemerkenswerter Zug an dem Buch von Anttila und Törnudd ist, daß herausgestellt wird, die Straftat ergebe sich nicht aus den Eigenschaften des Individuums, sondern aus einer Wechselwirkung, Interaktion zwischen dem Individuum und der Gesellschaft (mit ihrem Kontrollsystem). Auf diese Weise wird die Nähe der Kriminologie zur Erforschung abweichenden Verhaltens und sozialer Kontrolle betont. Die Analyse der einschlägigen Gesetzgebung und der Tätigkeit der Behörden gewinnt den Rang einer wichtigen Aufgabe; und desgleichen hält man es für fruchtbringend, die Sanktionen des Strafrechts und anderer Rechtsgebiete nebeneinander zu betrachten und die offiziellen und inoffiziellen Sanktionen der sozialen Kontrolle miteinander zu vergleichen.

Als dritten besonderen Zug des Werks von Anttila und Törnudd möchte ich hier die differenzierten Fragestellungen hinsichtlich der Erklärungen der Kriminalität erwähnen. Die Ursachenforschungen - das Wort Ursache wird eigentlich vermieden - werden nach dem Niveau der in den Erklärungen verwendeten Variablen wie folgt in verschiedene Typen gruppiert:

Zunächst einmal kann man fragen, woher es kommt, daß in den menschlichen Gemeinschaften überhaupt Kriminalität bzw. abweichendes Verhalten existiert. Auf diese Frage sucht das Werk eine Antwort mittels einer sich auf Durkheim berufenden Analyse der Funktionen/Dysfunktionen der Kriminalität und ihrer Kontrollierung. Die Ergebnisse dieser Analyse sprechen für die oben angesprochene neue Zielsetzung der Kriminalpolitik, der zufolge die Regulierung der durch die Kriminalität und ihre Kontrolle entstehenden sozialen Kosten als realistisch angesehen wird. - Von einem entgegengesetzten Ausgangspunkt geht nebenbei bemerkt die marxistisch-leninistische Kriminologie aus, der zufolge die Kriminalität ein Phänomen ist, daß nur mit der kapitalistischen Gesellschaft unbedingt verbunden ist.

Eine Frage anderer Art ist, worauf es beruht, daß in verschiedenartigen menschlichen Gemeinschaften die Kriminalität jeweils anders geartet und in unterschiedlichem Maße auftritt. Bei der Beantwortung dieser Frage werden als Ursachen hierfür in erster Linie die strukturellen und kulturellen Eigenschaften der betreffenden Gemeinschaften geltend gemacht. Im Lehrbuch von Anttila und Törnudd werden solche Erklärungsfaktoren hinsichtlich folgender Aspekte gruppiert: Die Möglichkeiten oder Situationen zur Begehung von Straftaten, die Motivation zur Straftat und die Definition der Straftaten.

In der finnischen Kriminologie haben die zeitlichen und örtlichen Schwankungen im Auftreten von Verbrechen wider das Leben besondere Aufmerksamkeit auf sich gezogen. Der Soziologe Veli Verkko (1893-1955), der als der erste finnische Kriminologe bezeichnet wird und sich um die Entwicklung der Kriminalitätsstatistik verdient gemacht hat, hat versucht, die im internationalen Vergleich hohe Rate der Verbrechen wider das Leben in Finnland mit den negativen Eigenschaften des finnischen Volkscharakters zu erklären[24]. Heikki Ylikangas, ein moderner Forscher auf dem Gebiet der historischen Kriminologie, hat wiederum nach sozialen Erklärungsfaktoren für die Perioden mit hoher Gewaltkriminalität, die in ganz Finnland oder in bestimmten Landesteilen auftraten, gesucht: Die Energie der Spitzenperioden dieser Kriminalität stamme aus der Differenzierung der Erfolgsmöglichkeiten, das heißt aus der sich dadurch ergebenden sozialen Ungleichheit[25].

Die dritte Fragestellung lautet folgendermaßen: Woher kommt es, daß in gewissen menschlichen Gemeinschaften

einige Personen sich häufiger als andere wegen Straftaten schuldig machen; welche Faktoren vermehren die Wahrscheinlichkeit kriminellen Verhaltens und in welchem
Grad? Diese Fragestellung gehört seit jeher zu den ge-
wöhnlichsten in der Kriminologie gestellten Fragen und
ist auch für das obengenannte Werk von Hurwitz und Christiansen kennzeichnend. Mit diesen auf das Individuum
ausgerichteten Fragen ist normalerweise ein starkes Interesse an der Spezialprävention sowie an der Suche nach
für den Straftäter geeigneten Behandlungsformen verbunden.

Die Position der letztgenannten Fragestellungen hat sich
in der Kriminologie der nordischen Länder relativ gesehen geschwächt. Andererseits hat man besonders in Schweden umfangreiche longitudinale Untersuchungen über die
Jugendkriminalität angestellt, die gezeigt haben, daß
gesetzwidriges Verhalten mit einer Reihe von sozialen,
sozialpsychologischen, psychologischen und physiologi-
schen Faktoren in Verbindung steht. Die Erklärungskraft
einzelner Faktoren - als einer der wichtigsten die Art,
wie das Kind erzogen wird - hat sich jedoch als gering
erwiesen. Ein gleichzeitiges Auftreten von mehreren Risikofaktoren kann die kriminelle Anfälligkeit erheblich
steigern, aber für eine verläßliche Prädiktion bestehen
auch dann keine Voraussetzungen[26].

Über die Erklärungsfaktoren der Kriminalität auf dem
Niveau des Individuums sei noch bemerkt, daß in diesem
Bezug situationsbezogene (reine) Umweltfaktoren wachsen-
des Interesse auf sich gezogen haben. Früher lag das
Schwergewicht auf motivationsorientierten Theorien, wobei die kriminelle Anfälligkeit als Resultat eines Pro-
zesses, dessen Anfang bis in die frühe Kindheit zurück-
reicht, gesehen wird[27]. Desgleichen hat man auch begonnen, seine Aufmerksamkeit auch denjenigen Faktoren zu
schenken, die nicht nur die kriminelle Anfälligkeit,

sondern auch das Risiko, Opfer zu werden, vergrößern
(vgl. oben II. 2.).

4. Die kriminologische Forschung hat sich in den nordischen
   Ländern also von den Gesetzmäßigkeiten der Kriminalität
   auf individuellem Niveau zu denen auf dem Niveau der
   Gemeinschaften hin entwickelt. In dem Bericht des finnischen Strafrechtskomitees (1977) zum Beispiel wird die
   Ansicht vertreten, daß Beobachtungen über die Eigenschaften von Gemeinschaften vom Standpunkt der Kriminalpolitik wichtiger seien als Beobachtungen über individuelle
   Eigenschaften. Dem zufolge wird die Zunahme der Kriminalität in den Wohlfahrtsstaaten skandinavischen Typs vor
   allem damit erklärt, daß die Deliktgelegenheiten zugenommen haben, die inoffizielle soziale Kontrolle und die
   Sozialisierungsprozesse sich hingegen relativ abge-
   schwächt haben und schließlich auch die Kriminalisierun-
   gen zugenommen haben (vgl. oben II. 1.).

Mit der besagten Zweiteilung will man betonen, daß ein
bestimmtes Phänomen, das auf dem Niveau der Gemeinschaften die Kriminalität reduziert oder erhöht, auf individuellem Niveau in entgegengesetzter Richtung wirken
kann. In der finnischen Kriminologie hat man zum Beispiel die Beobachtung gemacht, daß obwohl die wachsende
Arbeitslosigkeit u.a. über die Beschneidung der Mobilität und der Konsumressourcen der Bevölkerung die Kriminalität zu vermindern scheint, sie als Erklärungsfaktor
für die Kriminalität bestimmter Risikogruppen an Bedeutung gewinnen kann[28].

Die Veränderungen, die sich in der Schwerpunktsetzung
und Ausrichtung der Kriminologie vollzogen haben, haben
sich nicht wie erwartet dahingehend ausgewirkt, daß sie
die Heranziehung von Forschungserkenntnissen bei der Beschlußfassung vermehrt hätten. Im Rechtspolitischen Forschungsinstitut in Finnland wurde Anfang der 70er Jahre

die Wechselwirkung zwischen kriminologischer Forschung
und kriminalpolitischer Beschlußfassung untersucht. Hierbei stellte sich heraus, daß es schwierig ist, zwischen
einer einzelnen Forschung und einer gesetzgeberischen
Maßnahme eine direkte Verbindungslinie auszumachen. In
einigen Fällen hat man jedoch in den Vorarbeiten zum
Gesetz auf bestimmte Forschungen zur Stützung der ange-
nommenen Standpunkte hingewiesen. In den meisten Fällen
haben die Forschungen - und damit die Forscher - offenbar einen Einfluß auf die Gestaltung der kriminalpolitischen Denkweise ausgeübt und somit den Boden für gewisse
Reformen bereiten können[29]. Ähnliche Beobachtungen hat
man ein Jahrzehnt später in Schweden gemacht, als man
die Auswirkungen der im Kreis des Rats für Verbrechensverhütung durchgeführten Forschungen auf die Beschlußfassung untersucht hat[30].

Die kriminologische Forschung hat für ihren Teil auf die
oben angesprochenen Wandlungen im kriminalpolitischen
Denken eingewirkt, vor allem auf die Differenzierung der
mittels Kriminalpolitik zu erstrebenden Wertziele. Es
ist an dieser Stelle der Hinweis darauf angebracht, daß
in den nordischen Ländern - wie auch anderswo in der
Welt - in den vergangenen Jahrzehnten mehrere Forschungen über die spezialpräventiven Auswirkungen der strafrechtlichen Reaktionen angestellt worden sind. Diese Forschungen haben keine wesentlichen, gemeingültigen Unterschiede in den resozialisierenden Wirkungen zwischen den
verschiedenen Sanktionen ausmachen können, und im besten
Fall waren diese positiven Wirkungen ziemlich geringfügig[31].

Der Behandlungspessimismus hat wiederum dazu geführt,
daß u.a. die Generalprävention wachsende Aufmerksamkeit
auf sich gezogen hat, obgleich der Norweger Johannes
Andenaes sich bekanntlich bereits seit den 50er Jahren
mit Vorliebe mit dieser Thematik beschäftigt hat[32]. Vor

allem in den letzten Jahrzehnten haben die nicht-utili-
taristischen Ziele des strafrechtlichen Systems - die
Prinzipien der Gerechtigkeit und Humanität - im sog.
Neoklassizismus eine Renaissance erlebt[33]. Diese Schwerpunktsetzungen sind im Zusammenhang mit dem Rückgang der
repressiven Züge des strafrechtlichen Systems, wie zum
Beispiel damit, daß man nach Alternativen zur Freiheitsstrafe sucht, zu sehen. So kann zum Beispiel die
Entwicklung der Kriminalität, die in Finnland und Norwegen ziemlich gleichartig verlaufen ist, trotz deutlich
strengerem Strafniveau in Finnland, als eine Verifika-
tion dafür gedeutet werden, daß durch die Verhängung
relativ strenger Strafen das Strafrechtssystem nicht
wirksamer wird[34]. Außerdem setzen in einem Wohlfahrtsstaat die Forderungen nach materieller Gerechtigkeit
(oder Rechtssicherheit) sowie vor allem nach Humanität
der für die Reaktionen der Gesellschaft zulässigen Repressivität gewisse Grenzen.

Kennzeichnend für die erörterte neue kriminalpolitische
Ausrichtung ist - neben der erwähnten Bestrebung nach
Reduzierung der Repressivität - die Überlegung der Fra-
gen: Welche Taten sollten kriminalisiert und wie strenge
Strafdrohungen verordnet sein. Sowohl in Finnland als
auch in Norwegen ist zur Zeit eine Gesamtreform des
Strafrechts im Gange, die sich auf diese Fragen konzen-
triert.

Das Schaffen der norwegischen Kriminologen Thomas Mathiesen und Nils Christie kann als bedeutende theoretische
Grundlage für die sog. abolitionistische Richtung in der
Kriminalpolitik angesehen werden, die auch anderswo in
Europa gewisse Unterstützung gefunden hat. Mathiesen hat
eine besondere Aktionsforschungs-Methode entwickelt, mit
der er das "dilemma between the disclosure of new
knowledge and practical action" zu lösen sucht. In seinem Buch "The Politics of Abolition" stellt Mathiesen

eine allgemeine "political action theory" auf und konkre-
tisiert seine Analyse dadurch, daß er die Tätigkeit verschiedener in den nordischen Staaten aktiver kriminalpolitischer Pressure Groups betrachtet[35].

Christie wiederum hat die Mittel analysiert, mit denen
sich die Anwendung des strafrechtlichen Systems, oder,
in einem weiteren Sinn, die Zufügung von Leiden ("pain
delivery") reduzieren läßt. Er hat u.a. vorgeschlagen,
alternative Konfliktlösungsmodelle in Gebrauch zu nehmen; seiner Meinung nach würde dies durch das Zugeständ-
nis gefördert, daß das strafrechtliche System kein ratio-
nales System darstellt, sondern seine Funktion als sym-
bolisch-expressiv zu sehen ist[36].

Es ist angebracht, diese letzte Behauptung mit dem folgenden, die praktische Anwendung der Kriminologie er-
schwerenden Umstand zu verknüpfen: Da es in der Kriminalpolitik häufig um voneinander verschiedene und einander
entgegengesetzte Werte und Interessen geht, ist es recht
schwierig, einen Konsensus darüber zu gewinnen, welche
Maßnahmen für erfolgversprechende kriminalpolitische Lösungen zu halten seien oder welches Forschungswissen
sich am besten als Grundlage für eine weiterführende
Forschung eigne.

Die auf die Entwicklung der Kriminalität wesentlich ein-
wirkenden Faktoren scheinen so eng mit den im allgemeinen als positiv empfundenen Entwicklungsprozessen (Urbanisierung, wissenschaftlich-technischer Fortschritt,
Steigerung des Lebensstandards) zusammenzuhängen, daß
man der Ansicht sein kann, die Kriminalität sei gewissermaßen ein Preis für die Zunahme des allgemeinen Wohl-
stands der Gesellschaft. Mit kriminalpolitischen Argumenten und Beschlußfassungen kann man nur sehr begrenzt
auf diese Entwicklungsprozesse und die mit ihnen zusammenhängenden Entscheidungen einwirken. Die die Kriminali-

tätsrate erheblich beeinflussenden Faktoren lassen sich
nur sehr selten mit einzelnen kriminalpolitischen Mitteln regulieren[37]. (Eine Ausnahme bildet offenbar hier
der Faktor des Alkoholkonsums im Hinblick auf die Gewaltkriminalität in Finnland[38].)

Die realistische Aufgabe der Kriminologie kann es nicht
sein, das Problem der Kriminalität zu lösen, aber sie
kann - in der von Anttila und Törnudd herausgestellten
Weise - das Bewußtsein über die Werte, die Folgen und
Alternativen in der Kriminalpolitik erweitern und damit
unstreitbar der Beschlußfassung von Nutzen sein. Wenn
man sich in der Kriminalpolitik auf eine umfangreiche
und gut fundierte kriminologische Forschung stützen
kann, so hilft dies dabei, sich über die einzuschlagen-
den Ziele, über die Vor- und Nachteile der Mittel, die
zu ihrer Erreichung nötig sind, sowie über die verschiedenen alternativen Lösungen bewußt zu werden[39].

Anmerkungen

1 Vgl. dazu näher Level of Living and Inequality in the
  Nordic Countries: Denmark, Finland, Norway, Sweden.
  (NORD, Nordic Council, 1984); Yearbook of Nordic Statis-
  tics 1983. (NU 1983: 13, Nordic Council, 1984); Special
  Congress Issue: The Nordic Welfare States. (In: Acta
  Sociologica 21, 1978, Supplement).

2 Vgl. näher Living Conditions in Finland. Statistical
  surveys. (Central Statistical Office of Finland, Helsinki, 1984).

3 Vgl. zum folgenden Törnudd, P.: Crime Trends in Finland
  1950-1977. (Research Institute of Legal Policy, 29,
  Helsinki, 1978); Jährliche Berichte des Rechtspolitischen Forschungsinstituts, Kriminalitätssituation
  1974-1982. (Research Institute of Legal Policy, Helsinki, 1975-1983).

4 Lättilä, R.; Heiskanen, M.; Komulainen, L.; Niskanen,
  T.; Sirén, R.: Accidents and Violence. (Central Statis-
  tical Office of Finland, Studies No. 80, Helsinki,
  1983); Lättilä, R.; Heiskanen, M.: Piilorikollisuus.
  (Dunkelziffer der Kriminalität). (Central Statistical
  Office of Finland, Studies No. 93, Helsinki, 1983).

5 Niskanen, T.: Crime Damages 1980. (Central Statistical
  Office of Finland, Studies No. 96, Helsinki, 1983).

6 Vgl. Törnudd, P.: Measuring Victimisation. The OECD
  Social Indicator Development Programme. Special Studies
  No. 6. (OECD, Paris, 1982).

7 Hofer, von H.: Nordisk kriminalstatistik 1950-1980.
  (Nordisk statistisk sekretariat, Tekniske rapporter nr.
  30, Kobenhavn, 1982). Eine verkürzte Version: ders.:
  Nordic Criminal Statistics 1950-1980 (81). 3rd revised
  edition. (RS-Promemoria, 1984:3, Statistics Sweden).

8 Hofer, von H.: Brott och straff i Sverige. (RS-Promemoria 1983:12, Statistiska centralbyran, Stockholm).

9 Vgl. zu Prinzipienfragen jener Untersuchungen Persson,
  L.G.W.: Hidden Criminality - theoretical and methodological problems, empirical results. (Department of Sociology, University of Stockholm, 1980).

10 Siehe näher Sveri, K.: Vergleichende Kriminalitätsana-
   lyse mit Hilfe von Opferbefragungen: die skandinavische
   Erfahrung. (In: H.J. Schneider (Hrsg.): Das Verbrechensopfer in der Strafrechtspflege. Berlin u.a., Walter de
   Gruyter, 1982, S. 160 ff. m. Nachw.).

11 Level of Living and Inequality in the Nordic Countries (Anm. 1), Kap. 12.4.

12 Taloudellisen rikollisuuden selvittelytyöryhmän mietintö. (Bericht der Arbeitsgruppe zur Klärung der Wirtschaftskriminalität). (Oikeusministeriön lainvalmisteluosaston julkaisu 6, Helsinki, 1983); Ekonomisk brottslighet i Sverige. (Wirtschaftskriminalität in Schweden. (Statens offentliga utredningar 1984:15, Helsinki, 1984).

13 Siehe auch z.B. Alternativer til frihedsstraf. (Alternativen zur Freiheitsstrafe). (NU-serie, A 1980:13, Stockholm, 1981); Lahti, R.: Deprivation of liberty and loss of civil rights. (In: Scandinavian-Polish Workmeeting 1981. Scandinavian Research Council for Criminology, Oslo, S. 203 ff.).

14 Siehe näher Annual Report of the Prison Administration 1982. (Helsinki, 1983, S. 66 ff.).

15 Christie, N.: Changes in penal values. (In: Scandinavian Studies in Criminology 2, Oslo, 1968, S. 161 ff., S. 171).

16 Lenke, L.: Criminal policy and repression in capitalist societies - The Scandinavian case. (In: Scandinavian Studies in Criminology 7, Oslo, 1980, S. 5 ff., S. 24).

17 Sveri, K.: Vergleichende Kriminologie: die skandinavischen Länder. (In: Die Psychologie des 20. Jahrhunderts, Bd. 14. Zürich, 1981, S. 1030 ff.).; Wolf, P., Denmark; Anttila, I., Finland; Orrick, D., Norway: (In: E.H. Johnson (Hrsg.): International handbook of contemporary developments in criminology. Europe, Africa, The Middle East, and Asia. London u.a., Greenwood Press, 1983, S. 163 ff., S. 197 ff., S. 495 ff.). Ältere Darstellungen: Sveri, K.: Skandinavische Kriminologie. (In: Kriminologische Gegenwartsfragen 9, Stuttgart, 1970, S. 17 ff.); Christie, N.: Scandinavian criminology facing the 1970's. (In: Scandinavian Studies in Criminology 3, Oslo, 1971, S. 121 ff.); Anttila, I.: Developments in criminology and criminal policy in Scandinavia. (In: Crime and industrialization. Scandinavian Research Council für Criminology. Stockholm, 1976, S. 4 ff.); Wolf, P.: Apparent tendencies in Scandinavian criminology during recent years. (In: Annales Internationales de Criminologie 15, 1976, S. 217 ff.).

18 Cosmo, C.-J.: Der schwedische Rat für Verbrechensverhütung. (In: Zeitschrift für die gesamte Strafrechtswissenschaft 87, 1975, S. 1020 ff.).

19 Im Rahmen des Skandinavischen Forschungsrats für Kriminologie sind z.B. die Bände 1-7 der Publikationsreihe "Scandinavian Studies in Criminology". (Oslo, Universitetsforlaget, 1965-1980) erschienen.

20 Siehe Towards a victim policy in Europe. (Helsinki Institute for Crime Prevention and Control, affiliated with the United Nations, Publication Series No. 2, Helsinki, 1984).

21 Vgl. zum folgenden z.B. Törnudd, P.: A more sombre mood: The status and roles of criminology and its institutional relations with public policy and practice; Lahti, R.: The utilization of criminological research in Finnish criminal law reform. (Beide sind Referate für den IX. Internationalen Kongreß für Kriminologie, Wien, 25.-30.9.1983).

22 Hurwitz, S.: Kriminologi. (1. Aufl., 1948; 2. Aufl., 1951). Hurwitz, S.; Christiansen, K.O.: Kriminologi I-II. (Copenhagen, Gyldendal, 1968-1971). Hurwitz, S.: Criminology. (London, Allen and Unwin, 1952). Hurwitz, S.; Christiansen, K.O.: Criminology. (London, Allen and Unwin, 1983). Siehe auch Christiansen, K.O.: Kriminologie (Grundlagen) I. (In: R. Sieverts, H.J. Schneider (Hrsg.): Handwörterbuch der Kriminologie, Bd. 2. Berlin, Walter de Gruyter, 1977, S. 187 ff.).

23 Anttila, I.; Törnudd, P.: Kriminologia. (Porvoo, WSOY, 1970); dies.: Kriminologi i kriminalpolitiskt perspektiv. (Stockholm, Norstedts, 1973); dies.: Kriminologia ja kriminaalipolitiikka. (Juva, WSOY, 1983). Zu den kürzeren kriminologischen Publikationen von diesen Verfassern siehe z.B. Anttila (Anm. 17) sowie Törnudd (Anm. 3, 21) und ders.: The futility of searching for causes of crime. (In: Scandinavian Studies in Criminology 3, Oslo, 1971, S. 23 ff.).

24 Verkko, V.: Homicides and suicides in Finland and their dependence on national character. (Copenhagen, 1951).

25 Ylikangas, H.: Major fluctuations in crimes of violence in Finland. (In: Scandinavian Journal of History, 1976, S. 81 ff.).

26 Siehe z.B. Sarnecki, J.: Forskning om ungdomsbrottsligheten i Sverige. (Forschung über die Jugendkriminalität in Schweden). (In: BRA-apropa 9, Stockholm, 1983, Nr. 6, S. 13 ff. m. Nachw.); Pulkkinen, L.: Finland: The search for alternatives to aggression. (In: A.P. Goldstein, M.H. Segall (Hrsg.): Aggression in global perspective. Pergamon General Psychology Series, 1983, S. 104 ff., S. 109 ff.).

27 Siehe z.B. Kühlhorn, E.; Svensson, B.: Crime prevention. (The National Swedish Council for Crime Prevention. Report No. 9, Stockholm, 1982).

28 Törnudd, P.: Arbetslöshet och kriminalitet. (Arbeitslosigkeit und Kriminalität). (In: BRA-apropa 8, Stockholm, 1982, Nr. 2, S. 4 ff.).

29 Anttila, I. u.a.: The impact of criminological research
    in Finland. (In: Criminological Research and Decision
    Making. United Nations Social Defence Research Insti-
    tute. Publication No. 10, Rome, 1974, S. 123 ff.).

30 Tham, H.: Kriminologin som inomverksforskning - exem-
    plet BRA. (Kriminologie als behördliche Forschung - der
    schwedische Rat für Verbrechensverhütung als Beispiel).
    (In: Nordisk Tidsskrift for Kriminalvidenskab 70, Copen-
    hagen, 1983, S. 216 ff.).

31 Siehe z.B. Bishop, N.: Beware of treatment. (In: Some
    development in nordic criminal policy and criminology.
    Scandinavian Research Council for Criminology. Stock-
    holm, 1975, S. 19 ff, m. Nachw.).

32 Andenaes, J.: Punishment and deterrence. (Ann. Arbor,
    The University of Michigan Press, 1974).

33 Vgl. zum folgenden z.B. Anttila, I.: Neue Tendenzen der
    Kriminalpolitik in Skandinavien. (In: Zeitschrift für
    die gesamte Strafrechtswissenschaft 95, 1983, S.
    739 ff. m. Nachw.); Lahti, R.: Zur Entwicklung der Kri-
    minalpolitik in Finnland. (In: Festschrift für
    Hans-Heinrich Jescheck, im Druck).

34 So Hofer, H. v.: Brott och straff i Sverige (Anm. 8),
    Kap. 8.

35 Mathiesen, T.: The politics of abolition. (Scandinavian
    Studies in Criminology 4, Oslo, 1974). Siehe auch
    ders.: Law, society and political action. (London u.a.,
    Academic Press, 1980).

36 Siehe vor allem Christie, N.: Limits to pain. (Oslo
    u.a., Universitetsforlaget, 1981); ders.: Die versteck-
    te Botschaft des Neo-Klassizismus. (In: Kriminologi-
    sches Journal 15, 1983, S. 14 ff.).

37 Vgl. z.B. Anttila, I.; Törnudd, P.: Kriminologia ja kriminaali-
    politiikka (Anm. 23), S. 83 ff.; Crime and criminal
    policy in Sweden. (The National Swedish Council for
    Crime Prevention, Report No. 12. Stockholm, 1984, S. 43
    ff.).

38 Vgl. Österberg, E.: Trends in alcohol problems in Fin-
    land, 1950-1980. (In: N. Giesbrecht u.a. (Hrsg.): Conse-
    quences of drinking. Addiction Research Foundation,
    Toronto, 1983, S. 25 ff.).

39 Anttila, I.; Törnudd, P.: Kriminologia ja kriminaalipolitiikka
    (Anm. 23), S. 214.

II.

PROBLEME UND ERGEBNISSE KRIMINOLOGISCHER FORSCHUNG

1. Prävention

Hedwig Lerchenmüller und Edith Retzmann

Wirkmöglichkeiten und Grenzen der Delinquenzprävention in den Sozialisationsinstanzen Familie und Schule
- Ergebnisbewertung zweier Evaluationsstudien -

Inhalt

1.   Einleitung

2.   Präventionsprojekt: Elterntraining

3.   Präventionsprojekt: Soziales Lernen in der Schule

4.   Spezifische Probleme präventiver Maßnahmen in Sozialisationsinstanzen

5.   Literatur

1. Einleitung

Die im folgenden dargestellten Ergebnisse und Bewertungen
zweier am Kriminologischen Forschungsinstitut Niedersachsen
e.V. (KFN) durchgeführten Forschungsprojekte zum Bereich
der Delinquenzprävention verstehen sich als Kurzzusammen-
fassung einer Reihe von Einzelerfahrungen, die vor dem Hintergrund allgemeiner Überlegungen zur Kriminalprävention
diskutiert werden sollen (zu den ausführlichen Projektdar-
stellungen s. Lerchenmüller 1984 und Retzmann 1984). Wenn
auch die gewählten Ansätze, Vorgehensweisen und Ergebnisse,
bedingt durch die verschiedenen Erfordernisse der angeziel-
ten Sozialisationsinstanzen unterschiedlich sind, so legen
die gemachten Erfahrungen dennoch gemeinsame Schlußfolgerungen für zukünftige Bemühungen um eine Verbesserung der
Sozialisationsleistungen von Familie und Schule und die
damit intendierte Reduktion von psycho-sozialen Störungen,
die auch in kriminellem Verhalten ihren Ausdruck finden,
nahe.

2. Präventionsprojekt: Elterntraining

Ausgehend von der sowohl in der psychologischen als auch
kriminologischen Forschung untersuchten Bedeutung familiärer Interaktionsbeziehungen für die Entwicklung des Kindes wurde am KFN ein Elterntraining zur Behandlung sozial
auffälliger und auch delinquenter Verhaltensweisen bei Kindern konzipiert. Die Intervention entsprach dem Mediatorenmodell, d.h. es sollte eine Veränderung der Eltern-Kind-In-
teraktion durch die Arbeit mit den Eltern in Gang gesetzt
und damit mittelbar eine Beeinflussung der kindlichen Entwicklung erreicht werden. Unsere Maßnahme zielte speziell
auf diejenigen Erziehungsbedingungen, die im Zusammenhang
mit einer delinquenten Entwicklung von Kindern und Jugendlichen stehen. Auf diesem Wege sollte einer weiteren Verfestigung von problematischen Kindverhaltensweisen vorgebeugt

und damit auch schwerwiegendere Eingriffe in die familiäre
Situation, wie z.B. eine Heimeinweisung des Kindes, vermieden werden. Die wesentlichen theoretischen Grundlagen der
Intervention beruhten auf den Prinzipien der psychologischen Verhaltensmodifikation.

Zielgruppe der Intervention waren Familien, in denen die
Interaktionsbedingungen und die damit in Zusammenhang stehenden kindlichen Verhaltensauffälligkeiten im Sinne einer
Delinquenzgefährdung interpretiert werden konnten. Darüber
hinaus mußten die Indikationskriterien für ein Elterntraining gegeben sein und das Alter der Kinder zwischen 8 und
13 Jahren liegen. Die Familien wurden über psychosoziale
Beratungsstellen angesprochen, zu denen die einzelne Familie bereits Kontakt aufgenommen hatte. Die Ziele des Trainings waren aus Befunden über die Bedeutung der familiären
Interaktion für eine abweichende Entwicklung des Kindes
abgeleitet und wurden zu Beginn der Gruppenarbeit durch
eine Verhaltensanalyse nach familienspezifischen Gesichtspunkten präzisiert. Als methodisch-didaktische Prinzipien
des Trainingsablaufs standen in Anlehnung an das "Münchner
Trainingsmodell" von Innerhofer (1977) Handlungslernen in
Form von Rollenspiel und Video-Beobachtung im Vordergrund.

Im Zeitraum von November 1982 bis Februar 1983 wurde mit
einer Elterngruppe von 5 Teilnehmern gearbeitet. Daran anschließend wurden im Rahmen einer Nachbetreuungsphase in
Absprache mit den Teilnehmern zwei weitere Treffen vereinbart. Der Trainingsverlauf sowie die Entwicklung der Problemsituationen mit den Kindern in den einzelnen Familien
wurden einzelfallanalytisch untersucht und ausgewertet.

Die Ergebnisse der Arbeit mit dieser Elterngruppe können
wie folgt zusammengefaßt werden:

Mittels der gewählten diagnostischen Verfahren konnten die
Informationen, die zum nachvollziehenden Verstehen der familiären Interaktionsbeziehungen notwendig waren, umfassend
und ökonomisch erhoben werden. Die Analyse der Video-Auf-
zeichnungen von Mutter- bzw. Vater-Kind-Interaktionen in
vorgegebenen Situationen bestätigt den Einsatz dieser diagnostischen Strategie als sensibles Instrument zur Beschreibung von interaktiven Mustern. Das Klinische Interview zur
Ermittlung der Basis-Informationen der Verhaltensanalyse
kann besonders vor dem Hintergrund der verbal-abstrakten

Schwierigkeiten einiger Teilnehmer und Teilnehmer-Kinder
als geeignetes Erhebungsverfahren bewertet werden. Somit
ist das erarbeitete Vorgehen in der diagnostischen Phase
auch für den Praktiker im Beratungsalltag als verwendbar zu
empfehlen.

Das Handlungslernen in Form von Rollenspielen mit Video-
Feedback als methodischer Ansatz konnte in den Gruppensitzungen, in denen es eingesetzt wurde, die intendierten
Lernprozesse in Gang setzen. So äußerten die Teilnehmer
Gefühle und Erwartungen hinsichtlich ihres Verhaltens und
dem des Interaktionspartners sowohl in Real-Situationen als
auch im Rollenspiel. Sie lernten auch, Verhalten nach verschiedenen Aspekten detailliert zu beschreiben und konnten
sich im Rollenspiel in die Situation des Kindes hinein-
versetzen. Dabei gelang es ihnen, die Situation aus der
Sicht des Kindes zu empfinden und ebenso ihr eigenes Verhalten in seinen Auswirkungen auf das Kind zu bewerten.

Andererseits mußte von dem geplanten Vorgehen im Laufe der
Trainingsarbeit z.T. in erheblichem Ausmaße abgewichen werden. Diese Abweichungen sind im Zusammenhang mit den Indikationskriterien für die Intervention zu interpretieren:
Die Untersuchung des Trainingsverlaufs macht deutlich, daß
der hohe Problemdruck, der auf den Familien lastete, eine
der wesentlichen Bedingungen war, aufgrund derer die intendierten Lernprozesse nicht im vorgesehenen Umfang verwirklicht
werden konnten. Bedingt durch schwerwiegende und häufige
Konflikte mit den Kindern während der Zeit der Gruppenarbeit, bestand ein starkes Bedürfnis bei den Teilnehmern
nach schnellen Lösungen, die die Schwierigkeiten mit den
Kindern kurzfristig abstellten. Die Eltern äußerten immer
wieder das Anliegen, die vorgefallenen Ereignisse in der
Gruppe mitzuteilen und erwarteten gezielte Ratschläge, was
nun zu tun sei. So wurde ein Großteil der Zeit mit Berichten von aktuellen Vorfällen ausgefüllt und die zum Verstehen des Interaktionsprozesses und in der Folge zur Verände-

rung eigenen Verhaltens notwendigen Lernprozesse mußten zu-
rückgestellt werden. Zudem fiel es den Teilnehmern häufig
sehr schwer, sich auf andere Probleme als die eigenen zu
konzentrieren.

Aus dieser Analyse ziehen wir die Schlußfolgerung, daß die
Intervention des Elterntrainings als Form eines noch relativ geringfügigen Eingriffs in die Selbstregulationsfunk-
tion einer problembelasteten Familie nur dann indiziert
ist, wenn kritische Interaktionsmuster zwischen Eltern und
Kind noch keine nachhaltig ungünstige Wirkung auf die kind-
liche Entwicklung gezeigt haben und das Kind noch nicht
gelernt hat, sich durch ständige Abwesenheit dem elterlichen Einfluß zu entziehen. Wählt man einen zeitlich späteren Punkt des Eingreifens, sind sicherlich intensivere Be-
treuungsformen, z.B. Einsatz eines Familienhelfers oder kombinierte Kinder- und Elterntherapie notwendig. Diese Maßnahmen sind häufig mit einer Reihe von Folgeproblemen verbunden: Der Eingriff in das Familiengefüge ist tiefgreifender,
die Betreuung ist langfristiger und damit kostenintensiver
und mit zunehmender Dauer der Maßnahme verschärft sich das
Problem der Übernahme von Selbstverantwortung durch die
Familie.

Aufgrund der in unserer Arbeit gemachten Erfahrungen mit
bereits stark verfahrenen Familienverhältnissen (vgl. dazu
die Beschreibung der Familien dieser Gruppe in Kotzur u.
Retzmann 1983), befürworten wir eine Unterstützungsform,
die von der Entwicklung der Problemdynamik in einer Familie
her gesehen möglichst frühzeitig ansetzt. Die damit verbundenen Probleme werden im folgenden gemeinsam mit der Diskussion präventiver Maßnahmen in der Schule behandelt.

3. Präventionsprojekt: Soziales Lernen in der Schule

Vor dem Hintergrund der Bedeutung der Schule als eine der
wichtigsten Sozialisationsinstanzen für die persönliche, soziale und akademische Entwicklung von Kindern und Jugendlichen und in deren Folge für die Verteilung von Lebenschan-
cen, wurde von uns ein soziales Lernprogramm, bestehend aus
einem Schülertraining und einer trainingsbegleitenden Lehrerberatung erarbeitet, durchgeführt und evaluiert. Verschiedene empirische Untersuchungen zum Einfluß der Schule
auf die Entwicklung junger Menschen machen deutlich, daß
unter der Dominanz des kognitiven Lernansatzes und einer an
diesem Ansatz orientierten Leistungsbewertung das soziale
Lernen vernachlässigt wird, und die Schüler vermehrt psychische Störungen wie Angst, Unsicherheit aber auch Schulver-
drossenheit, Leistungsverweigerung und z.T. Aggressionen
aufgrund erlebten Schulversagens und damit verbundener Stig-
matisierungen zeigen (vgl. zusammenfassend Kury u. Lerchenmüller 1983). Jugendliche, die wenig Chancen zum sozialen
Lernen bekamen und infolge dessen weniger Handlungskompetenz ausbilden konnten, stehen eher in der Gefahr, in
Konfliktsituationen illegale Lösungen für ihre Probleme zu
wählen (vgl. Bohnsack 1973). So war es das Ziel unseres
Lernprogramms, das unter einer speziellen Beratung von den
Klassenlehrern durchgeführt wurde, den Schülern mit Hilfe
des sozialen Lernens mehr Handlungskompetenz, insbesondere
für delinquenzgefährdende Situationen zu vermitteln. Das
Training, das 40 Unterrichtsstunden umfaßte, wurde in den
8. Klassen einer Haupt- und Realschule in Hildesheim mit
zwei Wochenstunden während des Schuljahres 1981/82 eingesetzt (vgl. hierzu Lerchenmüller 1983; Lerchenmüller u.a.
1983). Die Evaluation des Programms (formativ und summativ)
erbrachte folgende Resultate:

Das Trainingsprogramm wurde von den Betroffenen in der
Hauptschule mehrheitlich akzeptiert und im Vergleich zum
Regelunterricht als interessanter sowie als effektiver für

das zwischenmenschliche Lernen bewertet und ließ sich dort
weitgehend problemlos in den Schulalltag integrieren, während in der Realschule Vorbehalte gegenüber der Programmdurchführung, insbesondere wegen der Befürchtung, den obli-
gatorischen Lehrstoff nicht zu schaffen, bestanden. Hier
waren die Motivation zur Mitarbeit und die Akzeptanz des
Trainings deutlich geringer als in der Hauptschule (vgl.
hierzu auch die Darstellungen von Hauber und Rosner in diesem Band). Obwohl sich vor allem die Hauptschullehrer mit
den Zielen, Inhalten und Methoden unseres Lernprogramms
identifizierten und einen sozialen, schülerzentrierten Lernansatz und Unterrichtsstil für angemessener und effektiver
hielten als die in der Schule übliche kognitive, lehrerzen-
trierte Unterrichtsgestaltung, hatten sie doch Schwierigkeiten, die Prinzipien des emanzipatorischen sozial-inte-
grativen Erziehungskonzeptes zu verwirklichen. So gelang es
ihnen zwar in der Mehrzahl der Trainingsstunden, schülerbe-
zogener zu unterrichten, jedoch im normalen Fachunterricht
griffen sie häufig auf "bewährte" Verhaltensmuster zurück.
Diese Inkonsistenz im Lehrerverhalten wurde von den Schülern problematisiert und trug z.T. zu deren Verunsicherung
bei, so daß einige die vermehrte Empathie und Partnerschaft-
lichkeit ihrer Lehrer in den Trainingsstunden als "falsche
Freundlichkeit" interpretierten. Ein weiteres Problem lag
in der Limitierung der Trainingsstunden auf 45 Minuten, die
durch die Integration des Programms in den Stundenplan
erforderlich war. Teilweise mußten die Themen unter Zeitdruck, teilweise verkürzt behandelt werden, was von den
Betroffenen als Nachteil erlebt wurde. Darüber hinaus wurde
von ihnen verlangt, daß sie sich sofort nach der Auseinandersetzung mit sozialen und persönlichen Problemen in einer
Fünfminutenpause auf ein völlig anderes Thema umstellen
mußten. Dies hatte zur Folge, daß das Gelernte weniger
nachwirken konnte, sondern von neuen Anforderungen verdrängt bzw. überlagert wurde. Ein weiteres Problem, das von
den Betroffenen angesprochen wurde, war die zu starke und
gleichförmige Strukturierung der Trainingsstunden, die zu

Ermüdungserscheinungen im Verlauf des Programmeinsatzes führte.

Trotz dieser Defizite in der Durchführung und der Verwirklichung der Prinzipien eines sozialen Lernansatzes konnten - vornehmlich bei den Hauptschülern - positive Lerneffekte ermittelt werden, die sich sowohl in der verbalen, schriftlichen Auseinandersetzung mit Problemsituationen als auch im Unterrichtsverhalten zeigten.
Zur Prüfung der Stabilität der Lerneffekte bezüglich der Problemlösungsfähigkeit der Schüler wurde 1/2 Jahr nach Abschluß des Trainings eine Nachuntersuchung durchgeführt; hier ließ sich eine deutliche Nivellierung der Effekte feststellen (vgl. zu den Ergebnissen Lerchenmüller 1983; 1984; Lerchenmüller u.a. 1983).

Aufgrund der Ergebnisse und Erfahrungen bei der Programmdurchführung, der von den Schülern und Lehrern geäußerten Kritik und ihren Verbesserungsvorschlägen, wurde das Lernprogramm im engen Kontakt zur Schule überarbeitet und zu einem offenen Curriculum zum sozialen Lernen in der Schule mit besonderer Berücksichtigung präventiver Ziele zusammengestellt.

4. Spezifische Probleme präventiver Maßnahmen in Sozialisationsinstanzen

Wie die Erfahrungen mit den vorgestellten Präventionsprojekten in Familie und Schule gezeigt haben, ist der Einsatz von speziellen Erziehungsprogrammen in Sozialisationsinstanzen zur Delinquenzprävention mit verschiedenen Schwierigkeiten und Gefahren, d.h. auch unbeabsichtigten Nebenwirkungen verbunden.

Bei einem Interventionsansatz in Familie und Schule bevor bereits massive Konflikte, z.B. zwischen Eltern und Kindern oder in der Integration eines Schülers in die Klassengemein-

schaft und daraus resultierende delinquente Verhaltensweisen der Kinder und Jugendlichen aufgetreten sind, ergeben
sich folgende theoretische und praktische Probleme: Zum
einen wird die Abgrenzung einer spezifischen Zielgruppe der
delinquenzgefährdeten Kinder aufgrund der bisher untersuchten und in der Literatur aufgestellten Kriterien immer
schwieriger und theoretisch fragwürdiger, je früher der
Interventionszeitpunkt ansetzt (zur Prognose von Delinquenz
vgl. z.B.Lösel 1982). Zudem stellt sich das Problem der
Motivation zur Teilnahme bei relativ unbelasteten Populationen, da diese keinen Leidensdruck verspüren und nicht ohne
weiteres einsehen, warum sie an einem delinquenzpräventiven
Programm teilnehmen sollen. Um diese Schwierigkeiten zu
umgehen, empfiehlt es sich, die Zielsetzungen derartiger
Maßnahmen zu erweitern und positiv zu formulieren, d.h. die
Ziele sollten sich nicht primär auf die Vermeidung von
Delinquenz beziehen, sondern auf den Erwerb spezifischer
Fähigkeiten, z.B. im Falle der Familienarbeit auf die Stärkung der Erziehungskompetenz im Sinne eines verbesserten
Verständnisses von Interaktionszusammenhängen sowie der Wirkung des eigenen Verhaltens auf das Kind und seinen Handlungen und in der Folge angemesseneren Umgangs auch mit sich
anbahnenden Erziehungsschwierigkeiten; im Falle der Unterstützung von Schülern auf den Erwerb spezifischer Fähigkeiten, die eine legale und persönlich befriedigende Bewältigung alltäglicher Probleme und Konfliktsituationen ermöglichen.

Zur Reduktion der Zugangsprobleme bei Programmen dieser
Zielsetzung für Familien könnte die Einbettung eines Elterntrainings in die Arbeit von Stadtteilläden erprobt werden, da zu diesen Einrichtungen geringere Schwellen bei den
Angesprochenen bestehen und zudem der Bekanntheitsgrad und
die Vertrauensbildung höher sein können als zu Behördenvertretern. Organisatorische Erleichterungen, z.B. gleichzeitige Kinderbetreuung während einer Gruppenarbeit oder ein
breiteres Angebot an Terminkombinationen (z.B. auch in Form

von Wochenend-Kompaktseminaren) könnten ebenfalls helfen,
Motivations- und Anlaufschwierigkeiten der Kontaktaufnahme
mit einer Elterngruppe seitens der Eltern zu vermindern.

Sollen soziale Lernprogramme der beschriebenen Zielsetzung
in der Schule effektiv einsetzbar sein, empfehlen sich verschiedene Veränderungen in der Organisation schulischen Lernens. So sollte der Stundenplan flexibler gestaltet werden,
damit die Schüler in der Auseinandersetzung mit sozialen
und persönlichen Problemen nicht nach 45 Minuten aus der
Arbeit herausgerissen werden, die Diskussion, die sie persönlich betrifft, abrupt abbrechen und sich völlig fremdbe-
stimmt auf ein anderes Thema konzentrieren müssen. Unter
diesen Bedingungen können neu Gelerntes, neue Erfahrungen
nicht nachwirken und keine stabilen Lerneffekte erreicht
werden. Auch in der Normsetzung schulischen Lernens ist
eine Veränderung dahingehend erforderlich, daß soziales Lernen als gleichberechtigt zu kognitivem betrachtet wird und
soziale Leistungen der Schüler ebenso anerkannt und hono-
riert werden wie kognitive. Da der Lehrer für die Verwirklichung sozialen Lernens und die Herstellung eines för-
derlichen Lernklimas sowie die persönliche Entwicklung der
Schüler eine bedeutsame Funktion besitzt, sollte er stärker
als Bezugsperson für die Schüler präsent sein, zu der sie
ein Vertrauensverhältnis entwickeln. Voraussetzung dafür
ist, daß das Fachlehrerprinzip zugunsten des Klassenlehrerprinzips reduziert wird, damit die Schüler in ihrem Klas-
senlehrer einen festen Ansprechpartner finden, der
Zeit für sie hat und zu ihnen gehört. Um zu erreichen, daß
Lehrer diese Funktion adäquat ausfüllen können, bedarf es
einer Veränderung in der Schwerpunktsetzung der Lehreraus-
und -fortbildung und zwar einer Verminderung fachwissen-
schaftlicher Ausbildungsgänge und einer Erweiterung und Ver-
tiefung psychologisch-pädagogischer Lerninhalte zur Steigerung der pädagogischen Kompetenz der Lehrer.

Ein weiteres Problem, das einer effektiven Nutzung sozialer Lernprogramme in der Schule entgegenstehen kann, ist in der häufigen Inkompatibilität schulischer und außerschulischer Lerneinflüsse und Erwartungen zu sehen, durch die die Schüler in für sie oft unlösbare Konflikte geraten. Daher sollte die Zusammenarbeit zwischen Schule und Elternhaus intensiviert und die Eltern in soziale Lernprozesse, die in der Schule stattfinden, einbezogen werden.

So könnte z.B. eine engere Kooperation zwischen Schule und Elternhaus durch einen "Familienberater" vermittelt werden, der einerseits die Schule und damit verbundene Anforderungen und Konfliktinhalte für Schüler den Eltern nahebringt, andererseits aber auch spezielle Hilfsangebote an die Eltern zur Lösung von Problemen mit ihren Kindern richten könnte, die von den Lehrern aufgrund ihrer Arbeitsbereichsdefinitionen nicht gemacht werden (diese Zusammenarbeit wäre parallel auch auf Elternhaus und Kindergarten übertragbar).

Diese Maßnahmen beinhalten jedoch eine Reihe von möglichen negativen Nebenwirkungen: Zum einen besteht die Gefahr der Psychologisierung des alltäglichen Lebens, was sicherlich zu einem Verlust von Spontaneität und intuitiver Lebensbewältigung führt. Zum zweiten kann etwa eine Intensivierung des Kontaktes zwischen Schule und Elternhaus oder Schule und anderen Erziehungsinstitutionen wie Jugendheime etc. zu einer Verengung des sozialen Kontrollnetzes führen, wodurch die Freiheit der Kinder und damit der Raum für ein unbeobachtetes Experimentieren, Austesten von Grenzen und Lernen aus Fehlern eingeschränkt würde. Daher ist es notwendig, Präventionsmaßnahmen sehr behutsam einzusetzen und bei ihrer Durchführung darauf zu achten, daß eine Balance zwischen Freiheit und notwendiger Kontrolle gewährleistet bleibt.

Über den Ansatz der Hilfe zur Problemvorbeugung und -bewältigung mittels des psycho-sozio-therapeutischen Instrumentariums hinausgehend, erachten wir im Hinblick auf die

Familie weitergehende strukturelle Änderungen als notwendig, bei deren allmählicher Durchsetzung sicherlich ein
Teil der jetzt wichtig zu sein scheinenden Unterstützung
sich langfristig erübrigen würde.

Um Familien die Auseinandersetzung mit ihrer Selbstkompe-
tenz in bezug auf mögliche Entwicklungsschwierigkeiten und
damit in Zusammenhang stehenden Familieninteraktionen zu
erleichtern, wäre z.B. eine Entlastung vieler Frauen von
ihrer Dreifachbelastung (Berufstätigkeit, Erziehung der Kinder, Haushalt) notwendig. Dies könnte durch die Schaffung
von vermehrten Teilzeitarbeitsplätzen sowohl für Frauen, in
erster Linie jedoch für Männer, in Gang gesetzt werden.
Darüber hinaus müßte die Beschäftigung mit und Arbeit in
der Familie einen gesellschaftlich höheren Stellenwert erlangen, indem einerseits die Elternteile über eine finanzielle Grundlage - auch unabhängig voneinander - während
der Zeit der Kindererziehung verfügen können (Erziehungs-
geld, Rentenansprüche) und andererseits eine kollektive Anerkennung erfahren, die es auch Männern ermöglicht, die
Berufstätigkeit zugunsten der Familie ohne Statusverlust
einzuschränken.

Dieser Überlegung liegt die Hypothese zugrunde, daß häufig
durch starke berufliche Beanspruchung, die auch vor dem
Hintergrund finanzieller Schwierigkeiten einer Familie zu
sehen ist (z.B. die Mutter muß mitverdienen, weil sonst die
finanzielle Basis zu klein würde oder der Vater ist bedingt
durch Überstunden oder Nebenarbeiten überwiegend außer
Haus, so daß die Mutter bei der Erziehung oder Haus-
haltsführung weitgehend auf sich allein gestellt ist) zu
wenig Zeit und Kraft bleibt für eine intensivere Beschäftigung mit den eigenen Kindern. Inwieweit dieses Zeitpro-
blem seine Ursache in bestimmten gesellschaftlichen Wertungen hat, z.B. dem Wunsch nach Konsum, oder in der eigenen Unfähigkeit, auf die Kinder einzugehen liegt, muß offen bleiben;
anzunehmen ist ein eher interaktiver Zusammenhang in der

Weise, daß z.B. unbefriedigende Familienbeziehungen zur
Flucht aus der Familie in Arbeit und Konsum führen und umgekehrt, belastende Arbeitsverhältnisse, finanzielle Engpässe
und damit verbundene Konsumeinschränkungen auch negative
Auswirkungen auf die Familiendynamik haben.

Auch bei der Konzeption von sozialen Lernprogrammen für
Kinder und Jugendliche sollten - ebenso wie in der Diskussion über den Einsatz psychosozialer Unterstützungsprogram-
me für Familien - gesellschaftliche Rahmenbedingungen mitbe-
rücksichtigt werden. Für die Verwirklichung sozialen Lernens liegt ein besonderes Problem in der Frage nach dem
Wozu, der Zukunftsperspektive.

Zunehmende Jugendarbeitslosigkeit und in der Folge geringe
sozio-ökonomische Zukunftschancen beeinträchtigen sicherlich die Motivation vieler Jugendlicher zum Lernen. Ein
umfassenderes existentielleres Problem ist die ökologische
und atomare Bedrohung ihres Lebensraumes, die die Kinder
und Jugendlichen erfahren, und damit verbunden eine oft
erlebte Hilflosigkeit und Ohnmacht, ihre Lebenswelt längerfristig positiv gestalten zu können. Die Reaktionen der jungen Menschen auf die sie bedrängenden Probleme sind sehr
unterschiedlich. Verschiedene suchen Halt in subkulturellen
Gruppen, in denen ihnen von vermeintlichen Autoritäten und
Führern ein Sinn für ihr Leben angeboten wird; zu denken
ist hier etwa an Sekten oder auch neonazistische Gruppen.
Andere wählen eine stärker individuelle Form des Rückzugs
in eine heile Welt, in der alle Probleme verdrängt werden,
z.B. durch Drogenkonsum oder sie verfallen in Apathie. Wieder andere schließen sich subkulturellen Protestgruppen an
und machen auf ihr Unbehagen, ihr Empfinden von Sinn- und
Chancenlosigkeit aufmerksam, wie etwa Punks. Jugendliche,
die das Gefühl der Ohnmacht weniger erleben, engagieren
sich in politischen Protestgruppen und versuchen, durch De-
monstrationen, Aktionen und Diskussionen auf ihre Probleme
aufmerksam zu machen und eine Bewußtseins- und System-

veränderung in unserer Gesellschaft zu erreichen; hier sind die verschiedenen Friedensinitiativen, Ökogruppen und Selbsthilfegruppen zu nennen.

In Anbetracht dieser umfassenden Problematik, die durch Präventionsmaßnahmen wie den beschriebenen nur periphär berührt werden kann, sollte bei der Konzeption von prophylaktischen Maßnahmen das Erleben der Jugendlichen besonders berücksichtigt werden, und sie sollten, etwa durch soziale Lernprogramme, ermutigt und angeleitet werden, ihre Probleme, ihr Unbehagen in einer politisch wirksamen Art und Weise zu artikulieren und auf ihrem Recht, ihre Lebenswelt selbst gemeinschaftsverantwortlich mitgestalten zu können, zu bestehen.

Literatur

BOHNSACK, R.: Handlungskompetenz und Jugendkriminalität. (Neuwied, 1973).

INNERHOFER, P.: Das Münchner Trainingsmodell. (Berlin, 1977).

KÖTZUR, S.; RETZMANN, E.: Der Einsatz eines Elterntrainings als delinquenzpräventive Maßnahme - Konzeption und erste Erfahrungen einer Pilot-Studie. (In: H.-J. Kerner, H. Kury, K. Sessar (Hrsg.): Deutsche Forschungen zur Kriminalitätsentstehung und Kriminalitätskontrolle, Bd. 6/2. Köln u.a., 1983).

KURY, H.; LERCHENMÜLLER, H. (Hrsg.): Schule, psychische Probleme und sozialabweichendes Verhalten - Situationsbeschreibung und Möglichkeiten der Prävention. Köln, 1983).

LERCHENMÜLLER, H.: Soziales Lernen in der Schule - ein Konzept zur Prävention abweichenden Sozialverhaltens von Jugendlichen. (In: H.-J. Kerner, H. Kury, K. Sessar (Hrsg.): Deutsche Forschungen zur Kriminalitätsentstehung und Kriminalitätskontrolle, Bd. 6/2. Köln u.a., 1983).

LERCHENMÜLLER, H.: Evaluation eines sozialen Lernprogramms in der Schule mit delinquenzpräventiver Zielsetzung. (Bericht aus dem Kriminologischen Forschungsinstitut Niedersachsen e.V.,Hannover, 1984).

LERCHENMÜLLER, H.; FISCHER, S.; PONTOW, Ch.; SIEGMANN, V.: Delinquenzprophylaxe im Schulbereich - Ein praxisnahes Forschungsprojekt. (In: H. Kury, H. Lerchenmüller (Hrsg.): Schule, psychische Probleme und sozialabweichendes Verhalten - Situationsbeschreibung und Möglichkeiten der Prävention. Köln, 1983).

LÖSEL, F.: Prognose und Prävention von Delinquenzproblemen. (In: J. Brandtstädter, A. von Eye (Hrsg.): Psychologische Prävention. Bern, 1982).

RETZMANN, E.: Familiäre Interaktion und delinquentes Verhalten bei Kindern - Eine explorative Studie zur Planung und Durchführung eines Elterntrainings.. (Bericht aus dem Kriminologischen Forschungsinstitut Niedersachsen e.V.,Hannover, 1984).

Albert R. Hauber

JUGENDKRIMINALITÄT UND IHRE KONSEQUENZEN: TRADITIONELLE UND ALTERNATIVE MAßNAHMEN DER POLIZEI

Inhalt

1.   Einleitung

2.   Maßnahmen der Polizei
2.1. Traditionelle Reaktionen
2.2. Alternative Reaktionen
2.3. Präventive Maßnahmen

3.   Reaktionen der Jugendlichen
3.1. Reaktionen auf traditionelle Erledigungsmuster der Polizei
3.2. Reaktionen auf alternative Erledigungsmuster der Polizei

4.   Empfehlungen
4.1. Präventive Maßnahmen in Schulen
4.2. Reaktionen auf vandalistisches Verhalten bei Jugendlichen
4.3. Hilfeleistung der Polizei

      Literatur

1. Einleitung

Menschen sind soziale Wesen und reagieren aufeinander. Dies gilt sowohl für Individuen als auch für Gruppen und Organisationen. Geht man davon aus, daß kriminelles Verhalten in sozialen Situationen als ein Interaktionsprozeß zwischen auslösenden Bedingungen und der persönlichen Motivation der Beteiligten begriffen werden kann, so ist auch die Polizei mit ihrem Reaktionsapparat Teil dieser Interaktion. Während lange Zeit abweichende Handlungen der Jugendlichen einerseits und die darauf folgenden Maßnahmen der Polizei andererseits nur isoliert voneinander betrachtet wurden, wird neuerdings die Beziehung zwischen beiden auch als Interaktionsprozeß diskutiert.

In diesem Beitrag sollen die Interaktion zwischen Polizei und Jugend analysiert und verschiedene Reaktionsmöglichkeiten des polizeilichen Sanktionsapparates in ihren Auswirkungen auf die Jugendlichen untersucht werden. Dabei stellen wir Erfahrungen vor, die in einigen Gemeinden der Niederlande gemacht wurden.

Die Ausgangssituationen der interagierenden Parteien sind völlig unterschiedlich. Relativ klar kann als wichtigste Aufgabe der Polizei formuliert werden: Wahren der öffentlichen Ordnung und Überwachung der Einhaltung von Gesetzen. Hinsichtlich der Ausgangsbedingungen der Jugend müssen eine Reihe von Vorannahmen gemacht werden. So ist davon auszugehen, daß viele Jugendliche häufig Gefühle der Unzufriedenheit empfinden und in vielerlei Hinsicht Probleme sehen: z.B. auf individueller Ebene: Kontaktschwierigkeiten oder Probleme mit den Eltern; auf gesellschaftlicher Ebene: wachsende Arbeitslosigkeit oder die Bedrohung ihres Lebensraumes durch die Gefahr eines Atomkrieges. Diese Faktoren können die Entwicklung einer positiven Zukunftsperspektive bei den Jugendlichen ernsthaft beeinträchtigen.

Die Reaktionen der Jugendlichen auf diese Wahrnehmungen und Empfindungen können - unter Berücksichtigung ihres insgesamt eher labilen Charakters und der oft noch unklaren Lebenssituation, die mit der Adoleszenz zusammenhängt und ihnen wenig Einflußmöglichkeiten bietet - teilweise extreme Formen annehmen.

Eine Möglichkeit der Reaktion auf die skizzierten Unsicherheiten kann die Entwicklung kriminellen Verhaltens sein. So
ist festzustellen, daß die Jugendkriminalität und insbesondere bestimmte Formen wie Ladendiebstahl und Vandalismus in
den letzten Jahren extra-proportional zugenommen haben.
Einige Kriminologen setzen sogar Kriminalität mit Jugendkriminalität gleich. Ohne dieser Sichtweise zuzustimmen, sehen
wir die Zunahme der Gesamtkriminalität zu einem großen Teil
durch die Zunahme der Jugendkriminalität bedingt. Aus der
Dunkelfeld-Studie von Buikhuisen, Jongman und Oving (1969)
zur nicht-registrierten Kriminalität unter Studenten geht
hervor, daß rund 94 % der männlichen Studenten ab und zu
Handlungen begehen, die, wenn sie entdeckt würden, strafbar
wären. Dabei müssen wir berücksichtigen, daß die Häufigkeit
dieser Handlungen unterschiedlich verteilt ist: Eine zahlenmäßig relativ kleine Gruppe von Jugendlichen ist für einen
großen Teil der Jugendkriminalität verantwortlich, während
die meisten   Jugendlichen sich nur einmal   auffällig
verhalten.

In den letzten Jahren kann ein weiteres Phänomen beobachtet
und als mitbedingend für die Zunahme der Jugendkriminalität
insgesamt beschrieben werden. Wir meinen die Tendenz, daß
die Altersstufe, in der Jugendliche auffällig werden, immer
weiter abnimmt. Waren es früher beinahe ausschließlich Schüler höherer Schulen, wird gegenwärtig auch bereits ein Teil
der Grundschüler der Gruppe von Jugendlichen zugeordnet,
die delinquente Verhaltensweisen zeigen. Möglicherweise
wird das Verhalten bei dieser Gruppe auch dadurch gefördert, daß noch keine Strafmaßnahmen erfolgen, da das Jugendstrafrecht erst ab einem höheren Lebensjahr angewandt werden kann (in Holland ab dem 12. Lebensjahr). Dennoch ist
die Polizei zu Verhören und Festhalten auf dem Büro berechtigt - was unter Umständen von den Jugendlichen selbst gar
nicht berücksichtigt wird.

Die hier dargestellte Zunahme der Jugendkriminalität hat
direkten Einfluß auf die Aufgaben der Polizei: Dies betrifft vor allem den Streifendienst, den Aufgabenbereich der
Kriminalpolizei und die Kinderpolizei.

Der Polizeiapparat verfügt über ein weites Spektrum von
Reaktionsmöglichkeiten, die im folgenden Abschnitt diskutiert werden sollen. Die Maßnahmen der Polizei haben ihrerseits Auswirkungen auf die Jugendlichen und können ungün-
stigenfalls dazu führen, daß Jugendliche vermehrt Normen
übertreten. Zu diesem Aspekt werden im dritten Abschnitt
dieses Aufsatzes einige Überlegungen angeführt. Am Schluß
unserer Ausführungen sollen Möglichkeiten aufgezeigt werden, wie Spannungen zwischen Jugend und Polizei verringert

werden können. Wenn dies gelänge, kann als Folge auch eine
Abnahme der Jugendkriminalität erwartet werden.

2. Maßnahmen der Polizei

Die Reaktionen der Polizei auf die registrierte Zunahme der
Kriminalität sind vielfältig. Wir unterscheiden im folgenden drei Typen, die differenziert beschrieben werden sollen.

2.1. Traditionelle Reaktionen

Aus der vergleichenden Untersuchung von Beijer u. Hauber
(1984) über die im Monat Juli 1982 gefaßten Jugendlichen in
den Städten Den Haag, Rotterdam, Haarlem, Delft, Leiden und
Alkmaar (insgesamt 177 Fälle) geht hervor, daß in 68,3 %
der Fälle eine Reaktion durch die Polizei in Form eines
Verweises und einer Aufnahme in das örtliche Polizeiregi-
ster erfolgte.

Die meisten dieser Täter hatten ein schweres Delikt begangen oder waren Rückfalltäter. Von den Gefaßten schien der
überwiegende Anteil - gemessen an den Kriterien Beruf des
Vaters und eigene Berufsaus- und Schulbildung - der sozialen Unterschicht anzugehören. In den häufigsten Fällen handelte es sich um Diebstahlsdelikte (Ladendiebstahl und Diebstahl aus öffentlichen Verkehrsmitteln oder von Beförde-
rungsmitteln).

2.2. Alternative Reaktionen

Vor dem Hintergrund der Erfahrungen, daß traditionelle Sanktionsformen wie z.B. Verweis, Geldstrafe oder Freiheitsstrafe nicht die beabsichtigte Wirkung haben, wurden in
einigen Gemeinden der Niederlande in Zusammenarbeit mit

Polizei und Justiz alternative Reaktionsmöglichkeiten auf
jugendliches kriminelles Verhalten entwickelt. So entstanden z.B. Büros, deren Aufgabe es ist, Jugendliche, die in
Kontakt mit Polizei oder Justiz gekommen waren, zu betreuen. Als erste Einrichtung dieser Art begann des RBS 38
in Groningen. Nach einem zögernden Beginn entwickelte sich
im Laufe einiger Jahre eine positive und vertrauensvolle
Zusammenarbeit des Büros mit der Polizei und der Justiz.

Vor allem die steigenden Folgekosten des Vandalismus durch
Jugendliche veranlaßten die Gemeinde Rotterdam sowie die
dortige Polizei und Justiz zur Gründung von HALT (Het ALTer-
natief). Ausgangspunkt für die Einrichtung dieser Kontakt-
stelle war die Überlegung, daß die traditionelle Strafverfolgung nicht zu den beabsichtigten Effekten führt, weil
sie die folgenden Bedingungen nicht erfüllt:

    a) die Strafe muß im kürzestmöglichen Zeitabstand auf
       die Tat erfolgen,
    b) die Strafe muß in Beziehung zur Tat stehen, d.h.
       eine Person, die z.B. Straßenbahnen verschmutzt,
       müßte zu deren Reinigung herangezogen werden.

Unter Berücksichtigung dieser beiden Bedingungen wurden pädagogische Prinzipien entwickelt und organisatorische Maßnahmen eingeleitet. Ein Jugendlicher, der ein Delikt begangen hat, wird vor die Alternativen gestellt: entweder sich
den Maßnahmen der Polizei oder denen des HALT-Büros zu
unterziehen.

Wählt er den letzteren Weg, so muß er je nach Delikt z.B.
zur Schadensbehebung beitragen, indem er an einem freien
Samstag an der Reparatur des von ihm beschädigten Objektes
mithilft. Darüber hinaus führen Mitarbeiter des HALT-Büros
Gespräche mit ihm, in denen ihm die Folgen seines Verhaltens für sich selbst und für andere verdeutlicht und die
Verantwortung für sein Verhalten diskutiert werden. Wenn
sowohl die Gespräche als auch die Schadenswiedergutmachung

zufriedenstellend verlaufen sind, wird die Angelegenheit in
der Regel zu den Akten gelegt.

2.3. Präventive Maßnahmen

Die Notwendigkeit präventiver Maßnahmen ist vielen Polizei-
einheiten bewußt und führte zu einer Reihe von Aktivitäten
auf verschiedenen Ebenen.

Zu Recht wird die Schule als ein wichtiges Sozialisations-
medium betrachtet. Sie ist der Ort, an dem Verhaltens- und
Einstellungsmuster der Kinder und Jugendlichen entscheidend
geprägt werden. Somit versucht auch die Polizei durch Informationsveranstaltungen über ihre Arbeitsweise in den Schulen ein Bild von ihren Reaktionsmöglichkeiten und den Folgen für die betroffenen Jugendlichen zu vermitteln. Ein
weiterer Schwerpunkt polizeilicher Präventivmaßnahmen vollzieht sich durch Kontakt zur Bevölkerung. Ausgehend von
früheren Erfahrungen in kleinen Dorfgemeinschaften, in
denen informelle soziale Kontrolle stark kriminalitätsver-
hindernd wirkte, wurden Bezirkspolizisten ins Leben gerufen, die einen engen Kontakt mit der Bevölkerung halten
sollen, um so kriminellen Delikten vorzubeugen.

3. Reaktionen der Jugendlichen

3.1. Reaktionen auf traditionelle Erledigungsmuster der Polizei

Eine zuverlässige Evaluation der Auswirkungen traditionel-
ler Erledigungsmuster der Polizei auf jugendliche Straftäter ist mit einer Reihe von Problemen behaftet. Dennoch
sind in letzter Zeit mehrere Versuche unternommen worden,
diesen Prozeß zu evaluieren. Zwei dieser Analysen sollen im
folgenden eingehender betrachtet werden:

a) Die erste Untersuchung von Matthijs (1982) ging von der Frage aus, welches Bild straffällig gewordene Jugendliche von der Polizei haben, nachdem sie mit dieser in Kontakt gekommen waren. Die Autorin vermutete, daß der Polizeiapparat selbst einen großen Anteil daran hat, wie Jugendliche die Polizei sehen und welche Einstellung sie zu ihr entwickeln. Es ist auch davon auszugehen, daß die Art des Kontaktes mit der Polizei Einfluß auf eine weitere delinquente Karriere des Jugendlichen haben kann. So wurde z.B. festgestellt, daß, je vernichtender die Festnahme für den Jugendlichen war (z.B. Abführen in Handschellen im Beisein der Familie), desto eher kam es später zu einem Rückfall.

Matthijs legte 44 Jugendlichen, die mit der Polizei in Kontakt gekommen waren, im Anschluß an das Verhör auf dem Polizeirevier einen Fragebogen zu ihrem Eindruck über den Verlauf des Polizeikontaktes vor. Rund 60 % der Befragten meinten, daß das Verhör nicht so schlimm gewesen sei. Der Kripo-Beamte, der das Verhör leitete, wurde vielfach positiv beurteilt (N = 13). Die Jugendlichen bezeichneten den Beamten als ruhig, freundlich, ehrlich, normal im Umgang und intelligent. Eine negative Bewertung des Beamten wurde von 4 Jugendlichen abgegeben. Sie empfanden den Kripo-Beamten als kurzangebunden, brutal, unredlich, böse und glaubten, daß er sich nicht an Absprachen halte.

Das Verhör wurde von den Jugendlichen gleich oft positiv, negativ oder neutral beurteilt. Auf die Frage nach der wichtigsten Aufgabe der Polizei reagierten die Jugendlichen mit großem Unwillen und antworteten z.B., daß die Polizei keine wichtige Arbeit mache. Die Jugendlichen, die im Stadtgebiet wohnten und die Gruppe der Rückfälligen äußerten sich insgesamt negativer. Diese Einschätzung kann teilweise z.B. damit zusammenhängen, daß Jugendliche aus der Stadt die Polizei häufiger bei negativ bewerteten Aktivitäten beobachtet haben, z.B. der Räumung von besetzten Häusern oder beim Einsatz gegen Demonstranten.

Hinsichtlich der Untersuchungsmethode mittels Fragebogen bemerkt Matthijs kritisch, daß nicht immer klar war, ob die Jugendlichen die vorformulierten Fragen richtig verstanden haben. Um dies weitestgehend zu gewährleisten, wurden in manchen Fällen die Fragen den Jugendlichen gleich vor Ort näher erläutert, was wiederum in Teilen eine Verminderung der Objektivität zur Folge gehabt haben mag. Als weitere Faktoren im Sinne von Antworttendenzen nennt die Autorin soziale Erwünschtheit und Frustration durch den Polizeibesuch.

Dieser Evaluationsansatz erscheint uns - auch unter Berücksichtigung einer teilweise eingeschränkten Aussagemöglich-
keit - als durchaus akzeptabel. Wünschenswert wäre eine
erneute Befragung derselben Probanden im Rahmen einer
Follow-up-Untersuchung, so daß auch Langzeit-Effekte erfaßt
werden könnten. Es ist anzunehmen, daß die Einschätzung der
Polizei durch die Jugendlichen negativer wird, wenn sie die
Situation der Vernehmung mit zeitlichem Abstand beurteilen,
da sie sich wahrscheinlich in der aktuellen Situation auch
stark von den Beamten abhängig fühlten.

b) In der zweiten Studie von van Dullemen u. Hauber (1982)
   wurde auch ein Langzeit-Effekt überprüft. Untersucht wurden die Folgen des Kontaktes mit Polizeibeamten nach der
   Entdeckung einer Straftat. Die Ergebnisse sind in Tabelle 1 enthalten. Die Differenzierung der Antworten nach
   der Schwere der Sachbeschädigung, die von den Jugendlichen begangen wurde zeigt, daß aus der Gruppe der
   LVG-Jugendlichen ein größerer Prozentsatz angab, von der
   Polizei gut behandelt worden zu sein, als aus der Gruppe
   der HVG-Jugendlichen.

Tabelle 1: Urteile Jugendlicher - differenziert nach der
Schwere der von ihnen begangenen Sachbeschädigung - über frühere Kontakte mit der Polizei

Frage: Meinst Du, daß Du gut behandelt worden bist?

Schüler:	LVG[1]		HVG[1]	
	N	%	N	%
ja	28	51	17	39
manchmal ja/nein	18	33	8	18
nein	9	16	19	43
keine Antwort	--	--	--	--
Total	55	100	44	100
Arbeitslose Jugendliche:	LVG		HVG	
	N	%	N	%
ja	6	20	6	35
manchmal ja/nein	6	20	6	35
nein	18	60	5	30
keine Antwort	--	--	--	--
Total	30	100	17	100
Arbeitende Jugendliche:	LVG		HVG	
	N	%	N	%
ja	20	62	5	26
manchmal ja/nein	5	16	8	42
nein	7	22	6	32
keine Antwort	--	--	--	--
Total	32	100	19	100

[1]LVG = leichte Sachbeschädigung
HVG = schwere Sachbeschädigung

Eine kürzlich abgeschlossene Vergleichsuntersuchung mit Jugendlichen, die mit dem HALT-Büro alternativ in Kontakt waren, scheint die obenstehenden Ergebnisse zu bestätigen.

3.2. Reaktionen auf alternative Erledigungsmuster der Polizei

Wir konnten Reaktionen der Jugendlichen auf die Maßnahmen des HALT-Büros in zwei verschiedenen Phasen untersuchen:

a) Phase der Vorbereitung des HALT-Büros:

In dieser Untersuchungsperiode wurden Jugendliche erfaßt, die Sachbeschädigungen verursacht hatten. Auch hier haben wir die Jugendlichen nach der Schwere der Sachbeschädigung in zwei Gruppen eingeteilt. Von den Gesamt-Delikten beging die Gruppe der LVG (= leichte Sachbeschädigung) 76 % und die Gruppe der HVG (= schwere Sachbeschädigung) 24 % der ermittelten Vorfälle.

Bedeutsame Unterschiede zwischen diesen beiden Gruppen zeigen sich in folgenden Variablen (die Angaben beziehen sich jeweils auf den Vergleich zur LVG-Gruppe):

- in der Gruppe der HVG sind mehr Jungen als Mädchen
- in der Gruppe der HVG beurteilt eine größere Anzahl der Jugendlichen die Schule negativ
- die Jugendlichen der HVG-Gruppe sind weniger an der Organisation von Aktivitäten in der Schule interessiert
- Jugendliche der HVG-Gruppe schwänzen häufiger die Schule
- die meisten Jugendlichen der HVG-Gruppe halten sich lieber außerhalb des häuslichen Bereichs auf •
- die Jugendlichen der HVG-Gruppe sind häufiger mit außerhäuslichen Aktivitäten beschäftigt
- die Jugendlichen der HVG-Gruppe gehen häufiger mit Freunden aus und bleiben eher in einem konstanten Freundeskreis
- die Eltern der Jugendlichen der HVG-Gruppe zeigen weniger Interesse an den Aktivitäten ihrer Kinder, sie haben auch kein Interesse zu erfahren, wo ihre Kinder abends hingehen

- die Jugendlichen der HVG-Gruppe haben häufiger ernste Probleme in den Bereichen Familie und Schule
- während ein großer Teil der Jugendlichen der HVG-Gruppe der Auffassung ist, daß die Polizei härter durchgreifen sollte, ist dieser Anteil im Verhältnis zur Gesamtgruppe geringer als bei den Jugendlichen der LVG-Gruppe.

Zusammenfassend leiten wir aus diesen Ergebnissen die Schlußfolgerung ab, daß sich die Jugendlichen hinsichtlich einer Reihe von Merkmalen, wie z.B. Mentalität und Interessen, unterscheiden und daß sie deshalb auch einer unterschiedlichen Behandlung bedürfen.

Bei der HVG-Gruppe sind die Ursachen für ihr vandalistisches Verhalten vornehmlich in bereits zurückliegenden Schwierigkeiten zu suchen; meistens haben die Jugendlichen auch schon öfter Kontakt mit der Polizei gehabt.

Die Jugendlichen der LVG-Gruppe betrachten ihr vandalistisches Verhalten mehr als tolerierbares Delikt, das aus einem Unterhaltungs- und Amüsierbedürfnis resultiert. In dieser Gruppe scheint es nicht sinnvoll, nach tieferliegenden Ursachen zu suchen. Wir nehmen auch an, daß das Bedürfnis nach diesen "vandalistischen Aktivitäten" eher besteht oder größer wird, wenn die Jugendlichen in der Schule zu wenig Möglichkeiten finden, sich ihren Bedürfnissen entsprechend zu äußern und zu engagieren.

b) Langzeit-Untersuchung während der Phase des ersten experimentellen Einsatz-Jahres des HALT-Büros
Hier wurden die Jugendlichen befragt, die im ersten Jahr das Büro kontaktierten. Es interessierte uns vor allem der Einfluß dieser Einrichtung auf die Einstellungs- und Verhaltensmuster der Jugendlichen.

Allgemein urteilten die Jugendlichen, daß die Kontakte zu diesem Büro wenig Eindruck auf sie gemacht hätten. Hauptsächlich sei es um das Absprechen der Schadenswiedergutma-

chungs-Arbeiten gegangen. Sie fühlten sich durch die Vorgehensweisen des Büros wenig unterstützt und entwickelten
kaum persönliche Kontakte zu den Mitarbeitern der Einrichtung, hauptsächlich wohl deshalb, weil sie selten allein
mit einem Mitarbeiter ein Gespräch führen konnten und häufig mit einem jeweils anderen der Mitarbeiter zu tun hatten. Daher kamen die Jugendlichen auch nicht spontan zu
dieser Einrichtung, um Hilfe zu erhalten oder ein Gespräch
zu führen. Die Jugendlichen selbst glaubten nicht, daß die
Kontakte zu HALT zu einer möglichen Verhaltensänderung bei
ihnen beigetragen hätten. Wenn sie etwas geändert hatten,
so führten sie es auf den Einfluß ihres Freundeskreises
oder äußere Ereignisse wie z.B. einen Umzug zurück oder
fanden, sie seien für diese Art von zerstörendem Verhalten
zu alt geworden.

Die meisten Jugendlichen waren jedoch weiter in Vorfälle
verwickelt und begingen teilweise schwerwiegendere Delikte
wie Diebstähle oder Gewalttaten. Da nahezu alle Jugendlichen ebenso Kontakt mit der Polizei hatten, waren sie
auch in der Lage, ein Urteil über ihre Erfahrungen mit der
Polizei abzugeben. Ihre Urteile differierten stark nach den
Wohnvierteln. Während die Polizeistation in Ommoord positiv
beurteilt wurde, erhielten die Stationen von Crosswijk und
Hoogevliet ein ziemlich negatives Urteil. In Tabelle 2 sind
die Urteile im Detail aufgezeigt.

Tabelle 2: Urteil von Jugendlichen, die später dem HALT-
Büro zugewiesen wurden, über das Auftreten der
Polizei

Positives Urteil	Häufigkeit	Negatives Urteil	Häufigkeit
freundlich	10	aggressiv	6
nett	9	drohend	5
		Macht zeigend	3
		ausforschend	2
		provozierend	2
		langweilig	3
Total	19		21

Wie aus Tabelle 2 hervorgeht, wurden die negativen Urteile etwas häufiger abgegeben als die positiven.

Schließlich äußerten sich die Jugendlichen wiederholt über Organisationsmängel in der Zusammenarbeit zwischen dem HALT-Büro und der Polizei. So kam es z.B. vor, daß ein Streifendienst einen Jugendlichen zu HALT schickte, das Büro aber keinen Bericht durch die Polizei erhielt und daher der Kontakt zu HALT nach mehreren vergeblichen Versuchen seitens des Jugendlichen aufgegeben wurde. In einem anderen Fall kam es zu einer Strafanzeige, obwohl der Jugendliche seine Aufgaben im Rahmen der HALT-Auflagen vorbildlich erfüllt hatte.

Insgesamt bleibt festzuhalten, daß in Rotterdam sowohl die Polizei als auch andere Organisationen der Gemeinden erhebliche Anstrengungen unternommen haben, um das Problem des Vandalismus von Jugendlichen zurückzudrängen. Diese gemeinsamen Bemühungen haben bei der Jugend offensichtlich Wirkung gezeigt. Die Zahl der Delikte in diesem Bereich hat abgenommen und in Anerkennung dieser Entwicklung haben die Verkehrsbetriebe bereits positive Angebote an Jugendliche gemacht, z.B. indem sie die Rotterdamer Jugend kürzlich zu einem Popkonzert eingeladen haben.

4. Empfehlungen

4.1. Präventive Maßnahmen in Schulen

Die Erfahrungen mit Informationsveranstaltungen über die Arbeit der Polizei, die in einigen Schulen regelmäßig während des Unterrichts durchgeführt wurden, haben gezeigt, daß die reine Informationsvermittlung kaum etwas bewirkt. Sowohl für die Beamten, die diese Veranstaltungen abhalten als auch für die Schüler, ist diese Situation recht unbefriedigend. Um die Arbeit der Polizei in diesem Bereich zu verbessern, haben van Dullemen u. Hauber (1982) einen Kursus zur Konfliktlösung für Schüler entwickelt. Das Programm ist so konzipiert, daß die Schüler aktiv in die Problemlösung miteinbezogen werden. Als Situationen werden solche Probleme ausgewählt, von denen anzunehmen ist, daß sie in einem Zusammenhang mit vandalistischem Verhalten stehen. Der bisherige Erfolg mit diesem Programm in den Schulen - auch in verschiedenen Schultypen - legt nahe, daß seine Anwendung weiter ausgebaut werde sollte und auch die Polizeibeamten einen Teil davon übernehmen könnten. Es ist anzunehmen, daß über die Arbeit der Polizei im Rahmen eines Programms zum Themenbereich der Konfliktlösung wirksamere Informationen vermittelt werden können, als wenn Polizeibeamte oder Beamte der Verkehrsbetriebe relativ isoliert vom übrigen Unterricht eine Veranstaltung in der Schule durchführen.

4.2. Reaktionen auf vandalistisches Verhalten bei Jugendlichen

Will man Behandlungsprogramme zur Reaktion auf und Vorbeugung von vandalistischem Verhalten entwickeln, so müssen die unterschiedliche Ausgangssituation und die verschiedenen Merkmale der beiden Gruppen (LVG- und HVG-Gruppe) berücksichtigt werden.

Ausgehend von den bereits beschriebenen Unterschieden haben wir ein differenziertes Behandlungsprogramm für jede Gruppe entwickelt:

a) Die LVG-Gruppe

Fragt man Jugendliche, die dieser Gruppe zugerechnet werden können, welche Maßnahmen sie selbst für richtig halten würden, so fordern sie strenges und konsequentes Vorgehen gegen diejenigen, die Sachbeschädigungen begehen und strenge Bestrafung. Diese Reaktion wird als einzige Möglichkeit beschrieben, um das Problem des Vandalismus einzudämmen.

Wir verstehen unter strengem und konsequentem Reagieren auf diese Formen der Zerstörung, daß die Jugendlichen dazu angehalten werden, das, was sie zerstört oder beschädigt haben, selbst wieder zu reparieren. Darüber hinaus wäre es auch sinnvoll, wenn in den Schulen als Teil des Unterrichts die Schüler dazu angehalten würden, sich um die Instandhaltung ihrer Schule selbst zu kümmern. Wirkungsvoll wäre sicherlich auch, wenn jeder Schule ein Budget zur Instandhaltung zur Verfügung stünde und der Betrag, der nicht ausgegeben zu werden braucht, weil wenig beschädigt wurde, den Schülern für Aktivitäten zugute käme. Dieses Vorgehen wäre für die Schüler ein positiver Anreiz. Der Ansatz, den Schülern positive Anreize für sozial akzeptables Verhalten zu bieten, wäre auch für die Polizeiarbeit erwägenswert.

Als weitere Maßnahmen empfehlen wir die Schaffung von mehr Einrichtungen um Jugendliche aufzufangen, die überwiegend sich selbst überlassen sind. Ferner kann angenommen werden, daß ein weniger autoritäres Schulklima auch mit dazu beitragen könnte, daß die Jugendlichen sich bereits in der Schule an Freiraum gewöhnen und dadurch einen Teil ihrer Ausgelassenheit verlieren. Es hat sich demgegenüber gezeigt, daß Wohnviertelverbesserung und die Einrichtung von Sportclubs allein keine positive Wirkung auf die Entwicklung des Vandalismus hatte.

Abschließend sei noch einmal darauf hingewiesen, daß konsequentes Auftreten nicht mit Aggressivität seitens der Unterrichtenden oder der Polizei verwechselt werden darf. Mit konsequenten Strafen meinen wir ausschließlich die Maßnahmen, bei denen Jugendliche den durch sie selbst angerichteten Schaden wiedergutmachen müssen.

b) Die HVG-Gruppe:

Hier müßten andere Schwerpunkte in der Behandlungsweise gesetzt werden. Jugendliche, die dieser Gruppe zugehörig sind, kommen oft aus schlechten Familienverhältnissen und haben schon viele Schwierigkeiten mit Polizei und Justiz gehabt, wobei die damit verbundenen Strafen offensichtlich nicht positiv gewirkt haben. Vornehmlich scheinen diese Jugendlichen Beziehungsprobleme zu haben. Von daher können die oben beschriebenen Strategien der Schadenswiedergutmachung allein nicht ausreichen, um zukünftiges vandalistisches Verhalten zu verhindern. Notwendig ist hier zusätzlich eine individuelle Betreuung, die den Jugendlichen hilft, mit ihren Schwierigkeiten besser fertig zu werden. In diesem Zusammenhang erscheint auch eine Reorganisation der Club- und Wohnviertelarbeit in den Gemeinden notwendig mit dem Ziel, bessere und intensivere Auffangmöglichkeiten für Jugendliche zu bieten.

Hinsichtlich der stark belasteten Jugendlichen befürworten wir somit eine Kombination von Sanktion im oben beschriebenen Sinne und Unterstützung bei ihren Schwierigkeiten. Um dieses Ziel zu erreichen, bedarf es besonders einer Veränderung im Vorgehen von Polizei und Justiz. Diese Ansätze können zu einer Reduktion des Vandalismus beitragen, besonders, wenn sie langfristig verwirklicht werden.

4.3. Hilfeleistung der Polizei

Die Hilfsfunktion der Polizei müßte dahingehend modifiziert werden, daß sie Menschen, die sich in Gefahr befinden, schützt und wenn nötig, auch einem ausgebildeten Helfer zuführt. Ein in diesem Sinne idealer Streifendienst müßte folgende Verhaltensmerkmale zeigen: klares, freundliches und konsequentes Auftreten z.B. im Sinne von: "Es tut mir leid, aber wenn Du dies machst, sind das die Konsequenzen."

Derartige Aufgaben, obwohl im Grunde zu den Obliegenheiten
der Polizei gehörend, werden z.Z. noch vom HALT-Büro wahrgenommen. Daher kann es auch leicht zu Rollenkonflikten
zwischen Polizeibeamten und den Mitarbeitern von HALT kommen.

Auch für Jugendliche, die in ihrem Lebensbereich gut zu-
recht kommen (LVG-Gruppe), sollte die Polizei neben ihrer
traditionellen Aufgabe als Ordnungshüter eine Unterstützungsfunktion haben. Ein Mitarbeiter des HALT-Büros sollte
in erster Linie seine Aufgabe darin sehen, Problemen bei
Jugendlichen, die im Zusammenhang mit ihrem vandalistischen
Verhalten stehen, aufzuspüren und auch praktische Hilfsmaßnahmen einzuleiten (z.B. finanzielle Hilfe, Wohnung u.a.).
Leider ist festzustellen, daß diese Bereiche vom Rotterdamer HALT-Büro nicht abgedeckt werden. Die Mitarbeiter
dort beschränken ihre Arbeit im wesentlichen auf die Organisation der alternativen Strafen - dies könnte auch Aufgabe
der Polizei sein. Daher erklärt sich auch, daß Jugendliche
nach dem ersten Kontakt mit dem Büro kein Bedürfnis mehr
nach weiteren Besuchen haben. HALT wird von ihnen als Verlängerung des Arms von Polizei und Justiz betrachtet.
Dieser Zustand läuft der Intention des Büros, eine unabhängige Einrichtung zu sein, zuwider und kann außerdem dem
Aufbau eines Vertrauensverhältnisses zu den Jugendlichen
entgegenwirken. Auch für das Image der Polizei scheint es
nicht günstig, wenn sie ein Büro benötigt, um Anordnungen
auf akzeptable und freundliche Weise ausführen zu lassen.
Daher sollten sich die Aktivitäten von HALT auf die Hilfeleistung für Jugendliche mit einer stark belasteten Ausgangssituation konzentrieren.

Literatur

BEIJER, G.G.; HAUBER, A.R.: De afhandeling door de kinder-
      politie, een vergelijkend onderzoek. (In: Proces,
      1984).

BUIKHUISEN, W.; JONGMAN, R.W.; OVING, W.: Ongeregistreerde
      criminaliteit onder studenten. (In: Nederlands Tijd-
      schrift voor Criminologie, 1969, 2, pp. 69-89).

DULLEMEN, van H.; HAUBER, A.R.: Vernielende jongeren. Wat
      bedoelen zij? (Rotterdam, 1982).

MATTHIJS, K.: De politie, gezien door delinquente jongeren.
      (Amsterdam, 1982).

Albert R. Hauber

EIN ANSATZ SCHULISCHER SOZIALISATION ZUR PRÄVENTION VON JUGENDKRIMINALITÄT

Inhalt

1.   Jugendkriminalität: Ihre Tendenz zum Ansteigen

2.   Prävention: Theoretische Ansätze und praktische Mög-
         lichkeiten

3.   Kriminalprävention im Schulbereich: Einsatz eines
         Trainings zur Steigerung der Konfliktlösungsfähig-
         keit
3.1.   Einleitung
3.2.   Das Trainingsprogramm: Inhalte, Ziele, Methoden und
         Zielgruppe
3.3.   Evaluation des Schülertrainings
3.3.1.   Evaluation hinsichtlich der Angemessenheit der In-
         halte
3.3.2.   Evaluation hinsichtlich der Angemessenheit der Ar-
         beitsmethoden
3.3.3.   Reaktionen der Schüler
3.3.4.   Reaktionen der Lehrer
3.3.5.   Zielerreichung
3.4.   Zusammenfassung und Schlußfolgerungen

4.   Perspektiven für die Zukunft

         Literatur

1. Jugendkriminalität: Ihre Tendenz zum Ansteigen

Aus zahlreichen Veröffentlichungen (vgl. z.B. Jongman u.
Cats 1981) ist zu entnehmen, daß die Jugendkriminalität in
den Niederlanden in nahezu allen Deliktbereichen mit Ausnahme der Sittlichkeitsverbrechen ansteigt. Ihre Bedeutung hinsichtlich des zu verzeichnenden Anstiegs der Gesamtkriminalität in Holland ist nicht zu unterschätzen. Die weitere
Verbreitung der Jugendkriminalität wird auch von verschiedenen Dunkelfeldstudien belegt. So fanden etwa van Dullemen
und Hauber (1982), daß 91,7 % der männlichen Jugendlichen
zwischen 12 und 18 Jahren delinquente, d.h. auch strafbare
Handlungen begehen. Die Häufigkeit des Delinquierens ist
bei den meisten Jugendlichen sehr gering, nur bei einem
geringen Prozentsatz ist eine intensive kriminelle Aktivität zu verzeichnen. Ein weiteres Ergebnis der Analysen der
Kriminalstatistiken sowie der Dunkelfeldstudien ist, daß
immer mehr jüngere Jugendliche und auch Kinder kriminelle
Handlungen begehen.

Die ansteigende Jugendkriminalität ist jedoch nicht nur ein
holländisches, sondern, wie etwa auch Streng (1981) bemerkt, ein deutsches Problem.

"Die Vorstellungen in der Öffentlichkeit über die Entwicklung der Jugendkriminalität werden weitgehend geformt durch
die alljährlichen Präsentationen der Daten der polizeilichen Kriminalstatistiken. Politiker oder hohe Beamte verkün-
den dabei besonders betont das "besorgniserregende" oder
gar "dramatische" Ansteigen der Kriminalität insgesamt oder
in bestimmten Bereichen.

Unter Zugrundelegung der Kriminalitätsbelastungsziffer
- d.h. der Zahl der Tatverdächtigen pro 100.000 Einwohner
des entsprechenden Bevölkerungsanteils - ist die registrierte Kriminalität der Kinder in der Bundesrepublik von 1963
bis 1979 um 160,8 % gestiegen, bei den Jugendlichen ergab

sich ein Anstieg um 81,9 % und bei den Heranwachsenden um
71,9 %. Besondere Aufmerksamkeit verdienen diese erheblichen Wachstumsraten vor allem auch deshalb, weil bei den
über 21jährigen nur ein Anstieg von 19,2 % zu verzeichnen
ist, der obendrein besonders von der Kriminalitätsbelastung
der Jungerwachsenen geprägt wird" (Streng 1981).

Eine spezielle und insbesondere in Großstädten häufig auf-
tretende Form von Jugendkriminalität stellen, und dies, wie
das Gutachten von Kube und Schuster (1982) zeigt, in ganz
Europa, Sachbeschädigungen (Vandalismus) durch Kinder und
Jugendliche dar.

2. Prävention: Theoretische Ansätze und praktische Möglich-
keiten

Zur Prävention bzw. Reduktion von Jugendkriminalität gibt
es drei Ansatzpunkte, die sowohl repressive als auch präven-
tive Strategien beinhalten:
Als erstes sind hier personenbezogene Ansätze zu nennen wie,
beispielsweise Strafen oder Maßnahmen zur Einstellungs- und
Verhaltensänderung etwa durch soziales Lernen (vgl. z.B.
Bandura 1979).
Der zweite Ansatzpunkt betrifft Veränderungen der situatio-
nalen Bedingungen, die kriminelle Aktivitäten begünstigen.
Zur Prävention von Vandalismus ist hier an technopräventive
Maßnahmen wie z.B. die Verwendung unempfindlicher Materialien in öffentlichen Verkehrsmitteln, Warteräumen etc. zu
denken (vgl. Newman 1976). Darüber hinaus können durch
gesellschaftliche Strukturveränderungen präventive Wirkungen erzielt werden (vgl. Lacassagne in Göppinger 1980).
Als drittes sind Maßnahmen zu nennen, die sich am Interak-
tionsmodell orientieren, wobei kriminelle Handlungen als
Ergebnis einer Wechselwirkung von persönlichen und situatio-
nalen Elementen verstanden werden.

Nach unserer Meinung sind Präventionsstrategien zu unterstützen, die dem interaktionistischen Ansatz folgen, da
gerade für die Entstehung der Jugendkriminalität situa-
tionale Bedingungen, wie etwa die familiäre Lebenssituation
oder die schulische Lernorganisation, von besonderer Bedeutung sind.

Insbesondere für die Durchsetzung von Kriminalprävention,
vor allem primärpräventiver Maßnahmen, spielt neben dem
Elternhaus die Schule eine wesentliche Rolle, da dies die
wichtigsten Sozialisationsinstanzen für Kinder und Jugendliche sind.

Präventionsmaßnahmen, die in der Schule ansetzen und in den
schulischen Sozialisierungsprozeß eingebettet sind, erscheinen als besonders erfolgversprechend, da sowohl der Lehrer
als auch die Lerngruppe einen starken Einfluß auf die
Ausbildung von Motivationen, Einstellungen und Verhaltensweisen von Kindern und Jugendlichen besitzt. So konnte etwa
gezeigt werden, daß Schüler, die eine positive Einstellung
zur Schule besitzen, d.h. gerne zur Schule gehen, weniger
schwänzen und auch seltener wegen krimineller Handlungen
auffällig werden.

So hat Hirschi (1969) die folgenden Beziehungen nachge-
wiesen:

1. Eine starke Bindung an die Eltern reduziert das
   Auftreten von kriminellem Verhalten. Diese Beziehung gilt unabhängig von der sozialen Klasse.

2. Eine positive Beziehung zur Schule und die Anerkennung des Lehrers als Bezugsperson wirken als Präven-
   tionsfaktor für Jugendkriminalität; hingegen geringe Arbeits- und Lernmotivation sowie schlechte schulische Leistungen sind die besten Voraussetzungen
   für das Entstehen von Kriminalität.

Gladstone (1978), der in England eine Untersuchung bei ungefähr 600 männlichen Jugendlichen im Alter von 11-15 Jahren durchführte, kommt zu dem Schluß, daß Aufmerksamkeit von seiten der Eltern gegenüber den Kindern eine wichtige Rolle für das Auftreten von Vandalismus spielt. So zeigten nur 22 % der Jugendlichen, deren Eltern ihrer Aufsichtspflicht genügten, vandalistisches Verhalten, während es bei Jugendlichen von desinteressierten Eltern hingegen 48 % waren.

Auch der Schulerfolg zeigt sich hier als wichtig: Von den erfolgreichen Jungen zeigten 22 % und von den Schulversagern 41 % vandalistisches Verhalten.

Darüber hinaus wurde ein Zusammenhang zwischen Schulleistung und der Einstellung zur Schule festgestellt: 56 % der guten Schüler gaben an, gern zur Schule zu gehen, während dies nur 31 % der leistungsschwachen Schüler äußerten. Weiterhin wurde ein Zusammenhang zwischen negativer Einstellung zur Schule und Vandalismus ermittelt, wobei dieser unabhängig von der Leistung bestand.

Die Beziehung von Kindern und Jugendlichen zur Schule hängt stark davon ab, ob sie dort Bestätigung, Anerkennung und Unterstützung finden oder Mißerfolgserlebnissen und Frustrationen ausgesetzt sind. Letzteres ist besonders bei leistungsschwachen Schülern der Fall, die oft nicht nur wegen ihrer mangelhaften Schulleistungen, sondern insgesamt als Person abgelehnt werden. Bei diesen Prozessen spielt die zu starke Leistungsorientierung der Schule eine große Rolle; Schulprogramme, die neben akademischen Leistungen auch soziale Fähigkeiten der Schüler fördern, sind vor allem für schlechtere Schüler von Wichtigkeit und ein erfolgversprechender Präventionsansatz. Wir gehen davon aus, daß zumindest ein Teil der Jugendkriminalität die Folge direkter oder indirekter Aggressionen, die häufig durch Versagenserlebnisse hervorgerufen werden, darstellt. Deshalb halten

wir es für wichtig, daß die Schule neben der Forderung von
kognitivem Lernen auch zur Entwicklung sozialer Fähigkeiten, insbesondere von Konfliktlösungskompetenz beiträgt,
was als Beitrag zur Prävention von Jugendkriminalität betrachtet werden kann. Um das soziale Lernen in der Schule
effektiv zu gestalten und die psychosoziale Entwicklung der
Schüler positiv zu beeinflussen, müssen verschiedene Voraussetzungen erfüllt werden.

Als erstes ist hier eine positive Lehrer-Schüler-Beziehung
zu nennen, die zur Lernmotivation und der Bindung der
Jugendlichen an die Schule von wesentlicher Bedeutung ist.
Beziehungslosigkeit und Anonymität hingegen tragen zur Entstehung normüberschreitenden Verhaltens bei (vgl. Zimbardo
1973).

Für die persönliche Entwicklung von Kindern und Jugendlichen in der Schule und in diesem Zusammenhang zur Prävention abweichenden Verhaltens, beschreibt Tausch (1981) folgende Variablen des Lehrerverhaltens als besonders bedeutsam:

1. Echtes Verhalten ohne Fassade
2. Offenheit gegenüber den Schülern
3. Förderung eines positiven Selbstbildes
4. Ernstnehmen und Achtung vor dem Schüler.

Diese Verhaltenskennzeichen fördern nicht nur eine bessere
Verständigung zwischen Lehrer und Schüler, sondern sind für
das Modellernen der Schüler, das gerade in der Pubertät
gefördert werden kann, wichtig. Nach Aspy und Roebuck
(1981) führt ein Vertrauensverhältnis zwischen Lehrer und
Schüler zu größerer Kreativität und besseren intellektuellen Leistungen bei den Schülern. Dagegen vermitteln Lehrer
den betreffenden Schülern, die sie als Person weniger achten, weil sie wenig leisten, das Gefühl, ein Außenseiter zu
sein. Als Reaktion ist die Chance, kriminelles Verhalten zu

entwickeln, deutlich größer als bei Kindern, die sich vom Lehrer akzeptiert und verstanden fühlen.

Auch wenn kriminelles Verhalten das erste Mal konstatiert wird, kommt es darauf an, wie reagiert wird. Die Jugendlichen erwarten zwar in jedem Fall eine Reaktion (van Dullemen u. Hauber 1982), diese Reaktion sollte konsequent aber human sein "firm, but not harsh" und nicht so hart, daß sie Aggressionen beim Kind auslöst.

Um das Verantwortungsgefühl von Lehrern für die psycho-soziale Entwicklung ihrer Schüler sowie für die Belange der Delinquenzprävention zu stärken und ihre pädagogischen Fähigkeiten zu fördern, erscheinen Lehrertrainingsprogramme als geeignetes Mittel. Darüber hinaus sollte zur Verbesserung der Beziehungen in den Schulen eine Dezentralisierung der Schulorganisation stattfinden.

Vor dem Hintergrund der dargestellten Überlegungen halten wir das im Kriminologischen Forschungsinstitut Niedersachsen durchgeführte Projekt "Soziales Lernen in der Schule mit delinquenzpräventiver Zielsetzung" für einen geeigneten Ansatz, die Schule in die Verantwortung hinsichtlich einer Kriminalitätsprophylaxe zu nehmen.

Angesichts der Bedeutung dieses Ansatzes - auch auf internationaler Ebene - erschien es uns lohnend, Teile dieses Programms für niederländische Schulen zu übernehmen bzw. an holländische Bedürfnisse und Bedingungen angepaßt einzusetzen und einen Vergleich bezüglich der Durchführungserfahrungen und Ergebnisse durchzuführen. Die Programmdurchführung in Holland wurde maßgeblich von den Rotterdamer Verkehrsbetrieben unterstützt.

3. Kriminalprävention im Schulbereich: Einsatz eines Trainings zur Steigerung der Konfliktlösungsfähigkeit

3.1. Einleitung

Die Einsicht "Vorbeugen ist besser als heilen" hat in jüngerer Zeit in verschiedenen Bereichen wie auch in Schule und Arbeitswelt zunehmend an praktischer Relevanz gewonnen. Dieser Einsicht folgend betrieb die RET-Direktion (Rotterdamse Electrische Tram, Verkehrsbetriebe Rotterdam) Aufklärungsarbeit in der Schule, um dem Vandalismus durch Kinder und Jugendliche entgegenzuwirken bzw. vorzubeugen. Um diese Arbeit zu intensivieren, trat die RET in Kooperation mit dem Kriminologischen Institut Leiden: Es wurde beschlossen, die punktuelle Aufklärungsarbeit durch ein soziales Training, das in den Schulalltag integriert werden sollte, zu ergänzen.

Geeignet für diese Arbeit erschien uns das Lernprogramm, das im Kriminologischen Forschungsinstitut Niedersachsen e.V. (vgl. Lerchenmüller u.a. 1983; Lerchenmüller 1985) entwickelt worden war und in dem das Erlernen von Problemlösungen sowie der Umgang mit Konflikten zentrale Themen sind.

Dieser Ansatz ist deshalb wichtig, weil wir der Überzeugung sind, daß vandalistisches wie auch anderes sozial-unerwünschtes und delinquentes Verhalten in einem Unvermögen, Konflikte zu lösen, mitbegründet ist.

3.2. Das Trainingsprogramm: Inhalte, Ziele, Methoden und Zielgruppe

Der Kurs umfaßt 10 Unterrichtsstunden, in denen jugendspezifische Konflikte behandelt wurden, die mittels verschiedener Arbeitsformen wie Rollenspiel, Bildergeschichten zeichnen sowie Geschichten vervollständigen, bearbeitet wur-

den. Hierdurch sollten die Schüler zur aktiven Teilnahme am
Unterricht motiviert werden (vgl. hierzu Übersicht (1);
vgl. ausführlich zum Training Lerchenmüller 1983, 1985;
Lerchenmüller u.a. 1983).

Übersicht 1 : Themen und Arbeitsformen: Training "Konfliktlösung"

Stunden	Themen	Arbeitsformen
1	Einleitung: Methoden, Zielsetzung	Klassengespräch
2	Der Klassensprecher	Geschichte + Rollenspiel
3	Drei Straßen weiter	Geschichte + Gruppenarbeit
4	Heike weiß nicht mehr weiter	Bildergeschichte + Rollenspiel
5	"Na, dann Prost"	Bildergeschichte + Rollenspiel
6	Die Mutprobe	Geschichte + Gruppenarbeit
7	Ein Abend bei der Familie Wanders	Bildergeschichte + Diskussion Vandalismus im öffentlichen Verkehr
8	Zwischenfall in der Pause	Bild + Rollenspiel
9	Das neue Mofa	Geschichte + Rollenspiel
10	Komm, wir machen was los ...	Bildergeschichte + Gruppenarbeit Diskussion
11	Auswertung	Fragen beantworten, Diskussion

Die Schüler sollten unter der Anleitung eines Trainers
lernen, soziale und persönliche Probleme zu lösen, ohne daß
ihnen für die dargestellten Konflikte eine Standardlösung
vorgegeben wurde. Trainer waren Mitarbeiter des Kriminologischen Instituts Leiden und in der schulischen Aufklärungsarbeit über Vandalismus erfahrene Mitarbeiter der RET. Einsatzort für das Programm waren verschiedene Schulklassen in
Rotterdam, die sowohl nach Schultypen, als auch Stadtteilen
streuten, um möglichst breite Erfahrungen mit dem Trainings-
einsatz zu gewinnen. Einbezogen in das Projekt wurden
12-15jährige Schüler aus

- 4 Klassen aus technischen Schulen (Schultyp mit nie-
  derem intellektuellem Ausbildungsniveau)
- 6 Klassen aus Hauptschulen
- 4 Klassen aus Realschulen.

Ein weiteres Ziel des Programmeinsatzes war, die Schulen zu
motivieren, dieses in allen Klassen zu übernehmen und über
die Dauer des Versuchs hinaus weiterzuführen.

3.3. Evaluation des Schülertrainings

Die Programmevaluation wurde unter Verwendung verschiedener
Erhebungsmethoden - schriftliche Befragung der Schüler, Interviews mit den Lehrern und Gespräche mit allen beteiligten Mitarbeitern am Ende des Schülertrainings - durchgeführt. Folgende Variablen erschienen uns für die Evaluation
relevant:

1. Angemessenheit des Trainingsinhalts
2. Angemessenheit der Arbeitsmethoden
3. Reaktionen der Schüler
4. Reaktionen der Lehrer
5. Zielerreichung

3.3.1. Evaluation hinsichtlich der Angemessenheit der Inhalte

Die Verständlichkeit der angebotenen Geschichten sowie das
Interesse der Schüler an den beschriebenen Problemen sind
Voraussetzungen für eine angemessene Auseinandersetzung mit
den Trainingsinhalten und das Erlernen von Konfliktlösungen.

Die Bewertung der Texte und Inhalte des Programms durch die
Schüler (Fragebogen) fiel unterschiedlich aus: Für die
12-15jährigen Schüler der Mittelschulen, Fachschulen und
Gymnasien waren die Texte vom Sprachniveau her angemessen,

die Themen knüpften an die Erlebniswelt der Schüler an; für
die Jugendlichen aus technischen Schulen waren die Texte
z.T. zu schwierig, die dargestellten Probleme boten diesen
Schülern kaum Identifikationsmöglichkeiten und lösten wenig
Betroffenheit aus.

3.3.2. Evaluation hinsichtlich der Angemessenheit der Arbeitsmethoden

Von den Schülern aller Schultypen wurden die gewählten
Arbeitsmethoden (vgl. Übersicht (1)), insbesondere das Rollenspiel und das Zeichnen von Bildergeschichten, als interessant und anregend bewertet.

Positiv an den gewählten Lehrmethoden war vor allem, daß
diese die Kontakte zwischen den Schülern intensivierten und
zur Kooperation anregten. Die Darstellungsweisen der Schüler, etwa im Rollenspiel oder den Bildergeschichten, gaben
auch Aufschluß darüber, inwieweit die Betroffenen das Problem verstanden hatten und zielgerechte Konfliktlösungen
konzipieren konnten.

Hier zeigte sich wiederum ein Unterschied zwischen den
Schülern der verschiedenen Schultypen: Die Jugendlichen der
technischen Schulen hatten mehr Schwierigkeiten, ihre Gedanken, Ideen und Gefühle darzustellen. Verbunden mit ihrem
geringen Interesse an den Trainingsinhalten traten bei diesen auch Konzentrationsschwierigkeiten auf. Für diese Gruppe hätten die Unterrichtseinheiten u.E. kürzer sein müssen,
während sie für die Haupt- und Realschüler durchaus länger
sein konnten. Darüber hinaus zeigte sich, daß die Formulierung der Arbeitsaufträge für die Gruppe der Schüler in mehr
praktisch-technischer Ausbildung sehr konkret, und die einzelnen Arbeitsabschnitte kurz und überschaubar sein mußten.

Aufgrund unserer Erfahrungen soll das Programm für die weitere Arbeit in Schulen dahingehend modifiziert werden, daß die einzelnen Unterrichtseinheiten flexibel je nach Schultyp, nach dem Sprach- und Konzentrationsvermögen der Schüler genutzt werden können.

Umfang und Intensität des Programms, eine Wochenstunde über den Zeitraum von 10 Wochen, erwiesen sich als positiv.

3.3.3. Reaktionen der Schüler

Nach Beendigung des Trainingsprogramms wurden die Schüler nach ihrer Bewertung dieser Form des Unterrichts befragt. Ihre Stellungnahmen, die durch Beobachtungen im Trainings-verlauf ergänzt wurden, sollen im folgenden referiert wer-den.

Positiv bewertet wurden von den Schülern alle Stunden, die ein hohes Maß an Aktivität erlaubten und erforderten; Unter-richt hingegen, der längere Phasen des Zuhörens oder schriftliches Arbeiten enthielt, fand weniger die Zustim-mung der Schüler (vgl. Tab. (1)).

Tab. 1 : Bewertung der verschiedenen Stunden

positiv	negativ
Das neue Mofa	Drei Straßen weiter
Der Klassensprecher	"Na, dann Prost"
Heike weiß nicht weiter	-
Ein Abend bei der Familie Wanders	-

In der Gesamtbewertung des Programms durch die Schüler zeigte sich folgendes Bild (vgl. Tab. (2)):

Tab. 2 : Gesamtbewertung des Trainings "Konfliktlösung"

	Technische Schule n = 107	Hauptschule n = 143	Realschule n = 95
positiv	62 %	76 %	84 %
negativ	38 %	24 %	16 %

Aus obiger Tabelle wird deutlich, daß der Trainingskurs in den Realschulklassen die höchste Akzeptanz fand und von den Schülern der technischen Schulen am wenigsten akzeptiert wurde, obwohl insgesamt die Mehrzahl aller Schüler der verschiedenen Schultypen das Programm positiv bewertete.

Die Arbeitsmethoden Rollenspiel und Gruppenarbeit wurden ebenfalls von den meisten Schülern positiv eingeschätzt, wobei hier jedoch schulspezifische Differenzen auftraten, wie aus Tabelle (3) ersichtlich ist.

Tab. 3 : Bewertung von Rollenspiel und Gruppenarbeit

	Gruppenarbeit		Rollenspiel	
	positiv	negativ	positiv	negativ
Technische Schule n = 107	61,8 %	38,2 %	47,1 %	52,9 %
Hauptschule n = 143	87,6 %	12,4 %	63,9 %	36,1 %
Realschule n = 95	76,6 %	23,4 %	72,3 %	27,7 %

Wie in der Gesamtbeurteilung des Trainings, zeigten die Schüler der technischen Schulen die negativste Einschätzung der Arbeitsmethoden Gruppenarbeit und Rollenspiel. Übereinstimmend mit den Hauptschülern wurde hier die Gruppenarbeit deutlich besser bewertet als das Rollenspiel.

In den Realschulklassen wurden beide Arbeitsmethoden nahezu gleich stark von der überwiegenden Mehrheit der Schüler akzeptiert. Rollenspiele gefielen insbesondere denjenigen Schülern, die intellektuell leistungsstark waren, über eine gute Verbalisierungsfähigkeit verfügten und von daher auch keine Schwierigkeiten mit dieser Arbeitsmethode hatten.

Eine Intention des Trainings lag darin, durch den Einsatz schülerzentrierter Arbeitsformen, die auf Kooperation und gegenseitiges Verstehen ausgerichtet sind, das Lernklima in den Klassen zu verbessern.

Viele der betroffenen Schüler, wiederum vor allem in den Real- und Hauptschulklassen, bemerkten, daß sich die Atmosphäre in ihren Klassen verbessert habe (vgl. Tab. (4)).

Tab. 4 : Zielerreichung: Verbesserung des Klassenklimas

	Technische Schule n = 107	Hauptschule n = 143	Realschule n = 95
Verbesserung des Klassenklimas	23,7 %	48,8 %	67,3 %
leichte Verbesserung des Klassenklimas	37,3 %	29,3 %	21,6 %
keine Veränderung	47,8 %	21,1 %	10,2 %
Verschlechterung des Klassenklimas	3,2 %	0,8 %	0,9 %

Eine wichtige Komponente einer entspannten Lernatmosphäre ist ein Klassenklima, das sich durch Offenheit und gegenseitige Akzeptanz auszeichnet. Die Frage, ob sie sich im Training offen hätten äußern können, wurde von der Mehrzahl der Schüler bejaht, wie Tab. (5) verdeutlicht.

Tab. 5 : Konntest Du Dich in den Projektstunden offen äußern
ohne Angst, ausgelacht oder getadelt zu werden?

	Technische Schule n = 107	Hauptschule n = 143	Realschule n = 95
ja	43 %	60 %	72 %
ja, konnte ich schon immer	8 %	12 %	6 %
manchmal	21 %	5 %	2 %
nein	28 %	23 %	20 %

Der Grund für mangelnde Offenheit in der Klasse wurde von
den Schülern, die sich gehemmt fühlten, zumeist in der
Angst vor Mitschülern, weniger jedoch vor den Trainern,
gesehen.

Auf die Frage, was sie durch das Training gelernt hätten,
anworteten 67,3 %, daß sie andere nun besser verstehen
könnten und mehr darüber nachdächten, wie Konflikte sinnvoll gelöst werden könnten. 28,7 % der befragten Schüler
waren hingegen der Meinung, nichts gelernt zu haben; diese
negative Einschätzung eines Lernerfolgs wurde ausschließlich von Schülern der technischen Schulen gegeben, was auch
insofern nicht verwundert, als hier das Programm, seine
Inhalte und Arbeitsmethoden, die geringste Akzeptanz fand
und die Lernatmosphäre am negativsten bewertet wurde.

Nach Beobachtungen der Projektmitarbeiter waren die Haupt-
und Realschüler im allgemeinen zur Mitarbeit im Training
motiviert, zeigten Interesse am Rollenspiel und bemühten
sich, im Spiel sowie in der Diskussion verschiedene Lösungsalternativen zu entwickeln und abzuwägen. Durch das Rollenspiel konnte auch häufiger ein Transfer von den vorgegebenen Konflikten auf die Lebenssituation der Schüler hergestellt werden, so daß z.T. Beispiele aus dem Leben der
Schüler Gegenstand der Problemdiskussion wurden.

Arbeit in kleinen Gruppen, wobei auch der Lehrer am Unterricht teilnahm, war besonders geeignet, die Schüler zur Diskussion eigener Probleme zu motivieren; bei dieser Arbeitsform sowie bei Spielen, die Aktivität erforderten, waren auch die Schüler der technischen Schulen in der Problembehandlung engagiert. In Unterrichtsphasen, die längeres Zuhören erforderten, zeigten diese Schüler Konzentrationsprobleme und Ungeduld. Um für diese Schüler einen Trainingserfolg zu erreichen, mußten die Unterrichtsstunden so konzipiert werden, daß in kleinen Gruppen, mit kleinen thematischen Einheiten gearbeitet werden konnte.

3.3.4. Reaktionen der Lehrer

In allen Schulen, in denen wir wegen der Durchführung des Trainings angefragt hatten, waren sowohl die Schulleiter als auch die betroffenen Lehrer spontan zur Mitarbeit bereit. Nach Beendigung des Programms äußerten sich die befragten Lehrer aller Schultypen positiv über Inhalte und Methoden des Trainings und erklärten sich zu dessen Weiterführung in anderen Klassen der gewählten Schulen bereit. Durch diese Bereitschaft der Lehrer kann gewährleistet werden, daß das Unterrichtsprogramm auch nach Abschluß des Experiments weiterhin in den Schulen eingesetzt wird und eine breitere Schülerpopulation davon profitieren kann, was als Projekterfolg zu bewerten ist.

Insbesondere von den Lehrern der technischen Schulen wurden Kritik an einigen Programmpunkten geäußert sowie Anregungen zu deren Modifikation gegeben. Übereinstimmend mit der Meinung der Schüler wurde angeregt, den Sprachgebrauch, die Arbeitsformen, insbesondere die Dauer der Themenbehandlung und einzelner Arbeitseinheiten dem Lernniveau der Schüler stärker anzupassen.

Darüber hinaus wünschten diese Lehrer eine intensivere Vorbereitung des Trainings mit den Projektmitarbeitern sowie eine Zwischenevaluation nach jeder Stunde. Bei der Überarbeitung des Programms soll eine Differenzierung der Trainingsmethoden nach den Bedürfnissen der Schüler, der unterschiedlichen Schultypen unter Berücksichtigung der von Schülern und Lehrern geäußerten Kritik und Modifikationsvorschlägen, vorgenommen werden.

3.3.5. Zielerreichung

Die Frage nach den Lerneffekten bei den Schülern durch die Programmdurchführung kann nach der Anlage unseres Versuchs nicht mit exakten Zahlen belegt werden. Grundsätzlich erscheint die Messung von Lerneffekten bei Schülern, insbesondere wenn sich diese in Verhaltensänderungen ausdrücken sollen, sehr schwierig, da hier viele intervenierende Faktoren innerhalb des allgemeinen Schulgeschehens wie auch in der Privatsphäre der Schüler eine Rolle spielen.

Entsprechend unserer Zielsetzung ist ein Lernerfolg, der sich bei 71,3 % der Schüler zeigte, darin zu sehen, daß sie gelernt haben, über Probleme nachzudenken und verschiedene Lösungsalternativen in der Gruppe zu diskutieren.

Auch bei denjenigen Schülern, die subjektiv den Eindruck hatten, nichts gelernt zu haben, sind wir der Überzeugung, daß das Training auch für diese Gruppe nicht sinnlos und ganz fruchtlos war, denn die Schüler wurden 10 Wochen kontinuierlich mit Problemgeschichten konfrontiert und zur Auseinandersetzung mit den dargestellten Konflikten angeregt und angeleitet. Obwohl diese Schüler Widerstände gegen die Trainingsdurchführung erkennen ließen, kann diese doch eine Sensibilisierung für Probleme bewirkt und eine Vorbereitungsfunktion für Folgeprogramme erfüllt haben. Die Schüler haben nämlich die ersten drei Phasen, die für eine Verhaltensänderung notwendig sind, durchlaufen. Diese Phasen sind:

1. Beschäftigung mit einem Auftrag zur Lösung von Konflikten
2. Integration dieser Art der Konfliktlösung in das Schulsystem
3. Generalisierung der Konfliktlösungsstrategien auf Situationen außerhalb der Schule

Wir sind der Auffassung, daß aufgrund der systematischen Auseinandersetzung mit Konfliktsituationen bei den meisten Schülern eine Verhaltensänderung in Hinsicht einer größeren Sozialität durch das Training zumindest vorbereitet wurde.

3.4. Zusammenfassung und Schlußfolgerungen

Vor dem Hintergrund der dargestellten Überlegungen zur Prävention und den Erfahrungen mit der Projektdurchführung in Rotterdam, kommen wir zu folgenden Schlußfolgerungen:

- Zum weiteren Einsatz des Schülertrainings muß dieses für die Schüler der technischen Schule hinsichtlich des Sprachniveaus der Problemgeschichten, einer Konkretisierung der Arbeitsaufträge und einer Berücksichtigung alternativer Arbeitsmethoden, die dem Schüler mehr Aktivität gewähren, modifiziert werden.

- Um RET-Mitarbeiter sowie andere Bedienstete des öffentlichen Dienstes zur Durchführung des Trainings in der Schule zu befähigen, bedarf es einer Einarbeitung in die Hintergründe und die pädagogische Konzeption des Programms.

- Um das Training möglichst effektiv auf einer breiten Ebene in Schulen einsetzen zu können, erscheint es sinnvoll, Lehrer in die Projektdurchführung einzuarbeiten, damit das Programm von den Schulen selbst ohne äußere Kotrainer getragen werden kann. Eine Beratung der Lehrer durch externe Fachkräfte wäre hingegen sinnvoll. Schulexterne Programmberater könnten auch die Evaluation des Kurses in standardisierter Form übernehmen, damit die Resultate der verschiedenen Schulen verglichen werden können.

- In Anbetracht der Tatsache, daß viele Schulen an der Durchführung bzw. Weiterführung des Schülertrainings interessiert sind, ist es bedauerlich, daß z.Z. von den betroffenen Instanzen noch keine Beschlüsse darüber gefaßt wurden, wie, in welchem Umfang bzw. ob das Programm weiter eingesetzt und wissenschaftlich begleitet werden soll. Dies bringt für die betroffenen Schulen eine Ungewißheit mit sich, die ihre Motivation zur Mitarbeit beeinträchtigen kann.

- Aufgrund der bisherigen Erfahrungen mit der Projektdurchführung und der gewonnenen Resultate bedauern wir es besonders, daß bisher keine positiven Beschlüsse zur Projekterweiterung gefaßt worden sind, da wir den Einsatz des dargestellten Schülertrainings für ein sehr nützliches Instrument der Delinquenzprävention, insbesondere der Prävention von jugendlichem Vandalismus, halten.

- Die Kooperation zwischen den Mitarbeitern des Kriminologischen Instituts Leiden, den Schulleitern und Lehrern der betroffenen Schulen sowie den Mitarbeitern der öffentlichen Verkehrsbetriebe hat sich als positiv für die Durchsetzung des Präventionsprogramms in der Schule erwiesen.

4. Perspektiven für die Zukunft

Die weitere Forschungsarbeit zum dargestellten Projekt wird sich auf drei Schwerpunkte konzentrieren:

1. Es soll ein Vergleich zwischen den Erfahrungen und Resultaten der Programmdurchführung in Rotterdam und Hildesheim (wo das Projekt vom KFN eingesetzt wurde) durchgeführt werden. Problematisch ist hierbei jedoch, daß das KFN-Projekt umfangreicher war und über einen längeren Zeitraum eingesetzt wurde.

2. Der Programmeinsatz in Rotterdam hat zwar deutlich gemacht, daß das Schülertraining eine erfolgversprechende und praktikable Möglichkeit der Delinquenzprävention ist, wir wissen jedoch noch wenig darüber, bei welchen Schülern das Programm gut, bei welchen weniger gut anspricht. Daher sollen die bisherigen Untersuchungen durch Persönlichkeitsstudien bei den Schülern ergänzt werden, bei denen die Variablen Risikobereitschaft, Zukunftsperspektive und Extraversion besondere Berücksichtigung finden sollen. Aufgrund der Ergebnisse dieser Untersuchung soll das Trainingsprogramm überarbeitet und an die spezifischen Bedürfnisse und persönlichen Voraussetzungen verschiedener Schülergruppen angepaßt werden.

3. Bei der Überarbeitung des Schülertrainings sollen die Zielsetzung sowie der pädagogische Ansatz und die theoretische Begründung dieser Form der Delinquenzprävention beibehalten werden: Wir gehen davon aus, daß jugendliche Delinquenz als unfähiges Handeln in Konfliktsituationen zu interpretieren ist. Zur Prävention von Jugendkriminalität erscheint es daher erforderlich, Kinder und Jugendliche in der Analyse von Problemsituationen und der Wahl angemessener Konfliktlösungen zu schulen. Eine Differenzierung des Trainings soll entsprechend der unterschiedlichen Persönlichkeitsstruktur der Schüler nach verschiedenen Gruppen vorgenommen werden. So kann es beispielsweise sein, daß Schüler, die eine relativ hohe Risikobereitschaft zeigen, höherer Aufmerksamkeit durch die Pädagogen bedürfen, als Jugendliche mit "normalen" Risikowerten. Durch die weitere, nach der Programmodifikation

differenzierte Evaluation sollen spezifische Erkenntnisse darüber gewonnen werden, bei welchem Schülertypus das
Training erfolgreich, bei welchem weniger effektiv einzusetzen ist.

Literatur

ASPY, D.; ROEBUCK, F.: A national consortium for humanizing
    education. (Columbus, 1981).

BANDURA, A.: Aggression. Eine sozial-lerntheoretische Analy-
    se. (Stuttgart, 1979).

BARNES, J.H.; LUCAS, H.: Positive discrimination in educa-
    tion: individuals, groups and institutions. (London,
    1974).

BÄUERLE, S.; LERCHENMÜLLER, H.: Forschungsplan. Schule und
    präkriminelles Verhalten. (Hannover, 1981).

DULLEMEN, van H.; HAUBER, A.R.: Vernielende jongeren, wat
    bedoelen zij? (Rotterdam, 1982).

GLADSTONE, F.J.: Vandalism among adolescent schoolboys.
    (In: R.V.G. Clarke (ed.): Tachling Vandalism.
    London, 1978).

GÖPPINGER, H.: Kriminologie. (München, 1980, 4. Aufl.).

HIRSCHI, T.: Causes of delinquency. (Berkeley, 1969).

JONGMAN, R.W.; CATS, P.F.: Jeugdcriminaliteit in de lift.
    (In: L.G. Moor, A.R. Hauber, R. Landman, J. Nijboer,
    S. Steenstra (eds.): Grenzer van de Jeugd. Nijmegen,
    1981).

JUNGER-TAS, J.: Jeugddelinquentie, achtergronden en justi-
    tiël reactie. (Den Haag, 1983).

KUBE, E.; SCHUSTER, L.: Vandalism in urban milieu. (Wies-
    baden, 1982).

LACASSAGNE, J.A.; MARTIN, E.: Des résultats positifs et
    indiscutables que l'anthropologie criminelle peut
    fournier à l'élaboration ou l'application des lois;
    in: 5ième Congrès International d'Anthropologie
    Criminelle, I. Tome: Rapports; Amsterdam: Debussy
    1901. (In: H. Göppinger: Kriminologie. München,
    1980, 4. Aufl.).

LERCHENMÜLLER, H.: Soziales Lernen in der Schule - ein
    Konzept zur Prävention abweichenden Sozialverhaltens
    von Jugendlichen. (In: H.-J. Kerner, H. Kury, K.
    Sessar (Hrsg.): Deutsche Forschungen zur Kriminali-
    tätsentstehung und Kriminalitätskontrolle, Bd. 6/2,
    Köln u.a., 1983, S. 743-775).

LERCHENMÜLLER, H.: Evaluation eines sozialen Lernprogramms in der Schule mit delinquenzpräventiver Zielsetzung. Abschlußbericht Hannover 1984. (Im Druck, Köln u.a., 1985, Bd. 11/1).
Soziales Lernen in der Schule zur Prävention sozial-auffälligen Verhaltens - ein Unterrichtsprogramm für die Sekundarstufe I. (Im Druck, Köln u.a., 1985, Bd. 11/2).

LERCHENMÜLLER, H. u.a.: Delinquenzprophylaxe im Schulbereich - Ein praxisnahes Forschungsprojekt. (In: H. Kury, H. Lerchenmüller (Hrsg.): Schule, psychische Störungen und sozialabweichendes Verhalten - Situationsbeschreibung und Möglichkeiten der Prävention. Köln u.a., 1983, S. 450-494).

NEWMAN, O.: Design guidelines for creating defensible space. (New York, 1976).

STRENG, F.: Jugenddelinquenz als gesellschaftliche Herausforderung. (In: Strafvollzug an Jugendlichen. Trier, 1981).

TAUSCH, R.: Wie können Lehrer das persönliche Lernen und die persönliche Entwicklung von Schülern so fördern, daß sich ihr kriminelles Verhalten während und nach der Schulzeit vermindert? (In: H. Kury (Hrsg.): Perspektiven und Probleme kriminologischer Forschung. Köln u.a., 1981).

ZIMBARDO, P.G. et al.: Interpersonal dynamics in a simulated prison. (In: International Journal of Criminology and Penology 1 (1), 1973, S. 69-97).

Anton Rosner

Kann und soll Prävention in der Schule delinquenzspezifisch sein?

Überlegungen und Bericht zu einer Arbeitsgruppe während des Colloquiums des Kriminologischen Forschungsinstituts Niedersachsen e.V. am 27.10.1983

<u>Inhalt</u>

1.   Einleitung

2.   . Delinquenzprävention   im   Unterricht: Inhaltliche
       Schwerpunkte, Zielgruppenspezifität, erwünschte und
       unerwünschte Wirkungen
2.1.   Kausalitätsmodelle und inhaltliche Spezifizierung von
       delinquenzpräventiven Maßnahmen
2.2.   Zielgruppenspezifität von Delinquenzprävention
2.3.   Erwünschte und unerwünschte Wirkungen von Delinquenz-
       prävention

3.   Drei Projekte zur Delinquenzprävention in Schule und
       Familie - Bericht über eine Arbeitsgruppe anläßlich
       des Colloquiums des Kriminologischen Forschungsinsti-
       tuts Niedersachsen e.V. im Herbst 1983
3.1.   Elternkurse zur Delinquenzrisikoverminderung (Kotzur
       u. Retzmann 1982)
3.2   Schülertraining zur Förderung sozialer Kompetenz un-
       ter   kriminalpräventiver   Zielsetzung   (Lerchenmüller
       1982)
3.3   Schülertraining zur Prävention von Vandalismus - eine
       adaptierte Form des Schülertrainings des KFN in Hol-
       land
3.4.   Zusammenfassung

       Literatur

1. Einleitung

Unter Delinquenzprävention sind nach Lösel Maßnahmen zu verstehen, "die darauf abzielen und geeignet sind, delinquente Handlungen zu verhindern" (Lösel 1982, S. 214). Delinquenzprävention ist in der Zielsetzung auf Vermeidung von störendem und unerwünschtem Verhalten ausgerichtet und "nicht an positiven Zielen der psychischen Gesundheit oder optimalen Entwicklung orientiert" (Lösel 1982, S. 214 f.). In der Zielsetzung von Delinquenzprävention deuten sich durch die Einengung auf den delinquenzspezifischen Aspekt und die Schwerpunktsetzung auf zu vermeidendes Verhalten zwei Widersprüchlichkeiten an:

- Prävention versucht im Vorfeld von Auffälligkeiten anzusetzen und hat grundsätzlich eher allgemeinen Charakter. Mit dem Ziel der Vorbeugung von Delinquenz findet dagegen eine Orientierung auf ein ganz spezifisches Ziel statt. Die Praxis von Delinquenzprävention steht in einem Spannungsfeld möglichst frühzeitiger und daher unspezifischer Vorgehensweise, was Interventionszeitpunkt und Gestaltung der Maßnahmen betrifft, und einer spezifischen Orientierung, was das Ziel der Maßnahmen betrifft.

- Je unspezifischer in Zielgruppe und inhaltlichem Konzept Delinquenzprävention gehalten ist, desto stärker wird die inhaltliche Arbeit an positiven Zielen
  ausgerichtet sein. Delinquenzprävention richtet sich
  aber per definitionem auf die Vorbeugung und Vermeidung von Auffälligkeiten. Dieser Widerspruch läßt
  sich nur überbrücken durch ein Handlungs- und Kau-
  salitätswissen über Beziehungen zwischen Kompetenzen
  und Delinquenz.

Die allgemeine Problematik, die mit der Einengung auf das
Ziel der Delinquenzvorbeugung und -vermeidung verbunden
ist, soll exemplarisch für den schulischen Bereich im folgenden theoretischen Abschnitt erörtert werden. In einem
zweiten Abschnitt wird eine Diskussion über drei Projekte
mit delinquenzpräventiver Zielsetzung anläßlich des Colloquiums des KFN am 27.10.1983 zusammengefaßt, in der die im
ersten Abschnitt behandelten Probleme in Form praktischer
Erfahrungen thematisiert werden.

2. Delinquenzprävention im Unterricht: Inhaltliche Schwer-
punkte, Zielgruppenspezifität, erwünschte und unerwünschte Wirkungen

Die Schule ist ein wichtiges Feld für Maßnahmen zur Prävention von Delinquenz, auch wenn die institutionellen Ziele
der fachlichen Qualifikation im Vordergrund stehen und möglicherweise mit anderen Schwerpunkten, die durch den Präven-
tionsgedanken oder durch Ziele wie soziales Lernen gesetzt
werden, in Konflikt geraten können. Die zentrale Bedeutung
der Schule für Delinquenzprävention liegt zum einen darin,
daß schulbedingte Ursachen von Delinquenz angegangen werden
können. Noch wichtiger ist aber, daß Jugendliche über die
Schule durch systematische Programme erreichbar sind und
Entwicklungen so beeinflußbar sind, deren Ursachen außerhalb der Schule liegen. Präventionsmaßnahmen bieten der

Schule eine Hilfe, Probleme zu reduzieren, die nicht direkt schulbedingt sind, als besondere Belastung für die Aufgaben der Schule jedoch nicht übergangen werden können und dürfen.

Im schulischen Bereich wurden die verschiedensten Maßnahmen unter dem Gesichtspunkt der Delinquenzprävention durchgeführt. Diese reichen von sehr inhalts- und zielgruppenspezifischen Angeboten und Maßnahmen, z.B. Identifikation von auffälligen Jugendlichen, Training in Problemlösefähigkeiten, Rechtskundeunterricht, bis zu sehr allgemeinen Zielsetzungen, z.B. Humanisierung der Erziehung (vgl. Knudten 1975). Entsprechend konträr sind auch die verschiedenen Positionen, was Ziele und Praxis der Delinquenzprävention angeht. Eine Ablehnung von spezifischen Ansätzen vertritt beispielsweise Schur 1973. Nach seiner Meinung bringen Strategien und Angebote am meisten, wenn sie nicht speziell auf Delinquente und Delinquenz zugeschnitten sind, sondern sich an die Allgemeinheit der Jugendlichen richten. Ein breites Spektrum dessen, was unter dem Begriff Delinquenzprävention in der Schule denkbar ist, eröffnen die Vorschläge von Schafer u. Polk 1967 in dem Task Force Report Juvenile Delinquency and Youth Crime, die fast einem umfassenden Programm einer Schulreform nahekommen. Da sie einen recht guten Überblick über die in den USA diskutierten Möglichkeiten der Delinquenzprävention in der Schule bieten, seien sie hier stichwortartig aufgelistet:

- Verstärkung des Glaubens der Lehrer an die Erziehbarkeit der Schüler,
- Erweiterung der Vorschulerziehung,
- Angebot besserer Unterrichtsmaterialien,
- Entwicklung angemessener Unterrichtsmethoden,
- flexible Klassensysteme statt zersplitterter Kurssysteme,
- kontinuierliche Lehrerfortbildung,
- zusätzliche Anreize für den Lehrerberuf in Unterschichtsschulen,

- Optimierung und Erweiterung der Gebäude von Schulen, der Service-Einrichtungen und der Ausstattung,
- Förderung der Heterogenität in der Zusammensetzung der Schülerschaft,
- alternative Ausbildungswege,
- Schülermitbestimmung,
- Förderung der Teilnahme an außerunterrichtlichen Angeboten der Schule,
- Partizipationsmöglichkeiten für Schüler bei der Unterrichtsgestaltung,
- Unterricht über Rechtsthemen,
- Vermeidung des Ausschlusses schwieriger Schüler,
- Entwicklung positiver Reaktionen auf schwierige Schüler,
- Reintegration von Schülern, die längere Zeit der Schule fernbleiben,
- Zusammenarbeit verschiedener Professionen (Sozialarbeiter, Psychologen, Lehrer) im Hinblick auf Schülerauffälligkeiten,
- Erweiterung der Beratungs- und Sonderdienste,
- Verbesserung der Kooperation von Schule und Familie,
- Verbesserung der Kooperation von Schule und Gemeinde.

Wheeler u.a. 1967 unterscheiden vier Felder für Delinquenzprävention in der Schule:

- Verstärkte Realisierung folgender Erziehungs- und Unterrichtsstile: Förderung von Autonomie und Selbstverantwortlichkeit, Förderung von Kompetenzen zur Bewältigung von Alltags- und Lebensproblemen, Angebote von Erfahrungsmöglichkeiten anstatt Beschränkung und Gängelung, Stärkung von Selbstvertrauen und des Gefühls, die eigenen Belange steuern zu können, durch Formen der Partizipation.

- Überprüfung und Optimierung der Reaktionen von Lehrern und Schule auf abweichendes Schülerverhalten.

- Überprüfung von Schulausschlußpraktiken und Entwicklung von Alternativen.

- Verbesserung der Zusammenarbeit zwischen Schule, Gemeinde, Polizei, Gerichten und Familie.

Die folgenden Überlegungen sollen sich auf Probleme der Delinquenzprävention im Unterricht beschränken. Es wird damit sicherlich nur ein Teilaspekt der großen Vielfalt von Präventionsmöglichkeiten behandelt. Wie die Aufstellung von Wheeler u.a. 1967 aber zeigt, handelt es sich sicher um einen ganz wesentlichen Aspekt der Vorbeugung von Delinquenz. Eine Verstärkung des Präventionsgedankens im Unterricht hat einen besonderen Einfluß auf die Gestaltung des Unterrichts und das Unterrichtsklima, weil alternative Unterrichtsziele im Bereich des sozialen Lernens und des Erwerbs von Handlungskompetenzen ein stärkeres Gewicht im Unterricht erhalten. Folgende Fragen, die sich durch die Spezifizierung von Maßnahmen auf das Ziel der Delinquenzprävention stellen, sollen erörtert werden:

Ist Vorbeugung von Delinquenz als alleiniges Ziel oder als Schwerpunkt von Prävention sinnvoll und möglich? Wie spezifisch kann ein Unterrichtsprogramm auf Prävention von Delinquenz ausgerichtet werden? Sollte das Angebot auf spezifische Zielgruppen beschränkt werden? Welche unerwünschten Nebenwirkungen ergeben sich durch den Schwerpunkt der Delinquenzvermeidung.

Bloom 1980 hat einen differenzierten Präventionsbegriff entwickelt, der gut geeignet ist, die Möglichkeiten und Probleme von Delinquenzprävention in Schule und Unterricht systematischer zu beleuchten. Sechs Dimensionen zur Klassifizierung und Abgrenzung von Präventionsmaßnahmen erscheinen ihm grundlegend:

1. Kausalitätsmodell (medizinisches Modell mit der Vorstellung von klassifizierbaren Krankheitsbildern

und Krankheitsverläufen, Public Health Modell, lerntheoretisches Modell, systemtheoretisches Modell)
2. Zeitperspektive (frühzeitig, kurz vor Auftreten von
   Auffälligkeiten, kurz nach Auftreten von Auffälligkeiten, vor Auftreten kritischer Ereignisse, Lang-
   zeitperspektive)
3. Zielgruppe (Individuum, spezifische Risikopopula-
   tion an einem bestimmten Ort, Allgemeinheit)
4. Erwünschte und unerwünschte Wirkungen
5. Aktive und passive Präventionsstrategien
6. Evaluation

Die ersten 4 Dimensionen erscheinen besonders wichtig zur
Einordnung und Beurteilung von Delinquenzprävention im schulischen Bereich. Die Punkte 5 und 6 sollen für die folgenden
Ausführungen nicht weiter beachtet werden. Die Beschäftigung mit Problemen der Evaluation wird deswegen in den Hintergrund gerückt, da hier eher praxisrelevante Aspekte diskutiert werden sollen. Thema sind ausschließlich aktive
Präventionsstrategien pädagogisch-psychologischer Art, die
individuelle Fähigkeiten mit dem Ziel der Vermeidung delinquenter Verläufe und Karrieren zu vermitteln versuchen oder
die das soziale System Schule-Lehrer-Schüler-Familie unter
pädagogisch-psychologischen Gesichtspunkten umzustrukturie-
ren versuchen. Nicht berücksichtigt werden sollen passive
Interventionsstrategien wie bauliche Veränderungen, Einrichtung von Sicherungs- und Schutzsystemen. Die zeitliche Dimension ist sicherlich sehr wichtig für die Gestaltung von
Präventionsmaßnahmen, soll aber hier außer acht gelassen
werden, da sie bereits in der Literatur ausgiebig behandelt
worden ist (vgl. Brandstädter u. von Eye 1982; Lösel 1982).

2.1. Kausalitätsmodelle und inhaltliche Spezifizierung von delinquenzpräventiven Maßnahmen

Die Übersicht von Knudten 1975 zu Vorstellungen von Schulleitern über Delinquenzprävention und die Vorschläge von
Schafer u. Polk 1967 verdeutlichen, daß sowohl sehr allgemeine als auch sehr spezifische Maßnahmen als angemessen
und wirkungsvoll für das Ziel der Prävention von Delinquenz
eingeschätzt werden. Am einen Ende des Kontinuums (ganzheitliche und unspezifische Orientierung) stehen Programme und
Vorschläge wie Humanisierung von Schule und Unterricht,
Einrichtung alternativer Schulen, Einführung alternativer
Unterrichtskonzepte. Beispielhaft für ein Schulprojekt mit
ganzheitlicher Orientierung ist die Konzeption von Haisch
u. Wetzel 1983 zur Beratung und therapeutischen Begleitung
von schulmüden und demotivierten Schülern. Ihre Grundkonzeption formulieren sie folgendermaßen:

"Allgemeinstes Ziel für uns war es, am Lebensprozeß der
Jugendlichen Anteil zu nehmen, sie darin zu bestärken, ih-
ren eigenen Rhythmus zu finden, sie in der aktiven Ausein-
andersetzung mit der Umwelt zu ermutigen und sie auf ihrem
Lebensweg ein Stück zu begleiten" (Haisch u. Wetzel 1983,
S. 510).

Förderung und Training spezifischer Verhaltensweisen und
Kompetenzen lehnen die Autoren als Einschränkung des Hand-
lungsspielraums der Jugendlichen ab, da in Einengung und
Beschränkung gerade eine wichtige Bedingung für das Auftreten von Demotivierung und Apathie zu sehen ist.

Typisch für das andere Ende des Kontinuums (Förderung spezifischer Fähigkeiten) ist das Programm von Spivack u.
Shure 1974 zum Training von Problemlösungsfähigkeiten. Das
Programm wurde aufgrund vorangegangener differenzierter Fähigkeitsanalysen entwickelt und mit dem Gesichtspunkt der
spezifischen Förderung von Kompetenzdefiziten eingesetzt:

"The training program ... was designed with the goal of teaching personal and interpersonal problem-solving skills that children could incorporate and use when confronted with a variety of typical problem situations. First we and our colleagues conducted a number of background studies to identify the kinds of thinking skills lacking in poorly adjusted individuals. The first studies reported dealt with adolescents, preadolescents, and adults. The studies of four-year olds tapped three facets of the ability to solve real-life problems and the relationship of these facets to behavioral adjustment in a variety of classroom situations. Finally studies were done to train these thinking skills and to assess improvement in behavioral adjustments" (Spivack u. Shure 1974, S. 6).

Das Ausmaß der inhaltlichen Spezifizierung und·Differenzierung steht in engem Zusammenhang mit dem handlungsleitenden Modell zur Erklärung von Delinquenz. Ein differenziertes Kausalitätsmodell, das Defizite in spezifischen Bereichen benennt, gestattet auch eine stärkere Spezifizierung des Präventionskonzeptes. Andere Konzepte vertreten dagegen aufgrund einer philosophischen Grundkonzeption einen eher ganzheitlichen Ansatz, der ein differenziertes und gezieltes Förderungskonzept aus grundsätzlichen Erwägungen ablehnt. Eine zusätzliche Erschwerung differenzierter Konzepte ergibt sich daraus, daß viele Erklärungsansätze zu delinquentem Verhalten wenig empirisch abgesichert sind und nicht ausreichend spezifizierte Bedingungen für Delinquenz nennen können. Anleitungen für die Praxis aufgrund eher unspezifischer handlungsleitender Modelle lassen sich notwendigerweise nur allgemein halten. Es wird häufig eine allgemeine Förderung der Handlungs- und Interaktionskompetenz oder der Konfliktfähigkeit gefordert. Da jedoch offenbleibt, in welcher Beziehung bei Delinquenten Defizite bestehen, muß auch eine Zielbeschreibung vage bleiben. Es wäre aber wichtig zu wissen, ob etwa Delinquente eher Schwierigkeiten zur Konfliktbewältigung mit Gleichaltrigen haben oder zu

problematischen Konfliktlösungen mit Erwachsenen neigen.
Dann stellt sich weiter die Frage: Liegen die Schwierigkeiten eher im Bereich naher Bezugspersonen, also vor allem im
familiären Bereich, oder eher im Umgang mit Institutionen
und Trägern von Autorität? Eine Förderung der Konfliktlö-
sungsfähigkeiten mit Gleichaltrigen könnte möglicherweise
überflüssig sein, wenn sich zeigt, daß delinquente Jugendliche nahezu ausschließlich oder vorwiegend Probleme mit
Autoritätspersonen haben (Hinweise darauf liefert z.B. die
Untersuchung von Gaffney u. McFall 1981 über soziale Fähigkeiten bei delinquenten Mädchen). Zusätzlich werden Probleme der Zieldefinition für Delinquenzprävention kompli-
ziert, wenn Unterschiede in der Ätiologie verschiedener
Delinquenzformen beachtet werden. So scheint es beispielsweise wichtig, Förderung von Selbstwertgefühl und Selbstbehauptungsverhalten unterschiedlich zu akzentuieren, je nach
dem Kausalitätsmodell oder dem Delinquenztypus, von dem
sich die Zieldefinition leiten läßt. Aufgrund empirischer
Arbeiten scheint es bei Gewalttätern zwei grundsätzlich
verschiedene Typen zu geben. Bei einer Gruppe von über-
kontrollierten Gewalttätern sind ein schwach ausgeprägtes
Selbstbehauptungsverhalten, ein geringes Selbstwertgefühl
und emotionale Gehemmtheit ätiologisch relevant. Dagegen
sind bei der anderen Gruppe von Delinquenten mit Gewaltdelikten erhöhte Impulsivität und ein schwach ausgeprägtes
Einfühlungsvermögen bedeutsam. Im Falle von sekundärer Prävention (Prävention von Rückfälligkeit) ist ein Eingehen
auf solche täterspezifischen Merkmale unproblematisch, da
sich die Vorgehensweise an der individuellen Diagnose
orientiert. Schwieriger ist die Frage der Zieldefinition
jedoch im Bereich primärer Delinquenzprävention. Auf welche
Form von Delinquenz sollte ein Präventionskonzept besonders
eingehen? Vermutlich ist diese Frage dem heutigen Stand von
Forschung und Praxis schon einen Schritt voraus, wenn man
bedenkt, daß noch zu wenig differenziertes ätiologisches
Wissen über einzelne Formen von Delinquenz vorliegt. Vermehrte empirische Feinarbeit schlägt auch Lösel vor:

"Berücksichtigt man, daß juristische Deliktklassifikationen noch wenig über psychologische Tatmerkmale aussagen, Intelligenztestwerte nur schwach mit der Lösung komplexerer, polytelischer Problemsituationen korrelieren und kaum soziale Aspekte repräsentieren, Konzepte sozialer Kompetenzen aber empirisch noch wenig präzisiert sind, dann erscheinen differenziertere Fähigkeitsanalysen lohnenswert" (Lösel 1982, S. 39).

Für den gegenwärtigen Entwicklungsstand von präventiven und therapeutischen Maßnahmen bei Delinquenz heißt dies: Es wäre verfrüht, die Forderung nach differenzierten Ansätzen aufgrund der sich stellenden Schwierigkeiten in Forschung und Praxis aufzugeben. Das Wissen über Defizite im Bereich von Handlungs- und Interaktionskompetenz, die zu Delinquenz führen, ist zum gegenwärtigen Zeitpunkt noch zu schwach entwickelt, so daß die Praxis auf eine langfristige Perspektive angewiesen ist. Entwicklung differenzierterer Konzepte ist sowohl von der Grundlagenforschung her als auch aus den Erfahrungen praxisorientierter Projekte zur Prävention und Behandlung von Delinquenz möglich.

2.2. Zielgruppenspezifität von Delinquenzprävention

Sekundäre Prävention von Delinquenz ist ausschließlich auf bereits Auffällige bezogen, der Zeitpunkt der Intervention im Verlauf einer Delinquenzkarriere kann variieren. Aber auch bei primärer Prävention ist zu entscheiden, ob spezifische Populationen oder ob eine Allgemeinheit angesprochen werden soll. Unter diesem Gesichtspunkt sind die Übergänge zwischen primärer Prävention und sekundärer Prävention bei auffälligen Probanden fließend. Delinquenzprävention in der Schule dürfte unter Ökonomie- und Effizienzüberlegungen in der Praxis auf Schulformen mit besonders hohen Delinquenzraten und Schulen in besonders delinquenzbelasteten Wohnvierteln konzentriert werden. Auch die Einstellung von Eltern,

Schulleitung und Lehrern dürfte zu einer Begrenzung der Zielgruppe führen. Die Einführung eines Delinquenzpräventionsprojektes in einem weniger belasteten Gebiet oder Schultyp ruft in der Praxis von seiten der Eltern und Schulleitung Befürchtungen über mögliche Stigmatisierung hervor. Eine solche Reaktion scheint vergleichbar einem Verhalten von Eltern bei Einführung eines neuen Unterrichtsfaches wie Sexualkunde, was bei Eltern den Argwohn erzeugen kann, man würde ihre Fähigkeit zu einer adäquaten Geschlechtserziehung in der Familie in Zweifel ziehen. Ein offenes Ohr für neue Ansätze im Bereich schulischer Delinquenzprävention ist vor allem bei Eltern und Schulen in Gebieten zu erwarten, die sich mit dem Label der Delinquenzbelastetheit abfinden mußten und in Prävention eine Chance zum Abbau dieses Makels sehen.

Zielgruppenspezifität und inhaltlicher Schwerpunkt von Maßnahmen sind im Zusammenhang zu sehen: Unter ökonomischen Gesichtspunkten ist ein breit angelegtes Programm zu Delinquenzprävention leichter bei einem gezielten Angebot für bestimmte Zielgruppen vertretbar und durchsetzbar. Für eine größere Zielgruppe erscheint dagegen ein spezifischer Ansatz eher realisierbar. Ein weniger spezifisches Programm wird für eine größere Zielgruppe dann leichter in die Praxis umzusetzen sein, wenn auch andere Präventionsziele (Prävention von Drogen- und Suchtmittelgebrauch, Prävention von Verhaltensauffälligkeiten allgemein, Abbau von Schulmüdigkeit und Apathie) berücksichtigt werden und die Zusammenarbeit mit spezialisierten Diensten und Verbänden auf diesen Gebieten gesucht wird. So ließe sich Delinquenzprävention integrieren mit den Bemühungen anderer Einrichtungen und Verbände, aber auch mit allgemeinen Programmen zur Verbesserung der Zusammenarbeit von Schule, Elternhaus und sozialen Diensten oder Bestrebungen zur Humanisierung der Schule. Durch diese Kooperation lassen sich Abgrenzungsprobleme im vorhinein vermeiden und die Legitimierung delinquenzspezifischer Bemühungen erleichtern.

2.3. Erwünschte und unerwünschte Wirkungen von Delinquenz-
prävention in der Schule

Unter den intendierten langfristigen Wirkungen von Delinquenzprävention richtet sich das Interesse zunächst trivi-
alerweise auf die spätere Delinquenzrate der Zielgruppe. Es
ist Aufgabe von begleitender Evaluation, Effekte in dieser
Richtung zu überprüfen und die Frage von Ursache-Wirkungs-
Zusammenhängen zu beantworten. Gerade bei Präventionsmaßnahmen ergeben sich enorme methodologische Probleme:

- Bei den Zielgruppen von Maßnahmen der primären Delinquenzprävention handelt es sich um unselegierte
  Stichproben. Für das Merkmal Delinquenz ist eine
  geringe Auftretenswahrscheinlichkeit zu erwarten,
  was einen Effizienznachweis äußerst schwierig macht:
  Voraussetzung für einen Wirkungsnachweis sind große
  Stichproben und nicht zu kurze Erhebungszeiträume.
  Eine Möglichkeit, diese Problematik zu umgehen,
  liegt in der Verwendung von mittelbaren Zielvariablen der Maßnahmen, welche aufgrund des verwendeten
  ätiologischen Modells als Bedingungen von Delinquenz
  gelten können (vgl. weiter unten).

- Primäre Prävention sollte möglichst frühzeitig geschehen. Infolge dessen ist die Wirkung der Präventionsmaßnahmen erst über einen längeren Zeitraum hinweg zu erwarten. Je länger der zu evaluierende Zeitraum, desto größer ist die Wahrscheinlichkeit, daß
  wichtige andere Einflüsse auftreten, welche sich jedoch häufig der systematischen Erfassung entziehen.

- Durch Anstrengungen zur Prävention werden möglicherweise weitere Veränderungen im sozialen Umfeld der
  Zielgruppe hervorgerufen, die zur Reduzierung von
  Auffälligkeitsraten beitragen: Lehrer und Schulleiter könnten zusätzliche Bemühungen unternehmen, um
  der von ihnen geförderten präventiven Arbeit zum

Erfolg zu verhelfen. Je besser die Zusammenarbeit
zwischen verschiedenen Institutionen, möglicherweise
sogar als Folge des Präventionsprojektes, funktio-
niert, desto wahrscheinlicher ist ein Einstellungs-
wandel bei Schule, Lehrern, Eltern und Institutionen
der Strafverfolgung in Richtung auf eine Non-Interventions-Strategie. Die Durchführung der Präventions-
maßnahme erhält unbeabsichtigt die Funktion einer
Legitimation für eine neue Strategie der Reaktion
auf abweichendes Verhalten: Es wird an anderer Stelle mehr zur Vorbeugung oder Beeinflussung von abweichendem Verhalten getan, so daß die traditionellen
Einrichtungen und Strategien etwas nachlässiger ope-
rieren können. Die Beachtung von Effekten dieser Art
ist für die Evaluation wichtig, um später differenzierte Aussagen über die tatsächlich wirkenden
Variablen machen zu können.

Unter den langfristigen und kurzfristigen Wirkungen sind
mittelbare Zielvariablen von fast genauso großer Bedeutung
wie das zentrale Präventionsziel, Reduzierung von Delinquenzraten. Präventionsmaßnahmen mit verschiedenen psycho-
sozialen Zielsetzungen (Drogen, Verhaltensstörungen, Schul-
versagen und Schulmüdigkeit) gehen in Teilbereichen auf
gemeinsame Kausalitätsmodelle zurück und basieren daher auf
ähnlichen Strategien. Die mittelbaren Zielvariablen von Delinquenzprävention decken daher ein breiteres Feld als den
Bereich von Delinquenz ab. Es wäre ein übertrieben fachspe-
zifisches Denken, Wirkungen in anderen Variablenbereichen
und -kontexten als sekundär zu betrachten. Auch unter Gesichtspunkten der Evaluierbarkeit von Präventionsmaßnahmen
(vgl. vorher) sollte der Bereich der Zielvariablen weiter
gefaßt werden. Delinquenzprävention läßt sich schließlich
leichter legitimieren, wenn auf kurzfristige und langfristige Wirkungen nicht delinquenzspezifischer Art hingewiesen
wird und wenn aufgezeigt wird, daß aufgrund des inhaltlichen Konzeptes positive Effekte auch für andere Verhal-

tens- und Interaktionsbereiche angestrebt werden. Dies bedeutet letztendlich, daß Begründung und inhaltliche Konzeption für Delinquenzprävention breit anzulegen ist.

Unmittelbare Wirkungen von Delinquenzprävention im Unterricht können sowohl aus der Perspektive der Delinquenzprävention als auch unter pädagogischen Gesichtspunkten erwünscht und positiv sein:

- Verstärkung des Gewichtes von sozialen Aspekten des
  Unterrichts und der Schule im Vergleich zur fachlichen und leistungsorientierten Zielsetzung,
- neue Erfahrungsmöglichkeiten für Lehrer und Schüler,
- Veränderung des Lehrerverhaltens und Sensibilisierung für Schülerprobleme,
- Verbesserung von Unterrichtsklima und Arbeitsatmo-
  sphäre,
- verstärkte Zusammenarbeit von Elternhaus und Schule
  über die Erweiterung der Inhalte des Unterrichts.

Die Diskussion über unerwünschte Wirkungen von Delinquenzprävention hat sich weitgehend auf die möglicherweise stigmatisierende Wirkung konzentriert. Diese droht um so stärker, je spezifischer eine Zielgruppe unter dem Gesichtspunkt des Delinquenzrisikos oder der Prädelinquenz ausgewählt wird. Stigmatisierung läßt sich durch eine angemessene Konzeption weitgehend reduzieren: Die Stigmatisierung
einzelner wird vermieden, wenn auf eine Diagnostik von Auffälligkeiten verzichtet wird. Auch die inhaltliche Konzeption kann zur Vermeidung stigmatisierender Tendenzen beitragen. Je weniger die Zielperspektive des Programms auf
Auffälligkeiten und negative Aspekte des Verhaltens abge-
stellt wird und je mehr die Förderung von Kompetenz und
positiv bewertetem Verhalten in sozialen Beziehungen im
Vordergrund steht, desto weniger besteht die Tendenz, daß
einzelne Schüler als auffällig gekennzeichnet werden. Auch
eine stärkere interdisziplinäre Zusammenarbeit mit verschie-

denen Präventionszielen dürfte die Gefahr von Stigmatisierung abbauen. Die letztgenannten Vorschläge jedoch führen auch dazu, daß das Ziel der Prävention von Delinquenz in einem allgemeinen Präventionsziel der Kompetenzförderung und des sozialen Lernens untergeht.

Eine skeptische Beurteilung hat weiter die mit Delinquenzprävention verbundene mögliche Therapeutisierung des Unterrichts und die Ausweitung des schulischen Einflußbereiches in die individuelle Sphäre des Schülers hervorgerufen. Die Gefahr der Therapeutisierung erscheint jedoch vor dem Überwiegen der fachlichen Orientierung und der Stärke von Leistungsdruck und Konkurrenz im gegenwärtigen Schulsystem übertrieben. Allenfalls für bestimmte Schulformen und Schüler aus Randgruppen scheint eine stärkere Vorsicht geboten, da hier eine Ausweitung von Schule und Unterricht in den außerschulischen Raum den Zugriff von Institutionen fördern und ergänzen könnte.

3. Drei Projekte zur Delinquenzprävention in Schule und Familie - Bericht über eine Arbeitsgruppe anläßlich des Colloquiums des Kriminologischen Forschungsinstituts Niedersachsen e.V. im Herbst 1983

In einer Arbeitsgruppe anläßlich des Colloquiums des KFN im Herbst 1983 wurden drei Delinquenzpräventionsprojekte des KFN vorgestellt. Die Diskussion beschäftigte sich mit den praktischen Problemen und den Erfahrungen bei der Projektdurchführung. Da die Projekte an anderer Stelle ausführlich beschrieben sind, konzentriert sich der folgende Bericht auf die Schwerpunkte der Diskussion.

3.1. Elternkurs zur Delinquenzrisikoverminderung (Kotzur u. Retzmann 1982)

Das Elterntrainingsprogramm wurde 1982/83 an einer Erziehungsberatungsstelle in Berlin durchgeführt. Es richtete sich an Familien mit Kindern bis 11 Jahren (Grundschulalter), die sich als Klienten an die genannte Einrichtung gewandt hatten und in denen bestimmte delinquenzfördernde Interaktionsmerkmale auftraten (vgl. Kotzur u. Retzmann 1982, S. 213). Im Rahmen des Elternkurses sollten diese Risikofaktoren positiv beeinflußt werden und die Delinquenzgefährdung der Kinder aus diesen Familien reduziert werden. Für das Elterntraining waren 10 Sitzungen vorgesehen, die mit einem Wochenende begannen. Es nahmen 5 Familien teil, von denen im Verlauf 2 wegblieben. Die Sitzungen wurden von 2 Therapeuten geleitet. Das Elterntrainingsprogramm wird als Ergänzung zur Arbeit von Diensten im Bereich der Erziehungs- und Jugendberatung verstanden.

Das inhaltliche Arbeitskonzept basiert auf Prinzipien der Verhaltensmodifikation (Lernprinzipien, Reziprozitätstraining) und der Kommunikationstherapie. Die Eltern sollen relevante Problemsituationen erfahren und analysieren lernen. Durch das Kommunikationstraining sollen sie stärker für das Verhalten und die Situation des Kindes sensibilisiert werden. Ferner soll ihre Fähigkeit zu angemessenem elterlichen Unterstützungs- und Hilfeverhalten gefördert werden und ein adäquater Umgang mit erwünschtem und unerwünschtem Verhalten des Kindes vermittelt werden.

Zunächst wurde von Frau Retzmann auf verschiedene praktische Probleme des Elterntrainings hingewiesen. Eine kontinuierliche Arbeit sei durch Wegbleiben von Kindern und Eltern aus der Gruppe erschwert worden. Wichtig sei aber eine langfristige Betreuung der Familien. Dieses Ziel sei aber gerade in einem Frühstadium der Auffälligkeit schwer zu erreichen. Bei der Durchführung des Trainingsprogramms habe

sich Krisenintervention und Auffangen aktueller Probleme
zeitweise in den Vordergrund gedrängt. Aus diesen Schwierigkeiten leitet Frau Retzmann auch den Eindruck ab, daß das
Interaktionstraining in manchen Fällen zu schwach sei im
Vergleich zu dem Effekt der Lebenssituation.

In der Diskussion wurden vor allem folgende Fragen behandelt:

- Wie früh sollte ein Eingreifen bei Familien, in denen delinquenzfördernde Bedingungen vorherrschen,
  von seiten der Institutionen im Bereich der Schule,
  der Erziehungsberatung und der Familienfürsorge geschehen?
- Sollte stärker mit der Schule zusammengearbeitet werden, um ein Auftreten problematischer Entwicklungen
  möglichst rechtzeitig zu erkennen?
- Soll und kann die Prävention von delinquenten Entwicklungen allein das Ziel der Maßnahmen sein?

Aus der Diskussion dieser drei Fragen entwickelten sich
eine Reihe von Vorschlägen und Anregungen.

- Ein möglichst frühzeitiges Eingreifen sei in jedem
  Fall wünschenswert, entspreche ja dem Gedanken der
  Prävention. Dieses Prinzip solle in jedem Fall bei
  der Einzelfallarbeit beachtet werden, sei jedoch als
  Ansatz gefährlich. Eine vertretbare Möglichkeit für
  frühzeitiges Eingreifen bestehe in der Förderung von
  sozialen Fähigkeiten und sozialen Kompetenzen. Dies
  biete die Möglichkeit des Abbaus delinquenzfördernder Faktoren, wobei gleichzeitig auf ein Diagno-
  stizieren von Abweichungen verzichtet werden könne.
- Übereinstimmend wurde die Meinung vertreten, daß der
  Lehrer in der Lage sei, Auffälligkeiten sehr früh zu
  erkennen und den Eltern beratend beiseite zu stehen.
  Voraussetzung dafür sei jedoch eine Zusammenarbeit

zwischen Schule und Elternhaus, die in der Regel nicht in ausreichendem Maße gegeben sei und erst entwickelt werden müsse. Veränderungen in dieser Richtung sollten auch von seiten der Schule ausgehen. Der Lehrer sollte besser vorbereitet sein auf das Gespräch mit den Eltern und über Sensibilität und Verständnis für die Eltern verfügen. In der Gestaltung des Schullebens sollte darauf geachtet werden, daß die Eltern stärker mit einbezogen werden. Die Möglichkeiten der Schule bei der Prävention von Delinquenz könnten erweitert werden, wenn strukturelle Veränderungen stattfinden würden: Der Beschäftigung mit Schülerproblemen sollte im Vergleich zu den fachlichen Zielen ein stärkeres Gewicht eingeräumt werden. Die Lehrerkompetenz im sozialen und erzieherischen Bereich müßte in Ausbildung und Fortbildung gesteigert werden. Eine stärkere Betonung des Klassenlehrerprinzips könnte sozialen Inhalten in Schule und Unterricht mehr Geltung verschaffen.

3.2. Schülertraining zur Förderung sozialer Kompetenz unter kriminalpräventiver Zielsetzung (Lerchenmüller 1982)

Das Schülertrainingsprogramm wurde für die 8. Klasse entwickelt und umfaßte 40 Unterrichtsstunden. Die Unterrichtseinheit wurde in mehreren Haupt- und Realschulen des Schuljahrs 1981/82 im Deutsch- und Sozialkundeunterricht durchgeführt. Die inhaltliche Zielsetzung des Schülertrainings bestand in der Förderung von Handlungskompetenz, worunter vor allem verstanden wird: Vermittlung von Problemlösungsstrategien und adäquate Situationserfassung, Schulung von Problembewußtsein, Antizipationsfähigkeit und moralischem Urteilsvermögen. Themenbereiche des Unterrichtsprogramms waren: Vorurteile gegenüber Unterprivilegierten und Minderheiten, Klischees, Leitbilder, Vorbilder, Selbstbestimmung und Konflikte mit der Erwachsenenwelt, Konflikte in der Gleich-

altrigengruppe, moralische Urteilsfähigkeit und Normbewußt-
sein, Folgen einer Straftat.

Praktische Probleme ergaben sich vor allem bei der Durchsetzung des Projektes gegenüber Schulverwaltung, Schule,
Eltern und Lehrern. Über eine Reihe von Schwierigkeiten aus
der Vorgeschichte des Projektes berichtete Frau Lerchenmüller: Die Motivation zur Beteiligung bei den Betroffenen
sei wohl deshalb gering gewesen, da bei der Zielgruppe von
delinquenzpräventiven Maßnahmen nicht schon massive Probleme vorliegen, die eine Intervention unumgänglich machen.
Eine weitere Schwierigkeit für die Begründung von Delinquenzprävention sei, daß der Erfolg nur schwer nachweisbar
sei und eine öffentliche Unterstützung sich deshalb weniger
erreichen lasse. Eine Kritik, die die Realisierung des Projektes ebenfalls erschwert habe, habe sich an der Gefahr
der möglichen Stigmatisierung durch Delinquenzprävention
festgemacht. Dem habe man durch Hinweis auf den breiteren
Ansatz des KFN zu entgegnen versucht, der nicht nur Schülertraining, sondern auch Eltern- und Lehrerkurse eingeschlos-
sen habe.

Bei der Implementierung und Durchführung in den beteiligten
Schulen selbst habe man im Bereich der Hauptschule positive
Erfahrungen gemacht, während sich an der Realschule ganz
spezifische Schwierigkeiten eingestellt hätten. Ein Widerstand gegen das Programm kam vor allem von seiten der Eltern, die befürchteten, daß fachbezogener Unterricht aus-
falle. Die Lehrer standen dem Programm nicht negativ gegenüber, wobei jedoch nicht auszuschließen ist, daß diese die
heimliche Hoffnung hegten, die Eltern würden die Sache ab-
würgen.

Frau Lerchenmüller berichtete weiter über positive unmittel-
bare Auswirkungen des Schülertrainings und die positive
Bewertung durch beteiligte Lehrer und Schüler. Langfristige
Wirkungen des Schülertrainings wie Delinquenzraten waren

nicht Gegenstand der Evaluation, was mit den bereits in Abschnitt 1 angesprochenen enormen Schwierigkeiten bei der Evaluation von Delinquenzprävention zusammenhängt. In der Evaluation mittels Unterrichtsbeobachtung, Befragung, Gruppendiskussion, Einzelinterviews und Aufsätzen zeigte sich global eine positive Einstellung von seiten der Lehrer und der Schüler. Das Störverhalten gegenüber Mitschülern reduzierte sich im Verlauf der Durchführung. Kritisch muß jedoch angemerkt werden, daß zum Zustandekommen der positiven Effekte auch andere Einflüsse beigetragen haben könnten, wie soziale Erwünschtheit, Sensibilisierung im Verlaufe des Programms und Veränderung der Meßinstrumente.

Aus den Erfahrungen während der Projektdurchführung entwickelte Frau Lerchenmüller folgende Perspektive:

- Das Programm soll überarbeitet werden, entsprechend den gemachten Erfahrungen, und in Form einzelner Bausteine als offenes Curriculum angeboten werden.
- Die Erfahrungen sprechen dafür, im Unterricht generell - nicht nur unter delinquenzpräventiven Gesichtspunkten - soziale Unterrichtsthemen stärker zu berücksichtigen.
- Eine stärkere Betonung des Klassenlehrerprinzips würde soziales Lernen in der Schule erleichtern.

3.3. Schülertraining zur Prävention von Vandalismus - eine adaptierte Form des Schülertrainings des KFN in Holland

Über die Erprobung einer verkürzten und adaptierten Form des Schülertrainings des KFN in Rotterdam berichtete Herr Prof. Hauber. Die Implementierung des Curriculums fand in Zusammenarbeit mit den städtischen Verkehrsbetrieben statt, die zu der damaligen Zeit (1980/81) nach Möglichkeiten zur Lösung des Vandalismus-Problems in den Einrichtungen der Verkehrsbetriebe suchten. Von seiten der Verkehrsbetriebe und der Stadtverwaltung bestand ein starkes Interesse, etwas gegen Destruktivität und Aggressivität von Jugendlichen zu tun. Ein eigener Versuch der Verkehrsbetriebe bestand darin, über Information und Belehrung auf Schüler einzuwirken. Die Wirksamkeit dieser Maßnahme erschien jedoch fraglich, so daß von seiten der Universität der Vorschlag gemacht wurde, das Curriculum des KFN in einer modifizierten Form zu erproben. Es wurde ein verkürztes Unterrichtsprogramm - eine Auswahl von 10 Stunden - in einer offenen Stunde über 10 Wochen hinweg durchgeführt. Inhaltlich war die verkürzte Version an die Zusammenarbeit mit den Verkehrsbetrieben angepaßt.

Das Curriculum sei in verschiedenen Schultypen der holländischen Sekundarstufe für Schüler im Alter von 12 bis 15 Jahren angeboten worden. Hinsichtlich der Art des Schultyps, des Leistungsniveaus der Schüler, der fachlichen Orientierung und der räumlichen Verteilung über Rotterdam habe unter den ausgesuchten Schulen eine große Vielfalt bestanden. Von seiten der Schulleitungen habe generell eine große Bereitschaft zur Unterstützung des Projektes vorgelegen. Das Bewußtsein für die Probleme der Jugendkriminalität und des Vandalismus sei sehr groß gewesen. Das Angebot eines Curriculums mit einem Schwerpunkt im Bereich Konfliktlösung und Jugendkriminalität habe daher einem Bedürfnis nach Hilfe entsprochen. Die Durchführung sei in zwei Phasen geschehen, und zwar in den Monaten Januar bis April 1982 und April bis Juli 1982. Bei den ausgewählten Klassen habe es sich jeweils um die 1. und 2. Klasse der weiterführenden Schulen gehandelt.

Prof. Hauber berichtete weiter über Erfahrungen und direkte Auswirkungen des Curriculums. Eine Befragung habe ergeben, daß die Reaktion von 68 % der Schüler positiv gewesen sei. Dies müsse allerdings differenziert werden: Die Schwierigkeiten hätten sich als um so größer herausgestellt, je niedriger der Schultyp war. Dies hänge damit zusammen, daß das

Abstraktionsniveau des Curriculums für die niedrigeren
Schultypen als zu hoch eingeschätzt werden müsse. Die angebotenen Sequenzen seien wohl zu lang gewesen und zu wenig
handlungsorientiert. Im Verhältnis Dozenten zu Schülern habe
sich eine Reihe von positiven Reaktionen eingestellt. Es
wurde zum Ausdruck gebracht, daß man gelernt habe, besser
mit Konflikten umzugehen, und daß sich die Klassenatmosphäre verbessert habe. Auch in dieser Beziehung seien die Wirkungen nicht einheitlich gewesen: In den eher autoritär
geführten Klassen und Schulen habe das Programm weniger
Anklang gefunden. Ein diszipliniertes Klassenklima und Ruhe
im Unterricht habe sich in solchen Klassen nur durch autoritäres Verhalten der Lehrer erreichen lassen. Gegenüber
dem Curriculum seien die Schüler nicht aufnahmebereit gewesen.

Abschließend berichtete Prof. Hauber über die weiteren Perspektiven in Holland:

- Die Evaluation solle vertieft werden und die Bedeutung interindividueller Unterschiede zwischen den
  Schülern einbeziehen. Es sollen weitere psychologische Variablen, für die ein Zusammenhang mit der
  positiven Reaktion auf das Curriculum erwartet wird,
  überprüft werden: Angstniveau, Risikobereitschaft,
  Zukunftsperspektive, Impulsivität.
- Es werde daran gearbeitet, das Programm aufgrund der
  Untersuchungsergebnisse zu optimieren.
- Von seiten der Schulen lägen Wünsche nach Ausweitung
  des Curriculumangebots vor.

Die anschließende Diskussion beschäftigte sich vor allem
mit drei Punkten: Die unterschiedlichen Erfahrungen in Holland im Vergleich zur Bundesrepublik, Fragen der inhaltlichen Gestaltung (Länge, Anpassung an verschiedene Schultypen) und Möglichkeiten der Stabilisierung von positiven
Veränderungen:

- Für die unterschiedlichen Reaktionen der Schüler und
  der Schulen in Holland und in den beteiligten Schulen Niedersachsens wurde versucht, eine Erklärung zu
  finden. Von Herrn Prof. Hauber wurde auf die geringere Motivation der Schüler im untersten Schultyp hingewiesen, die sich nicht nur auf das Curriculum
  bezogen habe, sondern generell gegenüber der Schule
  bestünde. Es wurde überlegt, ob nicht auch die Länge
  des Curriculums eine Bedeutung gehabt habe. Vielleicht wäre eine verkürzte Fassung des Curriculums
  in den Realschulen der Bundesrepublik leichter durchführbar gewesen. Auf einen wesentlichen Unterschied
  in den Voraussetzungen der Projektdurchführung zwischen der Bundesrepublik und Holland wies weiter
  Prof. Hauber hin: Das Unterrichtsprogramm sei in
  einer speziellen Verfügungsstunde (Studien-Stunde)
  durchgeführt worden, die auch vor der Projektdurchführung für nichtfachliche Themen verwendet worden
  sei, allerdings selten für Themen wie Klassenatmosphäre und Problemschüler. Eine Einrichtung dieser
  Art besteht teilweise auch in der Bundesrepublik,
  die Übertragbarkeit sei jedoch gerade in der Realschule nicht so ohne weiteres möglich.
- Angeregt durch die Ausführungen von Prof. Hauber
  über die Erfahrungen mit dem Curriculum wurden Überlegungen zur möglichen Modifizierung und Optimierung
  des Curriculums angestellt. Bei einem Angebot eines
  verkürzten Curriculums wären möglicherweise die Widerstände der Eltern leichter abzubauen. Im Bereich
  der Sonder- und Hauptschule wurde eine stärkere Modifikation für günstig gehalten. In diesen Schultypen
  wäre möglicherweise eine besondere Einstiegs- und
  Vorbereitungsphase nötig. Durch eine Kürzung der
  Texte und eine Ausrichtung auf die spezifischen Fähigkeiten der Schüler in diesen Schultypen könnte
  einer möglichen Überforderung der Schüler begegnet
  werden.

- Schließlich wurde die Frage angesprochen, wie über die Curriculumsphase hinaus eine dauerhafte Änderung des Lehrerverhaltens erreicht werden könnte. Dies sei besonders wichtig, um Schülerreaktionen auf das Curriculum und erlerntes neues Verhalten zu stabilisieren. Es sei ungünstig, wenn durch die Einführung des Curriculums wechselnde Unterrichtsstile praktiziert werden, die von seiten der Schüler durch Irritation und Mißtrauen beantwortet werden. Gerade in diesem Punkt seien Lehrertraining und Lehrerfortbildung eine wichtige Ergänzung von schülerbezogenen Präventionskonzepten.

3.4. Zusammenfassung

Zusammenfassend läßt sich sagen, daß eine Reihe von Problemen und Erfahrungen in den vorgestellten Projekten in ähnlicher Form auftraten:

- Probleme der Realisierung von Projekten zur Prävention von Delinquenz sind zu einem Teil bedingt durch die Ziel- und Schwerpunktsetzung Delinquenzprävention, da das Delinquenzthema Widerstände und Antizipation unerwünschter Wirkungen vor allem bei Eltern, aber auch bei Lehrern auslösen kann. Ein auch vorhandener Wunsch nach Hilfe kann durch solche Befürchtungen überdeckt werden.
- Sowohl die praktischen Erfahrungen als auch die berichteten unmittelbaren Wirkungen der Projekte zeigen, daß die tatsächliche Praxis über den Schwerpunkt Delinquenzprävention hinausgeht, und wesentlich weitreichendere Wirkungen auf Erfahrungen und Verhalten von Lehrern und Schülern hat.
- Die Zusammenarbeit von Eltern, Lehrern und Schulleitung ist auch bei der Realisierung von Präventionsprojekten im Unterricht von großer Bedeutung.

- Der Anpassung von schulischen Präventionsmaßnahmen
  an verschiedene Schultypen ist besondere Beachtung
  zu schenken.
- Mehr Aufmerksamkeit sollte der Frage gewidmet werden, wie kurzfristige Wirkungen von Präventionsprojekten bei Lehrern und Schülern stabilisiert werden
  können.

Bestätigt wurde durch die praktischen Erfahrungen die These, daß sich Ansätze zur primären Prävention von Delinquenz
leichter für Risikopopulationen realisieren lassen, dagegen
bei breiteren Zielgruppen mit mangelnder Aufnahmebereitschaft und geringerer Problemoffenheit von Lehrern, Eltern
und Schülern konfrontiert werden. Die Einstellungen zu Delinquenzprävention hängen von verschiedenen Faktoren ab:
befürchtete Stigmatisierung, mangelnde Aufgeschlossenheit
für nicht-fachliche Themen aufgrund von Leistungsorientierung und Leistungsdruck sowie interkulturell variierende
Faktoren (Vergleich Deutschland-Niederlande).

Die praktischen Erfahrungen zeigen weiter, daß Ansätze zur
Delinquenzprävention in Schule und Familie in den breiteren
Rahmen der Verbesserung sozialer Interaktionsstrukturen und
der Förderung individueller Handlungskompetenzen eingebettet werden müssen. Dies bedeutet für Delinquenzprävention
eine fruchtbare Erweiterung, welche sich am leichtesten in
eine ganzheitlich orientierte Arbeitsweise und Konzeption
einfügt. Gleichzeitig können Bemühungen, die mit dem Ziel
der Delinquenzprävention in Angriff genommen wurden, umfas-
sendere Wirkungen haben. Es muß aber auch mit Vorsicht
bedacht werden, daß durch die sich praktisch ergebende
Erweiterung von Delinquenzprävention auf ein allgemeines
Ziel der Prävention oder der Förderung einer als positiv
angesehenen sozialen und individuellen Entwicklung das spezifische Ziel der Vermeidung delinquenter Karrieren an Praxisrelevanz verliert. Möglicherweise liegt die Ursache für
eine solche Tendenz nicht nur in den Erfordernissen der

Praxis, sondern auch in dem Mangel an differenzierten Konzepten für Delinquenzprävention, dem nur durch entsprechend differenzierte Forschungsarbeiten und durch Erprobung differenzierter Konzepte in der Praxis beizukommen ist. Beispielhaft hierfür sind neuere Arbeiten, die ·spezifische Fähigkeiten von auffälligen und delinquenten Jugendlichen in spezifischen Kontexten untersuchen wie Freedman u.a. 1978; Gaffney u. McFall 1981; Ollendick u. Hersen 1979; Schumaker u.a. 1982 im Bereich sozialer Fähigkeiten; Platt u.a. 1973, 1974; Richard u. Dodge 1982 für Problemlösungskompetenz; Rotenberg 1974; Selman 1976 für Empathie und Rollenübernahme; Henderson 1982; Quinsey u.a. 1983 für soziale Kompetenz bei emotionsgehemmten Gewalttätern. Eine Aufarbeitung dieser und anderer Forschungsarbeiten zur Spezifizierung von Defiziten bei Delinquenten dürfte neue Perspektiven für Prävention und Behandlung im Delinquenzbereich eröffnen.

Literatur

BLOOM, M.: A working definition of primary prevention related to social concerns. (In: Journal of Prevention 1, 1980, S. 15-23).

BRANDSTÄDTER, J.; EYE, A. v. (Hrsg.): Psychologische Prävention. (Huber, Bern, 1982).

FREEDMAN, B.J.; ROSENTHAL, L.; DONAHOE, C.P.Jr.; SCHLUNDT, D.G.; McFALL, R.M.: A social-behavioral analysis of skill deficits in delinquent and non-delinquent adolescent boys. (In: Journal of Consulting and Clinical Psychology 46, 1978, S. 1448-1462).

GAFFNEY, L.R.; McFALL, R.M.: A comparison of social skills in delinquent and non-delinquent adolescent girls using a behavioral role-playing inventory. (In: Journal of Consulting and Clinical Psychology 49, 1981, S. 959-967).

HAISCH, V.; WETZEL, H.: Training von Verhaltensdefiziten oder ganzheitliche psychologisch-pädagogische Therapie? Ein integrierter Ansatz, Jugendliche zu beraten und therapeutisch zu begleiten. (In: H. Kury, H. Lerchenmüller (Hrsg.): Schule, psychische Probleme und sozial abweichendes Verhalten - Situationsbeschreibung und Möglichkeiten der Prävention. Heymann, Köln, 1983).

HENDERSON, H.: Self-reported assertion and aggression among violent offenders with high or low levels of overcontrolled hostility. (In: Personality and Individual Differences 4, 1983, S. 113-114).

KNUDTEN, R.: Delinquency programs in schools: A survey. (In: Criminal Justice and Behavior 2, 1975, S. 354-356).

KOTZUR, S.; RETZMANN, E.: Familiäre Interaktion und Delinquenzentwicklung bei Kindern - Planung eines Elternkurses zur Delinquenzrisikoverminderung. (In: H. Kury (Hrsg.): Prävention abweichenden Verhaltens - Maßnahmen der Vorbeugung und Nachbetreuung. Heymann, Köln, 1982).

LERCHENMÜLLER, H.: Soziales Lernen in der Schule unter kriminalpräventiver Zielsetzung. (In: H. Kury (Hrsg.): Prävention abweichenden Verhaltens - Maßnahmen der Vorbeugung und Nachbetreuung. Heymann, Köln, 1982).

LÖSEL, F.: Prognose und Prävention von Delinquenzproblemen. (In: J. Brandtstädter, A.v. Eye (Hrsg.): Psychologische Prävention. Huber, Bern, 1982).

LÖSEL, F.: Empirische Persönlichkeitsforschung und Delin-
    quenzerklärung. (In: F. Lösel (Hrsg.): Kriminalpsy-
    chologie. Beltz, Weinheim, 1983).

OLLENDICK, T.H.; HERSEN, M.: Social skills training for
    juvenile delinquents. (In: Behavior Research and
    Therapy 17, 1979, S. 547-554).

PLATT, J.J.; SCURA, W.; HANNON, J.R.: Problem-solving think-
    ing of youthful incarcerated heroin addicts. (In:
    Journal of Community Psychology 1, 1973, S. 278-281).

PLATT, J.J.; SPIVACK, G.; ALTMAN, N.; ALTMAN, D.; PEIZER,
    S.B.: Adolescent problem-solving thinking. (In: Jour-
    nal of Consulting and Clinical Psychology 42, 1974,
    S. 787 - 793).

QUINSEY, V.L.; MAGUIRE, A.; VARNEY, G.W.: Assertion and
    overcontrolled hostility among mentally disordered
    murderers. (In: Journal of Consulting and Clinical
    Psychology 51, 1983, S. 550-556).

RICHARD, B.A.; DODGE, K.A.: Social maladjustment and prob-
    lem-solving in school-aged children. (In: Journal of
    Consulting and Clinical Psychology 50, 1982, S.
    226-233).

ROTENBERG, M.: Conceptual and methodological notes in af-
    fective and cognitive role taking (sympathy and em-
    pathy): An illustrative experiment with delinquent
    and non-delinquent boys. (In: Journal of Genetic
    Psychology 125, 1974, S. 177-185).

SCHAFER, W.E.; POLK, K.: Delinquency and the schools.(In:
    The President's Commission on Law Enforcement and
    Administration of Justice (Hrsg.): Task Force Report:
    Juvenile Delinquency and Youth Crime. US Government
    Printing Office, Washington, D.C., 1967).

SCHUMAKER, J.B.; HAZEL, J.S.; SHERMEN, J.A.; SHELDEN, J.:
    Social skill performances of learning disabled, non-
    learning disabled, and delinquent adolescents. (In:
    Learning Disability Quarterly 5, 1982, S. 388-397).

SCHUR, E.M.: Radical non-intervention. (Prentice-Hall,
    Englewood Cliffs, N.J., 1973).

SELMAN, R.L.: Toward a structural analysis of developing
    interpersonal relations concepts: Research with nor-
    mal and disturbed preadolescent boys. (In: A. Pick
    (Hrsg.): X. Annual Minnesota Symposium on Child Psycho-
    logy. University of Minnesota Press, Minneapolis,
    1976).

SPIVACK, G.; SHURE, M.B.: Social adjustment of young children. A cognitive approach to solving real-life problems. (Jossey-Bass, San Francisco, 1974).

WHEELER, S.; COTTRELL, L.S. Jr.; ROMASEO, A.: Juvenile delinquency. Its prevention and control.(In: The President's Commission on Law Enforcement and Administration of Justice (Hrsg.):Task Force Report: Juvenile Delinquency and Youth Crime. US Government Printing Office, Washington, D.C., 1967).

2. Diversion

Günter Blau

Diversion unter nationalem und internationalem Aspekt

Inhalt

I.   Einführung in die Problematik einer neuen Krimi-
            nalpolitischen Handlungsstrategie

II.   Diversion begünstigende Faktoren in den USA

III.   Der Niedergang von Diversion in den USA

IV.   Die internationale Entwicklung

V.   Epochenspezifische Hintergründe

            Anmerkungen

I. Einführung in die Problematik einer neuen Kriminalpolitischen Handlungsstrategie

Ein Referat über Diversion in diesem Hause bedarf der sachlichen und persönlichen Rechtfertigung. Denn man könnte meinen, in den beiden von Kury und Lerchenmüller herausgegebenen und mitverfaßten zwei Bänden zu diesem Thema sei aus deutscher Sicht im Grunde schon alles Wesentliche gesagt worden.

1. Lassen Sie mich mit ein paar persönlichen Erläuterungen beginnen. Nach einem USA-Aufenthalt im Jahre 1976 habe ich wohl als einer der ersten in Goltdammers's Archiv über Diversion berichtet[1]. Diesem Umstand verdanke ich u.a. die Betrauung mit einem der beiden deutschen Landesreferate zum Thema "Diversion" des 13. Internationalen Strafrechtskongresses der A.I.D.P., der im Jahre 1984 in Kairo stattfinden wird. Der andere deutsche Berichterstatter ist Prof. Hermann, Augsburg. Herr Hermann und ich haben an dem vorbereitenden Colloquium der Landesberichterstatter und des Generalberichterstatters - Prof. Kos-Rabcerecz-Zubkuwski, Ottawa, - im März d.J. in Tokio teilgenommen.

2. Damit zeichnet sich der sachliche Grund für dieses Referat ab. Die Diskussionsbeiträge und der Resolutionsentwurf, der Grundlage der Beratungen des kommenden Strafrechtskongresses sein wird, haben zu dem facettenreichen Thema sicherlich einiges beigetragen, was auch aus deutscher Sicht Interesse beanspruchen kann.

3. Daß die kriminalpolitische "Diversion" als eines der vier Themen des nächsten internationalen Kongresses der A.I.D.P. ausgewählt worden ist, signalisiert den einstweiligen Höhepunkt einer erstaun-

lichen internationalen Karriere dieses Begriffes, -
erstaunlich deshalb, weil "Diversion from criminal
justice" in den USA als kriminalpolitische Strategie das Ergebnis vielschichtiger, aber ganz überwiegend spezifisch amerikanischer Entwicklungstenden-
zen sowie gesellschaftlicher und juristischer Rahmenbedingungen war. Nur wenige dieser Rahmenbedingungen haben Parallelen in anderen Ländern. Hinzu
kommt, daß Diversion selbst in ihrem Ursprungsland
eher ein Randphänomen geblieben ist, vor allem deshalb, weil die sie in den siebziger Jahren begünstigenden Rahmenbedingungen inzwischen in entscheidenden Punkten verändert worden sind. Nicht nur das
Aufkommen neoklassischer Tendenzen in der Straf-
rechtslehre, der Kriminalpolitik und im allgemeinen
Bewußtsein, die Ablösung des Therapiemodells durch
das Justizmodell, sondern mehr noch die Streichung
aller Bundesmittel für Diversionsprogramme oberhalb
der lokalen Ebene im Jahre 1981 haben Diversion in
den USA zu einer von vielen zwar interessanten, für
die Strafrechtspflege aber nicht besonders wichtigen Reaktionsweisen auf bestimmte Erscheinungsformen
von Kriminalität herabgestuft[2].

4. Lassen Sie mich in einem ersten Abschnitt zunächst
die Entstehungsbedingungen, die Entfaltung und sodann den Rückgang von Diversion in den USA bis zur
Gegenwart skizzieren, sodann die internationale Karriere dieses Begriffes in Ost und West weiterver-
folgen unter Einbeziehung der Entwicklung in der
Bundesrepublik Deutschland und schließlich in
einem dritten Hauptteil einige fragmentarische Überlegungen darüber anstellen, warum Diversion wohl
außerhalb der USA soviel Beachtung gefunden hat,
ob wohl tiefere Gründe jenseits oberflächlicher kriminalpolitischer Zweckmäßigkeiten bei dieser Entwicklung mitspielen, und welche Vorteile und Gefahren sie möglicherweise in sich birgt.

II. Diversion begünstigende Faktoren in den USA

1. In den USA mit ihrer common-law-Tradition, die anders als im kontinentalen Europa nicht durch umfassende Kodifikationen gekennzeichnet ist, gab es von jeher und wohl in höherem Maße als bei uns informelle Strategien von Polizei und Staatsanwaltschaft, strafrechtliche Ermittlungsverfahren zu beenden. Ohnehin entscheidet die nicht durch das Legalitätsprinzip gebundene Staatsanwaltschaft, welche Verfahren sie vor Gericht bringen will.

Andererseits läuft bekanntlich ein stark formalisiertes, umständliches und zeitraubendes Verfahren ab, sobald sich die StA entschließt, eine Strafsache dem Gericht vorzulegen. Dieses förmliche Verfahren mit seinen verschiedenen Etappen[3] belastet den Beschuldigten naturgemäß stark. Hinzu kommt, daß normale Strafverfahren häufig auf Freiheitsentzug hinauslaufen, - womit sie in der Form des "arrest" auch begonnen haben. Geldstrafen haben bekanntlich eine ungleich geringere Bedeutung als bei uns.

Hier liegt eine der Wurzeln für das gegen Ende der sechziger Jahre aufkommende Bedürfnis, Beschuldigte aus dem förmlichen Strafverfahren auszusteuern. Die stark stigmatisierende Wirkung eines umständlichen und zeitraubenden Strafverfahrens sollte im Interesse des Beschuldigten vermieden werden.
Zum anderen versprach man sich eine Entlastung des Justizapparates durch weniger formalisierte Verfahren.

2. An sich hätte man sich beiden Zielen durch eine großzügige Einstellungspraxis der StA im Rahmen des Opportunitätsprinzips nähern können. Eine solche

Praxis hätte aber der in den sechziger und siebziger Jahren ganz überwiegend anzutreffenden Überzeugung, daß deviantes dissoziales Verhalten Behandlung und Resozialisierungsanstrengungen erfordere,
nicht genügt. Andererseits bahnte sich schon damals
die Erkenntnis an, daß auch die aufwendigsten Behandlungsprogramme in den oft überfüllten Gefängnis-
sen, auch in Jugendgefängnissen, wenig erfolgversprechend waren. Behandlung in Freiheit "in the
free community" versprach da mehr Erfolg.

3. Das war die Geburtsstunde von "Diversion". Sie
wurde zuerst im Jahre 1967 im President's Commission on Law Enforcement Report, ausführlicher dann
durch die National Advisory Commission on Criminal
Justice Standards and Goals, und zwar in ihrem Task
Force Report on Corrections im Januar 1973 und im
Courts Report genauer definiert und behandelt.
Die Definition entsprach schon damals ziemlich genau derjenigen, die der Japaner Ryuichi Hirano seinem Kommentar zum Thema III des kommenden Strafrechtskongresses (1984 in Kairo) "Diversion und
Schlichtung" zugrunde gelegt hat[4]: "Diversion soll
... definiert werden als jede Abweichung von dem
normalen Strafverfahren vor der gerichtlichen
Schuldfeststellung, die zur Teilnahme des Verdächtigen in einem nicht strafrechtlichen Programm führt.
Ein nicht strafrechtliches Programm bedeutet in diesem Zusammenhang lediglich ein Programm, dessen
Zweck nicht in der Bestrafung des Verbrechers, sondern in seiner Resozialisierung oder in der Lösung
des Konflikts, aus dem die Straftat entstanden ist,
besteht." Aus dieser Definition fällt die schlichte
Einstellungspraxis heraus, die aber unter der Bezeichnung "simple diversion", "diversion to nothing" in die internationale Diskussion mit einbezogen wird.

Das eigentlich Neue war aber eben die "Diversion with intervention".

4. Auf dem Felde des Jugendkriminalrechts kam zu den schon erwähnten, Diversion begünstigenden amerikanischen Besonderheiten - der Kompliziertheit des förmlichen Strafverfahrens und dem Engagement für Behandlung in Freiheit - noch ein materiellrechtlicher Faktor hinzu, die Existenz der sogenannten "status offenses".

Es handelt sich um Erscheinungsformen der "Juvenile Delinquency", die nur deshalb verfolgt werden, weil sie von Jugendlichen begangen werden, wie Schulschwänzen, Ungehorsam gegenüber Erziehungsberechtigten, Weglaufen von Zuhause usw.
Nun gab es trotz dieses fast uferlosen Begriffes von "Juvenile Delinquency", der nur noch in den von den USA stark beeinflußten japanischen und koreanischen Jugendstrafrechtssystemen eine Parallele hat, solange kein Bedürfnis nach Diversion als der Jugendrichter eine patriarchalische Stellung mit formal fast unbegrenzten Befugnissen einnahm[5]. Nach dem bekannten Urteil des Supreme Court "in re Gault"[6], durch das formelle Rechtspositionen des Jugendlichen in Anlehnung an das Strafprozeßrecht der Erwachsenen auch für das jugendgerichtliche Verfahren festgelegt wurden, erschien es aber in zunehmenden Maße absurd, selbst bei status offenses ein förmliches Justizverfahren ablaufen zu lassen.
Aber auch in echten Kriminalfällen, wenn junge Täter nach Erwachsenem-Recht abgeurteilt wurden - in aller Regel bereits die über 16-jährigen! - erschien das "Arrest-Conviction-Prison"-Modell häufig unangemessen.

5. Schließlich entstand ein Lösungsdruck in Richtung Diversion im Bereich einer in gewisser Weise wieder typisch amerikanischen Tätergruppe: der Alkohol- und Drogenabhängigen. Trunkenheit in der Öffentlichkeit ist ja in vielen amerikanischen Staaten noch ein selbstständiges Delikt. Ein zweispuriges System, das bei Alkohol- und Drogenabhängigen etwa die Einweisung in Entziehungsanstalten vorsieht, gibt es in den USA nicht. Andererseits festigte sich auch in den USA die Erkenntnis, daß eine Bestrafung überwiegend mit Freiheitsentzug bei Alkohol- und Drogenabhängigen unangemessen ist. Unter den Diversionsprogrammen nehmen daher die Einweisung in Entziehungsanstalten oder stationäre bzw. halbstationäre Therapiemodelle vergleichbarer Art einen breiten Raum ein.

6. Daß einzelne und gerade besonders beispielhafte Diversionsprogramme schließlich aus dem Bedürfnis entstanden, verhafteten jungen und oft arbeitslosen Beschuldigten auch dann Haftverschonung - gegen Auflagen - zu gewähren, wenn sie zur Zahlung einer Kaution, einer in der Regel unerläßlichen Voraussetzung hierfür, nicht imstande sind, sei nur am Rande erwähnt. Das Vera-Institute in New York hat hier beispielhafte Modelle entwickelt, die sogar nach Europa, England, Frankreich und die Bundesrepublik exportiert wurden[7]. Bewährten sich die auf Grund der Bürgschaft und der sozialen Interventionen des Vera-Institutes mit der Untersuchungshaft verschonten Beschuldigten während der mehrmonatlichen Zeitspanne bis zur förmlichen Anklage im Rahmen des von diesem Institut bereitgestellten Programms, so verwandelte sich die Probezeit in vielen Fällen in echte Diversion. Der Staatsanwalt suspendierte die Anklage bis zu einem erfolgreichen Abschluß des Programms und sah dann gegebenenfalls ganz davon ab.

7. Ein soziales Phänomen, welches sich in den USA
   weiter zugunsten intervenierender Diversion auswirkt und übrigens den vielleicht wirksamsten Hemm-
   schuh gegen die Tendenz zur radikalen Aufgabe des
   Therapiemodells und damit auch der meisten Diversionsprogramme darstellt, ist die große Zahl von
   ausgebildeten Sozialarbeitern, schätzungsweise vier-
   hunderttausend. Sie sind naturgemäß an Diversion
   interessiert und stellen eine beachtliche Lobby
   dar, zumal hier Schwarze und andere Minderheiten
   stark vertreten sind[8].

   Ich bezweifele, daß in der Bundesrepublik trotz
   zunehmender Arbeitslosigkeit auch bei dieser Berufsgruppe durch sie in ähnlicher Weise wie in den USA
   ein Diversionsschub in Gang gesetzt werden könnte.
   Sozialarbeiter sind in den Parlamenten bei uns kaum
   vertreten. Immerhin sind einzelne Anstöße aus dieser Richtung unverkennbar.

III. Der Niedergang von Diversion in den USA

Es ist eigentlich erstaunlich, daß trotz dieses vielfältigen Motivationsdruckes in Richtung Diversion deren Blütezeit - wie eingangs erwähnt - in den USA als beendet angesehen werden muß.

Das hat verschiedene Gründe.

1. Die Begeisterung für community-treatment, die nach
   meinen Erfahrungen von den deutschen Interpreten
   (z.B. Hans-Joachim Schneider) in seiner quantitativen Dimension immer stark überschätzt wurde, ist
   u.a. als Folge der ständig steigenden Kriminalitäts-
   rate in den Ballungszentren stark abgeflaut. Quantitativ fiel diese Reaktions- und Diversionsstrate-

gie, wie gesagt, nie besonders ins Gewicht; vielleicht mit der Ausnahme von Massachusetts, wo Dr.
Jerome Miller Ende der sechziger, Anfang der siebziger Jahre eine Radikalkur versuchte, sämtliche
Jugendstrafanstalten schloß[9] und die ca. 3.000 Insassen bis auf etwa 100, die hospitalisiert wurden,
auf alle möglichen ambulanten Einrichtungen verteil-
te. Das Experiment ist umstritten[10]. In Illinois
und in Pennsylvania ist Miller mit ähnlichen Strategien gescheitert.

2. Aber auch der Entlastungseffekt bei Gerichten und
   Justizverwaltung war nicht eindrucksvoll genug, um
   Diversion zu einem weiteren Aufschwung zu verhelfen. Andere Entlastungsstrategien, Opportunitätsprinzip und "plea bargaining", waren und sind nicht
   weniger wirksam.

3. Gesamtgesellschaftlich gesehen bewirkte Diversion
   ohnehin allenfalls eine Umschichtung auf andere Instanzen der sozialen Kontrolle.
   Auch für die Entstigmatisierung des Rechtsbrechers
   war damit nicht viel gewonnen.
   So wurde beobachtet, daß sich in der Blütezeit der
   Diversionsprojekte in einzelnen Gebieten, insbesondere den großen Städten, geradezu neue Diversions-
   bürokratien entwickelten, die ihre Probanden so intensiv verwalteten, daß nicht nur die Stigmatisierung durch das Gerichtsverfahren durch eine Stigmatisierung anderer Art ersetzt wurde, sondern daß
   der Bereich der sozialen Kontrolle über nur Verdächtige - ein gerichtlicher Schuldspruch entfiel ja
   gerade! - auf Personen ausgedehnt wurde, die sonst
   mangels hinreichenden Beweises gar nicht erfaßt worden wären.

Peter Alexis Albrecht hat kürzlich über die Einwände gegen die Ausweitung der sogenannten weichen Kontrolle über auffällige, von strafrechtlicher Intervention aber sonst nicht betroffene Personen berichtet[11].

4. Hinzu kam noch eine andere gesellschaftspolitisch nicht unbedenkliche Kehrseite von Diversionsprogrammen bestimmter Art: So erweckte etwa die intensive Betreuung von Untersuchungshäftlingen durch das Vera-Institute - eine Betreuung, die meistens nicht nur Beratung durch psychologische Dienste, sondern auch Arbeitsvermittlung und Beschaffung einer Wohnung mit umfaßte - bei denjenigen Mißvergnügen, die, weil sie nicht straffällig geworden waren, einer derartigen Betreuung nicht teilhaftig wurden. Um ihre Arbeitslosigkeit und Not kümmerte sich niemand.

5. Schließlich wurden auch rechtliche Bedenken geltend gemacht.
Peter Alexis Albrecht hat auch hierüber im Anschluß an Scull und Greenberg ausführlich berichtet[12]. Scull teile mit

"... daß die Frage, ob der 'Klient' die Straftat, die ihn nominell hat auffällig werden lassen, überhaupt begangen hat, in den Hintergrund rückt. An ihre Stelle tritt die Einschätzung, ob der Betreffende von den Angeboten des Programms profitieren kann; eine Entscheidung, die häufig zur Folge hat, daß man die Eröffnung eines ordentlichen Gerichtsverfahrens unter allen Umständen zu vermeiden sucht und dadurch die Frage der Schuld oder Unschuld systematisch ausgeblendet wird ..."

Verfassungsrechtliche Bedenken kamen hinzu. Sie sind im amerikanischen Strafverfahren bekanntlich von überragendem Stellenwert[13]. Dementsprechend ist z.B. umstritten, ob das durch die Verfassung ver-

bürgte Recht auf ein "speedy trial" nicht verletzt
wird, wenn der Staatsanwalt die Strafverfolgung auf
ein Jahr oder länger aussetzt, um dem Beschuldigten
Gelegenheit zu geben, Diversionsprogramme durchzuführen, beim Scheitern solcher Auflagen dann aber
doch Anklage erhebt.
Schließlich ist umstritten, ob das erwähnte Verfahren des Vera-Instituts in New York, Haftverschonung
gegen resozialisierende Auflagen zu erwirken, ver-
fassungsgemäß ist, da die Untersuchungshaft ja nur
das Erscheinen des Beschuldigten in der Hauptverhandlung gewährleisten soll, Haftverschonung dann
aber nicht mit Auflagen belastet werden darf, die
den Lebensspielraum des Probanden beschränken.
Die in all diesen Fällen vorausgesetzte Einwilligung des Probanden könne diese Bedenken nicht unbedingt ausräumen, da es sich hier um eine Einwilligung unter Zwang handele[14].

Mir scheinen diese rechtlichen Erwägungen nicht allzu stichhaltig zu sein, da im amerikanischen Strafverfahren der Verzicht auf Beschuldigtenrechte
(waiving) weniger problematisch ist als im kontinen-
tal-europäischen Recht, herrscht doch in den USA
auch im Strafprozeß so etwas wie eine Dispositions-
maxime: der Prozeßstoff ist durch die Parteien, den
Beschuldigten wie den Staatsanwalt, weitgehend dis-
ponibel. Deshalb ist z.B. auch das obenerwähnte
"plea bargaining" durchaus systemimmanent.

6. Den entscheidenden Rückschlag erlitt Diversion in
den USA jedoch durch die schon erwähnte restriktive
Finanzpolitik der Reagan-Administration. Hierdurch
wurden die in den siebziger Jahren wie Pilze aus
dem Boden geschossenen Diversionsprogramme, vor
allem in den Ostküstenstaaten und in Kalifornien[15],
in großem Umfange ihrer finanziellen Grundlage beraubt.

Die LEAA (Law Enforcement Assistance Administration), durch die in den siebziger Jahren reichlich Bundesmittel zur Unterstützung solcher und anderer Projekte der Strafrechtspflege in die Einzelstaaten flossen, ist aufgelöst worden. Die Einzelstaaten, Städte und Grafschaften (Counties) sind zur Finanzierung größerer Diversionsprogramme nicht in der Lage.

Alles in allem ist somit zu konstatieren, daß Diversion nach einer kurzen und heftigen Blütezeit in den USA zu einer Randerscheinung zu verkümmern droht, die bei näherem Zusehen eigentlich kaum noch geeignet scheint, in andere Rechtsordnungen hineinzuwirken und internationalen Modellcharakter zu beanspruchen.

IV. Die internationale Entwicklung

Im Zeitpunkt des Niedergangs von Diversion in den USA hatte aber die internationale Karriere des Begriffes bereits begonnen. Diversion war gewissermaßen ausgewandert, sowohl nach Asien wie auch nach Europa. Im Verlauf dieser Emigration hat der Begriff allerdings einige seltsame Metamorphosen durchgemacht.

1. So ergriffen einige Strafrechtler sozialistischer Staaten (UdSSR, Polen) erfreut die Gelegenheit, ihre international umstrittenen Kameradengerichte und Konfliktkommissionen mit dem Etikett "Diversion" zu verzieren, um diese Verfahrensweisen damit sozusagen in für die westliche Strafrechtssystematik konvertible Währung umzumünzen[16].

2. Andererseits definierten asiatische Juristen aus Entwicklungsländern, z.B. aus Malaysia, den Philip-

pinen und Indonensien in ihren nationalen Berichten
und Diskussionsbeiträgen für das Tokoyer Colloquium
Ältesten- oder Stammesgerichte, die zum Teil in
abgelegenen Gegenden der staatlichen Justizorganisa-
tion nicht ohne weiteres zugänglich sind, als Diversion[17].

3. Die Adaption dieses Begriffes in seiner vollen Bedeutung ist dagegen in Japan uneingeschränkt gerechtfertigt. Es entspricht der japanischen Über-
lieferung und Mentalität, soziale und zwischenmenschliche Konflikte nicht nur außerprozessual,
sondern auch außergerichtlich beizulegen. Man hat
diese Geisteshaltung aus der konfuzianischen Tradition und dem sie beherrschenden Harmonieprinzip erklärt. Die japanische "Harmonie-Gesellschaft" suche
Konflikte möglichst zu vermeiden, die westliche Kon-
fliktgesellschaft neige dazu, ihre Streitigkeiten
geregelt auszutragen[18]. Das gilt nicht nur für das
Zivilrecht, sondern auch für das Strafrecht. Im
Bereich des Straßenverkehrsrechts, in dem beide
Rechtsgebiete miteinander verzahnt sind, gab es
z.B. im Jahre 1980 bei 620.000 Unfallverletzten nur
3.600 gerichtliche Verfahren (0,6 %); die übrigen
Fälle (mit Personenschaden!) wurden von - zivil-
rechtlichen - Schlichtungsstellen, deren Tätigkeit
aber auf das Strafrecht ausstrahlt, in einem informellen Verfahren (chotai) erledigt.

Ein Beispiel zur Illustration dieser Geisteshaltung:

In der Japan gewidmeten Sondernummer des amerikanischen Nachrichtenmagazins "Time" vom 1.8.1983 wird
von einem Fall fahrlässiger Tötung berichtet. Die
Eltern eines dreijährigen Jungen hatten diesen Nachbarn als Babysitter anvertraut. Die Nachbarn ver-
schuldeten fahrlässig, daß der Junge in einen Brunnen fiel und ertrank. Die Eltern gingen vor Gericht
und erstritten einen immateriellen Schadensersatz
von 24.000 Dollar. Die Folge war jedoch, daß sie in

der Nachbarschaft geächtet wurden. In Hunderten von Anrufen wurde ihnen vorgehalten, man verklage Nachbarn nicht vor Gericht; vor allem nehme man aber kein Geld von ihnen aus einem solchen Anlaß an. Drohbriefe füllten täglich den Briefkasten. Nach einem Monat zogen die Eltern ihre Klage zurück.

Mediation (chotai) wäre hier der einzig akzeptable Weg gewesen.

Eine Dominanz divertierender Verfahren konnte sich im Strafrecht nur unter der Herrschaft des Opportunitätsprinzips entwickeln, das in § 248 japan. StPO verankert ist. Im Jugendstrafrecht, das nach 1945 unter amerikanischem Einfluß geriet, hat nicht der Staatsanwalt, wohl aber das Familiengericht einen weitgehenden Ermessensspielraum bei der Frage, ob es ein förmliches Verfahren einleiten will oder nicht.

Auffällig ist in diesem Zusammenhang, daß die intervenierende Diversion, die Verfahrenseinstellung unter staatsanwaltlichen oder gerichtlichen Auflagen, in Japan fast unbekannt ist. Es fehlen die privaten oder halböffentlichen Institutionen "weicher" sozialer Kontrolle außerhalb der Justiz, die als Adressaten für eine Diversion "with referral" in Frage kämen. Diversion bedeutet in Japan in aller Regel "non intervention", schlichte Einstellung, die allerdings häufig voraussetzt, daß der Beschuldigte sich entschuldigte, Schadensersatz leistete, an einer informellen Mediation teilgenommen oder auch förmlich versprochen hat, nicht wieder straffällig zu werden[19].

4. Auch in Südkorea gibt es im Jugendstrafrecht echte intervenierende Diversion, die "suspension of prosecution with guidance". Es handelt sich um bedingte Aussetzung der Strafverfolgung durch die StA, verbunden mit der dem jugendlichen Delinquenten erteilten Auflage, sich unter der Aufsicht eines frei-

willigen Bewährungshelfers, der wohl auch Familien-
mitglied sein kann, künftig straffrei zu verhalten[20].

5. Aber nun zur westeuropäischen Karriere von Diversion. Betrachtet man sie näher, so zeigt sich, daß
wir Westeuropäer keinerlei Grund haben, gering-
schätzig auf manipulative und begriffsfremde "Einge-
meindungen" von Diversion in sozialistische Rechtsordnungen oder die Rechtsordnungen einiger asiati-
scher Entwicklungsländer herabzusehen. Denn auch
die europäischen Rezipienten lassen es an begrifflicher Stringenz fehlen, wenn sie ihre den eigenen
Rechtsordnungen innewohnenden systematischen und
kriminalpolitischen Probleme durch die oft voreili-
ge Etikettierung mit dem schönen Fremdwort "Diversion" gewissermaßen höhere internationale Weihen zu
vermitteln versuchen. Die Diversionsdiskussion in
Westeuropa erweist sich nämlich bei näherem Zusehen
nur als Element einer breitangelegten und in sich
heterogenen Auseinandersetzung über nicht nur formelle, sondern auch materielle Entkriminalisierung
- charakteristischerweise wird Diversion im Fran-
zösischen überwiegend mit "déjuridication" oder
"dépénalisation" übersetzt. Sie umfaßt ferner Strategien zur Ersetzung von Freiheitsstrafen durch ambulante, kriminalpädagogisch ausgerichtete Maßnahmen, aber auch präventive Strategien, die schon von
der Definition her nichts mit Diversion zu tun
haben können, weil sie ja nicht an begangene Kriminalität anknüpfen. Letzteres gilt partiell auch für
das bekannte hannoversche PPS-Projekt, das Peter
Alexis Albrecht etwas bissig als psychosoziale Versorgung von Polizeiklienten definiert[21]; tatsächlich
läuft ja bei dem hannoverschen Versuch das Ermittlungsverfahren weiter. Sogar über die prozessuale
Grundsatzfrage: Legalitäts- oder Opportunitätsprin-

zip wird im Zusammenhang mit Diversion diskutiert. Schließlich wird auch die weitere Grundsatzfrage von verfassungsrechtlicher Bedeutung erörtert, ob der Staatsanwalt bei Anwendung des § 153 a StPO quasi richterliche Sanktionsgewalt ausübe, und ob eine solche Befugnis noch verfassungskonform sei.

In jüngster Vergangenheit ist in Übereinstimmung mit der nordamerikanischen Diskussion unter dem Etikett Diversion schließlich erwogen worden, wie auf Drogen-Straftaten, insbesondere Drogenkonsum außerhalb des normalen Strafverfahrens zu reagieren sei.

6. Dabei zeichnet sich die Bundesrepublik Deutschland nach meinem Eindruck gegenüber ihren Nachbarländern durch einen besonderen Eifer aus, Anschluß an wirkliche oder vermeintliche internationale Entwicklungen auf dem Felde der Kriminalpolitik wie der Kriminologie zu gewinnen, sofern diese Entwicklung ihren Ursprung in den USA hat. Eine besondere Aufgeschlossenheit für die in der Tat oft faszinierenden, in ihrer praktischen Bedeutung aber nicht selten überschätzten amerikanischen Modelle spielt hier sicher eine Rolle.

Es hieße Eulen nach Athen tragen, wollte ich in diesem Kreise über die deutsche Diversion-Diskussion und die bereits praktizierten Diversions-Projekte berichten. Die akademischen Verlautbarungen zu diesem Thema sind kaum noch zu übersehen[22].

6.1. Besonders weitgespannt ist die Diversion-Diskussion auf dem Felde des Jugendstrafrechts. Zwei Jugendgerichtstage - 1980 in Göttingen, 1983 in Mannheim - haben sich in besonderen Arbeitsgruppen mit Diversion beschäftigt. Der soeben zu Ende gegangene 19. Jugendgerichtstag in Mannheim, der vor allem Modelle staatsanwaltlicher Diversion im Rahmen des § 45 JGG entwickelte, konnte sich bei

seiner Empfehlung, Diversionsmöglichkeiten vermehrt zu nutzen, bereits auf Erfahrungen mit verschiedenen phantasievollen Projekten berufen, so
vor allem auf die von Christian Pfeiffer angeregten und erprobten Brücke-Projekte[23], auf Kirch-
hoffs Ladendiebstahlsprojekte in Mönchen-Glad-
bach[24], auf Buschs DFG-geförderte soziale Trainingskurse in Wuppertal[25], auf Pohl-Laukamps Lübecker Erfahrungen[26] u.a.m.

Mit besonderer Befriedigung muß es die Befürworter von Diversion erfüllen, daß der Gesetzgeber
in dem zur Zeit bis zum Referentenentwurf gedie-
henen ersten Änderungsgesetz zum JGG den Anwendungs-
bereich des §§ 45, 47 JGG, und damit das Repertoire der Diversions-Programme erweitern will
durch Einführung der Betreuungsweisung und der
Arbeitsauflage, wobei letztere nicht nur wie bisher als Erziehungsmaßnahme, sondern auch als
Zuchtmittel zur Vermeidung von Jugendarrest qualifiziert wird.

6.2. Im Erwachsenen-Strafrecht ist sedes materiae für
"Diversion to nothing" § 153, für intervenierende
Diversion § 153 a StPO. Hier hat sich eine -
rechtssoziologischer Analyse noch bedürftige -
Fehde zwischen strikt ablehnender Wissenschaft
und einer die Neuerung bereitwillig akzeptieren-
den Praxis entwickelt[27].

Inzwischen dürfte die Entwicklung hier unumkehr-
bar geworden sein. So wie die Praxis bisweilen
den Gesetzgeber durch Verweigerung der Anwendung
von Normen lahmlegt, so hat sie hier die Strafrechtswissenschaft durch großzügige Anwendung des
§ 153 a StPO in ihre Schranken verwiesen.

6.3. Die umgekehrte Tendenz ist bei einer anderen prozessualen Handhabe, Diversion zu üben, zu beobach-

ten: der Verweisung auf den Weg der Privatklage
mit obligatorischem Sühneverfahren vor dem
Schiedsmann.
Ähnlichkeiten mit angelsächsischen Mediation-
oder Reconciliation-Modellen sind sicherlich vorhanden. Entwicklungsmöglichkeiten scheint die Institution des Schiedsmannes indessen kaum zu bieten. Die Privatklage, mit der sie gekoppelt ist,
ist ein Stiefkind der Justiz. Ob das zunehmende
theoretische Interesse an der Einrichtung des
Schiedsmannes ihre Wiederbelebung bewirken kann,
erscheint mir zweifelhaft[28].

6.4. Bemerkenswert ist bei beiden Fallgruppen, daß Diversion sich in der Bundesrepublik systemimmanent, d.h. im Rahmen des formellen gesetzlichen
Programms, vollzieht. Die Aussteuerung aus dem
förmlichen Strafverfahren erfolgt nicht praeter
oder gar contra legem. Sie ist vom Gesetzgeber
bereits vorgesehen. Die von Pfeiffer[29] angesprochene und verneinte Frage, ob man Diversion gegen
den Widerstand der Praxis betreiben könne, stellt
sich daher nur in dem eingeschränkten Sinne eines
Widerstandes gegen die Ausschöpfung vor allem der
in § 45 JGG vorgesehenen Möglichkeiten.

So würden die vor 25 Jahren auferlegten spektakulären Weisungen des "Schokoladenrichters" Holz-
schuh heute wohl unter "Diversion" rubriziert
werden.
Andererseits ist einzuräumen, daß die §§ 10, 45,
47 JGG erst durch die aktuelle Diversion-Diskussion zu wirklichem Leben erweckt wurden.

V. Epochenspezifische Hintergründe

Trotzdem ist es erstaunlich, daß der Begriff, nicht nur die Sache, die deutschen Kriminalpolitiker so fasziniert. Offenbar handelt es sich nicht nur um ein modisches Phänomen. Die Aufnahmebereitschaft für Diversion hat anscheinend auch tiefere, epochenspezifische, gesellschaftpolitische und sozialpsychologische Gründe. Diese Aufnahmebereitschaft scheint Symptom einer bestimmten Bewußtseinslage zu sein.

1. Sie ist eingebettet in eine auch in anderen Teilsystemen unseres Rechtslebens sich ausbreitende und zunehmend reflektierte Abneigung gegen die Verrechtlichung vieler Lebensbereiche, gegen eine Regelungshypertrophie, darüber hinaus aber auch gegen staatlichen Interventionismus überhaupt. Auffällig und gerade auch für unser Thema von Bedeutung ist dabei gelegentlich eine nach meiner Einschätzung romantische, sozial-utopische Komponente, die sich an der Zielvorstellung einer Diversion nicht nur from criminal justice, sondern auch von Ziviljustiz, Arbeitsgerichtsbarkeit und Sozialgerichtsbarkeit orientiert. An die Stelle der formalisierten und bürokratisierten staatlichen Justiz sollen wenigstens partiell nichtstaatliche Entscheidungs- und Schlichtungsgremien aus dem sozialen Nahraum treten - Familie, Nachbarschaft, Betrieb, Verbände usw. Schiedlich-friedliche Beilegung sozialer Konflikte durch "mediation", Schiedsgerichtsbarkeit und neighborhood-justice als Gegenposition zur Ausuferung des positiven Rechts wird propagiert. Das "law in the books" habe sich längst zu einem abstrakten, nur noch von Spezialisten durchschaubaren Konstrukt entwickelt. Aber nicht nur die Gesetzgebung, der ganze juristische Apparat - Ministerialbürokratie, Legislative, Gerichte, Anwaltschaft - bewege sich in einer nur der eigenen Existenz dienenden Schein-

welt, bestenfalls in einer von ihr künstlich ge-
schaffenen sozialen Wirklichkeit. Es wird die Auffassung verteten, auch die moderne Gesellschaft
könne auf weite Strecken ohne die Prozeduren der
Fachjuristen und ihre exzessive Produktion von Normen, Judikatur und Literatur ihre sozialen Konfikte
meistern. "Deregulation", Entregelungsstrategien,
werden gefordert und praktiziert. Teilweise bezieht
die Diversionsdiskussion Argumente aus dieser Bewußtseinslage.

Im Bereich der Wirtschaft ist diese Auffassung
schon weit verbreitet und kann hier nicht als so-
zial-utopisch bewertet werden. Streitigkeiten etwa
zwischen Großunternehmen sind im ordentlichen Prozeß wegen des unverhältnismäßigen Zeit- und Arbeits-
aufwandes oft nicht mehr handhabbar. Private
Schiedsgerichtsbarkeit verdrängt das ordentliche Gerichtsverfahren. Auf das Wirtschaftsstrafrecht, wo
die Verbotsmaterie bekanntlich noch zunimmt,
strahlt diese Richtung insofern aus, als zur Vermeidung von Monsterprozessen nicht selten auf den
schon erwähnten § 153 a StPO zurückgegriffen wird.
Beispiele sind der Contergan-Prozeß und Verfahren
wegen Umweltvergehen durch chemische Großunternehmen.

2. Entspricht diese Entwicklung zu außergerichtlicher
   Streitbeilegung in bestimmten Sektoren des Zivil-
   rechts überwiegend pragmatischen Bedürfnissen[30], so
   gilt das im Bereich des eigentlichen Strafrechts
   und der Jugendkriminalrechtspflege nur bedingt,
   jedenfalls in der Bundesrepublik Deutschland, wo,
   wie wir gesehen haben, das formelle Programm bereits eine Vielzahl von Diversionsmöglichkeiten anbietet. Es empfiehlt sich daher, sehr konkret
   darauf zu achten, ob bei uns ein Bedürfnis nach
   "De-Regulation" oder gar abolitionistischen Verände-

rungen, nach echter Diversion from criminal justice, auch im strafrechtlichen Bereich besteht.

3. Nur so gewinnt man auch kritischen Abstand zu einem Sonderfall sozialutopischer Diversions-Argumentation, die zur Zeit mit Recht internationales Aufsehen erregt und durch den Niederländer Louk Hulsman (Universität Rotterdam) vertreten wird. Bevor man sich mit ihr beschäftigt, sollte man sich vergegenwärtigen, - Erhard Blankenburg hat kürzlich darauf hingewiesen[31] -, daß es in den Niederlanden eine ausgeprägte zivilisationskritische Anarchismus-Tradition gibt. In der Provo- und Kraker-Scene lebt diese Tradition fort. Hulsman, der als Vorsitzender einer Kommission des Europarates den von dieser Kommission herausgegebenen "Report on Decriminalization"[32] maßgeblich beeinflußt und die Niederlande auch auf dem Colloquium in Tokyo vertreten hat, befürwortet vor diesem Hintergrund nicht nur Diversion, sondern im Grunde die Abschaffung des Strafrechts zugunsten gesellschaftlicher Konfliktlösungsmodelle. Im Anschluß an eine offenbar eindrucksvolle Veranstaltung am Pariser Centre de Recherches de Politique Criminelle im November 1980 hat die Zeitschrift "Archives de Politique Criminelle" fast ein volles Heft (Nr. 5/1982) der Auseinandersetzung mit Hulsmans strafrechtstheoretischen und kriminalpolitischen Thesen gewidmet, die auf "radical nonintervention" hinauslaufen. Für Hulsman sind Straftaten "situations problèmes", die durch soziale Nahgruppen - Familie, Nachbarschaft, Täter/Opfer - Kontakte - bereinigt werden sollten und - wie die Dunkelfeldforschung gezeigt habe - überwiegend auch bereits bereinigt werden. Auf die Begründung im einzelnen und die Gegenargumente, die in dem genannten Heft von Jaqueline Bernat de Celis m.E. überzeugend aufgelistet wurden, kann ich hier nicht näher eingehen.

4. Auffällig ist bei dieser Diskussion über radikale Diversion freilich, daß sich hier konservative Argumentationsmuster - "weniger Staat"[33], Ausweitung des Subsidiaritätsprinzip, wie sie hierzulande etwa von der CDU/CSU vertreten werden - mit eher linken, "grünen" Positionen in unheiliger Allianz verbinden. Ich nenne diese Argumentation, soweit damit eine echte "Wende" anvisiert wird - nicht nur sicher notwendige und machbare Korrekturen in Teilbereichen bei unveränderter Zielvorgabe, nämlich Entwicklung des sozialen Rechtsstaates, romantisch und fühle mich dabei im Einklang mit dem eben zitierten Blankenburg.

Unbestritten ist das Phänomen der Verrechtlichung und Bürokratisierung der meisten Lebensbereiche, ein - übrigens keineswegs nur deutsches und keineswegs nur auf die westlichen Industriestaaten beschränktes -, Phänomen, ein Übel unserer Zeit, das nach Abhilfe verlangt. Ebenso unbestreitbar ist aber auch, daß dieses Phänomen in den verschiedenen Lebens- und Rechtsbereichen quantitativ und qualitativ verschieden stark ausgeprägt ist. Während es etwa im Sozialversicherungsrecht zu einem kaum noch durchschaubaren Regelungsdickicht geführt hat, - ob das der unvermeidliche Preis für die Entwicklung von der Armenpflege des 19. Jahrhunderts zum sozialen Wohlfahrtsstaat der zweiten Hälfte des 20. Jahrhunderts ist, braucht hier nicht untersucht zu werden, - ist im positiven Strafrecht der meisten Nationen eher eine Reduktion der Verbotsmaterie oder jedenfalls doch keine besorgniserregende Explosion zu verzeichnen. Das Stichwort "materielle Entkriminalisierung" wurde schon genannt. Allerdings gilt das nur für den Kernbereich des Strafrechts. Im Nebenstrafrecht und Ordnungswidrigkeitenrecht verhält es sich anders.

Das ist für Diversion jedoch nur ein Nebenkriegs-
schauplatz. Partiell gibt es freilich auch Neukriminalisierung im eigentlichen Strafrecht, insbesondere bei den schon erwähnten Wirtschaftsdelikten
und bei Mißbrauch neuer Technologien etwa durch
Umgang mit Kernenergie (§§ 310 b StGB). Niemand ist
übrigens gegen diesen Kriminalisierungsschub, am
wenigsten paradoxerweise diejenigen, die sonst der
Vergesellschaftung von Konfliktlösungen und Entmach-
tung des Leviathan Staat das Wort reden. Aber alles
in allem läßt sich Normenhypertrophie als Argument
von Diversion from criminal justice bei uns im
strafrechtlichen Kernbereich nicht ins Feld führen.

5. Auch nicht - anders als in den USA - wenn man das
formelle Verfahrensrecht, jedenfalls für erwachsene
Täter, mit in Betracht zieht. Verfahrensrecht garantiert Rechtsstaatlichkeit und fair trial. Hier sind
die Positionen wieder vertauscht. Die progressiven
Verfechter von Deregulation auf materiellrecht-
lichem Gebiet kämpfen hier - sicherlich auch im
Hinblick auf die prozessualen Vereinfachungsverord-
nungen der NS-Zeit - oft nicht für Vereinfachung,
sondern eher für Ausbau der Verfahrensvorschriften,
die ja ganz überwiegend zum Schutze des Beschuldigten erlassen sind.
Allerdings ist auch bereits, - wie mir scheint, mit
guten Gründen, - die These vertreten worden[34], daß
ein sozialwissenschaftlich orientiertes Strafrecht,
das in einer Straftat nur noch eine durch Einigung
lösbare Interessenkollision zu sehen vermag, auch
gegenüber Verfahrensgarantien gleichgültiger werden muß.

M.E. kann man auch keineswegs von einem unabweisba-
ren Bedürfnis nach Entformalisierung des westdeut-
schen Jugendrechts sprechen. Die Diversion ist, wie

dargelegt, bereits Teil des geltenden Jugendstrafrechts.

Bei dieser Einbettung von Diversion in das formelle
Programm sollte es auch bleiben. Ungeregelter Wild-
wuchs bei der Entwicklung von Reaktionsformen auf
abweichendes Verhalten könnte für den Rechtsstaat
verhängnisvoll werden. Eine Wiedervergesellschaf-
tung des staatlichen Strafrechts - zum mindesten in
weiten Bereichen würde die Bemühungen der letzten
150 Jahre, die Rechtspositionen des Angeklagten auszubauen und zu stärken, zunichte machen. Sie wäre
in der modernen industriellen Massengesellschaft
auch gar nicht durchführbar[35]. M.E. ist der mit
rechtsstaatlichen Prinzipien noch zu vereinbarende
Grad an Elastizität bei der Beachtung der Unschuldsvermutung (Art. 6 Menschenrechtskonvention), des
Satzes nulla poena sine lege und des Vorbehalts
richterlicher Entscheidung bei tiefen Eingriffen in
die Privatsphäre durch die derzeitigen gesetzlichen
Diversionsmöglichkeiten im Erwachsenen- und Jugendstrafrecht nahezu erreicht. Das positivrechtliche
Lösungspotential für die Bedürfnisse, die sich bei
Straffälligkeit aus der Sozialstaatsklausel des
Grundgesetzes und dem Resozialisierungsgebot ergeben, dürfte im Prinzip ausreichen. Das schließt
nicht aus, daß etwa der Weisungskatalog des
§ 10 JGG i.V. mit §§ 45, 47 JGG oder auch der
Auflagenkatalog des § 153 a StPO - hier allerdings
mit aller Vorsicht! - erweitert wird. Aus dieser
Sicht begrüße ich es, daß im Referenten-Entwurf zum
1. ÄnderungsG. zum JGG - anders als im Vorentwurf -
das Absehen von der Verfolgung unter Auflagen weiter vom Geständnis der Beschuldigten abhängig gemacht wird[36]. Bei Erwachsenen wird man es wohl bei
der bloßen Zustimmung nach § 153 a StPO belassen
können, zumal es bei Einstellung nach § 153 noch

nicht einmal dieser Zustimmung bedarf. Die Freiwilligkeit der Zustimmung mag zwar, - wie die Gegner
des § 153 a immer wieder betonen, - bisweilen nicht
unproblematisch sein. Aber unser Recht kennt hier
verschiedene Präzedenzfälle, z.B. § 57 I 3 StGB,
§ 2 I 1 Kastr.G., § 10 I StrafVollzG.

Bedenken sehe ich mehr in anderer Richtung. Es
scheint vorzukommen, daß nach § 153 a verfahren
wird, obwohl das Verfahren aus Rechtsgründen oder
mangels Beweises gemäß § 170 Abs. II StPO einzustellen gewesen wäre. Diese Befürchtung äußerte
seinerseits Schöch auf der Strafrechtslehrertagung
1979[37]. Nach dem Erfahrungsbericht des Strafvertei-
digers Schlothauer[38] scheint diese Befürchtung
nicht ganz gegenstandslos zu sein. Einige der von
ihm - zustimmend - referierten § 153 a Fälle wären
m.E. nach § 170 II einzustellen gewesen.
Bei allen Vorzügen von Diversion wegen ihrer sozial
konstruktiven Komponente und ihres alles in allem
wohl größeren Konfliktlösungspotentials im Vergleich zum förmlichen Strafverfahren auf der Rechts-
folgenebene wird man somit sorgfältig darauf zu
achten haben, daß rechtsstaatliche Errungenschaften
nicht verloren gehen. Vestigia terrent! - nicht nur
für Angehörige meiner Generation. Man braucht sich
nur vorzustellen, daß im Zuge einer noch stärkeren
politischen Polarisierung in der Bundesrepublik jugendliche Demonstranten unter der Beschuldigung des
Landfriedensbruches ohne richterlichen Schuldspruch
und somit ohne abschließende Klärung der schwierigen Beweis- und Subsumtionsfragen mit langfristig
belastenden Bewährungsauflagen "divertiert" werden.
Nur wenn man solche der Diversion inhärenten Gefahren mitbedenkt, wird man sich der Empfehlung des
Tokyoer Colloquiums anschließen können "More emphasis should be placed in the future on diversion and
mediation".

Anmerkungen

1 Goltdammer's Archiv 1976, S. 33 ff.

2 Vgl. einerseits Weigend, Th.: Entwicklung und Tendenzen
   der Kriminalpolitik in den USA. (In: Zeitschrift für
   die gesamte Strafrechtswissenschaft 90, 1978, S. 1083
   ff., S. 1123 ff.); ferner ders.: Neoklassizismus, ein
   transatlantisches Mißverständnis. (In: Zeitschrift für
   die gesamte Strafrechtswissenschaft 94, 1982, S. 801
   ff.), und Hirsch, A.v.: Gegenwärtige Tendenzen in der
   amerikanischen Strafzumessungslehre. (In: Zeitschrift
   für die gesamte Strafrechtswissenschaft 94, 1982, S.
   1047 ff.); andererseits B.J. George in seinem Beitrag
   zu dem AIDP-Colloquium Tokyo 1983. (In: Revue Internationale de Droit Pénal, 1983, S. 995).

3 Anschauliche Schilderungen bei Herrmann, J.: Die Reform
   der deutschen Hauptverhandlung nach dem Vorbild des
   anglo-amerikanischen Strafverfahrens. (Bonn, 1971);
   vgl. ferner Damaska, M.: Strukturmodelle der Staatsgewalt und ihre Bedeutung für das Strafverfahren. (In:
   Zeitschrift für die gesamte Strafrechtswissenschaft 89,
   1977, S. 713 ff.).

4 Hirano, R.: Kommentar zum Thema III: Diversion und
   Schlichtung. (In: Zeitschrift für die gesamte Strafrechtswissenschaft 93, 1981, S. 1085).

5 Vgl. z.B. Kirchhoff, G.F.: Diversionsprogramme in den
   USA. Diversion zwischen Entdeckung und vor Verurteilung
   im Juvenile Justice System. (In: H. Kury, H. Lerchenmüller: Diversion, Bd. 1. Bochum, 1981, S. 257 ff.).

6 387, US 1 (1967).

7 Vgl. Vera Institute of Justice: Further work on criminal justice reform. A five year report (1971-1976).
   (New York, 1977); ferner die Beiträge von Smith, M.;
   Sturz, H.: (In: Protokolldienst 1, 1977 der Evgl. Akademie Bad Boll, 1977), und zu dem vom Vera-Institut
   angeregten deutschen Modellversuch: Haftentscheidungshilfe. (Hardrath, K.: Bewährungshilfe, 1980, S. 182
   ff.).

8 Vgl. meinen Bericht über das 5. Colloquium der
   C.I.P.P.: Blau. G.: Das 5. Colloquium der internationalen Strafrechts- und Strafvollzugsstiftung
   (15.-19.2.1982 in Syracus, Italien). (In: Zeitschrift
   für Strafvollzug und Straffälligenhilfe, 1982, S.
   236 ff.).

9 Vgl. hierzu u.a. Miller, J.: (In: Katkin, Hyman, Kramer: Juvenile delinquency and the juvenile court system. Belmont, 1976); ferner Schulz, W.: (In: Monatsschrift für Kriminologie und Strafrechtsreform, 1976, S. 17 ff.) und meinen Bericht in Evgl. Akademie Hofgeismar. (Protokoll Nr. 128, 1977, S. 31 ff., S. 38 ff.).

10 Vgl. etwa Leavey, J.: (In: Corrections Magazine, Nov./ Dec. 1975).

11 Albrecht, P.A.: Polizei und Kriminalprävention. (In: H. Schüler-Springorum (Hrsg.): Jugend und Kriminalität. 1983, S. 113 ff.).

12 Vgl. Anm. 11, S. 116.

13 Vgl. Th. Weigend 1978 (Anm. 2), S. 1085-1102.

14 Zu dieser Problematik aus deutscher Sicht Amelung, K.: Die Einwilligung des Unfreien. (In: Zeitschrift für die gesamte Strafrechtswissenschaft 95, 1983, S. 1 ff.).

15 Vgl. bereits die Übersicht bei R.T. Nimmer: Diversion. (Chicago, 1974).

16 So E. Buchholz (DDR); A.J. Mikhailov (UdSSR) sowie stärker differenzierend: J. Skupinski u. St. Waltos (Polen) und in seinem Generalbericht Kos-Rabcewicz-Zubkowski (Canada) auf dem Tokyoer Colloquium und in der Revue Internationale de Droit Pènale, 1983, Vol. 54, Nos. 3-4 - Zur Kritik an der These, es handele sich hier um Alternativen zur staatlichen Justiz vgl. u.a. die Beiträge von Hegenbarth, R. u. Rotter, F.: (In: Blankenburg (Hrsg.): Alternative Rechtsformen und Alternativen zum Recht. Jahrbuch für Rechtssoziologie und Rechtstheorie, Bd. 6. Opladen, 1980, S. 60 ff., S. 462 ff.).

17 So die Beiträge von S.A. Demondon (Philippinen); A. Mohtar (Malaysia); H. Sudarto (Indonesien) u. M.A. Arbab (Pakistan) auf dem Tokyoer Colloquium (In: Revue Internationale de Droit Pènale (vgl. Anm. 16)). Zur Frage, ob in "segmentären" Gesellschaften, etwa einzelnen afrikanischen Stämmen, außergerichtliche Konfliktregelungsmechanismen entwickelt worden sind (z.B. Palaver), die partiell für hochindustrialisierte Gesellschaften Modellcharakter gewinnen könnten, vgl. etwa Hegenbarth, R., ferner Spittler, G. u. Abel, R.L.: (In: Jahrbuch für Rechtssoziologie und Rechtstheorie, Bd. 6. Opladen, 1980, S. 48 ff., S. 142, S. 154 ff.). Ironisch die Herausgeber im Vorwort (S. 8): "Die ethnologischen Befunde bieten unter konflikttheoretischem Aspekt nicht nur reiches Anschauungsmaterial für nicht-gerichtsförmige Streitaustragung. Mitunter werden gar Vorschläge für Konfliktregulierungen in hochindustrialisierten Ge-

sellschaften aus dem ethnologischen Fundus hervorgezau-
bert." Gleichwohl heißt es in dem Tokyoer Resolutionsentwurf: "... diversion might be placed in the hands of
a community or other local or tribal leader ...".

18 Strempel, D.: Alternativen in der Ziviljustiz - gericht-
    liche und außergerichtliche Streitbeilegung in Japan im
    Vergleich zur Bundesrepublik Deutschland. (In: Juristen-
    zeitung, 1983, S. 596 ff.); Kakei Rokumoto: Tschotei
    (Schlichtung) - eine japanische Alternative zum Recht:
    Verfahren, Praxis und Funktionen. (In: Jahrbuch für
    Rechtssoziologie und Rechtstheorie, Bd. 6. Opladen,
    1980, S. 390 ff.).

19 Koya Matsuo: (In: Revue Internationale de Droit Pènale
    (Anm. 16)).

20 So Du-bin Im in seinem der International Conference on
    Juvenile Delinquency, November 1982 in Seoul erstat-
    teten (bisher unveröffentlichten) Bericht.

21 P.A. Albrecht (Anm. 11), S. 118.

22 Vgl. zuletzt Walter, M.: Wandlungen in der Reaktion auf
    Kriminalität. (In: Zeitschrift für die gesamte Straf-
    rechtswissenschaft 95, 1983, S. 32 ff.).

23 Zuletzt: Kriminalprävention im Jugendgerichtsverfahren.
    Jugendrichterliches Handeln vor dem Hintergrund des
    Brücke-Projekts. (Köln u.a., 1983).

24 Vgl. Kirchhoff, G.F.; Wachowius, W.: Diversion im Ju-
    gendstrafrecht - das STOP-Programm der INTEG. (In: H.
    Kury (Hrsg.): Prävention abweichenden Verhaltens - Maß-
    nahmen der Vorbeugung und Nachbetreuung. Köln u.a.,
    1982, S. 390 ff.).

25 Vgl. Busch, M.: Soziale Trainingskurse als Alternative
    zum Jugendarrest und als neue Interventionsform bei
    Frühkriminalität. (In: H. Kury, H. Lerchenmüller
    (Hrsg.): Diversion, Bd. 2. Bochum, 1981, S. 622 ff.).

26 Kriminalistik, 1983, S. 131 ff.

27 Vgl. zur theoretischen Einordnung vor allem Ahrens, W.:
    Die Einstellung in der Hauptverhandlung gem. §§ 153
    Abs. 2, § 153 a StPO. (Göttingen, 1978) und Th.
    Weigend: Anklagepflicht und Ermessen. (Baden-Baden,
    1978); zur Anwendungspraxis: Kunz, K.L.: Die Einstel-
    lung wegen Geringfügigkeit durch die Staatsanwalt-
    schaft. Eine empirische Untersuchung. (Königstein/Ts.,
    1980), sowie Riess, P.: (In: Hamm (Hrsg.): Festschrift
    für Werner Sarstedt. Berlin u.a., 1981, S. 253 ff.) und
    (In: Zeitschrift für Rechtspolitik, 1983, S. 93 ff.).

28 Vgl. u.a. Bierbrauer, G.: (In: G. Bierbrauer et.al.
    (Hrsg.): Zugang zum Recht. (Bielefeld, 1978, S. 141
    ff.); ferner Falke, I.: Das Schiedsmannsinstitut - hi-
    storische und rechtssoziologische Laienrichter heute?
    (In: Grunsky et al. (Hrsg.): Festschrift für Fritz
    Baur. Tübingen, 1981, S. 313, S. 325).

29 Vgl. Anm. 23, S. 119.

30 Vgl. zur Gesamtpolitik aus amerikanischer Sicht Richard
    L. Abel (Hrsg.): The Politics of informal justice Vol.
    1, 2. (New York u.a., 1982), ferner rechtsvergleichend
    Röhl, S.; Röhl, K.A.: Neighborhood justice centers in
    den USA - eine Alternative zur Justiz? (In: Deutsche
    Richterzeitung, 1980, S. 421 ff.) und dieselben: Alter-
    nativen zur Justiz. (In: Deutsche Richterzeitung, 1979,
    S. 33 ff.), sowie Gottwald, W.: Streitbeilegung ohne Ur-
    teil. (Tübingen, 1981). Die ebenfalls einschlägigen Re-
    ferate von Teubner, Kübler, Hopf, Zacher u. Simitis auf
    der Tagung der Gesellschaft für Rechtsvergleichung 1983
    in Bonn werden demnächst in Druck erscheinen.

31 Recht und Politik, 1983, S. 72 ff.

32 Council of Europe; European Committee on Crime Pro-
    blems: Report on Decriminalisations. (Strasbourg, 1980).

33 Interessant in diesem Zusammenhang z.B. Benders, R.:
    Vorstellungen von der "Neuen Nachbarschaft". (In: Zeit-
    schrift für Rechtspolitik, 1983, S. 168); dazu kritisch
    aus "linker" Position Rasehorn, Th.: (In: Zeitschrift
    für Rechtspolitik, 1983, S. 264). Belege für die im
    Text aufgestellte Behauptung lieferten auch Referate
    und Diskussionen auf dem 70. Deutschen Fürsorgetag.
    (Berlin, 1983); vgl. Nachrichtendienst des Deutschen
    Vereins für Öffentliche und Private Fürsorge, 1983,
    Hefte 11 und 12; insbes. Busch, M.: (In: Nachrichten-
    dienst des Deutschen Vereins für Öffentliche und Priva-
    te Fürsorge, 1983, S. 360).

34 Naucke, W.: (In: W. Hassemer, W. Naucke, K. Lüderssen
    (Hrsg.): Fortschritte im Strafrecht durch die Sozialwis-
    senschaften? Heidelberg, 1983, S. 1 ff.).

35 So mit Recht Lüderssen, K. in T. Weigend: Tagungsbe-
    richt. Diskussionsbeiträge der Strafrechtslehrertagung
    1981 in Bielefeld. (In: Zeitschrift für die gesamte
    Strafrechtswissenschaft 94, 1982, S. 47).

36 Persönliche Mitteilung von H. Bietz. Vgl. auch dessen
    Beiträge zur Thematik. (In: Zeitschrift für Rechtspoli-
    tik, 1982, S. 212 ff.) und (In: Zentralblatt für Jugend-
    recht und Jugendwohlfahrt, 1983, S. 321 ff.).

37 Zeitschrift für die gesamte Strafrechtswissenschaft 92,
    1980, S. 143 ff., S. 181 f.

38 Strafverteidiger, 1982, S. 449 ff.

Gerd Ferdinand Kirchhoff

DIVERSION IM JUGENDSTRAFRECHT
DAS STOP-PROGRAMM DER INTEG NACH ZWEI JAHREN

Inhalt

1.   Einleitung

2.   Gedanken zu: "Statt Strafe Diversion" aus der Sicht
        des Programms

3.   Das STOP-Programm der INTEG nach zwei Jahren
3.1.   Der Vorschlag des Programms an die StA
3.2.   Die Entscheidung der Justiz
3.3.   Zum Gesamteindruck

4.   Die weitere Planung

        Literatur

1. Einleitung

Das STOP-Programm der Gesellschaft zur Förderung integrativer Maßnahmen besteht nun zwei Jahre. Es handelt sich um ein Diversionsprogramm der Jugendgerichtshilfe eines freien Trägers, der INTEG e.V., das von der Stiftung Deutsche Jugendmarke finanziert wird. Es versucht, die Sanktionspraxis der Jugendstaatsanwälte und -richter (hier: Jugendeinzelrichter) so zu verändern, daß bei jugendlichen Ladendiebstahlsersttätern keine Verurteilung erfolgt. Vielmehr soll bei einem solchen ersten Vergehen das Verfahren folgenlos eingestellt werden. Besonders dann, wenn der Jugendliche in einem Gespräch mit der Jugendgerichtshilfe über die möglichen Konsequenzen von Verstößen gegen das Strafgesetz informiert wurde. Eine Verwarnung, verbunden mit einer 14stündigen Arbeitsweisung war bei Programmbeginn die durchschnittliche richterliche Sanktion für diese Ersttäter. Das ist zuviel, wenn, wie üblich, außer dem ersten Delikt keine Anzeichen von außergewöhnlichen Gefährdungen vorliegen. An anderer Stelle haben wir das Programm vorgestellt (Kirchhoff u. Wachowius 1982) und die Zielsetzung begründet (Kirchhoff 1983).

Das Programm leistet systematisch Jugendgerichtshilfe für die Staatsanwaltschaft. Die Staatsanwaltschaft ist bekanntlich die Stelle, die gemäß Paragraph 45 Abs. 2 JGG einstellen kann, wenn z.B. zuhause richtig mit dem Vorfall umgegangen wurde, oder, wie das Gesetz es sagt, wenn bereits "eine erzieherische Maßnahme angeordnet", lies: durchgeführt oder eingeleitet wurde.

Wir haben an anderer Stelle bereits zu den Implementierungsschwierigkeiten berichtet, ohne dabei zu beschönigen. Das ist einerseits mutig genannt worden, andererseits ist dem entnommen worden, das Programm sei von der Staatsanwaltschaft "unterwandert". Wir meinen dazu, daß es nichts nutzt, wenn man nur die "rosigen" Seiten der Tätigkeit

schildert. Vor allem dann nicht, wenn andere Jugendgerichtshelfer z.B. aus dem Vorgehen der INTEG etwas lernen (und
wenn es nur ist, daß man es so in der eigenen Stadt nicht
machen darf). Der Begriff des Unterwanderns indiziert, hier
sei etwas geschehen, was das Programm nicht gemerkt habe.
Er indiziert, das Programm habe unerkannt eigene Vorstellungen aufgegeben und habe die der Staatsanwaltschaft übernommen. Was aber präzis geschehen ist, hat der Kritiker nicht
dargestellt (Walter 1983). Da so Negatives verbreitet wurde, sind die Mitarbeiter sehr nachdenklich geworden.

Die ernsten Bedenken von Feltes, Janssen und Voss (1983)
hatten die Mitarbeiter nicht auf das STOP-Programm bezogen.
Es hatte ja nie einen "gleichsam allgemeinpolitischen Anspruch" (Feltes, Janssen u. Voss 1983, S. 862).

2. Gedanken zu: "Statt Strafe Diversion" aus der Sicht des Programms

In einer von Kerner nunmehr herausgegebenen Veröffentli-
chung wird allerdings Diversion als so gefährlich und gegenproduktiv dargestellt, daß man sich bei INTEG fragte, ob
die geäußerten Kassandrarufe angesichts der empirisch hier
faßbaren Wirklichkeit berechtigt seien. In "Diversion statt
Strafe? Probleme und Gefahren einer neuen Strategie strafrechtlicher Sozialkontrolle" verreißt besonders Janssen Di-
versionsbemühungen in frischem Ton, der neben der ehedem in
der deutschen Kriminologie gepflegten persönlichen An-
sprache voll besteht.

Der Inhalt der Kritik macht betroffen. Wenn es richtig ist,
was Kerner und seine Mitarbeiter ausbreiten, fährt der ganze Diversionszug in die falsche Richtung. Im STOP-Programm
wurden aber doch Bedenken gegen die Behauptung laut, das
Bemühen des Programms sei gegenproduktiv.

Kerner weist darauf hin, daß die Diversionsbewegung nicht
losgelöst von breiteren gesellschaftlichen und staatlichen
Strömungen, die mit Kapazitätsproblemen der Kriminalitätskontrolle zusammenhingen, zu betrachten sei. Die treibende
Kraft hinter den Dingen sei oft genug eine pure kriminalpolitische Notlage, nicht etwa ein konsequentes Konzept einer
veränderten Strafjustiz oder Jugendstrafrechtspflege gewesen.

Kerner stellt fest, daß der Effekt der Diversionsprogramme
"überaus häufig" nicht in einer Verminderung von Sozialkontrolle, sondern in einer Erweiterung der Kontrolle bestanden habe. Seine "Anti-Kritik" an der Diversionsbewegung
wolle zeigen, daß manches von den Hoffnungen nicht aufgehen
könne, weil Diversion "unter Umständen bis zu einem gewissen Grade sogar eine höchst funktionale Ergänzung" für das
Verfahren, gegen das sie sich wendet, bilde (Kerner 1983,
S. 6). Die Realität, die sich abzeichne, sei ein Mehr an
Kontrolle, nicht ein Weniger. Kerner befürchtet, Diversionsprogramme könnten zu Vorreitern einer Kontrollverdichtung
werden. Man müsse sorgsam prüfen, inwieweit ein realer
Wandel vorliege oder nur ein Etikettenwechsel, bei dem
unter der Bezeichnung "informell" strukturell Vergleich-
bares geschehe wie im besser sichtbaren formellen Bereich.
Ein Risikobereich bestehe auch in der mangelnden Möglichkeit der Betroffenen zur "Gegenwehr". Ein weiteres Risikoge-
biet wird in der Überbetonung von persönlichen oder sozialen Problemen gesehen, die gerade wegen ihrer Hervorhebung
aus dem alltäglichen Bereich über Definition einer besonderen Hilfsbedürftigkeit Kontrolle erreicht. Es wird gefragt,
ob nicht Modelle der Einschränkung von formeller Kontrolle
zu einer Ausweitung der Kontrolle führen, zu einer Überwachung von mehr Jugendlichen als je zuvor. Die üblicherweise
beschränkten Ressourcen der Strafverfolgungsbehörde nötigen
doch sowieso zu hohen Quoten folgenloser Einstellung des
Verfahrens. Könnte eine eingebaute Eigendynamik derartige
Ergebnisse nicht notwendigerweise nach sich ziehen? In die

gleiche Richtung geht die kritische Frage, ob es ohne das
Angebot von Projekten durchweg zu einer folgenlosen Einstellung des Verfahrens kommen würde.

Diese Warnungen vor zu positiver Beurteilung von Diversions-
bemühungen verdeutlicht Janssen. Nach einer radikalen kennt-
nisreichen Analyse der amerikanischen Verhältnisse, die zu
Diversion geführt haben sollen, resümiert er, daß wissenschaftliche Überlegungen zur Legitimation staatlicher Kon-
trollstrategien mißbraucht würden. Die Vertreter der traditionellen Erklärungsansätze versuchten, diese Strategie unter bewußter Ausnutzung der eigenen Profilierungsinteressen
zu legitimieren. Wäre Diversion nicht erfunden, die automa-
tische Folge der zunehmenden Überlastung des Justiz- und
Gefängnissystems wäre nach Janssen die Nichtintervention
gewesen. Für ihn setzt Diversion einen alten Trend fort:
"Die Macht des Staates über Menschen und Abweichler nimmt
wieder einmal zu".

Drei wesentliche Produkte der amerikanischen Diversion werden formuliert:

1. Sie hat die Zahl der Jugendlichen, die der System-
   kontrolle unterliegen, massiv erweitert.
2. Sie hat die Zahl der Jugendlichen, die weiterhin
   justitiell sanktioniert werden, nicht verringert.
3. Sie hat insbesondere die Lage der deprivierten Jugendlichen weiter verschlechtert.

Die bei uns existierenden Diversionsprojekte - das Lübecker
Staatsanwaltsprojekt, INTEGs STOP-Programm und die Brücke-
Projekte - betrieben "Hilfeleistung als offizielle Form der
Strafverbüßung", da sie sich nicht unter die holländische
"Definition" (Hilfeleistung von einer Privatinitiative als
Mittel zur Verteidigung des Klienten gegenüber der Justiz
selbst) subsumieren ließen (Janssen 1983, S. 46). (Diese
"Definition" Andriessens, auf die Janssen rekurriert, ist,

wenn überhaupt eine Definition, dann aber wohl doch ein
Paradebeispiel für eine an Eigenzielen ausgerichtete Diver-
sionsdefinition - die deutschen Definitionsversuche einschließlich Janssens Versuch, "weiche" Kontrolle zu definieren, finden vor dem Kriterium 'fehlendes Eigeninteresse'
keine Gnade.)

Die "weiche" Kontrolle habe durch Erweiterung des Angebots
an Richter und Staatsanwälte im Bereich der Minimalinterven-
tion einen sanktionserweiternden Effekt, d.h. nicht nur
Kontrollerweiterung, sondern auch inhaltliche Erweiterung
justitieller Eingriffe in das Leben Jugendlicher. Zu prüfen
sei, wer in den "Genuß" der sogenannten "weichen" Kontrolle
komme und wie sich das Sanktionsverhalten der Richter bei
dem Rest der Täter ändere.

Janssen analysiert einen bundesweiten Trend in der Jugendgerichtsbarkeit zu den "unteren Sanktionen", den er u.a. so
erklärt:

1. Die Jugendrichter sind durch den Arbeitsanfall bereits jetzt überlastet und reagieren darauf vermehrt mit Einstellungen,
2. die Zahl der harmlosen Täter nimmt infolge verän-
   derter Kontrollbedingungen (Vermehrung der Kaufhaus-
   detektive, Polizisten und Staatsanwälte) stark zu,
   so daß die Jugendrichter deshalb zu weniger ein-
   schneidenden Maßnahmen griffen bzw. hier als Filter
   wirkten.

Von den deutschen Kriminologen weiß Janssen: Sie igno-
rierten völlig kriminologische Erkenntnisse, z.B. die der
Philadelphianer Kohortenforschung. Danach sei auf Rechts-
brüche Jugendlicher erst ab dem dritten oder vierten Male
staatlich zu intervenieren. Zudem sei danach Hilfe total
ungeeignet, Delinquenz zu verhindern. Diese Ignoranten nutz-
ten den neuen Profilierungsmarkt. (Dieser Schuß geht natür-

lich auch nach hinten los.) Schließlich sei das ganze
Bemühen dieser Projekte weder politisch noch ökonomisch zu
rechtfertigen. Man solle das zur Verfügung stehende Geld
lieber zur Schaffung von Arbeitsplätzen ausgeben. Zu rechtfertigen sei bei dem betroffenen Täterkreis nur Nonintervention. Das schließt Janssen aus dem Lagebericht "Nothing
works". Dieser zeige, es sei unsinnig, auf die Schwierigkeiten von Abweichenden mit Sanktionen zu reagieren. "Solange etwa (auch) die deutschen Kriminologen sich mehr an der
politischen Zweckmäßigkeit und Eigeninteressen als an den
gesellschaftlichen Realitäten und den Bedürfnissen der
machtlosen Mitglieder orientieren, wird ihnen der Vorwurf
der Herrschaftssicherung nicht erspart bleiben."

Eine solche Sammlung von kritischen Anmerkungen verdient
es, gereinigt zu werden von Überpointierungen, Übertreibun-
gen oder lustigen Einfällen. Hält Janssen es für sinnvoller,
daß die Gelder, die u.a. in Mönchengladbach für "ausführliche sozialpädagogische Persönlichkeitsevaluierungen"
ausgegeben werden, für radikale Maßnahmen wie Arbeitsplatz-
beschaffung für Jugendliche eingesetzt werden, so kann man
mit der gleichen Ernsthaftigkeit fordern, das Gehalt für
wissenschaftlich tätige Mitarbeiter sei in Arbeitsbeschaf-
fungsmaßnahmen für arbeitslose Jugendliche zu stecken.

Was läßt sich auf diese Überlegungen hin von der Praxis her
beitragen?

Die angekündigten Gefahren lassen einen fragen, ob denn
Dummheit und Ignoranz diejenigen, die Diversion bei uns
begrüßen, blind gemacht haben. Sicher wäre es schlimm, wenn
das STOP-Programm diese Meinung einfach übersähe, vielleicht weil es sich von der bundesweit angelegten Kritik
nicht gemeint fühle. Zwar hat das STOP-Programm sich bemüht, zu betonen, es habe zunächst nur Wert in Mönchengladbach und biete keine bundesweit anzuwendenden Rezepte. Insofern irritiert, wenn man im Rahmen einer bundesweit gemein-
ten Kritik genannt wird.

In diesem Abschnitt soll geprüft werden, ob die Diversionskritik, die wir lesen, berechtigt ist und ob das STOP-Programm Daten liefern kann, mit denen die Argumente untermau-
ert oder widerlegt werden.

Inwieweit bietet also das STOP-Programm gegenüber den
vorhergehenden Maßnahmen tatsächlich etwas Neues?
Inwieweit können wir realen Wandel berichten?
Inwieweit geschieht unter dem Namen "informell" Ver-
gleichbares wie unter dem Vorgehen vor dem STOP-Programm?
Inwieweit geschieht Etikettenwechsel?
Inwieweit gibt es für die Betroffenen Möglichkeiten
zur Gegenwehr? Werden die durch das Vorgehen des Programms beschnitten?
Inwieweit rechtfertigt das Programm unter dem Etikett
"persönliche Hilfsbedürftigkeit" überflüssige Eingriffe?
Inwieweit verschärft das Programm die soziale Kontrolle durch die Justiz?
Kommt es ohne das STOP-Programm fast automatisch zu
einer vermehrten folgenlosen Einstellung?

Die Kritik geht tatsächlich an den Kern. Es ist klar, daß
das STOP-Programm mit der Arbeit aufhören müßte, wenn es
sich tatsächlich herausstellen würde, daß ohne das Programm
die Fälle folgenlos eingestellt würden, daß also lediglich
die Anwesenheit des Programms von Einstellungen ohne Folgen
abhält.

Wir sind sicher, daß sich die Sanktionspraxis der Staatsanwaltschaft in Mönchengladbach nicht geändert hätte, wenn
es dieses Projekt, das INTEG betreibt, nicht geben würde.
Dazu ist durch die Basisdatenuntersuchung klar festgestellt
worden, daß kein einziger Fall nach den im JGG aufgezeigten
Möglichkeiten eingestellt wurde. Nichts, aber auch gar
nichts, gibt zu dem Gedanken Anlaß, hier sei ein Wandel

abzusehen gewesen. Wenn mit einem bundesdeutschen Trend in
dieser Richtung gewunken wird, so kann von hier aus lediglich gesagt werden, er war hier nicht sichtbar. Insofern
verweisen wir auch darauf, daß die Verhältnisse vielleicht
in Hamburg oder München anders liegen. Bundesweite Trends,
bundesweite Kapazität ist für das Programm nicht wesentlich
gewesen, lediglich die nachweisbaren Verhältnisse hier. Die
Justizkapazität war so, daß alle jugendlichen Ladendiebe
- und nicht nur die - vor den Richter gebracht wurden, an
keinem Punkt hat die Kapazität etwa dazu nicht gereicht.
Auch die Verurteilungskapazität der Richter war, wie nachge-
wiesen wurde, keineswegs erschöpft. Von dieser Situation
aus ist es Träumerei zu glauben, ohne das Angebot des
STOP-Programms komme es fast automatisch durchweg zu einer
folgenlosen Einstellung. Diese Vision mag anderswo berechtigt sein. Sie klingt höchst plausibel. In den USA ist die
Situation tatsächlich so, daß niemand daran denken würde,
die jugendlichen Ladendiebe vor den Jugendrichter zu bringen - der würde schlicht seinen Probation Officern kündi-
gen, wenn so etwas Törichtes auch nur versucht würde.
Tatsächlich käme auch kein Prosecutor auf die Idee, wertvolle Richterzeit und gar wertvolle Jurorenzeit für diese
Prozesse zu verschwenden. Wie Kerner und Janssen selbst
völlig zu Recht warnen, darf man nicht die Arenen unreflek-
tiert vertauschen: Einem Richter in Kalamazoo z.B. ist es
aus Kapazitätsgründen gar nicht möglich, jeden jugendlichen
Ersttäter persönlich zu verhandeln. Das ist hier aber anders. Wie demonstriert.

Das STOP-Programm ist auch nicht angetreten, die gesamte
strafrechtliche Eingriffsintensität zu beeinflussen. Insofern trifft Kerners Furcht, der Anspruch, den man sich gestellt habe, werde nicht eingelöst, nicht zu. Ernster müßte
es genommen werden, wenn das Programm am leichtesten Ende
des Straftatenspektrums zu einer Intensivierung des Eingriffs führen würde.

Nun führen weder Kerner noch Janssen explizit aus, was sie unter der Intensivierung des Eingriffs verstehen. Lediglich Janssen sagt eindeutig, er favorisiere Nichteingriff, schlichtes Nichtstun. Was für die Jugendgerichtshilfe, bei der Janssen doch lange selbst vor Ort gearbeitet hat, der Vorschlag der Nichtintervention bedeutet, macht das Sanktionspattern, das Bongartz-Quack (1982) entdeckte, deutlich. Der Vorhalt, Nichtintervention sei besser, kann die Staatsanwaltschaft, aber doch nicht die JGH betreffen.

Nun könnte man denken, die Jugendgerichtshilfe vorher sei so in Kapazitätsnot gekommen, daß sie zu den anstehenden Fällen keine Berichte geschrieben habe. Unterstellt, dem wäre so gewesen (Bongartz-Quack fand immerhin in 72 % der Fälle schriftliche Berichte der JGH. Sie fand regelmäßig Jugendgerichtshelfer (90 %) in der Verhandlung, die ja immer durchgeführt wurde), so ändert diese "Verweigerung" nichts am Sanktionsverhalten. Insoweit ist konkret unverständlich, wieso "die Macht des Staates über Menschen und Abweichler wieder einmal" zunimmt. Sicher wäre das ein nicht zu vertretender Erfolg, gerade bei Ersttätern es zu einem solchen net widening kommen zu lassen. Allerdings geht der Einwand an den lokalen Verhältnissen vorbei. Bongartz-Quack hat gezeigt, daß das Netz so eng war, daß es gar nicht enger werden konnte. Zur Klarstellung sei angemerkt, daß es um das Netz der formalen sozialen Kontrolle geht, die in den USA erweitert wurde durch Diversionsprogramme. Man kann überzeugt sein, daß in Kalamazoo Prosecutor und Judge in jedem STOP-Fall zu nolle prosequi gestanden hätten - nicht aber hier. Die Fälle waren im Netz. Auch ohne Diversionsprogramm. Insofern erweitert das Programm nichts.

Das Programm erreicht in vielen Fällen, daß folgenlos eingestellt wird. Insofern bahnt es das gezielt an, was Kerner automatisch kommen sieht.

Es erreicht außerdem, daß viel seltener als zuvor der Richter eine Sanktion verhängt. In vielen Fällen (s.u.) ist die Sanktion reduziert. Das wäre ohne die Arbeit des Programms nicht geschehen. Insofern sind die Mitarbeiter des Programms nicht der Meinung, zu einer Eingriffsverdichtung geführt zu haben. Sie sind auch angesichts der von Janssen konstatierten wesentlichen Produkte 1 und 2 nicht zu einer Kurskorrektur angehalten. Wenn das Programm seine Arbeit heute einstellen würde, würde nicht weniger angezeigt, von der Staatsanwaltschaft zum Richter gebracht und dort verurteilt. Da die Prämisse für den vorliegenden Fall nicht gilt, daß nämlich ohne die Tätigkeit des Programms folgenlos eingestellt würde, ist es auch nicht ohne weiteres einsehbar, wenn behauptet wird, das STOP-Programm betreibe Hilfeleistung als offizielle Form der Strafvollstreckung. Inwieweit es mit Diversion überhaupt zu tun hat, wenn man Hilfeleistung von einer Privatinitiative als "Mittel zur Verteidigung des Klienten gegenüber der Justiz selbst" betreibt, mag den Protagonisten dieser Version zu substantiieren übrig bleiben.

In lediglich 6 % aller Fälle äußern die Mitarbeiter vom STOP-Programm, die Eltern und die Jugendlichen fänden das Vorgehen des Kaufhauses und der Polizei unangemessen. Geht man den Dingen weiter nach, so sind die meisten dieser sechs Prozent nicht über das Eingreifen der Polizei an sich erbost, sondern darüber, daß ihr Kind vom Polizeiwagen nach Hause gebracht wurde. Darauf weist das Programm die Polizei auch hin. Im übrigen geben die Klienten nicht zu erkennen, sie würden das Vorgehen der Polizei oder der Justiz zum Anlaß nehmen, zu meinen, sie seien gegen die Justiz selbst zu verteidigen. Insofern ist für einen so prätentiösen Gebrauch des Wortes Diversion kein Anlaß.

Alsdann ist darüber nachzudenken, ob das Programm die "weiche" Kontrolle verstärkt. Das kann ganz sicher darin gesehen werden, daß das Programm den Wert der sozialen Kontrolle

durch die Eltern verstärkt zur Geltung bringen will. Vorher
wurde ihr im Rahmen des Verfahrens überhaupt kein Eigenwert
zuerkannt. Man hatte ja keine Einstellung nach Paragraph 45
Abs. 2 JGG vorgenommen.

Verstärkung der "weichen" Kontrolle mag man auch in dem
Programmteil Hausbesuch sehen. Denn das Programm führt einen Hausbesuch mit zwei Personen durch, der zwischen ein
bis zwei Stunden dauert. Bei diesem Gespräch wird einmal
mit dem Jugendlichen und mindestens einem Elternteil über
die Bedeutung von Ladendiebstahl gesprochen, über den Aufbau der Strafverfolgungs- und Justizbehörden am Ort, über
den Umgang der Eltern u.a. mit dem Vorfall, über die Möglichkeit, selbst zum Kaufhaus zu gehen und mit einem Vertreter des Managements zu sprechen. Der Schul- und Freizeitbereich wird angesprochen, und über das ganze Geschehen
wird ein Fragebogen, der programmintern zu eigenen Untersuchungen, die mit Jugendgerichtshilfe unmittelbar nichts
zu tun haben, mittelbar jedoch wohl, angelegt. Die Kritik
zur Anlegung des Fragebogens, man sammele Daten über Menschen, die dazu sich nicht einverstanden erklärten, hat
dazu geführt, daß am Gesprächsanfang nun korrekterweise
eine entsprechende Nachricht an die Eltern und den Jugendlichen geht. Dafür, daß das Programm selbst überprüfen
will, was es tut, haben alle Befragten Verständnis, jedenfalls verbietet keiner die Anlegung des Fragebogens. Die
Berichte des STOP-Programms an die Staatsanwaltschaft sind
nach einer Implementierungsphase wesentlich verkürzt worden. Insofern wird die Bemerkung, das Programm betreibe
umfangreiche Persönlichkeitsevaluierungen, als schlichter
Unsinn zurückgewiesen.

Das Programm sieht in dem, was im Gegensatz zur herkömmlichen Arbeit der JGH am Ort passiert, keinen sanktionserweiternden Effekt. Das Programm schlägt nach Überlegung in
jedem Einzelfall in der Regel Einstellung nach Paragraph 45
Abs. 2 JGG vor. Mehr als das Vorschlagsrecht (und nachdrück-

liche Begründung des Vorschlages beim Richter, wenn, wie noch zu oft geschieht, es dazu kommt, daß der Jugendliche zum Richter muß, zum Ermahnungstermin, zum vereinfachten Verfahren oder im Wege der Anklage) hat die JGH nie. Wenn gemeint ist, dadurch, daß der Hausbesuch zu einem ausführlichen Gespräch zu den genannten Themen führt, erweitere sich die soziale Kontrolle "weicher Art", dann trifft das zu. Das trifft dann auch für andere Aktivitäten des Programms zu. Da werden Lehrerkollegien unterrichtet, es werden Schulklassen über den Ladendiebstahl informiert und Eltern, die beim Programm wegen ihrer stehlenden Kinder anrufen und um Rat fragen. Das verstärkt die Effektivität sozialer Kontrolle. Das ist als solches nicht verderblich.

Sehr sensibel ist das Programm, wenn Hilfsbedürftigkeit angenommen und damit ein vereinfachtes Verfahren vorgeschlagen werden soll. An der Seltenheit, mit der ein solcher Vorschlag das Büro verläßt, kann man sehen, daß das Programm bewußt therapieabstinent ist. Es kennt das von Janssen so zutreffend karikierte Helfersyndrom des Caseworkers und bekämpft es. Darin gerade liegt auch sein Wert in der Ausbildung von Sozialarbeitern.

Es trifft zu, daß das STOP-Programm Fälle bearbeitet, die an der unteren Grenze der Harmlosigkeit liegen. Diese Arbeit macht es, weil sich gezeigt hat, daß Nichtbearbeitung durch die JGH lokal zu einer von uns nicht getragenen Sanktionsschärfe führt. Sicher wäre es möglich gewesen, der Staatsanwaltschaft und dem Gericht zu sagen, wenn ihr nicht in jedem Einzelfall zusagt, ihr werdet einstellen, fängt INTEG das Programm gar nicht an. Das wäre radikal gewesen. Das Programm hätte dann nicht einmal das erreicht, was es erreicht hat. Das Programm glaubt immer noch, damit den "Bedürfnissen der machtlosen Mitglieder", der Jugendlichen, besser gedient zu haben, als wenn alles beim Alten geblieben wäre. Ob es aus politischer Zweckmäßigkeit und Eigeninteresse sich das Label Herrschaftssicherer verdient hat, mag dahinstehen. Vor allem wäre bei einer solchen Einstellung das Programm gar nicht existent.

Insofern ist zusammenzufassen, daß von den sehr fruchtbaren Kritiken, die im Kernerschen Band geäußert werden, und den Befürchtungen, die sicher auf andere Programme zutreffen können und nach der Erfahrung in den USA auch nicht aus der Luft gegriffen sind, vor Ort sehr wenig Substantielles übrig bleibt, was der INTEG den Eindruck vermittelt, das Programm sei denn doch nicht so unverantwortlich und ohne jede kriminologische Kenntnis designed. Aber: War diese Kritik eigentlich so gemeint?

3. Das STOP-Programm der INTEG nach zwei Jahren

In diesem Teil wird über den weiteren Verlauf des STOP-Programms berichtet. Das Datenmaterial (ca. 230 Fälle) wurde z.T. für die Sitzung des Wissenschaftlichen Beirats von Stephan Angeli (1983) analysiert. Für diesen Aufsatz wurde zusätzlich ausgewertet die Gesamtzahl der Fälle, die das STOP-Programm bearbeitete und deren Ergebnisse bis zum 1. März 1983 (genau 2 Jahre nach Eingang des ersten Falles) dem Programm bekannt sind.

In dieser Zeit haben über 300 Jugendliche das Programm durchlaufen. Die Ergebnisse von 288 Fällen liegen vor.

Fast jeder Fall wird am Tage der Entdeckung der Polizei angezeigt - 98 % der Fälle verlaufen so. Die Polizei vernimmt in 56 % sogleich nach der Anzeige am Tattage. Durch schriftliche Vorladungen, Krankheiten auf beiden Seiten, Urlaub und andere Umstände werden hier aber schon Werte von 18 Tagen in 10 % aller Fälle überschritten. So entsteht ein Durchschnittswert von 6 Tagen. Im Schnitt 12 Tage später ist der Vorgang bei INTEG eingegangen. (Zehn Tage brauchen 50 % -Md-, die langsamsten 10 % (p 90) benötigen länger als

19 Tage, bis sie nach der Vernehmung beim Programm ankommen.) Schon allein daran scheitert es, wenn man erreichen will, daß die Reaktion der Tat auf dem Fuße folgt. Das heißt aber nicht, daß das Programm nicht schon vorher tätig wird. In fast 10 % aller Fälle haben die Jugendlichen oder die Eltern das Programm schon kontaktiert. In diesen Fällen wird der Hausbesuchstermin sogleich verabredet und anschließend die zwei Mitarbeiter ausgewählt, die am betreffenden Tag Zeit haben. In 40 % der Fälle wird am Tag des Eingangs Hausbesuch verabredet und anschließend die Mitarbeiter ausgesucht und informiert. Nach fünf Tagen sind nur noch 30 % der Hausbesuche nicht vereinbart. Im Schnitt dauert es 4 Tage, bis der Hausbesuch verabredet ist. Von da aus bis zum aktuellen Besuch dauert es im Schnitt weitere fünf Tage, bis der Besuch gemacht ist. Bei 33 % wird am Tage der Zusammenstellung der Mitarbeiter der Hausbesuch auch durchgeführt - das spricht für die große Flexibilität, die der Einsatz der ehrenamtlichen Mitarbeiter mit sich bringt, wenn man ausreichend hat. Die ehrenamtlichen Mitarbeiter sind gehalten, ihre Eindrücke einmal in einem Fragebogen, zum anderen in einer Gesprächsnotiz festzuhalten.

Der Fragebogen wurde für eine Masters Thesis, die Peggy L. Chance an der Western Michigan University über die ersten Fälle des deutschen Programms geschrieben hatte, entwickelt. Da viele der schriftlichen Fragen den Mitarbeitern nicht relevant erschienen und sie zusätzlich ihre ganz subjektiven Eindrücke festhalten sollten, diktieren sie in ein Diktiergerät ihre Eindrücke. Der Programmleiter kann an diesen Übungsmaterialien sehr gut erklären, was Impression, was Tatsache und was Schlußfolgerung ist, eine für angehende Sozialarbeiter sehr wichtige Übung. Diese beiden Schritte werden von 50 % am Tag des Hausbesuchs erledigt, im Schnitt gehen beide Nachrichten nach 2 Tagen im Büro ein.

Der Programmleiter liest dann die Unterlagen und berät den Vorschlag mit den ehrenamtlichen Mitarbeitern. Aufgrund die-

ser Unterredung ist er dann auch in der Lage, einen begründeten Vorschlag an die Staatsanwaltschaft in schrift-
licher Form zu machen. Dieser Bericht, etwa eine Din A4 Seite lang, ist durchschnittlich 8 Tage später aus dem Haus.
10 % dauern allerdings länger als 19 Tage (p 90), die Hälfte ist nach einer Arbeitswoche aus dem Hause. Das Programm
hat nach einer überdeutlichen Intervention des Jugendamts
an die Staatsanwaltschaft nun 42 Tage von der Tat bis zur
Abgabe des Vorschlags Zeit - nicht alle Berichte können
diese Zeit einhalten. Wenn die Staatsanwaltschaft nun entscheidet, tut sie das etwa zehn Tage später. In 11 % aller
Fälle hat sie allerdings bereits entschieden, ohne daß der
Bericht vorlag. Die Mehrzahl dieser Fälle werden bei Programmanfang vorgefallen sein, als die reibungslose Zusammenarbeit noch schwer war. Wenn INTEG noch an das Gericht einen Bericht schreibt, so verläßt dieser im Schnitt 12 Tage
später das Büro.

Kommt es zu einem Termin bei Gericht, ist der im Schnitt
zwanzig Tage später, drei Viertel sind 31 Tage später termi-
niert, die Hälfte sechs Tage später.

Von der Tat bis zu einer Entscheidung des Gerichts dauert
es im Schnitt 90 Tage. Bei der Basisdatenuntersuchung zeigte sich, daß es bis zur Hauptverhandlung mit Abschluß durch
Urteil 103 Tage dauerte (vgl. Bongartz-Quack 1982). Damit
ist eine "deutliche Beschleunigung" des Verfahrens erreicht, selbst wenn es zu einer mündlichen Verhandlung
kommt. Stellt der Staatsanwalt ein, dann dauert das Verfahren nur noch 46 Tage. Damit ist ein Ziel des Programms, das
Verfahren zu beschleunigen, erreicht.

3.1. Der Vorschlag des Programms an die StA

Kerner meint, ein weiteres kritisches Gebiet betreffe das
Risiko der Überbetonung von persönlichen und sozialen Pro-

blemen, die gerade durch ihre Hervorhebung aus dem alltäglichen Bereich auf dem Weg über die Wahrnehmung einer besonderen Hilfsbedürftigkeit der Betroffenen eine eigenständige Eingriffsdynamik auslösen könnte. Janssen hat eindring-
lich dieses gefährliche Moment beschrieben (1983, S. 35-37).

In rund 11 % aller Fälle wird kein Vorschlag an die StA
gemacht, weil etwa Kontakt mit den Klienten nicht möglich
war (19 = 7 %), die StA schon entschieden hatte (12 = 4 %)
usw. Von den verbleibenden 257 Fällen wird folgenlose Einstellung in 234 Fällen (91 %) vorgeschlagen, in weiteren 15
Fällen - 6 % der Vorschläge - wird Verhandlung vor dem
Richter vorgeschlagen, nicht vorsichtshalber (so Walter
1983, S. 1038), sondern weil z.B. ein Geständnis widerrufen
wurde. Diese Zahlen ergeben das ganze Bild, wenn man 7 vor-
geschlagene Ermahnungstermine - 3 % - zuzählt.

Diese Zahlen belegen deutlich, daß von einer von sozialar-
beiterischem Hilfesyndrom geprägten Interventionsfreudig-
keit oder von der Wahrnehmung einer besonderen Hilfsbedürftigkeit keine Rede ist. Auch ist die Länge der Berichte
gegenüber dem Programmanfang deutlich verkürzt worden. Es
ist Janssen insofern zuzustimmen, daß es gerade bei neuen
freiwilligen Mitarbeitern für den Programmleiter immer wieder Anstrengungen kostet, bei Informationen aus dem Hausbesuch, die nicht positiv scheinen, die Verbindung zur Tat
und die Verbindung zu möglicherweise bessernden Maßnahmen
des Richters herzustellen. Ganz bewußt wird bei Problemlagen - die in über der Hälfte der Hausbesuche von den Mitarbeitern gesehen werden - auf die "Hilfsmöglichkeiten" verwiesen und überlegt, was denn gerade die speziellen jugendstrafrechtlichen Interventionen an der konkreten Lage
verbessern können. Hier an soziologischen und psychologischen Erkenntnissen ausgerichtet zu verfahren, fällt besonders Anfängern schwer, die eben doch aufgewachsen sind mit
der Einstellung: "Wer etwas getan hat, muß auch dafür was
bekommen". Insofern ist die Arbeit im Projekt für die

Ausbildung der Studenten der Sozialarbeit, die überwiegend
die freiwilligen Mitarbeiter des STOP-Programms stellen,
sehr wichtig. Denn hier wird ganz im Gegenteil zu Kerners
Befürchtungen solchen unreflektierten Haltungen gegenge-
steuert.

3.2. Die Entscheidung der Justiz

Da das STOP-Programm offiziell die Wahrnehmung der Jugendgerichtshilfe für die besprochenen Fälle übertragen bekommen hat, bleibt dem Programm lediglich, einen entsprechenden Vorschlag zu machen. Dieser Vorschlag ist rechtlich
unverbindlich, denn die StA entscheidet und ist selbstverständlich nicht an den Vorschlag der Jugendgerichtshilfe
gebunden. Das hat Walter (1983, S. 1038). wohl übersehen,
als er schrieb, dem INTEG-Projekt sei lediglich zugestanden, der Staatsanwaltschaft unverbindlich schriftliche Vorschläge zu unterbreiten. Es ist auch nicht ersichtlich, wie
die Jugendgerichtshilfe anders verfahren soll als Vorschläge zu machen. Ein Mehr ist vielleicht wünschenswert, aber
nach der augenblicklichen Lage rechtlich nicht möglich.
Insofern sind Programme wie das der Brücke dann freier,
wenn die Klienten in sie hinein verurteilt werden und die
Auswahl der Maßnahme ihnen überlassen bleibt. Das STOP-
Programm kann in seiner Situation nichts entscheiden. Die
StA hat 100 Antrags- und 6 Anklageschriften verfaßt, insgesamt suchte sie in 38 % die mündliche Verhandlung. In weiteren 10 % (n = 28) stellte sie nach Paragraph 45 Abs. 1 JGG
ein, während sie dies Vorgehen in weiteren 5 % (n = 13)
anstrebte.

Von 133 Verfahren, die der Richter durchführt, sind 54 %
(n = 72) Ermahnungstermine mit schlichter Ermahnung ohne
Auflagen, weitere 17 % enden mit Ermahnung und Auflagen
(n = 22). 26 Verwarnungen werden ausgesprochen (19 %), davon 12 (9 %) mit Weisungen und 3 (2 %) mit Auflagen. Von

den Weisungen sind 2 Betreuungsweisungen, die im ersten
Vierteljahr des Programms verhängt wurden, 27 Arbeitswei-
sungen sind angeordnet worden, drei beziehen sich auf die
Freizeit und schließlich finden wir drei Geldbußen.

Die Veränderung im Sanktionsverhalten wird aus dem Schau-
bild gut sichtbar. Vor allem wird deutlich, daß früher alle
Ersttäter dem Richter zugeführt wurden und dort zu fast
80 % verurteilt wurden. Das ist deutlich gesunken, nämlich
auf 26 von allen 288 untersuchten Fällen. Das sind weniger
als 9 %.

3.3. Zum Gesamteindruck

Das Programm zeigt deutlich, daß sich vor Ort ohne die Jugendgerichtshilfe nichts ändert, mit der Jugendgerichtshilfe doch sehr viel. Es zeigt sich auch, daß die Prämissen,
die Kerners Befürchtungen zugrunde liegen, in ihrer Genera-
lität nicht haltbar sind. Bei der Makrobetrachtung können
Schlußfolgerungen gezogen werden, die mit der Realität im
kleinen nichts zu tun haben. Bundesweite Analysen sind eben
nicht geeignet, die Lokalanalyse zu ersetzen. Wenn man aber
konkret einzelne Programme anspricht, muß man sie differenzierter betrachten.

4. Die weitere Planung

Die INTEG will sich in Zukunft nicht mehr allein den Ladendiebstahlsersttätern widmen, sondern ihr Programmangebot erweitern. Die generell der Diversion vorgehaltenen Kritiken
vermögen nichts anderes zu bewirken. Die Mitarbeiter meinen
auch, die weiteren Programmangebote als Diversion bezeichnen zu können. Das ist kein Etikettenschwindel, denn tatsächlich wird dann, wenn Paragraph 45 Abs. 2 JGG nach Durchlaufen eines Programms angewandt wird, der Fall divertiert

Vor dem STOP-Programm

Ersttäter des Ladendiebstahls:
Sanktionen der Jugendrichter bei
Jugendlichen und Heranwachsenden

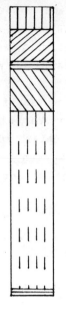

8,4 %	Einstellungen nach §§ 45, 47 JGG	1.
11,0 %	Einstellungen nach §§ 45, 47 JGG mit Auflagen	2.
14,4 %	Verwarnungen	3.
61,2 %	Verwarnungen und Weisungen	4.
1,5 %	Jugendarrest	5.
0,8 %	Geldstrafen	6.
1,1 %	Einstellung nach § 153 StPO	7.
1,5 %	Freispruch	8.
0	Ermahnungstermine	9.

Mit STOP-Programm 2 Jahre

Ersttäter des Ladendiebstahls:
Sanktionen der Jugendrichter
bei Jugendlichen

9,8 %	Einstellungen nach §§ 45, 47 JGG	1.
16,5 %	Einstellungen nach §§ 45, 47 JGG mit Auflagen	2.
8,3 %	Verwarnungen	3.
11,3 %	Verwarnungen mit Weisung oder Auflagen	4.
0	Jugendarrest	5.
-		6.
0	Einstellung nach § 153 StPO	7.
0	Freispruch	8.
53,4 %	Ermahnungstermine	9.

- Walters Gegenmeinung ist, da nicht substantiiert, wenig
überzeugend. Unter dem Diversionsetikett zutreffend ausge-
wiesen, plant die INTEG ein Programm für Schwarzfahrer und
ein Programm für Fahren ohne Führerschein. Wenn es aus dem
"arm chair" auch so aussieht, daß das alles nichts nutze,
ist INTEG nach Analyse der tatsächlichen Situation zu-
versichtlich, weiter Verurteilungsvermeidung erreichen zu
können.

Dabei ist geplant, die Jugendgerichtshilfe für die Delikte
Fahren ohne Führerschein und Schwarzfahren zu übernehmen.
Ladendiebstahl, Fahren ohne Führerschein und Schwarzfahren
sind Taten, die sich durch sehr leichte Wahrnehmung von
quasi sich anbietenden Gelegenheiten auszeichnen. Das Programm geht davon aus, daß dieses ausreicht:

    eine Unterrichtung über das soziale Kontrollmittel
    "Jugendstrafverfahren",

    eine Erklärung der Forderung, sich auch an diese Nor-
    men zu halten,

das Angebot, eine sinnvolle Maßnahme zu ergreifen und so
durch eigenes Tun das durch die Straftat angerichtete Ungleichgewicht, das die Jugendlichen selber empfinden, zu
neutralisieren. Der Jugendliche mag selbst entscheiden, ob
er - auf eigenes Risiko - die Maßnahme annehmen will oder
ob er warten will, bis der Staatsanwalt oder der Richter
ihn dazu auffordern oder verurteilen.

Aus den über 350 Gesprächen mit Eltern und Jugendlichen
weiß das Programm, wie gering die Kenntnis der Familien
über das Feld der sozialen Kontrolle, das mit der Anzeige
aktiviert wird, ist. Bei den genannten Delikten mag oft
nicht einmal das Wissen von der Strafbarkeit, wohl vom
Verbotensein vorhanden sein. Das führt dazu, daß diejenigen, zwischen denen Erziehung in erster Linie stattfin-

det, die Gründe für die Strafbarkeit auch kennen müssen. Dies mag man Normverdeutlichung nennen. Es soll auch nicht beim Reden bleiben. Das Gespräch soll schon sichtbare Aktivitäten in der Außenwelt zur Folge haben.

Das Programm wird nur Jugendliche aufnehmen. Die Möglichkeit der Bestrafung nach StGB, die Paragraph 105 JGG bietet, verursacht zusätzliche Schwierigkeiten, zumal die Tendenz besteht, möglichst bei Heranwachsenden verstärkt Strafbefehle vornehmlich aus Kapazitätsgründen einzusetzen.

Das Programm soll Ersttäter aufnehmen und solche, bei denen zwischen Vorbelastung und jetziger Tat kein Zusammenhang ersichtlich ist. Dabei nimmt das Programm Evaluierungsschwierigkeiten in Kauf, denn letztlich kann nur bei rigorosen Aufnahmekriterien gemessen werden, was erreicht wurde. Es ist einerseits nicht einzusehen, warum nur Ersttäter in den "Genuß" der alternativen Vorgehensweisen kommen sollen. Andererseits bestehen begründete Bedenken, Serientäter in dieses "weiche" Programm zu nehmen und dabei dann noch die Sanktionsschwere zu mildern suchen.

Die Teilnahme am Programm setzt wieder Geständnis voraus, es sei denn, der Richter verurteilt in die Maßnahme. (Dann handelt es sich aber nicht um Diversion, sondern um alternative Sanktion.) Verhaltensstandards für den Jugendlichen während der Dauer im Programm müssen dem Jugendlichen erklärt werden und können mit Teilnahme am Programm erschöpft sein. Hat der Jugendliche teilgenommen, sollte ihm die Einstellung des Verfahrens zugesagt werden können. Angesichts der Verhältnisse vor Ort wäre das aber Illusion. Das ist bedauerlich. Insofern ist das Programm auf den guten Willen der Praktiker angewiesen. Es ist klar, daß das nicht reicht.

Feedback-Mechanismen wird es außer dem üblichen JGH-Bericht an die StA nicht geben, denn generell sind am unteren Ende der Schwereskala Berichte mit Vorsicht zu handhaben.

Gedacht ist, diese drei Maßnahmen neben dem Hausbesuch anzubieten: beim Ladendiebstahl den Gang zum Kaufhaus, beim
Schwarzfahren einen Kurzkurs über die Verkehrsbetriebe der
Stadt (wie er auf Anregung von INTEG in Düsseldorf schon
durchgeführt wird) und beim Fahren ohne Führerschein ein
längerer Kurs mit Verkehrsunterricht.

Voraussetzung aber für diese Programme ist, daß sich aus
den Basisdaten ergibt, die Programme seien nötig. Radke
(1983) hat, um dies zu klären, das Delikt "Fahren ohne Führerschein" und seine Behandlung durch die StA und das Gericht im Bezirk des Landgerichts Mönchengladbach untersucht
(was der Leitende Oberstaatsanwalt durch Gewährung von entsprechender Akteneinsicht, für die wir an dieser Stelle
danken, möglich machte).

Radke untersucht die 1982 bearbeiteten Fälle. Der durchschnittliche Täter ist ein 16 bis 17 Jahre alter (Anteil
$p = 75\%$) deutscher ($p = 97\%$) Junge ($p = 95\%$) aus Mönchengladbach, der als Hauptschüler, Berufschüler oder Gymna-
siast bei seinen Eltern wohnt ($p = 98\%$, lediglich 7 Täter
waren arbeitslos, sieben waren i.d.R. als Arbeiter berufstätig), der regelmäßig keine ($p = 73\%$) oder doch eine
($p = 18\%$) Vorbelastung hat. Mehr als zwei Vorbelastungen
haben 1,5 % ($n = 3$), 150 haben keine Vorbelastungen. Sieht
man auf einschlägige Vortaten, so sind 84 % nicht, 14 %
einmal und 2 % ($n = 5$) zwei- oder dreimal vorbelastet. 80 %
der Täter gestehen bereits bei der Polizei, weitere 13 %
beim Richter. In der Regel wird ein M25 oder ein Mokick
technisch verändert ($p = 80\%$), so daß die Betriebserlaubnis erlischt und nun ein Führerschein gebraucht wird -
selten ($p = 6\%$) wird ein PKW benutzt.

Die StA hatte in einem Fall (0,5 %) nach Paragraph 45
Abs. 2 JGG eingestellt, in 85 % vereinfachtes Verfahren
beantragt und erhalten, in 15 % Anklage erhoben.

Von den Richtern wurden 86 % der Jugendlichen verurteilt. In 28 von 205 Fällen stellten die Richter ein.

Tab. 1: Einstellungen durch Jugendrichter
        Fahren ohne Führerschein

```
 7x folgenlos
10x mit Ermahnung
 1x nach Verwarnung
 1x nach Verwarnung und Geldbuße
 1x nach Geldbuße
 4x nach Ermahnung mit Geldbuße
 1x nach Besuch eines Mofa-Kurses
```

Die Tabelle 2 zeigt, daß die Richter in den Urteilen im unteren Bereich der Sanktionen blieben.

Tab. 2: Sanktionen durch die Richter

```
19 % n = 33 Verwarnung
33 % n = 58 Verwarnung mit Geldbuße
36 % n = 64 Verwarnung mit Arbeitsweisung
 1 % n =  2 Verwarnung mit Freizeitarrest
 2 % n =  4 Verwarnung und Verkehrsunterricht
 1 % n =  1 Verwarnung, Verkehrsunterricht, Arbeits-
            weisung
 1 % n =  1 Verwarnung, Mofa-Schein-Weisung
 3 % n =  5 Verwarnung, Geldbuße, Arbeitsweisung
 1 % n =  2 Verwarnung, Geldbuße, 1 Monat Fahrverbot
 1 % n =  1 Verwarnung, Geldbuße, 3 Monate Fahrverbot
 1 % n =  1 Verwarnung, Arbeitsweisung, 1 Monat Fahr-
            verbot
 3 % n =  5 Freizeitarrest allein
```

In 79 % nahm die JGH an der mündlichen Verhandlung, zu der sie in 62 % einen schriftlichen Bericht abgab, teil, in einem Drittel durch Gerichtsgänger.

Bei dem Delikt handelt es sich in der Regel um sogenannte
Ritzeltäter (65 %) - mit wenigen Handgriffen wurden die
Fahrzeuge auf die Geschwindigkeit von Leichtkrafträdern gebracht und der Fahrer erhielt für weniger Versicherungs-
prämie mehr Fahrspaß. In 147 Fällen von 206 wurde eine Manipulation am Fahrzeug vorgenommen, die die Geschwindigkeit
im Median um 15 km erhöhte, doch immerhin 10 % fuhren anschließend mehr als 30 km/h zu schnell, der schnellste
60 km/h. Obschon in 93 % die Manipulation zugegeben wurde,
holte die Polizei in 41 Fällen ein TÜV-Gutachten ein. In
nur 3 % der Fälle führte ein Unfall zur Feststellung des
Tatbestands (im Bundesdurchschnitt 4,6 %). (Alle Angaben
aus Radke 1983).

Ein Angebot an die StA und an die Jugendrichter könnte die
Eingriffsintensität nur abschwächen. Beim Richter wird eine
Verlagerung auf die Verkehrserziehung, die zur Zeit im
Stadtgebiet nicht durchgeführt wird, wahrscheinlich. Die
Basisdatenuntersuchung legt es INTEG nahe, den Verkehrsun-
terricht selbst zu erarbeiten und im Zusammenwirken von
Polizei und Technischem Überwachungs-Verein selbst durchzu-
führen. Wichtig erscheint im Programm die Möglichkeit, mit
Polizei und TÜV in informeller, nicht repressiver Weise
zusammenzukommen.

Ähnlich soll es beim Schwarzfahren zu einem Kurs von höchstens 2 Sitzungen kommen, in denen im Zusammenwirken mit
den Städtischen Verkehrsbetrieben die Jugendlichen den geschädigten Betrieb näher kennenlernen sollen. Das Delikt
"Schwarzfahren" macht in besonders schöner Weise darauf
aufmerksam, daß die Strafverfolgung eingeschaltet wird,
wenn wirtschaftliche Interessen auf dem Spiel stehen: Die
Verkehrsbetriebe versuchen erst, über ein erhöhtes Beförde-
rungsentgelt von DM 45,- einschließlich Kosten ohne das
Strafverfahren zu Geld zu kommen. Erst wenn das nicht gelingt, wenn also nach Fristablauf das Geld nicht einkommt,
wird Anzeige gemacht. Dann geht alles seinen Lauf, soweit

bisher zu sehen ist, wesentlich langsamer als bei den beiden anderen Delikten. Es wäre nun eigentlich logisch, wenn
sich ein Programm dann einschalten könnte, wenn die Anzeige
droht. Zu diesem Zeitpunkt wäre es sehr sinnvoll, mit den
Tätern und Eltern über die sozialen Konsequenzen der Untä-
tigkeit zu sprechen. Dies ist jedoch, wie der Landesbeauf-
tragte für Datenschutz dem Programm in einem Gutachten
mitteilte, wegen des Datenschutzes nicht möglich. So steht
das Programm vor der absurden Situation, zuerst die Verkehrsbetriebe das Verfahren durch Anzeige anfangen zu lassen, damit über die Diversionsmaßnahme die Täter möglichst
schnell wieder herauskommen. So schützt der Datenschutz die
jugendlichen Bürger, eine völlig gegenproduktive Angelegenheit, deren Konsequenz traurig ist. Die Basisdaten sind für
diesen Programmteil sehr schwer zu bekommen, weil ein
großer Teil der Verfahren nicht auffindbar ist. Insofern
kann bisher nur eine Tendenz berichtet werden, die sich aus
der Untersuchung von Dohrn (1984, vor dem Abschluß) mit
Vorsicht ablesen läßt. In drei Jahren sind 122 Jugendliche
angezeigt worden, 1980 lediglich zwei, 1981 etwas mehr und
weitaus der größte Teil 1982. Offenbar läßt sich der Input
auch beliebig vermehren, denn es werden sicher mehr als 122
in drei Jahren gefaßt. Die kriminalstatistische Realität
ist hier nachweisbar vom Verfolgungsinteresse des Anzeigen-
den ausschließlich bestimmt. Eine Änderung in der Hauspoli-
tik macht eine große Änderung in der Statistik der Polizei
aus, ohne daß sich am Täterverhalten das geringste ändert.
Die Angezeigten, die beim Vorverfahren nicht die 45,- DM
zahlten, sind deutlich eher 16 und 17 Jahre alt (n = 74 %),
es sind deutlich mehr Jungen als Mädchen (p = 70 %). 97 %
wohnen in der Stadt, meistens bei ihren Eltern (p = 86 %),
was bei der Ausbildungssituation (Sonderschüler, Hauptschüler und BVJ machen 59 % der Angezeigten aus, während 18 %
arbeitslos und 11 % berufstätig sind) nicht wundert. 79 %
sind Ersttäter, etwa 12 % sind einschlägig vorbelastet, 8
von 122 haben drei Verfahren und mehr hinter sich. 24 %
stellt die StA folgenlos nach Paragraph 45 Abs. 2 JGG ein,

weitere 7 % nach anderen Vorschriften, 37 % gehen ins ver-
einfachte Verfahren und 21 % werden angeklagt. Dort werden
nochmal 20 % eingestellt, der Rest verurteilt. Die schärf-
sten Reaktionen waren ein Freizeitarrest und 5 Dauerar-
reste. Eine erzieherische Ausgestaltung des Jugendstrafverfahrens ist hier besonders schwierig, denn die Bearbeitungs-
zeiten sind ungewöhnlich lang: So vergehen von der Tat bis
zur Anzeige im Schnitt 80 Tage, der längste dauert 176
Tage. Im Schnitt ist nach weiteren 24 Tagen, also 104 Tage
nach der Schwarzfahrt, die Vernehmung der Polizei. Sieben
Tage später geht die Akte von der Polizei zur Staatsanwaltschaft, wo sie fünf Tage später eingeht. 137 Tage nach der
Tat geht die Auskunft aus dem Erziehungsregister ein -
diese Auskunft ist nur in 54 % der Fälle bei den Akten. 129
Tage nach der Tat sind die Ermittlungen abgeschlossen und
nach 141 Tagen gelangt die Akte zum Gericht. Die Hauptverhandlung findet dann 217 Tage nach der Tat statt. 10 % der
Verfahren dauern von Tat bis Abschluß der Akte länger als
492 Tage. Das endgültige Urteil, ob ein Programm zur Erhöhung der Einstellungen nötig ist und zur Beschleunigung des
Verfahrens, kann erst nach Abschluß der Basisdatenerhebung
fallen.

Literatur

ANGELI, S.: Diversion im Jugendstrafrecht. Das INTEG-STOP-
Programm. Ein Diversionsprogramm für Ladendiebstahlsersttäter. (Unveröffentlichte Diplomarbeit, Fachbereich Sozialwesen, Fachhochschule Niederrhein, 1983).

BONGARTZ-QUACK, E.: Diversion im Jugendstrafrecht - Ein
Programm für Ladendiebe -. (Unveröffentlichte Diplomarbeit, Fachbereich Sozialwesen, Fachhochschule Niederrhein, 1982).

DOHRN, M.: Schwarzfahrer im Bezirk der StA Mönchengladbach. (Nicht abgeschlossenes Projekt aus 1984).

FELTES, T.; JANSSEN, H.; VOSS, M.: Die Erledigung von Strafverfahren durch Staatsanwaltschaft und Gericht -
Brauchen wir die sog. Diversionsmodelle in der Bundesrepublik? (In: H.-J. Kerner, H. Kury, K. Sessar
(Hrsg.): Deutsche Forschungen zur Kriminalitätsentstehung und Kriminalitätskontrolle, Band 6, 2. Teilband. Köln u.a., 1983, S. 858-895).

JANSSEN, H.: Diversion: Entstehungsbedingungen, Hintergründe und Konsequenzen einer veränderten Strategie sozialer Kontrolle. (In: H.-J. Kerner (Hrsg.): Diversion statt Strafe? Kriminologische Schriftenreihe
82, 1983, S. 15-54).

KERNER, H.-J. (Hrsg.): Diversion statt Strafe? (Kriminologische Schriftenreihe 82, 1983).

KERNER, H.-J.: Statt Strafe: Diversion? Zur Einführung in
die Thematik. (In: H.-J. Kerner (Hrsg.): Diversion
statt Strafe? Kriminologische Schriftenreihe 82,
1983, S. 1-13).

KIRCHHOFF, G.F.: Diversionsprogramme in den USA. Diversion
zwischen Entdeckung und vor Verurteilung im Juvenile
Justice System. (In: H. Kury, H. Lerchenmüller
(Hrsg.): Diversion, Band 1. Bochum, 1981, S.
246-284).

KIRCHHOFF, G.F.: Diversion im Jugendstrafrecht nach Paragraph 45 JGG - Das STOP-Programm der INTEG nach
einem Jahr. (In: H.-J. Kerner, H. Kury, K. Sessar
(Hrsg.): Deutsche Forschungen zur Kriminalitätsentstehung und Kriminalitätskontrolle, Band 6/2. Köln
u.a., 1983, S. 956-985).

KIRCHHOFF, G.F.; WACHOWIUS, W.: Diversion im Jugendstrafrecht - das STOP-Programm der INTEG -. (In: H. Kury
(Hrsg.): Prävention abweichenden Verhaltens - Maßnahmen der Vorbeugung und Nachbetreuung, Band 3. Köln
u.a., 1982, S. 390-418).

KURY, H.; LERCHENMÜLLER, H. (Hrsg.): Diversion - Alternativen zu klassischen Sanktionsformen, Band 1 und Band 2. (Bochum, 1981).

RADKE, W.: Fahren ohne Fahrerlaubnis - Grundlagen zu einem Diversionsprogramm im Jugendgerichtsgesetz. (Unveröffentlichte Diplomarbeit, Fachbereich Sozialwesen, Fachhochschule Niederrhein, 1983).

WALTER, M.: 'Innere' Reform jugendkriminalrechtlicher Praxis - Einige kritische Überlegungen. (In: H.-J. Kerner, H. Kury, K. Sessar (Hrsg.): Deutsche Forschungen zur Kriminalitätsentstehung und Kriminalitätskontrolle, Band 6/2. Köln u.a., 1983, S. 1023-1052).

WALTER, M.: Verfahrenseinstellung - ein neuer kriminalpolitischer Weg? Eine Einführung. (In: G. Koop, M. Walter (Hrsg.): Die Einstellung des Strafverfahrens im Jugendrecht. Kriminalpädagogische Praxis, Heft 5, 1984).

Klaus Sessar und Eike Hering

BEDEUTUNG UND REICHWEITE PÄDAGOGISCH GEMEINTER VERFAHRENSEINSTELLUNGEN DURCH DEN JUGENDSTAATSANWALT DAS BEISPIEL DES "LÜBECKER MODELLS"

Inhalt

1.   Einführung

2.   Justizinterne Diversion

3.   Das "Lübecker Modell"
3.1. Grunddaten
3.2. Die Abkürzung der Verfahrensdauer

4.   Erweiterung justizinterner Diversion

5.   Schlußbemerkungen

      Anmerkungen

      Literatur

1. Einführung

Diversion ist offensichtlich das aktuelle jugendkriminal-
politische Thema geworden, wobei es für den Kriminologen,
der es aufgebracht hat, verwirrend ist, in welch schillern-
der Weise der Begriff mittlerweile verwendet wird. Strenggenommen bedeutet Diversion, daß die formelle Verbrechenskontrolle mit bestimmten strafbaren Handlungen Jugendlicher
nicht befaßt wird, weil informelle Problemlösungsmöglichkeiten zur Verfügung stehen. In einem dem Legalitätsprinzip
folgenden Strafrechtssystem wie dem unseren, in dem also
die Polizei im Unterschied zu zahlreichen anderen Ländern
der westlichen Welt keine offiziellen Möglichkeiten der
Nichtintervention hat, kann so etwas nur vorkommen, wenn
der Verletzte auf eine Anzeige verzichtet, um statt dessen
andere - sozialpädagogische - Strategien der Konfliktlösung
zu wählen; ein Beispiel hierfür ist die zunehmende Bereitschaft einiger Warenhäuser in Mönchengladbach, im Falle
eines entdeckten Ladendiebstahls nicht die Polizei, sondern
das dort existierende Diversionsprogramm einzuschalten
(Kirchhoff 1983, S. 983).

Im übrigen müssen wir uns damit abfinden, unter Diversion
Maßnahmen zu verstehen, mit deren Hilfe jugendliche Tatverdächtige und Täter durch die Justiz weniger belastet und
stigmatisiert werden; "die Strafjustiz soll zu einer behut-
samen und eher informellen Verfahrens- und Sanktionspraxis
'umgelenkt' werden" (Pfeiffer 1983, S. 125). Dies bedeutet
dann manchmal "nur" den vermehrten Gebrauch ambulanter gegenüber stationärer Sanktionen durch den Richter, wie es
etwa von dem Münchener Brücke-Modell angestrebt und erreicht wurde. "Nur" meint dann noch zweierlei: einmal die
Einsicht in die lokal begrenzte Bedeutung solcher Programme, die dort überflüssig sind, wo eine von geringeren Straf-
bedürfnissen geprägte Jugendstrafjustiz für die gleichen
Fälle von vornherein ambulante Maßnahmen - oder nicht einmal die - vorsieht (Feltes, Janssen u. Voß 1983, S. 862);

zum anderen, damit zusammenhängend, die Einsicht in den
bescheidenen kriminalpolitischen Gewinn bei dieser Art von
Diversion, denn es gilt für sie ähnliches wie vielfach für
den der Entkriminalisierung, daß nämlich "die Menge an Freiheit, die die Gesellschaft dem Staat zur Einschränkung ab-
tritt, gleich bleibt, d.h. es bleibt bei der Erwartung der
Gesellschaft, daß bestimmte unerwünschte Taten unterdrückt
werden" (Naucke 1984, S. 210).

Nun ist Skepsis weniger angebracht, wo solche privaten Initiativen nur einen ersten Schritt darstellen (sei dieser
geplant oder nicht). Denn es ist ja nicht ausgeschlossen,
daß sie die Justiz zum Umdenken bewegen können, vor allem,
wenn ihr die Urangst genommen wird, daß ohne ihr energi-
sches Durchgreifen die Dämme, die die Kriminalität zurückhalten, brechen könnten. Die Justiz mag m.a.W. entdecken,
daß ihr Rigorismus nicht nötig ist (der Gedanke, daß er im
Gegenteil schadet, war der Justiz ausgangs des letzten und
zu Beginn dieses Jahrhunderts durchaus geläufig (vgl.
Ruscheweyh 1918, S. 82); er ist später verlorengegangen und
muß nun neu thematisiert werden). Pfeiffer spricht in diesem Zusammenhang von einem Sandhaufeneffekt, wonach in bestimmten Deliktsbereichen durch das Angebot und die Wahrnehmung ambulanter Maßnahmen die Sanktionspyramide sich
oben abschwächt und nach unten verbreitert, so daß im Ergebnis weniger Jugendstrafen und Jugendarrest, dafür mehr
Weisungen, aber auch mehr Einstellungen gemäß §§ 45, 47 JGG
ausgesprochen werden (Pfeiffer 1983, S. 225).

Erst letzteres führt etwas näher an die Idee der "Umleitung" heran, es sollte erreicht werden können, daß auf eine
Verurteilung (Gericht) oder auf eine Anklage (Staatsanwaltschaft) verzichtet wird. Allerdings sind beide Bereiche
strikt zu trennen, nimmt man den mit der Diversion bezweck-
ten sozialpädagogischen Effekt ernst: Schonung des Täters
und Vermeidung seiner Stigmatisierung im Hinblick auf den
allgemein verbreiteten und jugendtümlichen Charakter seiner

Tat. Die Verfahrenseinstellung durch den Richter gemäß § 47
JGG setzt die Anklage voraus, danach hat der Richter die
Wahl zwischen einer Einstellung vor und während bzw. als
Ergebnis der Hauptverhandlung. Nach eigenen Erkundigungen
ist die Einstellung vor der Hauptverhandlung relativ selten, sehr viel häufiger wird davon während der Hauptverhandlung Gebrauch gemacht, oder auch nach Aussetzung der Hauptverhandlung (zumindest in Hamburg), um abzuwarten, ob der
Jugendliche Auflagen, Arbeitsleistungen usw. nachgekommen
ist. Da nun diese Auflagen und Arbeitsleistungen genausogut
durch Urteil angeordnet werden können und da beide Maßnahmen, die Einstellung wie die Verurteilung, in das Erziehungsregister einzutragen sind, ist es verfehlt, unter Di-
versionsgesichtspunkten die Einstellung nach § 47 JGG mit
der nach § 45 JGG gleichzusetzen: Der Jugendliche ist angeklagt worden und steht, meist, vor Gericht, so daß die im
Zusammenhang mit seiner Strafverfolgung erhobenen Einwände
auch dann gelten, wenn das Verfahren jetzt eingestellt
wird. Entsprechend sind Statistiken nicht weiterführend,
soweit sie beide Einstellungsarten zusammenrechnen und aus
der nunmehr stattlichen Einstellungsquote von knapp 50 %
auf einen hohen Standard informeller Verfahrenserledigung
schließen (Heinz u. Spieß 1983, S. 920; Eisenberg 1984,
S. 29).

Daher ist die Einstellung durch den Staatsanwalt aufgrund
sozialpädagogischer Maßnahmen, die von privaten Programmen
oder solchen der Jugendgerichtshilfe entwickelt werden, re-
levanter. Zu erwähnen ist u.a. das STOP-Programm der Gesellschaft zur Förderung integrativer Maßnahmen e.V. in
Möchengladbach (Kirchhoff 1983, S. 956 ff.), das Projekt
der Brücke Köln e.V. (Marks 1982, S. 126 ff.) sowie die
beiden Programme der Jugendgerichtshilfe in Marl (vgl. Beckmann in diesem Band) und Braunschweig (Hilse u. Schalk
1983, S. 956 ff.), die sämtlich (zum Teil neben anderen
Zielen) die Einstellung gemäß § 45 Abs. 2 JGG anvisieren.
Akzeptabel ist dies, wenn einmal der sozialpädagogische
Einsatz nur Fällen gilt, die sonst angeklagt, nicht sol-

chen, die sonst eingestellt worden wären (Gefahr der Kontrollausweitung, vgl. Janssen 1983, S. 38 ff.). Zum anderen
ist darauf zu achten, daß dieser sozialpädagogische Einsatz
nicht in Widerspruch zu entwicklungspsychologisch gesicherten Erkenntnissen zur sozialen Auffälligkeit Jugendlicher
gerät, die, wie auch alle Täterbefragungen belegen, in
weiten Bereichen der Bagatellkriminalität "normal" ist, was
dann auch die Erziehungsbedürftigkeit verneinen läßt
(Sessar 1984, S. 41 ff.). Beide Bedingungen gleichzeitig zu
erfüllen, ist freilich manchmal schwer. Um die Justiz von
ihren Anklagequoten abzubringen, mag es als erforderlich
angesehen werden, ein hochstrukturiertes Alternativprogramm
zu entwickeln und anzubieten, mit Hausbesuchen durch Sozialarbeiter und ehrenamtliche Mitarbeiter, mit Aussprachen mit
dem Opfer, mit intensiven Gruppen- oder Einzelgesprächen,
mit Ableistung von Sozialdienst usw. - dies alles angewendet auf solche jugendlichen Auffällige, die die Strafjustiz
allenfalls abzugeben bereit ist: Ladendiebe, Schwarzfahrer,
Fahrer ohne Führerschein usw., meistens nur Ersttäter. Hier
tut sich eine Gefahr auf, die größer zu sein scheint als
die erwähnte Gefahr der Kontrollausweitung auf Kosten sonst
eingestellter Verfahren. Angetreten, für weniger Strafverfolgung gegenüber Bagatelltätern zu sorgen, mögen die Mitarbeiter von Diversionsprogrammen dieses Ziel aus den Augen
verlieren und ihren Aufwand ab irgendeinem Zeitpunkt für
"richtig" halten, obwohl strenggenommen für ihre Klientel
diese umfangreiche erzieherische Reaktion ebensowenig taugt
wie die strafrechtliche Reaktion. Sie taugt nicht, weil sie
nicht nötig ist, und das "im Zweifel weniger" (vgl. Kerner
1984, S. 21 f., S. 30) gilt auch für solche Ersatzmaßnahmen.
Dies ist auch Kontrollausweitung, wenn freilich einer anderen, inhaltlich-theoretischen Art (Spieß 1984, S. 209 ff.).

2. Justizinterne Diversion

Handelt es sich insoweit um extern initiierte und dann mit
der Justiz abgesprochene Programme und Modelle, so gehört

es zu den wichtigen Beobachtungen, daß die Justiz allmählich selbst Initiativen ergreift, um mit den ihr zur Verfügung stehenden Mitteln Diversion zu treiben oder, wie es
in der Niederschrift über die Senatssitzung des Hamburger
Senats vom 8. Mai 1984 zur Neuorganisation der Jugendgerichtshilfe heißt, "Diversionsstrategien im Jugendstrafverfahren" auszuweiten (hierzu unten).

Spätestens hier wird das Dilemma nicht nur des Diversions-
begriffs, sondern auch der Jugendstrafjustiz ganz deutlich.
Denn wenn die Justiz selbst zu divertieren beginnt, dann
tut sie nichts anderes als von der ihr vom Gesetzgeber ein-
geräumten Möglichkeit der Einstellung Gebrauch zu machen,
d.h., was an sich legislativ vorgesehen ist, bedarf offensichtlich zusätzlicher begrifflicher und auch theoretischer
Abstützung, um angewendet werden zu können. Wir haben es
also einmal mehr mit dem Problem der Implementierung eines
Gesetzes zu tun. Strafrecht wie Kriminologie sind aufgerufen, besagte theoretische Abstützung zu leisten. Dogmatisch
und kriminalpolitisch geschieht dies durch die Klärung der
Bedeutung der Einstellungen gegenüber den Anklagen im Jugendstrafverfahren. Kriminologisch geschieht dies durch die
empirische Darlegung der Priorität der Einstellungen gegenüber den Anklagen angesichts der Ubiquität jugendlicher
Bagatellkriminalität, der Zufälligkeit ihrer Entdeckung,
der spontanen Bewährung jugendlicher Straffälliger und der
aus all dem resultierenden Fragwürdigkeit herkömmlicher
Straf- und Erziehungskonzepte.

Manches begann mit dem Deutschen Jugendgerichtstag 1980 in
Göttingen, wo im Arbeitskreis III erstmals von dem Lübecker
Modell berichtet (Pohl-Laukamp 1981, S. 200) und in den
verabschiedeten Thesen der vermehrte Gebrauch von § 45
Abs. 2 JGG verlangt wurde. Hierdurch wie auch durch die
bereits arbeitenden privaten Diversionsprogramme ermutigt,
setzte in den kriminologischen und strafrechtlichen Wissenschaften eine breite Diskussion ein, die auf dem Jugendgerichtstag 1983 in Mannheim weitergeführt wurde und dort
u.a. zu der These führte, daß § 45 JGG gegenüber dem vereinfachten oder förmlichen Jugendgerichtsverfahren Vorrang
habe (Deutsche Vereinigung für Jugendgerichte und Jugendgerichtshilfen 1984, S. 230). Parallel hierzu wurden entsprechende politische und administrative Vorstöße unternommen,
dies alles mit dem Erfolg, daß, unendlich zögernd, auch die

Praxis § 45 Abs. 2 JGG zu entdecken begann und beginnt.

Was die wissenschaftliche Diskussion angeht, so ist die
Literatur allmählich nicht mehr übersehbar (vgl. stellvertretend die Beiträge in Kerner 1983; Walter u. Koop 1984;
jeweils mit ausführlichen Literaturhinweisen, sowie Deutsche Vereinigung für Jugendgerichte und Jugendgerichtshilfen 1984, S. 151 ff.). Die Zielsetzung ist eindeutig; unter
Berücksichtigung nationaler und internationaler empirischer
Befunde zur Flüchtigkeit jugendlicher Straffälligkeit kann
es nur darum gehen, die Reaktion der Strafjustiz ebenso
flüchtig ausfallen zu lassen, und dazu eignet sich vorab
die pädagogisch motivierte Verfahrenseinstellung durch den
Staatsanwalt in einem breiten Spektrum der anfallenden Jugendkriminalität. Darüber hinaus wird es darum gehen müssen, die teilweise bedenkenlose Sammlung, Hortung und Wei-
tergabe von Daten über diese Jugendlichen entscheidend einzuschränken, da von dorther die Gefahr der Etikettierung
und entsprechend Stigmatisierung mindestens ebenso droht
wie von einer Anklage.

Legislativ wird solchen Tendenzen dadurch entsprochen, daß
in der geplanten Neufassung des Jugendgerichtsgesetzes der
bisherige Abs. 2 des § 45 JGG zu Abs. 1 werden soll, um,
wie es im Referentenentwurf heißt, dessen Priorität in der
Kommentarliteratur Rechnung zu tragen und um deutlich zu
machen, "daß die Möglichkeiten des neuen Absatzes 1 im Hinblick auf den das JGG beherrschenden Erziehungsgrundsatz,
aber auch aus verfahrensökonomischen Gründen, in erster
Linie in Betracht zu ziehen sind, wenn die im Entwurf genannten Voraussetzungen erfüllt sind" (Referentenentwurf:
Erstes Gesetz zur Änderung des Jugendgerichtsgesetzes vom
18.11.1983; vgl. Eisenberg 1984, S. 30 f.). Hamburg versucht, solche Bestrebungen noch direkter umzusetzen; von
politischer Seite wird die Bereitschaft signalisiert, die
Diversion innerhalb des Jugendstrafverfahrens auszuweiten,
wenn "eine Reaktion auf straffälliges Verhalten für erforderlich gehalten wird, eine außerkriminalrechtliche Reaktion präventiv, aber wenigstens nicht schlechter wirkt und
den Täter weniger schädigt als die kriminalrechtliche Sanktion" (Leithäuser 1984, S. 12). Zu diesem Zweck wurde eine
interbehördliche (interministerielle) Arbeitsgruppe gebil-
det, die unter Auswertung kriminologischer Erkenntnisse die
Ausweitung von Diversionsstrategien im Jugendstrafverfahren
vorbereiten soll (Beschluß des Hamburger Senats vom 8. Mai
1984 zur Neuorganisation der Jugendgerichtshilfe). Dieser
Auftrag basiert auf einer vom Hamburger Senat erbetenen
Berichterstattung, an der ebenfalls mehrere Behörden (Ministerien) beteiligt waren und die folgende Feststellung enthielt: "Es wird von der durch empirische Forschung belegten
Erkenntnis ausgegangen, daß die Verletzung von Strafrechtsnormen durch Jugendliche einerseits ein weiter verbreitetes
Phänomen ist, als es dem allgemeinen gesellschaftlichen Bewußtsein entspricht, daß ein derartiges Verhalten aber andererseits nur in verhältnismäßig seltenen Fällen den Beginn

einer kriminellen Karriere anzeigt. Deshalb ist auch in
vielen Fällen eine Intervention durch jugendgerichtliche
Maßnahmen nicht erforderlich. Vielmehr dürfte häufig auf
eine Anklageerhebung bzw. die förmliche Eröffnung eines
Strafverfahrens verzichtet werden können und - soweit nicht
die Reaktionen im familiären und sonstigen sozialen Umfeld
des Jugendlichen sowie die Einleitung eines Ermittlungsver-
fahrens und die damit verbundene Begegnung des Jugendlichen
mit der Polizei/Staatsanwaltschaft allein ausreichen - eine
gezielte pädagogische Intervention als hinreichend angesehen werden. In diesem Sinne sind 'Diversionsstrategien'
schon seit längerer Zeit Bestandteil der Jugendstrafrechtspflege. Neuere kriminologische Forschungen legen es jedoch
nahe, von den hiermit angesprochenen Möglichkeiten in noch
weiterem Umfange Gebrauch zu machen, als es der bisherigen
Praxis entspricht. Die wissenschaftliche Diskussion zum Thema 'Diversion' hat an verschiedenen Orten in der Bundesrepublik, z.B. in Braunschweig und Lübeck, zu modellhaften
Erprobungen geführt".

Was nun die Praxis angeht, so ist ein einheitliches Bild
nicht zu gewinnen, da extreme regionale und lokale Diskre-
panzen in der Erledigungspolitik beobachtet werden können.
Dies zeigt sich bereits in dem Verhältnis der Anklage- zu
den Einstellungsquoten auf der Basis anklagefähiger Verfahren, also unter Vernachlässigung der Einstellungen gemäß
§ 170 Abs. 2 StPO (im wesentlichen mangels hinreichenden
Tatverdachts, wegen Fehlens einer Straftat und wegen Straf-
unmündigkeit). Stellt man danach die Einstellungen gemäß
§§ 45 Abs. 1 und 2 JGG, 153, 153a StPO den Anklagen gegenüber (so daß hier auch spätere § 47 JGG-Einstellungen zu
finden sind; vgl. oben), dann scheint nach den Schät-
zungen von Heinz und Spieß (1983, S. 932), bezogen auf 8
Bundesländer (hochgerechnet auf die 11 Bundesländer), die
Anklagequote im Jahre 1981 77 % betragen zu haben (56 %
Verurteilungen und 21 % Einstellungen nach § 47 JGG). Nach
anderen mitgeteilten Erhebungen lag die Anklagequote in
Nürnberg-Fürth im Jahre 1980 bei 65 %, im Jahre 1982 bei
70 % (Brunner 1984, § 45 Rdn. 11), in Braunschweig im ersten Halbjahr 1983 bei 51 % (Staeter 1984, S. 229, mit eigener Berechnung der mitgeteilten Daten) und in Lübeck im
Jahre 1974 bei 50 % und im Jahre 1980 bei 48 % (44 % bezogen auf die Stadt Lübeck; Ergebnis der eigenen Erhebung).

Was im näheren die staatsanwaltlichen Einstellungen gemäß
§ 45 Abs. 2 JGG angeht, so wurde für 1981 eine Quote zwischen 36,3 % im Saarland und 9,5 % in Rheinland-Pfalz ermittelt, bei einem Bundesdurchschnitt (ohne Berlin, Hessen
und Schleswig-Holstein) von 12,3 %; innerhalb eines Bundes-
landes kann es wieder extreme Differenzen geben, so in Baden-Württemberg je nach Behörde zwischen 2,5 % und 24,9 %
solcher Einstellungen gegenüber Anklagen (Heinz u. Spieß
1983, S. 923 ff.). Insgesamt existiert eine konfuse Situation, Kriminalpolitik scheint die Sache einer Behörde, einer Abteilung oder eines einzelnen Dezernenten zu sein
(vgl. auch Feltes 1983, S. 59).

Entsprechend unterschiedlich sind dann auch die einzelnen
Prozeduren. In Darmstadt wird, wie zu hören ist, vermehrt
von einer schriftlichen Ermahnung mit anschließender Einstellung gemäß § 45 Abs. 2 Nr. 1 JGG Gebrauch gemacht. In
Hamburg ist darüber hinaus auch die Einstellung gemäß § 45
Abs. 2 Nr. 2 JGG eine übliche Erledigungsart. In Kiel wird,
zunächst auf einem Polizeirevier, nach oder im Zusammenhang
mit der Vernehmung des straffällig gewordenen Jugendlichen
mit diesem ein Ermahnungsgespräch geführt, das die Voraussetzungen der Einstellung nach § 45 Abs. 2 Nr. 1 JGG (erzieherische Maßnahme) erfüllt. In Braunschweig wird versucht,
die mündliche Anhörung und Ermahnung, gelegentlich zusätzlich zu sozialpädagogischen Begleitmaßnahmen, zum Kernstück
der Arbeit im Rahmen des dort laufenden Modells zu machen,
das durch die Reformulierung der Arbeit der Jugendgerichtshilfe u.a. auch die Entlastung der Justiz, die Ersetzung
stationärer durch ambulante Maßnahmen und eine verkürzte
Verfahrensdauer zum Ziel hat (Hilse u. Schalk 1983, S.
997 f.; Staeter 1984, S. 220 ff.). Die Folge ist, daß im
ersten Halbjahr 1983 38,8 % der anklagefähigen Verfahren
nach § 45 Abs. 2 Nr. 1 JGG eingestellt wurden, knapp zwei
Drittel davon allein nach einer Ermahnung; in weiteren 10 %
wurde von §§ 153, 153a StPO Gebrauch gemacht (Staeter 1984,
S. 229). Diese Verfahrenserledigung steigt, nicht zuletzt

durch das Modell bedingt, in den letzten Jahren an, wobei
für unseren Zusammenhang bemerkenswert ist, daß die Zunahme
auf Kosten vereinfachter Verfahren, also Anklagen geht (Hilse u. Schalk 1983, S. 1014 f.).

Dieser Wechsel von Anklagen zu Einstellungen ist nicht überall feststellbar, wo § 45 Abs. 2 JGG als neue Handlungsstra-
tegie Anwendung findet. So wird auch von der Staatsanwaltschaft Nürnberg-Fürth ein Anstieg dieser Erledigungsart um
31 % zwischen 1980 und 1982 berichtet. Bei näherem Hinsehen
handelt es sich nicht um Diversion im Sinne einer Einschränkung der Anklagepolitik, sondern um eine Verlagerung der
Einstellungen von § 45 Abs. 1 zu Abs. 2 JGG: erstere nehmen
im gleichen Zeitraum um 71 % ab, zusammen steigen sie mit
9 % ungefähr in dem Ausmaß an, in dem auch die Neuanzeigen
zunehmen (8 %), während die Anklagen eine Zunahme um 28 %
verzeichnen (Brunner 1984, § 45 Rdn. 11). Auch in Lübeck
kann man einen Wechsel von richterlichen zu staatsanwaltlichen Ermahnungen feststellen, der zusammen mit anderen
erledigungspolitischen Entscheidungen nur begrenzt zu einer
Einschränkung der Anklagequote führt (vgl. unten).

Alles in allem ist der Gesamteindruck nicht überwältigend.
Nur zögernd - wenn überhaupt - trennt sich die Jugendstrafjustiz von der liebgewordenen Gewohnheit, selbst Bagatelldelikte anzuklagen. Dabei scheint nicht einmal zuzutreffen,
daß sie in Verkennung der gänzlich anders gelagerten Voraussetzungen im Bereich der Jugendkriminalität und des Jugendstrafverfahrens es versäumt hätte, den vom Erwachsenenstrafrecht vorgegebenen Bezugsrahmen (Verbrechensbegriff, straf-
theoretisches Konzept, Verfolgungszwang usw.) zu relativie-
ren: nach allen Beobachtungen werden ganz im Gegenteil Jugendliche häufiger angeklagt als Erwachsene. Die Relation
von Anklagen beträgt bei jenen 1 : 4,6, bei diesen 1 : 2,6,
bezogen wiederum auf anklagefähige Verfahren (Heinz u.
Spieß 1983, S. 921; ebenso Feltes 1983, S. 80). Abstriche
von einem solchen, wie es aussieht, rigiden Strafverfol-

gungssystem scheinen nur dann gemacht zu werden, wenn Sach-
zwänge in Gestalt erhöhter Fallbelastung auftreten. Je belasteter eine Behörde ist (Meßzahl ist die Kriminalitätsbelastungsziffer des jeweiligen Landgerichtsbezirks), desto
bereitwilliger wird offenbar von § 45 JGG Gebrauch gemacht
(Heinz, Spieß u. Herrmann 1984, S. 31 ff., bezogen auf die
Staatsanwaltschaften von Baden-Württemberg).

Ein dem Erziehungsgedanken verpflichtetes Strafrecht führt
mithin im Ergebnis zu einer rigoroseren Gangart, zwar in
erster Linie im Vorverfahren (da im Zwischen-, vor allem im
Hauptverfahren kompensatorische richterliche Handlungsstra-
tegien durch vermehrte Anwendung des § 47 JGG beobachtbar
sind), doch ist dies unter kriminalpolitischen Aspekten
bedenklich genug und zudem nicht ausreichend legitimiert.
Wo, weil Jugendkriminalität überwiegend eine altersgemäße
und vorübergehende Erscheinung ist, Erziehungsbedürftigkeit
nicht vorliegt, ist eine Anklage unter erzieherischen Gesichtspunkten verfehlt. Die Generalprävention im Sinne der
Abschreckung Dritter ist vom Bundesgerichtshof selbst für
Fälle schwerer Schuld abgewiesen worden, wie viel mehr für
leichtere Taten, für die Vergeltung und Sühne ebenfalls
keine Bedeutung haben dürfen. Bleibt die sogenannte positive Generalprävention, also der Gesichtspunkt der Normverdeutlichung, der im Jugendstrafrecht freilich kein größeres
Gewicht hat als im Erwachsenenstrafrecht, im Gegenteil: da
anerkannt ist, daß der Normbruch eines Jugendlichen in der
Regel einen geringeren Stellenwert besitzt als der eines
Erwachsenen, womit sich auch das Bedürfnis nach Normverdeutlichung mindert, darf die Anklage eines Jugendlichen
keine größere Rolle spielen als die eines Erwachsenen.

Nimmt man die jugendkriminologischen Erkenntnisse ebenso
wie die herrschenden Prinzipien des Jugendgerichtsgesetzes
zusammen und konfrontiert sie mit den genannten Strafzwecken, muß die Anklage von Jugendlichen allmählich zur
Ausnahme werden bzw. sie bedarf jeweils besonderer Begrün-

dung, um (jugend)strafrechtlich legitimiert zu sein (Sessar 1984, S. 48).

3. Das "Lübecker Modell"

3.1. Grunddaten

Nach diesen einleitenden theoretischen Überlegungen und der gerafften Darstellung der gegenwärtigen Diversionssituation im Justizbereich soll nunmehr auf das an der Staatsanwaltschaft Lübeck laufende Diversionsmodell eingegangen werden, das vom Seminar für Jugendrecht und Jugendhilfe der Universität Hamburg wissenschaftlich begleitet wird. Da das Modell an anderer Stelle ausführlich dargestellt wurde (Pohl-Laukamp 1983, S. 131 ff.; 1984, S. 179 ff.), soll es hier nur noch verkürzt wiedergegeben werden.

Aufgrund einer Absprache zwischen der Staatsanwaltschaft und der Polizei erhält ein - geständiger - Jugendlicher oder Heranwachsender mit Wohnsitz im Stadtgebiet von Lübeck, der einer Straftat im unteren Bereich der Kriminalität verdächtigt wird und in der Regel Ersttäter ist, von dem zuständigen Polizeirevier mit einem einfachen Brief eine Ladung zu einem Vernehmungstermin beim Jugendstaatsanwalt für die jeweils folgende Woche. Eine verantwortliche Vernehmung durch die Polizei erfolgt nicht; bekommt sie den Verdächtigen etwa in Ladendiebstahlsfällen zu Gesicht, wird er informell zur Tat befragt. Bei dem Vernehmungsgespräch soll, wenn es sich um einen Minderjährigen handelt, mindestens ein Elternteil anwesend sein.

Im Dienstzimmer des für diesen Vernehmungstag eingeteilten Dezernenten wird über die familiäre, berufliche bzw. schulische Situation ebenso wie über das Freizeitverhalten des Jugendlichen gesprochen. Gelangt der Staatsanwalt aufgrund dieses Gesprächs zur Auffassung, daß der Jugendliche sein Fehlverhalten einsieht und mit der Begehung weiterer Straftaten nicht zu rechnen ist, stellt er das Verfahren gemäß § 45 Abs. 2 Nr. 1 JGG ein. In Fällen, in denen noch eine weitere Maßnahme, z.B. eine Arbeitsleistung oder die Teilnahme am Verkehrsunterricht sinnvoll erscheint, wird diese mit den anwesenden Eltern bzw. dem Elternteil vereinbart; nach ihrer Ableistung wird das Verfahren ebenfalls eingestellt. Stellen sich im Gespräch besondere familiäre oder persönliche Probleme heraus, besteht die Möglichkeit für ein weiteres Gespräch mit einem Vertreter des Jugendamts, doch hat dies mit der Entscheidung über die Verfahrenseinstellung nichts zu tun.

Im Laufe der Zeit wurde diese Praxis noch wie folgt modifiziert: Ist der Jugendliche straffällig geworden, weil er wegen der Frisierung seines Mofas nunmehr ohne Führerschein gefahren ist oder/und gegen das Pflichtversicherungsgesetz verstoßen hat, gibt ihm der vernehmende Polizeibeamte einen Termin zur Wiedervorführung des Fahrzeugs in ordnungsgemäßem Zustand mit. Geschieht dies, stellt der Staatsanwalt das Verfahren im Hinblick auf die polizeiliche Tätigkeit als erzieherische Maßnahme im Sinne des § 45 Abs. 2 Nr. 1 JGG ein. Ist der Akte eine solche polizeiliche Maßnahme nicht zu entnehmen, wird vom Dezernenten dem Jugendlichen die Teilnahme an einem zweistündigen Verkehrsunterricht nahegelegt, um ihn über die Risiken und Konsequenzen seines Verhaltens aufzuklären; nach der Teilnahme wird das Verfahren wiederum eingestellt.

Die Begleitforschung besteht im gegenwärtigen Zeitpunkt aus einer Aktenanalyse der Jahrgänge 1974 (Stichprobe sämtlicher in der Jugendabteilung der Staatsanwaltschaft Lübeck registrierten Delikte, wozu die Straßenverkehrsdelikte, nicht aber Kapitaldelikte, Brandstiftungen sowie Drogendelikte gehören), 1980 (gleiche Stichprobe, zusätzlich sämtliche "Modell"-Fällen) sowie 1983 (sämtliche zwischen 1.3. und 30.9.1983 nach § 45 JGG erledigten Verfahren)[1]. Die Jahre 1974 und 1980 dienen dem Vergleich unterschiedlicher Verfahrenserledigung, einmal im Hinblick auf einen zwischenzeitlich gestiegenen Geschäftsanfall von knapp 60 %, zum anderen auf die Einführung des Modells im Jahre 1980. Die Verfahren des Jahres 1983 sind meistens ebenfalls Modellfälle; sie sollen mit Verfahren verglichen werden, die in Köln, Braunschweig und Hamburg unter jeweils unterschiedlichen Bedingungen nach der gleichen Bestimmung eingestellt wurden und von uns in Stichproben erhoben werden. Die Erhebungsbilanz sieht danach wie folgt aus:

Stichproben 1974 und 1980 (ohne Modellfälle)	1.373 Verfahren
Modellfälle 1980 (davon N = 48 in obiger Stichprobe 1980)	274 Verfahren[2]
§ 45 JGG-Fälle 1983	316 Verfahren
Summe	1.963 Verfahren

Die Delikts- und Erledigungsstrukturen ergeben sich aus den
Tabellen 1 und 2.

Tab. 1: Deliktsstruktur der Modell-Fälle 1980
(polizeiliche Ausgangsdefinition)

Delikte	N	%
Fahrlässige Körperverletzung, § 230 StGB	1	0,4
Schwere Körperverletzung, § 223a StGB	1	0,4
Einfacher Diebstahl, § 242 StGB	81	29,6
Schwerer Diebstahl, §§ 242, 243 StGB	1	0,4
"Schwarzfahren", § 265a StGB	150	54,7
Betrug, § 263 StGB	1	0,4
Strafvereitelung, § 258 StGB	1	0,4
Sachbeschädigung, § 303 StGB	4	1,5
Fahren ohne Fahrerlaubnis, § 21 StVG	24	8,8
Verstoß gegen PflichtversG, § 6	9	3,3
Verkehrsunfall	1	0,4
Summe	274	100,0

Tab. 2: Erledigungsstruktur der Modell-Fälle 1980

Entscheidungen	N	%
Einstellungen		
keine Straftat, § 170 Abs.2 StPO	15	5,5
mangels hinreichenden Tatverdachts, § 170 Abs.2 StPO	13	4,7
wegen Abwesenheit, § 205 StPO analog	2	0,7
wegen Geringfügigkeit, §§ 153 ff. StPO	2	0,7
wegen Nebensächlichkeit, § 154 StPO	4	1,5
gemäß § 45 Abs.1 JGG	11	4,0
gemäß § 45 Abs.2 Nr.1 JGG	220	80,3
Anklagen	7	2,6
Summe	274	100,0

Innerhalb der 220 Einstellungen gemäß der hier behandelten Bestimmung dominieren die Ermahnungsgespräche mit N = 203; lediglich in 9 Fällen wurde zusätzlich eine gemeinnützige Arbeit vermittelt, in vier Fällen kam eine Geldbuße hinzu, in zwei Fällen wurde das Schreiben eines Aufsatzes und in einem Fall die Teilnahme am Verkehrsunterricht verlangt, bevor das Verfahren eingestellt wurde.

Insgesamt wurden 18 Verfahren (= 6,6 %) entweder über § 45 Abs. 1 JGG oder im Wege der Anklage an den Richter abgegeben; es handelte sich hierbei überwiegend um Fälle, in denen der Jugendliche oder Heranwachsende "nicht mitmachte", wobei insbesondere die Anklage als Reaktion auf eine derartige Verweigerung problematisch ist, ändert sich doch hierdurch nicht der Charakter der Tat und damit seine jugendstrafrechtliche Bedeutung. Die Einstellungen gemäß § 170 Abs. 2 StPO beziehen sich in 23 der 28 Fälle auf die Leistungserschleichung (Schwarzfahren); der Tatverdächtige konnte während der Vernehmung durch den Staatsanwalt glaubhaft machen oder tatsächlich nachweisen, daß er einen für die Tatzeit gültigen Fahrausweis (z.B. Monatskarte) besessen (aber vielleicht vergessen) hatte (Pohl-Laukamp u. Hering 1984, S. 98 f.).

Was die Erhebung der Sozialmerkmale der Verdächtigen angeht, so interveniert die restriktive Handhabung der Informationsaufnahme. Beispielsweise war die Schichtzugehörigkeit nur in 19 % der Fälle zu ermitteln. Angaben zum Verhalten in der Schule oder zum bisherigen Lebenslauf fehlten fast völlig. Dies bedeutet freilich nicht, daß der Staatsanwalt darüber nichts erfährt; er verzichtet aber auf die entsprechende schriftliche Fixierung. So bedauerlich dies aus der Sicht des Forschers sein mag, so erfreulich ist diese Praxis für den Betroffenen, wird doch darauf verzichtet, aus Anlaß einer Bagatelltat eine Menge von Informationen zu produzieren, die möglicherweise später eine nicht sachgerechte Verwendung finden könnten. Was das Geschlecht angeht, so überrascht zunächst der hohe Anteil weiblicher Tatverdächtiger, der mit 40,2 % (N = 107) deutlich über dem 1980 im gesamten Landgerichtsbezirk Lübeck ermittelten Anteil von 16,7 % lag. Beschränkt man die Analyse freilich auf das Stadtgebiet von Lübeck, auf Ersttäter sowie auf die für das Modell in erster Linie in Frage kommenden Delikte (näher hierzu unten), dann zeigt sich, daß Mädchen und junge Frauen dort ungefähr ebenso viele, genau: 42,3 %, Tatverdächtige stellen. Wir haben es also nicht mit Selektionsprozessen irgendwelcher Art zu tun, sondern mit einer in diesem Bereich stärkeren kriminellen Belastung von Mädchen und jungen Frauen.

Auf der Basis der zur Verfügung stehenden Daten war der durchschnittliche "Modell-Täter" 15,4 Jahre alt, in 96,2 % der Fälle Deutscher und meist Ersttäter[3]; der mittlere verursachte Schaden betrug 31 DM, wobei sich 50 % aller Schäden auf Beträge bis zu 10 DM konzentrieren. Der höchste für den Modell-Durchlauf akzeptierte Schaden lag bei 550 DM. Die Analyse der Geschlechtsvariablen zeigte bereits, welche qualitativ begrenzte Reichweite das Modell hat. Daher ist es

auch nicht ergiebig, nach den Auswirkungen der verstärkten
Anwendung des § 45 Abs. 2 JGG auf die gesamte Erledigungsstruktur der Staatsanwaltschaft Lübeck im Jugendbereich zu
fragen. Zweckmäßig ist es allein, die Auswirkungen auf der
Basis der vom Modell selbst vorgenommenen Beschränkungen zu
analysieren, also zunächst Verfahren mit Ersttätern[4] zugrun-
dezulegen und zwischen Stadt- und Landbezirk zu trennen, da
das Modell nur in der Stadt Lübeck durchgeführt wurde.
Unter Hinzunahme der Daten aus dem Jahre 1974 ergibt sich
dann das aus Tabelle 3 ersichtliche Bild.

Bezogen auf die Stadt Lübeck trat der erwartete Anstieg der
§ 45 Abs. 2 JGG-Einstellungen ein, der sich zwischen 1974
und 1980 verdreifachte. Eine parallele Abnahme der Einstellungen gemäß § 170 Abs. 2 StPO, die eine Kontrollausweitung
hätte bedeuten können, trat nicht ein (ebenso wenig wie in
der Querschnittsuntersuchung der 18 baden-württembergischen
Staatsanwaltschaften; vgl. Heinz, Spieß u. Herrmann 1984,
S. 38).

Wäre der hier untersuchte Einstellungstyp Diversion, müßten
freilich die Anklagen zurückgehen. Dies ist der Fall, doch
nur um 6,1 % im Vergleich der Jahre 1974 und 1980, praktisch wie im Landbezirk (5,6 %), wo das Modell nicht läuft.
Die Erklärung könnte in der parallelen Entwicklung anderer
Einstellungsarten zu finden sein. Zunächst einmal ist festzustellen, daß die Einschaltung des Richters im Vorverfahren gemäß § 45 Abs. 1 JGG mit anschließender Einstellung
durch den Staatsanwalt in der Stadt abnimmt, auf dem Land
zunimmt, weshalb also vermutet werden kann, daß in das Modell Fälle eingehen, die früher an den Richter abgegeben
worden waren (ähnlich in Nürnberg-Fürth). Umgekehrt kann im
ländlichen Bereich der Bedarf an informeller Verfahrenserledigung nur über den Richter gestillt werden, und dies
ist zunehmend auch der Fall: da es außer Verhältnis ist,
dort straffällig gewordene Jugendliche zum Ermahnungstermin
nach Lübeck zu laden und ein reisender Jugendstaatsanwalt

Tab. 3: Wandel der staatsanwaltlichen Erledigungsstruktur im Stadt- und Landbezirk Lübeck zwischen 1974 und 1980 (Ersttäter ab 14 Jahren, sämtliche Delikte, gewichtetes N) in %

Entscheidung	Stadt Lübeck			übriger Bezirk			LG-Bezirk insges.		
	74	80	Diff.	74	80	Diff.	74	80	Diff.
Einstellungen									
gemäß § 170 Abs.2 StPO[5]	32,6	32,8	+0,2	28,2	26,0	-2,2	29,9	29,1	-0,8
wegen Geringfügigkeit, §§ 153 ff. StPO	0,4	1,4	+1,0	4,1	1,2	-2,9	2,6	1,3	-1,3
wegen Nebensächlichkeit, § 154 StPO	--	0,7	+0,7	--	0,7	+0,7	--	0,7	+0,7
mg. öffentl. Interesses (vgl. § 80 JGG)	16,7	5,8	-10,9	7,0	5,5	-1,5	10,9	5,6	-5,3
gemäß § 45 Abs.1 JGG	20,3	17,0	-3,3	16,4	27,2	+10,8	17,9	22,7	+4,8
gemäß § 45 Abs.2 JGG	9,1	27,4	+18,3	6,0	6,7	+0,7	7,2	15,9	+8,7
Anklagen +	21,0	14,9	-6,1	38,3	32,7	-5,6	31,4	24,8	-6,6
Summe %	100,0	100,0		100,0	100,0		100,0	100,0	
(N)	(276)	(584)		(415)	(731)		(691)	(1315)	

+ Die Möglichkeit des vereinfachten Jugendverfahrens (§§ 76 ff. JGG) wurde im Landgerichtsbezirk Lübeck so gut wie nie genutzt. Es erfolgt daher auch im folgenden keine Differenzierung nach der Art der Anklage.

ebenfalls zu aufwendig wäre, ist man dazu übergegangen, den Jugendlichen nach telefonischer Rücksprache mit Hilfe der örtlichen Polizei direkt zum Richter zu schicken, so daß der Dezernent erst nach dem richterlichen Termin die Akte erhält und das Verfahren in aller Regel dann einstellt (Rautenberg 1984, S. 291 ff.).

Weitere Beobachtungen betreffen eine Erledigungsart, die in der Diskussion, soweit ersichtlich, keine Rolle spielt: die Einstellung mangels öffentlichen Interesses. Sie betrifft Delikte, die, wären sie von einem Heranwachsenden oder Erwachsenen begangen worden, sogenannte Privatklagedelikte wären (vgl. § 374 StPO), so daß der Staatsanwalt, wenn er die Tat nicht verfolgen will, auf den Privatklageweg verweisen könnte (§ 376 StPO). Dies ist ihm bei Jugendlichen verwehrt (§ 80 JGG), so daß er in vergleichbaren Situationen das Verfahren einstellt, entweder gemäß § 45 Abs. 2 JGG oder aufgrund Umkehrschlusses aus § 80 Abs. 1 Satz 2 JGG (also bei Fehlen des öffentlichen Interesses, von Erziehungsgründen oder eines akzeptierten Verfolgungsinteresses des Verletzten; vgl. Brunner 1984, § 80 Rdn. 2).

Diese Erledigungsart nahm im Untersuchungszeitraum im Stadtgebiet von Lübeck mit 10,9 % erheblich ab. Da Privatklagedelikte keine Modelldelikte waren (es handelte sich überwiegend um Körperverletzungen) und somit ein Austausch der den Sanktionsverzicht ermöglichenden Normen nicht in Betracht kam, war an eine veränderte Verfolgungspolitik in diesem Deliktsbereich zu denken. Tatsächlich wurden 1974 leichte Körperverletzungen (Ersttäter) überhaupt nicht angeklagt, 1980 zu 31,3 % (die übrigen Privatklagedelikte wurden 1974 ebenfalls nicht angeklagt, 1980 zu 18,4 %).

Und daher ist die Bilanz unter divertierenden Gesichtspunkten ernüchternd, selbst unter der Beschränkung der Analyse auf Fälle mit Ersttätern: wenn die Einstellungen nach § 45 Abs. 2 mit denen aus § 80 JGG zusammengerechnet werden,

weil es sich um gleichgelagerte Ausgangssituationen handelt
(was in anderen Behörden offensichtlich dazu führt, hier
nach § 45 Abs. 2 JGG vorzugehen), dann steigt die uns inter-
essierende Verfahrenseinstellung bei Ersttätern um ganze
7,6 % an.

Einen noch präziseren Überblick über die Bedeutung des Modells erhält man, wenn man auch die zweite, deliktsspezifi-
sche Einschränkung vornimmt und die Analyse auf die Delikte
der Beförderungserschleichung, des Ladendiebstahls und einiger Straßenverkehrsdelikte (Verstoß gegen das Pflichtversicherungsgesetz sowie Fahren ohne Fahrerlaubnis) bezieht.
In diesem Bereich nehmen die Modell-Fälle zu 37,7 % teil.
Tabelle 4 zeigt hierzu folgendes Bild.

Bemerkenswert ist zunächst der im wesentlichen gleichgeblie-
bene, sogar leicht gestiegene Anteil der Einstellungen aufgrund § 170 Abs. 2 StPO. Eine durch statistischen Vergleich
zu ermittelnde Kontrollausweitung liegt also auch hier
nicht vor, und dies umsoweniger als selbst eine Abnahme
dieser Einstellungsart durch die Veränderung der Deliktsstruktur zwischen 1974 und 1980 hätte erklärt werden können: während 1974 6 Fälle des Schwarzfahrens und 54 Fälle
des Ladendiebstahls registriert wurden, waren es 1980 64
bzw. 84 Fälle; diese beiden Delikte bereiten aber erfah-
rungsgemäß nur geringe Beweisschwierigkeiten (vgl. die Abnahme der Einstellungen nach § 170 Abs. 2 StPO im ländlichen Bereich).

Im übrigen wird nun der Einfluß des Modells auf die Erledigungsstruktur ganz deutlich. Es erfolgt ein Wechsel der
Einstellungen von § 45 Abs. 1 zu Abs. 2 JGG mit der Folge,
daß 1980 insgesamt lediglich 2,4 %, zusammen mit Erledigun-
gen aus §§ 153, 153a StPO, 4,6 % mehr Verfahren eingestellt
und 7,7 % weniger Verfahren angeklagt wurden - eher ein
beiläufiger Effekt als das Resultat eines anvisierten Abbaus der Strafverfolgung. Immerhin wurde § 45 Abs. 2 JGG

Tab. 4: Wandel der staatsanwaltlichen Erledigungsstruktur im Stadt- und Landbezirk Lübeck zwischen 1974 und 1980 (Ersttäter ab 14 Jahren; Beförderungserschleichung, Ladendiebstahl, Verstoß gegen das Pflichtversicherungsgesetz, Fahren ohne Fahrerlaubnis; gewichtetes N)

in %

Entscheidung	Stadt Lübeck			übriger Bezirk			LG-Bezirk insges.		
	74	80	Diff.	74	80	Diff.	74	80	Diff.
Einstellungen									
gemäß § 170 Abs.2 StPO	4,8	7,0	+2,2	8,3	3,6	-4,7	6,6	5,5	-1,1
wegen Geringfügigkeit, §§ 153 ff. StPO	--	2,8	+2,8	8,3	--	-8,3	4,4	1,6	-2,8
wegen Nebensächlichkeit, § 154 StPO	--	1,4	+1,4	--	1,8	+1,8	--	1,6	+1,6
gemäß § 45 Abs.1 JGG	57,1	26,8	-30,3	37,5	62,5	+25,0	46,7	42,5	-4,2
gemäß § 45 Abs.2 JGG	19,0	50,7	+31,7	4,2	5,4	+1,2	11,1	3,7	+29,6
Anklagen	19,0	11,3	-7,7	41,7	26,8	-14,9	31,1	18,1	-13,0
Summe %	100,0	100,0		100,0	100,0		100,0	100,0	
(N)	(84)	(284)		(96)	(224)		(180)	(508)	

zur wichtigsten Erledigungsart, zusammen mit Abs. 1 und
§§ 153, 153a StPO wurden 4 von 5 Verfahren eingestellt
(vgl. auch Tabelle 2).

Ein Blick auf die Situation im ländlichen Bereich zeigt,
daß dort eine ähnliche Entwicklung stattfindet. Ungeachtet
einer immer noch härteren Gangart (15,5 % mehr Anklagen
als in der Stadt) wurden dort 1980 mehr als 3 von 5 Verfahren nach einem richterlichen Ermahnungstermin und mehr als
zwei Drittel der angeklagefähigen Verfahren insgesamt eingestellt. Ohne daß dem mit den gegebenen Methoden nachgegangen werden kann, scheint eine derartige parallele Entwicklung einen generellen Bedarf an informellen Sanktionen im
Vorverfahren aus Gründen gerichtlicher Entlastung zu signa-
lisieren, für den das Lübecker Modell neben allen sonst
damit verfolgten Zielen auch Ausdruck ist.

3.2. Die Abkürzung der Verfahrensdauer

Zu diesen Zielen gehört die Abkürzung der Verfahrensdauer,
die mehr mit dem Modell verfolgt wird als eine Veränderung
der Anklagepolitik (vgl. Pohl-Laukamp 1984, S. 180). Die
oft monatelangen Zeiträume zwischen der Tat und dem richterlichen Ermahnungstermin sollen auf ein realistisches Maß
verkürzt werden, so daß es für den Täter noch möglich ist,
die Reaktion auf die Straftat als zu dieser zugehörig zu
erleben. Gemeint ist damit nicht eine rein kognitive Verbindung, die auch nach vielen Monaten noch möglich sein
mag, sondern eine zeitliche Nähe, die es erlaubt, daß eine
dauerhafte Integration der Erfahrungen in das Verhaltens-
repertoire stattfindet. Bis man so weit ist, bedarf es freilich einiger theoretischer Vorüberlegungen.

Wenn sich ein Strafjustizsystem entschließt, auf Straftaten
Jugendlicher mit Sanktionen zu reagieren, dann bedarf es
dazu einer Reihe von Legitimationen, die sich üblicherweise

aus den - im weitesten Sinne - straftheoretischen Prinzipien ableiten, in deren Mittelpunkt die Sanktionszwecke stehen. Diese sind, von Fällen schwerer Schuld abgesehen, nahezu ausschließlich individualpräventiver Natur, allenfalls kann der Aspekt der Normverdeutlichung mit hineingenommen werden, doch relativiert durch den Erziehungszweck. Nun durchläuft das Jugendstrafverfahren seine erste Legitimationskrise, seit deutlich geworden ist, daß der überwiegende Teil jugendlicher Straffälligkeit sporadischer Natur ist, sozusagen zum Älterwerden gehört und keine Erziehungsdefizite aufweist. Besteht man nun gleichwohl auf einer Sanktion, weil die Tat auch dann nicht folgenlos hingenommen werden kann, wenn Schlimmeres gar nicht zu verhüten ist, dann ist ein erster Schritt, die Reaktion in das Vorverfahren zu verlegen, weil eine Anklage in solchen Fällen außer Verhältnis ist (hierzu Sessar 1984, S. 46 ff.). Dies wird in aller Breite diskutiert und führt zu den aufgezeigten Reformbemühungen. Damit hängt nun eine zweite Legitimationskrise zusammen, die darin liegt, daß eine jugendstrafrechtliche Reaktion nicht mehr begründet werden kann, wenn sie allzu lange auf sich warten läßt. Selbst wenn man der Auffassung ist, daß eine Ahndung entgegen dem eindeutigen Wortlaut des § 5 JGG auch dann nötig ist, wenn der Jugendliche nicht erzogen zu werden braucht (vgl. Dallinger u. Lackner 1965, § 9 Rdn. 4; Eisenberg 1982, § 5 Rdn. 19), dann verliert sich nach lerntheoretischen Erkenntnissen jeder damit bezweckte Effekt durch Zeitablauf oder verkehrt sich sogar in sein Gegenteil, weil nunmehr Neutralisationstechniken zum Zwecke der Wiederaufrichtung des Selbstwertes auf Kosten von Schuldverarbeitung greifen. Der nicht erst seit Beccaria (1966 (1766), S. 94) geläufige Gedanke, daß die Strafe, soll sie etwas bewirken, der Tat auf dem Fuße folgen müsse, gilt in allererster Linie für das Jugendstrafrecht, das mit dem nicht explizit normierten, aber an verschiedenen Stellen anzutreffenden Beschleunigungsgrundsatz dem Rechnung tragen will (vgl. §§ 72 Abs. 4, 78 Abs. 3 JGG; zum Beschleunigungsaspekt der Diversion Brunner 1984, § 45

Rdn. 9). Eine Justiz, die noch nach Monaten auf einen kleinen Ladendiebstahl reagiert, begibt sich daher allgemeiner
und auch eigener Grundsätze, sie handelt im luftleeren Raum
(vgl. auch Kerner 1984, S. 18)[6].

Aus Tabelle 5 ergibt sich, daß die Verfahrensdauer in dem
berechneten Zeitraum allgemein etwas kürzer geworden ist
(um etwa 6 Tage); sie beträgt knapp 3 1/2 Monate. Dies hat
offenbar mit den allgemein unternommenen Versuchen zu tun,
die informelle Erledigung im Vorverfahren auszubauen. Wo
angeklagt wird, sind die Zeiträume bis zur richterlichen
Entscheidung länger geworden, um durchschnittlich 16 Tage
auf rund 5 Monate in Lübeck-Stadt und um 11 Tage auf rund
5 1/2 Monate in Lübeck-Land. Was die am meisten hier inter-
essierende Verfahrenseinstellung angeht, so gesellt sich
zusätzlich zu dem Bemühen, sie vermehrt zu nutzen, das Bemühen, sie "schneller zu machen". Interessanterweise gilt
dies nicht nur für die Stadt, wo das Modell läuft, sondern
auch für den ländlichen Bereich, wenn freilich mit bleiben-
den Unterschieden. Bezüglich der Einstellung nach § 45 Abs.
1 JGG wurde das Verfahren in der Stadt um 28 Tage schneller
erledigt, auf dem Land um 35 Tage; es dauert jetzt rund 2
bzw. 3 Monate. Die nachhaltigste Abkürzung ist bei den
staatsanwaltlichen Einstellungen gemäß § 45 Abs. 2 JGG zu
verzeichnen, besonders deutlich im Geltungsbereich des Lübecker Modells, wo das Verfahren nach 30 Tagen, also nach
einem Monat, abgeschlossen wurde (im Jahre 1974 dauerte es
dort noch 2 1/2 Monate).

Betrachtet man die Modellfälle isoliert (ohne Tabelle), so
dauerte es 1980 im Durchschnitt 18 Tage zwischen offizieller Registrierung und der endgültigen Erledigung durch
die Staatsanwaltschaft im Wege des Ermahnungsgesprächs;
nach 10 Tagen waren 41 %, nach 15 Tagen 65 % der Verfahren
abgeschlossen. Den Modellfällen vergleichbare anklagefähige
Verfahren des Jahres 1980, die aber nicht mit einem Ermahnungsgespräch in der Staatsanwaltschaft, sondern bei Ge-

Tab. 5: Verfahrensdauer zwischen offizieller Registrierung und staatsanwaltlicher oder richterlicher Verfahrensbeendigung zwischen 1974 und 1980 (sämtliche Delikte; Tatverdächtige ab 14 Jahren) in Tagesmittelwerten

Stadt- und Landbereich im LG-Bezirk Lübeck	Erledigungsarten					
	Einstellung § 170 Abs.2 StPO	Einstellung § 45 Abs.1 JGG	Einstellung § 45 Abs.2 JGG	Einstellung §§ 153, 153a StPO	Anklage, Urteil, Beschluß	alle Erledigungen
Stadt Lübeck						
1974	55	95	76	67	139	91
1980	58	67	30	55	157	85
Land Lübeck						
1974	82	129	73	68	154	115
1980	74	94	60	93	165	110
gesamter LG-Bezirk						
1974	70	113	75	67	149	105
1980	67	84	40	69	162	100

richt oder überhaupt durch Anklage und Verurteilung beendet
wurden, brauchten im Durchschnitt 69 Tage bis zu ihrer endgültigen Erledigung (78 Tage im Jahre 1974).

Diese Daten sind eindrucksvoll, sie zeigen, wo die Stärke
der Lübecker Verfahrenspraxis liegt[7]. Mit der raschen Ab-
wicklung kommt sie der Vorstellung, daß der Tat die Reaktion auf dem Fuße folgen solle, ziemlich nahe, sie muß also
nicht immer illusorisch sein (vgl. Kirchhoff 1983, S. 975).
Natürlich liegt ein wesentliches Defizit in der schon erwähnten, quantitativ nur wenig beeindruckenden Anwendungs-
häufigkeit. Es liegt daher auf der Hand, die Daten daraufhin zu untersuchen, ob und in welchem Umfang Möglichkeiten
zur Ausweitung vorstellbar sind, einmal unter jugendstraf-
theoretischen Gesichtspunkten, zum anderen, doch hängt dies
miteinander zusammen, unter dem Gesichtspunkt der Beschleunigung.

4. Erweiterung justizinterner Diversion

Als Resümee kann gelten, daß die in Lübeck unternommenen
Anstrengungen nur als ein erster Schritt in Richtung einer
differenzierten Reaktion auf jugendliches Verhalten angesehen werden können. Die Bandbreite der für eine informelle
Erledigung im Vorverfahren berücksichtigten Fälle ist zu
schmal, gleichzeitig - und deshalb - die Verfahrensdauer
insgesamt zu lang; ja es ist so, daß die Verkürzung des
Verfahrens auf 18 Tage innerhalb des Modells und ihr Vergleich mit konventionell behandelten modellähnlichen Verfahren, die erst nach durchschnittlich 69 Tagen erledigt
werden (1980), die Problematik dieser konventionellen Behandlung erst eigentlich deutlich macht.

Die Erweiterung modellgeeigneter Fälle beträfe Täter und
Taten. Was die Täter angeht, so partizipieren nur oder fast
nur solche Jugendliche am Modell, die keine Vorbelastung

aufweisen, so als wäre die informelle Behandlung gemäß § 45 Abs. 2 JGG eine Vergünstigung und nicht eine pädagogisch gebotene Maßnahme. Wir stoßen hier natürlich auf die bekannte justitielle Eskalation mit zunehmenden Vorverurteilungen, die so weit geht, daß auch die Einstellungen mangels hinreichenden Tatverdachts abnehmen; dies hat in anderen Untersuchungen bereits dazu geführt, die kriminalpolitische Relevanz dieser Erledigungsart zu vermuten: Beweisführung als Steuerungsinstrument der Verbrechenskontrolle (vgl. Blankenburg, Sessar u. Steffen 1978, S. 107 f., 150 ff., 156 ff., 317).

In der Lübecker Untersuchung sieht die Situation wie folgt aus:

Tab. 6: Staatsanwaltliche Verfahrenserledigung und Häufigkeit der Vormaßnahmen (Tatverdächtige ab 14 Jahren, gesamter Landgerichtsbezirk Lübeck 1980, gewichtetes N)

Entscheidung	Ersttäter %	Zweittäter %	Drittäter %	Täter mit 4 und mehr Vormaßnahmen %
Einstellungen				
gemäß § 170 Abs.2 StPO	29,5	21,3	9,5	8,8
wegen Geringfügigkeit §§ 153 ff. StPO	1,3	1,3	1,2	0,6
mg. öffentl. Interesses (vgl. § 80 JGG)	5,6	2,8	3,0	3,1
wegen Nebensächlichkeit § 154 StPO	0,7	3,6	5,4	12,5
gemäß § 45 Abs.1 JGG	22,4	17,7	6,0	2,5
gemäß § 45 Abs.2 JGG	16,0	--	5,4	0,6
Anklagen	24,9	53,2	69,5	71,9
Summe %	100,0	100,0	100,0	100,0
(N)	(1310)	(389)	(168)	(160)

Hinsichtlich der Entscheidung über die Anklagefähigkeit des
Verfahrens ist das Ergebnis wegen der von der Strafprozeßordnung verlangten Tat- und Täterneutralität der Beweisführung anfechtbar, zumal diese nicht mit der Ein-
schlägigkeit der Tatbegehung begründet werden kann. Hinsichtlich der wachsenden Anklagewahrscheinlichkeit liegt
die Anfechtbarkeit in der fehlenden Berücksichtigung empirischer Befunde, da nach allem, was wir von der Jugendkriminalität wissen, diese im Rahmen von zwei bis drei Verhaltensauffälligkeiten noch keinen Einstieg in die kriminelle
Karriere oder auch nur eine Gefährdung bedeutet, sondern
noch immer den Charakter passagerer Straffälligkeit besitzt. Da dies so ist, ist die weitere Erkenntnis nicht
weiter verwunderlich. Im Hinblick auf spätere Legalbewährung müssen die unterschiedlichen Sanktionsmöglichkeiten
und angewendeten Sanktionen als gleichwertig gelten, d.h.,
eine Anklage und damit bezweckte richterliche Fallbehandlung verspricht keinen größeren Effekt als etwa eine sozialpädagogisch abgestützte Einstellung durch den Jugendstaatsanwalt. Freilich: wegen der mit der Anklage verbundenen
langen Zeiträume zwischen Tatbegehung und endgültiger Erledigung durch den Richter (über 5 Monate in unserer Untersuchung), die vielfach zur Entwicklung von erwähnten Techniken der Neutralisierung genutzt werden können, (Ablehnung
von Verantwortung, Verneinung des Unrechts, Ablehnung des
Opfers usw.; vgl. Sykes u. Matza 1979, S. 360 ff.), ist die
Rückfallschärfung mit Hilfe der Anklage kontraproduktiv
(vgl. Kerner 1984, S. 31 f.). Glaubt man, auf eine Sank-
tionssteigerung nicht verzichten zu können, weil man fürch-
tet, mit längerem Zuwarten unglaubwürdig zu werden, dann
besteht eine außerordentlich große Bandbreite von pädagogischen Maßnahmen im Rahmen des § 45 JGG, die von folgenloser
Einstellung durch den Staatsanwalt bis zu bestimmten Weisungen und Auflagen durch den Richter gehen können[8].

Was hier also vorgeschlagen werden soll, ist nicht der Verzicht auf angemessene Reaktion im Falle wiederholter Straffälligkeit, sondern eine Reformulierung der Angemessenheit,

weil mit den Maßnahmen des Vorverfahrens das gleiche erreicht werden kann wie mit richterlichen Sanktionen im
Hauptverfahren; unter dem Eindruck der unterschiedlichen
Zeitspannen je nachdem, ob das Verfahren mit der Erledigung durch den Staatsanwalt oder mit der Einstellung bzw.
dem Urteil durch den Richter endet, wird vermutlich mehr
erreicht.

Was zwecks Einbeziehung in ein Modell nach Lübecker Vorbild
die Taten angeht, so trifft man auf eine Verfolgungspolitik, die sich von der im Erwachsenenstrafrecht unterscheidet. Während dort eine gewisse Bereitschaft besteht, das
öffentliche Interesse an der Strafverfolgung zu verneinen
(bei Privat- und Antragsdelikten), wird dieses in Jugend-
sachen häufiger bejaht, so daß vermehrt angeklagt wird. Das
gesetzgeberische Motiv zur Einführung der Privatklagedelikte war aber, daß "Beleidigungen und leichte Mißhandlun-
gen ... alltägliche Vorkommnisse (sind); sie berühren das
Wohl der bürgerlichen Gesellschaft meistens wenig, und
selbst für die Beteiligten haben sie in der Regel eine viel
zu geringe Bedeutung, als daß ein rechtliches oder sittli-
ches Bedürfnis vorläge, stets eine Bestrafung herbeizufüh-
ren" (Wendisch in Löwe- Rosenberg, vor § 374 Rdn. 2). Kaum
anderes gilt für Antragsdelikte. Sie berühren die Öffentlichkeit im allgemeinen so wenig, daß ein Eingreifen mit
krimineller Strafe nur dann erforderlich scheint, wenn ein
Verletzter sein Interesse daran bekundet (Schönke/Schrö-
der-Stree 1982, § 77 Rdn. 4). Dies alles müßte in Jugend-
sachen erst recht gelten, wird doch bei straffällig gewordenen Jugendlichen betont, daß bei ihnen das Recht aus Gründen der Resozialisierung (hinzuzufügen wäre aus Gründen der
Vermeidung von Stigmatisierung) ganz oder teilweise auf die
Rechtsbewährung verzichte, ermöglicht nicht zuletzt durch
die aufgrund der Jugendlichkeit geminderte Schuld (Schaffstein 1983, S. 16).

Damit ist auch der Aspekt der Normverdeutlichung oder der positiven Generalprävention im Griff. Sie wird durch die Tatsache, daß überhaupt pädagogisch reagiert wird, mit wahrgenommen, im übrigen hat sie keine explizite eigenständige Bedeutung im Jugendstrafrecht, was sich aus dem Fehlen der "Verteidigung der Rechtsordnung" im Jugendgerichtsgesetz ergibt: es fehlt z.B. in § 21 JGG eine dem § 56 Abs. 3 StGB entsprechende Bestimmung (vgl. Thesen zu Arbeitskreis VI. (In: Deutsche Vereinigung für Jugendgerichte und Jugendgerichtshilfen 1984, S. 295 ; s. auch Schöch 1984, S. 277). Eine solche Betrachtung scheint zunehmend von der Praxis geteilt zu werden (vgl. Rautenberg 1984, S. 291).

In einem ersten Zugriff sollen daher alle solchen Delikte in den Vorschlag informeller Verfahrenserledigung einbezogen werden, deren Strafverfolgung vom öffentlichen Interesse abhängig gemacht werden kann, also Privat- und Antragsdelikte. Die Höhe des verursachten Schadens und das Ausmaß physischer Beeinträchtigung, Kriterien des konkreten Tatunrechts, bleiben zunächst unberücksichtigt, sie werden in einem weiteren Schritt eingeführt. Bei den ebenfalls erhobenen Straßenverkehrsdelikten, insbesondere Fahren ohne Fahrerlaubnis und Verstoß gegen das Pflichtversicherungsgesetz, wird auch von der Justiz vielfach eine grundsätzliche Eignung für formlose Erledigungsarten angenommen. Dann ergibt sich zunächst folgender Anteil dieser Delikte am Gesamt der in Lübeck im Jahre 1980 registrierten Jugendkriminalität[9].

Tab. 7: Häufigkeit der Delikte mit der möglichen Verfol-
gungsvoraussetzung "öffentliches Interesse" und
Straßenverkehrsdelikte (Tatverdächtige ab 14 Jahren, gesamter Landgerichtsbezirk Lübeck 1980,
staatsanwaltliche Deliktsdefinition, gewichtetes N)

Delikte	Anzahl insgesamt (N)	Anteil an allen Verf. (%)	Anzahl anklage- fähig (N)	Anteil an allen anklagefähig. Verf. (%)
Einfacher Diebstahl, § 242 StGB	432	19,9	348	19,3
Körperver- letzungsdelikte, §§ 223, 223a, 230 StGB	353	16,3	308	17,1
Fahren ohne Fahrerlaubnis, § 21 StVG	304	14,0	300	16,7
Leistungser- schleichung, § 265a StGB	252	11,6	220	12,2
Verstoß gegen Pflichtversiche- rungsgesetz, § 6	84	3,9	80	4,5
Sachbeschädigung, § 303 StGB	72	3,3	40	2,2
Betrug, § 263 StGB	29	1,3	21	1,2
Hausfriedens- bruch, § 123 StGB	24	1,1	20	1,1
Unterschlagung, § 246 StGB	16	0,7	14	0,8
Beleidigungs- delikte, §§ 185-187 StGB	15	0,6	12	0,7
Bedrohung, § 241 StGB	9	0,4	7	0,4
Hehlerei, § 259 StGB	4	0,2	3	0,2
Begünstigung, § 257 StGB	1	0,0	1	0,1
Summe	1.595	73,3 %	1.374	76,5 %

Die hier aufgeführten Delikte machen 73,3 % der erhobenen
Delikte bzw. 76,5 % der erhobenen anklagefähigen Delikte
aus. Sie sind nach unseren Vorstellungen prinzipiell ein-
stellungsfähig, wobei vom Schadensausmaß her ein gewisses
Korrektiv erfolgen wird; daß hierbei nicht die in Hausver-
fügungen von Behörden gelegentlich anzutreffenden Schadensgrenzen für die Bemessung der geringen Schuld gelten können, ergibt sich aus der geringeren Bedeutung jugendlicher
Schuld.

In einem zweiten Zugriff müßte es darum gehen, die verblie-
benen Delikte auf ihren Einbezug in informelle Erledigungsstrukturen zu überprüfen. Es handelt sich dabei im wesentlichen um die Trunkenheit im Straßenverkehr mit 161 Fällen
(157 anklagefähigen Fällen), um den Diebstahl unter erschwe-
renden Umständen mit 136 (88) Fällen, um Verstöße gegen das
Waffengesetz mit 26 (25) Fällen und um den Raub (nicht
selten in Form des Handtaschenentreißens) mit 25 (13) Fällen. Zu Hilfe kommt uns hierbei die Entscheidung des Gesetz-
gebers, Verbrechen aus dem erzieherischen Konzept des § 45
JGG nicht herauszunehmen. Erst recht gilt dies für Vergehen
mit erhöhtem Mindeststrafrahmen wie den Diebstahl unter
erschwerten Umständen (meist Einbruchsdiebstahl), der gemäß
§ 243 Abs. 2 StGB entfällt, wenn eine geringwertige Sache
gestohlen wurde. Liegen in einem solchen Fall die Voraussetzungen des § 242 StGB wieder vor, dann auch die des
§ 248a StGB (Dreher/Tröndle 1983, § 243 Rdn. 41), mitsamt
den oben hierzu angestellten Überlegungen. In den Lübecker
Daten wurden 1980 folgende Schäden durch Straftaten gemäß
§ 243 StGB verursacht:

        - bis   100 DM 15 %;
        - bis   200 DM 12 %;
        - Über 200 DM 73 %.

Bei altersadäquater Betrachtung der Schadensverursachung
ist also auch die Verfolgung über Anklage und Hauptverhandlung nicht in jedem Fall zwingend erforderlich, schon gar
nicht, wenn pädagogische Gesichtspunkte allein zugrundege-
legt werden.

Um für die kriminalpolitische Diskussion über den Einbezug
von Verfahren in justizinterne Diversionsstrategien auf der
Ebene der Staatsanwaltschaft gewappnet zu sein, bedarf es
abschließend der Berücksichtigung des Schadens. Es sollen
rein tabellarisch die Informationen zum Zusammenhang zwischen Deliktsart, Schadensausmaß und Anzahl der Vorbelastun-

gen gegeben werden, um dem Leser die Überlegung zu ermöglichen (und zu überlassen), welche Verfahren eingestellt
oder angeklagt werden könnten. Die Daten sind so aufberei-
tet, daß nur anklagefähige Verfahren berücksichtigt werden
(also unter bewußter Ausklammerung ihrer kriminalpolitischen Relevanz von Einstellungen mangels hinreichenden Tatverdachts, vgl. Tabelle 6). Ebenso wird auf die Einbeziehung von "Mehrfachtätern" im Sinne von mehr als drei
Vormaßnahmen verzichtet, da ihre Definition vom eigenen
wissenschaftlichen Konzept her einstweilen unklar ist; daß
auch hier deliktsspezifisch vorgegangen werden muß, weil
ein mehrfacher Schwarzfahrer nichts mit einem mehrfachen
Dieb zu tun hat, liegt auf der Hand.

Das solcherart eingegrenzte Material wurde in Abhängigkeit
von der Schadensrichtung in drei Kategorien unterteilt. Bei
den Straßenverkehrsdelikten, wo es zu keinem Sachschaden
gekommen war, wurde allein nach der Vorbelastung differenziert. Eigentums- und Vermögensdelikte wurden nach dem
Geldwert des Schadens unterschieden, mit Kategorien bis
100 DM und über 100 DM. Die Delikte mit möglichen psychischen oder physischen Schäden, im wesentlichen Körperver-
letzungs- und Beleidigungsdelikte sowie die Bedrohung, wurden unterteilt nach keinem oder leichterem Körperschaden
bzw. lediglich psychischer Beeinträchtigung auf der einen
Seite und schwereren Körperschäden auf der anderen Seite
(letztere wurden als solche definiert, die einer ärztlichen
Versorgung bedurften)[10].

Tabelle 8 gibt die Einstellungen gemäß §§ 45, 80 JGG, 153,
153a StPO sowie die Anklagen zusammen mit der jeweiligen
Verfahrensdauer wieder. Deren Berechnung auf der Basis von
Tagesmitteln beginnt mit der Registrierung, bei den Anklagen endet sie mit dem danach folgenden gerichtlichen Beschluß oder Urteil der ersten Instanz. Die Aufstellung
macht deutlich, daß die Idiosynkrasien der Justiz weniger
im Bereich der Schadensverursachung als in dem der Vorbelastung zu suchen sind. Dort liegen vorab die Möglichkeiten

vermehrter Verfahrenseinstellung, zumal unter Berücksichtigung der Zeit, die der Jugendliche bis zu seiner Verurteilung warten muß.

Tab. 8: Einstellungen und Anklagen sowie Verfahrensdauer in
Tagesmittelwerten nach Schadensumfang und Vorbelastung (anklagefähige Delikte, Täter mit höchstens
zwei Vormaßnahmen, Landgerichtsbezirk Lübeck 1980,
gewichtetes N)

Delikte	Ersttäter			Zweittäter			Drittäter		
	%	(N)	Dauer	%	(N)	Dauer	%	(N)	Dauer
Fahren ohne Fahrerlaubnis, Pflichtvers.-gesetz									
- Einstellungen	71,7	(132)	66	35,7	(20)	72	--	(--)	--
- Anklagen	28,3	(52)	152	64,3	(36)	146	100,0	(16)	161
- Summe	100,0	(184)	91	100,0	(56)	120	100,0	(16)	161
Eigentums- und Vermögens- delikte bis 100 DM Schaden									
- Einstellungen	84,0	(236)	43	25,0	(12)	60	12,5	(4)	16
- Anklagen	16,0	(45)	141	75,0	(36)	127	87,5	(28)	145
- Summe	100,0	(281)	58	100,0	(48)	110	100,0	(32)	129
Eigentums- und Vermögens- delikte über 100 DM Schaden									
- Einstellungen	55,6	(60)	46	27,8	(5)	83	75,5	(12)	73
- Anklagen	44,4	(48)	157	72,2	(13)	208	25,5	(4)	161
- Summe	100,0	(108)	96	100,0	(18)	173	100,0	(16)	95

Fortsetzung
nächste Seite

Fortsetzung Tabelle 8

Delikte	Ersttäter			Zweittäter			Drittäter		
	%	(N)	Dauer	%	(N)	Dauer	%	(N)	Dauer
Hausfriedens-bruch, Bedrohung, Beleidigungs- und Körperver-letzungsdelikte, kein Personen-schaden oder leich-tere Verletzung									
- Einstellungen	71,1	(59)	54	31,8	(7)	41	7,1	(1)	
- Anklagen	28,9	(24)	180	68,2	(15)	152	92,9	(13)	*
- Summe	100,0	(83)	91	100,0	(23)	117	100,0	(14)	
Bedrohung, Beleidigungs- und Körperver-letzungsdelikte, schwerere Ver-letzungen									
- Einstellungen	61,5	(64)	63	14,3	(4)	26	--	(--)	--
- Anklagen	38,5	(40)	199	85,5	(24)	178	100,0	(12)	*
- Summe	100,0	(104)	115	100,0	(28)	157	100,0	(12)	

Summe

insgesamt N = 1.022, davon Anklagen N = 616 ≙ 60,2 %

* N zu gering für Berechnung der Verfahrensdauer

5. Schlußbemerkung

Das vorgestellte Lübecker Modell gehört zu den - einstweilen noch nicht sehr häufigen - Anstrengungen der Strafjustiz, aus dem Dilemma des Mißverhältnisses zwischen Strafanlaß und Strafe herauszugelangen. Es ist dies ein Dilemma, das die Justiz selbst produziert hat; das Gesetz verlangt oder gestattet die "sanfte Kontrolle" bis hin zur Nichtintervention in einem breiten Ausmaß der Jugendkriminalität. Wie immer wieder beobachtbar, fördert der Sachzwang kriminalpolitische Reformen, und so auch hier: pädagogische Einsichten waren sicher handlungsleitend für die Bemühung, das Verfahren zu beschleunigen, u.U. aber auch die zunehmende Belastung der Gerichte, wie dies die parallelen Entwicklungen im Stadtbezirk Lübeck mit Modell und im Landbezirk Lübeck ohne Modell zeigen.

Das Dilemma ist freilich nicht gelöst, wenn nur die trivialsten unter den Delikten für solch ein Modell zugelassen werden. Daher ist es an der Zeit, insbesondere § 45 JGG zu einer der zentralen Erledigungsarten des Jugendgerichtsgesetzes zu machen, auch für eine Reihe von Wiederholungstätern, wobei nicht einmal darauf verzichtet zu werden braucht, auf sie verstärkt zu reagieren, steht doch innerhalb der besagten Bestimmung eine ganze Skala von Sanktionen mit wachsender Schwere, ja selbst der Wechsel von der staatsanwaltlichen Sanktion (Abs. 2) zur richterlichen Sanktion (Abs. 1), zur Verfügung. Wovon man sich lösen müßte, wäre die Auffassung, daß nur eine Anklage mit Verurteilung alle die Ziele erreicht, die sich das Jugendstrafrecht setzt. Die angestrebte Prävention im Sinne allgemeiner und individueller Normverdeutlichung beginnt bereits mit der polizeilichen Vernehmung.

Allerdings tut sich ein anderes Dilemma auf. In dem Maße, in dem das Vorverfahren Bedeutung erhält, wird es schwieriger, ein Modell der Lübecker Art durchzuhalten, weil es

ab einer bestimmten Fallzahl zu aufwendig wird (ohne daß
dies nachzuprüfen war, kann vermutet werden, daß hierin
einer der Gründe für seine geringe quantitative Bedeutung
liegt). Da deswegen auch keine privaten Diversionsprojekte
in Betracht kommen, müssen andere Wege beschritten werden,
d.h., das Ermahnungsgespräch des Jugendstaatsanwalts mit
dem Jugendlichen wird zu einer der vorstellbaren Reaktionen
aus Anlaß einer Straftat. Neben der immer noch nicht richtig erkannten Bedeutung des § 45 Abs. 2 Nr. 2 JGG oder einer schriftlichen Ermahnung durch den Dezernenten nach § 45
Abs. 2 Nr. 1 JGG könnte die polizeiliche Vernehmung genutzt
werden, wenn sie gleichzeitig zu einem Ermahnungsgespräch
wird. Dies wird derzeit in Kiel versucht (siehe oben).
Gleichzeitig bemüht sich das dortige zuständige Innenministerium, Richtlinien zu erarbeiten, um, wie zu hören ist,
für ganz Schleswig-Holstein (einstweilen mit Ausnahme der
Stadt Lübeck wegen des dort laufenden Modells) die Kriterien für derartige Ermahnungen und anschließende Empfehlungen an die Staatsanwaltschaft, das Verfahren einzustellen,
festzulegen. Dies ist auf den ersten Blick begrüßenswert,
auf den zweiten Blick nicht mehr. Es besteht die Gefahr,
daß die Staatsanwaltschaften sich die Entscheidungen über
Einstellung und Anklage aus der Hand nehmen lassen - nicht
rechtlich natürlich, aber aufgrund der Dynamik, die von
solchen Vorgaben stets ausgeht: was die Polizei nicht für
eine Einstellung empfiehlt, wird, schon aus Konfliktvermei-
dungsgründen, dann wohl meist angeklagt werden (vgl. auch
Rautenberg 1984, S. 293)[11].

Daher ist die Justiz selbst aufgerufen, Kriterien zu entwickeln, aufgrund derer Jugendstrafverfahren erledigt werden. Etwa geschieht dies derzeit in Hamburg (siehe oben).
Würde man freilich auf die üblichen Muster zurückgreifen
und nur bestimmte Delikte, bestimmte Schadensgrenzen und
bestimmte Täter (Ersttäter) für den Einbezug in Diversionsstrategien vorsehen, erläge man dem gleichen Mißverständnis, das vielfach schon die bisherige Praxis geprägt hat.

Das Mißverständnis läge darin, daß das im Erwachsenenstrafrecht verbreitete Straftaxendenken auch im Jugendstrafrecht
weiterhin Anwendung fände, daß also normative Grenzen für
pädagogische Zielsetzungen entscheidend werden würden. Daher
wäre ein Kriterienrahmen angebrachter, der normative und
pädagogische Kriterien vorsähe, was darauf hinausliefe, Deliktsart, Schadenshöhe und Vorbelastung als Anhaltspunkte
für bestimmte Reaktionen zu benennen, sie aber nicht vorzu-
schreiben.

Anmerkungen

1 Die Stichprobe wurde aus den Geschäftsanfallregistern
der Jugendabteilung der Staatsanwaltschaft Lübeck gezogen. Es wurde in einem ersten Schritt jede dritte Ein-
tragung nach ihren Merkmalen Delikt, Erledigungsart
und Erledigungsort erhoben und danach Abgabenverbindun-
gen sowie Ordnungswidrigkeits-Verfahren herausgenommen.
Auf diese Weise wurden für 1974 1.938 Verfahren und für
1980 3.116 Verfahren erfaßt, die einen groben Überblick
über die Delikts- und Erledigungsstruktur des Landgerichtsbezirks Lübeck ermöglichten. Diese Stichprobe
war die Grundlage für die Aktenerhebung, d.h., anhand
der ebenfalls notierten Aktenzeichen wurden die entsprechenden Verfahren von den Geschäftsstellen oder der
Registratur erbeten und deren Inhalte nach einem vorge-
testeten Erhebungsbogen ausgewertet.

Bei den zahlenmäßig stark vertretenen Deliktsgruppen:
Diebstahl, Sachbeschädigung, Körperverletzung, Leistungserschleichung, Trunkenheitstaten sowie übrige
Straßenverkehrsdelikte wurde aus ökonomischen Gründen
eine nochmalige Reduktion der Stichprobe durchgeführt,
d.h., es wurde nur jedes vierte Verfahren berücksichtigt. Bezogen auf die ursprüngliche Registerstichprobe
bedeutet dies, daß nur jedes zwölfte Verfahren in die
Analyse Eingang fand. Um die Vergleichbarkeit dieser
Substichprobe mit den übrigen Verfahren statistisch wie-
derherzustellen, wurde eine interne Gewichtung vorgenommen; die erwähnten Deliktsgruppen wurden mit dem
Faktor 4 gewichtet. Dies erklärt die, gemessen an der
Aktenerhebung, größeren N-Angaben in den Tabellen.

2 Zu den von Pohl-Laukamp und Hering (1984, S. 90 ff.)
mitgeteilten Daten sind acht Verfahren nach Überprüfung
des Materials hinzugekommen. Die Resultate ändern sich
hierdurch nicht.

3 Die Daten weisen in 13,1 % (N = 36) der erhobenen Verfahren Kontakte zwischen Polizei und Tatverdächtigem
aus, wobei in sieben Fällen schon eine Vormaßnahme ergriffen worden war. In den übrigen Fällen waren der
Tatvorwurf sowie die Erledigung nicht exakt zu ermitteln.

4 In N = 221 der Fälle konnte eine genaue Information
über die Vorbelastung nicht erhoben werden. Hier fand
sich in den Akten meist nur der Hinweis auf ein oder
mehrere Aktenzeichen, unter denen der Beschuldigte
schon einmal registriert gewesen war (Hauskartei). Diese Verfahren bleiben außer Betracht.

5 Die Einstellungen nach § 170 Abs. 2 StPO sind überwiegend solche mangels hinreichenden Tatverdachts. 1974
wurden 49 Fälle, 1980 83 Fälle gefunden, in denen der

Dezernent "keine Straftat" als Einstellungsgrund explizit machte. Beide Einstellungsarten können, wie die
Untersuchung von Blankenburg, Sessar und Steffen (1978,
S. 108 f.) ergab, strukturelle Ähnlichkeiten aufweisen,
wenn man sie etwa mit Tätermerkmalen korreliert. In der
vorliegenden Untersuchung entfallen die meisten dieser
Verfahrenserledigungen auf Verkehrsunfälle, bei denen
der Staatsanwalt strafbare Handlungen nicht entdecken
konnte (vielleicht nur eine Ordnungswidrigkeit).

6 Verzögerte Reaktionen sind nicht nur sinnlos, sondern
   wirken der Erziehung, die mit der Sanktion angestrebt
   wird, entgegen. Je länger sie auf sich warten läßt,
   desto wahrscheinlicher trifft sie, wenn sie dann doch
   noch kommt, auf einen Jugendlichen, der sich mittlerweile in einer anderen Entwicklungs- und Bewußtseins-
   phase befindet, laufen doch die psychischen Entwick-
   lungsschritte gerade in der Pubertätsphase rapide ab,
   so daß der Jugendliche buchstäblich aus der damaligen
   Situation herausgewachsen ist. Konfrontiert man ihn
   jetzt noch mit seinem Monate zurückliegenden Verhalten,
   wird "Verständnislosigkeit" die Folge sein. Ebenso kann
   es sein, daß eine lange Wartezeit und die Ungewißheit
   über den Ausgang des Verfahrens zu einem Leistungsab-
   fall in Schule und Beruf und damit zu einer Gefährdung
   der Existenzchancen führt (vgl. Pfeiffer 1983, S. 97).

7 Vergleiche mit anderen Untersuchungen sind nur beschränkt möglich, da oft die Zeit zwischen Tat und
   Hauptverhandlung gemessen wird. Dies ist insofern irri-
   tierend, als zwischen Tatbegehung und Registrierung un-
   kontrollierbare, von Polizei und Justiz unabhängige Faktoren die Zügigkeit einer Strafanzeige hindern oder
   fördern. Momberg (1982, S. 94) errechnete für in der
   ganzen Bundesrepublik Deutschland erhobene Jugendver-
   fahren einen entsprechenden Zeitraum von 20 Wochen.
   Bongartz-Quack (1982, S. 96; vgl. Kirchhoff 1983, S.
   973) kam bei Ladendiebstahlsdelikten (Ersttäter) auf
   einen Zeitraum von 13 Wochen zwischen polizeilicher
   Vernehmung und Hauptverhandlung, Radke (1983, S. 20)
   auf rund 12 Wochen zwischen Anzeige und Hauptverhandlung, bezogen auf Fahren ohne Fahrerlaubnis.

8 Folgt man dem Wortlaut des § 45 Abs. 2 Nr. 1 JGG, wonach im Anschluß an "erzieherische Maßnahmen", die unbestritten auch vom Staatsanwalt durchgeführt werden können, eingestellt werden kann, dann liegt hier auf den
   ersten Blick ein größerer Handlungsspielraum vor als
   ihn der Richter im Vorverfahren hat, da dieser nur Auflagen und bestimmte Weisungen anordnen kann (§ 45 Abs.
   1 JGG). Allerdings wird gelegentlich vertreten, daß der
   dem Richter gezogene Rahmen auch für den Staatsanwalt
   gelte (Brunner 1984, § 45 Rdn. 11). Ob dies zutrifft,
   braucht hier nicht untersucht zu werden, weil der Rahmen des § 45 Abs. 1 JGG für die meisten auch dem Jugendstaatsanwalt vorschwebenden Maßnahmen, insbesondere Er-

mahnungen, Schadenswiedergutmachung, Arbeitsleistungen oder Verkehrsunterricht, ausreichen wird.

9   Die Berechnungen erfolgen ohne Verfahren, die mit der Begründung "keine Straftat" eingestellt wurden, weil hierbei, wiewohl dies anfechtbar ist (vgl. Anm. 5), von einer irrtümlich registrierten Jugendkriminalität ausgegangen wird.

10 Der zu erwartende Einwand betrifft die geringe Anzahl der in die Entscheidung einbezogenen Faktoren. Forschungen haben freilich ergeben, daß ein großer Teil der Varianz justitieller Entscheidungen mit den drei Faktoren "Deliktsart", "Schadensverursachung" und "Vorbelastung" erklärt werden kann. Ebenfalls nicht ohne Bedeutung sind Tatgenossenschaft, die Täter-Opfer-Beziehung oder der soziale Status des Opfers, auf die in diesem ersten Überblick aber verzichtet werden soll.

11 Wie verlautet, soll in absehbarer Zeit das "Modell-Lübeck" durch das "Polizeimodell" (Ermahnung in von der Polizei bestimmten Fällen durch den vernehmenden Beamten und dessen Empfehlung der Verfahrenseinstellung) abgelöst werden. Dies wäre bedauerlich, würde doch damit einer der anerkanntesten Versuche, mit Jugendkriminalität pädagogisch umzugehen, wieder rückgängig gemacht werden. Unter rechtsstaatlichen und verfassungsrechtlichen Gesichtspunkten hochgradig bedenklich wird eine solche Strategie dann, wenn die Polizei es nicht bei einer solchen Ermahnung beläßt, sondern einen Schritt weitergeht und selbständig Sanktionen anzuordnen beginnt. Eine derartige Praxis wird aus einem Landgerichtsbezirk in Schleswig-Holstein berichtet, wo die Polizei vereinzelt Schadenswiedergutmachung und selbst Arbeitsauflagen anordnet, so daß die Staatsanwaltschaft danach das Verfahren einstellen kann. Hier ist der Grundsatz der Gewaltenteilung verletzt, auch dann, wenn man solche Maßnahmen als von staatsanwaltschaftlichen Befugnissen abgeleitet konstruieren würde.

Literatur

BECCARIA, C.: Über Verbrechen und Strafen (nach der Ausgabe von 1766 übersetzt und herausgegeben von Wilhelm Alff). (Frankfurt/M., 1966).

BECKMANN, H.: Ungenutzte Möglichkeiten des Vorverfahrens. (In: H. Kury (Hrsg.): Kriminologische Forschung in der Diskussion: Berichte, Standpunkte, Analysen. Köln u.a., 1984).

BLANKENBURG, E.; SESSAR, K.; STEFFEN, W.: Die Staatsanwaltschaft im Prozeß strafrechtlicher Sozialkontrolle. (Berlin, 1978).

BONGARTZ-QUACK, E.: Diversion im Jugendstrafrecht - Ein Programm für Ladendiebe. (Unveröffentlichte Diplomarbeit der Fachhochschule Niederrhein, Fachbereich Sozialwesen, 1982).

BRUNNER, R.: Jugendgerichtsgesetz. (7. Aufl., Berlin, New York, 1984).

DALLINGER, W.; LACKNER, K.: Jugendgerichtsgesetz. (2. Aufl., München, Berlin, 1965).

DEUTSCHE VEREINIGUNG FÜR JUGENDGERICHTE UND JUGENDGERICHTS-HILFEN e.V. (Hrsg.): Die jugendrichterlichen Entscheidungen - Anspruch und Wirklichkeit. (Schriftenreihe, Neue Folge, Heft 12. München, 1981).

DEUTSCHE VEREINIGUNG FÜR JUGENDGERICHTE UND JUGENDGERICHTS-HILFEN e.V. (Hrsg.): Jugendgerichtsverfahren und Kriminalprävention. (Schriftenreihe, Neue Folge, Heft 13. München, 1984).

DREHER, E.; TRÖNDLE, H.: Strafgesetzbuch und Nebengesetze. (41. Aufl., München, 1983).

EISENBERG, U.: Bestrebungen zur Änderung des Jugendgerichtsgesetzes. (Berlin, 1984).

FELTES, Th.: Der Staatsanwalt als Sanktions- und Selektionsinstanz. Eine Analyse anhand der Staatsanwaltschafts-Statistik. (In: H.-J. Kerner (Hrsg.): Diversion statt Strafe? Heidelberg, 1983, S. 55 ff.).

FELTES, Th.; JANSSEN, H.; VOSS, M.: Die Erledigung von Strafverfahren durch die Staatsanwaltschaft und Gericht - Brauchen wir die sogenannten Diversionsmodelle in der Bundesrepublik? (In: H.-J. Kerner, H. Kury, K. Sessar (Hrsg.): Deutsche Forschungen zur Kriminalitätsentstehung und Kriminalitätskontrolle. Köln u.a., 1983, S. 858 ff.).

HEINZ, W.; SPIESS, G.: Alternativen zu formellen Reaktionen
    im deutschen Jugendstrafrecht. Ein Forschungsvorha-
    ben zu §§ 45, 47 JGG und erste Ergebnisse. (In:
    H.-J. Kerner, H. Kury, K. Sessar (Hrsg.): Deutsche
    Forschungen zur Kriminalitätsentstehung und Krimina-
    litätskontrolle. Köln u.a., 1983, S. 896 ff.).

HEINZ, W.; SPIESS, G.; HERRMANN, H.-J.: Erster Zwischenbe-
    richt im Rahmen des DFG-Projekts "Reaktionsalterna-
    tiven im Jugendstrafrecht: Determinanten und Auswir-
    kungen unterschiedlicher Strategien der Strafverfol-
    gung bei jugendlichen Erst- und Bagatelltätern." (Un-
    veröffentlichtes Manuskript, Konstanz, 1984).

HILSE, J.; SCHALK, K.: Hintergrund und Konzeption eines
    Modellprojekts zur Arbeit der Jugendgerichtshilfe.
    (In: H.-J. Kerner, H. Kury, K. Sessar (Hrsg.): Deut-
    sche Forschungen zur Kriminalitätsentstehung und Kri-
    minalitätskontrolle. Köln u.a., 1983, S. 986 ff.).

JANSSEN, H.: Diversion: Entstehungsbedingungen, Hintergrün-
    de und Konsequenzen einer veränderten Strategie so-
    zialer Kontrolle. Oder: Es gibt viele zu packen, tun
    wir es ihnen an. (In: H.-J. Kerner (Hrsg.): Diver-
    sion statt Strafe? Heidelberg, 1983, S. 15 ff.).

KERNER, H.-J. (Hrsg.): Diversion statt Strafe? Probleme und
    Gefahren einer neuen Strategie strafrechtlicher So-
    zialkontrolle. (Heidelberg, 1983).

KERNER, H.-J.: Jugendgerichtsverfahren und Kriminalpräven-
    tion - Eröffnungsreferat des 19. Deutschen Jugendge-
    richtstages. (In: Deutsche Vereinigung für Jugendge-
    richte und Jugendgerichtshilfen e.V. (Hrsg.): Jugend-
    gerichtsverfahren und Kriminalprävention. Schriften-
    reihe, Neue Folge, Heft 13. München, 1984, S.
    14 ff.).

KERNER, H.-J.; KURY, H.; SESSAR, K. (Hrsg.): Deutsche For-
    schungen zur Kriminalitätsentstehung und Kriminali-
    tätskontrolle, 3 Bände. (Köln u.a., 1983).

KIRCHHOFF, G.F.: Diversion im Jugendstrafrecht nach § 45
    JGG - Das STOP-Programm der INTEG nach einem Jahr -
    (In: H.-J. Kerner, H. Kury, K.Sessar (Hrsg.): Deut-
    sche Forschungen zur Kriminalitätsentstehung und Kri-
    minalitätskontrolle. Köln u.a., 1983, S. 956 ff.).

LEITHÄUSER, E.: Jugendkriminalität - Eine Herausforderung
    für die Polizei (Rede auf der Fachtagung der Gewerk-
    schaft der Polizei zum Thema Jugendkriminalität am
    12. April 1984 in Hamburg). (In: Staatliche Presse-
    stelle Hamburg (Hrsg.): Berichte und Dokumente Nr.
    724 vom 21. Mai 1984).

LÖWE-ROSENBERG: Die Strafprozeßordnung und das Gerichtsver-
    fassungsgesetz. Bearbeitet von Dünnebier u.a. (23.
    Aufl. Berlin, New York, 1976).

MARKS, E.: Entstehung und Praxis des Projekts BRÜCKE Köln
    e.V. (In: Bewährungshilfe 1982, S. 126 ff.).

MOMBERG, R.: Die Ermittlungstätigkeit der Jugendgerichts-
    hilfe und ihr Einfluß auf die Entscheidung des Ju-
    gendrichters. (Diss. Jur., Göttingen, 1982).

NAUCKE, W.: Über deklaratorische, scheinbare und wirkliche
    Entkriminalisierung. (In: Goltdammer's Archiv für
    Strafrecht, 1984, S. 199 ff.).

PFEIFFER, Chr.: Kriminalprävention im Jugendstrafverfahren
    - Jugendrichterliches Handeln vor dem Hintergrund
    des BRÜCKE-Projekts. (Köln u.a., 1983).

POHL-LAUKAMP, D.: Praxisbericht. (In: Deutsche Vereinigung
    für Jugendgerichte und Jugendgerichtshilfen e.V.
    (Hrsg.): Die jugendrichterlichen Entscheidungen - An-
    spruch und Wirklichkeit. Schriftenreihe, Neue Folge,
    Heft 12. München, 1981, S. 200 ff.).

POHL-LAUKAMP, D.: Legalitätsprinzip und Diversion. (In: Kri-
    minalistik, 1983, S. 131 ff.).

POHL-LAUKAMP, D.: Diversionspraxis in Lübeck. (In: Deutsche
    Vereinigung für Jugendgerichte und Jugendgerichtshil-
    fen e.V. (Hrsg.): Jugendgerichtsverfahren und Krimi-
    nalprävention. Schriftenreihe, Neue Folge, Heft 13.
    München, 1984, S. 179 ff.).

POHL-LAUKAMP, D.; HERING, E.: Ausgewählte Materialien aus
    dem "Lübeck-Projekt" und erste Forschungsergebnisse.
    (In: M. Walter, G. Koop (Hrsg.): Die Einstellung des
    Strafverfahrens im Jugendrecht. Kriminalpädagogische
    Praxis, Heft 5. Vechta, 1984, S. 90 ff.).

RADKE, W.: Fahren ohne Fahrerlaubnis - Grundlagen zu einem
    Diversionsprogramm im Jugendstrafrecht. (Unveröffent-
    lichte Diplomarbeit der Fachhochschule Niederrhein,
    Fachbereich Sozialwesen, 1983).

RAUTENBERG, E.C.: Auf dem "flachen Land" ... Möglichkeiten
    polizeilichen Tätigwerdens im Jugendstrafverfahren.
    (In: Kriminalistik, 1984, S. 291 ff.).

RUSCHEWEYH, H.: Die Entwicklung des deutschen Jugendge-
    richts. Heft 2 der Schriften des Ausschusses für
    Jugendgerichte und Jugendgerichtshilfen. Herausgege-
    ben von der Deutschen Zentrale für Jugendfürsorge
    e.V. (Weimar, 1918).

SACK, F.; KÖNIG, R. (Hrsg.): Kriminalsoziologie. (3. Aufl., Wiesbaden, 1979).

SCHAFFSTEIN, F.: Jugendstrafrecht. (8. Aufl., Stuttgart, 1983).

SCHÖCH, H.: Kriminalprävention durch Generalprävention. (In: Deutsche Vereinigung für Jugendgerichte und Jugendgerichtshilfen e.V. (Hrsg.): Jugendgerichtsverfahren und Kriminalprävention. Schriftenreihe, Neue Folge, Heft 13. München, 1984, S. 273 ff.).

SCHÖNKE, A.; SCHRÖDER, H.: Strafgesetzbuch. (21.Aufl., München, 1982).

SESSAR, K.: Jugendstrafrechtliche Konsequenzen aus jugendkriminologischer Forschung: Zur Trias von Ubiquität, Nichtregistrierung und Spontanbewährung im Bereich der Jugendkriminalität. (In: M. Walter, G. Koop (Hrsg.): Die Einstellung des Strafverfahrens im Jugendrecht. Kriminalpädagogische Praxis, Heft 5. Vechta, 1984, S. 26 ff.).

SPIESS, G.: § 45 JGG - Anwendungspraxis und Entwicklungsperspektiven. (In: Deutsche Vereinigung für Jugendgerichte und Jugendgerichtshilfen e.V. (Hrsg.): Jugendgerichtsverfahren und Kriminalprävention. Schriftenreihe, Neue Folge, Heft 13. München, 1984, S. 201 ff.).

STAETER, J.: Erfahrungsbericht über die Arbeit der Jugendstaatsanwälte in Braunschweig im Rahmen des Bundesmodellversuchs. (In: Deutsche Vereinigung für Jugendgerichte und Jugendgerichtshilfen e.V. (Hrsg.): Jugendgerichtsverfahren und Kriminalprävention. Schriftenreihe, Neue Folge, Heft 13. München, 1984, S. 219 ff.).

SYKES, G.M.; MATZA, D.: Techniken der Neutralisierung: Eine Theorie der Delinquenz. (In: F. Sack, R. König (Hrsg.): Kriminalsoziologie. 3. Aufl., Wiesbaden, 1979, S. 360 ff.).

WALTER, M.; KOOP, G. (Hrsg.): Die Einstellung des Strafverfahrens im Jugendrecht. (In: Kriminalpädagogische Praxis, Heft 5. Vechta, 1984).

Hermann Beckmann

UNGENUTZTE MÖGLICHKEITEN DES VORVERFAHRENS

Es war und ist sicherlich pädagogisches Allgemeingut, daß
sich die lange Dauer eines Strafverfahrens zwischen Tat und
Ahndung erzieherisch ungünstig auf jugendliche Täter auswirkt.

Unsere - in der Jugendgerichtshilfe - gewonnenen Erfahrungen sind dahingehend, daß ca. 5 bis 6 Monate vergehen,
bevor die Verhandlung durchgeführt werden kann. Nach dieser
Zeit hat der Jugendliche weitgehend den Bezug zu seiner Tat
verloren, das Schuldbewußtsein nimmt stetig ab, die Hemm-
schwelle zur Begehung weiterer Taten senkt sich und negative Einflüsse können wieder wirken.

Wurde von einem jungen Menschen ein Ladendiebstahl verübt
und hat die Polizei - eingeschaltet durch den Kaufhausdetek-
tiv, der seinerseits schon Vernehmungen durchgeführt hat -
die Ermittlung aufgenommen, scheint die Lage für den Betroffenen und seine Eltern oft ausweglos. Nach unseren Erfahrungen reagieren die Beteiligten sehr unterschiedlich. Manchmal sind sie vor Aufregung wie gelähmt oder sie reagieren
kopflos. Es kommt zu erheblichen Spannungen zwischen Eltern
und Kind. Das gegenseitige Vertrauen ist sehr belastet. Die
Angst vor dem "Bekanntwerden der Straftat, der Stigmatisierung" ist groß, die sorgenvolle Frage heißt: "Was soll nun
werden, ist die Zukunft zerstört?"

Dabei ist für die "Betroffenheit" der Familie durch die
Nebenfolgen der Straftat, wie Vernehmung durch Kaufhaus-
detektiv und Polizei, Zuführung der Jugendlichen durch die
Polizei, Ungewißheit über den weiteren Verlauf des Verfah-

rens und die sich daraus ergebende Erwartungsangst, die Schadenshöhe nicht von vorrangiger Bedeutung.

Ich halte diese Aussage im Hinblick auf das häufig angewandte Argument, man würde den "Bagatelldelikten" zu große Bedeutung beimessen, für wichtig. Bei der Verwendung der Bezeichnung "Bagatelldelikte" werden vorwiegend materielle Maßstäbe angelegt, dagegen das subjektive Empfinden - insbesondere das Schuldempfinden - der jugendlichen Täter unterbewertet.

Es ist eine pädagogisch notwendige und effektive Aufgabe der Jugendgerichtshilfe, hier unmittelbar nach Begehung der Tat Hilfen anzubieten.

Durch gezielte Informationsgespräche über die Verfahrensweise in der Jugendstrafrechtspflege soll Jugendlichen und Eltern "Sachkunde" vermittelt werden. Durch pädagogische Gespräche sollen Spannungen in der Familie abgebaut, Hilfen und Möglichkeiten diskutiert und angeboten werden. Es soll verhindert werden, daß in Fällen der "Kleinkriminalität" die sicherlich nicht schwerwiegende Tat zu einer unvertretbaren Belastung für den Jugendlichen und dessen Familie wird.

Diese - in der täglichen Praxis erworbenen - Kenntnisse veranlaßten die Mitarbeiter der Jugendgerichtshilfe in Marl, die beteiligten Behörden, d.h. Vertreter der Staatsanwaltschaft, Polizei und Jugendgerichte zu einem Gespräch einzuladen. Ziel der Zusammenkunft war, neue Wege für eine rasche wirksame Hilfe zu finden.

Dieses Gespräch wurde für notwendig erachtet, obwohl und weil die Jugendgerichtshilfe in Marl seit Jahren eine enge Zusammenarbeit mit den Polizeibehörden anstrebt, um durch frühzeitige Benachrichtigung über Straftäter und -taten im Vorverfahren tätig zu werden.

Die beteiligten Polizeibehörden zeigten ein hohes Maß an
Kooperationsbereitschaft, konnten aber aufgrund der Polizei-
dienstvorschrift (PDV) 382.1 Rand-Nr.: 222.21 das Jugendamt
erst dann benachrichtigen, wenn die Ermittlungsunterlagen
der zuständigen Staatsanwaltschaft zugeleitet worden waren.
Außerdem hatten die Polizeibehörden den § 163 StPO (Aufgaben der Polizei) zu beachten, der im Abs. 2 zwingend
vorschreibt, daß die Behörden und Beamten des Polizeidien-
stes die Verhandlungen ohne Verzug der Staatsanwaltschaft
übersenden müssen.

Wir waren der Meinung, daß diese - die Polizeibehörden
bindenden - Vorschriften eine Beschwernis für die Mitwirkung der Jugendgerichtshilfe im Vorverfahren bedeuten. Die
Aufgaben der Jugendgerichtshilfe sind im § 38 des JGG festgeschrieben. Wegen der besonderen Bedeutung möchte ich hier
den Abs. 3 zitieren:

"Im gesamten Verfahren gegen einen Jugendlichen ist
die Jugendgerichtshilfe heranzuziehen. Dies soll so
früh wie möglich geschehen. Vor Erteilung von Weisungen (§ 10) sind die Vertreter der Jugendgerichtshilfe
stets zu hören."

Auf den letzten Satz werde ich zurückkommen, wenn ich auf
das "Lübecker Modell" und auf die allgemein übliche Praxis
der Staatsanwaltschaft zur Handhabung des § 45 Abs. 1 JGG
eingehe.

Zuvor möchte ich - wegen des sachlichen Zusammenhanges -
auf den § 43 JGG hinweisen, der die gesetzlichen Bestimmungen des Vorverfahrens einleitet. (Erster Unterabschnitt des
Dritten Abschnitts des JGG). Danach sollen "sobald wie
möglich die Lebens- und Familienverhältnisse, der Werdegang, das bisherige Verhalten des Beschuldigten und alle
übrigen Umstände ermittelt werden, die zur Beurteilung seiner seelischen, geistigen und charakterlichen Eigenart dienen können."

Diese Grundsatzüberlegungen wurden von einem Vertreter der Jugendgerichtshilfe während der Zusammenkunft vorgetragen. Es wurden die Möglichkeiten der Anwendung der §§ 45/47 JGG vorgestellt, insbesondere wurde auf den § 45 Abs. 2 Ziff. 1 JGG eingegangen.

Weiterhin wurden die ersten Versuche der Jugendgerichtshilfe in Marl erörtert, bisher gemachte Erfahrungen vorgetragen, auf bestehende Schwierigkeiten hingewiesen.

Ein unmittelbares Ergebnis dieser Zusammenkunft war die Bereitschaft der Polizeibehörde in Marl, noch aktiver die Bemühungen der Jugendgerichtshilfe in Marl zu unterstützen. Den einzelnen Vernehmungsbeamten, seien sie bei der uniformierten Polizei im Bezirksermittlungsdienst (BED) oder bei der Kriminalpolizei tätig, wurden daher Informationsblätter über die Jugendgerichtshilfe zur Verfügung gestellt. Es handelt sich hierbei um ein Faltblatt, das eine Kurzfassung der Aufgaben der Jugendgerichtshilfe beinhaltet. Der vernehmende Polizeibeamte notiert zusätzlich den Namen des zuständigen Sachbearbeiters der Jugendgerichtshilfe und dessen Telefonnummer. Die Eltern können sich daher unmittelbar mit dem Jugendgerichtshelfer in Verbindung setzen, der in ihrem Wohngebiet tätig ist.

Darüber hinaus waren die Beamten bereit, jugendliche Ersttäter, die geständig waren, einen Ladendiebstahl oder eine Sachbeschädigung begangen zu haben oder ohne Fahrerlaubnis gefahren zu sein, unverzüglich dem Jugendamt Marl - Jugendgerichtshilfe - zu melden. Aufgrund dieser Meldung konnte die Jugendgerichtshilfe Marl unter strenger Beachtung und Einhaltung der gesetzlichen Bestimmungen, die ihr durch den spezifischen Auftrag gesetzt sind und nur bei geständigen Jugendlichen tätig werden.

Kommt der Jugendgerichtshelfer nach den erforderlichen Gesprächen zu der Auffassung, daß ein förmliches Verfahren und insbesondere eine Verhandlung vor dem Richter zur weiteren Erziehung nicht erforderlich ist, da anderweitige erzieherische Maßnahmen bereits erfolgten, so schlägt er in seinem Bericht der zuständigen Staatsanwaltschaft das Verfahren gemäß § 45 Abs. 2 Satz 1 JGG vor. Nach diesen gesetzlichen Vorschriften kann der Staatsanwalt das Verfahren aufgrund anderweitiger durchgeführter Maßnahmen ohne Zustimmung des Richters einstellen. Anderweitige Maßnahmen in diesem Sinne sind nach Auffassung der Jugendgerichtshilfe in Marl:

- intensive Informations- und persönliche Beratungsgespräche;

- Ableistung von Sozialdienst auf freiwilliger Basis;

- Teilnahme an einem Verkehrserziehungskurs auf freiwilliger Basis;

- aktive Schadenswiedergutmachung mit persönlicher Entschuldigung des Täters beim Opfer.

Wenn in dem Beratungsgespräch der Eindruck gewonnen wird, daß die Eltern grundsätzlich erzieherische Maßnahmen für ihr Kind durchgeführt haben oder durchführen möchten, und der oder die Jugendliche ebenfalls mit einer Maßnahme einverstanden ist und deren Notwendigkeit einsieht, bietet der Jugendgerichtshelfer z.B. eine Vermittlung in eine für diese Person geeignete Einsatzstelle zur Ableistung einer freiwilligen Arbeitsleistung oder eine Teilnahme an einem Verkehrserziehungskurs an.

Dieser Verkehrserziehungskurs wird in der Verkehrsschule in Marl durchgeführt. Der Träger ist die Deutsche Verkehrswacht - Verkehrswacht Recklinghausen - Land. Durchgeführt wird der Verkehrserziehungskurs von einem Polizeibeamten, der langjährige Erfahrungen als Verkehrserzieher in Kindergärten und Schulen hat. An dem Verkehrsunterricht nimmt ständig ein Mitarbeiter der Jugendgerichtshilfe als Ansprechpartner teil.

Der Verkehrserziehungskurs wird in der Form durchgeführt,
daß in insgesamt 5 Doppelstunden (= 10 Stunden) bei dem
Jugendlichen

    a) der Aufbau sicherheitsbetonter Einstellungen und
       Verhaltensweisen,

    b) die Förderung verantwortungsbewußten Handelns im
       Straßenverkehr und

    c) der Abbau verkehrsgefährdender Verhaltensweisen

erreicht wird.

Der Unterricht erfolgt entweder gemäß einer richterlichen
Weisung nach § 10 JGG, oder wird als Erziehungsmaßnahme von
den Eltern mit Zustimmung des Jugendlichen gemäß § 45 Abs.
2 Nr. 1 JGG durch Vermittlung der Jugendgerichtshilfe bei
geständigen jugendlichen Verkehrsstraftätern durchgeführt.

Zielgruppe sind die Jugendlichen, die durch Verkehrsstraftaten - insbesondere Fahren ohne Fahrerlaubnis - auffielen.
Die Auswahlkriterien sind:

    Ersttäter, wenn bei ihnen eine Einsicht, die Freiwil-
    ligkeit und Lernbereitschaft vorliegt.

In dem Beobachtungszeitraum konnte die Erfahrung gemacht
werden, daß das Interesse und die Mitarbeit der Jugendlichen an dem Verkehrserziehungskurs je nach dem Grad der
Freiwilligkeit der Teilnahme an dieser Maßnahme verschieden
ist.

Jugendliche, die ohne ein förmliches Verfahren teilnahmen,
zeigten ein hohes und überdurchschnittliches Maß an Interesse und aktiver Mitarbeit. Das Spannungsverhältnis zwischen den Jugendlichen und der "Obrigkeit" konnte abgebaut
werden, der unterrichtende Polizeibeamte wurde als Person
angenommen, das umfangreiche Wissen, das große Engagement

anerkannt, die Notwendigkeit von Sanktionen eingesehen. Die
Jugendlichen lernten, sich zu beteiligen, ihre Kritik und
Anregung zu verbalisieren. Sie erkannten auch den per-
sönlichen Nutzen dieses Kurses, zumal es einigen Jugend-
lichen erst nach dem Besuch dieses Kurses möglich war, eine
Führerscheinprüfung zu bestehen.

Der Erfolg dieser Maßnahme für jugendliche Verkehrsstraf-
täter läßt sich nicht zuletzt daran erkennen, daß relativ
wenige Kursteilnehmer durch weitere Verkehrsstraftaten auffällig wurden.

Wenn ein Verfahren gemäß § 45 Abs. 2 Nr. 1 JGG durchgeführt
wird, ist es grundsätzlich so, daß der Jugendgerichtshelfer
als Berater und später als Vermittler tätig wird, wenn die
einzelne Erziehungsmaßnahme von den Eltern angeordnet wird.

Während der ganzen Zeit bleibt der Jugendgerichtshelfer
Ansprechpartner der Eltern und Jugendlichen und begleitet
diesen auch während der Durchführung der erzieherischen
Maßnahmen.

In dem Bericht an die Staatsanwaltschaft wurde das Verfahren gemäß § 45 Abs. 2 Nr. 1 JGG vorgeschlagen, die vorgesehene
Maßnahme begründet. Die Jugendgerichtshilfe ging von dem
Einverständnis der Staatsanwaltschaft aus, wenn nicht innerhalb von 2 Wochen von dieser Behörde Bedenken geltend gemacht wurden.

Am 03.01.1983 wurde der leitende Oberstaatsanwalt in Essen
veranlaßt, den zuständigen Polizeipräsidenten in Recklinghausen zu bitten, für die Einhaltung der PDV 382.1 durch
die Polizeibehörden in Marl zu sorgen. Für die Polizeibehörde Marl wurde gemäß dem zitierten Schreiben durch den Polizeipräsidenten angeordnet, wieder nach den bestehenden Vorschriften zu verfahren.

Da der leitende Oberstaatsanwalt rechtsstaatliche Bedenken - Unschuldsvermutung, Fehlen notwendiger Strafanträge, Verfolgungsverbot wegen offensichtlich vorliegender oder noch zu überprüfender Verfahrenshindernisse, Verbotsirrtum u.a.m. - gegen die Verfahrensweise der Jugendgerichtshilfe in Marl vortrug, wurde im Schreiben an den Justizminister NW über den Arbeits- und Sozialminister NW, den Oberkreisdirektor des Kreises Recklinghausen und den Regierungspräsidenten Münster das Konzept und die Handhabung vorgestellt und angefragt, ob die vorgetragenen rechtsstaatlichen Bedenken von den angeschriebenen Behörden geteilt werden. Eine gleichlautende Anfrage wurde an den Innenminister NW gerichtet.

Das Justizministerium NW teilte mit, daß diese rechtsstaatlichen Bedenken nicht bestehen, weil die Jugendgerichtshilfe Marl mit Einleitung freiwilliger Maßnahmen im Sinne des § 45 Abs. 2 Nr. 1 JGG erst beginnt, wenn von der Staatsanwaltschaft innerhalb einer bestimmten Frist rechtliche Einwände nicht geäußert werden.

Diese Stellungnahme des Justizministers NW wurde mit Erlaß vom 03. Mai 1983 dem Regierungspräsidenten Münster mitgeteilt. Sie war Gegenstand einer Besprechung, die am 19. April 1983 zwischen dem Generalstaatsanwalt - der zuvor bereits die Stellungnahme des Justizministers NW erhalten hatte - und den Vertretern der Regierungspräsidenten Arnsberg, Detmold und Münster stattfand.

Als Ergebnis dieser Besprechung wurde festgehalten, daß grundsätzliche rechtsstaatliche Bedenken gegen die Verfahrensweise der Jugendgerichtshilfe Marl nicht bestehen und die Modalitäten der Zusammenarbeit auf örtlicher Ebene zwischen der Staatsanwaltschaft, der Jugendgerichtshilfe und der Polizei besprochen werden sollen.

Der Innenminister NW teilte in einem an den Stadtdirektor
Marl - Jugendamt - über den Regierungspräsidenten Münster
und Oberkreisdirektor des Kreises Recklinghausen gerichteten Schreiben vom 20.06.1983 mit, daß das Gesamtthema zwischen den angegebenen Behördenvertretern erörtert wurde und
er das oben angegebene Ergebnis begrüßt.

Weiterhin teilte er mit, daß er keine Bedenken habe, wenn
mit Zustimmung der zuständigen Staatsanwaltschaft in bestimmten Fällen von Nr. 222.21 der PDV 382.1 abgewichen
wird. Er hat den Polizeipräsidenten Recklinghausen davon
entsprechend unterrichtet.

Damit hat die Jugendgerichtshilfe in Marl die Möglichkeit,
unmittelbar nach einer Straftat aktiv zu werden, um ihren
Beitrag zu einer Entkriminalisierung jugendlicher Täter im
Bereich der "Kleinkriminalität" zu leisten. In Marl fallen
hierunter alle Ersttäter, die einen Ladendiebstahl oder
eine Sachbeschädigung begehen oder ohne Fahrerlaubnis
fahren.

Bei Vorliegen dieser Merkmale erfolgt eine telefonische
Benachrichtigung durch den die Anzeige bearbeitenden Polizeibeamten. Aufgrund dieser telefonischen Mitteilung nimmt
die JGH den Kontakt zu den betroffenen Personen auf.

Die Ermittlungsakte der Polizei wird mit dem Bericht der
Jugendgerichtshilfe an einem bestimmten Wochentag dem Abteilungsleiter der Jugendstaatsanwaltschaft Essen vorgelegt. Der Abteilungsleiter befindet sich als Sitzungsvertre-
ter an diesem Tag in Marl und entscheidet für die Staatsanwaltschaft Essen. Nach Zustimmung können die Maßnahmen, die
vorgesehen waren, eingeleitet werden.

Diese enge Zusammenarbeit verkürzt die gesamte Verfahrensdauer erheblich und bewirkt, daß die Erziehungsmaßregeln
für den Täter nie den Bezug zur Tat verlieren.

In den Fällen, in denen Arbeitsstunden geleistet wurden oder aber der Verkehrserziehungskurs besucht wurde, erfolgt die endgültige Einstellung nach Mitteilung des Jugendamtes Marl über die Erfüllung der Erziehungsmaßregeln.

Ich möchte Sie im Rahmen dieser Ausführungen nicht mit detaillierten statistischen Daten überschütten, halte es aber für notwendig, einige Zahlen anzugeben. Unsere Statistik hat ergeben, daß - unter Berücksichtigung der Auswahlkriterien - 20 % aller begangenen und verfolgten Straftaten für das Verfahren gemäß § 45 Abs. 2 Satz 1 JGG geeignet waren.

Ladendiebstähle und Sachbeschädigungen begingen 56,20 % der Täter, 43,80 % wurden wegen Fahrens ohne Fahrerlaubnis auffällig.

In 26,45 % sollte laut Vorschlag der Jugendgerichtshilfe das Verfahren eingestellt werden, da die Betreuungsgespräche ausreichten. Sozialdienste sollten 29,75 % der betroffenen Jugendlichen leisten. In 43,80 % der Fälle wurde Teilnahme an einem Verkehrserziehungskurs vorgeschlagen.

(Interessenten kann eine detaillierte Datenstatistik übergeben werden).

Nach Meinung der Jugendgerichtshelfer ist es pädagogisch - aber auch rechtlich - durchaus vertretbar, die Fall- oder Tatgruppen zu erweitern. Im Rahmen der Eigentumsdelikte denken wir dabei an einfache Diebstähle, z.B. Diebstahl von Fahrzeugteilen, Beförderungserschleichung usw. Eine Erweiterung der Verkehrsstrafdelikte ist ebenfalls möglich und geboten. Hier ist z.B. an den Verstoß gegen das Versicherungsschutzgesetz gedacht.

Es ist realistisch, davon auszugehen, daß in etwa 35 % bis 40 % aller Deliktsfälle die Verfahrensweise des § 45 Abs. 2 Satz 1 JGG angewandt werden kann.

Es wäre falsch, wenn sich die Jugendgerichtshilfe im Vorverfahren auf die Mitarbeit im Rahmen des § 45 JGG beschränken
würde. Ebenso wäre es falsch, erst tätig zu werden, wenn
gravierende Straftaten vorliegen und die kriminellen Verhaltensmuster bereits eingeschliffen sind.

Ziel der Jugendgerichtshilfe in Marl ist es, so frühzeitig
tätig werden zu können, daß dem Staatsanwalt bereits vor
Anklageerhebung ein Jugendgerichtshilfebericht vorliegt. Im
Gegensatz zu den Auffassungen einer großen Anzahl von Be-
rufskollegen sind wir der Meinung, daß durch eine solche
Arbeitsweise eine Mehrbelastung der einzelnen Mitarbeiter
nicht gegeben ist; es sei denn, man lehnt die Mitwirkung
der Jugendgerichtshilfe unterhalb des Strafrahmens des Ju-
gendschöffengerichtes generell ab.

Ich möchte noch einmal auf das "Lübecker Modell" eingehen.
Diese Arbeitsweise ist so bekannt, daß ich sie hier nicht
erläutern muß. Meine Bedenken, die ich trotz aller Hochach-
tung vor dem Engagement der Frau Oberstaatsanwältin
Pohl-Laukamp habe, konnte ich bereits in der Zeitschrift
"Kriminalistik" darlegen. Im wesentlichen ging es darum,
daß der entscheidende Staatsanwalt tatorientiert und nicht
täterorientiert entscheiden muß, da ihm lediglich die polizeilichen Ermittlungsakten, nicht aber ein Bericht der Jugendgerichtshilfe vorliegt. Im übrigen ist die Maßnahme auf
Städte beschränkt, die Sitz der Staatsanwaltschaft sind,
während Jugendgerichtshilfe zur Pflichtaufgabe eines jeden
Jugendamtes gehört. Soviel zur Frage der Praktikabilität.

Einen Gesichtspunkt möchte ich noch hervorheben. Das "Lübecker Modell" beschränkt sich selbst, da gemäß § 38 Abs.
3 JGG vor Verhängung von Weisungen die Jugendgerichtshilfe
gehört werden muß.

Auch werden leider häufig in Ermahnungsterminen vom Jugendrichter auf schriftlichen Antrag der Staatsanwaltschaft

nicht nur Ermahnungen erteilt, sondern auch Weisungen verhängt, ohne daß die Jugendgerichtshilfe überhaupt Kenntnis
erhält.

Kommt der Staatsanwalt im "Lübecker Modell" zu der Auffassung, daß Erziehungsmaßregeln in Form von Weisungen erteilt
werden sollten, muß er die Jugendgerichtshilfe einschalten.
Es kommt zu einer Verzögerung, da der Jugendgerichtshelfer
sicher zunächst prüft, ob er aus pädagogischen Gründen die
Auffassung des Staatsanwaltes teilt, nachdem er die dafür
notwendigen Gespräche geführt hat. Da der Jugendgerichtshelfer "dazu berufen ist" (§ 38 JGG) darüber zu wachen, daß
der Jugendliche Weisungen und Auflagen nachkommt, bestimmt
er auch den "Einsatzort", d.h. die der Persönlichkeit des
Jugendlichen entsprechende Einrichtung.

Das kann keineswegs schematisch geschehen, es bedarf hierzu
sicherlich eingehender Gespräche.

Zum Abschluß meiner Ausführungen möchte ich darauf hinweisen, daß nur eine

echte partnerschaftliche

Zusammenarbeit aller in der Jugendkriminalrechtspflege Tätigen es ermöglichen kann, dem Auftrag des Jugendgerichtsgesetzes gerecht zu werden. Das bedeutet zunächst den Abbau
der Berührungsängste, den Abbau des Mißtrauens, die Strafverfolgungsbehörden wollten nur an nützliche Informationen
herankommen.

Für uns in Marl hat sich gezeigt, daß gemeinsame Gespräche
hier sehr zum Abbau von Vorurteilen beitragen. Der Jugendgerichtshelfer wird erstaunt feststellen, welches Verständnis die Polizei oft der besonderen Situation junger Straftäter entgegenbringt.

Bei Abfassung der Jugendamtsberichte gehen die Polizeibeamten viel eingehender auf das soziale Umfeld ein und
weisen von sich aus auf die Zusammenhänge zwischen Straftat
und Lebensumstände des jungen Delinquenten hin.

Andererseits wird der Jugendgerichtshelfer oft als der "So-
zialspinner" hingestellt, der nicht in der Lage ist,
"seinen" Jugendlichen objektiv zu sehen und - wenn auch oft
ungewollt - in die Rolle des Verteidigers verfällt.

Polizeibeamte und der Jurist erfuhren durch die enge Zusammenarbeit, daß durchaus realistische konsequente erzieherische Vorstellungen bei den Sozialarbeitern gegeben sind.

Daher bin ich persönlich der Meinung - die von meinen Kollegen in Marl geteilt wird -, daß es durchaus im Alltag
möglich ist, dem Anspruch des Jugendgerichtsgesetzes

        - erziehen statt strafen -

gerecht zu werden.

Diversion - statistische Übersicht
=====================================

Gesamtzahl der bearbeiteten Fälle	810	=	100,00 %
davon gemäß § 45 Abs. 2 Ziff. 1 JGG vorgeschlagen	165	=	20,37 %
davon meldeten sich selbst beim JA	30	=	18,18 %

ermittelte Straftaten

Gesamtzahl der Täter	165	=	100,00 %
es begingen Ladendiebstähle und Sachbeschädigungen	96	=	58,18 %
es begingen Verkehrsvergehen	69	=	41,82 %

Vorschlag der JGH gemäß § 45 Abs. 2 Ziff. 1 JGG

gesamt	165	=	100,00 %
Beratungsgespräch und Ermahnung durch Eltern und Sozialarbeiter reichen aus	41	=	24,85 %
Sozialdienst leisten	56	=	33,94 %
Teilnahme am Verkehrserziehungskurs	68	=	41,21 %

Entscheidung der Staatsanwaltschaft

gesamt	165	=	100,00 %
Einstellung gem. § 45 Abs. 2 Ziff. 1 JGG	43	=	26,06 %
Einstellung gem. § 45 Abs. 2 Ziff. 2 JGG in Verbindung mit § 153 StPO	31	=	18,79 %
Ermahnung durch Richter gem. § 45 Abs. 1 JGG	1	=	0,61 %
Anklage erhoben	72	=	43,64 %
offene Entscheidungen	18	=	10,91 %

Hier sei nochmals darauf hingewiesen, daß die hohe Zahl formaler Strafverfahren durch Anklageerhebung wesentlich durch Überkreuzung der Berichte
erfolgte. Die Anerkennung der erzieherischen Maßnahmen erfolgte spätestens
durch die Jugendrichter.

Entscheidungen des Gerichtes

Anklagen	72 =	100,00 %
Einstellung ohne Hauptverhandlung gem. §§ 45/47 JGG	43 =	59,72 %
Einstellung in der Hauptverhandlung gem. §§ 45/47 JGG, Maßnahme anerkannt	19 =	26,39 %
Einstellung in der Hauptverhandlung gem. §§ 45/47 JGG, zusätzliche Maßnahmen angeordnet	5 =	6,94 %
offene Entscheidung	5 =	6,94 %

Rainer-Dieter Hering

GERICHTSHILFE, EINE JUSTIZINTERNE INSTITUTION
- MÖGLICHKEITEN EINES TÄTER-OPFER-AUSGLEICHS -

Bevor ich auf die in der Überschrift hingewiesenen Möglichkeiten eines Täter-Opfer-Ausgleichs eingehe, will ich kurz das Arbeitsfeld der Erwachsenengerichtshilfe umreißen.

Die Gerichtshilfe bei Erwachsenen - präziser müßte man sagen: Gerichtshilfe bei Tätern ab dem 21. Lebensjahr - gibt es, abgesehen von Rheinland-Pfalz und dem Saarland, inzwischen in allen Bundesländern.

Die bundesgesetzliche Basis stellen der Art. 294 EGStGB und die §§ 160, 463d StPO dar.

Im Hinblick auf die stärkere Gewichtung der täterstrafrechtlichen Komponenten und spezialpräventiver Gesichtspunkte bei den Sanktionen wollte der Gesetzgeber auch für das Strafverfahren entsprechende Konsequenzen ziehen. Staatsanwaltschaften und Gerichte sowie andere justitielle Stellen (Bundeszentralregister, Gnadenbeauftragte) sollten einschlägige Informationsmöglichkeiten an die Hand bekommen und mehr Wissen über den Werdegang, das soziale Umfeld, das Arbeitsverhalten, das Verhalten nach der Tat pp., um den Täter besser und gerechter beurteilen zu können.

Neben den zitierten bundesgesetzlichen Bestimmungen gibt es eine Vielfalt verschiedener weiterer Einsatzmöglichkeiten, die ihre Grundlagen in Länderdienstordnungen, Allgemeinen Verfügungen, Gesetzen und Gnadenordnungen haben.

In der Praxis macht man in einigen Bundesländern von der Hinzuziehung der Gerichtshilfe gem. § 160 III StPO kaum Ge-

brauch; in anderen Ländern zeigen sich bei regionalen Unterschieden Beauftragungsquoten bis zu 85 % aller Verfahren.
In Berlin z.B. wird die Gerichtshilfe nach der Anklageerhebung und vor der Hauptverhandlung routinemäßig eingeschaltet; der Leitende OStA in Ulm verfügt für seinen Zuständigkeitsbereich die Hinzuziehung der Gerichtshilfe bei allen
Anklagen ab Schöffengericht aufwärts.

Während bei Staatsanwälten und Richtern weitgehend noch
eine recht große Distanz zur Gerichtshilfe festzustellen
ist - soweit es den Verfahrensablauf vor der Urteilsfindung
angeht - haben die Rechtspfleger und viele Gnadenbeauftragte die Möglichkeiten der Gerichtshilfe deutlich erkannt und
nutzen sie entsprechend. Leider wird damit häufig die
Chance vertan, mit der notwendigen Hilfe auf fester Basis
möglichst frühzeitig zu beginnen.

Schöch zeichnet die Problemlage sehr plastisch wie folgt:
"Die häufig zu hörende These, die Gerichtshilfe werde in
Vollstreckungs- und Gnadenverfahren zur Korrektur nicht
sachgerechter Sanktionen benötigt, während man sie für die
eigentliche Sanktionsentscheidung nicht haben wolle, ist
angesichts des spezifischen Gehalts der nachträglichen Entscheidung sicher verfehlt. Jedoch dürfte eine stärkere Zurückhaltung unter Ausschöpfung anderer Erkenntnismöglichkei-
ten bei den Rechtspflegern, die zu den Hauptauftraggebern
im Vollstreckungsverfahren gehören, weniger schädlich sein,
vor allem, wenn lediglich Einkommens- und Vermögensverhält-
nisse für Zahlungserleichterungen bei Geldstrafen ermittelt
werden sollen" (Schöch 1983, S. 130).

Dort, wo Sozialarbeiter in der Gerichtshilfe mit den Staatsanwälten und Richtern in ständiger Kommunikation stehen,
tritt das angesprochene Problem weniger auf. Eine Befragung
von Richtern und Staatsanwälten ergab, daß die Bedeutung
der Gerichtshilfeberichte für das Strafverfahren nach Ansicht der Befragten vor allem im anamnestischen Bereich

liegt. Den Gerichtshelfern wird bescheinigt, daß sie mit
Erfolg um eine objektive Faktensammlung über die Lebensge-
schichte der Probanden und ihre Umwelt bemüht sind und gerichtliche Entscheidungshilfe geben (Renschler-Delcker
1982, S. 253 ff.).

Es läßt sich nach den bisherigen Erfahrungen sagen, daß die
Gerichtshilfe an den Orten, wo sie von den Staatsanwälten
und Richtern angenommen wird, bereits einen beachtlichen
Stellenwert im System einer täter- und spezialpräventiv
orientierten Strafrechtspflege erlangt hat.

Von den Gerichtshelfern selbst wird gewünscht, daß ihre
Heranziehung im Ermittlungsverfahren so früh wie möglich
erfolgen sollte. Dies könnte dazu beitragen, daß bereits im
Ermittlungsverfahren die Weichen richtig gestellt werden
(z.B. Haftentscheidungshilfe, freiwillige Resozialisierungs-
angebote, Arbeitsplatzvermittlung, Gutachten zur Schuldfähigkeit). Die Unschuldsvermutung gebietet allerdings Zurückhaltung. Das Eindringen des Gerichtshelfers in die Privatsphäre des Beschuldigten ist erst dann zu vertreten, wenn
einigermaßen sichersteht, daß dieser die Tat begangen hat
(Schöch 1983, S. 135).

Bei geständigen Beschuldigten sind Vorbehalte wegen der
Unschuldsvermutung weitestgehend ausgeräumt. In diesen Fällen kann die Gerichtshilfe ab der ersten Vernehmung oder
den schriftlichen Äußerungen des Beschuldigten tätig werden.

In der Praxis zeigt sich der Beschuldigte in aller Regel
freiwillig zu einer Zusammenarbeit mit dem Gerichtshelfer
bereit, obwohl er dazu nicht verpflichtet ist und auch deutlich darauf hingewiesen wird. In diesem Zeitabschnitt hat
der Beschuldigte bekanntlich zuerst Kontakt mit der Polizei, die aufgrund ihres Auftrages vorrangig daran interessiert ist, die Tat aufzuklären, und nach dem Wie, Wann und
Wo fragt.

Setzt der Gerichtshelfer zu diesem frühen Zeitpunkt mit
seiner Arbeit an, findet er die Bereitschaft des Täters,
über seine eigentlichen Probleme zu reden sowie sich mit
seiner Tat und ihren Folgen auseinanderzusetzen. Die Tübinger Praxis setzt an diesem Punkt an und basiert des weiteren auf der Zusammenarbeit des zuständigen Staatsanwalts
mit dem Gerichtshelfer.

Die gesetzliche Vorgabe ermöglicht die Einschaltung des
Gerichtshelfers auch im Sinne eines Täter-Opfer-Ausgleichs.
Wenn § 160 Abs. 3 StPO vorsieht, daß sich die Ermittlungen
auf Umstände erstrecken sollen, die für die Bestimmung der
Rechtsfolgen der Tat von Bedeutung sind, so heißt das im
Hinblick auf die Aufnahme der Opferperspektive in den Sank-
tionskatalog, daß die Gerichtshilfe jederzeit von ihrem
Auftraggeber zur Vorbereitung eines Täter-Opfer-Ausgleichs
oder sogar einer weitgehend selbständigen Konfliktregulie-
rung eingeschaltet werden kann (Hering u. Rössner 1984).

Einigen in der Gerichtshilfe tätigen Sozialarbeitern ist
aufgrund ihrer Arbeitspraxis immer deutlicher geworden, wie
wenig Lösungen im sozialen Konflikt zwischen Tätern und
Opfern für einen sozialen Rechtsfrieden angeboten werden.
Das frühe Strafrecht aller Völker zeigt, daß die Rechtsprechung nicht immer auf dem Prinzip der Vergeltung basier-
te, sondern zumindest gleichrangig auf dem der Restitution.
Die Strafe für den Täter bestand darin, daß er den entstandenen Schaden wiedergutmachen mußte. Bis zum Mittelalter
stand bei der Sanktionierung der Täter-Opfer-Ausgleich im
Vordergrund. Erst nachdem die Strafrechtsgewalt auf den
Staat überging, trat das Interesse des Opfers in den Hintergrund.

Die Arbeitsgemeinschaft Deutscher Gerichtshelfer griff 1980
das Thema Täter-Opfer-Ausgleich im Rahmen der Vorbereitung
für das Bundesarbeitstreffen Gerichtshilfe '81 auf. Die
Thematik fand Eingang in diese Fachveranstaltung, an der

neben einer großen Anzahl von Praktikern aus den Reihen der
Sozialarbeiter und Juristen eine Reihe in- und auslän-
discher Kriminologen und Hochschullehrer teilnahm. Die drin-
gende Empfehlung der speziellen Arbeitsgruppen bestand darin, der ADG nahezulegen, daß dieses Thema intensiv weiter-
verfolgt werden müsse.

Bei der Bundestagung 1982 der Deutschen Bewährungshilfe
e.V. fand die Behandlung dieses Themas eine Fortsetzung.
Auch die dort versammelten Fachleute forderten den Veran-
stalter auf, den Täter-Opfer-Ausgleich gezielter anzugehen
und Lösungsmöglichkeiten zu erarbeiten. Es dauerte noch bis
zum 4.2.1983, ehe der, durch Initiative der ADG vom Vor-
stand der Deutschen Bewährungshilfe zusammengerufene, Arbeitskreis "Täter-Opfer-Ausgleich" seine Arbeit beginnen
konnte. In diesem Arbeitskreis arbeiten bisher als ständige
Mitglieder Juristen und Sozialarbeiter aus der Bewährungs-
und Gerichtshilfe. Ziel dieses Arbeitskreises ist es, Wege
und Lösungen aufzuweisen, wie die im gegenwärtigen Strafrecht vorhandenen Ansätze des Täter-Opfer-Ausgleichs in die
Praxis umgesetzt werden können. Formen (des Täter-Opfer-Ausgleichs) sollen ermittelt und erarbeitet werden, die zur
Resozialisierung des Täters und zur Rehabilitation des
Opfers gleichermaßen beitragen.

Es sollen also nicht zum Vorteil der einen und zum Nachteil
der anderen Partei Veränderungen angestrebt werden. Es geht
vielmehr um Konfliktlösung und Ausgleich, was der Arbeitskreis schon in seinem Namen zum Ausdruck bringt.

Wichtig erscheint mir, daß man bei der Zielrichtung des
Ausgleichs unterscheidet. Bei einem tatbezogenen Ausgleich
wären körperliche Schäden, materielle Einbußen und soziale
Nachteile als sog. Primärschäden zu beheben.

Beim verfahrensorientierten Ausgleich ist dagegen auf Vermeidung psychischer und sozialer Beeinträchtigungen sowie

finanzieller Nachteile im Sinne sog. <u>Sekundärschäden</u> des Opfers durch das Strafverfahren zu achten.

Diese Begriffsbestimmung stammt von den Mitarbeitern des schon genannten Arbeitskreises und ist m.E. insbesondere für die Zuordnung des bisherigen Versuches der Tübinger Gerichtshilfe, im Rahmen eines Ausgleiches tätig zu werden, wichtig. Gerade die Abwendung von Sekundärschäden obliegt Täter und Staat gleichermaßen und für letzteren stellvertretend der Justiz. Sie ist es, die das Opfer als Zeugen braucht und den teils erheblichen Belastungen in einem Strafverfahren aussetzen muß, um den staatlichen Strafanspruch durchzusetzen.

Gerade bei Verfahren gegen die körperliche Unversehrtheit, also bei Delikten mit schweren psychischen und physischen Schäden für die Opfer, konnte die Gerichtshilfe Tübingen miterleben, wie in Hauptverhandlungen dieser Art die Opfer nochmals nachhaltig geschädigt wurden. Dieses führte dazu, den dortigen Staatsanwälten und Richtern anzubieten, daß man auch - unter Zugrundelegung der Freiwilligkeit der Betroffenen - Berichte über Opfer erstellt. Hierbei spielt es auch eine Rolle, daß das Opfer regelmäßig allein vor dem Richter steht, während der Täter häufiger einen Anwalt zur Seite hat, dessen Vorgehen das Opfer als feindlich empfindet. Opfer von Vergewaltigungen oder von sexuellen Nötigungen sehen sich fast immer einer intensiven Suche nach Zweifeln in ihrer Glaubwürdigkeit durch Fragen der Verteidigung ausgesetzt.

Das Opfer fühlt sich erneut beeinträchtigt und ein Täter-Opfer-Ausgleich mit dem Ziel der Resozialisierung dürfte hierdurch noch schwieriger zu erreichen sein, da die Wiederherstellung der gestörten Interaktion Voraussetzung für die Versöhnung ist.

Der zuvor erwähnte Arbeitskreis betont in seiner Darstellung, daß in den Fällen, bei denen zu erwarten ist, daß sich das Verfahren belastend auf das Opfer auswirken wird und erhebliche psychische Schäden zu befürchten sind, das Gericht aus Gründen einer auch gegenüber dem Opfer bestehenden Fürsorgepflicht die Gerichtshilfe bitten sollte, die persönlichen Verhältnisse des Opfers im Hinblick auf mögliche Belastungen im Verfahren zu erheben. Nur so kann sich das Gericht vor der Hauptverhandlung ein entsprechendes Bild vom Opfer machen und Überlegungen zu einem angemessenen Vorgehen in der Verhandlung treffen. Da die angstfreie und unbelastete Aussage eines Opfers ein ganz wesentliches Element des Strafverfahrens ist, fällt die Erforschung sachdienlicher Zusammenhänge und Tatsachen ebenfalls in den Aufgabenbereich einer umfassend verstandenen Gerichtshilfearbeit.

Seit nunmehr drei Jahren arbeiten die beiden Gerichtshelfer in Tübingen gezielt zur Vermeidung von Sekundarschäden mit Opfern von Vergewaltigungen.

Durch die frühzeitige Einschaltung im Ermittlungsverfahren können wir den Konflikt zwischen Täter und Opfer angehen.

Dem Opfer wird es freigestellt, sich auf Gespräche mit der Gerichtshilfe einzulassen. Nach der Auswertung der von der Polizei vorgelegten Strafanzeige wird die Geschädigte von uns angeschrieben. Dieses geschieht sehr individuell, und das Schreiben berücksichtigt die aus den Akten hervorgehenden Hinweise über die Reaktion und Betroffenheit der Geschädigten. Das folgende Anschreiben kann insoweit nur als ein Beispiel gelten!

> Sehr geehrte Frau ...,
> die Gerichtshilfe wurde von dem sachbearbeitenden Staatsanwalt gebeten, mit Ihnen als der Geschädigten im anhängigen Verfahren gegen den Beschuldigten, ein Gespräch zu führen.

Bei diesem Gespräch soll Ihnen die Möglichkeit gegeben
werden, Ihre persönliche Situation nach der Tat zu
erörtern, um den am Prozeß beteiligten Parteien Ihre
Lebenssituation als Geschädigte näher zu bringen. Ebenso könnte bei diesem Gespräch die Situation in der
Hauptverhandlung und die damit evtl. verbundenen Bedenken und Ängste besprochen werden.

Bei der Gerichtshilfe Tübingen, einer Dienststelle der
Staatsanwaltschaft Tübingen, sind eine Sozialarbeite-
rin und ein Sozialarbeiter tätig. Sie können zwischen
meiner Kollegin und mir als Gesprächspartner wählen.

Ich teile Ihnen dieses mit, damit Sie - sollten Sie
Probleme haben, mit einem Mann über diese Dinge zu
sprechen - auch meine Kollegin als Gesprächspartner
wählen könnten.

Sollten Sie an einem Gespräch interessiert sein, würde
ich bei Ihnen zu Haus vorbeikommen; falls Sie dies
nicht wünschen, könnte das Gespräch auch bei mir im
Büro stattfinden.

Das Büro der Gerichtshilfe ist vormittags zwischen
7.30 und 11.30 Uhr telefonisch erreichbar. Für eine
möglichst kurzfristige Kontaktaufnahme wären wir
dankbar.

Mit freundlichen Grüßen

Die betroffene Frau kann nach Eingang unseres Schreibens
abwägen, ob sie einem Gespräch mit der Gerichtshilfe aus
dem Wege gehen möchte, weil es als weitere qualvolle Auseinandersetzung mit der schmerzvollen Erfahrung der Tat und
anschließender Vorgänge betrachtet wird. Manche Opfer fühlen sich durch die Vernehmungen bei der Polizei und anderen
eingesetzten Stellen (Untersuchung und Befragung im Kranken-
haus) so stark belastet, daß sie weitere Fragen verständli-
cherweise scheuen und der Gerichtshilfe als einer zur
Justiz gehörenden Einrichtung mißtrauisch gegenüberstehen.

Dieses Mißtrauen und die Ängste zeigen sich trotz Gesprächs-
bereitschaft im Verhalten des Opfers beim Erstkontakt. Er-
fahrungsgemäß kann dieses aber schnell behoben werden, in-

dem die Gerichtshelfer den Sinn und Zweck eines Gesprächs einleitend erklären und die Betroffenen ermutigen, ihre Fragen und Zweifel zu äußern.

Aus der Erfahrung heraus zeigt es sich, daß in den meisten Fällen der Kontakt mit der Gerichtshilfe durchaus gewünscht wird, um Ängste und Unsicherheiten in bezug auf die Hauptverhandlung abzubauen.

Bei fast allen Rücksprachen wird deutlich, daß die betroffenen Frauen unter einem enormen Druck stehen. Eigentlich wollen sie nämlich über das Erlebte, die Wahrnehmung ihrer Person und die Reaktionen der näheren Umgebung sprechen, sich damit Erleichterung verschaffen und die Möglichkeit der Verarbeitung - nicht der Verdrängung - wahrnehmen.

Häufig erleben wir, daß noch nie mit einer Vertrauensperson über das Erlebnis gesprochen wurde, häufig aus Scham und Angst. Manchmal war die Folge einer Mitteilung des Erlebnisses an Dritte Unverständnis, Vorwürfe oder Tratsch in der Umgebung.

Der Gerichtshelfer kann zu einer Vertrauensperson zwischen offizieller Instanz (Justiz) und privater Ebene (Freunde, Eltern, Ehemann usw.) werden.

Es gilt, die betroffene Frau in ihren Gefühlen und Nöten ernstzunehmen und Anstöße zur Konfliktbewältigung zu geben. Man kann zu diesem Zeitpunkt mit dem Opfer erste Hilfsmaßnahmen einleiten, dieses auf materielle Dinge und/oder weitergehende begleitende psychische Hilfen vorbereiten. Dazu können auf Wunsch der Betroffenen auch Gespräche mit Angehörigen oder Arbeitskollegen gehören, um Spannungen und Konflikte abzubauen und Mißdeutungen zu neutralisieren.

Durch die Personalbesetzung in der Tübinger Gerichtshilfe mit 1 Gerichtshelfer und 1 Gerichtshelferin wird eine zweigleisige Arbeitsweise ermöglicht. Wir schreiben zuerst das Opfer an. Wird der Kontakt gewünscht, steht einer als Ansprechpartner der Geschädigten zur Verfügung und der andere übernimmt die Berichterstattung und Gesprächsführung mit dem Täter. In der Tübinger Gerichtshilfe wird meistens nach Lage der Akten entschieden, wer welche Betreuung übernimmt, es sei denn, das Opfer oder der Täter melden von sich aus Wünsche über den Gesprächspartner an.

Es ist für uns wesentlich, daß nicht in Personalunion sowohl über das Opfer wie über den Täter berichtet wird. Bei derart schweren Delikten, wie z.B. einer Vergewaltigung, wird es kaum zu einem gemeinsamen Gespräch zwischen Täter und Opfer kommen können. Durch den Meinungsaustausch der beteiligten Gerichtshelfer, wird es dennoch deutlich, inwieweit sich der Täter mit seiner Tat und dem Opfer auseinandersetzt, und wie das Opfer den Täter beurteilt, welche Betroffenheit und welche Haltung es gegenüber dem Täter einnimmt. Nicht zuletzt können beide von den jeweiligen Sozialarbeitern auf die Frage der Schadenswiedergutmachung angesprochen werden.

Gerade in dieser Zeitspanne - die Tat ist festgehalten, das Ermittlungsverfahren noch nicht abgeschlossen und somit die für beide Parteien beunruhigende Hauptverhandlung noch nicht in Sicht - kann alles, was an Auswirkungen des Tatvorwurfes eine Rolle spielt, sowohl beim Täter als auch beim Opfer ohne größere Widerstände im Gespräch erörtert werden. Die Gerichtshelfer tauschen ihre Informationen aus und können diese für ihre weitere Tätigkeit mit ihren Gesprächspartnern verwenden. Hierdurch wird man insbesondere beim Beschuldigten einem Verdrängungsprozeß entgegenwirken können.

Bedingt durch die Zusammenarbeit mit den auftraggebenden Staatsanwälten kann vor der Hauptverhandlung durch persönliche Gespräche und später durch den Bericht Einblick und

Verständnis auch für die Lage des Opfers erreicht werden.
Hierdurch kann die wichtige Aufgabe der befragenden Richter, der Verteidiger und der Staatsanwälte vorbereitet werden, durch angemessene Vernehmungsmethoden in der Hauptverhandlung möglichst weitere Beeinträchtigungen der Geschädigten zu vermeiden. Die Juristen können durch den Bericht
und die Gespräche mit der Gerichtshilfe der Situation des
Opfers sensibler gegenüberstehen, Fragen, die als diskrimi-
nierend empfunden werden, erst gar nicht stellen und solche
von anderer Seite zurückweisen.

Das Ziel eines Gerichtshilfeberichtes darf freilich nicht
eine Stellungnahme zur Glaubwürdigkeit des Opfers sein.

Fragen des Gerichts an die Zeugen werden in der Hauptverhandlung oft mit Schweigen oder wenig präzisen Äußerungen
"beantwortet". Der Gerichtshilfebericht kann in solchen Fällen darlegen, daß Schilderungs- und Darstellungsprobleme
der Zeugin nichts damit zu tun haben, daß diese nicht aussagen will, sondern es ihr eher durch verbale und psychische Schwierigkeiten unmöglich ist zu antworten. Der Bericht kann des weiteren darauf hinweisen, auf welche Art
ein bestimmtes Problem erörtert werden sollte, wenn die
Zeugin in der Lage ist, sich zu äußern. Er macht auch deutlich, daß das Opfer in einer anderen Gesprächsatmosphäre,
z.B. zu Hause bereit und in der Lage war, über die Tat und
die Folgen zu sprechen. Ferner kann er die Nachwirkungen
des Vorfalls und die gegenwärtige Situation der Betroffenen
darlegen. Er deutet für das Gericht Hilfsangebote an.

An dieser Stelle möchte ich ein Fallbeispiel einbringen, um
die Arbeit der Gerichtshilfe in diesem Teilgebiet zu verdeutlichen:

Die Polizei legte in einem Anzeigevorgang umfangreiche Ermittlungsakten vor. Hierin wird neben der Tat darauf hingewiesen, daß der Täter im gleichen Hause wohnhaft ist und

die Geschädigte einige Stunden nach der Tat - die in der
Nacht geschah - den Vorfall bei der Polizei anzeigte und die
Anzeigeerstatterin bei der Vernehmung stark verstört wirkte. Gegenüber der Polizei gab sie u.a. an, eine sehr bela-
stete Kindheit und Jugend gehabt zu haben, später in Heimen
aufgewachsen zu sein, schon Suizidversuche wegen Partner-
schaftsproblemen unternommen zu haben. Die Polizei wies des
weiteren darauf hin, daß exakte Daten schwierig zu erfragen
waren.

Dieses war die Ausgangslage bei der Einschaltung der Gerichtshilfe. Nach der Kontaktaufnahme kam es zu einer Reihe
von Gesprächen und der Einleitung von Hilfsmaßnahmen, die
durch andere Personen und Institutionen letztlich durchgeführt wurden.

Der Gerichtshilfebericht ging an das zuständige Amtsgericht
und sah wie folgt aus (nachfolgend wird der Bericht gekürzt
wiedergegeben).

> An das
> Amtsgericht
> -Schöffengericht-
>
> Strafverfahren gegen ...
> AG ...
>
> Bei Sexualdelikten berichtet die Gerichtshilfe gehäuft
> über die volljährigen Tatopfer. Hiermit soll den am
> Prozeß beteiligten Parteien die Möglichkeit gegeben
> werden, Näheres über die Lebenssituation der Betroffe-
> nen und über die evtl. Auswirkungen der Tat zu erfah-
> ren. Es kommt hinzu, daß Opfer von Gewalttaten sich
> besonders schwer artikulieren, zumal sie das Geschehen
> häufig gerne verdrängen wollen. Auch bei Frau ... be-
> stehen hier erhebliche Ängste, u.a. auch deshalb, weil
> sie mit dem Täter optisch konfrontiert wird.

Es folgt eine kürzere Familienanamnese; es geht dann weiter:

> Durch die familiäre Situation im Elternhaus waren die
> schulischen Leistungen bei Frau ... unterdurchschnitt-
> lich. Sie besuchte die Sonderschule. Wenn die Eltern
> ausfielen, mußte sie die jüngeren Geschwister versor-
> gen. Hierdurch kam es zu häufigen Schulversäumnissen
> und dadurch zu längeren Fehlzeiten. Es bestehen auch

heute noch starke Mängel in der schriftlichen Ausdrucksweise, und die Schwierigkeiten, exakte Daten wiederzugeben, muß man wohl auch darauf zurückführen.

Die ungünstigen Familienverhältnisse führten - nachdem Frau ... 2 Suizidversuche hinter sich hatte - zum Entweichen aus dem Elternhaus. Da sie sich weigerte, freiwillig zu den Eltern zurückzukehren, wurde das Kreisjugendamt eingeschaltet und durch deren Vermittlung kam sie in ein Heim.

Dort war sie insgesamt 3 Jahre. Es war nicht mehr möglich, die in den Jahren zuvor eingetretenen, erheblichen schulischen Mängel zu beheben.

Während der Verweildauer im Heim kam es zu psychosomatischen Auffälligkeiten. Neben Gliederschmerzen, einem stärkeren Zittern, Übelkeit, Schwächeanfällen, kam es zu nächtlichen Schreianfällen. Man stellte sie einem Nervenarzt vor. Dort wurde sie ambulant behandelt. Die Symptome konnten unter Kontrolle gebracht werden.

Nach dem Vorfall, der jetzt zur Verhandlung führt, traten erneut die früheren Symptome, gepaart mit ganz starken Angstzuständen, auf. Sie isoliert sich auch tagsüber stärker von ihrer Außenwelt. Gegen Abend wird sie unruhig und hat Angst, alleine in der abgeschlossenen Wohnung zu verbleiben. Aus diesem Grunde sucht sie häufig eine Freundin auf, um bei dieser zu nächtigen. Beim Besuch ihres langjährigen Freundes käme es dazu, daß sie nachts schreiend aufwache, verstört wäre und Angst empfinde. Obwohl sie wisse, daß sie von ihrem Freund nichts zu befürchten habe, könne sie diese Angstgefühle nicht unter Kontrolle bringen. Sie sieht sich auch außerstande, tagsüber Leute in ihre Wohnung zu lassen. Ihr Wunsch ist es, den Vorfall zu verdrängen, trotzdem kommt es immer wieder zu plötzlichen Erinnerungen.

An anderer Stelle heißt es dann weiter:

Da Frau ... keinen Hauptschulabschluß hat - sie besuchte die Sonderschule - arbeitete sie von Beginn an als Hilfsarbeiterin. Zum Zeitpunkt des Vorfalles war sie im ... Lebensmittelmarkt in ... als Hilfskraft beschäftigt. Nach der Tat traten deutliche Störungen bei ihr auf; sie fühlte sich schlapp, war nicht mehr in der Lage, sich länger zu konzentrieren, so daß es bei der Arbeitsstelle zu Spannungen kam. Der zuständige Personalchef drängte auf eine Lösung des Arbeitsverhältnisses. Man einigte sich darauf, daß das Arbeitsverhältnis im beiderseitigen Einvernehmen gelöst wurde. Diese Darstellung hatte zur Folge, daß Frau ... beim Arbeitsamt nicht sofort Geldleistungen bekam. Aufgrund der eingetretenen Situation verfügt Frau ... über kein Einkommen, erhält gegenwärtig weder Leistungen vom Arbeitsamt noch Sozialhilfe. Sie wird in geringem Umfang von ihrem langjährigen Freund unterstützt.

Bei Frau ... ist deutlich der Wunsch vorhanden, möglichst den gesamten Vorfall zu verdrängen. Sie hat Angst, in der Hauptverhandlung mit dem Täter konfrontiert zu werden. Aus diesem Grunde möchte sie nicht zur Verhandlung und würde deshalb am liebsten die Strafanzeige zurückziehen.

Es wird angeregt und angefragt, ob nicht evtl. bei Einräumung des Sachverhaltes durch den Angeklagten auf die Vernehmung der Geschädigten gänzlich verzichtet werden könnte, bzw. wenn dieses nicht möglich ist, sie ihre Aussage ohne Anwesenheit des Angeklagten machen kann.

Aus unserer Sicht spricht alles dafür, daß Frau ... über einen längeren Zeitraum therapeutische Hilfen braucht. Sie selbst möchte alles verdrängen, was ihr bis heute nicht gelingt. Die psychischen Schäden des Vorfalles dürften, auch wenn Frau ... schon vorher seelisch stärker belastet war, doch eindeutig sein. Uns erscheint es wichtig, daß bei der Hauptverhandlung eine Gesprächssituation geschaffen wird, die für Frau ... noch zu verkraften ist.

Unterschrift

Warum nun diese ausführliche Analyse der persönlichen Opfersituation. Wird das Opfer hierdurch nicht erst recht bloßgestellt? Schadet diese Art der Berichterstattung nicht eher, trotz der positiven Zielsetzung?

Wie ist die Ausgangslage? Es liegt die Anzeige mit den polizeilichen Ermittlungen vor. Hier stehen ja nicht nur persönliche Daten über das Opfer, sondern auch wertende Teile, wie z.B. nicht nur, wo die Tat passierte, sondern welchen Ruf die Örtlichkeiten haben und wie die beteiligten Personen zusammenkamen. Hier wird deutlich, wie unterschiedlich die Leser derartige Schilderungen für sich deuten. Liegt es nicht nahe, hier ein Mitverschulden des späteren Opfers festzumachen, wie z.B. bei einer Anhalterin nach der These, wäre die Geschädigte nicht per Autostop gefahren, hätte diese Tat nicht geschehen können. Was ist denn aushaltbarer, was beeinträchtigt das Opfer stärker,

die Beschreibung seiner Situation und entsprechende
Hinweise aus seinem Vorleben

oder

je nach unterschiedlicher Interessenlage eingebrachte
Fragen aufgrund der Schilderung und Niederschriften in
den Ermittlungsakten, die nicht weiter hinterfragt wurden und die nicht zuletzt die Betroffenen in einer
ganz bestimmten seelischen Verfassung abgaben?

Im vorliegenden Fall bleibt noch ergänzend zu berichten,
daß die Hauptverhandlung für die Geschädigte mit Aufregung
verbunden war, die beteiligten Parteien aber nicht zuletzt
aufgrund der Berichterstattung der Gerichtshilfe recht takt-
voll vorgingen und auch der Angeklagte in der Hauptverhandlung, entgegen der Vernehmung zum Zeitpunkt des Ermittlungs-
verfahrens, das meiste einräumte. Hierdurch mußte der Tatab-
lauf nicht noch einmal von der Geschädigten ausführlich
geschildert werden. Auch nach Rechtskraft des Urteils mußte
die Geschädigte noch über Monate fachärztlich und psycholo-
gisch betreut werden. In der Zwischenzeit ist die psychische und soziale Stabilisierung durch Hinzuziehung von externen Helfern erreicht worden.

Dem Täter kam - wie das Gericht ausdrücklich erwähnte -
zugute, daß er eine intensive Befragung der Geschädigten
durch die Einräumung des Tatherganges überflüssig machte.
Dieses schlug sich in der Strafzumessung nieder.

Was hat nun der Täter von einer solchen veränderten Situation im Verfahren bis zum Abschluß der Hauptverhandlung?
Handelt es sich bei dem hier vorgetragenen nicht doch nur
um eine reine Opferhilfe?
Wo liegt der Ansatz für die Konfliktregulierung?

Es muß das Anliegen einer sozialen Strafrechtspflege sein,
auch den Konflikt selbst aufzugreifen und - soweit möglich - aufzuarbeiten. Täter und Opfer profitieren hiervon
gleichermaßen. Es bedarf keiner eingehenden Begründung dafür, daß die Verarbeitung der Tat durch das Opfer entscheidend davon abhängt, wie es sich behandelt fühlt und wie
man ihm entgegentritt. Dem Täter ermöglicht die Konfliktlösung eine aktive Teilnahme im Prozeß der Wiedereingliede-
rung.
Er ist für den Erfolg mitverantwortlich und nicht nur ein
Objekt der Intervention. Als Appell an seine Verantwortung
ist auch die Konfrontation mit den Tatfolgen zu verstehen.
Da in derartigen Fällen fast immer Gerichtshilfeberichte
sowohl über den Täter als auch über das Opfer vorliegen,
besteht im Hinblick auf den Täter die Chance, Resozialisierung schon im Strafverfahren zu berücksichtigen. Dem Täter
können die Konsequenzen deutlich gemacht werden, die sein
Verhalten hatte. Gerade über die Opferperspektive ist ihm
konkret fassbar zu vermitteln, was mit sozialer Verantwortung gemeint ist. Positive Ansätze dieser Form der Tatverar-
beitung durch den Täter sind nach § 46 Abs. 2 StGB als Verhalten nach der Tat bei der Strafzumessung durch das Gericht zu berücksichtigen. Ohne ein opferorientiertes Vorgehen der Gerichtshilfe ist es dieser nicht möglich, dem Täter auf dem Weg über diese "Brücke" zurück zur sozialen
Verantwortlichkeit zu helfen. Es ist also letztendlich
immer auch der Täter, der von einem entsprechenden Vorgehen
unter Beachtung der Opferperspektive profitiert.

Es sind dieses nur erste Ansatzpunkte auf dem Weg zu einer
umfassend verstandenen Konfliktregulierung. Die Gerichtshilfe kann hiermit beginnen, andere Fachleute - aus den
Reihen der Sozialarbeiter zum Beispiel die Bewährungshelfer, Sozialarbeiter im Vollzug, die der freien Verbände -
müssen diese Thematik aufgreifen und zum Bestandteil ihrer
inhaltlichen Arbeit mit den Straffällen machen.

Der strafrechtliche Sanktionenkatalog enthält jetzt schon
auf jeder Schwerestufe ausreichende Möglichkeiten zur Berücksichtigung eines Täter-Opfer-Ausgleichs. Hinweise und
Ansatzpunkte finden wir in § 153a StPO, im § 59 StGB wie
auch bei den Auflagen bei der Aussetzung einer Freiheitsstrafe zur Bewährung. In der Praxis werden diese möglichen
Ansatzpunkte für eine friedensstiftende Konfliktregulierung
zum Beispiel durch Schadenswiedergutmachung kaum angenommen. § 153a zeigt einen Weg auf, wie der private Konflikt
vom Staat an die Beteiligten zurückgegeben werden kann.
Die Gerichtshilfe könnte die geeignete Vermittlungsstelle
sein. Ein in Tübingen jetzt begonnener Modellversuch setzt
hier an. Nach Abschluß dieses Versuches werden wir eine
Auswertung vornehmen, zumal eine wissenschaftliche Begleitung eingeplant wurde.

Am Ende meiner Ausführungen möchte ich noch auf einige Punkte hinweisen, die m.E. für den Bereich des Täter-Opfer-Ausgleichs und hier auch für uns Gerichtshelfer gleichermaßen
wichtig sind. Schon Kerner wies bei der erwähnten Tagung
des Bundesarbeitstreffens Gerichtshilfe '81 u.a. darauf hin,
daß die praktischen Erfahrungen aus den vergangenen Jahrzehnten vielfach zeigten, daß das Justizsystem, wie repressiv es auch tatsächlich sein mag oder wie repressiv es von
seinen Gegnern eingestuft wird, bis zu einem gewissen Grade
dann schnell lernfähig ist, wenn es von außen her bestimmte
Angebote erhält, die es ihm ermöglichen, günstige Alternativen durchzusetzen, die entweder ein bestimmtes Resozialisie-
rungsangebot zumindest wahrscheinlich erscheinen lassen
oder die auf der anderen Seite eine gewisse Wahrscheinlichkeit dahingehend enthalten, daß eine Arbeitsentlastung ein-
tritt (s. Haftentscheidungshilfe, Brücke-Modelle u.a.). Wie
wäre es, wenn wir Gerichtshelfer der Justiz auf der hier
vorgestellten Grundlage einmal systematisch eine neue Angebotslösung probieren würden?

Die tatsächlichen oder wahrgenommenen Einstellungen der Juristen könnte man einfach auf sich beruhen lassen, man sollte sich nicht näher damit befassen, sondern dazu übergehen, in der Praxis Möglichkeiten zu schaffen, die es mit sich bringen, daß man Fakten anders als in den eingefahrenen Gleisen behandelt.

Verbände, Institutionen und Privatleute beschäftigen sich in Theorie und Praxis mit der Frage, auf welche Art und Weise Gesetzesbrecher wieder sozialisiert werden können.

Trotz des Mangels an optimalen Grundvoraussetzungen fehlte und fehlt es nicht an Initiativen, nachhaltigen Bemühungen, Improvisationen, Modellen und Engagements. Die gesammelten Erfahrungen sind immer noch von den sehr hohen Rückfallquoten geprägt.

Offenbar ist einerseits die vorbehaltlose Bereitschaft der Gesellschaft zur tatkräftigen Unterstützung der Straftäter bei deren Versuchen und Bemühungen um ein straffreies Weiterleben noch nicht hinreichend, sowie der Kreis der Helfer zu gering, wenn deren absolute Zahlen auch gestiegen sind.

Andererseits scheinen die bisher eingeschlagenen Wege so nicht zum Ziel führen zu können und zwar deshalb nicht, weil sie zu einseitig mit dem Blick auf den Täter eingeschlagen wurden und werden.

Hieraus leite ich die These ab:

- solange der Eindruck vermittelt wird, daß insbesondere der Staat mit seinen Institutionen sich ausschließlich um den Täter kümmert und das Opfer nur als "Überführungsmittel" sieht, es ansonsten sich selbst überläßt und sich seiner nicht als geschädigtes Mitglied annimmt, das der vielfältigen Hilfen der Gemeinschaft bedarf,

- solange Täter und Opfer voneinander entferntgehalten
  werden, bis sie sich im Gerichtssaal wiedersehen und
  viele Opfer bezüglich materieller Entschädigungen
  auf den zivilen Rechtsweg verwiesen werden, Täter
  und Opfer sich bald aus den Augen verlieren, dadurch
  im emotionalen Bereich sich nichts abspielt und
  nichts aufgearbeitet werden kann,

solange wird sich keine grundsätzliche Veränderung bezüglich positiver Sozialisation einstellen können - und nicht
nur der Täter bedarf ihrer.

Eingedenk der multiplizierenden Wirkungen durch das Miterleben von Opferschicksalen, sei es als Angehöriger oder
Bekannter eines Geschädigten, sei es als Leser oder Zuschau-
er der Medienproduktionen, kann für mich die Schlußfolgerung aus dem bisher Gesagten nur lauten:

Erst durch eine stärkere Berücksichtigung des Täter-
Opfer-Ausgleichs, der Opferinteressen, kann eine bes-
sere Basis für die Sozialisation beider tangierter
Personengruppen bewirkt werden; denn nicht nur der
Täter lebt in unserer Gesellschaft weiter.

Wir, die vom Arbeitsansatz hauptsächlich mit dem Straffälligen arbeiten, sollten uns mit der Lage nicht zufrieden
geben, uns etwa zurückhalten oder gar zurückziehen, indem
wir darauf verweisen, daß es ja schon Gruppierungen gibt,
die Opferhilfe betreiben. Beides muß nämlich zusammenge-
bracht werden. Es sind nur zwei Seiten der gleichen Münze.
Welche Entwicklung eintreten kann, wenn verschiedene Organisationen Täter und Opfer getrennt betreuen, können wir
jetzt schon deutlich erkennen. Das, was wir bisher in der
Gerichtshilfe Tübingen anbieten, geht in der Zielrichtung
darauf hinaus, Sekundärschäden zu vermeiden. Ein umfassen-
der Ausgleich zwischen Täter und Opfer ist bei derart
schwerwiegenden Eingriffen gegenwärtig wohl kaum zu erreichen.

Literatur

DEUTSCHE BEWÄHRUNGSHILFE e.V. (Hrsg.): Ergebnisse des Tä-
        ter-Opfer-Ausgleich-Arbeitskreises. (Erscheint vor-
        aussichtlich Bonn, 1984).

HERING, R.D.; RÖSSNER, D.: Gerichtshilfe als konfliktregu-
        lierende Institution. (Erscheint 1984 in Heft 3 der
        Bewährungshilfe).

RENSCHLER-DELCKER, U.: Die Gerichtshilfe in der Praxis der
        Strafrechtspflege. (Jur. Diss., Freiburg, 1982).

SCHÖCH, H.: Die Gerichtshilfe aus kriminologischer und ver-
        fahrensrechtlicher Sicht. (In: H.-J. Kerner, H. Göp-
        pinger, F. Streng (Hrsg.): Festschrift für Heinz
        Leferenz zum 70. Geburtstag. Heidelberg, 1983, S.
        127-144).

Jürgen Hilse

Die Betreuungsweisung im "Modellprojekt Jugendgerichtshilfe" in Braunschweig

Inhalt

Zusammenfassung

I. Kriminalpolitischer Rahmen

II. Vorgehensweise bei der Einstellung von Verfahren unter der Bedingung der Teilnahme an einer Betreuungsgruppe

III. Die Teilnahme an einer Betreuungsgruppe als Weisung
durch den Richter

IV. Organisatorischer Ablauf und inhaltliche Gestaltung
der "Zweiradgruppe"

V. Bewertung der Maßnahme

Anmerkungen

Zusammenfassung

Ambulante Reaktionsformen auf Jugenddelinquenz sind in den letzten Jahren zunehmend in den Mittelpunkt der kriminalpolitischen Diskussion um Zukunft und Weiterentwicklung des Jugendstrafrechts gerückt.

Mit dem Ziel, erzieherisch und pädagogisch wirksam auf jugendliche Straftäter einzuwirken und dadurch den Beginn einer möglichen "kriminellen Karriere" erfolgreich zu verhindern, werden inzwischen in der Bundesrepublik Deutschland durch unterschiedliche Träger ambulante Betreuungsmaßnahmen erprobt.

Über die thematische Ausrichtung und die inhaltliche Gestaltung von Betreuungsgruppen liegen mit wenigen Ausnahmen keine Erfahrungsberichte vor, was sicherlich auch darauf zurückzuführen ist, daß man sich immer noch im Stadium der Erprobung befindet. Gerade in dieser Phase sollte jedoch der Erfahrungsaustausch verstärkt werden, um die gewonnenen Erkenntnisse für die ambulante Betreuung jugendlicher Straftäter allgemein nutzbar zu machen.

Durch die Schilderung der Verfahrens- und Vorgehensweise bei der Zuweisung zu Betreuungsgruppen und der Arbeit der "Zweiradgruppe" im Rahmen des "Modellprojektes zur Arbeit der Jugendgerichtshilfe" in Braunschweig soll hierzu ein Beitrag geleistet werden. Im Anschluß wird eine (vorläufige) Einschätzung dieser ambulanten Sanktionsform hinsicht-

lich (jugend)strafrechtlicher Kriterien (der Generalprävention und des Erziehungsgedankens) vorgenommen.

I. Kriminalpolitischer Rahmen

Nach dem Scheitern der Versuche, das Jugendstrafrecht in
ein allgemeines Jugendhilferecht zu überführen, hat sich
der Schwerpunkt der (jugend)kriminalpolitischen Diskussion
nunmehr dahingehend verlagert, daß im Rahmen des geltenden
Jugendstrafrechts nach adäquaten Reaktions- und Lösungsmöglichkeiten auf die (absolut) steigende Anzahl von (registrierten) jugendlichen und heranwachsenden Straftätern gesucht wird[1].

Die entscheidenden Impulse für diese Diskussion kamen aus
den Vereinigten Staaten sowie einigen europäischen Ländern,
die aufgrund ähnlicher Probleme bereits frühzeitig Strategien entwickelten, die Alternativen zur "traditionellen"
Vorgehensweise darstellen (sollen) und unter dem Stichwort
"Diversion" inzwischen einschlägig bekannt sind[2].

Unter Diversion wird - allgemein - die frühzeitige(re)
Herausnahme der Straftäter aus dem Strafverfolgungsprozeß
und/oder die Zuweisung zu alternativen, pädagogisch sinnvollen und wirksamen ambulanten Sanktionen verstanden.

Damit soll zum einen die Anzahl der durch das System der
Strafverfolgung erfaßten Personen verringert und zum anderen durch die Erweiterung des ambulanten Maßnahmenkataloges
die Zahl der verhängten stationären Sanktionen reduziert
werden. Zusätzlich soll die inhaltliche Qualität und Ausgestaltung ambulanter Maßnahmen den Erziehungsgedanken des
Jugendgerichtsgesetzes (JGG) stärker als bisher in die Praxis der Jugendstrafrechtspflege umsetzen.

Während sich der Diversionsaspekt der frühestmöglichen Aus-
gliederung aus dem Strafverfolgungsprozeß über die stärkere
Nutzung der §§ 45, 47 JGG umsetzen läßt[3], bietet § 10 JGG
den Spielraum, den Katalog der ambulanten Maßnahmen um
pädagogisch orientierte Sanktionsformen zu erweitern[4].

Mit dieser Intention wurden in den letzten Jahren in der
Bundesrepublik eine Fülle von Betreuungsangeboten, vorwiegend als Gruppenbetreuung, entwickelt und bereitgestellt.
Diese sogenannten "Sozialen Trainingskurse", "Übungs- und
Erfahrungskurse" oder "Betreuungsweisungen" werden durch
verschiedene Träger durchgeführt[5]. Nach einer vorläufigen
Definition ist ein solcher Kurs "ein ambulantes, gruppen-
pädagogisches Angebot für straffällig gewordene Jugendliche, das durch jugendrichterliche Entscheidungen (§ 10 JGG)
oder im Bewährungsverfahren (§§ 21 und 27 JGG) angeordnet
oder auch auf Veranlassung des Jugendstaatsanwalts (§ 45
JGG) oder des Jugendrichters (§ 27 JGG) durchgeführt wird"[6].

Eine einheitliche Konzeption dieser Kurse gibt es nicht;
vielmehr sind der Aufbau und die Dauer auf die jeweiligen
Adressaten, den institutionellen Rahmen der durchführenden
Organisation sowie die zur Verfügung stehenden personellen
und materiellen Ressourcen abgestimmt. Gemeinsam ist allen
diesen Kursen jedoch der Versuch, durch die sozialpädagogische Orientierung der "rückwärts gewandten Eingriffslö-
sung" eine "vorwärts gerichtete Angebotslösung"[7] entgegen-
zusetzen.

Im folgenden wird die Vorgehensweise bei der Zuweisung zu
Betreuungsgruppen sowie die inhaltliche Ausgestaltung einer
Gruppenarbeit im Rahmen des "Modellprojektes zur Arbeit der
Jugendgerichtshilfe" in Braunschweig geschildert[8].

II. Vorgehensweise bei der Einstellung von Verfahren unter der Bedingung der Teilnahme an einer Betreuungsgruppe

Bei der Einstellung von Verfahren unter der Bedingung der Teilnahme an einer Betreuungsgruppe wurde zwischen der Jugendstaatsanwaltschaft und der Jugendgerichtshilfe (die in diesem Projekt diese Maßnahme anbietet und durchführt) folgende Vorgehensweise vereinbart:

Nach dem Gespräch mit dem Jugendlichen[9] informiert der Jugendstaatsanwalt den (die) für die spezifische Gruppe zuständigen Jugendgerichtshelfer, wenn er der Ansicht ist, die Teilnahme an dieser Gruppe sei für den Jugendlichen sinnvoll und stellt eine angemessene Reaktion auf die Straftat dar. Daraufhin wird der Jugendliche durch den Jugendgerichtshelfer eingeladen oder ein Hausbesuch durchgeführt (ggfs. werden auch mehrere Gespräche geführt).

In diesem Gespräch wird der Jugendliche über die Gruppenarbeit informiert. Ein weiterer wesentlicher Inhalt ist das gegenseitige Kennenlernen. So muß der Jugendgerichtshelfer nach diesem Gespräch entscheiden können, ob der Jugendliche "gruppenfähig", d.h. eine Integration in die Gruppe möglich ist. Weiterhin muß der Jugendgerichtshelfer einen Eindruck davon erhalten, ob der Jugendliche dazu motiviert werden kann, aktiv an der Gruppenarbeit teilzunehmen. Ist dies der Fall, wird der zuständige Staatsanwalt informiert, der eine entsprechende Verfahrenseinstellung verfügt[10].

Gelangt der Jugendgerichtshelfer zu der Überzeugung, der Jugendliche ist nicht zur Mitarbeit bereit (z.B. wegen mangelnden inhaltlichen Interesses) oder paßt nicht in die Gruppe, wird zunächst versucht, den Jugendlichen in eine andere Gruppe zu vermitteln, die möglicherweise eher seinen Interessen entspricht. Bleibt dies erfolglos, wird die Staatsanwaltschaft über dieses Ergebnis informiert, die nun ihrerseits andere Verfahrensmöglichkeiten prüft (z.B. das

Verfahren nach der Erfüllung einer Arbeitsweisung einzustellen[11]).

III. Die Teilnahme an einer Betreuungsgruppe als Weisung durch den Richter

Bei allen eingehenden Anklageschriften wird der Jugendliche ins Jugendamt eingeladen oder ein Hausbesuch vorgenommen. Nach der Ermittlung der für den Jugendgerichtshilfebericht notwendigen biographischen Daten erfüllt das Gespräch weiterhin den Zweck, zu einem sinnvollen und angemessenen Maßnahmevorschlag der Jugendgerichtshilfe beizutragen. Hinsichtlich der Betreuungsweisung werden zuweilen Jugendliche bereits nach diesem Gespräch eingeladen, an einer Gruppe teilzunehmen, um ihnen einen (ersten) Eindruck von der Gruppenarbeit zu vermitteln. Da dies bereits im Vorfeld des Verfahrens geschieht, werden sie darauf hingewiesen, daß der Jugendrichter dem Sanktionsvorschlag der Jugendgerichtshilfe nicht unbedingt folgen muß und demnach auch andere Sanktionen verhängen kann. Im Regelfall entspricht der Richter jedoch dem Vorschlag und verhängt als Maßnahme die Teilnahme an einer solchen Gruppe; in wenigen Fällen wird das Verfahren durch den Richter nach der Erfüllung gem. § 47 JGG eingestellt.

Grundsätzlich stellt sich hier - wie auch bei allen anderen Sanktionen - die Frage, nach welchen Kriterien die Entscheidung für diese Sanktion erfolgt.

Bei der Verhängung bzw. der Auferlegung der Teilnahme an einer Betreuungsgruppe wird zusätzlich zu den grundlegenden Überlegungen zur Verhältnismäßigkeit und zum Subsidiaritätsprinzip der Täterorientierung ein besonderes Gewicht beigemessen. Die Entscheidung, ob diese Maßnahme für den Täter als sinnvoll erscheint, ist jedoch für den Richter im Rahmen einer Hauptverhandlung unter ihren spezifischen Vor-

zeichen und ihrer besonderen Situation nur schwer entscheid-
bar[12]. Deshalb kommt hier der Arbeit des Jugendgerichtshelfers, die letztlich in diesen Maßnahmevorschlag mündet,
eine besondere Bedeutung zu. Er muß den Richter anhand der
erzieherischen, sozialen und fürsorgerischen Gesichtspunkte
von der Sinnhaftigkeit und Notwendigkeit gerade dieser Maßnahme in diesem Fall überzeugen. Dies gilt umso mehr, wenn
die Betreuungsweisung gemäß ihrer Intention eine Alternative zu schwerwiegenderen Eingriffen (z.B. Arrest oder eine
zur Bewährung ausgesetzte Jugendstrafe) darstellen soll.

Die Notwendigkeit einer besonderen Sorgfalt und Intensität
der Arbeit bei möglichen "Betreuungsfällen" ergibt sich
jedoch noch aus einem weiteren, eher pragmatischen Grund.
Wenn diese Maßnahme einen festen Bestandteil ambulanter
Reaktionsmöglichkeiten bilden soll, muß von der durchführenden Organisation (hier der Jugendgerichtshilfe) sichergestellt werden, daß sie von den Jugendrichtern als sinnvoll
akzeptiert wird und die Quote der "Abbrecher" oder der
Wechsel zwischen den einzelnen Gruppen als Indikator eines
Mißerfolges relativ niedrig bleibt. Dies erfordert zum
einen eine intensive Kommunikation zwischen Jugendgerichtshelfern und Jugendrichtern, um sie über Ziel, Aufbau und
Methode der Betreuungsgruppen zu informieren[13], und zum
anderen ein besonders ausführlich geführtes Gespräch mit
dem Jugendlichen.

Hier erweist es sich von Vorteil, daß die Jugendgerichtshilfe diese Maßnahme anbietet und durchführt, da der betreuen-
de Jugendgerichtshelfer selbst diese Entscheidung trifft,
ob der Jugendliche für die Gruppe "geeignet" erscheint und
diesen Vorschlag auch in einer Gerichtsverhandlung vertritt. Die Identität zwischen ermittelnden, vor Gericht
berichtenden und anschließend betreuenden Jugendgerichtshelfern ist darüber hinaus sinnvoll, weil kein Wechsel der
Bezugspersonen stattfindet und dadurch ein möglicher Unsi-
cherheitsfaktor entfällt (daß z.B. ein Jugendgerichtshelfer

diese Maßnahme vorschlägt, der Gruppenleiter jedoch der
Ansicht ist, die Gruppe sei für den Jugendlichen - aus persönlichen oder gruppenspezifischen Gründen - ungeeignet und deshalb eine Teilnahme ablehnt[14]).

IV. Organisatorischer Ablauf und inhaltliche Gestaltung der "Zweiradgruppe"

Bei der Bildung der Gruppen und der Durchführung der Betreuung wurde in Braunschweig vom "Kurssystem" mit festgelegtem
Beginn und Ende und ohne Aufnahme weiterer Jugendlicher aus
folgenden Gründen abgewichen:

- bei einem starren Kurssystem müßte eine "Warteliste"
  für die Jugendlichen und Heranwachsenden geführt werden, denen diese Maßnahme auferlegt wird. Dies widerspricht dem lerntheoretischen Prinzip der möglichst
  kurzen Zeitspanne zwischen der Tat und der Reaktion
  und damit auch dem Ziel, das gesamte Verfahren zu
  beschleunigen;
- durch die unterschiedliche Betreuungsdauer läßt sich
  ein Kurs mit festgelegtem Inhalt und Zeitplan nicht
  durchführen;
- schließlich bietet diese Vorgehensweise den Jugendlichen die Möglichkeit, innerhalb der Betreuungsgruppen zu wechseln, wenn sich gezeigt hat, daß ein
  weiterer Verbleib in der Gruppe aufgrund mangelnden
  Interesses oder unüberbrückbarer Probleme zwischen
  einzelnen Mitgliedern nicht mehr als sinnvoll erscheint.

Der Betreuungszeitraum liegt zwischen 3 Monaten und 1 Jahr
mit wöchentlichen Treffen von ca. 2-4 Stunden Dauer, wobei
versäumte Termine nachgeholt werden.

Wenn der Jugendliche unregelmäßig oder gar nicht zu diesen
Treffen erscheint, wird er zunächst durch den Jugendge-

richtshelfer angeschrieben oder ein Hausbesuch durchgeführt, um ihn zur Mitarbeit zu motivieren. Er wird darauf
aufmerksam gemacht, daß eine Mitteilungspflicht an den Jugendrichter besteht. Bleiben diese Bemühungen dennoch erfolglos, so wird der Richter informiert. Dieser lädt den
Jugendlichen dann zu einer Anhörung vor und entscheidet
nach diesem Termin über das weitere Vorgehen (ggfs. wird
die Maßnahme abgewandelt oder ein Beugearrest angedroht).

Inhaltlich ist diese Gruppe vor allem für Jugendliche konzipiert, die z.T. bereits mehrfach straffällig geworden sind
und deren Straftaten überwiegend Verstöße gegen die Straßenverkehrsordnung darstellen. Zusätzlich steht sie aber auch
Jugendlichen offen, die Interesse und Bereitschaft an einer
Teilnahme äußern, jedoch keine Verkehrsdelikte begingen.

Die Zielvorstellungen und die theoretischen Schwerpunkte
der Gruppenarbeit wurden durch zwei Jugendgerichtshelfer
entwickelt, die selbst begeisterte und engagierte Motorrad-
fahrer sind. Dies ist insofern von nicht unerheblicher
Bedeutung, weil die Ergänzung des fachlichen durch das
persönliche Interesse sich gerade hinsichtlich der inhaltlichen Qualität und der Motivation der Jugendlichen, aktiv
mitzuarbeiten, positiv ausgewirkt hat.

Die Konzeption sieht einen "theoretischen" und einen "praktischen" Teil für die Gruppenarbeit vor. Beide Teile werden
jedoch nicht als zeitlich differenzierbare und voneinander
unabhängige Blöcke, sondern in ständigem Wechsel durchgeführt. Dies resultiert zum einen aus der Abkehr vom starren
Kurssystem, zum anderen hat sich gezeigt, daß eine länger-
dauernde, "reine" Theorie zu einem stark nachlassenden Interesse und Motivationsverlust auf seiten der Jugendlichen
führt.

In der Absicht, einen direkten Bezug zwischen dem Delikt und der Reaktion (zumindest für die meisten Teilnehmer) herzustellen, wird im "theoretischen" Teil die Teilnahme des Zweiradfahrers am Straßenverkehr insbesondere unter Sicherheitserwägungen problematisiert. In diesem Zusammenhang erwies sich ein enger Kontakt der Jugendgerichtshelfer zum "Institut für Zweiradsicherheit" in Bochum als besonders hilfreich. So nahmen sie an einem Seminar dieses Instituts teil, das als Schwerpunkt die Gruppenarbeit mit jugendlichen Zweiradfahrern beinhaltete. Weiterhin stellt diese Einrichtung Videofilme und Diaserien zur Verfügung, die sich speziell mit Gefahren und Problemen von Motorradfahrern befassen und als Diskussionsgrundlage verwendet werden. Die Schwerpunkte liegen hierbei auf folgenden Themenbereichen:

- Verstöße gegen die Straßenverkehrsordnung, wie Alkohol im Straßenverkehr, Fahren ohne Führerschein;
- mögliche Folgen unzulässiger Umbauten an Zweirädern (Erlöschen der Betriebserlaubnis, Tatbestand des Versicherungsbetruges und weitere strafrechtliche Aspekte, Schadensersatzforderungen bei Unfällen etc.);
- Sicherheit im Straßenverkehr, insbesondere bei Zweiradfahrern (Unfallhäufigkeit, Unfallursachen, Folgen von Unfällen);
- Vermeidung bzw. Abmilderung von Unfällen (Fahrstil, Reaktion in Problemsituationen, Schutzkleidung etc.);
- Anleitung und Hinweise zur Überprüfung des technischen Zustandes des Zweirades und mögliche Folgen der Vernachlässigung;
- allgemeine, im Zusammenhang mit dem Zweirad stehende Fragestellungen (Ansehen des Zweiradfahrers in der Öffentlichkeit, Werbemethoden der Zweiradindustrie etc.).

Die Gruppendiskussionen beschränken sich jedoch nicht ausschließlich auf Themen, die in unmittelbarem Zusammenhang mit dem Zweirad stehen. Zusätzlich können andere Frage-

stellungen oder aktuelle Probleme zur Diskussion gestellt
werden (die bei den Jugendlichen oft aus persönlicher Betroffenheit resultieren, wie etwa Arbeitslosigkeit, anste-
hende Strafverfahren etc.).

Im "praktischen Teil" bilden die Fahrübungen in einem abge-
sperrten Gelände einen festen Bestandteil der Gruppenarbeit. Sie sollen dazu dienen, die Beherrschung des Fahr-
zeuges zu verbessern, und dadurch die Fahrsicherheit im alltäglichen Straßenverkehr zu erhöhen. Hierzu wurden vier Trial-
Motorräder angeschafft, die der Gruppe ständig zur Verfügung stehen[15]. In einer eigenen Werkstatt werden diese
Motorräder durch die Jugendlichen gewartet, wobei auch notwendige Reparaturen (unter Anleitung) ausgeführt werden.

Die Fahrübungen im Gelände auf entsprechenden Übungsplätzen
mit Übernachtungsmöglichkeiten stehen auch im Mittelpunkt
eines gemeinsamen Wochenendes, das durch die Jugendgerichtshelfer organisiert wird. Durch die Abkehr vom Kurssystem
kann es nicht mehr jeweils zu Beginn einer Gruppe angeboten
werden, sondern richtet sich nach der Anzahl der neuen
Gruppenmitglieder. Es ist jedoch sichergestellt, daß jeder
Jugendliche die Möglichkeit hat, zumindest einmal daran
teilzunehmen, da sich gezeigt hat, daß das gemeinsame Erlebnis für die Gruppenkohäsion von zentraler Bedeutung ist.

Neben dieser regelmäßig und gruppenintern stattfindenden
Arbeit werden weiterhin zusätzlich gezielte Außenaktivitäten unternommen.

So wurde etwa durch die "Motorradgruppe" ein Zweirad-Ge-
schicklichkeitsturnier für "Jedermann" ausgerichtet. Die
hierzu notwendigen organisatorischen Arbeiten (Beschaffung
von Materialien und Preisen, Festlegung des zeitlichen Ablaufs, Schiedsrichter- und Zeitnehmertätigkeit etc.) wurden
von den Mitgliedern der Gruppe geleistet.

Ebenso sind die vom 9.-11. September 1983 durchgeführten
"Braunschweiger Zweirad-Tage" auf die Initiative dieser
Gruppe zurückzuführen. Das Programm umfaßte Orientierungs-
fahrten, Trialfahren, ein Sicherheits- und Geschicklich-
keitstraining, einen Motorrad-Teilemarkt, ein Rockkonzert
und eine Podiumsdiskussion zum Thema Zweiradsicherheit. Zusätzlich wurden an Informationsständen Ziel, Aufgabe und
die Arbeit der Jugendgerichtshilfe dargestellt. Die für
eine Veranstaltung dieser Größenordnung (ca. 2000 Besucher)
erforderlichen, umfangreichen Vorarbeiten sowie die laufenden Arbeiten zur Gewährleistung eines reibungslosen Ablaufs
wurden ebenfalls von den Gruppenmitgliedern (in Zusammenarbeit mit weiteren Jugendgerichtshelfern und Jugendlichen)
durchgeführt.

V. Bewertung der Maßnahme

Eine (notwendigerweise vorläufige) Bewertung dieser ambulanten Sanktionsform muß sich an den allgemeinen Kriterien
orientieren, die für alle Arten jugendstrafrechtlicher Reaktionen gelten. Dies sind neben den intendierten generalpräventiven Aspekten in erster Linie der im JGG betonte Erzie-
hungsgedanke und, damit verbunden, die vornehmlich an der
Persönlichkeit des Täters ausgerichtete Entscheidung, welche Maßnahme verhängt wird. Darüber hinaus stellt sich für
die Betreuungsweisung die Frage, ob sie entgegen ihrer
Intention der Alternative zu schwerwiegenderen Eingriffen
(z.B. Arrest) nicht lediglich eine zusätzliche Sanktionsmög-
lichkeit bedeutet und demnach zu der von vielen Kritikern
des Diversionsgedankens geäußerten Erweiterung des sozialen
Kontrollnetzes beiträgt.

Hinsichtlich einer Einschätzung der generalpräventiven Wirkung dieser Sanktion bieten sich als Maßstab die bisherigen
Ergebnisse der kriminologischen Forschung zur Generalprävention an.

Grundsätzlich ist hierbei zu berücksichtigen, daß eine empirische Überprüfung einer Theorie der Generalprävention aufgrund der Multidimensionalität und der Vielschichtigkeit der Zusammenhänge lediglich in eingeschränktem Maße oder in Teilbereichen möglich ist[16]. Die hierzu bisher vorliegenden - wenngleich spärlichen - Ergebnisse von Untersuchungen deuten jedoch darauf hin, daß ein generalpräventiver Effekt eher in einer Erhöhung des Strafrisikos als in der Androhung härterer Sanktionen zu erzielen ist[17]. Demzufolge liegt - zumindest unter diesem Blickwinkel - die Schlußfolgerung nahe, daß die generalpräventive Wirkung im Vergleich zu den anderen jugendstrafrechtlichen Reaktionen möglicherweise nicht besser, jedoch aber auch nicht schlechter einzuschätzen ist.

Bei der Frage der Sanktionsentscheidung und damit der Orientierung an der Persönlichkeit des Täters handelt es sich um ein Kriterium, bei dem die individuellen Besonderheiten des konkret betroffenen Jugendlichen eine ausschlaggebende Rolle spielen und der Entscheidung für eine bestimmte Maßnahme zugrunde liegen (sollen). Dieses Kriterium ist sehr eng an das im JGG dominierende Konzept der Erziehungsfähigkeit und -bedürftigkeit jugendlicher Straftäter geknüpft und kann daher in eine Diskussion über den erzieherischen Charakter von Sanktionen integriert werden.

Das im JGG besonders hervorgehobene Charakteristikum jugendstrafrechtlicher Reaktionsmöglichkeiten auf Jugenddelinquenz ist der erzieherische Gehalt bzw. die erzieherische Wirksamkeit. Obwohl der Begriff "Erziehung" häufig verwendet wird, bleibt jedoch ungeklärt, was hierunter in diesem Kontext zu verstehen ist. Ähnlich unklar bleibt, welchem Ziel diese Maßnahmen dienen sollen; hier wird lediglich die vage Formulierung der "Erziehung zu einem rechtschaffenen Lebenswandel" verwandt. Es besteht jedoch weitgehend Konsens darüber, daß nicht lediglich die Verhinderung künftiger Straffälligkeit angestrebt wird, sondern darüber hinaus

eine (Re)Integration in die bestehende soziale Ordnung ermöglicht werden soll[18].

Die Realisation dieses anspruchsvollen Zieles erweist sich
allerdings als ausgesprochen schwierig. Zum einen verweisen
vor allem Labeling-Theoretiker auf das grundsätzliche Problem der sekundären Devianz sowie Stigmatisierungs- und Eti-
kettierungsprozesse durch die verhängte Sanktion[19]. Zum anderen deuten die Ergebnisse zur Wirkungsforschung vor allem
bei stationären Sanktionen darauf hin, daß in der Praxis
hinsichtlich des angestrebten Zieles Abstriche vorzunehmen
sind[20].

Zunächst stellt sich bei allen ergriffenen Reaktionen das
Problem des Teilnahmezwangs, d.h. die Frage, ob in dem
(zwangsläufig) repressiv orientierten System.des JGG Erziehung überhaupt möglich ist.

Eine ausführliche Diskussion aller Argumente und Positionen, die jugendstrafrechtlichen Sanktionen einen erzieherischen Gehalt zu- bzw. absprechen, würde zu weit führen,
zumal neben den erzieherischen auch rechtsstaatliche Aspekte ins Kalkül einzubeziehen sind, wenn das Thema erschöpfend behandelt werden soll[21].

Für die Betreuungsweisung läßt sich dieses Problem dahingehend spezifizieren, ob bei den Jugendlichen die repressive
Komponente der erzwungenen Teilnahme oder aber das inhaltliche Angebot als Basis für eine erzieherische Wirksamkeit
die entscheidende Rolle spielt.

Für jedes neue Gruppenmitglied war zu Beginn der Teilnahme-
zwang (notwendigerweise, da die einzige "echte" Alternative, nämlich keine Sanktion, fehlt) ausschlaggebend,
selbst wenn man berücksichtigt, daß sich die Vorgespräche
zwischen dem Jugendgerichtshelfer und dem Jugendlichen
durchaus motivationsfördernd ausgewirkt haben können. Im

weiteren Verlauf überwog - zwar nicht bei allen, so doch
aber vielen Jugendlichen - das Interesse und damit die
Motivation, aktiv an dieser Gruppe teilzunehmen. Dies äußerte sich u.a. auch darin, daß Gruppenmitglieder nach dem
"offiziellen" Ende des Betreuungszeitraumes auch weiterhin
erschienen.

Ein grundsätzliches Differenzierungsmerkmal zu den "traditionellen" Sanktionsformen besteht darin, daß die pädagogischen, psychologischen und soziologischen Erkenntnisse konkret in die Arbeit mit jugendlichen Delinquenten umgesetzt
werden können. Zwar wird auch hier dem Jugendlichen durch
die Tatsache der Reaktion verdeutlicht, daß die Gesellschaft auf Normverstöße reagiert; in der Ausgestaltung der
Maßnahme zeigt sich aber, daß die Straftat eher als Anlaß
betrachtet wird, den Versuch zu unternehmen, angemessene
Problemlösungsmöglichkeiten aufzuzeigen und konstruktive Angebote für die zukünftige Lebensgestaltung des Jugendlichen
zu entwickeln und zu vermitteln.

So wird bei der Gruppenbetreuung der zumindest fragwürdige
Effekt des Aversionslernens (durch bloße Übelzufügung) zu-
gunsten positiver und an Erfolgserlebnissen ausgerichteter
Lernmöglichkeiten aufgegeben.

Dabei erweist sich die ambulante Gruppenarbeit in mehrfacher Hinsicht als vorteilhaft:

- der Betroffene lernt die oft ähnlich gelagerten Probleme anderer Jugendlicher kennen und erhält dadurch
  das Gefühl, nicht mehr allein und isoliert zu sein,
  sondern findet Rückhalt in der Gruppe. Diese Heraus-
  lösung aus der Isolation kann dazu führen, daß negativ wirkende Schuldzuschreibung und Selbststigmati-
  sierung abgebaut werden können;
- die Erfahrung, daß auch andere Jugendliche ähnliche
  Schwierigkeiten haben, erleichtert es dem Betroffenen, seine eigenen Probleme offen anzusprechen;

- aufgrund der "Ebenbürtigkeit" werden von anderen Jugendlichen geäußerte Vorschläge zur Lösung konkreter
  Probleme oftmals eher akzeptiert;
- in den Gruppendiskussionen wird von den Jugendlichen
  eine konstruktive Auseinandersetzung mit den Sichtweisen, Einstellungen, Problemen und Problemlösungsstrategien der übrigen Mitglieder gefordert. Hierdurch lernt er, die Meinung anderer zu akzeptieren,
  seine eigene Postition zu vertreten, sich durchzusetzen oder aber gegebenenfalls seine Ansicht zu revi-
  dieren. Dieser ständige Prozeß ermöglicht eine Korrektur bisheriger sozialer Erfahrungen und stärkt
  das Selbstbewußtsein.

Die hier dargestellte Arbeit der "Zweiradgruppe" weist darüber hinaus noch weitere Vorteile auf:

- die praktischen Aktivitäten, wie das Motorradfahren
  im Gelände, die Ausführung von notwendigen Repara-
  tur- und Wartungsarbeiten an den Motorrädern, entsprechen dem Aktions- und Handlungsbedürfnis der Jugendlichen. Gleichzeitig vermitteln sie Erfolgser-
  lebnisse und stärken dadurch das Selbstvertrauen und
  das Selbstwertgefühl. Da diese Aktivitäten bei den
  Jugendlichen auf großes Interesse stoßen, ist die
  Motivation zur Teilnahme höher einzuschätzen als bei
  reinen Gesprächsgruppen, so daß hierdurch die Gefahr
  des Fernbleibens reduziert wird;
- die Außenaktivitäten der Gruppe bieten die Möglichkeit, durch die Veränderung der negativen Interaktion zwischen Delinquenten und der Gesellschaft wenigstens punktuell zum Abbau von Vorurteilen (und
  damit der Etikettierung und Stigmatisierung) beizutragen.

Ob und inwieweit diese prinzipiellen Möglichkeiten und Vorteile[22] ambulanter Gruppenarbeit genutzt werden können und

die erwartete Wirkung erzielen, hängt neben der fachlichen
Qualifikation der Betreuer in wesentlichem Maße von den
personellen und finanziellen Rahmenbedingungen ab.

Für die Durchführung von Betreuungsprogrammen im Rahmen der
Jugendgerichtshilfe hat sich in dieser Hinsicht (zumindest
für Braunschweig) ergeben, daß ohne die Verstärkung der
personellen Kapazität eine Gruppenarbeit in dieser Form[23]
nicht möglich gewesen wäre. Dies gilt in ähnlicher Weise
für die Bereitstellung der finanziellen Mittel. Ohne die
Gründung eines Trägervereines wäre die Durchführung einer
Betreuungsweisung in der hier geschilderten Form ebenfalls
nicht möglich.

Eine Evaluation von Betreuungsgruppen, die sowohl Prozeß-
als auch Wirkungsdimensionen berücksichtigt[24], steht allgemein noch aus. Allerdings sollten die Erwartungen gegenüber
dieser neuen Sanktionsform (zumindest zum gegenwärtigen
Zeitpunkt) nicht allzu hoch angesetzt werden, da die Erpro-
bungsphase in den einzelnen Projekten noch nicht als abgeschlossen angesehen werden kann und sich aufgrund der weiteren Erfahrungen durchaus Änderungen sowohl in der Konzeption als auch in der Durchführung ergeben können.

Die von den Kritikern des Diversionsgedankens geäußerte
Gefahr, daß diese Maßnahme lediglich den Sanktionsspielraum
der Jugendrichter erweitert, aber entgegen ihrer Intention
nicht als Alternative zu schwerwiegenderen Eingriffen genutzt wird und somit lediglich eine Ausweitung des sozialen
Kontrollnetzes bedeutet, ist für die Betreuungsgruppen sicherlich in besonderem Maße gegeben. Dies vor allem auch
deshalb, weil dem Richter hierdurch ein Sanktionsinstrument
zur Verfügung steht, das sich von der Intention und Ausgestaltung her als erzieherisch und pädagogisch sinnvoll versteht. Insofern bleibt dem Richter die Entscheidung überlassen, ob er z.B. eine erstmalige strafrechtliche Auffälligkeit eines Jugendlichen (unter Berücksichtigung situa-
tiver Faktoren) als sichtbaren Ausdruck eines Problemes

wertet und dementsprechend "Hilfe" durch eine Betreuungsweisung anordnet. Dies gilt in ähnlicher Weise für den
Jugendgerichtshelfer, der diese Maßnahme vorschlägt.

Bisher vorliegende Erfahrungen und Ergebnisse zeigen, daß
in Braunschweig seit der Einführung der Betreuungsgruppen
ein Anstieg der Deliktsschwere bei den zu Gruppenarbeit verurteilten jugendlichen Straftätern festzustellen ist. Dies
deutet darauf hin, daß die Jugendrichter nach anfänglichem
Zögern diese Maßnahme inzwischen auch für "schwerere" Fälle als sinnvoll und angemessen erachten. Allerdings sind
hierzu die Ergebnisse der weiteren Analysen abzuwarten, die
eine genauere Einordnung dieser Maßnahme und ihres Stellen-
wertes im Sanktionsgefüge ermöglichen.

Zwar befindet sich die ambulante Gruppenarbeit noch zu sehr
in einer Experimentalphase, um über Erfolg oder Mißerfolg
zu urteilen; in jedem Fall ist sie jedoch bereits jetzt
positiv zu werten als Versuch, den Erziehungsgedanken des
JGG in die Praxis der Jugendstrafrechtspflege umzusetzen.

Anmerkungen

1 Vgl. dazu ausführlich Kerner, H.-J.: Statt Strafe: Diversion? (In: H.-J. Kerner (Hrsg.): Diversion statt Strafe? Heidelberg 1983, S. 1-15); vgl. hierzu auch Walter, M.: "Innere" Reform jugendkriminalrechtlicher Praxis - einige kritische Überlegungen. (In: H.-J. Kerner, H. Kury, K. Sessar (Hrsg.): Deutsche Forschungen zur Kriminalitätsentstehung und Kriminalitätskontrolle, Band 2. Köln u.a. 1983, S. 1023-1053).

2 Vgl. dazu die Beiträge bei Kury, H.; Lerchenmüller, H. (Hrsg.): Diversion - Alternativen zu klassischen Sanktionsformen, Band 1 und 2. (Bochum 1981). Kritik am Diversionsgedanken üben die Beiträge bei Kerner (Anm. 1); vgl. dazu auch Voß, M.: Die ambulanten Maßnahmen auf dem Prüfstand: mehr Hilfe oder mehr Kontrolle im Jahr 1984? (In: Deutsche Vereinigung für Jugendgerichte und Jugendgerichtshilfen (DVJJ), Heft 13: Jugendgerichtsverfahren und Kriminalprävention. München 1984, S. 341-359). Zur Umsetzbarkeit des Diversionsgedankens vgl. Hilse, J.: Zur Umsetzbarkeit des Diversionsgedankens im Jugendgerichtsgesetz. (In: H. Kury (Hrsg.): Ambulante Maßnahmen zwischen Hilfe und Kontrolle. Köln u.a. 1984, S. 150-185).

3 Vgl. dazu Heinz, W.; Spieß, G.: Alternativen zu formellen Reaktionen im deutschen Jugendstrafrecht. Ein Forschungsvorhaben zu §§ 45, 47 JGG und erste Ergebnisse. (In: H.-J. Kerner, H. Kury, K. Sessar (Hrsg.): (Anm. 1) S. 896-956); Spieß, G.: § 45 JGG - Anwendungspraxis und Entwicklungsperspektiven. (In: DVJJ (Anm. 2), S. 201-219).

4 Nach der gültigen Fassung des JGG ist dies jedoch nur über die Richtlinie 3 zum § 10 JGG möglich, nach der ein Jugendlicher durch eine Weisung "der Aufsicht und Leitung" einer bestimmten Person unterstellt werden kann. In einem inoffiziell vorgelegten Arbeitsentwurf eines Gesetzes zur Änderung des Jugendgerichtsgesetzes werden die erzieherisch gestaltete Gruppenarbeit und die Betreuungsweisung direkt in den Katalog der Weisungen aufgenommen und dadurch eine Anpassung an die bisherige Praxis vorgenommen.

5 Vgl. die Zusammenstellung der Deutschen Vereinigung für Jugendgerichte und Jugendgerichtshilfen e.V. (DVJJ): Ambulante sozialpädagogische Maßnahmen für junge Straffällige. (München, 1983). Einen Überblick bietet ebenfalls Heft 6 der Schriftenreihe des Instituts für Soziale Arbeit e.V.: Soziale Trainingskurse. (Münster, 1983).

6 Busch, M.: Ambulante Reaktionssysteme bei Jugendkriminalität - Möglichkeiten und Grenzen. (In: Institut für
   Soziale Arbeit e.V.. Münster, 1983, S. 20 f.).

7 Kerner, H.-J.: Diversion - eine wirkliche Alternative?
   (In: H. Kury, H. Lerchenmüller (Hrsg.): (Anm. 2),
   S. 708).

8 Zur Konzeption des Modellprojektes vgl.   Hilse, J.;
   Schalk, K.: Maßnahmen im Rahmen des Jugendgerichtsgesetzes und die Möglichkeiten der Jugendgerichtshilfe. (In:
   H. Kury (Hrsg.): Prävention abweichenden Verhaltens -
   Maßnahmen der Vorbeugung und Nachbetreuung. Köln u.a.,
   1982, S. 339-390); Hilse, J.; Schalk, K.: Hintergrund
   und Konzeption eines Modellprojektes zur Arbeit der
   Jugendgerichtshilfe. (In: H.-J. Kerner,   H. Kury, K.
   Sessar (Hrsg.): Deutsche Forschungen zur Kriminalitäts-
   entstehung und Kriminalitätskontrolle, Band 2.   Köln
   u.a., 1983, S. 986-1023); vgl. auch Staeter, J.: Erfah-
   rungsbericht über die Arbeit der Jugendstaatsanwälte in
   Braunschweig im Rahmen des Bundesmodellversuchs. (In:
   DVJJ (Anm. 2), S. 219-229); Viet, F.: Modellprojekt
   Jugendgerichtshilfe Braunschweig. (In: Blätter der Wohl-
   fahrtspflege, Heft 6, 1984, S. 143-147).

9 Hierunter werden im folgenden sowohl Jugendliche als
   auch Heranwachsende verstanden.

10 Dies ist sicherlich nicht unproblematisch, da hier die
   Gefahr des sog. "net-widening" auftritt, wenn der Jugendstaatsanwalt (in bester Absicht) die Einstellung
   des Verfahrens unter der Bedingung der Teilnahme an
   einer Betreuungsgruppe verfügt, es ohne dies Angebot
   möglicherweise aber gänzlich folgenlos eingestellt hätte. Eine solche Verfahrenseinstellung ist jedoch in
   Braunschweig der Ausnahmefall und widerspricht auch den
   Vorstellungen der Jugendgerichtshelfer, die diese Maßnahme als Alternative zu schwerwiegenderen Eingriffen
   ansehen.

11 Dies ist in Braunschweig bisher jedoch noch nicht vor-
   gekommen.

12 Möglicherweise ließe sich dieses Problem durch eine
   Zweiteilung der Hauptverhandlung ("Schuldinterlokut")
   oder durch eine Entformalisierung der Hauptverhandlung
   (etwa am "runden Tisch") lösen; vgl. hierzu etwa Dölling, D.: Die Zweiteilung der Hauptverhandlung. (Göttingen, 1978); Schöch, H.; Schreiber, H.-L.: Ist die
   Zweiteilung der Hauptverhandlung praktikabel? (In: Zeitschrift für Rechtspolitik 11, 1978, S. 63-67); Schreiber, H.-L.: Die Hauptverhandlung am "runden Tisch"?
   (In: Festschrift für H. Stutte: Jugendpsychiatrie und
   Recht. Köln, 1979, S. 271-278); Schreiber, H.-L.: Die
   Hauptverhandlung nach dem Modell "runder Tisch" - Uto-
   pie oder realisierbare Möglichkeit? (In: H.-L. Schreiber, H. Schöch, D. Bönitz (Hrsg.): Die Jugendgerichts-
   verhandlung am "runden Tisch". Göttingen 1981, S. 1-18).

13 Die Jugendrichter erhalten regelmäßig eine schriftliche Auswertung der Gruppenarbeit.

14 Nach den bisherigen Erfahrungen in Braunschweig hat sich das von Busch (Anm. 6) angesprochene Problem der Ausgangssituation der Jugendgerichtshilfe bei der Durchführung von Gruppenbetreuungen (aufgrund der Nähe der Justiz) in dieser Form bisher nicht gestellt. Entscheidend hierfür ist sicherlich, daß durch die Aufstockung der Anzahl der Jugendgerichtshelfer genügend Zeit zur Verfügung steht, sich intensiv (vor und während der Betreuungsgruppe) auch mit dem einzelnen Jugendlichen zu beschäftigen.

15 Die Jugendgerichtshilfe hat einen gemeinnützigen Verein gegründet; die Finanzierung erfolgt durch Mitgliedsbeiträge sowie Bußgelder. Die zur Verfügung stehenden Mittel werden zur Deckung der entstehenden Kosten bei der Durchführung von Betreuungsgruppen verwendet.

16 Vgl. hierzu die Beiträge bei Hassemer, W.; Lüderssen, K.; Naucke, W.: Hauptprobleme der Generalprävention. (Frankfurt, 1979).

17 Vgl. dazu Dölling, D.: Strafeinschätzung und Delinquenz bei Jugendlichen und Heranwachsenden - Ein Beitrag zur empirischen Analyse der generalpräventiven Wirkungen der Strafe. (In: H.-J. Kerner, H. Kury, K. Sessar (Hrsg.): (Anm. 1), S. 51-86).

18 Vgl. zum Erziehungsgedanken des JGG Bietz, H.: Erziehung statt Strafe. (In: Zeitschrift für Rechtspolitik, 1981, Heft 9, S. 212-220); vgl. weiterhin Walter, M.: Sanktionsmuster der jugendrichterlichen Praxis oder über den jugendrichterlichen Umgang mit dem Erziehungsbegriff. (In: G. Pomper, M. Walter (Hrsg.): Ambulante Behandlung junger Straffälliger. Kriminalpädagogische Praxis, Heft 3. Vechta, 1980); Pfeiffer, Chr.: Kriminalprävention im Jugendgerichtsverfahren. (Köln u.a., 1983).

19 Vgl. etwa Lemert, E.M.: Der Begriff sekundärer Devianz. (In: K. Lüderssen, F. Sack: Seminar: Abweichendes Verhalten, Band I - Die selektiven Normen der Gesellschaft. Frankfurt, 1975, S. 433-477)). Zum Labeling-Approach vgl. allgemein Rüther, W.: Abweichendes Verhalten und Labeling-Approach. (Köln, 1975).

20 Hierüber existiert eine Fülle von Literatur (auch zu Einzelaspekten), die nicht im einzelnen aufgeführt werden kann. Vgl. dazu Hilse u. Schalk (Anm. 8) m.w.N.

21 Vgl. hierzu Kerner, H.-J.: Jugendgerichtsverfahren und Kriminalprävention. (In: Deutsche Vereinigung für Jugendgerichte und Jugendgerichtshilfen, Heft 13 (Anm. 2), S. 14-45); Eckert, H.-U.: Zur Technik strafrechtlicher Verhaltenssteuerung. (In: Zentralblatt für Jugendrecht und Jugendwohlfahrt, 1982, S. 135-156).

22 Die Aufzählung der möglichen Vorteile ließe sich noch
    erweitern, würde man die ambulanten Betreuungsgruppen
    als "Therapiegruppen" verstehen. Diese Sichtweise hieße
    jedoch, jugendlichen Straftätern, die an einer solchen
    Betreuungsweisung teilnehmen, psychische Probleme zu
    unterstellen. Dieser individual-pathologisch orientier-
    te Ansatz blendet jedoch wesentliche, die Straftat de-
    terminierende Faktoren und Einflußgrößen aus und ist
    deshalb abzulehnen. Zudem kann es nicht die Aufgabe der
    Jugendgerichtshilfe sein, in den Fällen, bei denen tat-
    sächlich psychische Probleme erkennbar sind, eine "The-
    rapie" (im Sinne einer Behandlung) durchzuführen. Dies
    sollte speziellen Fachdiensten vorbehalten bleiben.

23 D.h. mit ausführlichen organisatorischen und inhaltli-
    chen Vorbereitungen.

24 D.h. zum einen die Untersuchung der Maßnahme in ihrer
    organisatorischen Einbindung und ihrem Ablauf und zum
    anderen die Wirkungen dieser Maßnahme auf die Jugend-
    lichen.

Erich Marks

Modellprojekt Jugendgerichtshilfe
Projekt-Zwischenbilanz in der Diskussion

Inhalt

1. Zur "Pädagogisierung" der Tätigkeit des Jugendgerichtshelfers

2. Interventionen der Jugendgerichtshilfe im sogenannten Bagatellbereich

3. Zur Ausgestaltung von Betreuungsmaßnahmen durch die Jugendgerichtshilfe

4. Zur Zusammenarbeit der Verfahrensbeteiligten

5. Zu einigen Perspektiven der Begleitforschung

   Anmerkungen

Die Arbeitsgruppe II zu den Forschungsthemen des KFN befaß-
te sich mit dem Braunschweiger Jugendgerichtshilfe-Modell-
projekt in Form einer kritischen Zwischenbilanz zur Praxis-
entwicklung des Modells und zu der projektbegleitenden Forschung.

Die circa 20 Teilnehmer der Arbeitsgruppe waren etwa jeweils zur Hälfte Forscher und Praktiker der (Jugend-)Ge-
richtshilfe. Die Jugendgerichtshilfe Braunschweig war mit
sieben Mitarbeitern vertreten, während eine stärkere Beteiligung von Vertretern der Braunschweiger Polizei, der
Staatsanwaltschaft und des Jugendgerichtes wünschenswert gewesen wäre.

Der Diskussionsverlauf war geprägt durch Einführungen seitens der Forscher und der Jugendgerichtshelfer sowie ersten
Erfahrungen mit einer Zweiradgruppe, die durch einen Video-
film demonstriert wurde.

Obwohl die Diskussionszeit mit ca. drei Stunden sehr knapp
bemessen war, gelang der Kleingruppe eine für alle Beteiligten interessante Praxisreflektion nach über einem Jahr
Projekterfahrung.

Während die grundlegenden Projektziele[1]

- Entlastung der Jugendgerichte von Bagatelldelikten,
- Beschleunigung des gesamten Verfahrensablaufes,
- verstärkte sozialarbeiterische Tätigkeit der Jugendgerichtshilfe,

- verstärkte Nutzung der ambulanten Sanktionen bei
  gleichzeitiger Reduktion der stationären Maßnahmen,
- Reduktion der Kosten im Strafverfolgungsprozeß,
- Reduzierung der Rückfallkriminalität,
- Befähigung der Jugendlichen zu eigenen, nicht-krimi-
  nellen Konfliktlösungen,

nach wie vor von allen Beteiligten akzeptiert wurden, ent-
spann sich eine anregende Debatte anhand von Einzelbeispie-
len auch aus anderen Modellprojekten, wie die genannten
Ziele am besten erreicht werden können und sollen.

Weitgehend unbehandelt blieben in der Arbeitsgruppe aus
zeitlichen Gründen leider methodische Fragen der Begleitforschung des Braunschweiger Modells.

Diskussionen zwischen Projektpraktikern und "ihren" Begleit-
forschern sind nicht selten geprägt von gegenseitigen Res-
sentiments und daraus folgenden Spannungen.

Um so bemerkens- und erwähnenswerter war die offene Gesprächsatmosphäre in der Arbeitsgruppe und die mühelose Verständigung zwischen Projektpraktikern und KFN-Forschern. Einerseits sprach eine starke Identifizierung mit dem Gesamtpro-
jekt aus vielen Formulierungen der Forscher; andererseits
sprachen die Praktiker beispielsweise eine Einladung zur
teilnehmenden Beobachtung (!) an die Begleitforscher aus,
als es um die Klärung einer bestimmten methodischen Unklar-
heit im Bereich der sozialpädagogischen Betreuung ging.

Im Rahmen dieses Beitrages sollen Diskussionsergebnisse und
offene Fragestellungen aus der Sicht der Arbeitsgruppe sowie
des Berichterstatters nach fünf thematischen Schwerpunkten
wiedergegeben werden:

1. Zur "Pädagogisierung" der Tätigkeit des Jugendgerichts-helfers

"Die Jugendgerichtshelfer werden dadurch, daß im Ermahnungs-verfahren keine Berichte erstattet werden, verstärkt freige-stellt für die Arbeit an gefährdeten Jugendlichen und Heran-wachsenden. Dadurch hat sich der Anteil der Sozialarbeit gegenüber der Entscheidungshilfe bei der Jugendgerichtshil-fe erheblich vergrößert. Der Jugendgerichtshelfer leistet im Modellversuch verstärkt aktive Sozialarbeit"[2].

Zeitgleich mit der Realisierung des Jugendgerichtshilfe-Modellprojektes in Braunschweig sind in vielen anderen Or-ten der Bundesrepublik Projekte entstanden, in deren Mittel-punkt mehr oder weniger "neue" ambulante Maßnahmen stehen (so z.B. Betreuungsweisungen, erzieherisch gestaltete Grup-penarbeit und Arbeitsauflagen). Die Bundesarbeitsgemein-schaft für ambulante Maßnahmen nach dem Jugendrecht[3] nennt 1983 in einem Reader ca. 30 derartiger Projekte außerhalb der Jugendgerichtshilfe in freier Trägerschaft. Obwohl sich in den letzten Jahren die Arbeitsschwerpunkte vieler Jugend-gerichtshelfer deutlich in Richtung auf mehr sozialpädagogi-sche Betreuungsinhalte verändert haben, kann doch festge-stellt werden, daß entscheidende Durchbrüche und Innova-tionen von einzelnen Projekten in freier Trägerschaft aus-gegangen sind bzw. immer noch ausgehen. Auch ist nirgendwo die lange überfällige "Pädagogisierung" der Jugendgerichts-hilfe so konsequent und als Teil eines Gesamtprojektes voll-zogen worden wie im Braunschweiger Modell. Hierdurch können und sollen nicht die Verdienste der vielen Versuche, Bemü-hungen und Ansätze "im Kleinen" geschmälert werden, die von etlichen Jugendgerichtshilfen in den vergangenen Jahren ge-startet wurden.

Die ersten Erfahrungen aus dem Braunschweiger Modellprojekt zeigen jedoch, daß die Einführung eines zweimal jährlich durchgeführten Erziehungskurses oder die Suche einiger neuer Einsatzstellen zur Ableistung einer Arbeitsweisung noch keine Jugendgerichtshilfe neuer Qualität bedeuten. Eine Besonderheit der Braunschweiger Modellkonzeption ist demgegenüber das Bemühen, Neuerungen und Praxisfortentwicklungen gleichzeitig auf verschiedenen Ebenen und in unmittelbarer Zusammenarbeit aller Verfahrensbeteiligten zu erreichen.

Vertreter der vom Modell betroffenen Dienste betonen dementsprechend auch die gleichermaßen hohe Bedeutung

a) der personellen Aufstockung der Jugendgerichtshilfe,

b) ihres größeren Engagements im Vorfeld der Hauptverhandlung sowie im Bereich des Ausgleiches zwischen Täter und Opfer,

c) ihrer grundsätzlich stärkeren Orientierung an Betreuungsaufgaben sowie

d) der Dezentralisierung der Jugendgerichtshilfe und der Abkehr vom Buchstabenprinzip aller Dienste in Braunschweig.

Verfehlt wäre es, an dieser Stelle aus der Anlage und den ersten Erfahrungen des Modells den Schluß zu ziehen, der Ausbau ambulanter Maßnahmen (als Alternative zu stationären) könne besser nur durch die Jugendgerichtshilfe oder nur durch freie Träger realisiert werden. Nicht nur aus Gründen der Subsidiarität sollte es weiterhin bei der Dichotomie von öffentlichen und freien Trägern bleiben[4]. Die (Re-)Pädagogisierung der Jugendgerichtshilfe-Tätigkeit ist - wie verschiedene einschlägige Projekte deutlich zeigen - weniger eine Frage der Ressortierung als eine Problematik von Engagement und Einstellungen der handelnden Personen, der organisatorischen Voraussetzungen sowie der real-praktisch existierenden Zusammenarbeit zwischen den beteiligten Diensten und Personen.

Vor diesem Hintergrund scheint der Hinweis an innovationsfreudige Jugendgerichtshelfer angebracht, sich nicht nur an

klar abgegrenzten Projekten in freier Trägerschaft zu orientieren und als Folge nahezu selbständige Teilbereiche - aufgrund von interner Arbeitsteilung - in der Jugendgerichtshilfe entstehen zu lassen. Von größerer Bedeutung für eine
"Pädagogisierung" der Jugendgerichtshilfe erscheinen
derzeit:

- Veränderungen im Berufs- und Rollenverständnis der
  Jugendgerichtshelfer im Sinne des Eingangszitates
  von Staeter,
- Entwicklung neuer, auf die jeweilige Region und die
  "neuen" Problemlagen der Jugendlichen abgestimmter
  Hilfsangebote (zur Vermeidung stationärer Unterbringung),
- Einführung von Teamarbeit und (kollegialer) Supervision,
- stärkere Einbettung entsprechender Ansätze in Ge-
  samtkonzeptionen auf der Basis neuerer Diskussionen
  und Erkenntnisse in der Kriminologie und ihrer Neben-
  disziplinen sowie in der Kriminalpolitik.

2. Interventionen der Jugendgerichtshilfe im sogenannten Bagatellbereich

"Ausschlaggebend für die Entscheidung, ob bei einem Jugendlichen oder Heranwachsenden von einer Anklage abgesehen
werden kann und eine Ermahnung mit ergänzender erzieherischer Maßnahme ausreicht, ist eine günstige Prognose bezüglich seines künftigen Sozialverhaltens und die Erwartung,
daß die in Aussicht genommene Maßnahme ausreicht, also eine
Internierungsmaßnahme, ein Führerscheinentzug oder ein Fahr-
verbot etc., nicht zu erwarten sind.

Der Straftat kommt als Kriterium für eine Einbeziehung in
den Modellversuch aber insofern einschränkende Bedeutung
zu, als der Jugendliche und Heranwachsende auch als Persön-

lichkeit begriffen wird, die in einem bestimmten Zeitpunkt
in der Lage war, auch eine Straftat mit erheblichem kriminellen Unrechtsgehalt zu begehen. Es kommt somit wesentlich
auf den kriminellen Unrechtsgehalt, die charakterliche
Grundhaltung, das Motiv und die angewandte verbrecherische
Energie an. Bei derartigen Straftaten wird generell Anklage
erhoben"[5].

In diesem kurzen Zitat des leitenden Jugendstaatsanwaltes
Staeter aus Braunschweig verbergen sich etliche brisante
Diskussionspunkte. Zunächst ist das Definitionsproblem zu
nennen. Wer definiert nach welchen (z.B. juristischen oder
pädagogischen) Kriterien, wo eine Bagatelle beginnt und wo
sie endet? Welche Straftat beispielsweise oder welche Ge-
samtsituation kann aufgrund ihres bagatellhaften Charakters
unter Strafverfolgungsaspekten unbeachtet bleiben? Wann erweckt ein "Fall" das eindeutige Interesse eines Sozialarbeiters? Wie unterscheiden sich juristische und sozialpädagogische Definitionskriterien; sind sie miteinander verein-
bar, lassen sie sich aufeinander abstimmen? In der Arbeitsgruppe gab es zu dieser Problematik mehr - notwendige -
Fragen als Antworten. Beispielsweise: Steht auch hinter dem
ersten kleinen Ladendiebstahl eines Jugendlichen häufig
eine sehr problembeladene und deshalb betreuungsbedürftige
Familie - wie es von einem Teilnehmer überzeugend vorgetragen wurde.

Ist ein "Eingreifen" der Jugendgerichtshilfe in einem sol-
chen Fall nicht eine überflüssige, kostspielige soziale
Kontrolle? Oder anders ausgedrückt, ein Tätigwerden der
Sozialarbeit (Jugendgerichtshilfe) aufgrund geringfügiger
Gesetzesübertretungen darf sich nicht nur am Erziehungsge-
danken des JGG orientieren, sondern muß auch Grundsätze der
Verhältnismäßigkeit und der Rechtsstaatlichkeit bedenken.
Eine umfassende staatliche Erziehungsmaßnahme kann nicht
mit einem gestohlenen Kaugummi im Kaufhaus gerechtfertigt/
begründet werden.

Die Diskussion der Arbeitsgruppe zeigte diesbezüglich eine
insgesamt ungetrübte Hoffnung gegenüber der pädagogischen
Maßnahme an sich und eine untergründige Skepsis gegenüber
der "im-Zweifel-Strategie-Empfehlung" des Mannheimer Jugend-
gerichtstages (Okt. 1983)[6].

Wieder einmal wurde deutlich, daß es die Definition, das
Entscheidungskriterium und somit eine Verfahrensabsprache
für alle Fälle der Praxis nicht geben kann. Es ist also
viel erreicht, wenn, wie in Braunschweig üblich, die beteiligten Personen offen über wechselseitige Perspektiven und
(naive) kriminologische Alltagstheorien sprechen und streiten und wenn vor dem Hintergrund grundsätzlich akzeptierter
Projektziele (wie z.B. vermehrte Diversion ohne Ausweitung
der sozialen Kontrolle) in der täglichen Praxis das sog.
"Fingerspitzengefühl" vorherrscht. Auf diese Weise kann
u.a. erfolgreich vermieden werden, daß einzelne Personen
oder Dienste mit dem Modell primär ressort-egoistische Politik betreiben. Die Frage beispielsweise, ob und in welchen
Fällen überhaupt eine Vor- bzw. Mitarbeit der Jugendgerichtshilfe in Bagatellverfahren erforderlich ist, sollte
unabhängig von Fallzahl- und Pensengesichtspunkten beantwortet werden.

Mit besonderer Spannung dürfen längerfristige Erfahrungen
aus der in Braunschweig enger gewordenen Kooperation zwischen Polizei und Jugendgerichtshilfe erwartet werden. Der
Leiter der Braunschweiger Jugendgerichtshilfe, Herr Viet,
schreibt zu dieser Zusammenarbeit:

"Der Auffassung Herrn Dr. Pfeiffers, daß bei der Polizei
ein erhebliches ungenutztes Potential für die Sozialarbeit
liegt, können wir zustimmen. Wir haben dies in vielen Gesprächen in verschiedenen Dienststellen der Polizei zum
Ausdruck gebracht und darum gebeten, uns Beobachtungen mitzuteilen, die eine Gefährdung des Jugendlichen vermuten
lassen und die ein sofortiges Einschalten durch uns erfordern"[7].

Welche Rollen(-erwartungen) werden sich Polizei und Jugendgerichtshilfe längerfristig zuschreiben bzw. übernehmen?
Wird bald schon eine "Pädagogisierung" der Polizei gewünscht? In diesem Bereich ergeben sich interessante Ver-
gleichsmöglichkeiten zu schon deutlicheren Zwischenergeb-
nissen verschiedener Projekte im Spannungsfeld von Polizei
und Sozialarbeit.

3. Zur Ausgestaltung von Betreuungsmaßnahmen durch die Ju- gendgerichtshilfe

"Die Vielfalt unserer Angebote ermöglicht es uns, den unterschiedlichen erzieherischen Bedürfnissen unserer Jugendlichen sehr viel stärker gerecht zu werden, als dies in der
Vergangenheit der Fall war"[8].

In der Tat wird durch die Jugendgerichtshilfe Braunschweig
inzwischen ein sehr differenziertes Angebot ambulanter Hilfen mit unterschiedlichen Betreuungsintensitäten angeboten.
Für die Praxis der örtlichen Jugendstrafrechtspflege bedeutet dies, daß Jugendstaatsanwälte und Jugendrichter in hohem Maße auf individuelle Besonderheiten jugendlicher Straftäter in der Wahl ambulanter Sanktionen eingehen können.
Einige Hilfsangebote der Jugendgerichtshilfe, die auch im
Mittelpunkt der Diskussionen der Arbeitsgruppe standen, sollen hier überblicksartig genannt werden:

Betreuungsweisungen

Seit Beginn des Modellprojektes wurden durch die Jugendgerichtshilfe bereits ca. 100 Betreuungsweisungen übernommen,
die nach Angaben der Jugendgerichtshelfer zu etwa 2/3 in
Form von Gruppenarbeit ausgestaltet wurden.

Besonders hervorzuheben ist der fließende Übergang zwischen
Einzelbetreuungen und der Möglichkeit der Klienten, ergän-

zend oder alternativ, an Gruppenmaßnahmen teilzunehmen. Die Teilnahme an einer Gruppenmaßnahme ergibt sich für die Jugendlichen und Heranwachsenden quasi aus einem Einzelkontakt heraus, der auch neben der Gruppe parallel weiterbestehen kann.

Bei der konkreten Realisierung von Gruppenmaßnahmen werden von den Braunschweiger Jugendgerichtshelfern handlungsorientierte und offene Gruppen gegenüber curriculum-orientierten Kursen bevorzugt.

Zweiradgruppe

Eine spezielle Form der Gruppenbetreuung stellt die Zweiradgruppe dar. Vorwiegend Jugendliche mit Verkehrsdelikten erleben hier eine ebenso interessante wie lehrreiche Alternative zum klassischen Konzept des Verkehrsunterrichtes. Ihr Interesse an jeglicher Beschäftigung mit motorisierten Zweirädern wird von den betreuenden Jugendgerichtshelfern - selbst Motorrad-Freunde - aufgegriffen und auf legale Weise ausagiert durch Fahrübungen auf einem speziellen Gelände sowie durch theoretische wie handwerkliche Beschäftigung mit allen Fragen um das Mofa/Motorrad. Während die verbale Information über Fragen der Verkehrssicherheit bei den Betroffenen nicht selten als Belehrung erlebt wird und auf mehr oder weniger "taube Ohren" stößt, heißt das Motto der Zweiradgruppe eher "probieren geht über studieren".

Arbeitsweisung und Täter-Opfer-Ausgleich

Eine weitere Braunschweiger Besonderheit ist die Arbeitsweisung, für deren Ableistung dem Jugendlichen aus einem Bußgeld-Sonderkonto eine Entschädigung gezahlt wird, die dieser wiederum einsetzen muß, um einen Teil des verursachten Schadens gegenüber dem Opfer auszugleichen. Neben dieser Form der materiellen Wiedergutmachung durch den Jugendlichen bemühen sich die Jugendgerichtshelfer in geeigneten Fällen auch um andere Formen des Ausgleiches zwischen Täter und Opfer.

Der Zielsetzung des Braunschweiger Modells, den materiellen
und immateriellen Ausgleich zwischen Täter und Opfer im
Jugendstrafverfahren in stärkerem Maße als bislang zu prak-
tizieren, kommt eine sehr hohe kriminalpolitische Bedeutung
zu.

Denn während dieser Ausgleich als besonderer Aspekt einer
sozialpädagogischen Hilfestellung und als besondere Form
strafrechtlicher Sanktionierung in der Literatur und bei
Fachtagungen immer wieder aufs neue gefordert und angeregt
wird, spielt er in der täglichen Praxis von Jugendstaatsanwaltschaft, Jugendgericht und Jugendgerichtshilfe in der
Bundesrepublik derzeit noch kaum eine Rolle. Für Praktiker
und Theoretiker, für Skeptiker und Befürworter einer stärkeren Nutzung des Ausgleiches zwischen Täter und Opfer wären
eine umfassende Dokumentation entsprechender im Braunschweiger Modell praktizierter Fälle sowie eine Beurteilung dieser Erfahrungen durch alle Beteiligten, einschließlich der
betroffenen Täter und Opfer, wichtig.

Auf weitere besondere Hilfsangebote der Jugendgerichtshilfe, z.B. die Schularbeitenhilfe, die Gruppenarbeit in der
Untersuchungshaftanstalt etc., soll hier nicht näher eingegangen werden. Bedeutsam für das Gelingen neuer Betreuungs-
formen im Rahmen der JGH-Tätigkeit scheinen jedoch noch
zwei Aspekte zu sein. Zum einen der Grundsatz, bei der Kon-
zipierung und Realisierung von Betreuungsmaßnahmen nicht
nur auf die Bedürfnisse und Problemlagen der Klienten einzugehen, sondern auch die Interessen und Fähigkeiten der Betreuer (Jugendgerichtshelfer) zu berücksichtigen. Die bisherigen Erfahrungen der JGH Braunschweig belegen eindrucksvoll die gleichrangige Bedeutung der Variablen 'Konzeption'
und 'Person', die dieses Programm realisieren soll / will.
Zum anderen die Möglichkeit, die Bemühungen der Jugendgerichtshelfer, die weit über das 'normale' Maß des Engagements in einer kommunalen Jugendgerichtshilfe hinausgehen,
finanziell abzusichern durch einen speziellen Förderungs-

verein. "Dieser Verein zur Förderung der Jugendarbeit für
gefährdete Jugendliche und Heranwachsende durch die Jugendgerichtshilfe e.V. wurde am Anfang des Projektes gegründet,
wird durch Geldbußen unterhalten und trägt insbesondere die
für die Gruppenarbeit entstehenden zusätzlichen Kosten.
Auch das Opfer-Konto wird durch diesen Verein geführt. Die
Jugendgerichtshelfer sind Mitglieder; auch einige Außenstehende und zwei Juristen konnten gewonnen werden"[9].

4. Zur Zusammenarbeit der Verfahrensbeteiligten

"Kennzeichnend für den kooperativen Stil des Braunschweiger
Modellprojektes sind die zweimal jährlich stattfindenden
'Projekttreffen' mit allen Projektbeteiligten (also Jugendgerichtshelfern, Richtern, Staatsanwälten, Vertretern der
Schutz- und Kriminalpolizei), auf denen Fragen zur Organisation und zu den Projektschwerpunkten diskutiert werden, um
die Erfahrungen sowie die Teilergebnisse der Begleitforschung für die weitere Arbeit nutzbar zu machen"[10].

Die hohe Bedeutung und Praxisrelevanz dieser Projekttreffen
wurde von den Mitgliedern der Arbeitsgruppe dieses Colloquiums ebenso bestätigt wie bei anderen Veranstaltungen von
seiten der beteiligten Jugendrichter und Staatsanwälte. Es
ist also zu hoffen, daß sich diese interdisziplinären Kontakte noch intensivieren lassen und nicht auf die 3-jährige
Phase der Realisierung des Modellversuchs beschränkt
bleiben.

Um nicht dieser Gefahr zu erliegen, scheint eine größere
Emanzipation der Projektpraktiker gegenüber dem "Supervi-
sor"[11] Dr. Pfeiffer erforderlich zu sein, um aufgrund der
an sich von allen akzeptierten Grundsätze des Modells eine
dauerhafte, aktive Kriminalpolitik von unten zu ermöglichen[12].

Andererseits ist es im Hinblick auf eine mögliche Übertragbarkeit für weitere Praxismodelle eine spannende Aufgabe
für die Begleitforscher, die Rolle des fachlichen Supervisors näher zu analysieren. Möglicherweise ist in Braunschweig mit den Elementen

a) Projekttreffen aller Beteiligten,
b) unabhängige, begleitende Forschung (Evaluierung),
c) unabhängige, fachliche Projektberatung (eine Art
   Projektsupervision oder Institutionsberatung neuer
   Form)

eine neue Struktur für Modellprojekte bzw. Praxisveränderun-
gen in der Strafrechtspflege kreiert worden.

Ebenfalls von besonderer Bedeutung erscheinen die Braunschweiger Erfahrungen mit einer einheitlichen regionalen
Zuständigkeit aller am Jugendstrafrechtsverfahren beteiligten Dienste. Quasi als erster Schritt des Modellprojektes
wurde das bis dahin auch in Braunschweig gültige Buchstabenprinzip verlassen und stattdessen eine stadtteilorientierte
Zuständigkeit geschaffen. Sollten sich die - erwartungsgemäß - positiven Zwischenerfahrungen auch nach Ablauf der
Modellphase bestätigen, könnte diese kostenneutrale, organisatorische Veränderung (mit ihren positiven Auswirkungen
vor allem auf eine bessere Klientenbetreuung) richtungsweisend für andere Städte und Großstädte sein. Last not least
gewinnt der eher außenstehende Betrachter den Eindruck, daß
die personellen Aufstockungen, vor allem der Jugendgerichtshilfe, im Rahmen des Modellprojektes in nur sehr geringem
Maße zu einer Erweiterung der sozialen Kontrolle führen
könnten, weil die Problematik eines solchen negativen Mo-
dell-Begleiteffektes allen Beteiligten sehr präsent und ver-
traut ist.

5. Zu einigen Perspektiven der Begleitforschung

Auf die vertrauensvolle Zusammenarbeit von Praktikern und
Forschern ist einleitend bereits hingewiesen worden. Die
Diskussion der Arbeitsgruppe des Colloquiums hat erneut
bestätigt, daß die Begleitforschung dieses Modells hinsichtlich Design, Durchführung und personeller Besetzung beim
Kriminologischen Forschungsinstitut Niedersachsen e.V. gut
angesiedelt ist.

"Für die Begleitforschung stellt sich die Aufgabe, das in
Braunschweig implementierte Programm zu evaluieren. Die Implementation des Programms, das sowohl personelle als auch
organisatorische Veränderungen umfaßt, setzt bei der Jugendgerichtshilfe an. Mit Hilfe dieser Veränderungen sollen in
unserem Modellprojekt die Maßnahmen der Jugendgerichtshilfe, insbesondere ihr Angebot ambulanter Maßnahmen, ausgebaut und qualitativ verbessert werden. Die Begleitforschung
ist so angelegt, daß einerseits die Wirkungen dieser Maßnahmen hinsichtlich der angestrebten Ziele überprüft (Impact-
Evaluierung) und andererseits die Maßnahmen selbst in ihrer
Struktur und in ihrer organisatorischen Einbindung untersucht werden (Prozeßevaluierung)"[13].

Unabhängig und/oder ergänzend zu den durch die Forscher
beschriebenen Forschungsschwerpunkten werden hier abschließend einige (Detail-)Fragestellungen genannt, die dem Berichterstatter besonders wichtig erscheinen und die auch in
der Diskussion der Arbeitsgruppe eine Rolle gespielt haben:

a) Wünschenswert ist eine ausführliche Dokumentation
   und Analyse der im Projekt realisierten Fälle eines
   Ausgleiches zwischen Täter und Opfer bzw. einer
   Opferentschädigung. Die stärkere Verankerung entsprechender Ansätze in der Praxis der Jugendstrafrechtspflege kann aufgrund von derzeit noch fehlenden, umfassenden empirischen Materials entscheidend
   gefördert werden.

b) Eine stärkere Gewichtung könnten im Rahmen der Begleitforschung die veränderten Tätigkeitsmerkmale
von Jugendgerichtshilfe und Polizei im sogenannten
Bagatellbereich erfahren.

Gleiches gilt dem Grunde nach für die Möglichkeiten
und Auswirkungen der Zusammenarbeit, respektive Arbeitsteilung zwischen diesen beiden Gruppierungen,
oder noch weiter gefaßt, zwischen allen Verfahrensbeteiligten (erweitertes Verständnis einer Prozeßevaluierung).

c) Im Bereich der Analysen zur Entwicklung der Sanktionspraxis erscheinen zusätzliche Betrachtungen in
Relation zu jeweils 100.000 Personen der gleichaltrigen Wohnbevölkerung wünschenswert.

d) Im Rahmen der Evaluierung, der durch die Staatsanwaltschaft und die Jugendrichter ausgesprochenen
Maßnahmen, sollte durch verschiedene Methoden versucht werden, bei allen Beteiligten eventuell vorhandene Auswahlkriterien, Dimensionen und angenom-
mene/ vermutete Wirkungsweisen und Implikationen zu
eruieren.

Insgesamt ist es wünschenswert, daß sich die projektbeglei-
tende Forschung über einen längeren Zeitraum als die reine
Modellaufzeit erstrecken kann.

Unverzichtbar sind z.B. Rückfalluntersuchungen, Auswertun-
gen der Sanktionspraxis sowie verschiedene Analysen zur
Entwicklung des Gesamtprojektes nach einem Zeitraum von
mehreren Jahren.

Anmerkungen

1   Zitiert nach Hilse, J.; Schalk, K.: Hintergrund und
    Konzeption eines Modellprojektes zur Arbeit der Jugend-
    gerichtshilfe. (In: H.-J. Kerner, H. Kury, K. Sessar
    (Hrsg.): Deutsche Forschungen zur Kriminalitätsentste-
    hung und Kriminalitätskontrolle. Köln u.a., 1983, S. 986-
    1022).

2   Joachimfritz Staeter, Leitender Jugendstaatsanwalt in
    Braunschweig, in einem Bericht anläßlich der Beratungen
    des Arbeitskreises IV des 19. Deutschen Jugendgerichts-
    tages im Oktober 1983 in Mannheim.

3   Die Bundesarbeitsgemeinschaft für ambulante Maßnahmen
    nach dem Jugendrecht in der Deutschen Vereinigung für
    Jugendgerichte und Jugendgerichtshilfen e.V. geht auf
    Beratungen des Arbeitskreises V des 18. Deutschen Ju-
    gendgerichtstages 1980 in Göttingen zurück. Zu ihren
    wichtigsten Aufgaben gehören:

    - Förderung des Erfahrungsaustausches zwischen Projek-
      ten mit Schwerpunkten in der ambulanten Arbeit des
      JGG und ihren Mitarbeitern,

    - Beratung von Personen und Institutionen, die ambulan-
      te Maßnahmen im Bereich des Jugendrechtes (verstärkt)
      realisieren wollen,

    - Austausch im Bereich der Begleitforschung von Projek-
      ten,

    - Förderung rechtspolitischer Bestrebungen, den Anwen-
      dungsbereich ambulanter Maßnahmen nach dem JGG bundes-
      weit auszudehnen.

    Eine Kontaktaufnahme mit dem Sprecherrat der Bundesar-
    beitsgemeinschaft ... ist möglich über die Geschäfts-
    stelle der DVJJ, Veterinärstr. 1, 8000 München. Projek-
    te, Adressen und Literatur zu ambulanten sozialpädago-
    gischen Maßnahmen für junge Straffällige hat die Bundes-
    arbeitsgemeinschaft im August 1983 in Heft 14 der
    Schriftenreihe der Deutschen Vereinigung ... (DVJJ) dar-
    gestellt.

4   Zur Frage der Trägerschaft von Projekten ambulanter
    Maßnahmen nach dem JGG vgl. mit weiteren Nachweisen:
    Fischer, H.; Kühnel, R.: Zur Übertragung der Jugendge-
    richtshilfe auf Freie Träger. (In: Kriminalpädagogische
    Praxis, Heft 16, April 1983, S. 2-7).

5   Staeter (Anm. 2), S. 4.

6   Insbesondere wird verwiesen auf die Beratungen der Ar-
    beitskreise IV und VII des 19. Deutschen Jugendgerichts-
    tages und auf das Schlußreferat von Professor Schüler-
    Springorum.

7 Viet, F.: Modellprojekt Jugendgerichtshilfe Braunschweig - Zwischenbericht der Jugendgerichtshilfe,
   Sept. 1983. (Unveröffentlichtes Manuskript, S. 4).

8 Viet (Anm. 7), S. 18.

9 Viet (Anm. 7), S. 12.

10 Bietz, H.: Zur 'Diversion' und Funktion der Jugendgerichtshilfe im Rahmen des § 45 JGG. (In: Zentralblatt
   für Jugendrecht, 1983, S. 331).

11 Hilse u. Schalk (Anm. 1), S. 997.

12 Zu weiteren Perspektiven einer Kriminalpolitik von unten durch die Schaffung regionaler Arbeitskreise Jugendstrafrechtspflege vgl. E. Marks in Heft 6/1984 der Blätter der Wohlfahrtspflege.

13 Hilse u. Schalk (Anm. 1), S. 1007.

3. Bewährungshilfe und Führungsaufsicht

Bernhard Hesener, Eva Zimmermann, Erika Bietsch

Die Ausgestaltung der Bewährungsunterstellung
- Ausgewählte Ergebnisse aus laufenden Forschungsprojekten

Inhalt

A. Einstellungen von jugendlichen und erwachsenen Probanden zur Bewährungsunterstellung

B. Auflagen und Weisungen als Rahmenbedingungen des Bewährungsprozesses

C. Finanzielle Probleme weiblicher Probanden und ihre Auswirkungen auf den Bewährungsprozeß

Wiederholt wurde auf Defizite in der Bewährungshilfeforschung hingewiesen und betont, daß die Intensivierung dieser Forschung aus kriminalpolitischer Sicht notwendig sei[1].
Gleichzeitig wird seitens der Praxis die Forderung erhoben,
Hilfestellung und Praxisanleitung zur Lösung der alltäglichen Probleme der Bewährungshilfe zu leisten[2]. Obwohl bislang viele Untersuchungen vorliegen, die sich mit der Prognose und Rückfälligkeit von Probanden befassen[3], muß der
Wissensstand über die konkrete Ausgestaltung der Arbeitsbeziehung zwischen Bewährungshelfer und Proband als wenig
fundiert eingeschätzt werden. Eine solche Vernachlässigung
ist jedoch kaum vertretbar. Aufgrund der ambivalenten Zielvorgabe - Kontrollausübung und Hilfegewährung - wird die
Chance für eine erfolgreiche Beendigung nicht unwesentlich
über die konkrete Ausgestaltung des Unterstellungsverhältnisses bestimmt[4].

Im folgenden sollen nun erste Teilergebnisse aus laufenden
Projekten des Kriminologischen Forschungsinstituts Niedersachsen e.V. (KFN) dargestellt werden, die sich dieser Thematik zugewandt haben[5]. B. Hesener (A.) berichtet über Einstellungen von jugendlichen und erwachsenen Bewährungshilfeprobanden zur Bewährungsunterstellung. E. Zimmermann (B.)
stellt die Wirkung von Auflagen und Weisungen auf die konkrete Ausgestaltung der Arbeitsbeziehung Bewährungshelfer -
Proband dar. Problemlagen weiblicher Probanden, aber auch
die Hilfestellung, die diese innerhalb der Bewährungsunterstellung durch den Bewährungshelfer erfahren, stehen im
Mittelpunkt des Projektes von E. Bietsch (C.).

A. Einstellungen von jugendlichen und erwachsenen Probanden
   zur Bewährungsunterstellung

1.

Im Rahmen der Bewährungsunterstellung nehmen die beiden
Interaktionspartner Bewährungshelfer und Proband durch ihre
Handlungen, Wahrnehmungen und Einstellungen wechselseitig
Einfluß auf die konkrete Ausgestaltung der Arbeitsbeziehung. Zunächst kommt dem Bewährungshelfer aufgrund der ihm
vom Richter übertragenen Macht eine starke Position innerhalb der Beziehung zu; aber auch der Proband beeinflußt
dieses Verhalten nicht unwesentlich über sein Handeln und
seine Einstellungen. Da sozialpädagogisches Handeln Kooperation zwischen den Beteiligten voraussetzt[6], kann etwa der
Proband, indem er fernbleibt oder aber auch indem er Widerstände und Abwehrmechanismen gegen die Maßnahme aufbaut,
diese ad absurdum führen.

Bisher ist wenig darüber bekannt, wie die Bewährungshilfeprobanden die Unterstellung erleben und interpretieren.
Dies dürfte vor allem an der forschungspraktischen Schwierigkeit liegen, Zugang zu den Probanden zu finden; so
erwies es sich in mehreren Untersuchungen, in denen Proban-
denbefragungen angestrebt wurden, als äußerst schwierig und
aufwendig, die Probanden zu erreichen[7]. Andererseits deutet
die Vernachlässigung dieser Perspektive, wie in dem Beitrag
von Bockwoldt (in diesem Band) angesprochen, darauf hin,
daß man ihr in der Forschung bislang wenig Relevanz beigemessen hat.

2.

Im folgenden sollen nun Teilergebnisse einer Probandenbefragung dargestellt werden, die der Untersuchung "Interaktionsstruktur zwischen Bewährungshelfer und Proband - Ana-

lyse der Sichtweisen der Beteiligten" entnommen wurden. Inhaltlich stehen Einstellungen und Bewertungen im Vordergrund, die Probanden hinsichtlich der Bewährungsunterstellung zeigen. Der Gesamtuntersuchung[8] liegt die Konzeption
zugrunde, Daten zum Bewährungshilfeverhältnis sowohl bei
Bewährungshelfern als auch bei deren Probanden zu erheben.
So wurden 38 Bewährungshelfer aus 8 Städten Niedersachsens
zu jeweils 10 ihnen unterstellten Probanden, die zufällig
ausgewählt worden waren, anhand standardisierter Interviews
befragt; gleichzeitig wurden auch mit diesen Probanden stan-
dardisierte Interviews durchgeführt. Insgesamt liegen derzeit 294 Probandeninterviews vor; davon stammen 248 aus der
zunächst gezogenen Zufallsstichprobe (64 %) und weitere 46
Probanden aus einer erweiterten Stichprobe, die die Ausfälle
kompensiert. Da sich keine gravierenden Unterschiede zwischen diesen beiden Teilstichproben ergaben, beziehen sich
die im folgenden dargestellten Ergebnisse auf die Gesamt-
stichprobe von 294 Probanden.

Im Rahmen der Probandenbefragung sollten die Probanden das
konkrete Bewährungshilfeverhältnis zu ihrem Bewährungshelfer beurteilen und bewerten. Zudem wurden Daten zum Selbst-
konzept, zu Problemen und Problembewertungen usw. von den
Probanden erhoben.

3.

Im folgenden sollen deskriptiv Ergebnisse dargestellt werden, die sich mit der Beurteilung des Unterstellungsverhältnisses beschäftigen.

In diesem Zusammenhang erschien es uns zunächst wichtig zu
erfassen, inwieweit die Einstellungen erfahrungsbedingt
sind, d.h. inwieweit überhaupt Erfahrungen mit Hilfegewährung und Kontrollausübung vorliegen; hinsichtlich der Genese, aber auch der Konsistenz der Einstellungen muß den ge-

machten Erfahrungen eine große Bedeutung zugemessen werden.
Bei der Bewertung der Bewährungsunterstellung durch die
Probanden erschien es uns zudem wichtig zu erfragen, inwieweit der ambivalente Charakter der Unterstellung, der durch
die konkurrierenden Zielvorgaben Hilfegewährung und Kontrollausübung bedingt ist, von den Probanden überhaupt wahrgenommen wird.

Bei der Bewertung der Person des Bewährungshelfers erschienen drei Aspekte von Bedeutung: Bewertung unter sozial-emotionalen Gesichtspunkten, Bewertung der Handlungskompetenz
und der Leistungsmöglichkeiten des Bewährungshelfers und
die Wahrnehmung des Einflusses und der Macht des Bewährungshelfers. Die sozial-emotionale Bewertung umfaßte Aspekte
wie Vertrauen, Empathie, Akzeptiert-Werden usw., während
bei der Bewertung der Handlungskompetenz und der Leistungsmöglichkeiten stärker der materielle Aspekt der Beziehung
im Vordergrund stand, nämlich angemessene Hilfe vermitteln
zu können. Bei der Bewertung von Macht und Einfluß ging es
vor allem darum festzustellen, inwieweit das Verhalten des
Bewährungshelfers als bedrohlich für die eigene Situation
wahrgenommen wird. In einer Gesamtbewertung wurden die Probanden sodann gefragt, wie zufrieden sie mit den Interventionen - Hilfegewährung und Kontrollausübung - waren. Die
Einbeziehung von Kontrollaspekten bei der Bewertung der
Zufriedenheit erschien notwendig, weil kontrollierende Interventionen von den Probanden nicht unbedingt von vornherein als negativ empfunden, sondern evtl. sogar als struk-
turierend und damit positiv erlebt werden. Um stärker am
Verhalten orientierte Einstellungen zu erfassen, wurden
außerdem Aufsuchens- und Vermeidens- sowie Konformitätsdispositionen erfaßt.

Die nachfolgende Übersicht faßt die einzelnen Skalen zusammen. Sie waren als Likert-Skalen konzipiert und in einer
Voruntersuchung schon auf ihre Verwendbarkeit hin untersucht worden.

- Bewertung der Bewährungsunterstellung als Hilfsangebot (A 1) oder als Kontrollsituation (A 2)
- Beschreibung bisher gemachter Erfahrungen mit Hilfegewährung (B 1) und Kontrollausübung (B 2)
- Bewertung des Bewährungshelfers unter sozial-emotionalen Gesichtspunkten (C)
- Bewertung der Handlungskompetenz und der Leistungsmöglichkeiten des Bewährungshelfers (D 1)
- Einschätzung des Einflusses und der Macht des Bewährungshelfers (D 2)
- Zufriedenheit bzw. Unzufriedenheit mit Hilfegewährung und Kontrollausübung (E)
- Konformitätsdispositionen bez. des Kontaktverhaltens (F 1)
- Aufsuchens- oder Vermeidensdispositionen bez. des Kontaktverhaltens (F 2)
- Autonomie gegenüber institutionellen Sanktionen (F 3).

Eine solche direkte Beurteilung durch die Betroffenen ermöglicht zunächst eine einfache Evaluation der Maßnahme. So läßt sich etwa feststellen, inwieweit diese überhaupt von dem Betroffenen akzeptiert wird und damit die Voraussetzung gegeben ist, helfend intervenieren zu können.

3.1.

Die folgenden Fragen stehen im Mittelpunkt dieses Untersuchungsteils:

1. Wird die Bewährungshilfeunterstellung stärker als Hilfe oder als Kontrolle erlebt?
2. Welche Erfahrungen liegen mit Hilfegewährung und Kontrollausübung vor?
3. Wie wird die Person des Bewährungshelfers wahrgenommen?

4. Wie zufrieden ist der Proband mit der Bewährungsunterstellung und welche Verhaltensdispositionen resultieren daraus?

In Tabelle 1 findet sich eine Darstellung der
Ergebnisse der Probandenbefragung, die entsprechend der
oben vorgestellten Systematik geordnet sind. Ohne auf die
Angaben im Detail eingehen zu wollen[9], ergibt sich folgendes Bild: Rd. 25 % bis 45 % der Probanden erleben die Bewährungsunterstellung nicht als Hilfsangebot; dem entspricht
ein Anteil von Probanden, der die Bewährungsunterstellung
stärker als Kontrolle bzw. Strafe erlebt.

Die Hilfegewährung durch den Bewährungshelfer wird nur von
einem geringen Teil der Probanden als wenig engagiert beschrieben (ca. 5 - 25 %); ein etwa gleich großer Anteil der
Probanden hat Erfahrungen mit stärkerer Kontrollausübung.
Ein gewisses Maß an Strukturierung und Kontrolle innerhalb
der Arbeitsbeziehung durch den Bewährungshelfer scheint allerdings bei dem überwiegenden Teil vorzuliegen. So berichten 73 % der Probanden, daß der Bewährungshelfer auf
Einhaltung von Abmachungen drängt; einen "laissez faire"-
Arbeitsstil scheinen die Bewährungshelfer nur gegenüber
wenigen Probanden auszuüben.

Die Bewährungshelfer werden als sympathisch, teilweise sogar als kumpelhaft erlebt; die Probanden fühlen sich gut
von ihnen verstanden, obwohl ein Teil von ihnen durchaus
wahrnimmt, daß zwischen ihrer Lebensperspektive und der des
Bewährungshelfers Unterschiede bestehen. Auch haben die Probanden Vertrauen darauf, daß der Bewährungshelfer persönliche Mitteilungen der Probanden für sich behält. Allerdings geht dieses Vertrauen nicht soweit, daß man glaubt,
ihm alles erzählen zu können (40 %). Über die Erwartungen,
die seitens des Bewährungshelfers an die Probanden gestellt
werden, besteht bei diesen Klarheit; auch über die Berichtspflicht der Bewährungshelfer sind die Probanden weitgehend
unterrichtet.

Tabelle 1: Bewertung des Unterstellungsverhältnisses durch die Probanden (Gesamtauszählung)

Bewertung der Bewährungsunterstellung als Hilfsangebot (A 1)	1 trifft sehr zu		2 trifft zu		3 trifft etwas zu		4 trifft eher nicht zu		5 trifft nicht zu		6 trifft gar nicht zu		keine Angabe	Mittelwert
	abs.	%	abs.	%	abs.	%	abs.	%	abs.	%	abs.	%		
13. Die Unterstellung unter einen Bewährungshelfer sehe ich als eine Möglichkeit, in dieser Gesellschaft wieder Fuß zu fassen	68	23.	89	30.	64	22.	17	6.	27	9.	27	9.	1	2.75
17. Ich sehe in der Bewährungsunterstellung kein Hilfsangebot für mich.	12	4.	28	10.	34	12.	30	10.	89	31.	98	34.	2	4.55
26. Die Unterstellung unter einem Bewährungshelfer sehe ich als Angebot, meine Angelegenheiten besser in den Griff zu bekommen.	69	24.	132	45.	60	21.	9	3.	16	5.	6	2.	1	2.28
2. Die Bewährungsunterstellung sehe ich als überflüssig an, ich käme auch ohne einen Bewährungshelfer zurecht.	41	14.	42	14.	44	15.	34	12.	70	24.	62	21.	0	3.81
11. Für mich ist es gut, einen Bewährungshelfer zu haben.	63	22.	80	27.	74	25.	23	8.	25	9.	28	10.	0	2.83
21. Was der Bewährungshelfer macht, ist mir im Grunde ziemlich egal.	6	2.	17	6.	20	7.	41	14.	111	38.	97	33.	1	4.80
Bewertung der Bewährungsunterstellung als Kontrollsituation (A 2)														
4. Die Unterstellung unter einen Bewährungshelfer erfolgt nur, um die Leute besser kontrollieren zu können.	abs. 24	% 8.	abs. 49	% 17.	abs. 72	% 25.	abs. 32	% 11.	abs. 58	% 20.	abs. 57	% 20.	1	3.76
6. Es belastet mich ganz schön, daß meine Strafe zur Bewährung ausgesetzt wurde.	33	11.	20	7.	52	18.	14	5.	69	24.	101	35.	4	4.28
43. Die Unterstellung unter einen Bewährungshelfer sehe ich als eine Strafe an.	19	7.	30	10.	51	18.	25	9.	81	28.	82	28.	5	4.27
Beschreibung bisher gemachter Erfahrungen mit Hilfegewährung (B 1)														
3. Für den Bewährungshelfer ist die Arbeit mit uns nur ein Job.	abs. 9	% 3.	abs. 19	% 7.	abs. 37	% 13.	abs. 30	% 10.	abs. 94	% 33.	abs. 99	% 34.	5	4.66
5. Der Bewährungshelfer redet viel, tut aber wenig.	4	1.	11	4.	26	9.	39	13.	79	27.	133	46.	1	4.98
8. Der Bewährungshelfer tut mehr, als er eigentlich müßte.	64	22.	80	28.	74	26.	29	10.	30	10.	13	4.	3	2.72
29. Der Bewährungshelfer setzt sich für mich ein.	95	33.	135	47.	42	15.	5	2.	9	3.	2	1.	5	1.97
36. Ich muß den Bewährungshelfer schon drängen, damit er etwas für einen tut.	7	2.	9	3.	17	6.	25	9.	106	36.	128	44.	1	5.05
48. Wenn Not am Mann ist, ist der Bewährungshelfer zur Stelle.	82	28.	137	48.	50	17.	9	3.	8	3.	2	1.	5	2.06
Beschreibung bisher gemachter Erfahrungen mit Kontrollausübung (B 2)														
10. Der Bewährungshelfer macht mir oft Vorhaltungen.	abs. 14	% 5.	abs. 22	% 8.	abs. 47	% 16.	abs. 36	% 12.	abs. 67	% 23.	abs. 104	% 36.	3.	4.49
22. Ich muß dem Bewährungshelfer über alles, was ich tue, Rechenschaft ablegen.	10	3.	23	8.	32	11.	29	10.	97	33.	101	35.	1	4.65
27. Der Bewährungshelfer hat mich häufiger unter Druck gesetzt.	1	0.	11	4.	26	9.	15	5.	82	28.	157	54.	1	5.18
49. Der Bewährungshelfer drängt sehr stark auf Einhaltung von Abmachungen.	35	12.	96	33.	81	28.	22	8.	34	12.	22	8.	3	2.97

Tabelle 1: Bewertung des Unterstellungsverhältnisses durch die Probanden (Gesamtauszählung) (Fortsetzung)

Bewertung des Bewährungshelfers unter sozial-emotionalen Gesichtspunkten (C)	1 trifft sehr zu		2 trifft zu		3 trifft etwas zu		4 trifft eher nicht zu		5 trifft nicht zu		6 trifft gar nicht zu		keine Angabe	Mittel-wert
	abs.	%	abs.	%	abs.	%	abs.	%	abs.	%	abs.	%		
9. Der Bewährungshelfer sagt einem alles, was er denkt.	65	22.	101	35.	64	22.	21	7.	21	7.	17	6.	4	2.60
23. Man kann dem Bewährungshelfer nicht alles erzählen.	15	5.	47	16.	56	19.	37	13.	74	25.	63	22.	1	4.02
33. Mein Verhältnis zum Bewährungshelfer ist ganz offen.	87	30.	131	45.	55	19.	7	2.	4	1.	7	2.	2	2.08
37. Wenn ich dem Bewährungshelfer alles erzähle, was ich mache, würde ich mir selbst schaden.	13	4.	15	5.	33	11.	22	8.	115	40.	93	32.	2	4.68
15. Der Bewährungshelfer behandelt mich von oben herab.	4	1.	9	3.	9	3.	18	6.	99	34.	151	52.	3	5.25
19. Der Bewährungshelfer und ich unterhalten uns wie gleichberechtigte Partner.	90	31.	120	41.	55	19.	17	6.	7	2.	4	1.	0	2.12
24. Der Bewährungshelfer hat zwar andere Vorstellungen als ich, wir können uns aber trotzdem immer einigen.	39	13.	144	49.	61	21.	12	4.	25	9.	12	4.	0	2.58
40. Der Bewährungshelfer nimmt mich so, wie ich bin.	65	22.	179	62.	29	10.	9	3.	6	2.	1	0.	4	2.01
12. Der Bewährungshelfer ist wie ein Kumpel zu mir.	48	17.	77	27.	99	34.	18	6.	32	11.	16	6.	3	2.85
28. Ich kann den Bewährungshelfer menschlich nicht ausstehen.	2	1.	4	1.	7	2.	18	6.	76	26.	182	63.	4	5.45
39. Ich empfinde den Bewährungshelfer als ganz in Ordnung.	94	33.	163	57.	21	7.	5	2.	3	1.	2	1.	5	1.84
45. Der Bewährungshelfer ist mir irgendwie unsympathisch.	16	6.	21	7.	18	6.	15	5.	99	34.	120	42.	4	4.80
7. Ich vertraue meinem Bewährungshelfer.	113	39.	115	40.	38	13.	7	2.	9	3.	9	3.	2	2.01
20. Wenn ich dem Bewährungshelfer alles über mich erzähle, berichtet er es vielleicht dem Richter.	10	3.	21	7.	40	14.	50	17.	84	29.	85	29.	3	4.49
38. Ich habe die Befürchtung, daß der Bewährungshelfer nicht alles für sich behält, was ich ihm erzähle.	9	3.	20	7.	34	12.	39	13.	100	35.	87	30.	4	4.60
44. Ich glaube, meine vertraulichen Mitteilungen behält der Bewährungshelfer für sich.	79	28.	146	51.	41	14.	10	3.	6	2.	4	1.	7	2.06
30. Mir ist häufig nicht klar, was der Bewährungshelfer von mir will.	5	2.	17	6.	31	11.	30	10.	104	36.	105	36.	1	4.80
32. Wir haben darüber gesprochen, daß der Bewährungshelfer einen Bericht über mich anfertigen muß.	81	28.	164	57.	14	5.	5	2.	15	5.	11	4.	3	2.11
42. Der Bewährungshelfer hat mir genau erklärt, was er von mir erwartet.	45	16.	148	51.	50	17.	19	7.	16	6.	11	4.	4	2.47
46. Wir haben darüber gesprochen, welche Möglichkeiten der Bewährungshelfer hat, mir zu helfen.	55	19.	154	53.	43	15.	17	6.	14	5.	6	2.	4	2.30
16. Der Bewährungshelfer redet häufiger auf mich ein, ohne mich zu verstehen.	4	1.	17	6.	23	8.	28	10.	101	35.	118	41.	2	4.92
25. Der Bewährungshelfer kann meine Sorgen ganz gut verstehen.	68	23.	152	52.	46	16.	10	3.	12	4.	4	1.	1	2.17
34. Der Bewährungshelfer versteht mich menschlich ganz gut.	67	23.	162	56.	47	16.	9	3.	3	1.	3	1.	2	2.07
41. Der Bewährungshelfer und ich haben nicht die gleiche Wellenlänge.	10	3.	36	13.	68	24.	54	19.	83	29.	36	13.	6	3.95

Tabelle 1: Bewertung des Unterstellungsverhältnisses durch die Probanden (Gesamtauszählung)
(Fortsetzung)

Bewertung der Handlungskompetenz und der Leistungsmöglichkeiten des Bewährungshelfers (D 1)	1 trifft sehr zu		2 trifft zu		3 trifft etwas zu		4 trifft eher nicht zu		5 trifft nicht zu		6 trifft gar nicht zu		keine Angabe	Mittelwert
	abs.	%	abs.	%	abs.	%	abs.	%	abs.	%	abs.	%		
50. Wenn der Bewährungshelfer eine Sache in die Hand nimmt, klappt sie meistens auch.	52	18.	143	49.·	79	27.	10	3.	5	2.	2	1.	2	2.24
53. Bewährungshelfer können meistens nur sehr oberflächlich helfen.	7	2.	32	11.	64	22.	46	16.	94	32.	47	16.	3	4.13
57. Wenn der Bewährungshelfer sich einsetzt, hat er meistens bessere Chancen als man selbst.	89	30.	132	45.	52	18.	8	3.	7	2.	4	1.	1	2.05
60. Der Bewährungshelfer weiß, wie man Schwierigkeiten in den Griff bekommt.	59	20.	159	55.	55	19.	11	4.	6	2.	1	0.	2	2.14
63. Von meinem Bewährungshelfer kann ich mir keine Unterstützung versprechen.	7	2.	15	5.	25	9.	35	12.	115	39.	95	33.	1	4.78
69. Der Bewährungshelfer kennt sich in vielen Dingen besser aus als man selbst.	101	35.	157	54.	25	9.	2	1.	5	2.	1	0.	2	1.82
75. Die Möglichkeiten des Bewährungshelfers zu helfen, sind sehr begrenzt.	18	6.	39	14.	78	27.	41	14.	79	27.	33	11.		3.77
77. Bei den wirklichen Problemen der Probanden kann der Bewährungshelfer auch wenig ausrichten.	8	3.	48	17.	66	23.	54	19.	80	28.	31	11.	6	3.85
83. Der Bewährungshelfer hat zuwenig Zeit, um richtig helfen zu können.	10	3.	36	12.	68	23.	42	14.	80	27.	55	19.	2	4.07
92. Der Bewährungshelfer hat häufig bessere Kontakte und Beziehungen zu wichtigen Leuten.	70	24.	170	59.	37	13.	5	2.	6	2.	2	1.	3	2.01
Bewertung des Einflusses und der Macht des Bewährungshelfers (D 2)														
	abs.	%	abs.	%	abs.	%	abs.	%	abs.	%	abs.	%		
51. Ich glaube, der Bewährungshelfer überlegt es sich lange, bevor er etwas gegen einen Probanden unternimmt.	34	12.	155	53.	43	15.	27	9.	21	7.	10.	3.	3	2.57
55. Wenn der Bewährungshelfer einem etwas will, kann er das auch.	19	7.	88	31.	74	26.	45	16.	45	16.	17	6.	5	3.21
58. Man muß hier in der Bewährungshilfe schon mitmachen, sonst hat das Folgen für einen.	34	12.	90	31.	67	23.	33	11.	43	15.	22	8.	4	3.09
61. Ich glaube, der Bewährungshelfer hat genug Einfluß, mir das Leben schwerzumachen.	19	7.	51	18.	51	18.	41	14.	80	27.	49	17.	2	3.89

Tabelle 1: Bewertung des Unterstellungsverhältnisses durch die Probanden (Gesamtauszählung)
(Fortsetzung)

Zufriedenheit bzw. Unzufriedenheit mit Hilfegewährung und Kontrollausübung (E)	1 trifft sehr zu		2 trifft zu		3 trifft etwas zu		4 trifft eher nicht zu		5 trifft nicht zu		6 trifft gar nicht zu		keine Angabe	Mittelwert
	abs.	%	abs.	%	abs.	%	abs.	%	abs.	%	abs.	%		
52. Wenn der Bewährungshelfer mich nicht zum Lösen meiner Problem gedrängt hätte, stände ich heute noch, wo ich früher stand.	36	12.	78	27.	68	23.	28	10.	47	16.	35	12.	1	3.26
98. Dadurch, daß der Bewährungshelfer mich auf meine Schwierigkeiten aufmerksam gemacht hat, habe ich schon einige Probleme gelöst.	48	17.	124	43.	68	24.	17	6.	21	7.	11	4.	4	2.56
66. Ohne die Hilfe des Bewährungshelfers wäre es mir schwergefallen, klarzukommen.	46	16.	68	23.	67	23.	31	11.	54	18.	26	9.	1	3.20
73. Bei meinen wirklichen Problemen hat mich mein Bewährungshelfer im Stich gelassen.	6	2.	6	2.	14	5.	22	8.	107	37.	134	46.	4	5.15
87. Ich bin unzufrieden über die Hilfe, die mir der Bewährungshelfer bisher angeboten hat.	17	6.	25	9.	30	10.	21	7.	115	39.	84	29.	1	4.52
94. Der Bewährungshelfer hat mir Probleme eingeredet, die ich gar nicht hatte.	2	1.	5	2.	9	3.	15	5.	125	43.	134	46.	3	5.27
71. Ich finde es schlecht, daß der Bewährungshelfer mich zu kontrollieren versucht.	12	4.	22	8.	46	16.	40	14.	98	34.	70	24.	5	4.39
85. Es stört mich, daß ich vom Bewährungshelfer oft abgefragt werde.	4	1.	12	4.	49	17.	31	11.	112	39.	82	28.	3	4.66
96. Ich finde es schlecht, daß der Bewährungshelfer mich häufiger unter Druck gesetzt hat, Probleme zu lösen.	2	1.	6	2.	18	6.	39	13.	120	41.	105	36.	3	5.01
89. Die Hilfestellung, die mir mein Bewährungshelfer gibt, ist nur oberflächlich.	3	1.	16	5.	33	11.	52	18.	116	40.	72	25.	1	4.64
80. Ich finde es gut, daß der Bewährungshelfer mich zum Lösen meiner Probleme angehalten hat.	57	20.	150	52.	50	17.	16	6.	14	5.	1	0.	5	2.25
82. Der Bewährungshelfer mischt sich in meine Angelegenheiten ein, die ihn nichts angehen.	1	0.	7	2.	23	8.	33	11.	111	38.	117	40.	1	5.04
62. Dadurch, daß ich einen Bewährungshelfer hatte, bin ich nicht total abgeglitten.	35	12.	74	26.	44	15.	34	12.	60	21.	43	15.	3	3.48
68. Ich finde es gut, daß der Bewährungshelfer mir zu helfen versucht hat.	96	33.	163	56.	23	8.	2	1.	4	1.	2	1.	3	1.83
Konformitätsdispositionen bez. des Kontaktverhaltens (F 1)														
	abs.	%	abs.	%	abs.	%	abs.	%	abs.	%	abs.	%		
79. Es ist für einen am besten, wenn man versucht, mit dem Bewährungshelfer auszukommen.	60	21.	150	52.	50	17.	7	2.	15	5.	7	2.	4	2.27
81. Um Ärger zu vermeiden, tut man am besten das, was der Bewährungshelfer einem sagt.	30	10.	77	27.	78	27.	38	13.	41	14.	24	8.	5	3.19
86. Am besten, man macht hier mit, dann kann einem so schnell auch nichts passieren.	16	6.	62	21.	63	22.	40	14.	62	21.	46	16.	4	3.72
97. Man geht besser zum Bewährungshelfer, um keinen Widerruf zu riskieren.	39	14.	84	29.	60	21.	20	7.	46	16.	39	14.	5	3.23

Tabelle 1: Bewertung des Unterstellungsverhältnisses durch die Probanden (Gesamtauszählung) (Fortsetzung)

Aufsuchens- oder Vermeidensdispositionen bez. des Kontaktverhaltens (F 2)	1 trifft sehr zu		2 trifft zu		3 trifft etwas zu		4 trifft eher nicht zu		5 trifft nicht zu		6 trifft gar nicht zu		keine Angabe	Mittelwert
	abs.	%	abs.	%	abs.	%	abs.	%	abs.	%	abs.	%		
56. Ich versuche meinen Termin beim Bewährungshelfer so schnell wie möglich hinter mich zu bringen.	21	7.	51	18.	57	20.	44	15.	74	26.	43	15.	3	3.79
64. Ich suche den Bewährungshelfer auf, weil ich mich mit ihm gut unterhalten kann.	39	13.	110	38.	57	20.	31	11.	33	11.	20	7.	3	2.89
67. Wenn ich Schwierigkeiten habe, suche ich auch mal außerhalb der Termine den Bewährungshelfer auf.	59	20.	121	42.	37	13.	15	5.	37	13.	21	7.	3	2.70
70. Ich bin froh, wenn ich nur sehr wenig mit dem Bewährungshelfer zutun habe.	13	4.	39	13.	56	19.	47	16.	88	30.	49	17.	1	4.04
72. Ich nehme jede Gelegenheit wahr, Termine des Bewährungshelfers nicht wahrnehmen zu müssen.	5	2.	12	4.	21	7.	17	6.	124	43.	109	38.	5	4.98
76. In schwierigen Situationen wende ich mich meistens an den Bewährungshelfer.	48	17.	122	42.	59	20.	24	8.	18	6.	18	6.	4	2.64
84. Ich bin immer ganz froh, wenn ich einen Grund habe, nicht zum Bewährungshelfer gehen zu müssen.	11	4.	22	8.	28	10.	30	10.	121	41.	80	27.	1	4.60
88. Ich werde auch so ohne besonderen Grund einmal zum Bewährungshelfer kommen.	33	11.	129	44.	52	18.	31	11.	31	11.	16	5.	1	2.82
91. Bei Schwierigkeiten würde ich immer wieder den Bewährungshelfer ansprechen.	62	21.	156	53.	43	15.	15	5.	13	4.	3	1.	1	2.21
95. Ich gehe so selten wie möglich zum Bewährungshelfer, da ich mich dort nicht wohlfühle.	6	2.	20	7.	30	10.	29	10.	123	42.	82	28.	3	4.69
Autonomie gegenüber institutionellen Sanktionen (F 3)														
	abs.	%	abs.	%	abs.	%	abs.	%	abs.	%	abs.	%		
59. Wenn der Bewährungshelfer mich kontrolliert, hat er bei mir keine Chance.	20	7.	27	9.	37	13.	44	15.	101	35.	58	20.	6	4.23
65. Es beeindruckt mich nicht, wenn der Bewährungshelfer Druck auf mich ausübt.	14	5.	41	14.	52	18.	51	18.	88	30.	45	15.	2	4.01
74. Wenn der Bewährungshelfer mir Ärger macht, kann er damit bei mir überhaupt nichts erreichen.	11	4.	36	13.	45	16.	33	12.	93	33.	67	24.	8	4.27

n = 294

Dem Bewährungshelfer wird bei der Regelung von Konflikten und sonstigen Angelegenheiten eine hohe Kompetenz zugesprochen (rd. 80 - 90 %); hier legen die Probanden vermutlich ihre eigenen, vergleichsweise geringen Leistungsmöglichkeiten der Beurteilung zugrunde. Nicht so positiv fällt das Urteil aus, wenn die objektiven Hilfsmöglichkeiten, bezogen etwa auf die relativ schwierigen Probleme von einzelnen Probanden, bewertet werden sollen. Hier werden die tatsächlichen Ressourcen des Bewährungshelfers als beschränkt eingeschätzt (rd. 40 - 50 %). Bezogen auf den Ausgang des Bewährungsverfahrens erleben etwa 30 - 50 % der Probanden den Bewährungshelfer als mächtig und einflußreich. Insgesamt äußern die Probanden, daß sie mit den während der Bewährungsunterstellung erhaltenen Hilfeleistungen zufrieden sind; 50 - 60 % geben sogar an, daß sie ohne diese Hilfe nicht mit ihren Schwierigkeiten fertig geworden wären.

Trotzdem besteht bei einem Teil der Probanden (rd. 20 - 45 %) die Tendenz, sich der Bewährungsunterstellung möglichst zu entziehen. Sie vermeiden, so es ihnen möglich ist, den Kontakt zum Bewährungshelfer. So verwundert es nicht, daß ein nicht unerheblicher Teil der Probanden angibt, daß sie sich möglichst konform, entsprechend den an sie gerichteten Erwartungen, verhalten.

4.

Faßt man die Ergebnisse zusammen, so fällt auf, daß das Verhalten und die Leistungsmöglichkeiten der Bewährungshelfer von den Probanden sehr positiv eingestuft werden. Dagegen besteht gegenüber der Institution "Bewährungshilfe" bei einem Teil der Probanden ein latentes Mißtrauen, vermutlich aufgrund des Kontrollauftrages.

5.

In einem weiteren Schritt interessierte uns, welcher Zusammenhang zwischen den einzelnen Beurteilungsdimensionen besteht und welche Beurteilungsmuster den Bewertungen zugrunde gelegen haben. Zu diesem Zweck wurde eine Faktorenanalyse vorgenommen (vgl. Tabelle 2). Die Reliabilität der Bewertungsskalen [10] ist als gut zu bezeichnen.

Tabelle 2: Faktorenstruktur der Bewertungsskalen der Bewährungsunterstellung

Bewertungsskalen (Summenscores)	Faktor 1	Faktor 2	Kommunalität
Bewertung der Bewährungsunterstellung als Hilfsangebot (A1)	.75	.03	.54
Bewertung der Bewährungsunterstellung als Kontrollsituation (A2)	-.43	.47	.41
Beschreibung bisher gemachter Erfahrungen mit Hilfegewährung (B1)	.79	-.19	.68
Beschreibung bisher gemachter Erfahrungen mit Kontrollausübung (B2)	.07	.52	.28
Bewertung des Bewährungshelfers unter sozial-emotionalen Gesichtspunkten (C)	.82	-.25	.75
Bewertung der Handlungskompetenz und der Leistungsmöglichkeiten des Bewährungshelfers (D1)	.81	-.00	.66
Einschätzung des Einflusses und der Macht des Bewährungshelfers (D2)	-.14	.50	.37
Zufriedenheit bzw. Unzufriedenheit mit Hilfegewährung und Kontrollausübung (E)	.88	-.07	.79
Konformitätsdispositionen bez. des Kontaktverhaltens (F1)	.03	.66	.44
Aufsuchens- oder Vermeidungsdispositionen bez. des Kontaktverhaltens (F2)	.71	-.30	.60
Autonomie gegenüber institutionellen Sanktionen (F3)	.41	-.11	.19

Aufgeklärte Varianz: 52,5 %

Der erste Faktor beschreibt hierbei eine _positive_ Einstellung des Probanden zur Bewährungsunterstellung. Ein stark positiver Zusammenhang besteht zwischen den Skalen "Bewertung der Bewährungsunterstellung als Hilfsangebot (A1)", "Erfahrungen mit Hilfegewährungen (B1)", "Bewertung des Bewährungshelfers unter sozial-emotionalen Gesichtspunkten (C)", "Einschätzung der Handlungskompetenz, der Leistungsmöglichkeiten des Bewährungshelfers (D1)", "Zufriedenheit bzw. Unzufriedenheit mit Hilfegewährung und Kontrollausübung (E1)", "Aufsuchens- oder Vermeidensdispositionen bez. des Kontrollverhaltens (F2)". Negativ dagegen lädt auf diesem Faktor die Skala "Bewertung der Bewährungsunterstellung als Kontrolle (A2)". Der zweite Faktor läßt sich inhaltlich charakterisieren als _negative_ Einstellung zur Bewährungsunterstellung. Ein stark positiver Zusammenhang besteht zwischen den Skalen "Bewertung der Bewährungsunterstellung als Kontrollsituation (A2)", "Erfahrungen mit Kontrollausübung (B2)", "Einschätzung des Einflusses und der Macht des Bewährungshelfers (D2)" und "Konformitätsdispositionen bez. des Kontaktverhaltens (F1)".

6.

Betrachtet man die Untersuchungsergebnisse insgesamt, so wird deutlich, daß die Bewertung der Bewährungsunterstellung sehr stark erfahrungsgebunden ist. Positive Erfahrungen mit der Hilfegewährung stehen im engen Zusammenhang mit einer erhöhten Aufsuchenstendenz, einer Zufriedenheit mit den Interventionen und einer positiven Bewertung des Bewährungshelfers, während negative Erwartungen vor allem Konformitätsdispositionen hervorrufen; gleichzeitig wird der Einfluß und die Macht des Bewährungshelfers höher eingeschätzt.

Diese ersten Ergebnisse einer Probandenbefragung bedürfen im Verlauf der weiteren Untersuchung einer genaueren Ana-

lyse. Hierbei müßte vor allem untersucht werden, mit welchen externen Faktoren wie z.B. Problembelastung der Probanden, soziodemographischen Daten, Daten zur kriminellen Karriere usw. eine positive bzw. negative Bewertung der Bewährungshilfeunterstellung zusammenhängt. Dies wird im Rahmen
der Gesamtuntersuchung geleistet werden.

B. Auflagen und Weisungen als Rahmenbedingungen des Bewäh-
rungsprozesses

1.

Im Mittelpunkt der Forschungsprojekte des KFN über Bewährungshilfe[11] steht u.a. die Interaktion zwischen Bewährungshelfer und Proband. In dieser Untersuchung wurden verschiedene Bewährungshelfer und deren Probanden vor allem in
Beratungssituationen insgesamt 214 Stunden lang beobachtet.

Im folgenden soll der Frage nachgegangen werden, inwieweit
das erkennende Gericht durch die Aufnahme von Auflagen und
Weisungen in den Bewährungsbeschluß den Bewährungshilfeprozeß vorstrukturiert.

In der Literatur ist dieses Thema sehr umstritten. Auf der
einen Seite wird betont, daß die Bewährungshilfe trotz der
Regelungen in § 56d Abs. 4 und Abs. 3 StGB weitgehend unabhängig sei und im wesentlichen den Methoden und dem Selbstverständnis ihres Berufes verpflichtet arbeiten könne[12],
auf der anderen Seite wird gefordert, die Fachaufsicht der
Gerichte einzuschränken: Die Berichte sollten nur noch die
faktische Einhaltung der Kontaktverpflichtung beinhalten
und nicht mehr konkret auf die Einhaltung von Auflagen und
Weisungen eingehen[13]. Sicher ist jedoch, daß die Beachtung
und Erfüllung dieser "Verhaltensanordnungen" und deren Kon-

trolle durch das Gericht, in dessen Auftrag der Bewährungshelfer aktiv wird, über den Ausgang des Bewährungshilfeprozesses - d.h. über Erfolg oder Mißerfolg - mitentscheidet.
Sogenannte technische Verstöße führen, wenn sie zur Kenntnis des Gerichts gelangen, eher zum Widerruf als das Bekanntwerden neuer Straftaten[14].

Die Relevanz einer Untersuchung, die sich mit der Funktion
von Auflagen und Weisungen für die Ausgestaltung der Bewährungsunterstellung beschäftigt, liegt darin, daß hier exemplarisch der Frage nach dem Rollenkonflikt des Bewährungshelfers[15] nachgegangen werden kann; denn die juristische
Perspektive, die durch Auflagen und Weisungen in den Betreu-
ungsprozeß eingeht, ist ein wesentlicher Faktor dieses Konflikts.

2.

In unserer Untersuchung wurde festgestellt, daß bei der
Thematisierung von Auflagen und Weisungen bestimmte Probleme häufiger auftauchen. Sowohl auf seiten der Probanden
als auch der von Bewährungshelfern werden verschiedene Verhaltensweisen beobachtbar, die Muster der Problem- bzw.
Konfliktbearbeitung erkennen lassen. Hierauf soll im folgenden exemplarisch eingegangen werden.

2.1.

Differenziert werden muß zunächst zwischen Auflagen und
Weisungen, die nach unseren Beobachtungen das eigentliche
Betreuungsverhältnis zumeist gar nicht tangieren, weil für
deren Erfüllung der in Frage kommende Ansprechpartner nicht
der Bewährungshelfer, sondern ein Dritter ist und solchen
Auflagen und Weisungen, die sich substantiell auf die Arbeitsbeziehung auswirken. Zur erstgenannten Art gehört ins-

besondere die Geldauflage nach § 56b Abs. 2 Nr. 2 StGB.
Diese Auflage erfüllen Probanden häufiger von sich aus;
ebenso die Weisung, einer Unterhaltspflicht nachzukommen
(§ 56 Abs. 2 Nr. 5 StGB). Die Tätigkeit des Bewährungshelfers beschränkt sich hier auf den reinen Kontrollaspekt.
Der Bewährungshelfer ist nicht sozialpädagogisch, sondern
nur verwaltend tätig. Dies entspricht selten dem Selbstverständnis eines Sozialarbeiters[16] und verursacht relativ
viel Arbeit auch in Fällen, die von der Sache her problemlos sind.

2.2.

Besondere Probleme bereiten Auflagen und Weisungen, für
deren Erfüllung der Bewährungshelfer Sorge tragen soll, die
aber erst eine genauere Beurteilung der Person des Probanden erfordern sowie eine Bestandsaufnahme der objektiv
gegebenen bestehenden Behandlungsmöglichkeiten. Dies zeigt
sich im Falle der Weisung nach § 56c Abs 3 StGB deutlich.
So muß damit gerechnet werden, daß der Verurteilte, der
sich z.B. einer Heilbehandlung zu unterziehen hat, zwar die
erforderliche Einwilligung gibt, diese Weisung aber u.U.
nicht freiwillig erfüllen wird. Er will erst einmal erreichen, daß die Freiheitsstrafe zur Bewährung ausgesetzt
wird. Der Bewährungshelfer ist dann gezwungen, sich ein
Bild von dem Probanden zu machen, ohne daß bereits eine
Vertrauensbasis in der Arbeitsbeziehung[17] hergestellt worden wäre. Darüber hinaus soll er auch noch Motivationsarbeit leisten. Besonders erschwerend kommt hinzu, daß es
wenig gesichertes Wissen über die Erfolge unterschiedlicher
Therapien gibt[18], daß der Bewährungshelfer dem Probanden
also den Sinn und Zweck einer speziellen Behandlung kaum
plausibel machen kann.

Dieses Dilemma zeigt sich beispielsweise in folgender Situation: Ein Proband will nicht persönlich bei einer Sexualbe-
ratungsstelle vorsprechen, um sich um eine Therapie zu

bemühen. Er fragt erst einmal den Bewährungshelfer, welche
guten Therapiemöglichkeiten es gebe. Der Proband zeigt in
gewisser Weise Vermeidungsverhalten, zumindest Unsicherheit
und spricht beim Bewährungshelfer den Hilfeaspekt der Beziehung an. Nachdem er auf eine ihm bereits bekannte Stelle
hingewiesen worden ist, versucht er wiederum auszuweichen.
Er meint, er möchte die Beratungsstelle zunächst erst einmal anschreiben. Mit der Bemerkung, er könne ja die Stelle
anschreiben, um sich einen Termin für ein persönliches Gespräch geben zu lassen, versucht der Bewährungshelfer in
gewisser Weise die Unumgänglichkeit der Erfüllung der Weisung deutlich zu machen. Er führt weiter aus, "es könnte ja
sein, daß ich ihn" (den Richter) "mal im Gericht treffe,
und er mich fragt, ob Sie schon in Therapie sind. Das ist
ja eine Auflage, die muß unbedingt eingehalten werden"[19] An
diesem Beispiel wird deutlich, daß der Bewährungshelfer mit
dem Hinweis auf den Richter eine weitere Diskussion über
Sinn und Zweck der speziellen Behandlung vermeiden will.
Hier kommt zum Ausdruck, daß der Proband im Grunde über
Therapiemöglichkeiten und -erfolge sprechen will und damit
inzidenter über den Sinn dieser Weisung, speziell für seine
Person. Eine Diskussion hierüber findet jedoch nicht statt.

Ein anderer Bewährungshelfer äußert dem Beobachter gegenüber, daß auch er es als problematisch empfinde, daß er
nicht genügend Kenntnis über verschiedene Einrichtungen
habe[20]. Aufgrund des Zwangs, die Erfüllung der Weisung
alsbald nachweisen zu müssen, beschränken sich nach unseren
Beobachtungen Bewährungshelfer auf ihre "Standardeinrich-
tungen", an die sie die Probanden verweisen. Ein Bewährungshelfer erwähnt, er habe früher auch mal ein paar gute
Adressen gehabt, aber im Moment wisse er keine[21]. Das
bedeutet, daß eine intensivere Motivationsarbeit unter
diesen Umständen kaum möglich ist.

2.3.

Andere Auflagen und Weisungen stellen sich nach unserer
Untersuchung als belastend für die Arbeitsbeziehung zwischen Bewährungshelfer und Proband heraus, und zwar immer
dann, wenn die konkrete Lebenssituation der Probanden bei
der Feststellung der Auflagen und Weisungen nicht angemessen berücksichtigt worden war. So konnte in einigen Fällen eine Schuldenregulierung nicht erreicht werden, weil
die Probanden aufgrund der sozioökonomischen Verhältnisse
keine Chance hatten, z.B. eine Arbeitsstelle zu bekommen
oder, wenn es im Falle der Weisung, der Unterhaltspflicht

nachzukommen, sicher war, daß aufgrund der äußeren Umstände
in absehbarer Zeit keine Zahlungsfähigkeit eintreten
konnte[22].

So war z.B. einem Bewährungshelfer ein Proband wegen Unter-
haltspflichtverletzung unterstellt, der schon über 7 Jahre
lang arbeitslos war, weil er seine kranke Mutter gepflegt
hatte. Seinen Lebensunterhalt bestritt er von der Rente
seiner Frau. Nach Einschätzung des Bewährungshelfers war es
für diesen Probanden gar nicht möglich, eine Arbeit zu
finden. Entsprechend gestaltet sich das "Routinegespräch":
Der Proband sagt, er "wolle nur mal reinschauen, um zu fragen, ob es etwas Neues gibt". Nach Durchsicht der Akte erwidert der Bewährungshelfer, es "sei nichts weiter". Es
wurde vom Wetter geredet, von der Frau des Probanden, die
warten würde. Dies wird wohl vom Probanden erwähnt, um das
Gespräch möglichst bald zu beenden[23]. Es wird ein neuer Termin in ca. 4 - 6 Wochen ausgemacht[23]. Hier wird die Arbeitsbeziehung zur Routinebeziehung, weil beide Interaktionspartner die Arbeitsmarktlage und damit die finanziellen Möglichkeiten des Probanden ähnlich aussichtslos einschätzen.

In einem anderen Gespräch kündigt ein Proband an, daß er
seine Arbeit aufgeben wolle, weil er ca. 50 % seines Ver-
dienst als Unterhaltszahlung abführen muß: "Das sehe ich
gar nicht ein". Der Bewährungshelfer ermahnt den Probanden
zunächst: "Eine Lösung ist das auch nicht". Dann beschwich-
tigt er ihn: "Das Jugendamt ist schon ruhig, wenn wenigstens etwas Geld kommt". Außerdem müßte ihm auch etwas Geld
zum Leben bleiben. Der Bewährungshelfer kontrolliert, ob
die konkrete Lebenssituation des Probanden angemessen berücksichtigt ist und stellt fest, daß tatsächlich eine
Minderung der Unterhaltsraten notwendig ist[24].

2.4.

Manchmal verursacht die Einstellung der Probanden zu ihrem
sanktionierten Verhalten besondere Spannungen in der Arbeitsbeziehung. So z.B., wenn ein Proband nicht einsieht,
worin das Unrecht einer von ihm begangenen Unterhalts-
pflichtverletzung bestand. In einem solchen Fall wird es
dem Bewährungshelfer schwergemacht, dem Probanden sein Unrecht plausibel zu machen, da er vor aller Überzeugungsarbeit darüber wachen muß, daß die Auflagen und Weisungen
eingehalten werden. Der Vorrang des Kontrollaspektes beein-

trächtigt aber wiederum den möglichen Erfolg der Überzeugungsarbeit.

So zeigt sich in einem Fall, in dem der Bewährungshelfer versucht, die sozioökonomischen Verhältnisse des Probanden angemessen zu berücksichtigen und eine Verminderung der Zahlungsverpflichtungen vorschlägt, daß der Proband die Unterhaltsverpflichtung insgesamt als ungerecht empfindet. Ihm scheint gar nicht klar zu sein, warum ein solches Verhalten von ihm gefordert wird. Dieser Aspekt wird jedoch vom Bewährungshelfer nicht aufgegriffen und geht als "Störfaktor" in die künftige Arbeitsbeziehung mit dem Probanden ein[25].

In manchen Fällen jedoch werden Auflagen und Weisungen im Bewährungsbeschluß auch relativ allgemein formuliert, so z.B., wenn dem Verurteilten auferlegt wird, den durch die Tat entstandenen Schaden nach Kräften wiedergutzumachen, bzw. bei Unterhaltspflichtverletzern, der Unterhaltspflicht nach besten Kräften nachzukommen. Beide Formulierungen lassen die Möglichkeit offen, die Höhe der tatsächlich zu erbringenden Leistungen an die jeweilige Leistungsfähigkeit des Probanden anzupassen.

2.5.

Manche Auflagen und Weisungen bereiten dadurch Schwierigkeiten, daß der Bewährungshelfer hinter der Ansicht des Gerichts steht, die Probanden jedoch ganz andere Wertvorstellungen erkennen lassen. So verstehen Bewährungshelfer des öfteren Arbeit als zentralen, unverzichtbaren Bestandteil der Lebensgestaltung. Dies wird zum Problem, wenn demgegenüber Probanden Arbeit als reines Mittel zur Existenzsicherung begreifen und es beispielsweise auch als selbstverständlich ansehen, daß sie nach einer bestimmten Arbeitsdauer wieder aussetzen, um die erreichten Leistungsansprüche auszunutzen. Hier zeigt sich, daß Bewährungshelfer manchmal ihre Kontrolle der Arbeitsauflagen uminterpretieren und als Hilfe verstehen und der Bewährungsbeschluß als zusätzliches Druckmittel dienen kann.

Ähnlich problematische Situationen treten auf, wenn Bewährungshelfer und Proband einen durch Auflagen oder Weisungen erstrebten Erfolg aus verschiedenen Perspektiven betrachten. So bewerten Bewährungshelfer eine Schuldenregulierung nicht selten als Mittel zur Wiederherstellung geordneter Verhältnisse der Probanden, während diese Sichtweise bei den Probanden manchmal in den Hintergrund gerät. Sie erleben die Schuldenregulierung in erster Linie als Mittel zur Erfüllung von Auflagen und Weisungen.

Diesbezüglich äußert ein Proband, er habe Angst davor, auf Lohnsteuerkarte zu arbeiten, weil dann gleich gepfändet würde. Seine ablehnende Haltung bezüglich der Abtragung von Schulden versucht er gegenüber dem Bewährungshelfer jedoch mit dem Argument zu vertuschen, daß er nicht wisse, wieviel Schulden er habe und auch gar nicht wisse, wie er das herausbekommen könne. Der Vorschlag des Bewährungshelfers, man könne sich bei der "Schufa" erkundigen, wird nicht aufgegriffen. Der Proband äußert sich hierzu jedenfalls nicht[26].

In manchen Fällen sehen die Probanden die Notwendigkeit oder Durchführbarkeit einer Schuldenregulierung nicht ein, etwa weil der Umfang der Schulden zu hoch ist und sie ihren Lebensstandard halten wollen. Eine Vermeidungsstrategie der Probanden ist dann das Ausweichen auf Schwarzarbeit zur Umgehung von Lohnpfändungen. Hier dient der Bewährungsbeschluß dem Bewährungshelfer als Druckmittel.

Der Bereich der Schuldenregulierung ist jedoch andererseits eine Ebene in der Arbeitsbeziehung zwischen Bewährungshelfer und Proband, auf der unter der Bedingung eines eingetretenen Erfolgs eine Vertrauensbasis geschaffen werden kann. Der Erfolg muß hier nicht notwendigerweise das Erlöschen einer Zahlungsverpflichtung sein. Er kann auch in Form von Hilfe bei der Bewältigung des Umgangs mit offiziellen Stellen oder übermächtig wirkenden Institutionen usw. eintreten.

Nach unserer Beobachtung wenden sich manche Probanden bei der Schuldenregulierung hilfesuchend an den Bewährungshelfer, um durch dessen Einschaltung als Vermittler ihre Position zu stärken. Eine gewisse Rolle spielt dabei der Umstand, daß manche Probanden einer direkten Auseinandersetzung mit ihren Gläubigern aus dem Wege gehen, weil sie im Umgang mit solchen Situationen ungeübt sind und ihnen der Aushandlungsprozeß zu komplex erscheint[27].

Unter diesem Aspekt können Auflagen und Weisungen durchaus als Druckmittel erscheinen, das die Arbeitsbeziehung fördert.

2.6.

Besondere Schwierigkeiten treten nach unserer Untersuchung stets dann auf, wenn das erkennende Gericht einen Bewährungsbeschluß verkündet, dessen Inhalt aus Sicht des Bewährungshelfers in die falsche Richtung geht. Erachtet ein Bewährungshelfer die Erfüllung einer Auflage oder Weisung als undienlich, z.B. weil sie eine konkret andere Lebenssituation des Probanden bewirken soll, was aus sozialpädagogischer Sicht wenig sinnvoll erscheint, so ist er dennoch per Gesetz verpflichtet, auf die Erfüllung der Auflage oder Weisung hinzuwirken.

So war in einem Bewährungsbeschluß die Weisung enthalten, daß der Proband in einen Fußballverein eintreten sollte. Der Bewährungshelfer äußert sich kritisch über einen Richter, der generell Auflagen und Weisungen zu erteilen scheint, die sportliche Aktivitäten unterstützen. Eine solche Einseitigkeit sieht der Bewährungshelfer nicht als sachgerecht an[28].

Eine nachträgliche Auseinandersetzung des Bewährungshelfers mit der Ansicht des Gerichts wird in solchen Fällen nicht selten als sinnlos erachtet[29]. In dieser Situation wird im Aushandlungsprozeß mit dem Probanden häufiger darauf hingewiesen, daß der Richter, der letztlich über den Ausgang der Unterstellung entscheidet, die Erfüllung einer bestimmten Auflage oder Weisung für notwendig erachtet. Der Verweis auf den Richter dient als "Notbehelf", weil andere Handlungsmöglichkeiten fehlen. Es ist anzunehmen, daß dies vom Probanden durchschaut wird und sich nicht gerade förderlich auf die Vertrauensbeziehung auswirkt.

3.

Insgesamt ist erkennbar, daß der durch die Spannung zwischen dem Hilfeaspekt und dem Aufsichts- bzw. Kontrollaspekt hervorgerufene Rollenkonflikt der Bewährungshelfer durch Auflagen und Weisungen verstärkt wird, da dadurch die strafrechtliche Perspektive im Bewährungshilfeprozeß besonders betont wird. Dies läuft dem sozialpädagogischen Selbstverständnis der Bewährungshelfer nicht selten zuwider. Berücksichtigt man diesen Rollenkonflikt, so ist es nicht verwunderlich, daß Bewährungshelfer manchmal "Alarmsignale" bezüglich der Nichterfüllung von Auflagen und Weisungen bewußt überhören, um zunächst einmal die Arbeitsbeziehung zu erhalten.

Es erscheint insgesamt als notwendig, die Gestaltung der Auflagen und Weisungen de lege lata aber auch de lege ferrenda neu zu überdenken. Es sollte erreicht werden, daß die Bewährungshilfe von Kontrollarbeit in problemlosen Fällen entlastet wird. Die faktische Möglichkeit einer flexiblen Anpassung der Auflagen und Weisungen an die konkrete Lebenssituation der Probanden müßte gewährleistet sein und schließlich wäre nach unserer Untersuchung eine Abmilderung des Zeitdrucks für den Nachweis der Erfüllung von Auflagen und Weisungen förderlich für die Arbeitsbeziehung.

Darüber hinaus sei noch erwähnt, daß nach unserer Ansicht die flexiblere Gestaltung der Unterstellungsdauer insgesamt eine begründete Forderung der Bewährungshelfer ist. Die positive Wirkung einer Verkürzung der Bewährungszeit im geeigneten Einzelfall erscheint plausibel.

Ohne eine stärkere Beteiligung der Bewährungshelfer an der Entscheidungsfindung des erkennenden Gerichts sind diese Zielvorstellungen kaum realisierbar.

C. Finanzielle Probleme weiblicher Probanden und ihre Auswirkungen auf den Bewährungsprozeß

1.

Die Beschreibung der Lebenssituation weiblicher Probanden
ist ein Teilaspekt des Forschungsprojektes zum Bewährungsprozeß bei Frauen[30]. Die folgende Darstellung konzentriert
sich auf Probleme und Belastungen, die sich aus der finanziellen Situation der Probandinnen ergeben. Sie determinie-
ren zum Teil den Tätigkeitsbereich der Bewährungshelfer und
beeinflussen deren Beziehung zu den Probandinnen.

Wir beschreiben zunächst die Probleme, die sich aus der
finanziellen Situation ergeben und gehen dann auf die Aktivitäten der Bewährungshelfer, zur Lösung dieser Probleme,
ein, wobei wir die Perspektiven der Probandinnen berücksichtigen.

2.

Die folgenden Ergebnisse haben wir aus der Analyse von
Bewährungshilfeakten (n = 88 Akten weiblicher Probanden),
einer Fragebogenerhebung von unter Bewährung stehenden Frau-
en (n = 42) und Interviews mit Probandinnen (n = 35) gewonnen[31].

Im Vergleich zu anderen Problemen wird die finanzielle Situation als am stärksten belastend erlebt (Tab. 3)[32], was
durch ihre Auswirkung auf alle Lebensbereiche erklärbar ist.

Tab. 3: Skala zur Erfassung der Problembelastung[1]

Problem \ Belastung	Frauen		Rang-platz	Männer		Rang-platz	Signifikanz
	n	x̄		n	x̄		
Schwierigkeiten mit der Ausbildung	14	2,9	6	16	3,4	7	n.s.
Schwierigkeiten bei gegenwärtiger Tätigkeit	22	2,8	5,5	19	3,3	6	n.s.
Schwierigkeiten mit Ämtern/Behörden	21	2,0	2,3	21	2,8	4	n.s.
Finanzielle Schwierigkeiten	26	1,9	1,5	23	1,8	1	n.s.
Schwierigkeiten mit der Wohnung	15	2,0	2,5	17	2,4	2,5	n.s.
Persönliche Schwierigkeiten	24	2,8	5,5	22	3,1	5	n.s.
Schwierigkeiten mit nahestehenden Personen	10	2,6	4	9	4,6	8	p< .05
Schwierigkeiten mit Drogen/Alkohol/Tabletten	5	2,4	3	13	2,5	3	n.s.
Schwierigkeiten im Zusammenhang mit Straftat	14	1,9	1,5	17	2,4	2,5	n.s.

[1] 1 = sehr stark; 6 = sehr wenig

Die Lebenssituation der Frauen, die im Vergleich zur Gesamt-
stichprobe von finanziellen Schwierigkeiten besonders stark
betroffen sind, zeigt, daß die Probleme auch in anderen
Bereichen kumulieren.

2.1.

Finanzielle Belastungen entstehen vor allem durch geringes
Einkommen und/oder hohe Schulden. Nur 17 % der Frauen haben
ein eigenes Einkommen zur Verfügung, 54 % erhalten staatliche Unterstützungen (ohne Arbeitslosengeld), 44 % sind
vom Einkommen anderer - meist dem des Partners - abhängig
(Tab. 4).

Tab. 4: Lebensunterhalt (Mehrfachnennungen)

Lebensunterhalt	Frauen abs. %	Männer abs. %
eigener Verdienst	7 17,1	21 42,9
Arbeitslosengeld/-hilfe	19 46,3	33 67,3
Sozialhilfe	13 31,7	8 16,3
sonstige behördliche Zahlungen	9 22,0	6 12,2
Unterstützung privater Personen	6 14,6	9 18,4
Einkommen Partner	12 29,3	4 8,2
Besonderheiten	0 0	1 2,0
n	41	49

Eine zu gespannte finanzielle Situation wirkt sich häufig negativ auf die Familien- und Partnerbeziehung aus. Das Zusammentreffen von finanzieller Abhängigkeit und massiven Partnerschwierigkeiten wird aus den Interviews deutlich: Probleme entstehen z.B. dann, wenn der Partner die Abgabe des Haushaltsgeldes verweigert, große Anschaffungen tätigt oder der Probandin droht, seine Arbeit aufzugeben.

Die von staatlichen Unterstützungen Lebenden sind als "arm" im Sinne einer relativen Benachteiligung zu bezeichnen, d.h. daß sie nicht am sozialen, kulturellen und konsumtiven Angebot teilhaben können[33] und damit vom gesellschaftlichen Leben ausgeschlossen sind. Dies ist für die Probandinnen von besonderer Bedeutung, da bei ihnen Identitätsentwicklung und Statuserwerb oft an Konsummöglichkeiten gebunden sind. Unter diesen Bedingungen ist der Anspruch der Bewährungshilfe, integrativ zu wirken, nur schwer zu verwirklichen.

In den Bewährungshilfeakten werden pro Halbjahr bei ca.
20 % der Probandinnen Probleme registriert, die die Existenzsicherung betreffen. Dieser Anteil liegt unter dem der
Fragebogendaten, aus denen die von den Probandinnen selbst
wahrgenommenen Belastungen deutlich werden. In den Akten
werden nur manifeste und schwerwiegende Probleme registriert, die keine Aussagen über die daraus entstehenden
Belastungen zulassen. Daher können wir davon ausgehen, daß
die finanzielle Situation bei diesen 20 % der Probandinnen
sehr schwierig ist.

Schulden sind bei der Entstehung finanzieller Probleme von
besonderer Bedeutung. Ca. 70 - 80 % der Frauen haben Schulden (1. - 7. Halbjahr; Tab. 5). Nur 31 - 62 % der Frauen
zahlen diese Schulden, von sich aus oder mit Hilfe des
Bewährungshelfers, ganz oder teilweise ab (Tab. 6). Der
Grund hierfür ist, daß den Frauen selten ein eigenes Einkommen zur Verfügung steht bzw. das Einkommen des Partners zu
niedrig ist und die staatlichen Unterstützungen nicht zur
Tilgung der Schulden ausreichen.

Tab. 5: Schuldenbelastung der Frauen

Halbjahr / Schulden	vor d. Unterstell.	1	2	3	4	5	6	7	8	9	10
keine	39,0	33,8	28,6	27,1	29,8	22,2	28,6	22,2	20,0	50,0	50,0
bestehen, geregelt	20,3	39,7	45,7	47,5	48,9	55,6	42,9	44,4	60,0	50,0	50,0
bestehen, ungeregelt	40,7	26,5	25,7	25,4	21,3	22,2	28,6	33,3	20,0	0,0	0,0
n^1	59	68	70	59	47	27	21	9	5	2	2

[1] n = Anzahl der Stichprobe ohne "k.A." und "entfällt"

Tab. 6: Anteil der Probanden, bei denen die Zahlung der Schulden erfolgt (ganz oder teilweise)

Halbjahr	1		2		3		4		5		6		7		8		9		
	%	n^1	%	n	%	n	%	n	%	n	%	n	%	n	%	n	%	n	%
Männer	75,0	40	78,4	37	74,2	31	72,4	29	82,4	17	80,0	20	100,0	6	100,0	5	100,0	2	0
Frauen	56,3	32	55,6	36	61,8	34	55,6	27	50,0	16	30,8	13	50,0	6	100,0	4	100,0	1	0
Signifikanz	n.s.		n.s.		n.s.		n.s.		n.s.		p < .05		n.s.		n.s.		n.s.		

[1] n = Anzahl der Stichprobe ohne "k.A." und "entfällt"

2.2.

Die Probleme, die sich aus der finanziellen Situation ergeben, lassen sich abschließend folgendermaßen zusammenfas-
sen:

- Bei den Probandinnen, die vom Einkommen ihres Partners leben, entstehen Belastungen, wenn Partnerkon-
  flikte und finanzielle Probleme miteinander verbunden sind. Die Frauen sind finanziell abhängig und
  ihre materielle Absicherung ist oft durch das Verhalten des Partners bedroht.

- Wird der Lebensunterhalt primär durch staatliche Unterstützungen bestritten, stellt sich oft das Gefühl
  verminderter Lebensqualität ein. Sie zeigt sich in
  Existenzängsten, Einschränkungen bei Handlungsmöglichkeiten (z.B. im Freizeitbereich) und der damit
  verbundenen Isolation sowie der Unmöglichkeit, Kon-
  sumwünsche ausreichend zu befriedigen, was zum Aufbau von Selbstbewußtsein und Identität gerade bei
  diesen Frauen von großer Bedeutung wäre.

3.

Die Gruppe der finanziell stark belasteten Frauen ist relativ klein, sie stellen aber ein sehr arbeitsintensives
Klientel der Bewährungshilfe dar. Zwischen materiellen Gegebenheiten und der psychischen Verfassung der Betroffenen
besteht ein Zusammenhang[34], der sich bei den hier befragten
Frauen vor allem in Depressionen, Resignation oder den verschiedensten "Flucht"-Formen (Alkohol, Krankheit, Phantasien) ausdrückt und eine Betreuung erschwert. Über die notwendigen organisatorischen Hilfen hinaus müßte eine sozialpädagogisch orientierte Betreuung erfolgen.

Die finanziellen Schwierigkeiten lassen sich zum Teil nur unter Berücksichtigung der Partnerprobleme lösen, was die Einbeziehung der Familie in die Betreuungsarbeit erfordert.

Eine der von uns interviewten Frauen hat große finanzielle Schwierigkeiten, weil der erwerbstätige Ehemann das Haushaltsgeld oft für seine eigenen Freizeitaktivitäten ausgibt. Der Bewährungshelfer kennt die finanzielle Notsituation und hilft manchmal mit kleinen Geldbeträgen aus. Dieses Geld nimmt der Ehemann der Probandin aber ab und verwendet es ebenfalls für sich. Weder kurz- noch mittelfristig scheint eine Lösung des Problems möglich zu sein, wenn nicht der Partner in die Betreuung einbezogen wird.

3.1.

Die Problembelastung hat Einfluß auf die Hilfeerwartung der Probandinnen und die Wahrnehmung der Hilfeleistung durch den Bewährungshelfer. Je stärker die Problembelastung desto höher ist die Hilfeerwartung, der dann, zur Enttäuschung der Probandinnen, oft nicht entsprochen werden kann. Gerade die stark belasteten Probandinnen sind von den Hilfeleistungen der Bewährungshelfer enttäuscht und ein Teil von ihnen empfindet die Unterstellung daher als sinnlos. Erwartete, aber unterbliebene Hilfeleistungen werden unter Umständen als persönliche Ablehnung oder Gleichgültigkeit interpretiert. Um Enttäuschungen zu vermeiden, ist es u.E. erforderlich, daß die Bewährungshelfer den Probandinnen ihr Engagement, aber auch die Grenzen ihrer Hilfemöglichkeiten, verdeutlichen.

3.2.

Die Daten der Aktenanalyse unterstützen die subjektive Einschätzung, daß zu wenig Hilfe erfolgt. Bei nur 31 - 60 % der Probanden, die Probleme bei der Sicherung ihres Lebensunterhaltes haben (1. - 5. Halbjahr; Tab. 7), sind Hilfeleistungen erkennbar. Angesichts der starken Problembelastung erscheint uns dieser Prozentsatz zu niedrig.

Tab. 7: Aktivitäten des Bewährungshelfers bei Problemen zur
Sicherung des Unterhalts

Halb-jahr	Männer u. Frauen	
	%	n[1]
1	52,8	36
2	57,7	26
3	48,1	27
4	60,0	20
5	30,8	13
6	22,2	9
7	33,3	6
8	0,0	2
9	0,0	0
10	0,0	0

[1] n = Anzahl der Stichprobe ohne
"k.A." und "entfällt"

Bei nur ca. 50 % der Frauen erfolgen - laut Akteneintra-
gung - Aktivitäten des Bewährungshelfers zur Schuldenregulierung (Tab. 8). Auffällig ist darüber hinaus, daß bei
einem relativ hohen Anteil überhaupt keine Aktivitäten registriert sind. Der Grund hierfür kann in der Überlastung
der Bewährungshelfer liegen[35]. Möglicherweise wird die Lösung der Schuldenprobleme an andere Instanzen delegiert,
was allerdings in den Interviews nicht zum Ausdruck kam.

Tab. 8: In den Akten registrierte Aktivitäten der Bewährungshelfer zur Lösung der Schuldenprobleme

Häufigkeit \ Halbjahr	1	2	3	4	5	6	7	8	9	10
	%	%	%	%	%	%	%	%	%	%
0	34,1	48,9	52,9	51,4	52,1	50,0	85,7	62,5	100,0	100,0
1-4	58,5	46,9	37,9	40,3	41,7	44,1	14,3	37,5	0,0	0,0
5-15	7,3	3,1	8,0	6,9	6,3	2,9	0,0	0,0	0,0	0,0
über 15	0,0	1,0	1,1	1,4	0,0	2,9	0,0	0,0	0,0	0,0
n [1]	82	96	87	72	48	34	14	8	3	2

[1] n = Anzahl der Stichprobe ohne "k.A." und "entfällt"

Nach Puttkammer[36] führt vor allem die Höhe der Schulden zu
Belastungen, da eine Tilgung nie erfolgen kann. Aus den von
uns durchgeführten Interviews wird jedoch deutlich, daß der
Höhe der Schuldenraten - und nicht der des Gesamtbetrages -
die größere Bedeutung zukommt, da die Ratenzahlungen regelmäßig aufgebracht werden müssen und kein Aufschub möglich
ist. Neben der Angst vor neuen Straftaten und neuen Verurteilungen reagieren die Frauen vor allem mit inoffiziellen
Nebenverdiensten, die sie aber auch wieder erneut gefähr-
den. Da diese verheimlicht werden müssen, wird das Verhältnis zu den Bewährungshelfern darüber hinaus negativ beeinflußt.

Ein Vertrauensverhältnis könnte nur entstehen, wenn die
Bewährungshelfer diese Informationen nicht weitergeben
müßten. Die Bewährungshelfer müssen u.E. noch stärker auf
eine flexible, der Lebenssituation angepaßte Festsetzung
der Schuldenraten achten. Der von Puttkammer[37] betonte
Aspekt, daß die Frauen lernen müssen, mit ihren Schulden zu
leben, ist ebenfalls zu berücksichtigen.

4.

Die hier genannten Probleme treffen nicht nur auf die unter
Bewährung stehenden Frauen zu, sondern sind für viele
Frauen kennzeichnend. Die Probandinnen haben aber auf diese
und andere Belastungen mit kriminalisierten Verhaltensweisen reagiert, wobei die Eigentumsdelikte überwogen. Aus den
Interviews wird deutlich, daß diese Delikte in der Regel aus
finanzieller Not begangen worden sind. Die Unterstellung
unter einen Bewährungshelfer soll die Probandinnen nicht
nur darin unterstützen, ein Leben ohne Straftaten zu führen, sondern auch ihre Eigenverantwortlichkeit und die Entwicklung angemessener Konfliktlösungen[38] fördern. Um diese
Ziele zu verwirklichen und eine erneute Gefährdung der
Probandinnen zu vermeiden, z.B. durch neue Straftaten,
durch Nebeneinkünfte, durch ausfallende Ratenzahlungen, muß
zum einen mehr Hilfe zur Absicherung des Lebensunterhaltes
und bei der Schuldenregulierung gewährt werden, zum anderen
eine sozialpädagogische Aspekte berücksichtigende Betreuung
erfolgen.

Anmerkungen

1 Statt vieler vgl. Kury, H. 1980; Müller-Dietz, H. 1982, S. 448 ff.

2 Vgl. Otto, G. 1982, S. 473 ff.

3 Siehe die Bibliographie von Berckhauer, F. 1982 und Hartung, G. 1982.

4 So führt Kerner, H.-J. 1977, S. 290 aus, daß die Bewährungshelfer durch ihr eigenes Verhalten, insbesondere die Art und Ausrichtung ihrer Aufmerksamkeit auf die verschiedenen Probanden, aber auch durch die Art und Weise ihres eigenen handlungsleitenden Kriterienkatalogs "bestimmen welchen Umfang letztlich 'Erfolg' und 'Mißerfolg' annehmen".

5 Da es sich um noch laufende Projekte handelt, stellen die hier vorgestellten Ergebnisse nur Ausschnitte aus den einzelnen Gesamtprojekten dar (vgl. Bietsch, E. 1983; Hesener, B. 1983a; Zimmermann, E. 1981, 1982, 1983). Es sind dies Ergebnisse, die im Rahmen der Arbeitsgruppe III diskutiert wurden.

6 Vgl. ausführlich hierzu Hesener, B. 1983, S. 1569 f.

7 Zu den Zugangsschwierigkeiten siehe auch Schünemann, H.-W. 1972; Pilgram, A. 1972; Rasch, W. et al. 1974 und Bockwoldt, R. 1982, S. 26 ff.

8 Eine ausführliche Projektdarstellung findet sich im Zwischenbericht (Hesener, B. 1983a), eine Kurzbeschreibung der Untersuchung in Hesener, B. 1983b, S. 1563 ff.

9 Wie aus der Tabelle 1 hervorgeht, thematisieren die einzelnen Fragen innerhalb der Skalen unterschiedliche Aspekte; außerdem sind sie aus skalentheoretischen Überlegungen heraus, sowohl positiv wie negativ formuliert. Daraus ergeben sich die prozentualen Schwankungen innerhalb der einzelnen Antworten. Im Text sind deshalb nur Spannweiten angegeben, innerhalb derer sich die Antworten bewegen.

10 Die Skalensummenscores wurden theoretisch konzipiert. Ihre Reliabilität wurde bereits in der Voruntersuchung überprüft. Die Ergebnisse konnten in der Hauptuntersuchung weitgehend bestätigt werden.

11 Zum Forschungsdesign des Gesamtprojektes s. Zimmermann, E. 1981, S. 554-613.

12 Vgl. Müller-Dietz, H. 1979, S. 64.

13 Vgl. Bieker, R. u. Gith, E. 1982, S. 210 ff.

14 Vgl. Hermann, D. 1983, S. 709 ff.

15 Vgl. Winter, W. u. G. 1974.

16 Zum beruflichen Selbstverständnis siehe auch Arbeitsge-
    meinschaft deutscher Bewährungshelfer 1982: Peters, H.;
    Cremer-Schäfer, H. 1975 und Bockwoldt, R. 1982.

17 Wie wichtig und schwierig es ist, eine Vertrauensbezie-
    hung herzustellen, wird immer wieder betont (statt vie-
    ler Leirer, H. 1982, S. 137-145), der von "Vertrauen
    als Methode" spricht.

18 So führt beispielsweise Zielke, M. (1979, S. 11) aus,
    "daß es noch erheblicher Anstrengungen bedarf, bis die
    Indikationsforschung in der Lage ist, die Erwartungen
    von therapeutisch arbeitenden Praktikern zu erfüllen,
    nämlich verbindliche Entscheidungsgrundlagen für den
    Einzelfall zur Verfügung zu haben".

19 Vgl. Beobachtungsprotokoll Bewährungshilfe 1, S. 83.

20 Vgl. Beobachtungsprotokoll Bewährungshilfe 3, S. 161.

21 Vgl. Beobachtungsprotokoll Bewährungshilfe 1, S. 23.

22 Auf die Tatsache, wie schnell sich eine Verschlechte-
    rung der gesamtgesellschaftlichen wirtschaftlichen Ver-
    hältnisse auf die Arbeitssituation der Bewährungshelfer
    auswirkt, wurde schon bei der Bundestagung der Deut-
    schen Bewährungshelfer e.V. hingewiesen. Vgl. hierzu
    den Bericht der Arbeitsgruppe 2 "Resozialisierung bei
    veränderten wirtschaftlichen Bedingungen".

23 Vgl. Beobachtungsprotokoll Bewährungshelfer 6, S. 5-6.

24 Vgl. Beobachtungsprotokoll Bewährungshelfer 5, S. 75-76.

25 Vgl. Beobachtungsprotokoll Bewährungshelfer 5, S. 75-76.

26 Vgl. Beobachtungsprotokoll Bewährungshelfer 5, S. 16.

27 Vgl. Beobachtungsprotokoll Bewährungshelfer 5, S. 75-77.

28 Vgl. Beobachtungsprotokoll Bewährungshelfer 2, S. 47.

29 Zu den Problemen der Interaktion zwischen Bewährungshel-
    fer und Gericht siehe die Ausführungen von Bieker, R.
    1982, S. 372 ff mit weiteren Nachweisen und Wegener, H.
    1981, S. 522, der sich für ein Forschungsprojekt aus-
    spricht, das den Versuch unternimmt, die fachliche Kon-
    trolle nur mit Mitteln der Sozialarbeit sicherzustellen
    und andere Aufsichtsfunktionen dafür für den Forschungs-
    zeitraum entbehrlich zu machen.

30 In dem Forschungsprojekt "Frauen unter Bewährungsauf-
    sicht: Eine explorative Studie zum Bewährungsprozeß un-
    ter Berücksichtigung geschlechtsspezifischer Unterschie-
    de" wird die Lebenssituation und der Bewährungsverlauf
    straffälliger Frauen untersucht. Um geschlechtsspezifi-
    sche Unterschiede zu überprüfen, wurden teilweise männ-
    liche Probanden in die Untersuchung einbezogen. Wir
    haben eine Analyse von Bewährungshilfeakten (n = 88
    Frauen; n = 88 Männer), eine Fragebogenerhebung (n = 42
    Frauen; n = 50 Männer) und Interviews (n = 35 Frauen)
    durchgeführt. Zur Beschreibung des Projektes siehe
    Bietsch, E. 1983, S. 1591-1612.

31 S. Anm. 30.

32 Den Probanden, die angaben, Probleme in den einzelnen
    Lebensbereichen zu haben wurde die Frage vorgelegt, wie
    stark sie sich durch die jeweiligen Probleme belastet
    fühlen. Die Belastungsskala reicht von 1 (sehr stark)
    bis 6 (sehr wenig). Siehe hierzu Hesener, B. 1983, S.
    113 f. Die Tabelle enthält die berechneten Mittelwerte,
    nach denen die Rangplätze vergeben wurden.

33 Vgl. Roth, J. 1979, S. 33.

34 Vgl. dazu: Knieschewski, E. 1978, S. 89.

35 Vgl. dazu: Berner, W. 1981, S. 111.

36 Puttkammer, I. 1980, S. 91-94.

37 S. Anm. 6.

38 Wegener, H. 1981, S. 515.

Literatur

ARBEITSGEMEINSCHAFT DEUTSCHER BEWÄHRUNGSHELFER (Hrsg.): Grundsätzliche und konzeptionelle Überlegungen zur gegenwärtigen und künftigen Bewährungshilfe und zum Berufsverständnis. (Bonn 1982).

BERCKHAUER, F.: Bibliographie deutschsprachiger Literatur zur Rückfallprognose und Behandlungsforschung. (In: H. D. Schwind, G. Steinhilper (Hrsg.): Modelle zur Kriminalitätsvorbeugung und Resozialisierung. Beispiele praktischer Kriminalpolitik in Niedersachsen. Heidelberg 1982, S. 335-351).

BERNER, W.: Wirksame Schuldenregulierung als wesentlicher Bestandteil der Eingliederung Strafentlassener. (In: Bewährungshilfe, Heft 2, 1981, S. 111).

BIEKER, R.: Über die Schwierigkeiten von Bewährungshelfern, mit Richtern zusammenzuarbeiten. Ergebnisse einer explorativen Studie über Handlungsprobleme von Sozialarbeitern in der Strafjustiz. (In: Neue Praxis 4, 1982, S. 372 ff).

BIEKER, R.; GITH, E.: Die Adressaten-Perspektive. Eine empirische Voruntersuchung zur Genese und Implementation strafrechtlicher Sanktionsnormen am Beispiel der Bewährungshilfe und Führungsaufsicht. (In: Kriminologisches Journal 1982, S. 210 ff).

BIETSCH, E.: Analyse geschlechtsspezifischer Unterschiede im Bewährungsprozeß. (In: H.-J. Kerner, H. Kury, K. Sessar (Hrsg.): Deutsche Forschungen zur Kriminalitätsentstehung und Kriminalitätskontrolle. Bd. 6/3. Köln u.a. 1983, S. 1591-1612).

BOCKWOLDT, R.: Strafaussetzung und Bewährungshilfe in Theorie und Praxis. Eine Studie zum Forschungsstand und zu Entwicklungsmöglichkeiten sowie Entwurf einer Empirie der Alltagstheorien von Bewährungshelfern. (Kriminalwissenschaftliche Abhandlungen, Bd. 17. Lübeck 1982).

BUNDESTAGUNG DER DEUTSCHEN BEWÄHRUNGSHILFE e.V.: Papier der Arbeitsgruppe II: Resozialisierung bei veränderten wirtschaftlichen Bedingungen.

HARTUNG, B.: Spezialpräventive Effektivitätsmessung - vergleichende Darstellung und Analyse der Untersuchungen von 1945-1979 in der Bundesrepublik Deutschland. (Diss., Göttingen 1981).

HERMANN, D.: Zuschreibungsprozesse und rechtliche Rahmenbe-
    dingungen. Eine quantitative Analyse richterlicher
    Entscheidungen nach § 56 f StGB. (In: Kölner Zeit-
    schrift für Soziologie und Sozialpsychologie 4,
    1983, S. 709-724).

HESENER, B.: Die Interaktionsstruktur zwischen Bewährungs-
    helfer und Proband - eine Analyse der Sichtweisen
    der Beteiligten. Zwischenbericht. (Bericht aus dem
    Kriminologischen Forschungsinstitut Niedersachsen
    e.V., 1983a).

HESENER, B.: Zur Analyse der Interaktionsstruktur zwischen
    Bewährungshelfern und Proband - ein praxisorientier-
    ter Forschungsansatz. (In: H.-J. Kerner, H. Kury, K.
    Sessar (Hrsg.): Deutsche Forschungen zur Krimina-
    litätsentstehung und Kriminalitätskontrolle. Köln,
    Berlin, Bonn, München Bd. 6/3, 1983b, S. 1563-1590).

KERNER, H.-J.: Strukturen von "Erfolg" und "Mißerfolg" der
    Bewährungshilfe. Eine Analyse anhand offizieller Da-
    ten. (In: Bewährungshilfe 24, 1977, S. 285-295).

KNIESCHEWSKI, E.: Sozialarbeiter und Klient. (Weinheim,
    Basel 1978).

KURY, H.: Zur Notwendigkeit und Problematik empirischer For-
    schung in der Bewährungshilfe. (In: Bewährungshilfe,
    27, 1980, S. 278-289).

LEIRER, H.: Anmerkungen zum Verhältnis Justiz - Bewährungs-
    hilfe. (In: Kriminalsoziologische Bibliographie 9,
    1982, S. 137-145).

MÜLLER-DIETZ, H.: Grundfragen des strafrechtlichen Sank-
    tionssystems. (Heidelberg u.a. 1979).

MÜLLER-DIETZ, H.: Die Bewährungshilfe in Praxis und krimino-
    logischer Forschung. (In: H. Kury (Hrsg.): Präven-
    tion abweichenden Verhaltens - Maßnahmen der Vorbeu-
    gung und Nachbetreuung. Köln u.a. 1982, S. 423-472).

OTTO, G.: Bewährungshilfe: Erwartungen der Praxis an die
    Forschung. (In: H. Kury (Hrsg.): Prävention abwei-
    chenden Verhaltens - Maßnahmen der Vorbeugung und
    Nachbetreuung. Köln u.a. 1982, S. 473-489).

PETERS, H.: CREMER-SCHÄFER, H.: Die sanften Kontrolleure.
    Wie Sozialarbeiter mit Devianten umgehen. (Stuttgart
    1975).

PILGRAM, A.: Prognostisches Verhalten von Bewährungshelfern
    und Resozialisierungserfolg. (Diss., Wien 1972).

PUTTKAMMER, I.: Schuldenregulierung in der Anlaufstelle.
(In: H. Einsele, B. Maelicke (Hrsg.): Wenn du draußen und allein ... Beiträge zur Praxis der Arbeiter-
wohlfahrt. Bd. 8. (Frankfurt/M. 1980, S. 91-94).

RASCH, W.; SCHMIDT, B.; KÜHL, K.-P.: Diagnostische und therapeutische Differenzierung in der Bewährungshilfe.
(In: Bewährungshilfe 21, 1974, S. 28-37).

SCHÜNEMANN, H.-W.: Bewährungshilfe bei Jugendlichen und Heranwachsenden. (In: Schaffstein u.a. (Hrsg.):Krimi-
nologische Studien, Bd. 9, Göttingen 1971).

TERDENGE, F.: Strafsanktionen in Gesetzgebung und Gerichts-
praxis - eine rechtspolitische und statistische
Untersuchung der straf- und jugendrechtlichen Rechts-
folgeentwicklung von 1945-1980. (Göttingen 1983).

WEGENER, H.: Zur Bedeutung der Forschung in der Bewährungshilfe. (In: H. Kury (Hrsg.): Perspektiven und Probleme kriminologischer Forschung. Köln u.a. 1981, S.
513-531).

WINTER, W.; WINTER, G.: Bewährungshilfe im Rollenkonflikt.
(Hamburg 1974).

ZIELKE, Ch.: Indikation zur Gesprächspsychotherapie. (Stuttgart u.a. 1979).

ZIMMERMANN, E.: Bewährungshilfe als Gegenstand kriminologischer Forschung: Projektskizze und theoretische Vorüberlegungen. (In: H. Kury (Hrsg.): Perspektiven und
Probleme kriminologischer Forschung. Köln u.a. 1981,
S. 554-613).

ZIMMERMANN, E.: Forschungsprojekt Bewährungshilfe: Erste Ergebnisse der statistischen Analyse. (In: H. Kury
(Hrsg.): Prävention abweichenden Verhaltens - Maßnahmen der Vorbeugung und Nachbetreuung. Köln u.a.
1982, S. 490-516).

ZIMMERMANN, E.: Straf(rest)aussetzung zur Bewährung. Quantitative und qualitative Aspekte der Evaluation einer
ambulanten Sanktionsform. (In: H. Kury (Hrsg.):
Deutsche Forschungen zur Kriminalitätsentstehung und
Kriminalitätskontrolle. Bd. 6/3. Köln u.a. 1983, S.
1527-1562).

H.-Folke Jacobsen

Thesen zur Führungsaufsicht und ihren Probanden

Bereits vor ihrer Einführung im Jahre 1975 nahm die Führungsaufsicht (FA) breiten Raum ein in der Diskussion innerhalb der Bewährungshilfe, besonders unter dem Aspekt, welche Probanden wohl auf die Bewährungshelfer zukommen würden, welche Methoden für diese Probanden angemessen seien
und ob Bewährungshelfer über das entsprechende methodische Repertoire verfügten (vgl. etwa Kühnel 1972, S. 25; Stein
1974, S. 53, 55; Hager 1976, S. 126, 133; Quadt 1976,
S. 124). Seit den späten 70er Jahren ist diese Diskussion
nur noch selten publizistisch hervorgetreten - es wäre
jedoch weit gefehlt, daraus zu schließen, in der Führungsaufsicht gäbe es keine Probleme hinsichtlich der Arbeitsbeziehung zwischen Bewährungshelfern und Probanden. Der folgende Beitrag zum Arbeitskreis „Bewährungshilfe und Führungsaufsicht" verfolgt die Absicht, das alte Thema erneut
zur Sprache zu bringen und dabei den Status der FA in den
frühen 80er Jahren zu umreißen.

Über die Untersuchung zur Führungsaufsicht, die seit Anfang
1981 am Kriminologischen Forschungsinstitut Niedersachsen
(KFN) durchgeführt wird, wurde bei früheren Gelegenheiten
an gleicher Stelle bereits unter verschiedenen Aspekten
berichtet (vgl. Jacobsen 1982; 1984a).

Zentrale Fragestellung ist der Vergleich zwischen FA-Probanden, die aus dem Strafvollzug entlassen wurden (Unterstellungsgründe: § 68 I, 68 f StGB), und bedingt entlassene
Bewährungshilfeprobanden (Unterstellungsgründe: § 57 I, II
StGB). Im weitesten Sinne wird mit diesem Vergleich ange-

strebt, die beispielsweise von Brusten (1983, S. 1616) ver-
tretene These zu diskutieren, Führungsaufsicht sei Ausdruck
eines allgemeinen Wandels strafrechtlicher Sanktionen, bei
dem zwar eine zunehmende Verschiebung der sozialen Kontrolle von „repressiven und totalen Institutionen" zu „sozialpädagogisch orientierten ambulanten Institutionen" stattfin-
de, jedoch gleichzeitig auch eine Ausbreitung, Verlängerung
und ein weiteres Vordringen der sozialen Kontrolle bis weit
in den Privatbereich der betroffenen Personen hinein.

Voraussetzung für eine sachgerechte Diskussion dieser These
ist, sich ein genaues Bild von dieser (neuen) Klientel
ambulanter Strafvollstreckung zu verschaffen. Wenngleich bereits einige empirische Untersuchungen über Führungsaufsicht vorliegen, so hat sich doch erst im Verlauf der
letzten zwei Jahre ein etwas klareres Bild über die Zusammensetzung der Führungsaufsichtsprobanden herauskristalli-
siert.

Bekanntlich wurde Führungsaufsicht zum 1.Januar 1975 durch
das zweite Gesetz zur Reform des Strafrechts (2. StrRG)
eingerichtet. Demzufolge litten die Untersuchungen von
Schulz (1982), der den Zeitraum von 1975 bis 1978 in
Baden-Württemberg abdeckte, und Kober (1984), die während
der Jahre 1979/80 beendete Vorgänge der Führungsaufsicht
(in Berlin) analysierte, noch unter den „Geburtswehen" der
FA, also der Tatsache, daß die Praxis anfänglich unsicher
und inkonsistent mit diesem Instrument umging. Beide Untersuchungen dokumentieren zwar die ersten Jahre des Bestehens
der FA recht sorgfältig, lassen jedoch kaum Rückschlüsse
über den aktuellen Status der Jahre 1983/84 zu. In der
Untersuchung von Brusten (1983), mit der die Führungsaufsichtsstelle in Köln bis etwa Mitte 1982 fast vollständig
erfaßt wurde, deuten sich dagegen bereits wesentliche Änderungen in der Zusammensetzung der Klientel an.

Schulz wie Kober stellten fest, daß das Gros der Führungsaufsichtsprobanden anfangs aus sogenannten Betreuungsfällen
(Entlassenen aus dem psychiatrischen Maßregelvollzug) bestand: 88,4 % der Unterstellungen waren es in Baden-Württemberg zwischen 1975 bis 1978 (vgl. Schulz 1982, S. 101),
70,6 % der 1979/80 beendeten Führungsaufsichten waren es in
Berlin (vgl. Kober 1984, S. 42). Brusten ermittelte in Köln
bereits einen Anteil von 64,5 % sogenannter „nicht therapie-
bedürftiger" FA-Probanden (vgl. Brusten 1983, S. 1623),
also Entlassener aus dem Strafvollzug bzw. der Sicherungsverwahrung. Obwohl bislang nicht vorauszusehen ist, ob sich
dieser Trend auch in Zukunft noch fortsetzen wird oder ob
sich das zahlenmäßige Verhältnis zwischen denen aus dem
Strafvollzug und denen aus dem Maßregelvollzug entlassenen
Probanden bei 3:2 stabilisieren wird, so wirft sich doch
die Frage auf, welche Bedeutung die Tatsache, daß ein kaum
vernachlässigbarer Teil der FA-Probanden aus dem Maßregelvollzug stammt, für eine Institution der Strafvollstreckung
und für die in dieser Institution Beschäftigten besitzt.

Thema dieses Gesprächskreises zur Bewährungshilfe und Führungsaufsicht ist die Arbeitsbeziehung zwischen Probanden
und Bewährungshelfern. Auch bei Führungsaufsichten sind obligatorisch Bewährungshelfer eingeschaltet mit der Aufgabe,
den Probanden helfend und betreuend zur Seite zu stehen und
sie gleichzeitig zu überwachen. Wir wollen die Frage in den
Raum stellen, welche Voraussetzungen Bewährungshelfer für
die Betreuung von Entlassenen aus psychiatrischen Krankenhäusern und Entziehungsanstalten in diese Beziehung einbringen und wie Bewährungshelfer die Arbeitsbeziehung gerade zu dieser schwierigen Klientel zu gestalten vermögen.

Die letztlich wohl entscheidende Frage ist, ob es im Rahmen
der traditionellen Bewährungshilfe mit ihren äußeren Bedingungen (als Beispiel seien die durchschnittlich 50 Probanden je Bewährungshelfer genannt) und aufgrund der Ausbil-

dung der Bewährungshelfer (sozialpädagogische Qualifikatio-
nen, aber nur selten therapeutische Zusatzausbildungen)
überhaupt möglich ist, den Anforderungen der Führungsaufsicht, ihrer Klientel im allgemeinen und den aus psychiatrischen Institutionen Entlassenen im besonderen gerecht zu
werden.

These:
Die Klientel der FA ist so heterogen wie in
keiner anderen Institution der Strafvollstreckung.

Im Rahmen der Untersuchung der Führungsaufsicht wurden die
Akten von 534 Probanden analysiert (Stichtage 1.Juli 1981
bzw. 1.Januar 1982). Diese Stichprobe deckte etwa 60 %
aller FA-Probanden Niedersachsens zu diesen Zeitpunkten ab.
298 (55,8 %) dieser 534 Probanden wurden aus dem Strafvollzug entlassen, 207 (38,8 %) aus psychiatrischen Krankenhäusern oder Entziehungsanstalten und 23 (4,3 %) aus der Sicherungsverwahrung (bei 6 Probanden konnte der Unterstellungs-
grund nicht geklärt werden). Unter Vernachlässigung der
zahlenmäßig unbedeutenden ehemaligen Sicherungsverwahrten
sollen die Gruppen der Entlassenen aus dem Strafvollzug und
aus dem Maßregelvollzug näher untersucht werden (vgl. hierzu ausführlich Jacobsen 1984b).

Während die Strafentlassenen vorwiegend zwischen 25 und 40
Jahre alt sind, also in etwa den Probanden der Bewährungshilfe entsprechen, sind die Entlassenen aus der Psychiatrie
entweder jünger oder aber wesentlich älter; Männer im Alter
über 65 bis 80 Jahre sind dabei durchaus keine Seltenheit.

Auch unter dem Aspekt der Straftaten lassen sich statistisch signifikante Unterschiede zwischen beiden Gruppen
feststellen. Während 74,3 % der aus dem Strafvollzug entlassenen Probanden als Eigentums- und Vermögenstäter zu katego-

risieren sind, findet sich unter den aus dem Maßregelvollzug Entlassenen nur ein Anteil von 32,4 %. Annähernd ebenso
viele Probanden wurden wegen Sexualstraftaten (26,8 %;
Strafentlassene: 8,1 %), weitere 9,9 % (Strafentlassene:
4,8 %) wegen Straftaten unter der Bedingung des § 323a
StGB (Vollrausch) verurteilt. Überdurchschnittlich häufig
sind auch Straftaten gegen das Leben (5,0 %; Strafentlassene: 0,3 %) und gemeingefährliche Delikte, zumeist Brandstif-
tung (6,5 %; Strafentlassene: 0,3 %). Wiederum entsprechen
die Strafentlassenen in etwa der traditionellen Klientel
der Bewährungshilfe, während die „neuen" Probanden schwerpunktmäßig als Konflikttäter, Psychotiker oder Abhängige zu
bezeichnen wären. In engem Zusammenhang mit der Deliktstruk-
tur stehen bei den Maßregelentlassenen häufig strafaus-
schließende Faktoren, also Schuldunfähigkeit bzw. einge-
schränkte strafrechtliche Verantwortlichkeit gem. §§ 20, 21
StGB.

Auch hinsichtlich der strafrechtlichen Vorbelastung der Pro-
banden zeigen sich deutliche Unterschiede: die Strafentlas-
senen sind im Durchschnitt sechsmal vorbestraft, wohingegen
30 % der Entlassenen aus der Psychiatrie Ersttäter waren.
Ein ähnliches Bild zeigt sich bei der Rückfälligkeit der
Probanden: 57,5 % der Strafentlassenen wurden während der
Zeit unter FA nochmals verurteilt, aber nur 12,4 % der
Entlassenen aus freiheitsentziehenden Maßregeln.

Als letzte Größe sei die Länge des Aufenthaltes in totalen
Institutionen wegen der Straftat, die zur Unterstellung
unter die Führungsaufsicht führte, genannt. Strafentlassene
waren im Durchschnitt etwa zwei Jahre inhaftiert; Unterbrin-
gungen in psychiatrischen Krankenhäusern von 30 Jahren und
länger waren dagegen keine Seltenheit, die durchschnittliche Unterbringungszeit betrug 10,5 Jahre. (Nach Einführung
des Nds. Unterbringungsgesetzes zum 1.Juli 1978 konnte dieser Durchschnittswert inzwischen auf etwa 4 Jahre reduziert

werden, da § 14 Nds. PsychKG nunmehr eine Prüfung der
Voraussetzungen der Unterbringung nach spätestens einem
Jahr vorschreibt.)

Die Liste der Variablen, in denen sich die Gruppe der
Strafentlassenen von der der Entlassenen aus freiheitsentziehenden Maßregeln signifikant unterscheidet, ließe sich
beinahe beliebig fortführen. Die genannten Merkmale sollen
jedoch soweit genügen, ein Bild von der Klientel (oder
sollte man besser, im Plural, von den Klientel sprechen?)
wiederzugeben.

Obwohl es nicht unproblematisch erscheint, diese „harten"
Daten dafür zu benutzen, auf Persönlichkeitsmerkmale der
Probanden in beiden Gruppen unter Führungsaufsicht zu
schließen, so läßt sich doch ableiten, daß die Probanden
der FA mit sehr unterschiedlichen Anforderungen an Sozialpädagogen herantreten. Dementsprechend unterschiedlich dürften auch die sozialpädagogischen Methoden und Instrumente
sein, die Bewährungshelfer und Mitarbeiter der Aufsichtsstelle einsetzen müßten. Bei den Entlassenen aus dem Maßregelvollzug - und hier in erster Linie bei den Entlassenen
aus psychiatrischen Krankenhäusern - ist es nicht die Rück-
fallgefährdung, die zum dominierenden Thema der Arbeitsbeziehung wird, sondern vielmehr die Aufarbeitung bzw. Stabilisierung der psychischen Befindlichkeit der Probanden.

    These:
    Führungsaufsicht bei Strafentlassenen entspricht
    der Bewährungshilfe, findet jedoch veränderte
    strukturelle Bedingungen vor.

Bis auf die doppelte Betreuung und Überwachung strafentlassener FA-Probanden, zum einen durch den Mitarbeiter der
Aufsichtsstelle und zum anderen durch den gem. § 68a StGB

obligatorisch eingesetzten Bewährungshelfer, hat sich unter
dem Aspekt der sozialarbeiterischen Methode für diese Probanden im Vergleich zu Bewährungshilfeprobanden wenig geändert. § 68a StGB regelt die Tätigkeitsbereiche von Führungsaufsichtsstelle und Bewährungshelfer nicht eindeutig.
Daß sich in der Praxis zwischen beiden jedoch ein Arrangement entwickelt hat, das für die Aufsichtsstelle i.d.R. den
Erstkontakt vorsieht und dem Bewährungshelfer anschließend
weitestgehend das Feld der Betreuung überträgt, läßt sich
daraus ablesen, daß die FA-Stellen mit 59,3 % dieser Probanden nach der Entlassung keinen persönlichen Kontakt her-
stellten. Dieses Resultat gewinnt dadurch noch an Brisanz,
daß auch vor der Entlassung - und die Aufsichtsstelle
sollte ihren Zugangsmöglichkeiten entsprechend von einer
bevorstehenden Entlassung Kenntnis erhalten! - die Mitarbeiter der FA-Stellen mit 88,3 % der Probanden keinen persönlichen Kontakt aufnahmen, wohingegen im Falle einer erneuten
Verurteilung und Inhaftierung das vorher Verpaßte offensichtlich nachgeholt werden soll: mit immerhin 42,1 % fand,
dann im Gefängnis, ein Gespräch statt.

Die im Vergleich zur traditionellen Bewährungshilfe gegebene Möglichkeit, eine, die Situation der Entlassung integrie-
rende Arbeitsbeziehung mit dem Probanden herzustellen,
blieb bislang ungenutzt. Das Feld der Betreuung übernehmen
i.d.R. die Bewährungshelfer; und erst nach einem „Fehl-
schlag" wird die Aufsichtsstelle wenigstens ihrer Funktion
gerecht, auch nach erneuter Inhaftierung den Kontakt mit
den Probanden aufrecht zu erhalten (gem. § 68c II StGB
wird Führungsaufsicht nicht wie die Bewährungsaufsicht im
Falle der erneuten Inhaftierung/Unterbringung beendet, sondern bleibt weiterhin aufrechterhalten).

Von wenigen Ausnahmen abgesehen, hatten alle Probanden, mit
denen im Verlauf der Untersuchung ausführliche Gespräche
geführt wurden, bereits Erfahrungen mit früheren Bewährungs-

unterstellungen. Aus ihrer Perspektive konnten sie weder äußerliche noch methodische Unterschiede zwischen erlebten Unterstellungen unter Bewährungshilfe und der Unterstellung unter Führungsaufsicht benennen. Gelegentlich war ihnen nicht einmal klar, wer eigentlich dieser zweite Funktionsträger war: ein Sozialarbeiter, ein Richter oder ein Vertreter einer anderen Behörde? Zumindest wurde auf diese eigenartige Weise verhindert, daß die FA-Probanden ihre gleichzeitige Unterstellung unter zwei Sozialpädagogen als die befürchtete double-bind-Situation erleben.

Was bedeutet dies alles nun für den Bewährungshelfer? Die Arbeitsbeziehung zwischen dem Bewährungshelfer und dem FA-Probanden ist methodisch unverändert, findet jedoch veränderte äußere Bedingungen vor. Berichtspflicht besteht nunmehr nicht den (fernen) Strafvollstreckungskammern, sondern den nahen und an demselben Probanden arbeitenden (und damit möglicherweise konkurrierenden) Aufsichtsstellen gegenüber. Die Funktion der Aufsichtsstelle beschränkt sich somit nicht auf die Kontrolle und Überwachung der Probanden, sondern erweitert sich um die Aufsichtsfunktion über die Bewährungshelfer. Wir finden in der Führungsaufsicht also einen Zustand vor, der die Bewährungshilfe nicht nur straff organisiert und in die Justizverwaltung eingebunden hat, sondern darüber hinaus auch in eine hierarchische Struktur eingegliedert hat, in der Sozialpädagogen andere Sozialpädagogen kontrollieren. Über die Auswirkungen dieser besonderen strukturellen Bedingungen auf die Arbeitsbeziehung zwischen Bewährungshelfer und Führungsaufsichtsproband wäre es äußerst interessant, eine Untersuchung zu initiieren, um aus beider Perspektive Authentisches zu erfahren.

These:
Entlassene aus psychiatrischen Krankenhäusern finden in der Institution Führungsaufsicht keine
ihren Bedürfnissen entsprechende Betreuungssitua-
tion vor.

Weiter oben war bereits von der beruflichen Qualifikation
von Bewährungshelfern die Rede gewesen. Führt man sich
nochmals vor Augen, welche Biographien Entlassene aus dem
Maßregelvollzug repräsentieren, so muß die sicherlich auch
mit berufspolitischen Elementen behaftete Aussage der Bewährungshilfe in Frage gestellt werden, Bewährungshelfer seien
für die Führungsaufsichtsprobanden „im Sinne methodischer
Sozialarbeit" die geeignete Berufsgruppe (so die Arbeitsgemeinschaft Dt. Bewährungshelfer 1972, S. 132).

In einer Reihe von Untersuchungen über Bewährungshilfe wurde deutlich, daß Bewährungshelfer mit ihren „traditionellen" Probanden immer dann Schwierigkeiten bei der Entwicklung und Aufrechterhaltung einer fruchtbaren Arbeitsbeziehung haben, wenn diese Probanden mehr oder minder tiefgrei-
fende psychische Problemstrukturen in das Betreuungsverhältnis einbringen.

Richtungsweisend und nach wie vor von brennender Aktualität
sind die Ergebnisse und die daraus abgeleiteten Forderungen
der Untersuchung von Rasch et al. (1974), die einen Themen-
schwerpunkt der Bundestagung Bewährungshilfe 1973 in Göttingen darstellte. Bereits damals - also noch vor der Implementation der FA - wurde darauf hingewiesen, daß Bewährungshilfe auch einen großen Teil psychisch stärker gestörter Probanden betreffe, für die „...umfassendere therapeutische
Möglichkeiten, insbesondere medizinisch-psychologische Behandlungsmaßnahmen, bereitstehen müßten" (vgl. Rasch et
al. 1974, S. 29). Über die Arbeitsbeziehung unter der
Bedingung drängender psychischer Probleme lassen auch erste

Ergebnisse der sich gerade in der Auswertung befindenden
Untersuchung von Hesener (zum methodischen Ansatz vgl.
Hesener 1983; vgl. auch den Beitrag desselben Autors im
vorliegenden Sammelband) wenig hoffnungsvolle Perspektiven
zu. Welche Dimensionen nimmt diese Interaktionsproblematik
erst bei den i.d.R. schwerer gestörten sowie stark hospita-
lisierten Entlassenen psychiatrischer Krankenhäuser an.

Solange die FA-Stellen keine den besonderen Anforderungen
der aus Landeskrankenhäusern Entlassenen entsprechende Ausstattung erhalten - anzuregen sei beispielsweise, den Mitarbeitern der FA-Stellen entsprechend ausgebildete Psychologen, Psychiater oder Mediziner zur Seite zu stellen -,
solange finden diese Probanden in der Führungsaufsicht keine ihrem Problemfeld entsprechende Einrichtung vor. In der
Praxis konnte wiederholt festgestellt werden, daß am ehesten die medizinisch-psychiatrische Versorgung durch parallel eingeschaltete Ärzte gesichert zu sein scheint, während
eine weitergehende psychologische oder psychotherapeutische
Betreuung häufig dem Zufall oder der Initiative einzelner
überlassen bleibt.

Aber den FA-Stellen in Niedersachsen wurde bislang nicht
nur die fachliche Unterstützung anderer Disziplinen verweigert; darüber hinaus mußte die im Laufe des Jahres 1975
gegründete Arbeitsgemeinschaft der Mitarbeiter der FA-Stellen inzwischen ihre Arbeit einstellen wegen der Weigerung
der Justizverwaltung, weiterhin in dem regelmäßigen Erfahrungsaustausch ein dienstliches Bedürfnis anzuerkennen. Die
Betreuung der Psychiatrieentlassenen findet nunmehr isoliert, ohne fruchtbare gegenseitige Unterstützung, von LG-
Bezirk zu LG-Bezirk unterschiedlich, statt.

Auf seiten der Bewährungshelfer ist zu befürchten, daß sie
als Betreuer der Entlassenen aus dem Maßregelvollzug nicht
nur in die Rolle des alten Fürsorgers zurückgedrängt wer-

den, dem die Aufgabe übertragen wird, für Wohnung und
Arbeit der Probanden zu sorgen; vielmehr werden Bewährungshelfer dazu gezwungen, der Pflicht der Berichterstattung
nachzukommen, ohne tatsächlich mehr über ihre Probanden zu
wissen und aussagen zu können, als daß sie am Ort X wohnhaft und bei der Firma Y beschäftigt sind. Im Verlauf der
Analyse der Probandenakten mußten wir feststellen, daß
diese Praxis bedauerlicherweise sowohl für die Berichte der
Bewährungshelfer als auch die Gesprächsvermerke der Aufsichtsstellen nicht Ausnahme geblieben ist.

Es drängt sich der Eindruck auf, die an der FA Beteiligten
dürften darüber erleichtert sein, daß etwa die Hälfte der
„Entlassenen" aus psychiatrischen Krankenhäusern weiterhin
dort untergebracht sind (nunmehr aufgrund ihrer Entmündi-
gung) oder in öffentlichen oder privaten Einrichtungen betreut (verwahrt?) werden. In ihrer Ratlosigkeit schiebt die
Gesellschaft ihre psychisch auffälligen Mitglieder über das
Strafrecht von Abseits zu Abseits.

War die Führungsaufsicht aus kriminalpolitischen Überlegungen in den 70er Jahren noch heiß umstritten, ja bekämpft,
so scheint sich die Praxis heute mit dem status quo abgefun-
den zu haben. Bittere Konsequenz dieses Sich-Arrangierens
ist jedoch, daß die fruchtbaren Elemente der früheren Aus-
einandersetzungen nunmehr gänzlich fehlen und daß Fortschritte, die durch Diskussionen initiiert werden können,
wegen des Ausbleibens solcher Diskussionen nicht mehr zu
verzeichnen sind. Die im vorliegenden Beitrag formulierten
Thesen zur Neuartigkeit der Klientel unter FA, zu strukturellen Veränderungen in der Bewährungshilfe und zur Ratlosigkeit von Sozialpädagogen in der Betreuung psychisch gestörter Probanden liegen weiterhin als Fragestellungen der
ambulanten Strafvollstreckung auf dem Tisch.

Literatur

ARBEITSGEMEINSCHAFT DEUTSCHER BEWÄHRUNGSHELFER: Zur Führungsaufsicht. Stellungnahme des erweiterten Vorstan-
des der Arbeitsgemeinschaft Deutscher Bewährungshelfer. (In: Bewährungshilfe 19, 1972, S. 132-136).

BRUSTEN, M.: Zwischen Hilfe und Kontrolle. Eine empirische
Untersuchung zur Struktur und Entwicklung der Proban-
den der Führungsaufsicht. (In: H.-J. Kerner,
H. Kury, K. Sessar (Hrsg.): Deutsche Forschungen zur
Kriminalitätsentstehung und Kriminalitätskontrolle,
Bd. 3. Köln u.a., 1983, S. 1613-1650).

HAGER, B.: Zur Problematik der sozialpädagogischen Funktion
in der Führungsaufsicht. (In: Bewährungshilfe 23,
1976, S. 126-133).

HESENER, B.: Zur Analyse der Interaktionsstruktur zwischen
Bewährungshelfer und Proband - ein praxisorientier-
ter Forschungsansatz. (In: H.-J. Kerner, H. Kury,
K. Sessar (Hrsg.): Deutsche Forschungen zur Krimina-
litätsentstehung und Kriminalitätskontrolle, Bd. 3.
Köln u.a., 1983, S. 1563-1590).

JACOBSEN, H.-F.: Führungsaufsicht und Social Coping - Ein
Institut der Strafvollstreckung unter sozialisations-
theoretischer Perspektive. (In: H. Kury (Hrsg.): Prävention abweichenden Verhaltens - Maßnahmen der Vorbeugung und Nachbetreuung. Köln u.a., 1982, S. 717-
785).

JACOBSEN, H.-F.: Dimensionen alltäglichen Verhaltens, insbesondere Problemlösungsverhaltens. (In: H. Kury
(Hrsg.): Ambulante Maßnahmen zwischen Hilfe und Kontrolle. Köln u.a., 1984a, S. 265-307).

JACOBSEN, H.-F.: Strafvollstreckung zwischen Gefängnis und
Psychiatrie. (In: Monatsschrift für Kriminologie und
Strafrechtsreform 67, 1984b, S. 254-265).

KOBER, E.-M.: Bewährungshilfe und Führungsaufsicht in
Berlin. (Bonn-Bad Godesberg, 1984).

KÜHNEL, P.: Über Führungsaufsicht. (In: Bewährungshilfe
19, 1972, S. 22-34).

QUADT, Th.: Überlegungen zum Verhältnis von Bewährungshelfer und Führungsaufsichtsstelle. (In: Bewährungshilfe 23, 1976, S. 121-125).

RASCH, W.; SCHMIDT, B.; KÜHL, K.-P.: Diagnostische und the-
    rapeutische Differenzierung in der Bewährungshilfe.
    (In: Bewährungshilfe 21, 1974, S. 28-37).

SCHULZ, E.M.: Die Führungsaufsicht. (Frankfurt/M., 1982).

STEIN, W.: Führungsaufsicht. (In: Bewährungshilfe 21,
    1974, S. 51-55).

Renate Bockwoldt

BEWÄHRUNGSHILFE UND FÜHRUNGSAUFSICHT - EINE ZWISCHENBILANZ

> Etwas zu machen, dazu gehört drei-
> erlei: gesunder Menschenverstand,
> Mut und Redlichkeit. Der erste, um
> eine Sache einzusehen, der zweite,
> um vor den Resultaten nicht zu er-
> schrecken, die dritte, um sich
> selber nicht etwas vorzumachen.
>
> (Leopold von Ranke, dt. Historiker,
> 1795-1886)

I.   Gliederung und Begrenzung des Themas

II.   Das Forschungsdefizit zur Bewährungshilfe - Hin-
            tergründe und Auswirkungen
II.1.   Die Macht des Denkens - oder: Die erfundene
            Wirklichkeit
II.2.   Helfen als Ideal - Idealisierung der (Bewäh-
            rungs-)Hilfe
II.3.   Altruistische und professionelle Hilfe - zwei
            Strukturelemente der Bewährungshilfe

III.   Das Forschungsprogramm des Kriminologischen For-
            schungsinstituts Niedersachsen (KFN) zur Bewäh-
            rungshilfe und zur Führungsaufsicht - Bericht
            über die wichtigsten Diskussionsinhalte der
            Arbeitsgemeinschaft III des 4. Wissenschaftli-
            chen Colloquiums

            Anmerkungen

I. Gliederung und Begrenzung des Themas

Das Kriminologische Forschungsinstitut Niedersachsen e.V.
(KFN) führt zur Zeit drei Projekte zum Bereich "Bewährungshilfe" und eines zu dem der "Führungsaufsicht" durch. Mit
diesem Forschungsprogramm stößt das KFN in eine bestehende
und auch zunehmend beklagte kriminologische Wissenslücke[1].
Teilaspekte der laufenden Untersuchungen wurden in der Arbeitsgemeinschaft III auf dem 4. Wissenschaftlichen Colloquium des KFN vom 26.10. - 28.10.1983 in Hannover diskutiert. Diesbezüglich wird zunächst auf die in dem vorliegenden Sammelband in überarbeiteter Fassung veröffentlichten
Referate von Bietsch, Hesener, Jacobsen und Zimmermann verwiesen.

In den einzelnen Vorträgen sowie in den anschließenden Diskussionen wurden eine Fülle von Einzelfragen angesprochen
und zum Teil lebhaft und kontrovers erörtert. Hierzu hat
sicherlich die breite Streuung des Teilnehmerkreises wesentlich mit beigetragen. Eine Beschreibung dahingehend, daß
Wissenschaftler und Praktiker zu einem gemeinsamen Gespräch
gefunden hätten, hat allerdings insoweit kaum einen Aussage-
wert, als beide Gruppen in sich heterogen sind. Der eigene
Arbeitsbereich und Erfahrungshintergrund, unterschiedliche
Interessen, vor allen Dingen aber auch divergierende gesellschaftspolitische Anbindungen der Gesprächsteilnehmer dürften hauptsächlich die Vielschichtigkeit der Diskussionen
bedingt haben. Die Erörterungen sind offen und lebendig
geführt worden. Insgesamt hat das KFN (einmal mehr) mit
seinen - inzwischen institutionalisierten - Colloquien
interessierten Kriminologen aus Theorie und Praxis ein Fo-
rum eröffnet, wo Kontakte geknüpft und Anregungen wie auch
Kritik gegeben und erfahren werden können.

Die folgenden Ausführungen[2] befassen sich mit der Arbeitsgemeinschaft III "Bewährungshilfe und Führungsaufsicht".
Sie gliedert sich in zwei Themenbereiche. In dem anschlie-

ßenden Abschnitt II geht es um das kriminologische Forschungsdefizit zur Bewährungshilfe, um dessen Hintergründe
und Auswirkungen. In diesem Teil des Beitrags stehen Aspekte im Vordergrund, die auf dem Colloquium entweder gar
nicht oder nur beiläufig erörtert wurden. Die Darlegung und
kritische Auseinandersetzung mit den gleichermaßen unausge-
sprochenen Grundannahmen ist jedoch deshalb so wichtig,
weil diese "stillschweigenden Prämissen" die Gespräche
grundlegend beeinflußt haben. Es soll also, anders ausgedrückt, versucht werden, diejenigen Gesichtspunkte herauszu-
arbeiten, die metakommunikativ den Bezugsrahmen der Diskussion determiniert haben. Die angesprochenen Fragen dürften
außerdem auch für ein allgemeines Weiterdenken von Bedeutung sein. Die wichtigsten Diskussionspunkte der Arbeitsgemeinschaft selbst werden sodann in dem Abschnitt III. zusammengefaßt wiedergegeben werden.

II. Das Forschungsdefizit zur Bewährungshilfe - Hintergrün-
de und Auswirkungen

1. Die Macht des Denkens - oder: Die erfundene Wirklichkeit[3]

Das Forschungsdefizit zur Bewährungshilfe ist mittlerweile
so oft konstatiert worden, daß insoweit "das Nichtwissen
als gesichertes Wissen" angesehen werden kann[4]. Dennoch
soll das Problem hier einführend nochmals aufgegriffen werden. Denn es lohnt sich, darüber nachzudenken, ob das Fehlen detaillierter Forschungen nicht auf weitaus komplexere
Bedingungszusammenhänge zurückzuführen ist als bislang angenommen.

Die folgende, kurze Geschichte, die eine alltägliche Situation zum Gegenstand hat, soll die anschließenden theoretischen Überlegungen veranschaulichen helfen[5]:
Ein Mann will ein Bild aufhängen. Den Nagel hat er, nicht
aber den Hammer. Da unser Mann weiß, daß der Nachbar einen

Hammer besitzt, beschließt er, hinüberzugehen und das benötigte Werkzeug dort auszuborgen. "Doch da kommt ihm ein Zweifel: Was, wenn der Nachbar mir den Hammer nicht leihen will? Gestern schon grüßte er mich nur so flüchtig. Vielleicht war er in Eile. Aber vielleicht war die Eile nur vorgeschützt, und er hat etwas gegen mich. Und was? Ich habe ihm nichts angetan; der bildet sich da etwas ein. Wenn jemand von mir ein Werkzeug borgen wollte, i c h gäbe es ihm sofort. Und warum er nicht? Wie kann man einem Mitmenschen einen so einfachen Gefallen abschlagen? Leute wie dieser Kerl vergiften einem das Leben. Und dann bildet er sich noch ein, ich sei auf ihn angewiesen. Bloß weil er einen Hammer hat. Jetzt reicht's mir wirklich." - Mit diesen Worten rennt er hinüber, läutet, der Nachbar öffnet, doch noch bevor er "Guten Tag" sagen kann, schreit ihn unser Mann an: "Behalten Sie Ihren Hammer, Sie Rüpel!"

Dieses Beispiel soll nicht mehr, aber auch nicht weniger verdeutlichen, als daß Ideen, Vorstellungen - vorausgesetzt, man glaubt nur fest genug an sie - eine konkrete Wirklichkeit zu erzeugen vermögen. Außerdem wird eine grundsätzlich bestehende Gefahr sichtbar: "Die Wirklichkeit" wird nämlich nicht nur an punktuellen Ereignissen festgemacht, sondern sie wird vor allem auf diese reduziert. Diese Aussage bedarf der Erklärung. Der Nachbar in der obigen Geschichte wird als ahnungsloser Interaktionspartner mit dem letzten Glied einer langen, komplizierten Kette von Phantasien, in denen er eine entscheidende, negative Rolle spielt, konfrontiert. Das Verhalten seines Gegenübers wird ihm völlig unverständlich sein und sicherlich auch bleiben, es sei denn, daß die komplexen Hintergründe des Konfliktes zur Sprache kämen, also die Vorbehalte ihm gegenüber sowie allgemein die negative Einschätzung seiner Person.

Was bedeuten diese Aussagen nun für die ambulante Sanktion der Bewährungshilfe? Es besteht ein überwiegender, wenn nicht sogar ein allgemeiner Konsens dahingehend, daß Bewäh-

rungshilfe nicht nur billiger und humaner als stationäre
Sanktionen sei, sondern zudem auch effektiver. Der vielfach
von der Wissenschaft festgestellte rasche Ausbau der Bewährungshilfe[6] ist nicht zuletzt auf dieses Vorverständnis
zurückzuführen[7]. Die Entwicklung als solche mag man begrüßen. Aus wissenschaftlicher Perspektive sind jedoch Aussagen, daß die Bewährungshilfe erstens Wirkungen entfalte
und zweitens, daß diese ausschließlich positiv seien, frag-
würdig. Es gibt nämlich bis heute keine detaillierten empirischen Untersuchungen, die z.B. die Praxis des Umgangs der
Sozialarbeiter mit ihrer Klientel sowie die Methoden angewandter Bewährungshilfe und Kontrolle erfaßt oder gar analysiert hätten. Welchen Wert überdies die Probanden der tatsächlichen Betreuungsarbeit zumessen, ob z.B. gut gemeinte
Hilfe bei den Betroffenen auch wirklich ankommt, ist ebenfalls bisher nicht erforscht worden.

Eine zusammenfassende Bestandsaufnahme wirkt ernüchternd:
Um die Bewährungshilfe herum gab und gibt es eine Vielzahl
von Untersuchungen. Genannt sei hier nur der Bereich der
Kriminalprognose, zu dem es ein kaum mehr überschaubares
kriminologisches Schrifttum gibt[8]. Die im Rahmen der bedingten Strafverschonung geleisteten, aber auch unterlasse-
nen Maßnahmen sind dagegen bislang nicht als ein zentrales
Problem eingestuft worden. Das Ergebnis ist schwer verständlich: Während etwa in kriminalpolitischen Diskussionen Wege
und Möglichkeiten gesucht werden, verurteilte Straftäter in
Richtung Straffreiheit zu beeinflussen, hat die kriminologische Forschung der faktischen Gestaltung der gerichtlich verhängten Maßnahmen kaum Aufmerksamkeit gewidmet.

2. Helfen als Ideal - Idealisierung der (Bewährungs-)Hilfe

Voranstehend ist dargelegt worden, daß bezüglich spezifischer Bereiche und Fragen ein Wissensdefizit besteht. Dieses ist vor allem auf ein bestimmtes in der kriminologi-

schen Forschung vorherrschendes, theoretisches Vorverständnis zurückzuführen. Für den Bereich der Kommunikationsforschung haben Watzlawick u.a.[9] das Axiom aufgestellt, daß man nicht nichtkommunizieren kann. Auch für empirische Untersuchungen ist von der Annahme eines "beredten Schweigens" auszugehen[10]: Die Auswahl der erhobenen Daten läßt einerseits erkennen, was für bedeutsam erachtet, andererseits aber auch, welchen Fragen kein Gewicht beigemessen wird. Eine Analyse des herkömmlichen Datendesigns der Bewährungshilfeforschung läßt die folgenden erkenntnisleitenden Prämissen sichtbar werden: Vorausgesetzt, daß die Bewährungshilfeprobanden bereit und in der Lage sind, die ihnen angebotene Hilfe anzunehmen, lautet - verschärft formuliert - die vorverständliche Grundannahme: Bewährungshilfemaßnahmen, wie immer sie auch konkret gestaltet sein mögen, wirken auf die unterstellten Probanden positiv, und zwar unabhängig davon, welche Individuen sich in der Person des Bewährungshelfers und des Probanden gegenüberstehen und unter welchen Bedingungen ihr Aufeinandertreffen steht. Verfolgt man diesen Gedanken konsequent weiter, so steht am Ende die These: Je intensiver die Betreuung durch die Bewährungshelfer ist, desto mehr Hilfe erfahren die Probanden und desto niedriger ist die Mißerfolgsquote.

Anders als bei uns gibt es in Amerika empirische Untersuchungen zu der dargestellten Hypothese. In seinem Literaturbericht zur Kriminologie der siebziger Jahre in den Vereinigten Staaten hat z.B. Kaiser[11] auf wiederholte Befunde verwiesen, wonach "die Größe der Fallbelastung der Bewährungshelfer geringen Einfluß auf ihre Fähigkeit habe, den Rückfall zu vermeiden." Hintergrund für diese Feststellung ist die Beobachtung gewesen, daß Bewährungshelfer mit geringer Fallbelastung in der Regel nicht anders vorgehen würden als solche mit hoher Fallbelastung. Der Inhalt des "Treatments" (also der Behandlung und/oder der Beeinflussung) verdiene jedoch große Aufmerksamkeit. In diesem Zusammenhang ist eine Aussage von Lundman u. Scarpitti[12] zu den amerikanischen Untersuchungen besonders bemerkenswert, daß nämlich selbst einige der bestgeplanten Projekte die Forscher "im Dunkeln darüber ließen, was tatsächlich geschehen sei".

Die Frage, warum die tatsächliche Gestaltung der Bewährungshilfe über so lange Zeit so wenig Interesse fand, kann an dieser Stelle nicht umfassend untersucht werden; es soll aber zumindest der Aspekt der "Idealisierung" angesprochen werden. Schmidbauer hat in seinem neusten Buch das Problem durch das Wortspiel "die wahre und die Ware Nächstenliebe" zu kennzeichnen versucht[13]. Damit sind zwei Gesichtspunkte angesprochen, die für die hier zu diskutierende Thematik von Bedeutung sind. Bewährungshilfe ist ein "helfender Beruf" - es geht also (auch) um das Problem "Helfen als Beruf". Mit dem Wort "Hilfe" verbindet man in erster Linie nicht eine Dienstleistung, die einen Preis hat, der in Mark und Pfennig bestimmbar ist und der im Falle der Bewährungshilfe von der Gesellschaft getragen wird. Vielmehr assoziiert man mit dem Begriff "Hilfe" menschliche Anteilnahme, Altruismus, Nächstenliebe etc.

Damit sind zwei Bereiche angesprochen: Einerseits geht es um das hohe Ideal menschlicher Anteilnahme und Hilfe, traditionell in unserer Gesellschaft ein Akt der Nächstenliebe, der keinen materiellen Preis kennt. Andererseits geht es um professionelle Hilfe, die (zumindest auch) geleistet wird, um selbst davon zu leben. Bewährungshilfe ist somit - verkürzt ausgedrückt - der Versuch, idealistische und materialistische Ideen auf einen Nenner zu bringen. Ob und unter welchen Voraussetzungen eine solche Synthese möglich ist, muß an dieser Stelle offen bleiben. Vordringlich erscheint es überdies, zunächst überhaupt erst einmal die beiden unterschiedlichen Strukturelemente der Bewährungshilfe zu verdeutlichen und einige der daraus folgenden Probleme aufzuzeigen. Die kriminologische Wissenschaft hat sich bisher bei der Erforschung von Fragen, die die Bewährungshilfe betreffen, von einem idealistischen Vorverständnis leiten lassen. Für die Diskussion in der Arbeitsgemeinschaft III des 4. Wissenschaftlichen Colloquiums ist dagegen festzustellen gewesen, daß beide Aspekte Berücksichtigung fanden. Allerdings wurden sie nicht so voneinander getrennt, wie es eigentlich notwendig gewesen wäre. Dies ist ein Phänomen, das man auch sonst beobachten kann, wenn es um das Thema "Bewährungshilfe" geht. Da die Gefahr besteht, daß dadurch das Gespräch miteinander gestört, wenn nicht sogar unmöglich gemacht wird, soll nachfolgend detaillierter auf die Problematik eingegangen werden.

3. Altruistische und professionelle Hilfe - zwei Strukturelemente der Bewährungshilfe

Die Bewährungshilfe muß - wie alle helfenden Berufe - mit der "doppelten Problematik von Käuflichkeit und Beziehungsauftrag"[14] fertig werden. Das heißt mit anderen Worten: Auch wenn der Bewährungshelfer seine Tätigkeit mit Idealismus angeht, die von ihm gegebene menschliche Zuwendung und Anteilnahme einer übergreifenden religiösen oder weltanschaulichen Idee untersteht, so ist sein berufliches Handeln dennoch nicht frei von marktwirtschaftlichen Aspekten. Denn der Staat, der seine Bewährungshelfer bezahlt, erwartet eine Gegenleistung. Aber nicht nur das: Professionelle Hilfe unterscheidet sich nun einmal grundlegend von spontaner, selektiv geleisteter Hilfe. Bewährungshelfer haben - nehmen sie ihren Anspruch ernst - zumindest acht Stunden am Tag liebevolle Zuwendung zu geben. Ob sie zu "ihrem Probanden" eine Beziehung haben oder herstellen können, ist dabei genausowenig entscheidend wie die Frage, ob der Proband mit "seinem Bewährungshelfer" etwas anzufangen weiß. Denn die Beziehung wird per Gerichtsbeschluß hergestellt. Von diesem Zeitpunkt an sind Bewährungshelfer zuständig für die ganze Breite der Bedarfslagen ihrer Klienten sowie für die komplexen und komplizierten Probleme, die bei Menschen

in schwierigen Lebensbedingungen besonders stark ausgeprägt
sind. Schon diese knappen Ausführungen lassen die Probleme
deutlich werden und zudem erkennen, daß professionelle
Hilfe Grenzen hat und haben muß. Angesprochen sind u.a.
Fragen sog. "lohnender Hilfsangebote", der "Verhältnismäßigkeit der Mittel" etc. In diesem Zusammenhang schreibt
Frommann[15]: "Wer obdachlos ist, ist der auch erziehungsfä-
hig, und 'lohnt' sich bei dem eine Beratung der ganzen Familie? Wenn er schon seine Wohnung nicht halten konnte, wie
soll er dann ein beraterisches Arbeitsbündnis einhalten
können? Wie kaputt müssen Kinder sein, damit sie in eines
der wenigen guten therapeutischen Heime kommen, und wie
kaputt dürfen sie nicht sein, damit sie noch dort hinkom-
men? Es steckt viel uneingestandene Resignation in den Zuweisungskriterien, nach denen berufliche Helfer verfahren.
Es geht eben wahrhaftig nicht alles ..."

Das Nebeneinander von idealistischen und materialistischen
Strukturelementen birgt Schwierigkeiten in sich: Denn jene
Fähigkeiten, die ausschlaggebend für jede Zuwendungsarbeit
sind, nämlich Geduld, Toleranz, Güte, Empathie und die Ge-
lassenheit, sich für Veränderungen Zeit zu nehmen, sind
marktwirtschaftlichen Kriterien nicht zugänglich[16]. So sind
die genannten Fähigkeiten beispielsweise unter Effektivi-
tätsgesichtspunkten nur schwer faßbar. Das Dilemma besteht
darin, die differierenden Elemente miteinander zum Ausgleich bringen zu müssen. Vor diesem Hintergrund verwundert
es auch nicht, wenn auf Tagungen und in persönlichen Gesprächen zunehmend ein Konflikt der Bewährungshelfer mit der
administrativen Verwaltung deutlich wird: Während nämlich
letztere immer stärker versucht, Sozialarbeit definierbar
und dadurch bewertbar zu machen (materialistischer Aspekt),
ziehen sich Sozialarbeiter hingegen gerne und mitunter ausschließlich auf die idealistische Ebene ihrer Arbeit zurück.

Beide Positionen gegeneinanderzusetzen und auszuspielen,
ist ein Vorgehen, das der Sache selbst nicht nützt. Verwal-

tungsanordnungen, verbürokratisierte Handlungsmuster etc.
können Fähigkeiten, die für menschliche Zuwendung und Hilfe
grundlegend sind, wie z.B. Einfühlung, Geduld und Güte,
nicht erfassen - sie können sie wohl aber unmöglich machen.
Andererseits ist jedoch die Frage nach der Effektivität
nicht nur angesichts knapper Haushaltskassen legitim. Auch
grundsätzlich ist über das Problem nachzudenken und, wie
nachfolgend angedeutet werden soll, ist eine überhöhte idealistische Position z.B. auf mögliche destruktive Wirkungen
zu hinterfragen[17].

Ideale bzw. Idealisierungen haben eine ambivalente Struktur: Einerseits sind sie Orientierungen für den einzelnen
und durchaus positiv zu bewerten. Andererseits gibt es jedoch auch eine destruktive Seite: Ideale können nur solange
eine stabilisierende Wirkung entfalten, als sie nicht derart überhöht sind, daß der Mensch mit seinen Schwächen und
Grenzen in der gelebten Alltäglichkeit nur an ihnen scheitern kann. Der Überanspruch an sich selbst, die Erwartung,
alles entsprechend dem jeweiligen Ideal vollkommen und
"richtig" zu machen, begleitet und ordnet die Lebensvorgän-
ge nicht mehr. Stattdessen hat der einzelne es mit einem
(erstarrten) Perfektionsideal[18] zu tun, das es zu erreichen
gilt, auch wenn es noch so unerreichbar ist. Wer sich
Ideale setzt, die realistischerweise nicht (oder aber auch
nur noch nicht) zu erreichen sind, wird an den selbstge-
steckten Zielen scheitern. Bewährungshelfer, die glauben,
allen ihren 60 bis 70 Probanden jederzeit effektiv helfen
zu können, überfordern sich selbst. Sie verdrängen so
schwierige, aber eben doch wichtige Fragen, wie z.B., was
"lohnende Angebote" sind, wo die Grenzen für "Helfen-Kön-
nen" und "Helfen-Wollen" liegen.

III. Das Forschungsprogramm des Kriminologischen Forschungsinstituts Niedersachsen (KFN) zur Bewährungshilfe und
zur Führungsaufsicht - Bericht über die wichtigsten
Diskussionsinhalte der Arbeitsgemeinschaft III des 4.
Wissenschaftlichen Colloquiums

Die Diskussion wurde in erster Linie durch die vier Kurz-
referate von Hesener, Zimmermann, Bietsch und Jacobsen
strukturiert. Es waren damit 4 Themenschwerpunkte in folgender Reihenfolge vorgegeben:

1. Analyse der Arbeitsbeziehung zwischen Bewährungshelfer und Proband (Hesener).

2. Auflagen und Weisungen als Rahmenbedingungen des
   Bewährungshilfeprozesses (Zimmermann).

3. Objektive und subjektive Problembelastungen der Probandinnen am Beispiel ihrer finanziellen Situation
   (Bietsch).

4. Die Klientel der Führungsaufsicht (Jacobsen).

Die Referate von Zimmermann und Bietsch waren in einer Dis-
kussionseinheit zusammengefaßt.

Ad 1:

Zu Beginn schlug Hesener vor, in der Arbeitsgruppe schwerpunktmäßig das Thema "Die Arbeitsbeziehung zwischen Bewährungshelfer und Proband" zu diskutieren. Zur Begründung
führte er aus, daß über die Arbeitsbeziehung Einfluß auf
die Probanden genommen werden solle. Die Qualität der Beziehung sei deshalb ein wichtiger Indikator für die Möglichkeit erfolgreicher Betreuung und Hilfe.

Hesener stellte sodann erste, vorläufige Ergebnisse einer
von ihm durchgeführten Untersuchung vor. Hierbei ging es um
die Sichtweisen der Probanden: Wie sehen sie ihren Bewährungshelfer; welche Erfahrungen verbinden sie mit der Insti-

tution Bewährungshilfe; wie beurteilen sie allgemein die Beiordnung eines Bewährungshelfers: als Hilfe, als Kontrolle und/oder als Strafe?

Der einleitend von Hesener eingebrachte Themenvorschlag enthielt insoweit etwas Neues, als die tatsächliche Gestaltung der Bewährungshilfe in vielfacher Hinsicht bis heute "terra incognita" ist[19]. Insgesamt gesehen hat die Diskussionsrunde es allerdings kaum gewagt, dieses unbekannte Terrain zu betreten. Auch das von Hesener in diesem Zusammenhang eingebrachte "Modell einer Bewährungshilfeinteraktion"[20], das in gleichem Maße personen- und situationsspezifische Aspekte des Bewährungshelfers und des Probanden berücksichtigt, vermochte daran nichts zu ändern. Ein Grund dafür, daß das Strukturschema sehr schnell in Vergessenheit geriet, ist vielleicht aber auch in dem Modell selbst angelegt gewesen. Die einzelnen Items waren überwiegend nämlich so allgemein gefaßt worden, daß ein erhebliches Vorwissen nötig gewesen wäre, um allein an Hand dieser Informationen die traditionellen Denkmuster zu überspringen.

Insgesamt war festzustellen, daß die Diskussion stark von dem dargelegten metakommunikativen Bezugsrahmen geprägt wurde[21]. Das (vorherrschende) idealistische Vorverständnis von Bewährungshilfe ließ Fragen zu der tatsächlichen Gestaltung der Arbeitsbeziehung kaum aufkommen. In diesem Bereich wäre jedoch das Forschungsinteresse Heseners zu verorten gewesen. Andererseits wurde kritisiert, daß die Untersuchung von Hesener nicht die Felder der Erfolgskontrolle und - daraus folgend - der Prognostik berücksichtige. Damit wurden jedoch - unbemerkt - andere Erkenntnisinteressen zur Gesprächsgrundlage gemacht, nämlich jene oben erörterten materialistischen Aspekte professioneller Hilfe. Die Diskussionsteilnehmer hatten es dementsprechend schwer miteinander: Denn ihr jeweiliges Vorverständnis strukturierte "das Diskussionsthema". Dieses schien nur bei oberflächlicher Betrachtung eindeutig zu sein, in Wirklichkeit war es das jedoch nicht.

Schwerpunktmäßig standen die folgenden Fragen im Mittelpunkt des Interesses: Ob die Bewährungshilfe positive Wirkungen entfalte, sei nur empirisch zu vermitteln. Für diese Fragestellung komme der Variablen "Bereitschaft zur Zusammenarbeit" eine herausragende Bedeutung zu. Vertrauen, Sympathie etc. spielten dabei genauso eine Rolle wie z.B. die Erfahrungen der Probanden mit Hilfe und/oder Kontrolle. Andererseits wurde (stillschweigend) davon ausgegangen, daß die Bewährungshilfe Gutes leiste. Es gelte daher vor allem, der Bewährungshilfe "geeignete Probanden" zuzuführen. In diesem Bereich würden für Erfolg und Mißerfolg der Bewährungsunterstellungen zentrale Weichenstellungen erfolgen. Einige Gesprächsteilnehmer regten an, zukünftig nicht mehr wie bisher auch defizitäre Feststellungen zu treffen, sondern vielmehr auch die positiven Stärken des jeweiligen Probanden zu berücksichtigen. Das Gespräch kam außerdem einmal mehr auf jene Dauerthemen, die einesteils anzusprechen fast schon eine Pflichtübung geworden ist[22], die aber andernteils dennoch große Aktualität besitzen. Beklagt wurden etwa die (zu) hohe Zahl der zu betreuenden Probanden[23] und das Vorhandensein bürokratischer Strukturen. Einige Diskussionsteilnehmer vertraten die Auffassung, daß beides miteinander zusammenhinge.

Ad 2 und 3:

Die Referate von Zimmermann und Bietsch hatten einen gemeinsamen Bezugspunkt, nämlich die Frage nach der Bedeutung der richterlichen Auflagen und Weisungen für die Gestaltung der Bewährungszeit. Hier sollte auch der thematische Schwerpunkt der Diskussionsrunde liegen. Zimmermann sah Auflagen und Weisungen als Rahmenbedingungen des Bewährungshilfeprozesses an und erörterte die Auswirkungen auf die Arbeitsbeziehung zwischen Bewährungshelfer und Proband. Während Zimmermann in dem ersten Referat stärker allgemeine Aspekte ansprach, beschritt Bietsch als Koreferentin zur Problemverdeutlichung den umgekehrten Weg. Sie ging von dem speziellen Beispiel der finanziellen Situation weiblicher Bewährungshilfeklienten aus und gelangte nach einer deskriptiven Analyse zu den grundsätzlicheren Problemen.

Die Diskussion gestaltete sich sehr lebhaft. Zunächst ging es um die kontrovers diskutierte Frage, ob überhaupt und bejahendenfalls inwieweit Bewährungshelfer an die richterlichen Vorgaben gebunden seien. Zwar wurde einerseits eingeräumt, daß richterliche Auflagen und Weisungen durchaus eine Erleichterung für die Arbeitsbeziehung sein könnten, andererseits wurde jedoch betont, daß "man sich als Bewährungshelfer in dem Weisungskatalog nicht wieder finden könnte". Kritisiert wurde, daß Richter mitunter die konkrete Lebenssituation der Probanden bei der Festlegung der Auflagen und Weisungen nicht angemessen berücksichtigen würden. Hierzu seien sie häufig mangels genauerer Kenntnis der Umstände des Einzelfalles auch gar nicht in der Lage. Insbesondere von juristischer Seite wurde dieser Auffassung entgegengehalten, daß Auflagen und Weisungen vom Richter jederzeit geändert werden könnten (s. § 56e StGB)[24]. Der Bewährungshelfer bräuchte "doch nur" seine Bedenken dem Richter mitzuteilen. Im Konfliktsfall - und dies ist offen auszusprechen - beinhaltet dieser Hinweis allerdings keine Lösung. Denn § 56e StGB ist eine Kann-Bestimmung, d.h., der Richter ist nicht verpflichtet, etwa aufgrund von Interventionen des Bewährungshelfers nachträgliche Abänderungen vorzunehmen. In diesem Zusammenhang wurde ein weiteres Problem kurz angesprochen, das von grundsätzlicher Bedeutung ist: Falls im Verlauf einer Bewährungsunterstellung Entscheidungen getroffen werden müssen, so stellt sich die Frage, wer diese am besten treffen sollte - der Richter oder der Bewährungshelfer.

Die Weisung, sich einer Heilbehandlung oder einer Entziehungskur zu unterziehen, gehört zu den Maßnahmen mit erheblicher Eingriffsintensität. § 56c Abs. 3 StGB sieht (deshalb) vor, daß der Richter die Weisung nur mit Einwilligung des Verurteilten erteilen darf. Strittig ist jedoch, welche

Konsequenzen eintreten, wenn der Verurteilte seine Einwilligung zurücknimmt. Zum Teil wird die Meinung vertreten, daß eine spätere Rücknahme die Rechtmäßigkeit der Weisung nicht berühre[25]. Diese Ansicht hat durchaus praktische Bedeutung: Da der Verurteilte nicht gegen seinen Willen zu einem Klinik-, Anstalts- oder Heimaufenthalt gezwungen werden darf, hindert die fehlende oder im Verlauf der Behandlung zurückgezogene Einwilligung einerseits den Vollzug der Heilbehandlung oder der Entziehungskur. Andererseits hat der Richter in dieser Situation jedoch die Möglichkeit des Widerrufs (§ 56f Abs. 1 Nr. 2 StGB), denn der Verurteilte verstößt gegen eine rechtmäßige Weisung[26].

Die Auswirkungen der dargestellten Auffassung in der Praxis wurden in der Arbeitsgemeinschaft diskutiert. Es wurde beklagt, daß allzu oft der Proband die Einwilligung, sich einer Behandlung zu unterziehen, nur erteile, um zu erreichen, daß die gegen ihn verhängte Freiheitsstrafe zur Bewährung ausgesetzt werde. Der Bewährungshelfer müsse nunmehr unterschiedlichen Anforderungen gerecht werden, die kaum miteinander zu vereinbaren seien. Angesichts des drohenden Widerrufs sei die reale Entscheidungsfreiheit des Probanden sehr reduziert. Auf der anderen Seite setze jedoch Behandlung oder gar Therapie, die von dauerhaftem Erfolg sein will, in jedem Stadium Freiwilligkeit voraus. Ist diese nicht gegeben, so sei es ein sehr zweifelhaftes Unternehmen, den Probanden dennoch zu einer Therapie zu drängen. Denn der Proband würde in Anbetracht seiner inneren Widerstände von den Angeboten kaum profitieren können. Außerdem wurde auf die bestehenden Wartelisten, die für gute Therapieplätze geführt würden, hingewiesen. Insgesamt gesehen sei es wenig sinnvoll, einen Probanden, der sich allenfalls nur widerwillig einer Behandlung unterziehen würde, in einer guten Therapieeinrichtung unterzubringen und dadurch einen anderen Patienten, der für die Behandlung geeignet und vor allem stärker motiviert sei, auf die Warteliste zu verweisen. Dennoch sähen Bewährungshelfer in Anbetracht des

drohenden Widerrufs, auf dessen Erlaß bzw. Nichterlaß sie
letztlich keinen Einfluß hätten, häufig keinen anderen Weg,
als ihre Probanden zu bedrängen, die richterlich ange-
ordnete Therapie zu machen.

Als eine weitere Frage wurde der Aspekt "Problembelastung
der Probanden" erörtert. Sowohl Zimmermann als auch Bietsch
betonten in ihren Referaten zu Recht, daß neben den objektiven Belastungen insbesondere die Wertvorstellungen aller
Beteiligten zu berücksichtigen seien. Die Fremdwahrnehmung
"eines Problems" durch das Gericht oder den Bewährungshelfer kann im Einzelfall sehr unterschiedlich von der Perspektive des Betroffenen sein. Wer in einer schwierigen finanziellen Situation lebt, hoch verschuldet ist und überwiegend oder gar völlig von Sozialhilfe unterhalten wird, kann
- verschärft formuliert - ein glücklicher und zufriedener
Mensch sein, sofern er nur der gelebten Auffassung ist, daß
ihn die Schuldenregulierung nicht interessiere und er mit
einem sehr niedrigen Lebensstandard durchaus zufrieden sei.
Ein anderes Beispiel ist die Variable "Arbeit". Während
Bewährungshelfer anscheinend Arbeit oft als einen grundlegenden Bestandteil der Lebensgestaltung ansehen, begreifen demgegenüber viele Probanden Arbeit häufig als ein
bloßes Mittel zur Existenzsicherung. Folglich ist es für
sie auch selbstverständlich, ihre aufgrund einer bestimmten
Arbeitsdauer erworbenen Leistungsansprüche auszunützen. Das
heißt mit anderen Worten, daß diese Probanden beispielsweise keiner geregelten Arbeit nachgehen bzw. nachgehen
wollen.

Unterschiedliche Wertorientierungen können leicht zu Konflikten führen. Wie Bewährungshelfer und Probanden damit
umgehen, welche Lösungen sie jeweils wählen, ist derzeit
noch völlig unerforscht. Es handelt sich zudem um heikle
Fragen, die nur schwer zu beantworten bzw. zu unterscheiden
sind. Unsere Gesellschaft ist vielschichtig, das heißt, es
gibt nicht nur einen Maßstab für ordentliche und unordent-

liche Lebensführung, für richtiges und falsches Verhalten, - sondern es gibt vielzählige subjektive. Die Grenze zwischen individueller Freiheit, hinzunehmender Gemeinlästigkeit und möglichst zu verhinderndem Gemeinschaden ist nicht leicht zu ziehen. Gerade deshalb ist es jedoch wichtig, die auf dem 4. Wissenschaftlichen Colloquium des KFN angesprochenen Fragen auch zukünftig offen und ausführlich weiter zu diskutieren.

Bei der Erörterung des Themas "Schuldenregulierung" wurde außerdem noch explizit die Frage aufgeworfen, welche Auswirkungen es habe, wenn der Bewährungshelfer seinem Probanden trotz bestem Willen nicht helfen könne. Das Zivilrecht gehe grundsätzlich von der wirtschaftlichen Leistungsfähigkeit des einzelnen Bürgers aus. Der durch die Tat verursachte Schaden sei jedoch vielfach so hoch, daß dem Delinquenten - objektiv gesehen - eine umfassende Schadensregulierung überhaupt nicht möglich sei. Anders ausgedrückt: Übersteigt die Verschuldung des Probanden ein bestimmtes Limit, so wird der Bewährungshelfer sehr schnell mit den Grenzen für real Machbares und Mögliches konfrontiert[27]. Generell führt dies zu einem zentralen Problem, das bislang noch zu wenig Beobachtung fand. Das aufsehenerregende Buch "Die hilflosen Helfer" von W. Schmidbauer[28] hat zwar die Diskussion angeregt, das Problem selbst harrt in seiner Vielschichtigkeit jedoch noch einer gründlichen Aufarbeitung. Denn eine "Überforderung" des professionellen Helfers ist aus vielfältigen Gründen denkbar. Völlig unerforscht sind überdies auch die spezifischen Auswirkungen auf die Bewährungshilfeklienten.

Ad 4:

Jacobsen berichtete über sein Projekt zur Führungsaufsicht. In den Mittelpunkt des Interesses rückte er die Strukturierung der Klientel. Da es die Maßregel der Führungsaufsicht erst seit dem 1. Januar 1975 in der Bundesrepublik Deutschlang gibt[29], ist die Frage nach der quantitativen und qualitativen Gestaltung der Probandenpopulation bislang kaum

untersucht worden. Erst jetzt - nach ca. 9 Jahren Anlauf-
zeit - kristallisiert sich heraus, wie die neue Institution
der Führungsaufsicht "in Wirklichkeit" aussieht[30].

Jacobsen ging es in seinem Referat hauptsächlich um den
qualitativen Aspekt. Er machte deutlich, daß nach der von
ihm durchgeführten empirischen Untersuchung die Klientel
der Führungsaufsicht aus zwei völlig unterschiedlichen Gruppierungen bestehe, die zahlenmäßig in etwa gleich groß sei-
en[31]. Einerseits handele es sich - allgemein gesprochen -
um die Gruppe der Vollzugsentlassenen, andererseits um die
der Maßregelentlassenen. Diese zuletzt genannte Gruppe bestehe aus den ehemaligen Insassen der psychiatrischen Krankenhäuser, der Entziehungsanstalten sowie der Anstalten der
Sicherungsverwahrung. In der Praxis würden diese Probanden,
die äußerst hilfebedürftig seien, ein großes Problem darstellen. Jacobsen bezweifelte, daß die Sozialarbeiter der
schwierigen Klientel der Maßregelentlassenen gerecht werden
könnten. Schon aufgrund ihrer Ausbildung könnten sie die
enormen Anforderungen, die diese Probanden stellen würden,
eigentlich nicht erfüllen. Sinnvolle, alleinverantwortliche
Arbeit sei nur in wenigen Fällen möglich.

Die These von Jacobsen löste eine lebhafte Diskussion aus.
Bemerkenswert ist, daß hauptsächlich um die Frage gerungen
wurde, wie mit dem Dilemma der Überforderung[32] der Bewährungshelfer durch bestimmte schwierige, weil problembelastete Probanden (psychisch Auffällige, Drogen- und Alkoholabhängige etc.) umzugehen sei. Die These als solche wurde
hingegen grundsätzlich nicht bestritten.

Teilweise wurde die Frage gestellt, ob die Probanden der
Führungsaufsicht überhaupt von Bewährungshelfern betreut
werden sollten. Es wurde darauf hingewiesen, daß die Führungsaufsicht eine Doppelfunktion habe: Neben einer betreuenden Hilfe soll diese Institution auch die Probanden überwachen, um so die Allgemeinheit vor weiteren Straftaten zu

schützen. In der Konzeption der Führungsaufsicht würde dieser Kontrollaspekt eine herausragende Bedeutung besitzen. Praktisch stelle sich jedoch das Problem, daß ein großer Teil der Klientel nicht so sehr kontroll-, als vielmehr vor allem hilfsbedürftig sei. Insbesondere die aus psychiatrischen Krankenhäusern Entlassenen würden erhebliche Persönlichkeitsstörungen und zumeist starke Hospitalisierungsschäden aufweisen. Häufig sei (zumindest auch) eine Betreuung durch Ärzte, Psychiater und Psychologen erforderlich. Mitarbeiter der Führungsaufsichtsstellen seien in solchen Fällen sowohl personell als auch fachlich überfordert.

Möglichkeiten der Veränderung und Verbesserung wurden ebenfalls erörtert. Teilweise wurde vorgeschlagen, die Führungsaufsichtsstellen entsprechend den vielschichtigen Bedürfnissen der zu betreuenden Probanden auszubauen. Es sollten zukünftig Psychologen, Psychotherapeuten, Ärzte sowie andere spezialisierte Fachkräfte in dieser Institution mitarbeiten. Dieser Auffassung wurde andererseits widersprochen. Durch den vorgeschlagenen Ausbau würde ein allgemeines Beratungs- und Behandlungszentrum geschaffen, das es im kommunalen Bereich bereits schon gebe. Es sei deshalb die Frage zu stellen, weshalb nicht auf diese existierenden Anlaufstellen - z.B. auf die Gemeindepsychiatrie - zurückgegriffen werde. Es gelte, die Führungsaufsicht in ihrer jetzigen Konzeption zu überprüfen und es sei insbesondere zu diskutieren, ob die jetzigen "wirklichen" Aufgaben nicht viel effektiver von anderen bestehenden Institutionen erfüllt werden könnten. Damit stand die Forderung im Raum, sich Gedanken darüber zu machen, ob die Führungsaufsichtsstellen nicht besser aufzulösen seien[33].

Anmerkungen

1   Statt vieler Kury, H.: Zur Notwendigkeit und Problema-
    tik empirischer Forschung in der Bewährungshilfe. (In:
    Bewährungshilfe 27, 1980, S. 278 ff.); Müller-Dietz,
    H.: Die Bewährungshilfe in Praxis und kriminologi-
    scher Forschung. (In: H. Kury (Hrsg.): Prävention abwei-
    chenden Verhaltens - Maßnahmen der Vorbeugung und Nach-
    betreuung. Köln u.a., 1982, insbes. S. 448 ff.);
    Bockwoldt, R.: Strafaussetzung und Bewährungshilfe in
    Theorie und Praxis. Eine Studie zum Forschungsstand und
    zu Entwicklungsmöglichkeiten sowie Entwurf einer Em-
    pirie der Alltagstheorien von Bewährungshelfern. (Lü-
    beck, 1982, S. 19 ff.).

2   Überarbeitete und erweiterte Fassung der Berichterstat-
    tung vom 27.10.1983.

3   S. dazu das von P. Watzlawick herausgegebene Buch: Die
    erfundene Wirklichkeit. Wie wissen wir, was wir zu wis-
    sen glauben? Beiträge zum Konstruktivismus. (München,
    1981).

4   Vgl. Anm. 1.

5   Watzlawick, P.: Anleitung zum Unglücklichsein. 2. Auf-
    lage. (München, 1983, S. 37 f.). Das anschaulich und
    humorvoll geschriebene Buch enthält zahlreiche Beispie-
    le, wie man "den Alltag unerträglich und das Triviale
    enorm" machen kann. Allgemein spricht Watzlawick Mecha-
    nismen an, die auch für die kriminologische Wissen-
    schaft von Bedeutung sind, vgl. dazu Bockwoldt, R.:
    Vorsicht Sackgasse. Unvollständige Bemerkungen zu krimi-
    nologischen Erkenntnissen und kritische Notizen zum The-
    ma "Sozialarbeit in der Justiz". (In: Kriminalistik 38,
    1984, S. 158 ff.).

6   Allgemein vgl. aus jüngerer Zeit Heinz, W.: Bewährungs-
    hilfe im sozialen Rechtsstaat. (In: Bewährungshilfe 29,
    1982, S. 154 ff.); Zimmermann, E.: Bewährungshilfe als
    Gegenstand kriminologischer Forschung: Projektskizze
    und theoretische Vorüberlegungen. (In: H. Kury (Hrsg.):
    Perspektiven und Probleme kriminologischer Forschung.
    Köln u.a., 1981, S. 554 ff.); Kaiser, G: Kriminologie.
    Ein Lehrbuch. (Heidelberg, Karlsruhe, 1980, S. 278 ff.
    m.w.N.).

7   S. dazu Bockwoldt, R.: Bewährungshilfe und Wissen-
    schaft. Erwägungen zur Wechselwirkung von Theorie und
    Praxis. (In: Goltdammers Archiv 130, 1983, S. 546 ff.).
    Vgl. noch Müller-Dietz (Anm. 1), S. 426.

8   Nachweise etwa bei Kaiser (Anm. 6), S. 269 ff.; Kri-
    tisch zur Strukturierung der Prognosetafeln s. Bock-
    woldt, R.: Nothing works! - oder unbefriedigende Antwor-

ten infolge falscher Fragen? Wissenschaftstheoretische Anmerkungen zur Sanktionsforschung am Beispiel der bedingten Strafverschonung und der Bewährungshilfe. (In: H.J. Kerner, H. Kury, K. Sessar (Hrsg.): Deutsche Forschung zur Kriminalitätsentstehung und Kriminalitätskontrolle. Köln u.a., 1983, S. 1513 ff.). Vgl. dazu noch Spieß, G.: Probleme praxisbezogener Forschung und ihrer Umsetzung am Beispiel der Bewährungsprognose. (In: H. Kury (Hrsg.) (Anm. 1), S. 571 ff.). Die Vernachlässigung der Prognose als Rahmenthema der Dogmatik rügt zu Recht Frisch, W.: Prognoseentscheidungen im Strafrecht. Zur normativen Relevanz empirischen Wissens und zur Entscheidung bei Nichtwissen. (Heidelberg, Hamburg, 1983, insbes. S. 5).

9 Watzlawick, P.; Beavin, J.H.; Jackson, D.D.: Menschliche Kommunikation. Formen, Störungen, Paradoxien. 4. Auflage. (Bern u.a., 1974, insbes. S. 53).

10 Vgl. dazu Bockwoldt (Anm. 1), insbes. S. 98 f., sowie (Anm. 7), S. 547 ff.

11 Kaiser, G.: Literaturbericht. Kriminologie der siebziger Jahre in den Vereinigten Staaten. (In: Zeitschrift für die gesamte Strafrechtswissenschaft 93, 1981, S. 791).

12 Lundman u. Scarpitti zit. nach Kaiser (Anm. 11), S. 791.

13 Schmidbauer, W.: Helfen als Beruf. Die Ware Nächstenliebe. (Reinbek b. Hamburg, 1983, S. 10). Vgl. dazu auch Jouhy, E.; Christ-Bode, U.: Zuwendung, zwei Mark die Minute. (In: Psychologie heute 10, September 1983, S. 28 ff.). Vgl. noch Frommann, A.: Sozialarbeit - Beratung - Therapie. (In: Neue Praxis, Sonderheft, 1978, S. 45 f.).

14 Vgl. Jouhy u. Christ-Bode (Anm. 13), S. 33 mit weiterführenden skeptischen Anmerkungen.

15 Frommann (Anm. 13), S. 45.

16 Vgl. Jouhy u. Christ-Bode (Anm. 13), S. 32.

17 Grundlegend dazu Schmidbauer, W.: Alles oder nichts. Über die Destruktivität von Idealen. (Reinbek b. Hamburg, 1980).

18 Vgl. dazu etwa Schmidbauer (Anm. 17), S. 9 ff.

19 So bereits schon Müller-Dietz (Anm. 1), S. 449 aus dem 2. wissenschaftlichen Colloquium des KFN vom 13.-15.10. 1981 in Hannover.

20 S. dazu den Beitrag in diesem Band.

21 S. II.3.

22 Vgl. Müller-Dietz (Anm. 1), S. 435. Zu den Arbeitsbedin-
    gungen der Bewährungshilfe vgl. etwa Spieß, G.: Straf-
    aussetzung und Bewährungshilfe in der Bundesrepublik
    Deutschland. (In: F. Dünkel, G. Spieß (Hrsg.): Alterna-
    tiven zur Freiheitsstrafe. Strafaussetzung zur Bewäh-
    rung und Bewährungshilfe im internationalen Vergleich.
    Freiburg, 1983, S. 38 ff.).

23 Vgl. dazu II.2.

24 Ob und unter welchen Voraussetzungen nachträgliche Ab-
    änderungen zulässig sind, ist allerdings umstritten, s.
    dazu Ruß, W.: Strafgesetzbuch. Leipziger Kommentar. 10.
    Auflage. (Berlin, New York, 1981, § 56e Anm. 2 ff.
    m.w.N.).

25 Z.B. Lackner, K.: Strafgesetzbuch mit Erläuterungen.
    15. Auflage. (München, 1983, § 56c Anm. 4. m.w.N.).

26 Die Gegenmeinung verneint die Möglichkeit des Wider-
    rufs, erforderlich sei vielmehr eine Änderung oder Auf-
    hebung gemäß § 56e, s. Ruß (Anm. 24), § 56c Anm. 18,
    m.w.N.).

27 Vgl. II.3.

28 Schmidbauer, W.: Die hilflosen Helfer. Über die seeli-
    sche Problematik der helfenden Berufe. (Reinbek b. Ham-
    burg, 1977).

29 Das Institut der Führungsaufsicht (§§ 68 ff. StGB)
    wurde durch das 2. Strafrechtsreformgesetz vom
    4.7.1969, das am 1.1.1975 in Kraft trat, eingeführt. Es
    hat die bis dahin geltende 'Polizeiaufsicht' (§§ 38, 39
    a.F. StGB) ersetzt. Allgemein s. dazu Schulz, E.M.: Die
    Führungsaufsicht. Entstehungsgeschichte, Rechtscharak-
    ter und praktische Handhabung in Baden-Württemberg in
    den Jahren 1975 bis 1978. (Frankfurt a.M., 1982).

30 So zu Recht Brusten, M.: Zwischen Hilfe und Kontrolle.
    Eine empirische Untersuchung zur Struktur und Entwick-
    lung der Probanden der Führungsaufsicht. (In: Kerner,
    Kury, Sessar (Hrsg.) (Anm. 8), S. 1639).

31 Vgl. dazu jedoch Brusten (Anm. 30), S. 1613 ff., der
    allerdings von einer anderen Kategorisierung ausgeht.

32 S. dazu II.3.

33 So auch die Arbeitsgemeinschaft Deutscher Bewährungs-
    helfer (Hrsg.): Erklärungen und Vorschläge zur Kriminal-
    politik. (Bonn, 1982, S. 13).

4. Strafvollzug

Alexander Böhm

Probleme der Strafvollzugsforschung, insbesondere bezüglich Vollzugslockerungen

Das Thema ist weitgefaßt, so daß ich mich darauf beschränken kann, einige kritische Gedanken zur Vollzugsforschung und zu den Vollzugslockerungen zu äußern, sowie Felder zu benennen, die gründlicher zu untersuchen mir lohnend erscheint.

Zunächst will ich meinen Standpunkt zu Forschung und Vollzug offenlegen, weil ich Zweifel habe, ob es einen "objektiven" Zugang zu unserer Fragestellung gibt (1.). Sodann werde ich mich mit der empirischen Vollzugsforschung in der Bundesrepublik Deutschland befassen und dabei einige von Dünkel und Rosner in ihrer grundlegenden Untersuchung "Die Entwicklung des Strafvollzugs in der Bundesrepublik Deutschland seit 1970"[1] getroffenen Feststellungen kritisch beleuchten (2.). Danach will ich mich speziell den Vollzugslockerungen und dem offenen Vollzug (3.) zuwenden.

1. Zu meinem Standpunkt: Ich bin jetzt bald zehn Jahre Hochschullehrer in Mainz, aber wenn ich mir das genau überlege, bin ich von den fast 20 Jahren Tätigkeit in der Vollzugspraxis geprägt, die der jetzigen Arbeit vorangegangen sind. Meine Bezugsgruppe sind eher Praktiker als Wissenschaftler, mein Interesse gilt vorwiegend dem Einzelfall, weniger generalisierenden Erklärungsversuchen, und ich habe sehr gerne im Vollzug gewirkt. Das führt dazu, daß ich dieser gesellschaftlichen Einrichtung nicht objektiv gegenüberstehe. Vermutlich sehe ich Strafvollzug weniger kritisch als viele Wissenschaftler. Was man 20 Jahre gerne und engagiert getan hat, will man

nicht als nutzlos und schädlich im nachhinein anerken-
nen. Das heißt nicht, daß man eigenes Handeln und eigene
Überzeugungen nicht aus späterer Erkenntnis oder aus der
beruflichen Distanz durchaus kritisch und anders bewertet, es geht vielmehr um das Gesamturteil.

Mit wissenschaftlicher Forschung habe ich als Anstaltsleiter im Strafvollzug gute Erfahrungen gemacht. Die
beteiligten Wissenschaftler haben mit der gebotenen Rücksichtnahme auf Anstalt, Personal und Insassen engagiert
und kooperativ gearbeitet. Das war bei in der von mir
geleiteten Jugendstrafanstalt Rockenberg betriebenen Forschungsvorhaben durchweg so[2], dürfte aber auch für entsprechende Arbeiten in anderen Anstalten die Regel sein.
Die Sensibilität für den heiklen Forschungsgegenstand
ist bei wissenschaftlichen Untersuchungen im Vollzug
nach meinen Beobachtungen generell stark ausgeprägt. Von
daher sollte wissenschaftliche Forschung im Justizvoll-
zug ermutigt und von den zuständigen Stellen noch großzü-
giger genehmigt werden.

Der wissenschaftliche Ertrag der Vollzugsforschung und
gar die Praxisrelevanz bekanntgewordener Ergebnisse
scheinen mir indessen bescheiden. Nun hat es freilich
der Forscher auch schwer. Kann man doch dort, wo Menschen an sich und den Verhältnissen, in denen sie leben,
leiden, wo so von Emotionen besetzte Vokabeln wie
"Schuld", "Vergeltung", "Strafe", "Verbrechen", "Einsperren" und "Wegschließen" alltäglich sind, kaum ohne Empfindung, ohne (gefühlsmäßig) Stellung zu beziehen, (wissenschaftlich) tätig sein. Alles andere wäre herzlos und
unmenschlich. Aber dieses starke Engagement beeinflußt
leicht die Forschung. So wird die kriminalpolitische
Forderung, Strafe und Freiheitsentzug möglichst abzu-
schaffen, aus menschlicher Anteilnahme geboren, zu einer
Art vorwissenschaftlichem Bekenntnis, das dann auf Gewinnung und Bewertung der Forschungsergebnisse durch-

schlägt. Ich halte das in Grenzen für legitim: aber das
muß offen bekannt werden; auch daß sich das Empfinden
nicht mit dem anderer Betroffener, dem der Insassen,
ihrer Angehörigen, ihrer Opfer, der Vollzugsbedienste-
ten, der Justizpersonen und der öffentlichen Meinung
deckt.

Nicht selten werden wissenschaftliche Untersuchungen mit
der offenbar keiner näheren Begründung bedürfenden Behauptung eingeleitet, der Strafvollzug schade mehr als
er nütze, verursache hohe Rückfallquoten, zerstöre den
Menschen und verfestige kriminelle Karrieren. Auf diese
Bekenntnisse wirkt nicht ein, daß die weitverbreitete
und früher selbst in Verlautbarungen des Bundesjustizmi-
nisters auftauchende Rückfallquote von mehr als 80 %
sich unterdessen als ein Phantasieprodukt erwiesen hat.
Obendrein ist die "Rückfallquote" kein sinnvolles Kriterium. Interessanter ist die mittel- oder langfristige
kriminelle Entwicklung, der sich nun auch zunehmend das
Interesse zuwendet. Ist doch die Rückfallquote ein echtes Stigmatisierungselement, mit dem dem Strafvollzug
und - was viel schlimmer ist - dem einzelnen Rückfälligen das endgültige Scheitern und Versagen zugeschrieben
wird. Dabei scheint es in Wahrheit ganz anders zu sein:
Kriminelle Karrieren laufen tendenziell aus, brechen ab
und zwar auch nach (sogar mehrmaligem) Freiheitsstraf-
vollzug, wenn sich die mehrfach Rückfälligen in einem
Lebensalter befinden, in dem normale berufliche Karrieren ihren Höhepunkt noch nicht erreicht haben. Das
heißt, der Rückfällige, der zum 2. oder 5. Mal in den
Strafvollzug Eingewiesene, ist - vielleicht nicht einmal
immer - vorläufig oder einstweilen gescheitert, hat aber
eine gute Chance, aus Kriminalität und Kriminalisierung
herauszukommen. Diese Chance verringert sich durch Rückfälligkeit nicht einmal entscheidend[3]. Vor 10 oder 15
Jahren wurden Forschungsergebnisse dieser Art noch eher
ungläubig angehört[4]. Heute überraschen sie nicht mehr.

Gleichwohl ist das Ansehen des Strafvollzugs in der Wissenschaft gesunken und das des Definitionsansatzes gestiegen - eine Entwicklung, die rational kaum nachzuvollziehen ist. Neue Rückfalluntersuchungen, etwa die in Nordrhein-Westfalen[5], oder eine - unveröffentlichte - in Rockenberg deuten an, daß die Rückfallquoten mindestens nicht schlechter geworden sind, als die (damals weniger beachteten) Quoten vor 10 oder 20 Jahren. Daraus wird mitunter auf eine Verbesserung des modernen Vollzugs geschlossen, weil ja die den Anstalten zugewiesene Klientel schwieriger und belasteter geworden sei. Der Schluß ist nicht zwingend. Möglicherweise ist der Umstand, daß die frühere Population weniger belastet war, durch die rigidere Kontrolle nach Entlassung in früherer Zeit aufgefangen worden, während die heutige kriminell gefährdetere Population nach der Entlassung auf eine Strafrechtspraxis stößt, die im unteren Bereich der Kriminalität eher nachsichtig reagiert und auch Widerrufe von Strafrestaussetzungen zur Bewährung zu vermeiden trachtet[6].

Die nach meinem Empfinden gemessen an dem dokumentierten und berichteten Vorleben der Probanden recht günstige Zukunftsaussicht Strafentlassener hinsichtlich des Karriereabbruchs ist eine wichtige Sache. Ihre Verbreitung wird das Selbstvertrauen der Entlassenen stärken und alle, die mit ihnen als Arbeitgeber und Kollegen oder sonst zu tun haben, für mehr Anstrengungen motivieren.

Natürlich ist die Feststellung einer geringeren Rückfallquote und der tendenziellen Beendigung krimineller Karrieren kein Beweis für die Güte des Strafvollzugs. Die günstige Entwicklung kann unabhängig oder trotz des Strafvollzugs eintreten. Vielleicht zögert der Strafvollzug den Abbruch krimineller Karrieren heraus, statt ihn zu verkürzen, vielleicht leisten - und dafür spricht manches - weniger repressive Maßnahmen gleich gutes oder besseres. Statt die unbewiesene und wohl auch nicht be-

weisbare Behauptung von der generellen Schädlichkeit des
Strafvollzugs zu propagieren, sollte das Schwergewicht
der Argumentation bei der Feststellung liegen, daß der
Vollzug der Freiheitsstrafe ein schwerer Rechtseingriff
ist und daß bei gleichem Erfolg die weniger einschneidende Maßnahme schon aus humanitären Gründen angezeigt ist.
Allerdings muß diese weniger einschneidende Maßnahme unter dem Gesichtspunkt aller Strafzwecke den gleichen
Erfolg haben. Es genügt nicht, daß sie z.B. gleich gut
(oder gleich schlecht) den Rückfall verhindert. Ist z.B.
die Rückfallverhinderung im Augenblick weder durch Anordnung des Strafvollzugs noch durch eine andere Maßnahme erfolgversprechend, so müßte der höhere Sicherungs-
grad des Strafvollzugs den Ausschlag für Strafvollzug
geben. Und die generalpräventiven Aufgaben staatlichen
Strafens (Bestätigung der Rechtstreue der Allgemeinheit
und gegebenenfalls Abschreckung anderer, in ihrer
Rechtsgesinnung schwankender Personen durch Verhängung
und Vollzug der schuldangemessenen Strafe) dürfen nicht
außer Betracht bleiben. Die Ersetzung des Vollzugs von
Freiheitsstrafe durch weniger repressive Maßnahmen und
Strafen überall dort, wo dies unter Berücksichtigung der
erwähnten Einschränkungen verantwortbar ist, dürfte allerdings ein kriminalpolitisches Ziel sein, dem nur wenige widersprechen, ganz gewiß keine Vollzugspraktiker,
die sich im gegenwärtigen Zeitpunkt noch dazu einer
unerträglich werdenden Überbelegung der Anstalten und
damit einhergehender Gefährdung einer sinnvollen Arbeit
im Vollzug ausgesetzt sehen[7].

In manchen wissenschaftlichen Untersuchungen wird - wie
ich meine, etwas leichthin - jede Berücksichtigung generalpräventiver Ideen zurückgewiesen und behauptet, die
Kriminalitätsbekämpfung gebiete milderes Einschreiten
und Entkriminalisierung. Tatsächlich wird seit Jahren
entkriminalisiert, werden Strafen ständig milder[8]. Wer
die Entwicklung längere Zeit beobachtet hat, ist über-

rascht, wie die "Preise" für Verbrechen gefallen sind.
Parallel zu dieser Entwicklung ist die (schwere) Kriminalität gestiegen, ohne daß der mindeste Anhaltspunkt dafür besteht, der Anstieg beruhe auf geändertem Anzeige-
verhalten der Bevölkerung oder verbesserter Aufklärung[9].
Das spricht auf den ersten Blick nicht für eine Kriminalpolitik, die Freiheitsstrafe durch weniger repressive
Maßnahmen ersetzt. Man wird sagen können, daß in
Deutschland noch nie auf so zahlreiche und schwere Kriminalität mit so wenig zu vollziehender Freiheitsstrafe
reagiert wurde wie heute, und daß dies ein seit mindestens 2 Jahrzehnten zu beobachtender und nicht abgebrem-
ster Trend ist[10]. Auf diesen Umstand wird in der Regel
nicht hingewiesen. Es schiene mir aber nötig, darzutun,
daß das Nachlassen von Repression keine Sogwirkung hinsichtlich des Anwachsens schwerer Kriminalität ausübt.
Zu prüfen wäre, ob die Zunahme schwerer Kriminalität
nicht mit einer Verschiebung der Bevölkerungspyramide
zugunsten der jüngeren Männer zusammenhängt, die traditionell mit schwereren Straftaten stark belastet sind,
während die nicht kriminellen Jahrgänge der Strafunmündi-
gen und der Älteren in der Gesamtbevölkerung einen klei-
neren Anteil einnehmen als früher. Bei gleich großer
Bevölkerung steigen dann die Gefangenenzahlen etwa von
0,7 auf 1,0 ‰ , ohne daß sich dabei die Belastung der
für die Gefangenenpopulation im wesentlichen in Betracht
kommenden Männerjahrgänge zwischen 18 und 40 Jahren verändert hat. Das könnte auch erklären, warum der Anstieg
der Gefangenenzahlen von unterschiedlichen Belastungsgrößen aus in vielen Staaten mit ähnlichem Bevölkerungs-
wachstum zu beobachten ist[11]. Das demographische Argument könnte auch erklären, warum der Anteil langer Freiheitsstrafen steigt: gerade die zu langen Freiheitsstrafen führenden schweren Delikte werden von den 20 bis 30
Jahre alten Männern vorwiegend begangen, während kürzere
Freiheitsstrafen tendenziell häufiger gegen Angehörige
anderer Altersgruppen und gegen Frauen verhängt werden.

Der Zug zur Milderung der Strafen und zur Entkriminalisierung könnte auch Hand in Hand gehen mit einer veränderten Strafempfindlichkeit der Bevölkerung (sowohl der
"Rechtstreuen" wie der "Gefährdeten"). Dann hätte eine
Freiheitsstrafe von einem Jahr zur Bewährung ausgesetzt
heute vielleicht dieselbe generalpräventive Wirkung, wie
vor 20 Jahren eine Freiheitsstrafe von 18 Monaten ohne
Bewährung. Ich weiß nicht, ob das jemals untersucht
worden ist. Mir scheint die Annahme plausibel zu sein,
daß sich in der allgemeinen Anschauung insoweit Veränderungen ergeben haben. Könnte man die beiden erwähnten
Überlegungen stärker belegen, dann wäre die Forderung
begründet, mit der Tendenz zu weniger repressiven Strafen geduldig und ohne beunruhigende Übertreibung und
Hast wie bisher fortzufahren. Eine geduldige und kontinuierliche Politik insoweit verdient m.E. deshalb Vorrang vor spektakulären Strafverzichtsaktionen, weil die
- wenigen - Forschungen zur Generalprävention unterschiedliche Ergebnisse gezeitigt haben und wohl kein ab-
schließendes Urteil erlauben. Sicher scheint nur zu
sein, daß die generalpräventive Wirkung von Strafart,
Strafhöhe und Strafverwirklichung nicht besonders eindrucksvoll ist. Aber ich kann mir kaum vorstellen, daß
auch ein Forscher, der generalpräventiven Wirkungen der
Strafe sehr skeptisch gegenübersteht, dem Verzicht von
stark repressiven freiheitsentziehenden Maßnahmen bei
Raub und Totschlagskriminalität das Wort reden wollte[12].

Stichwortartig möchte ich noch auf drei weitere Beobachtungen hinweisen, die mir bei der Vollzugsforschung auf-
gefallen sind. Zum einen ist dies die Neigung, Ergebnisse "überzuinterpretieren". Das hat wohl seine Ursachen
im "Wissenschaftsbetrieb": Es muß etwas herauskommen, am
besten eine neue Theorie oder ein Gesetzgebungsvor-
schlag. Zum zweiten scheint mir die oft gehörte Warnung
vor "theorieloser" Forschung überzogen. Wir profitieren
von zahllosen Erkenntnissen, die ganz zufällig bei Ver-

suchen und durch theorielose Beobachtungen gewonnen worden sind. Hier schiene mir größere Flexibilität und weniger Doktrin wünschenswert. Schließlich scheint mitunter die Methodik gar zu überzogen. Vor lauter Kurven und Mathematik gerät dann in Vergessenheit (soll in Vergessenheit geraten?), daß die erste Ausgangsfeststellung, die dann in die perfekte Methode eingeht, höchst anfechtbar ist, womit eine Scheingenauigkeit produziert wird, aber nichts an Erkenntnis gewonnen ist.

2. Der frühere Leiter der Strafvollzugsabteilung im hessischen Justizministerium, Prof. Dr. Albert Krebs, wies seine Mitarbeiter oft auf die Wichtigkeit einer exakten Bestandsaufnahme des Strafvollzugs in Deutschland hin. Er bemerkte in diesem Zusammenhang, wie vorbildlich im 18. Jahrhundert John Howard den europäischen Strafvollzug dokumentiert habe[13]. Ähnliches ist seitdem nicht mehr geleistet worden. Vor Jahren hat Prof. Stratenwerth in Basel mit einer Gruppe Doktoranden eine Reihe von Erhebungsinstrumenten diskutiert und erarbeitet, unter deren Verwendung die größeren schweizerischen Strafvollzugsanstalten dargestellt werden sollten. Jeder der Doktoranden praktizierte dann erst einmal mehrere Monate in der ihm zugewiesenen Anstalt, ehe er sie, ihre Insassen und ihr Personal nach den jeweils gleichen Vorgaben untersuchte und darstellte. Das hat eine interessante Reihe gegeben, leider erschienen die Arbeiten in längeren Abständen, das abschließende, den Zustand würdigende Buch ist gerade herausgekommen[14]. Manches ist wohl schon wieder überholt. Hierzulande ist eine Bestandsaufnahme auf diesem Niveau gar nicht erst versucht worden[15]. Es gibt nur einige miteinander kaum vergleichbare Einzeluntersuchungen, die nur einen Bruchteil der hiesigen Vollzugswirklichkeit abdecken. Aus dem Jahre 1970 besitzen wir die verdienstvolle Fragebogen-Enquête von Würtenberger und Müller-Dietz[16] über den deutschen Strafvollzug. Sehr nützlich sind die Dokumentationen über die

sozialtherapeutischen Anstalten[17] und schließlich gibt
es das vorzügliche Buch von Dünkel und Rosner, in dem
die Verfasser das zum größeren Teil nicht veröffentlichte statistische Material aufgearbeitet und interpretiert
haben. Mit diesem Buch will ich mich jetzt etwas näher
befassen.

Zunächst sei noch einmal vermerkt, daß es sich um ein
unentbehrliches Buch und eine eindrucksvolle Leistung
handelt. Die Statistiken sind übersichtlich und tadellos
aufgearbeitet. Die Verfasser haben wichtige Fragen für
künftige Forschungen formuliert. Obwohl sie darauf hingewiesen haben, daß die von ihnen verwendeten Statistiken
vermutlich Zähl- und Erhebungsfehler enthalten könnten,
neigen sie wohl dazu, ihr Material für verläßlicher zu
halten, als es ist, zumal sie meinen, die Verfälschungen
würden sich in den meisten Fällen aufheben oder in
Grenzen halten. Nun ist es nur zu verständlich, daß
jemand, der mit großer Sorgfalt Statistiken sammelt und
vergleicht, die Überlegung zurückweist, er betreibe ein
mathematisches Spielchen mit unrealistischen Phantomzah-
len, und ganz so schlimm ist es ja wohl auch nicht.
Gleichwohl erscheinen manche Interpretationen gewagt,
manche Ergebnisse überinterpretiert.

a. Dünkel und Rosner haben (sicher zutreffend) ermittelt,
   daß die Anzahl der Gefangenen, die nach Teilverbüßung
   zur Bewährung nach § 57 Abs. 1 StGB entlassen werden,
   heute einen erheblich höheren Anteil an der Gesamtheit
   der entlassenen Gefangenen ausmachen, als noch vor 10
   Jahren. Sie bringen unterschiedliche Ergebnisse in verschiedenen Ländern zur Sprache. Insgesamt sollen 28 %
   aller Entlassungen zur Bewährung erfolgen. Dies - etwa
   auch für Hessen ermittelte - Ergebnis veranlaßte das
   hessische Justizministerium, mir einen Auftrag zu erteilen, festzustellen, warum der Anteil der zur Bewährung
   erfolgenden Entlassungen an der Gesamtheit der gemelde-

ten Entlassungen "so gering" sei. So wird auch von Dünkel und Rosner das Ergebnis interpretiert. Eine Totalerhebung der Entlassungen in Hessen im Jahre 1982 zeigte folgendes: Nach den für die Meldung zur Statistik geltenden Vorschriften sollen alle Freiheitsentziehungen, die im Berichtsjahr enden, gemeldet werden. Wenn der Gefangene X am 5.1. eine Ersatzfreiheitsstrafe von 10 Tagen bis zum 14.1. verbüßt, wird er als aus dieser Strafe entlassen das erste Mal gemeldet. Verbüßt er dann im Anschluß ein Jahr Freiheitsstrafe, woraus er nach Ablauf von zwei Dritteln der Strafe am 13.9. zur Bewährung entlassen wird, so wird diese Entlassung zur Bewährung gemeldet. Gerät er im Anschluß als Ausländer in Abschiebehaft und wird am 15.9. abgeschoben, so wird er auch in dieser Spalte vermerkt. Von hessischen Anstalten, die mein Mitarbeiter und ich überprüft haben, war es nur eine, die so verfuhr (wie es wohl richtig ist). Die anderen Anstalten meldeten zum Teil nur die letzte (endgültige) Entlassung, was in dem geschilderten Fall zu dem Ergebnis führt, daß der Gefangene als aus Abschiebehaft entlassen erscheint, während die Entlassung zur Bewährung nirgends statistisch in Erscheinung tritt. Es gibt auch Anstalten, die eine kurze Anschlußhaft in einem solchen Fall nicht mitteilen. Dann erscheint nur die Entlassung zur Bewährung in der Statistik. Die Fehler gleichen sich in Hessen nicht aus. Vielmehr entsteht ein Ergebnis, das zu einer Unterrepräsentation der Entlassungen zur Bewährung an der Gesamtheit der Entlassungen führt. Richtig gezählt machen die Entlassungen zur Bewährung fast 5 % mehr aus, als die Statistik vermerkt. Bei einzelnen Anstalten sind die durch statistische Zählunterschiede sich ergebenden Abweichungen sehr erheblich. Bei einer großen Anstalt waren nach den dem Statistischen Landesamt gemeldeten Abgangszahlen nur 11,8 % der Abgänger vorzeitig bedingt entlassen worden. Bei richtiger Zählweise waren es jedoch 29 %. Ob sich einige der von Dünkel und Rosner festgestellten länderbedingten

Unterschiede[18] so aufklären? Dünkel und Rosner vermuten,
daß in Sonderheit die widerrufenen Reststrafen, die
meist voll verbüßt werden, und kurze Freiheitsstrafen,
bei denen wegen des Verwaltungsaufwandes die Zeit zwischen Zwei-Drittel-Zeitpunkt und Strafende ungenutzt ver-
streiche, die vielen Vollverbüßungen verursachten. Nach
unseren Feststellungen in Hessen ist so gut wie nie die
Einleitung eines Verfahrens nach § 57 Abs. 2 StGB unter-
blieben. Auch nicht bei (sehr) kurzen, aber nach dem
Gesetz aussetzungsfähigen Strafzeiten. Nur dann wurde
manchmal kein Verfahren eingeleitet, wenn mehr als zwei
Drittel der Strafe schon durch Untersuchungshaft verbüßt waren; denn dann war der Zwei-Drittel-Zeitpunkt,
den die Vollzugsgeschäftsstelle der für die Verbüßung
der Freiheitsstrafe zuständigen Anstalt errechnet und
beachtet, schon verstrichen, und man scheint dann nicht
daran zu denken, daß hier nur noch eine verspätete
Bearbeitung möglich, aber auch geboten ist. Die Strafzeiten, die aus widerrufenen Reststrafaussetzungen nach Verbüßung von zwei Dritteln einer Freiheitsstrafe herrüh-
ren, sind, das entspricht der Vermutung von Dünkel und
Rosner, so gut wie nie noch einmal teilausgesetzt worden. Es sind dies aber - erstaunlicherweise -[19] wenige
Fälle[20].

In Hessen liegt das Schwergewicht der Vollverbüßungen
bei den nach dem Gesetz nicht aussetzbaren Freiheitsstrafen bis zu 2 Monaten und den Ersatzfreiheitsstrafen. Der
Anteil dieser Strafen an der Gesamtheit der Entlassungen
im Jahre 1982 beträgt mehr als 37 %. Nur bei knapp 55 %
aller Entlassungen kam demnach eine Entscheidung nach
§ 57 Abs. 1 StGB in Betracht (mußten doch noch 2,5 %
vorzeitiger Entlassungen vor dem ZweiDrittel-Zeitpunkt:
§ 57 Abs. 2 StGB, § 35 Abs. 1 BTMG, § 57 a StGB und im
Gnadenwege, sowie etwa 6 % widerrufene Reststrafaussetzungen abgerechnet werden).

Von den danach überhaupt gemäß § 57 Abs. 1 StGB aussetzbaren Strafen erfolgte eine Strafaussetzung nach Verbüßung von zwei Dritteln in etwa 65 % der Fälle. Von den
Strafen bis zu einem Jahr wurden etwa 55 %, von den
zwischen ein und zwei Jahren 70 %, von den zwischen 2
und 5 Jahren mehr als 86 % und von den länger dauernden
alle nach Ablauf von zwei Dritteln zur Bewährung ausgesetzt. Soweit aussetzungsfähige Freiheitsstrafen voll
verbüßt werden mußten, war der weitaus häufigste Grund
hierfür, daß der Verurteilte seine Zustimmung zur Entlassung zur Bewährung verweigert hatte, worauf - das war in
Hessen 1982 die Regel - der Vorgang gar nicht erst der
Strafvollstreckungskammer zugeleitet worden ist. Wesentlich seltener waren die Fälle, in denen die Strafvollstreckungskammer eine Entlassung zur Bewährung durch Beschluß abgelehnt hat. Wollte man mehr Strafaussetzungen
zur Bewährung, so wäre es wohl wichtiger, das Zustim-
mungserfordernis zur Entlassung zur Bewährung zu beseiti-
gen, statt andere gesetzliche Regelungen zu überlegen.
Die Zustimmungsverweigerung scheint nach unseren Beobachtungen weniger deshalb zu erfolgen, weil der Gefangene
die Belastungen innerhalb einer Bewährungszeit scheut
und nach der Entlassung völlig "frei" sein will. Es
bestehen vielmehr Anzeichen dafür, daß viele Gefangene
durch die Verweigerung der Zustimmung der von ihnen
erwarteten Ablehnung des Antrags zuvorkommen wollen.
Hier sehe ich Ähnlichkeiten zu der Beobachtung von
Meier[21], der meint, daß die Gefangenen seiner Untersu-
chungsgruppe auf die nach der Gesetzeslage eigentlich
mögliche Stellung von Urlaubsanträgen dann verzichteten,
wenn sie annahmen, im Falle eines Antrags werde dieser
abgelehnt. Inwieweit die Gefangenen zu ihrer Zustimmungsverweigerung durch Äußerungen von Bediensteten veranlaßt
worden sind, war nicht festzustellen (aus den Akten
ergibt sich so etwas kaum). Die Zustimmungsverweigerer
gehören größtenteils zur Gruppe der häufig rückfälligen,
entsozialisierten Vermögensstraftäter, die Strafen von
bis zu 2 Jahren Dauer verbüßen.

b. Dünkel und Rosner meinen, ein strenger, geschlossener
Vollzug erhöhe das Konfliktpotential. Sie befremdet, daß
Disziplinarmaßnahmen und eine betonte Zurückhaltung bei
der Gewährung von Lockerungen vor allem im Jugendstrafvollzug zu finden sind und daß, trotz aller Liberalisierung, die Disziplinarmaßnahmen allgemein im Strafvollzug nicht zurückgehen. Die Ausgangsthese kann nur verwun-
dern. Wie man auch außerhalb des Vollzugs beobachten
kann, erhöht Liberalisierung das Konfliktpotential. Es
ist ein Irrtum und auch keineswegs plausibel, daß der
Mensch, je mehr Freiheiten er hätte, desto glücklicher
und problemloser lebte. Eine mit Wohlwollen, aber wenig
ungeregelten Spielräumen für Gefangene geleitete Anstalt
("streng aber gerecht"), in der möglichst jeder genau
seinen Platz kennt, gleichmäßige durchschaubare und verläßliche Entscheidungen gefällt werden (wie früher beim
Stufenstrafvollzug, dort wo Vergünstigungen nach Führung
zugewiesen werden), produziert die wenigsten Konflikte.
Sie bieten den Insassen Verhaltenssicherheit und eine
entspannte Atmosphäre. Dafür ist dort die Möglichkeit
für den Gefangenen, neue Verhaltensweisen zu erlernen,
in geringerem Umfang gegeben, als in liberaler betriebenen Anstalten. Es gibt dort - auch im übertragenen Sinn
- "keine besonderen Vorkommnisse". Wenn man indessen
überhaupt meint, daß durch Liberalisierung Konfliktpotential beseitigt werde, so gilt das nur für die erste
Gefangenengeneration, die den Vorzug der Liberalisierung
genießt. Für die zweite, die die Belastungen des Strafvollzugs nur in der verbesserten Form kennt, ist die
Liberalisierung subjektiv nicht mehr spürbar. Insgesamt
erscheint es daher schon im Ansatz fraglich, einen Vollzug nur deshalb als "positiv" anzusehen, weil das Konfliktpotential gering ist. Ich würde den Umstand, daß
Dünkel und Rosner den Jugendstrafvollzug als konflikt-
belasteter und weniger liberal einstufen, als den Strafvollzug an Erwachsenen, gerade als gutes Zeichen für den
Jugendstrafvollzug ansehen, als Beweis dafür, daß dort

doch pädagogischer gearbeitet wird, als im Vollzug der Freiheitsstrafe. Und wenn Dünkel und Rosner meinen, im offenen Vollzug sei das Konfliktpotential geringer, so schiene mir das eher ein Zeichen dafür, daß im offenen Vollzug zu wenig für die Erreichung des Vollzugsziels unternommen wird. Darauf komme ich gleich zurück. Im übrigen ist die statistische Erfassung von Diszipli- narmaßnahmen, nach denen Dünkel und Rosner das Konflikt- potential zum Teil messen, in hohem Maße störanfällig. Die Disziplinarmaßnahmen werden aus den zentral geführ- ten Disziplinarbüchern herausgezogen und an die Stati- stik gemeldet. Das setzt voraus, daß die Disziplinar- vorgänge bei Einheften in die Gefangenen-Personalakten nach Erledigung eine besondere Nummer erhalten, im Über- sichtsbogen der Akte vermerkt und in das Strafenbuch eingetragen werden. Bei der hessischen Untersuchung hat sich gezeigt, daß in den Anstalten hier sehr unterschied- lich verfahren wird. Bei personellen Engpässen ist die Erfüllung dieser statistischen Pflicht am ehesten in Gefahr, vernachlässigt zu werden. Sie bringt der Anstalt nicht den geringsten Vorteil. Ungenaue Meldungen können auch kaum ermittelt werden. Die hessische Untersuchung ergab auch, daß in einer bestimmten offenen Anstalt Disziplinarmaßnahmen besonders häufig verhängt wurden. Sie dienten hier vornehmlich dem Zweck, eine durch die Menge der Insassen und die knappe Personalbemessung unab- dingbar notwendige strenge Ordnung durchzusetzen. Auf die Gewährung von vorzeitiger Entlassung zur Bewährung hatte der Umstand, ob ein Gefangener solche Disziplinar- maßnahmen erhalten hatte, keinerlei Auswirkungen. In an- deren Anstalten galt die Disziplinarmaßnahme offenbar als Anzeichen für eine schlechte Entlassungsprognose. Das Zusammenzählen solcher nach unterschiedlichen Krite- rien bekanntwerdender und, soweit bekanntgeworden, nach von Anstalt zu Anstalt wechselnder Bedeutung verhängten Maßnahmen, mag für sich allein von einem gewissen Inter- esse sein, entzieht sich aber vernünftigerweise jedweder weitergehender Interpretation.

c. Dünkel und Rosner haben - insbesondere im Ländervergleich - die Entwicklung des offenen Vollzugs beschrieben. Dabei verwundert, daß die in der Literatur mehrfach erwähnte Definitionsschwierigkeit unbeachtet geblieben ist[22]. Die Statistik zeigt nicht den geschlossenen und den offenen Vollzug auf, sondern spiegelt wider, welchen Teil ihres Vollzugs die jeweilige Landesjustizverwaltung als offen deklariert. Das folgt schon aus der ungenauen und auslegungsbedürftigen Definition, die der offene Vollzug nach § 141 Abs. 2 StVollzG und den dazu ergangenen Verwaltungsvorschriften erhalten hat. Anstalten, mit deren Planung und Bau nach Inkraftsetzung des Strafvollzugsgesetzes begonnen worden ist, werden vermutlich häufiger als offen deklariert werden. Denn nur dann kann in diesen Anstalten gemeinschaftliche Unterbringung von Gefangenen in einem Haftraum (§ 18 Abs. 2 StVollzG) vorgesehen werden (vgl. § 201 Nr. 3 StVollzG). Für die Behandlung der Gefangenen spielt es keine Rolle, ob eine bestehende Anstalt als offen oder geschlossen deklariert wird. Die Übergänge sind fließend. Wenn in Bayern weniger Anstalten als offen deklariert sind, ist anzunehmen, daß kein politischer Druck auf das Justizministerium ausgeübt wird, offenen Vollzug einzuführen - in Hamburg ist das offenbar umgekehrt. Dort befanden sich zeitweise sogar Untersuchungsgefangene im offenen Vollzug, was strafbar wäre, wenn es gestimmt hätte. Vielleicht gibt es in Bundesländern, bei denen politisch offener Vollzug erwünscht ist, sowohl tatsächlich mehr offenen Vollzug, als auch einen Trend zur verstärkten definitorischen Ausweisung von Strafvollzugseinrichtungen als "offen", verstärkt also eines das andere. Die bloße Bezugnahme auf die statistischen Angaben erlaubt gerade hier kaum die weitgehenden Interpretationen, die Dünkel und Rosner aus ihren Erhebungen ableiten.

3. Lockerungen und offener Vollzug

a. Urlaub und Ausgang gelten als wichtiges Behandlungsmittel[23]. Der Gesetzgeber hat Urlaub und Ausgang nach § 11
Abs. 2 StVollzG vor allem davon abhängig gemacht, daß
nicht die Gefahr besteht, der Gefangene werde die Lockerungen für Straftaten mißbrauchen oder sich dem weiteren
Vollzug entziehen. Die dieser Regelung zugrundeliegenden
Vorstellungen sind mit Sicherheit legitim. Daß aber
nicht eine Abwägung mit dem Vollzugsziel vorgesehen ist,
erscheint mir ein entscheidender Mangel des Gesetzes[24].
Der Bundesgerichtshof hat entschieden, daß der Vollzugs-
behörde bei der Beurteilung von Flucht und Mißbrauchsgefahr ein Beurteilungsspielraum zustehe, der sich richterlicher Kontrolle entziehe[25]. Dies leuchtet nicht ein;
denn die Strafvollstreckungskammer, die diese Frage nun
nicht in den letzten Feinheiten entscheiden darf, muß
die Entscheidung über die vorzeitige Entlassung zur Bewährung, die genau die gleiche Prognose verlangt, natürlich vollständig beantworten[26]. Sind die zeitlichen und
sicherheitsmäßigen Voraussetzungen gegeben, müssen Urlaub und Ausgang nicht etwa gewährt werden. Die Vollzugs-
behörde "kann" die Lockerungen gewähren, hat jetzt also
ein Ermessen. Dieses Ermessen wäre vornehmlich nach Behandlungsgründen auszuüben. Diese könnten sich in der
Bestimmung des Zeitpunkts des Urlaubs, in der gewährten
Länge und in den den Urlaub strukturierenden Weisungen
ausdrücken. Es ist interessant, daß es kaum Entscheidungen der Gerichte gibt, in denen solche Fragestellungen
behandelt sind[27]. Man wird daraus die Vermutung ableiten
dürfen, daß Behandlungsgründe bei der Frage von Gewährung und Gestaltung des Urlaubs keine große Rolle spielen. Auch die in den Verwaltungsvorschriften zu den
Lockerungsvorschriften namentlich erwähnten Weisungen
sind weniger geeignet, das Behandlungsziel im Einzelfall
zu fördern, als vielmehr die Gefahr erneuter Straffälligkeit oder einer Nichtrückkehr zu verringern. So

hat die Gerichte die Frage beschäftigt, ob der Behand-
lungsprozeß soweit fortgeschritten ist, daß der Gefangene häufigeren oder länger dauernden Urlaub verkraftet,
ohne in Gefahr zu geraten, erneut straffällig zu werden[28]. Es ist entschieden worden, daß schlechte Führung
in der Anstalt nicht unbedingt ein Indiz dafür ist, daß
der Gefangene nicht pünktlich aus dem Urlaub zurückkeh-
ren wird[29]. Bei Urlaub zu langen Strafen verurteilter
Gefangener war auch erörtert worden, ob die zur Resozialisierung erforderliche "Schuldverarbeitung" es nicht nötig mache, daß ein Gefangener erst einmal viele Jahre im
geschlossenen Vollzug bleibe und keine Lockerungen erhal-
te[30]. Dieser Gesichtspunkt, der noch am ehesten etwas
mit dem Strafvollzugsziel zu tun hat, wäre aber gerade
bei kurzen Strafen von Interesse, wenn dort der Eindruck
entstünde, der Gefangene lege nur ein forderndes Verhalten an den Tag, ohne nur den Versuch zu machen, sich mit
seiner Tat auseinanderzusetzen oder etwa für seine Entlassung Wichtiges zu bedenken. Solche Gefangenen kenne
ich aus der Praxis, ich kenne aber keine Entscheidung,
die in einem derartigen Fall auf "Schuldverarbeitung"
abhebt, was den Verdacht nährt, die ausdrücklich als
Voraussetzung einer erfolgreichen Resozialisierung angesprochene "Schuldverarbeitung" sei doch nicht so ernst
gemeint, sondern werde nur unterstützend zu den im Vordergrund stehenden generalpräventiven Argumenten ins
Feld geführt. Offenbar haben die Anstaltsleiter regelmäßig Urlaub gegeben, wenn die formalen Voraussetzungen
vorliegen und die Befürchtungen nach § 11 Abs. 2
StVollzG nicht bestehen. Das Ermessen wird überwiegend
im Hinblick auf diese Befürchtungen (Urlaub nur für
wenige Tage, nur zu den Bezugspersonen) ausgeübt. Anders, also ausdrücklich im Blick auf Behandlungsbedürf-
nisse, werden die Lockerungen wohl nur in den Sozialtherapeutischen Anstalten eingesetzt[31]. Dort werden Urlaube sorgfältig durch Gespräche, auch mit den Bezugspersonen, vorbereitet, werden die Erlebnisse des Gefangenen

im Urlaub hinterher erörtert, und gibt es Möglichkeiten
für den Gefangenen, sich über seine Erlebnisse auszusprechen. Im Regelvollzug ist das wohl selten. Kein Wunder
darum, daß die von Brosch[32] befragten Gefangenen nicht
auf den Gedanken gekommen sind, daß Lockerungen Behandlungsmaßnahmen sein können und zu einem Resozialisierungsprogramm gehörten. Es ist zu vermuten, daß die
Behandlungsqualität des Strafvollzugs durch die Einführung der Lockerungen nicht nennenswert gewachsen ist. Es
wäre interessant zu erfahren, ob und wie Vollzugslockerungen auch für die Erreichung des Vollzugsziels nutzbar
gemacht werden können. Die Idee jedenfalls, jemand, der
mit seinen Bezugspersonen in Freiheit nicht vernünftig
zurechtgekommen ist, lerne das, wenn man diesen Kontakt
verhindert oder ermöglicht oder dosiert ermöglicht, ist
wohl naiv. Das Programm wäre in einem Behandlungsvollzug
(dosiertes) Ermöglichen, nebst Beratung, nebst Hilfe und
nebst Therapie. Broschs Urlauber erwähnten als wichtigste Urlaubserfahrung, daß sie endlich einmal hätten
wieder etwas entscheiden können. Das weist auf zweierlei
hin: darauf, daß in der entsprechenden Anstalt - wie
meistens - zu wenig Entscheidungsspielraum bleibt. Das
ist keine notwendige Folge geschlossenen Vollzugs, wie
es mitunter heißt, aber eine häufige[33]. Die Aussagen der
Urlauber machen aber auch deutlich, daß sie ein patriarchalisches Familienverständnis haben und mit der in
ihrer Haftzeit gewachsenen Selbständigkeit der weiblichen Bezugspersonen, bzw. der Kinder, Probleme haben.
Das weist auf die Notwendigkeit einer entsprechenden
Beratung hin. Wer gar keine brauchbaren Kontakte hat,
wird vermutlich nicht durch Urlaubsgewährung solche finden. Gerade dieser Gefangene benötigt aber Lockerungen.
Diese wären sorgfältig zu planen. Vollzugsforschung
sollte Möglichkeiten der Nutzung von Lockerungen zur
Erreichung des Vollzugsziels ausloten. Soweit die Forschung sich der Mißbrauchsfrage annimmt, schiene mir ein
Ansatz bedenklich, der Problemgruppen zu beschreiben

sucht, denen keine Lockerungen gewährt werden sollen.
Solche Gruppen gibt es schon viel zu viele: Drogengefähr-
dete, Ausländer, frühere Gewalttäter. Benötigt würden
auf diesem Gebiet vielmehr Forschungen, die aufzeigen,
welche Vorbereitungen, welche Weisungen, welche Modalitäten der Lockerungsgewährung bei gefährdeten Personengruppen die Mißbrauchsgefahr verringern.

Die - unterdessen vom Bundesverfassungsgericht unter-
stützte[34] - Rechtsprechung, wonach, aus dem Gedanken der
Einheit der Strafrechtspflege folgend, Gesichtspunkte
der Schwere der Schuld und der Gewährleistung der Rechtstreue der Bevölkerung bei der Frage, ob Urlaub gewährt
werden darf, in der Weise berücksichtigt werden können,
daß Urlaub, auch wenn er sonst gewährt werden dürfte,
abgelehnt werden kann, geht davon aus, daß ein Vollzug
mit Lockerungen vielleicht nicht eine ausreichende Strafe darstellt[35]. Das hiergegen mitunter geäußerte Argument, die Lockerungen würden von den Gefangenen gar
nicht als Vergünstigung verstanden, sondern stellten erhebliche Belastungen dar, verkennt, daß in den von den
Gerichten entschiedenen Fällen die Lockerungen eher als
Hafterleichterungen anzusehen waren. Hier würde es sich
lohnen, einmal zu erforschen, ob der Ansatz: Freiheitsstrafe mit gelegentlichen Lockerungen ist in den Augen
der Allgemeinheit und der in Betracht kommenden Gefangenen keine "richtige" Freiheitsstrafe, noch stimmt.
Wenn es nämlich zutrifft, daß die Strafempfindlichkeit
sich wandelt und in der Bundesrepublik Deutschland tendenziell wächst, dann müßte dies auch für die Modalitäten des Strafvollzugs gelten. Dann könnten Lockerungen
eher als normaler Teil der Vollzugsgestaltung, als dessen Humanisierung begriffen und akzeptiert werden - ähnlich wie Besuchserlaubnis, Briefverkehr, menschenwürdige
Unterbringung und Verpflegung, sowie Ermöglichung von
Freizeitbeschäftigung. Solange nicht wenigstens der Versuch gemacht worden ist, in dieser Richtung Erkenntnisse

zu sammeln, wird es schwer sein, die alltagstheoretische
Vorstellung, Lockerungen seien Aufweichungen des Straf-
übels und deshalb auch aus diesem Grunde mitunter unangebracht, erfolgreich zurückzuweisen.

Bei der hessischen Untersuchung hat sich gezeigt, daß
der Mißbrauch von Lockerungen in einem gewissen Umfang
die Chancen von Gefangenen verringert, zur Bewährung
nach Ablauf von zwei Dritteln der Strafe entlassen zu
werden. Die Entlassungsrate war bei diesen Gefangenen
sogar geringer, als bei denen, die nie Vollzugslockerungen erhalten hatten (was freilich damit zusammenhängen mag, daß in dieser letzten Gruppe viele Ausländer
sind, die aus langen Strafen oft zur Bewährung entlassen
werden, aber wegen der vollziehbaren Ausweisungsverfügung und bereits angeordneter Abschiebehaft keine Vollzugslockerungen erhalten dürfen). Obwohl die Statistiken
bekanntlich nur sehr geringe Prozentsätze von Lockerungs-
mißbräuchen ausweisen (Zahl der mißbrauchten Lockerungen
von der Gesamtzahl der gewährten Ausgänge und Urlaube),
ist allgemein bekannt, daß vergleichsweise viele Gefangene solche sind, die eine der ihnen gewährten Lockerungen mißbraucht haben (in der hessischen Untersuchung
27 % der Insassen, die Urlaub erhalten hatten)[36]. Auch
das gibt zu denken. Es weist darauf hin, daß Vollzugslockerungen nicht als Behandlungsmaßnahme, bei denen ein
Scheitern pädagogisch und therapeutisch genützt werden
müßte, sondern als Hafterleichterungen gesehen werden,
deren Nichtbewältigung "bestraft" wird.

b. Auch der offene Vollzug - darauf habe ich schon hingewiesen - wird als besonders erfreulich gepriesen. Daß hier
   weniger Konflikte auftreten, wird freilich mehr an der
   Selektion der für den offenen Vollzug geeigneten Gefangenen, als an der "Offenheit" an sich liegen, und das gilt
   auch für seine angeblich besseren Erfolge. Es fehlt
   bisher eine Untersuchung darüber, wer denn die Insassen

der offenen Anstalten sind, und welche dieser Insassen den höchsten Grad der "Offenheit" (Freigang mit selbständigem Beschäftigungsverhältnis) erreichen.

Bei der schon mehrfach erwähnten hessischen Untersuchung meinte mein Mitarbeiter nach Durchsicht der Vollzugsakten in einer großen offenen Anstalt, wenn er nicht gewußt habe, wie sich die Gefangenenpopulation insgesamt zusammensetze, hätte er nun ein ganz eigenartiges Bild hinsichtlich der Deliktsverteilung erhalten. Manche Eigentümlichkeiten, die einem aus offenen Anstalten berichtet werden (der Anstaltsleiter der schweizerischen offenen Anstalt Saxerriet erzählte mir einmal, unter den Gefangenen seiner Anstalt - offenbar großenteils Familienväter aus dem Mittelstand - sei der Wunsch geäußert worden, einen Lehrgang im Pilzesammeln durchzuführen), mögen so ihre Erklärung finden. In Hessen kann sich jeder Selbststeller sofort im offenen Vollzug melden, gleichgültig, wie hoch seine Strafe ist. Aber: Wer befindet sich auf freiem Fuß? Und: Wer stellt sich von selbst? Tendenziell handelt es sich hierbei um sozial gut eingegliederte und gut beratene Verurteilte. Und wann muß so jemand eine Freiheitsstrafe absitzen? Wenn die Taten so schwerwiegend waren, daß trotz der guten sozialen Eingliederung und der günstigen Prognose eine Strafaussetzung nicht mehr in Betracht kam. Es bildet sich so im offenen Vollzug als einer durchgehenden Vollzugsart ein Schwerpunkt von Vermögensstraftätern im Bereich der Weißen-Kragen-Kriminellen, Personen die im Zusammenhang mit ihrem Beruf Straftaten begehen und hartnäckigen Tätern von Verkehrsdelikten. Hier findet man dann gehäuft auch Personen, die eine vergleichsweise hoch angesehene Berufsposition erreicht haben. In der Vollzugsstatistik ist festgehalten, wie sich die Verurteilten nach Straftatsgruppen, nach Alter und Vorstrafenbelastung unterschiedlich auf offenen und geschlossenen Vollzug verteilen. Danach sind die Insassen des offenen

Vollzugs tendenziell älter, weniger häufig vorbestraft
und wegen Straßenverkehrsdelikten, Betrug, Untreue, Un-
terschlagung, Wirtschafts- und Umweltstraftaten, Beam-
tendelikten und Verletzung der Unterhaltspflicht bestraft. Was die letzte Gruppe angeht, so erscheint es
sinnvoll, diesen Gefangenen die Möglichkeit zu geben, in
einem freien Beschäftigungsverhältnis Geld zu verdienen,
das auch den Unterhaltsberechtigten zugute kommt. Bei
den anderen im offenen Vollzug bevorzugten Straftatengruppen, bei denen auch Meineid und falsche Aussage zu
nennen wären, liegt die Vermutung nahe, daß es sich um
sozial besser eingegliederte Personen handelt, die -
weil man annimmt, sie würden die Belastungen des offenen
Vollzugs besser bestehen - eher dem offenen Vollzug zugewiesen werden. Anzumerken bleibt freilich, daß die statistischen Angaben auch in dem hier interessierenden Bereich sehr fehleranfällig sein werden. Nicht nur, daß
schon die Definition, was offener und geschlossener Vollzug ist, im Grenzbereich willkürlich erscheint, es ist
auch zu vermuten, daß die Einteilung der Gefangenen in
die Straftatengruppen nicht einheitlich und nicht sorgfältig erfolgt. Auch die Vorstrafenbelastung dürfte
nicht fehlerfrei erhoben sein. In unserer hessischen
Untersuchung beruhten die insoweit getroffenen Feststellungen normalerweise auf den Angaben des Gefangenen bei
seiner Einlieferung in die Strafanstalt. Eine Überprüfung dieser Angaben anhand der häufig später eingehenden
Vollstreckungsunterlagen war wohl eher die Ausnahme. Aus-
züge aus dem Bundeszentralregister befanden sich keineswegs in allen Akten. In den meisten Fällen waren die
Angaben des Gefangenen nicht nach Eingang des Bundeszen-
tralregisterauszugs verbessert worden. Die Bundeszentral-
registerauszüge ihrerseits waren bei vielen Vorstrafen
wegen später gebildeter Gesamtstrafen nicht einfach zu
lesen. Daß gleichwohl die statistisch beobachtete Tendenz die Praxis richtig wiedergibt, vermute ich wegen
zahlreicher sie bestätigender Beobachtungen, die mein

Mitarbeiter und ich im hessischen Vollzug gemacht haben.
Die besondere Auswahl der Insassen des offenen Vollzugs,
die ich skizziert habe, scheint in zweierlei Richtungen
bedenklich. Sicher sind der offene Vollzug und der Freigang bei den erwähnten Straftätern aus "besseren Krei-
sen" human und sinnvoll, betrachtet man deren persönliche Lage und ihre familiäre Situation. Aber ist dieser
Sondervollzug für gut eingegliederte, ungefährliche Hochkriminelle (wären sie nicht hochkriminell, hätten sie
Bewährung) generalpräventiv richtig? Haben die Anstrengungen, ihrer habhaft zu werden und ihre strenge Bestrafung nicht auch den Zweck, deutlich zu machen, daß ihre
Taten keine Kavaliersdelikte sind, daß man sie in der
allgemeinen Wertung dem schweren Raub gleichachtet, und
wird nicht dieses Ziel durch Bevorzugung dieses Täter-
kreises durch Gewährleistung des offenen Vollzugs von
Anfang an verfehlt? Auch wenn man nicht viel von generalpräventiver Wirkung hält: gerade bei Bereicherungstaten
und vergleichsweise gut eingegliederten Tätern soll
sie, wenn überhaupt, Bedeutung haben[37]. Das Übergewicht
gut eingegliederter Täter im offenen Vollzug macht diese
Vollzugsart leichter handhabbar und damit billig. Der
geringe Personalaufwand hängt hiermit zusammen. Wenn
aber der offene Vollzug gerecht und aus Behandlungsgründen gut sein soll, muß er gerade die Verurteilten aufnehmen, die lernen müssen, was die gegenwärtige Population
nicht lernen muß, sondern schon kann (immer schon ge-
konnt hat). Diejenigen, die jetzt im offenen Vollzug
sind, gehören aus Behandlungsgründen am wenigsten dort
hin. Kämen aber die Insassen nach Teilverbüßung in den
offenen Vollzug, die dort auf von ihnen nicht bewältigte
Situationen vorbereitet werden müßten und könnten, die
alkoholgefährdeten, ungleichmäßig arbeitenden Rückfalltäter z.B., dann wäre der offene Vollzug nicht mehr billig. Ihre Beratung und persönliche Betreuung müßte eher
dichter sein, als im geschlossenen Vollzug, wo man sie
durch Bewahrung vor Versuchungssituationen und gegebe-

nenfalls "Wegschließen" ohne besonderes Risiko für das
Vollzugsgeschehen "unbehandelt" lassen kann. Das Argument, der offene Vollzug sei auch deswegen so gut, weil
er billig sei, erweist sich deshalb als gefährlich. Daß
hier Sicherungsanlagen fehlen können, ist kostenmäßig
wenig interessant. Offenen Vollzug aber mit wenig Personal zu betreiben, bringt ihn um seine Chancen. Die auch
mit schwieriger Klientel über lange Zeit arbeitenden
hessischen Freigängerhäuser im Jugendstrafvollzug benötigen auf 12 Insassen 4 Bedienstete, für die dann noch
Urlaubs- und Krankheitsvertretungen bereitgestellt werden müssen. Das entspricht in etwa dem Personalbedarf in
einer geschlossenen Jugendstrafanstalt. Vollzugsforschung sollte sich der Rekrutierungsmethode der Insassen
für den offenen Vollzug zuwenden und Behandlungsmodelle
prüfen, durch die man den Personenkreis für den offenen
Vollzug vorbereiten und fördern kann, für dessen Resozialisierung diese Erfahrung nötig ist. Das, was sich in
der kriminalpolitischen Diskussion eben abspielt: Möglichkeiten zu schaffen, bei guter Prognose längere Freiheitsstrafen ganz zur Bewährung auszusetzen, die Halbstrafaussetzung bei Langstrafigen bei guter Prognose zu
erweitern und den offenen Vollzug als Regelvollzug bei
Ungefährlichen auszubauen, begünstigt einen Personenkreis, der sich durch schwere Kriminalität und ordentliche soziale Eingliederung auszeichnet. Sollen die Maßnahmen auch noch billig sein, so verringern sich die
Chancen für die andere Klientel des Vollzugs, diese Möglichkeiten zu nutzen. Die Rechtsprechung, die die erwähnten Maßnahmen für die gut Sozialisierten durch Heranziehung generalpräventiver und schuldbetonender Ermessensgesichtspunkte mitunter verhindert[38], erweist sich so gesehen als gerecht und kriminalpolitisch sinnvoll. Gerechter und kriminalpolitisch sinnvoller wäre aber ein anderer Weg: nämlich die weniger repressiven Maßnahmen für
die übliche Freiheitsstraf- und Vollzugsklientel geeignet zu machen. Oder, um es provokativ zu formulieren:

Elemente der Klassenjustiz und der sozialen Benachteiligung im heutigen Vollzug werden eher und mit negativer
Zielrichtung durch konservative Vokabeln wie Generalprävention, gerechte Vergeltung und Schuldausgleich verhindert. Die scheinbar sachlicheren spezialpräventiven Überlegungen wie Rückfallgefahr, Mißbrauchsgefahr - ja Gefährlichkeit überhaupt - erweisen sich dagegen als Fall-
stricke für sozial Benachteiligte. Vollzugslockerungen
und offener Vollzug wären aus Behandlungs- und Gerechtig-
keitsgründen gerade für den Personenkreis einzurichten,
der ihrer weniger teilhaftig wird. Dieser positive Weg
zu einer Gleichbehandlung scheint mir der bessere. Ihn
vorzubereiten und der Praxis bei seinem Begehen zu helfen, könnte auch ein von der Vollzugsforschung zu
leistender Beitrag sein.

Anmerkungen

1 Dünkel, F.; Rosner, A.: Die Entwicklung des Strafvollzugs in der Bundesrepublik seit 1970. (In: Kriminologische Forschungsberichte aus dem Max-Planck-Institut
   für ausländisches und internationales Strafrecht, Frei-
   burg/i.Br., Band 7. 2. Auflage, Freiburg, 1982).

2 Besonders gerne entsinne ich mich der Zusammenarbeit
   mit Stefan Quensel. Er und seine Mitarbeiter haben vielen Insassen bei ihren anstaltsinternen und Entlassungs-
   schwierigkeiten geholfen und den Bediensteten Anregungen für ihre Fortbildung nahegebracht, die bis heute
   fortwirken. Quensel, St.: Der Strafvollzugsbeamte in
   der Gruppenarbeit. (In: Aktuelle Kriminologie, 1969,
   S. 247 ff.); Lukas, W.: Zur Mitwirkung von Aufsichtsbe-
   diensteten bei der Gruppenarbeit im Jugendstrafvollzug.
   (In: Zeitschrift für Strafvollzug und Straffälligenhilfe, 1969, S. 95 ff.); Quensel, St.; Quensel, E.:
   Gruppendynamische Behandlungsmethoden im Jugendstrafvollzug. (In: Praxis der Kinderpsychologie und Kinder-
   psychiatrie, 1975, S. 64 ff.).

3 Kerner, H.-J.; Janssen, H.: Rückfall nach Jugendstrafvollzug - Betrachtungen unter dem Gesichtspunkt von
   Lebenslauf und krimineller Karriere. (In: Kriminologie
   - Psychiatrie - Strafrecht. Festschrift für Heinz Leferenz. Heidelberg, 1983, S. 211 ff.). Die dort referierten Ergebnisse bestätigen eine eigene Untersuchung, die
   fortgesetzt werden wird. Von 209 1966 aus der Jugendstrafanstalt Rockenberg Entlassenen zu Jugendstrafe
   verurteilten Gefangenen wurden zwar 133 im Verlauf der
   auf die Entlassung folgenden 10 Jahre wieder wegen einer rechtskräftigen Verurteilung zu Jugendstrafe oder
   Freiheitsstrafe in eine Vollzugsanstalt eingewiesen.
   Von diesen waren aber nur 7 im ersten auf die Entlassung folgenden Jahrfünft unbestraft geblieben, während
   von den 126 im ersten Jahrfünft erneut in eine Justizvollzugsanstalt eingewiesenen ehemaligen Insassen der
   JVA Rockenberg 36, im zweiten Jahrfünft nicht mehr zu
   Freiheitsstrafe verurteilt worden sind und 20 weitere
   zum Zeitpunkt der Einholung des Auszugs aus dem Bundeszentralregister bereits wieder mehr als 3 Jahre aus
   einer Vollzugsanstalt entlassen waren und nicht mehr
   bestraft worden sind.

4 Darstellung der älteren Untersuchungen bei Rotthaus,
   K.-P.: Strafvollzug und Rückfälligkeit. (In: Zeit-
   schrift für Strafvollzug und Straffälligenhilfe, 1978,
   S. 1 ff.).

5 Baumann, K.-H.; Maetze, W. ; Mey, H.-G.: Zur Rückfälligkeit
   nach Strafvollzug. (In: Monatsschrift für Kriminologie
   und Strafrechtsreform, 1983, S. 133 ff.).

6   Dieser Umstand erklärt auch zu einem gewissen Teil die
    erstaunlichen Verbesserungen der Erfolge der Strafaus-
    setzung zur Bewährung, die Spieß, G.: Wie bewährt sich
    die Strafaussetzung? Strafaussetzung zur Bewährung und
    Fragen der prognostischen Beurteilung bei jungen Straf-
    tätern. (In: Monatsschrift für Kriminologie und Straf-
    rechtsreform, 1981, S. 296 ff.) ermittelt hat.

7   Am 31.08.1983 waren die 59.233 vorhandenen Haftplätze
    für männliche Gefangene in Deutschland mit 60.225 In-
    sassen belegt. Zur tatsächlichen Bedeutung einer sol-
    chen Übernutzung der Haftraumkapazität s. Schwind,
    H.-D. (In: H.-D. Schwind, A. Böhm: Strafvollzugsgesetz,
    Großkommentar. (Berlin u.a., 1983, 1-6 zu § 146).

8   Das wird besonders deutlich, wenn man sich vergegenwär-
    tigt, daß 1965 noch fast 60 % der wegen Diebstahls und
    Unterschlagung nach allgemeinem Strafrecht Verurteilten
    in eine Strafanstalt kamen, 1975 noch 19 %, 1980 gut
    16 % und 1982 von 126.574 Verurteilten noch 13.433 =
    10,5 %.

9   Eher ist plausibel, daß der Rückgang der Aufklärungs-
    quote etwa beim Raub (1963 : 57 %; 1975 : 55 %, 1982 :
    50 %) mit einer verringerten Anzeigebereitschaft einher-
    geht, da einer der wichtigsten Gründe für die Anzeige
    von Taten zu sein scheint, ob sich das Opfer vorstellt,
    mit seiner Anzeige Erfolg zu haben, s. Schwind, H.-D.:
    Dunkelfeldforschung. (In: H.-J. Schneider (Hrsg.): Die
    Psychologie des 20. Jahrhundert. Auswirkungen auf die
    Kriminologie. Bd. 14. Zürich, 1981, S. 223 ff., S. 241).

10 Der Anteil der zu verbüßenden Freiheits- und Jugendstra-
    fen gemessen an der Gesamtheit der jährlich ausgeworfe-
    nen Strafen, Zuchtmittel und Erziehungsmaßregeln sinkt
    kontinuierlich, obwohl im Bereich leichterer Kriminali-
    tät keine Verurteilungen mehr erfolgen, sondern von den
    Möglichkeiten des § 153a StPO und der §§ 45, 47 JGG
    immer öfter Gebrauch gemacht wird. Allerdings ist der
    Anteil der langen Freiheitsstrafen in den letzten Jah-
    ren wieder gestiegen, was vermutlich mit der Bekämpfung
    des Drogenhandels und professioneller Kriminalität zu
    tun hat.

11 Vgl. hierzu Kaiser, G.: Strafvollzug im europäischen
    Vergleich. (Darmstadt, 1983, S. 240, 243).

12 Zusammenfassend zu Fragen der Generalprävention s.
    Kaiser, G.: Kriminologie. (Heidelberg u.a., 1980, § 12).

13 Howard, J.: The state of prisons. (Warrington, 1777);
    Krebs, A.: John Howard. (In: A. Krebs: Freiheitsentzug.
    Entwicklung von Praxis und Theorie seit der Aufklärung.
    Berlin, 1978, S. 33 ff.).

14 Graven, Ph.; Noll, P.; Schultz, H.; Stratenwerth, G.
    (Hrsg.): Der schweizerische Strafvollzug, Bd. 1 (1976)
    bis Bd. 13 (Ergebnisse einer empirischen Untersuchung)
    (1983).

15 Nur über den Jugendarrest gibt es eine zusammenfassende
    Untersuchung s. Eisenhardt, T.: Gutachten über die kri-
    minalpolitische und kriminalpädagogische Zweckmäßigkeit
    und Wirksamkeit des Jugendarrestes. (Bonn, 1974) und:
    Die Wirkungen der kurzen Haft auf Jugendliche. (Frank-
    furt, 1977).

16 Müller-Dietz, H.; Würtenberger, Th.: Fragebogenenquête
    zur Lage und Reform des deutschen Strafvollzugs.
    (Schriftenreihe des Bundeszusammenschlusses für Straf-
    fälligenhilfe, Heft 7, Bonn-Bad Godesberg, 1969).

17 Sozialtherapeutische Anstalten - Konzept und Erfahrung.
    Ein Bericht des Fachausschusses V "Sozialtherapie und
    sozialtherapeutische Anstalt" des Bundeszusammenschlus-
    ses für Straffälligenhilfe. (In: Schriftenreihe des Bun-
    deszusammenschlusses für Straffälligenhilfe. 2. Aufl.,
    Heft 19, 1977); Sozialtherapie und Behandlungsfor-
    schung. (In: Sonderheft der Zeitschrift für Strafvoll-
    zug und Straffälligenhilfe, 1980).

18 S. hierzu auch Kaiser, G.: Kriminologie. (Heidelberg
    u.a., 1980, § 20 Rdn. 42).

19 Daß die Widerrufe seltener werden, könnte mit einer
    großzügigeren Einstellung der Gerichte zusammenhängen;
    s. auch Anm. 6.

20 1982 endeten im hessischen Strafvollzug 274 Vollver-
    büßungen nach Strafrestaussetzung, während 1665 Strafen
    wegen Entlassung zur Bewährung nach § 57 Abs. 1 beendet
    wurden. Selbst wenn man davon ausgeht, daß in den Jah-
    ren davor der Anteil der zur Entlassung zur Bewährung
    nach § 57 Abs. 1 Entlassenen deutlich geringer war und
    etwa um 1200 gelegen haben mag, so würde die für 1982
    ermittelte Zahl auf nur etwa 20 bis 30 % Widerrufe
    schließen lassen.

21 Meier, P.: Die Entscheidung über Ausgang und Urlaub aus
    der Haft. (In: Kriminologische Forschungsberichte aus
    dem Max-Planck-Institut für ausländisches und inter-
    nationales Strafrecht, Freiburg/i.Br., Band 10. Frei-
    burg, 1982, S. 50 ff.).

22 Ittel, W.: (In: Schwind u. Böhm, Berlin u.a., 1983,
    (Anm. 7), 3 zu § 147 mit weiteren Hinweisen.

23 Kühling, P.: (In: Schwind u. Böhm, Berlin u.a., 1983,
    (Anm. 7), 1 zu § 11.

24 Im einzelnen s. Böhm, A.: (In: Schwind u. Böhm, Berlin
    u.a., 1983, (Anm. 7), 7, 18 zu § 2).

25 BGHSt 30, 320.

26 Schöch, H.: (In: G. Kaiser, H.-J. Kerner, H. Schöch: Strafvollzug. 3. Aufl., Heidelberg, 1982, § 6 Rdn. 8).

27 Schöch, H.: (In: G. Kaiser, H.-J. Kerner, H. Schöch: Strafvollzug. 3. Aufl., Heidelberg, 1982, § 6 Rdn. 59; Kühling, P.: (In: H.-D. Schwind, A. Böhm, Berlin u.a., 1983, (Anm. 7), 22-27 zu § 13.

28 OLG Frankfurt. (In: Zeitschrift für Strafvollzug und Straffälligenhilfe, 1981, S. 188).

29 OLG Saarbrücken. (In: Zeitschrift für Strafvollzug und Straffälligenhilfe, 1978, S. 182).

30 OLG Nürnberg. (In: Zeitschrift für Strafvollzug und Straffälligenhilfe, 1980, S. 122).

31 S. Schmitt, G.: Die Behandlung von Jugendlichen und Erwachsenen in der sozialtherapeutischen Anstalt. (In: Zeitschrift für Strafvollzug, 1978, S. 146 ff., S. 151).

32 Brosch, D.: Der Hafturlaub von Strafgefangenen unter Berücksichtigung des Strafvollzugsziels. (Frankfurt/a.M., 1983, S. 125).

33 S. auch Böhm, A.: Gedanken zur Rückfallprävention durch Strafvollzug. (In: H.-D. Schwind, F. Berckhauer, G. Steinhilper (Hrsg.): Präventive Kriminalpolitik. Heidelberg, 1980, S. 91 ff., S. 100).

34 Beschluß vom 28.06.1983. (In: Neue Zeitschrift für Strafrecht, 1983, S. 476 ff.).

35 OLG Frankfurt. (In: Neue Zeitschrift für Strafrecht, 1983, S. 140 ff. mit kritischen Anmerkungen von G. Kaiser und J. Feest; OLG Karlsruhe. (In: Juristische Rundschau, 1978, S. 213 ff.); OLG Frankfurt. (In: Neue Zeitschrift für Strafrecht, 1981, S. 157); OLG Hamm. (In: Neue Zeitschrift für Strafrecht, 1981, S. 495).

36 S. hierzu auch Kerner, H.-J. (In: G. Kaiser, H.-J. Kerner, H. Schöch: Strafvollzug. 3. Aufl., Heidelberg, 1982, § 19 Rdn. 19 bis 22).

37 Breland, M.: Präventive Kriminalitätsbekämpfung. (Gießen, 1974); Opp, K.-D.: Wirtschaftskriminalität als Prozeß kollektiver Selbstschädigung? (In: Monatsschrift für Kriminologie und Strafrechtsreform, 1983, S. 1 ff.); BGH (In: Monatsschrift für Deutsches Recht, 1976, S. 812); BGH (In: Goltdammers Archiv, 1979, S. 59).

38 Vgl. Anm. 35.

Christine Beckers, Dieter Beckers

Urlaubsvergabepraxis und Urlaubsverlauf in drei Justizvollzugsanstalten des geschlossenen beginnenden Vollzugs in Niedersachsen

Beim 4. Wissenschaftlichen Colloquium des KFN wurden die ersten Ergebnisse der Untersuchung vorgestellt und mit Vollzugspraktikern diskutiert. Von Interesse waren hier neben den Informationen zum Vollzugsplan und zur Urlaubsvorbereitung insbesondere die Daten zur Urlaubsvergabe und zum Verlauf des Urlaubs.

Da Zielsetzung und Aufbau der Untersuchung bereits in Bd. 6/3 der Interdisziplinären Beiträge zur kriminologischen Forschung des KFN ausführlich beschrieben wurden, beschränkt sich dieser Bericht auf die Wiedergabe der wesentlichsten Ergebnisse, die in der Arbeitsgruppe vorgestellt wurden.

Vollzugsplan

Von 211 Strafgefangenen (der 239 Probanden, deren Akten analysiert werden konnten) mit einer Haftdauer von mehr als zwölf Monaten ist in den drei Anstalten in 70 Fällen (33,2 %) ein Vollzugsplan erstellt worden, der im Hinblick auf besondere Hilfs- und Behandlungsmaßnahmen folgende Angaben enthält:

Tab. 1: Angaben zu 'Besonderen Hilfs- und Behandlungsmaßnahmen' im Vollzugsplan (Mehrfachnennungen möglich)

Besondere Hilfs- und Behandlungsmaßnahmen	Anstalten			
	TOTAL (n=70)	A (n=18)	B (n=17)	C (n=35)
KEINE AKTENANGABEN				
Anzahl	21	11	4	6
Spaltenprozente	30.0	61.1	23.5	17.1
Gefangener will keine Maßnahme				
Anzahl	6	2	1	3
Spaltenprozente	8.6	11.1	5.9	8.6
Überprüfen der Kontaktperson				
Anzahl	1	0	0	1
Spaltenprozente	1.4	0.0	0.0	2.9
Hilfe im materiellen oder persönl. Bereich				
Anzahl	11	1	7	3
Spaltenprozente	15.7	5.6	41.2	8.6
Schulische Maßnahme				
Anzahl	7	1	3	3
Spaltenprozente	10.0	5.6	17.6	8.6
Berufliche Maßnahme				
Anzahl	8	1	1	6
Spaltenprozente	11.4	5.6	5.9	17.1
Soz. Training				
Anzahl	18	1	4	13
Spaltenprozente	25.7	5.6	23.5	37.1

Von den 70 Probanden, für die in den Anstalten ein Vollzugsplan erstellt wurde, lassen sich bei 21 Gefangenen (30,0 %) keine Angaben über besondere Hilfs- und Behandlungsmaßnahmen feststellen. Von den verbleibenden 49 Inhaftierten ordnet der Vollzugsplan bei einem Gefangenen (1,4 %) die Überprüfung der Kontaktperson an und bei sieben Probanden (10,0 %) wird eine schulische und bei acht Inhaftierten (11,4 %) eine Aus- bzw. Weiterbildungsmaßnahme empfohlen. Materielle bzw. persönliche Hilfe soll elf Insassen (15,7 %) gewährt werden und für 18 Inhaftierte (25,7 %) wird im Vollzugsplan die Notwendigkeit eines sozialen Trainings festgeschrieben.

Tabelle 2 zeigt, welche Aspekte im Zusammenhang mit der Behandlungsmaßnahme 'Vollzugslockerung' im Vollzugsplan genannt werden.

Tab. 2: Angaben zu 'Vollzugslockerungen' im Vollzugsplan (Mehrfachnennungen möglich)

| Vollzugsplan: Lockerungen | | Anstalten | | |
	TOTAL (n=70)	A (n=18)	B (n=17)	C (n=35)
KEINE AKTENANGABEN				
Anzahl	4	4	4	0
Spaltenprozente	5.7	11.1	11.8	0.0
Keine Lockerungen				
Anzahl	3	2	1	0
Spaltenprozente	4.3	11.1	5.9	0.0
Vorerst keine Lockerungen				
Anzahl	33	7	9	17
Spaltenprozente	47.1	38.9	52.9	48.6
Lockerungen im üblichen Rahmen				
Anzahl	13	6	4	3
Spaltenprozente	18.6	33.3	23.5	8.6
Lockerungen vorbereiten				
Anzahl	4	0	0	4
Spaltenprozente	5.7	0.0	0.0	11.4
Kockerungen können sofort				
Anzahl	9	0	1	8
Spaltenprozente	12.9	0.0	5.9	11.9
Kontaktperson prüfen				
Anzahl	16	3	3	10
Spaltenprozente	22.9	16.7	17.6	28.5
Kontaktperson vorhanden				
Anzahl	9	2	0	7
Spaltenprozent	12.9	11.1	0.0	20.0
Kontaktperson besorgen				
Anzahl	3	1	2	0
Spaltenprozente	4.3	5.6	11.8	0.0
Wird nicht versagen				
Anzahl	5	1	1	3
Spaltenprozente	7.1	5.6	5.9	8.6
In Ausgängen erproben				
Anzahl	10	0	1	9
Spaltenprozente	14.3	0.0	5.9	25.7
Risiko, Drogen				
Anzahl	1	0	0	1
Spaltenprozente	1.4	0.0	0.0	2.9
Risiko, Alkohol				
Anzahl	8	1	2	5
Spaltenprozente	11.4	5.6	11.8	14.3

Wie aus der Tabelle zu ersehen ist, wird bei den Angaben zu
Vollzugslockerungen bei den meisten Probanden besonderer
Wert auf die Regelung der Vergabe von Lockerungen gelegt.
So sollen drei Inhaftierten (4,3 %) keine und 33 Insassen
(47,1 %) vorerst keine Lockerungen gewährt werden. Von den
verbleibenden Gefangenen sind 13 Probanden (18,6 %) im üblichen Rahmen, vier Insassen (5,7 %) nach einer Vorbereitungsphase und neun Inhaftierten (12,9 %) ohne Verzögerung
Lockerungen zu bewilligen.

In 28 Vollzugsplänen wird im Zusammenhang mit der Locke-
rungsvergabe auch Bezug auf die Kontaktperson des Gefangenen genommen. Während drei Probanden (4,3 %) keine und neun
Probanden (12,9 %) eine Bezugsperson haben, sollen die Kon-
taktpersonen von 16 Gefangenen (22,9 %) zunächst überprüft
werden.

Hinsichtlich der Risiken bei der Vergabe von Lockerungen
wurden in 24 Vollzugsplänen nähere Angaben gemacht. So sollen zehn Gefangene (14,3 %) erst in Ausgängen erprobt werden und bei insgesamt neun Probanden (12,9 %) deren Drogen-
bzw. Alkoholproblematik berücksichtigt werden. Während bei
fünf Probanden (7,1 %) ein Versagen völlig ausgeschlossen
wird, enthält der Vollzugsplan von vier Inhaftierten
(5,7 %) keine Angaben zu den wichtigsten Behandlungsmaßnahmen im Vollzug.

Urlaubsvorbereitung

Als Vorbereitung auf den Urlaub sind 176 Probanden (94,6 %)
im Ausgang erprobt und bei 52 Gefangenen (28,0 %) Gespräche
mit der Kontaktperson geführt worden.

Während in den Anstalten A und B nur in Ausnahmefällen die
Kontaktperson in die Urlaubsvorbereitung einbezogen wird,
findet in der Anstalt C eine derartige Aussprache vor dem

ersten Urlaub bei 60,5 % der Insassen statt. Inwieweit sich
die Probanden mit Vertretern des Fachdienstes (Sozialarbeiter, Pfarrer, Psychologen) in Form von Einzelgesprächen auf
den Urlaub vorbereiten, ist in Tabelle 3 aufgezeigt.

Tab. 3: Einzelgespräche mit Sozialarbeiter, Psychologe,
Pfarrer

Einzelgespräche mit (Soz. Arb., Pfar., Psych.)	TOTAL[+] (n=229)	Anstalten		
		A (n=61)	B (n=83)	C (n=85)
Keine Angaben				
Anzahl	6	2	2	2
Spaltenprozente	2.6	3.3	2.4	2.4
Sehr oft				
Anzahl	11	1	5	5
Spaltenprozente	4.8	1.6	6.0	5.9
Oft				
Anzahl	26	7	7	12
Spaltenprozente	11.4	11.5	8.4	14.1
Manchmal				
Anzahl	32	10	14	8
Spaltenprozente	14.0	16.4	16.9	9.4
Selten				
Anzahl	38	5	18	15
Spaltenprozente	16.6	8.2	21.7	17.6
Nie				
Anzahl	116	36	37	43
Spaltenprozente	50.6	59.0	44.6	50.6

* (Die Zahl 229 bezieht sich nur auf die Gesamtzahl der
Probanden, die mittels Fragebogen erfaßt wurden; in die
Zahl 239 fließen dagegen auch die Aktendaten der 10 Pro-
banden mit ein, die den Fragebogen nicht bearbeitet haben)

Während 116 Probanden (50,6 %) nie und 38 (16,6 %) nur selten mit Vertretern der o.g. Berufsgruppen sprechen, führen
32 Inhaftierte (14,0 %) manchmal und insgesamt 37 Gefangene
oft (11,4 %) bzw. sehr oft (4,8 %) Gespräche mit den Mit-

arbeitern der Fachdienste. Sechs Probanden (2,6 %) machen
bezüglich der Häufigkeit der Kontakte keine Angaben.

Bei 71 Gefangenen (10,0 %) wurde in den Einzelgesprächen
über einen anstehenden Urlaub gesprochen; insgesamt 57 Probanden (80,3 %) bewerten diese Kontakte als hilfreich, während 14 Inhaftierte (19,7 %) keinen Nutzen daraus gezogen
haben.

Im Vergleich zu dem Anteil der Probanden, die Einzelgespräche führen, ist die Beteiligung der Insassen an Gruppenge-
sprächen bedeutend geringer.

So nehmen von den 229 befragten Probanden 168 Gefangene
(73,3 %) nie und drei Inhaftierte (1,3 %) selten an Gruppen-
gesprächen teil. Nur 38 Insassen (16,6 %) arbeiten sehr oft
bzw. oft in Gruppen mit, während sich 15 Probanden (6,6 %)
nur gelegentlich daran beteiligen. Fünf Gefangene (2,2 %)
haben hierzu keine näheren Angaben gemacht.

Die 48 Insassen, die in den Gruppensitzungen über die Maßnahme Urlaub diskutieren, messen bis auf eine Ausnahme
diesem Gespräch im Hinblick auf den Urlaub eine positive
Bedeutung bei.

Während die Gruppensitzungen mit einer Ausnahme von an-
staltsexternen Mitarbeitern geleitet werden, werden Einzelgespräche von allen Mitarbeitern des Fachdienstes geführt.
Obwohl die Sozialarbeiter, Pfarrer und Psychologen der Anstalten (n = 13) das Einzelgespräch als wichtige urlaubsvorbereitende Maßnahme einschätzen, wird von nur einem Vertreter (7,7 %) dieses Dienstes diese Form der Urlaubsvorbereitung in jedem Fall vorgenommen, während ein anderer
(7,7 %) nur in Einzelfällen vor dem Urlaub mit dem Gefangenen Kontakt aufnimmt. Drei der befragten Fachdienstvertre-
ter (23,1 %) werden durch den Anstalts-, Vollzugs- bzw.
Vollzugsabteilungsleiter zu einen derartigen Vorbereitungs-

gespräch veranlaßt. In den meisten Fällen (61,5 %) hängt das Zustandekommen eines Einzelgesprächs vor dem Urlaub von der Initiative des Insassen ab.

Erörtert werden in diesen Gesprächen neben der Urlaubsplanung u.a. die Folgen eines Urlaubsversagens, Partnerschaftsprobleme und Schwierigkeiten mit Suchtmitteln. Zur Urlaubsvorbereitung zählt insbesondere in der Anstalt C das Gespräch mit der Kontaktperson und in Ausnahmefällen ein Hausbesuch und bei alleinstehenden Gefangenen die Kontaktaufnahme mit externen Einrichtungen.

Ein Gespräch nach dem Urlaub (Nachbetreuung) wird von neun Vertretern (69,2 %) des Fachdienstes geführt, ist aber von unterschiedlichen Voraussetzungen abhängig. So sprechen zwei der Befragten (15,4 %) regelmäßig nach jedem Urlaub mit dem Probanden, während für 53,8 % die Nachbetreuung vom Verlauf des Urlaubs abhängig gemacht wird. Zwei Vertreter des Fachdienstes (15,4 %) führen gelegentlich nach erfolgreichem Verlauf des Urlaubs mit dem Gefangenen ein Gespräch, vier (30,8 %) nehmen nach einem Urlaubsversagen Kontakt zu dem Insassen auf und ein Vertreter (7,7 %) spricht gelegentlich unabhängig vom Urlaubsverlauf mit einzelnen Gefangenen.

Urlaubsanträge

Angaben zu Urlaubsanträgen konnten in 188 Gefangenenakten festgestellt werden.

Tab. 4: Beurlaubte Gefangene und Gesamtzahl einzelner Beurlaubungen (1979 bis zum Zeitpunkt der Datenerhebung)

Verteilung des Urlaubs auf die Insassen	TOTAL	Anstalten A	B	C
ANZAHL DER PROBANDEN, DIE URLAUB ...				
Beantragten				
Anzahl	188	48	71	69
Spaltenprozente 1)	78.7	76.2	81.6	77.5
Erhielten				
Anzahl	166	36	64	66
Spaltenprozente 2)	88.3	75.0	90.1	95.6
AUFTEILUNG IN DEN JAHREN				
1979				
Anzahl	20	2	6	12
Spaltenprozente 3)	12.0	5.6	9.4	18.2
1980				
Anzahl	39	4	19	16
Spaltenprozente 3)	23.5	11.1	29.7	24.2
1981				
Anzahl	94	13	34	47
Spaltenprozente 3)	56.6	36.1	53.1	71.2
Stichtag Juli 1982				
Anzahl	140	30	56	54
Spaltenprozente 3)	84.3	83.3	87.5	81.8
EINZELNE URLAUBE: GESAMT				
Beantragt				
Anzahl	1.526	226	632	668
Spaltenprozente	100.0	100.0	100.0	100.0
Erhaltene				
Anzahl	1.182	147	463	572
Spaltenprozente 4)	77.5	65.0	73.9	85.6
Abgelehnte				
Anzahl	344	79	163	96
Spaltenprozente	22.5	35.0	26.7	14.4

1) In % der Grundgesamtheit (n=239)
2) In % der Probanden,die Urlaub beantragten
3) In % aller Probanden, die Urlaub erhielten (n=166)
4) In % der beantragten Urlaube

Von den Insassen, die Urlaub beantragt haben, wurde 166
Probanden (88,3 %) Urlaub bewilligt. Von diesen Gefangenen
haben im Jahre 1979 20 Probanden (12,0 %) und im darauffolgenden Jahr 39 Gefangene (23,5 %) Urlaub erhalten. 1981
sind 94 Probanden (56,6 %) und bis zum Zeitpunkt der Datenerhebung 1982 140 Inhaftierte (84,3 %) beurlaubt worden.
Insgesamt haben die 188 Probanden 1526 einzelne Urlaubsan-
träge gestellt, von denen 1182 (77,5 %) bewilligt und 344
(22,5 %) abgelehnt wurden.

Von den 20 Probanden, die 1979 Urlaub erhalten haben, sind
jeweils fünf Gefangene (25,0 %) bis zu sieben Tage bzw.
bis zu 14 Tage beurlaubt worden. Sechs Inhaftierten
(30,0 %) wurde bis zu 21 Tagen und vier (20,0 %) mehr als
21 Tage Urlaub gewährt. Von den 39 Insassen, die 1980 beurlaubt wurden, haben bis zu sieben Tagen neun (23,1 %), bis
zu 14 Tagen acht (20,5 %) und bis zu 21 Tagen 15 Probanden
(38,5 %) Urlaub erhalten. Über 21 Tage Urlaub wurde sieben
Gefangenen (17,9 %) bewilligt. 1981 wurden von den 94 beurlaubten Probanden 30 (31,9 %) bis zu sieben Tage und 13
(13,8 %) bis zu 14 Tage beurlaubt, 28 Gefangene (29,8 %)
haben bis zu 21 Tage und insgesamt 23 (24,5 %) mehr als 21
Urlaubstage erhalten.

1982 wurden von den 140 beurlaubten Insassen 40 (28,6 %)
maximal sieben Tage, 48 (34,3 %) maximal 14 Tage und 44
(31,4 %) bis zu 21 Tage Urlaub bewilligt. Länger als 21
Tage wurden acht Probanden (5,7 %) beurlaubt.

Von den insgesamt 1182 bewilligten Beurlaubungen wurden
1053 Urlaube (89,0 %) nach § 13 StVollzG (Regelurlaub), 81
(6,9 %) nach § 35 StVollzG (Sonderurlaub) und 48 (4,1 %)
nach § 15 StVollzG (Urlaub zur Vorbereitung der Entlassung)
genehmigt. Von diesen Urlauben sind 108 (9,1 %) für die
Dauer von einem Tag und 373 (31,6 %) für zwei Tage gewährt
worden. Drei Tage umfassen 259 Urlaube (21,9 %) und für
vier Tage sind 203 Anträge (17,2 %) bewilligt worden. 104

Beurlaubungen (8,8 %) erstreckten sich auf fünf Tage, 40
(3,4 %) auf sechs Tage und 64 (5,4 %) auf sieben Tage. Acht
Tage und länger sind 31 Beurlaubungen (2,6 %) genehmigt
worden.

Urlaubsversager und Urlaubsversagen

Von den 166 Insassen, denen insgesamt 1182 Urlaube bewilligt wurden, haben 54 Probanden in 75 Beurlaubungen versagt. Das entspricht einer Versagerquote von 32,5 % und
einer Versagensquote von 6,3 %. Betrachtet man im einzelnen, in welchem Urlaub die Gefangenen gescheitert sind,
dann handelt es sich bei den 75 Urlaubsversagen in 69
Fällen (92,0 %) um Regelurlaub, in vier Fällen (5,3 %) um
Sonderurlaub und in zwei Fällen (2,7 %) um Urlaub zur
Vorbereitung der Entlassung.

Wie sich dabei die Versagensquote von 1979 bis 1982 entwickelt hat, zeigt die nachfolgende Tabelle.

Tab. 5: Beurlaubungen und Urlaubsversagen von 1979 bis zum
Zeitpunkt der Erhebung 1982

Urlaubsversagen und Urlaube 1979 - 1982	TOTAL	Anstalten		
		A	B	C
1979				
Urlaube				
Anzahl	79	10	30	39
Spaltenprozente	100.0	100.0	100.0	100.0
Davon versagt				
Anzahl	9	3	1	5
Spaltenprozente 1)	11.4	30.0	3.3	12.8
1980				
Urlaube				
Anzahl	153	10	78	65
Spaltenprozente	100.0	100.0	100.0	100.0
Davon versagt				
Anzahl	7	1	1	5
Spaltenprozente 1)	4.6	10.0	1.3	7.7
1981				
Urlaube				
Anzahl	390	42	131	217
Spaltenprozente	100.0	100.0	100.0	100.0
Davon versagt				
Anzahl	32	7	15	10
Spaltenprozente 1)	8.2	16.7	11.5	4.6
1982 (Zeitpunkt der Datenerhebung)				
Urlaube				
Anzahl	560	85	224	251
Spaltenprozente	100.0	100.0	100.0	100.0
Davon versagt				
Anzahl	27	7	9	11
Spaltenprozente 1)	4.8	8.2	4.0	4.4

1) In % aller gewährter Urlaube desselben Jahres

Während 1979 bei 79 Beurlaubungen neun Urlaube (11,4 %)
fehlgeschlagen sind, reduziert sich die Versagensquote 1980
bei 153 bewilligten Urlauben auf 4,6 % und erhöht sich 1981
bei 390 Urlauben auf 8,2 %. Bei den 560 Beurlaubungen, die
bis zum Zeitpunkt der Datenerhebung 1982 gewährt wurden,
verringert sich die Versagensquote dann wieder auf 4,8 %.

Im gleichen Zeitraum hat sich die Versagerquote wie folgt
entwickelt:

Von den 41 Probanden der Stichprobe (n = 239), die seit
1979 und früher in den drei Anstalten ihre Strafhaft verbüßen, sind von den 20 Gefangenen (48,8 %), die in diesem
Jahr Urlaub erhalten haben, sieben Insassen (35,0 %) gescheitert. Von den 89 Strafgefangenen der Stichprobe, die
seit 1980 (einschließlich 1979 und früher) inhaftiert sind,
haben sieben Inhaftierte (17,9 %) der 39 Probanden, denen
Urlaub 1980 bewilligt wurde, versagt.

Im darauffolgenden Jahr wurden von den 176 Gefangenen der
Stichprobe, die seit 1981 (einschließlich der Jahre davor)
ihre Freiheitsstrafe verbüßen, 94 (53,4 %) beurlaubt, nicht
bewährt haben sich davon 30 Insassen (32,0 %).

1982 erhielten von der Gesamtzahl der Probanden (n = 239),
140 Insassen Urlaub, davon haben 24 (17,1 %) im ersten Halbjahr versagt.

Bei der Mehrzahl der Beurlaubungen (85,3 %) ist die verspätete Rückkehr als Ursache für das Versagen benannt. In zehn
Beurlaubungen (13,4 %) haben die Probanden erneut eine
Straftat begangen; davon kehrten in sieben Fällen die Probanden verspätet in die Anstalt zurück. Bei einem Gefangenen war Alkoholkonsum die Ursache des Versagens.

Bei der verspäteten Rückkehr in die Anstalt, auf die die
meisten Urlaubsversagen zurückzuführen sind, kamen bei 15
Beurlaubungen die Probanden innerhalb von 24 Stunden in die
Anstalt zurück. Bei 48 Beurlaubungen wurde der Urlaub um
mehr als 24 Stunden überschritten, ein Insasse war zum
Zeitpunkt der Datenerhebung noch nicht in die Anstalt zu-
rückgekehrt.

Insgesamt erfolgten bei den 75 Urlaubsversagen 39 Verhaf-
tungen.

Rüdiger Wohlgemuth

Vollzugslockerung Urlaub

Bericht über die Diskussion in der Arbeitsgruppe
des 4. Colloquiums des Kriminologischen Forschungsinstituts
Niedersachsen e.V.

Die Arbeitsgruppe hat das Projekt von Beckers u. Beckers -
Bestandsaufnahme der Urlaubsvergabepraxis im Männer-Erwach-
senenvollzug - zum Anlaß genommen, sich über Methoden und
erste Ergebnisse der Untersuchung zu informieren. Die Diskussion orientierte sich an den im Forschungsprojekt vorgegebenen Thesen, ersten Trendergebnissen und den sich daraus
ergebenden vollzugspraktischen Fragestellungen (s. Beitrag
von Beckers u. Beckers in diesem Band). Der Arbeitshypo-
these von Beckers, daß alle Urlaubsentscheidungen rechtlich
korrekt zustande kämen, wurde zunächst zugestimmt. Es stellte sich jedoch die Frage, welche Überzeugungen, Ansichten
oder Verfahrensweisen in der Hauptsache in die rechtliche
Beurteilung mit eingehen. Dazu wurden 3 Grundhypothesen
aufgestellt, von denen die Urlaubsvergabe abhängig sei:

- vom Anstaltsklima,
- von der Vollzugsanpassung des Gefangenen,
- von der sozialen Integration des Gefangenen vor der
  Haft.

Das Konstrukt "Anstaltsklima" ist methodisch außerordentlich schwierig zu erfassen. Beckers u. Beckers versuchten
zunächst, das Anstaltsklima mit Hilfe eines Fragebogens zu
erfassen. Die Arbeitsgruppe war sich mit den Projektleitern
darin einig, daß es trotz formal gleicher Vollzugsformen
durchaus sehr unterschiedliche Ausprägungen im Anstalts-

klima gäbe, die u.a. mit der Dimension "eher repressiv -
eher liberal" beschrieben und erfaßt werden können.

Die Autoren konnten erste Ergebnisse der Untersuchung mitteilen, die auf einen allgemeinen Trend in bezug auf Vollzugslockerungen und Urlaubsvergabe schließen lassen:

1. Gefangene, "die im Vollzug gut laufen" und Lockerungen nicht mißbrauchen, bekommen überpropotional
   häufig Urlaub.

2. Bei Ausgängen kommt es häufiger zu einem Versagen
   als bei Urlauben. Dies gilt auch, wenn die Ausgänge
   nach einem bereits gewährten Urlaub stattfinden.

3. Urlaube von 3 Tagen führen am häufigsten zum Versagen.

4. Eine weitere Häufung von Versagen kommt bei Urlauben
   von 7 Tagen vor.

5. Am häufigsten versagen die Gefangenen im ersten
   Urlaub, unabhängig davon, ob und wieviel Ausgänge
   vorgeschaltet wurden.

Eine Versagensquote von 6,3 % für Anstalten des geschlossenen Vollzuges scheint eine vertretbare Größe zu sein,
zumal Dünkel u. Rosner beim erstmaligen Regelurlaub sogar
eine Quote von 6,6, % fanden (vgl. Dünkel u. Rosner 1982,
S. 112). Dagegen wirkt die Versagerquote von 32,5 % zunächst überraschend.

Betrachtet man jedoch die Fälle im einzelnen, in denen Gefangene sich im Urlaub nicht bewährt haben, unter dem Gesichtspunkt der Schwere des Versagens, dann ergibt sich
ein wesentlich günstigeres Bild. So ist bei den weitaus
meisten Urlaubern die Ursache ihres Versagens auf eine Ver-
spätung zurückzuführen (85,3 %), während nur in 10 Fällen
(13,4 %) der Urlaub zu neuen Straftaten mißbraucht wurde.

Läßt man bei der Betrachtung eine Urlaubsverspätung unberücksichtigt und konzentriert sich nur auf die erneute
Straffälligkeit im Urlaub, so reduziert sich die Versagerquote auf 6,0 %. Die Berechnung der Versagerquote auf dieser Grundlage erscheint insofern berechtigt, als bei vergleichbaren Untersuchungen, etwa der Bewährungshilfe, der
Anteil der Rückfalltäter für die Legalbewährung von Straffälligen und damit der Erfolg der Bewährungsunterstellung
vorrangig Berücksichtigung findet.

In der Diskussion der Arbeitsgruppe wurde auf die unterschiedliche Bewertung des "Versagens" hingewiesen. Es wurde
angeregt, dieses Kriterium nach der Schwere des "Versagens"
zu differenzieren, da erhebliche qualitative Unterschiede
zwischen geringfügigem Zuspätkommen über verspätetes Selbst-
stellen bis hin zum massiven Rückfall vorliegen.

Die Praktiker ergänzten aus ihrer Erfahrung, daß das Urlaubsversagen von der unterschiedlichen Gefährdung während
einzelner Urlaubstage abhinge. Es gäbe in der Tat "gefährdetere Tage". Dies hinge u.a. damit zusammen, daß die Wirkung der guten Vorsätze - vor allem bei Suchtgefährdeten -
nicht lange vorhalte, daß Familienkonflikte auftreten oder
daß der beurlaubte Gefangene sich während seines Urlaubes
zuviel vornehme.

Mehrere Teilnehmer der Arbeitsgruppe wiesen auf die kriminalpolitische Bedeutung einer korrekten Erfassung des Aus-
maßes des Versagens hin. Alle im Vollzug Tätigen müssen
daran interessiert sein, einer kritischen Öffentlichkeit
gegenüber korrekte Zahlen über die Urlaubsversager vorzulegen. Die Öffentlichkeit ist besonders daran interessiert
zu erfahren, welche Gefährdung für die allgemeine Sicherheit durch die Vollzugslockerung besteht. Es scheint daher
wenig sinnvoll und kriminalpolitisch unklug zu sein, kleine-
re Verspätungen als Urlaubsversagen in die Zählstatistik
mit einfließen zu lassen.

Als ein Zwischenergebnis konnte festgehalten werden, daß es zwei Arten von Bedingungen zum Urlaubsversagen gibt:

1. gefangenenunabhängige Bedingungen;

1.1. Bedingungen, die sich aus der vollzuglichen Phase ergeben, in der der Gefangene sich befindet;

1.2. die Dauer des Urlaubs;

2. gefangenenabhängige Bedingungen;

2.1. der "Problemgehalt" des Urlaubs;

2.2. der "Anreiz", in die Anstalt zurückzukehren.

Zu 2.2 entwickelte sich nach kurzer Diskussion folgender Grundgedanke:

Gefangene kehren u.a. vor allem dann nicht vom Urlaub zurück, wenn sie zu Hause noch eine Menge zu erledigen haben bzw. Probleme sich anhäufen, ohne daß sie sicher sein können, erneut Urlaub zu erhalten. Wenn sie in repressiveren Anstalten erfahren haben, daß bei der Urlaubsgestaltung keine Rücksicht auf ihre Problemsituation genommen wird, antizipieren sie eine Urlaubsablehnung und rechtfertigen damit ihre Nichtrückkehr.

Sind dem Gefangenen die Kriterien und Bedingungen für eine erneute Urlaubsgewährung der Anstalt nicht bekannt, so ist darin eine erhebliche Regelunsicherheit zu sehen, die dazu führt, daß er die Chance für einen neuen Urlaub nicht richtig einschätzen kann. Diese Regelunsicherheit führt dann u.U. dazu, eine zukünftige Urlaubsablehnung gedanklich vorwegzunehmen.

Es könnte daher die Versagensquote gesenkt werden, wenn der Gefangene die Urlaubsvergabepraxis richtig einschätzen könnte und hierbei Rücksicht auf seine soziale Situation genommen wird.

In der Arbeitsgruppe wurde auch die Vermutung geäußert, daß die Entscheidungswege und Beteiligungsformen bei der Entscheidung über den Urlaub Einfluß auf die Urlaubsgewährung haben.

Beckers u. Beckers stellten in ihrer Untersuchung fest, daß vor allem die Fachdienste die Empfindung hätten, überhaupt nicht oder nur oberflächlich bei der Entscheidungsfindung beteiligt zu werden. Ähnliches gilt auch für die Beteiligung des allgemeinen Vollzugsdienstes an Vollzugsentscheidungen. Nur in einer der von ihnen untersuchten Anstalten wurde eine Vollzugskonferenz durchgeführt, in der unter der Beteiligung des allgemeinen Vollzugsdienstes und der Fachdienste Urlaubsentscheidungen gefällt wurden. Die Diskussionsteilnehmer der Arbeitsgruppe waren sich jedoch darin einig, daß Vollzugskonferenzen unter Beteiligung aller Vollzugsmitarbeiter zwar das Anstaltsklima verbessern können, die Qualität der Entscheidungen jedoch nicht steigen müsse. Es blieb daher die Frage offen, ob Teamentscheidungen qualitativ besser seien. Die Arbeitsgruppe kam zu dem Ergebnis, daß es weniger darauf ankäme, alle zu beteiligen, sondern vielmehr die Entscheidungen zu dezentralisieren bzw. an die Stelle zu verlagern, an der der Gefangene am besten bekannt sei. Ob Team- oder dezentralisierte Entscheidungen der bisher praktizierten Entscheidungsform überlegen sind, kann jedoch erst erforscht werden, wenn diese Entscheidungsformen in den Anstalten praktiziert werden.

Einen Einfluß auf die Versagensquote während des Urlaubs könnte auch eine intensive Vor- und Nachbereitung des Urlaubs sowie eine Einbettung in eine Behandlungsmaßnahme haben. Nach den Ausführungen von Beckers spürten die Gefangenen wenig von der Vor- und Nachbereitung des Urlaubs. Andererseits werden gerade von den Fachdiensten und vom allgemeinen Vollzugsdienst anläßlich der Urlaubsvorbereitung intensive vorbereitende Gespräche geführt. Jedoch nehmen die Gefangenen diese Gespräche in der Regel nicht als Urlaubsvorbereitung wahr.

Eine Nachbereitung des Urlaubs findet nur systematisch bei Urlaubsversagen statt. Die pädagogische Binsenweisheit, daß Lob mehr wirkt als Tadel, wird bei erfolgreichen Urlaubsrückkehrern nicht angewendet.

In der Diskussion der Arbeitsgruppe wurde auch auf die disziplinarische Reaktionsweise bei Urlaubsversagen kritisch hingewiesen. In der Regel wird im Zusammenhang mit Disziplinarmaßnahmen bei Urlaubsversagen nur selten der Grund des Urlaubsversagens genauer analysiert. Es wird einfach nur relativ schablonenhaft negativ reagiert.

In der Diskussion der Arbeitsgruppe wurde auch darauf hingewiesen, daß die Akten der Gefangenen kaum Vollzugspläne enthalten, sondern meistens nur Empfehlungen. Beckers u. Beckers teilten dazu mit, daß bei ihrer gezogenen Stichprobe der Gefangenen mit nur 1 Jahr Vollzugsdauer in 21 % der Fälle überhaupt keine Vollzugspläne in den Akten waren und daß in weiteren 43 % nur die Empfehlungen der Einweisungsabteilung zum Vollzugsplan vorhanden gewesen seien. Mit Betroffenheit wurde zur Kenntnis genommen, daß Vollzugspläne somit nur bei einem Drittel der Stichprobe in der Personalakte vorhanden waren. Diese Erkenntnis führte zu einer Diskussion über die "Einklagbarkeit" von Vollzugsplänen. Nach den bekannten Möglichkeiten gem. § 109 StVollzG wurde angeregt, daß die Strafvollstreckungskammern im Rahmen ihrer Zweidrittel- und Reststrafentscheidungen die Empfehlungen der Einweisungsabteilung zum Vollzugsplan und die in der Anstalt fortgeschriebenen Vollzugspläne anfordern.

Die Diskussion in dieser Arbeitsgruppe erbrachte folgende zusätzliche Fragestellungen, deren Beantwortung nur durch entsprechende weitere Forschungsvorhaben möglich ist:

1. Welche anstaltstypischen Strukturen führen zu besseren Prognoseentscheidungen?

2. Welche gezielten Urlaubsvor- und -nachbereitungen führen zu einer geringeren Versagensquote?

3. Sind dezentrale Entscheidungen qualitativ besser?

4. Woran liegt es, daß bestimmte Urlaubstage offensichtlich "versagenskritischer" sind?

5. Bringen Maßnahmen der vollzuglichen Transparenz und Beteiligung des Gefangenen (z.B. Akteneinsicht, Vollzugsplanaushändigung u.ä.) eine effektivere Urlaubsplanung mit sich?

Literatur

DÜNKEL, F.; ROSNER, A.: Die Entwicklung des Strafvollzugs in der Bundesrepublik Deutschland seit 1970. (2. Auflage, Freiburg, 1982).

III.

Ertrag der Tagungsdiskussionen

Helmut Kury

BEDEUTUNG KRIMINOLOGISCHER FORSCHUNG –
ZUSAMMENFASSUNG DER DISKUSSIONEN

Im folgenden sollen die wesentlichsten Gesichtspunkte der Diskussionen, die im Anschluß an die einzelnen Vorträge stattfanden, stichwortartig dargestellt werden. Selbstverständlich können im Rahmen dieser kurzen Zusammenfassung nicht alle Diskussionsbeiträge sowie auch die berücksichtigten nicht in vollem Umfang wiedergegeben werden.

Die auf dem 4. internationalen wissenschaftlichen Colloquium des KFN geführten Diskussionen lassen sich grob nach zwei Gesichtspunkten einteilen:

1. Diskussionen über Inhalt und Möglichkeiten kriminologischer Forschung;
2. Diskussionen über Konzeption und Durchführung einzelner Projekte, insbesondere zu Diversionsstrategien.

Ad 1:

Einen Diskussionsschwerpunkt bildete die Frage, wie groß die Möglichkeiten sind, durch empirische kriminologische Forschungsergebnisse konkret Einfluß auf kriminalpolitische Entscheidungen zu nehmen. Hierzu wurde übereinstimmend die Meinung vertreten, daß die Tragweite kriminologischer Forschungsergebnisse auf die Kriminalpolitik nicht überschätzt werden dürfe. Zwar würden die Resultate kriminologischer Forschung durchaus von entsprechenden Behörden bis hinauf zur Ministerialebene rezipiert, allerdings werde die rechts-

politische Entscheidungsfindung letztendlich mehr durch all-
gemeinpolitische Interessen und Notwendigkeiten bestimmt.
Darüber hinaus sei eine Überprüfung, in welchem Ausmaß kriminologische Forschungsergebnisse politische Entscheidungen
beeinflussen, äußerst schwierig. Anhaltspunkte seien die im
Zusammenhang mit der Verabschiedung neuer Gesetze durchgeführten Experten-Hearings sowie die Begründungen der Geset-
zesvorlagen. Allerdings sei auch hier zu beachten, daß
nicht alles, was für eine Entscheidung maßgeblich ist, pro-
tokolliert werde bzw. seinen Niederschlag in der amtlichen
Begründung findet.

Von seiten einiger in der Praxis stehender Kriminologen
wurde darauf hingewiesen, daß in der Bundesrepublik Deutschland, im Gegensatz zu anderen Ländern, Kriminologen nur in
unzureichender Weise von den politischen Instanzen im Rahmen eines anstehenden Gesetzgebungsverfahrens herangezogen
würden. Teilweise könne der Eindruck gewonnen werden, daß
auf seiten der Behörden, Warnungen und Vorschläge von Kriminologen nicht ernsthaft aufgenommen würden. Aus der bestehenden Praxis könne man zu dem Schluß gelangen, daß die
Konsultation von Kriminologen nur dann geschehe, wenn die
von ihnen gewonnenen Ergebnisse mit der bereits vorgegebenen politischen Entscheidung in Einklang stünden.

Dem Argument, daß eine Konsultation von Kriminologen auch
deshalb nur in einem begrenzten Umfang geschehe, weil viele
von ihnen eine durch ihre politische Grundeinstellung geprägte einseitige Forschung betrieben, wurde entgegengehalten, daß eine politische Grundhaltung, auch wenn diese gegenüber dem bestehenden System kritisch sei, unverzichtbarer Bestandteil jeglicher Forschung sei. Letztendlich könne man vor allem dann zu neuen Lösungen und Gedanken
gelangen, wenn man nicht in den bestehenden Denkstrukturen
verhaftet bleibe.

In diesem Zusammenhang wurde auf eine Studie von Friedrichs hingewiesen, der die Verwertung wissenschaftlicher Forschungsergebnisse in Behörden untersucht hat und zu dem Ergebnis gelangte, daß die Erträge wissenschaftlicher Forschung seitens der Behörden vornehmlich unter taktischen Gesichtspunkten, d.h. zum Zwecke der Verzögerung von Gesetzgebungsvorhaben oder zur Rechtfertigung bestimmter Gesetzgebungsvorstöße herangezogen würden. Es sei folglich nicht so, daß wissenschaftliche Forschungsergebnisse nur unzureichend in Gesetzgebungsvorhaben einbezogen würden, sondern vielmehr so, daß dies zwar geschehe, aber vornehmlich unter taktischen Gesichtspunkten.

Auch wurde darauf hingewiesen, daß kriminologische Forschungsergebnisse für die Praxis oft nur in begrenztem Umfang nutzbar seien. Dies läge vor allem daran, daß kriminologische Forschungsvorhaben sich vielfach nur unzureichend an den Bedürfnissen der Praxis orientieren. Die Folge hiervon sei, daß die Ergebnisse dieser Forschung der Bürokratie und den politischen Instanzen bei anstehenden konkreten Entscheidungen kaum Anhaltspunkte lieferten. Weiter sei zu berücksichtigen, daß mit politischen Entscheidungen, insbesondere mit Gesetzgebungsvorhaben, oft nicht so lange gewartet werden könne, bis entsprechend fundierte kriminologische Forschungsergebnisse, die die zu treffende Entscheidung absichern, vorliegen.

Schließlich wurde darauf hingewiesen, daß neben Kriminologen insbesondere Parteien, Interessenverbände und weitere Organisationen auf Entscheidungen bzw. den politischen Willensbildungsprozeß Einfluß zu nehmen versuchen. Die Wissenschaftler würden hier somit zu diesen in einem Konkurrenzverhältnis stehen. Da sie sich um einen solchen Einfluß, um die Umsetzung ihrer Forschungsergebnisse in die Praxis vielfach kaum bemühten, verwundere es nicht, daß ihre politische Wirkung oft nur gering sei. Das vor allem auch deshalb, weil in den Sozialwissenschaften die wissenschaftlichen Ergebnisse kaum unwidersprochen blieben.

Wie bereits auf früheren Colloquien wurde auch dieses Mal
auf die Differenz zwischen den Ansprüchen bzw. Bedürfnissen
der Praxis einerseits und dem Inhalt kriminologischer Forschung andererseits hingewiesen. Auch in diesem Zusammenhang wurde das Argument erhoben, daß die von den Kriminologen verwendete sozialwissenschaftliche Fachsprache oft genug für Praktiker ein Hindernis sei, sich mit den gewonnenen Ergebnissen auseinanderzusetzen und zu versuchen, diese
in die Praxis zu implementieren. Dem wurde jedoch entgegengehalten, daß es genügend "brauchbare" Forschungsergebnisse
gäbe, deren Umsetzung in die Praxis sich durchaus lohnen
würde.

Schließlich sei es nicht alleinige Aufgabe kriminologischer
Forschung, neue Ergebnisse zu liefern, sondern kriminologische Forschung müsse auch daran arbeiten, die gewonnenen
Ergebnisse in die Praxis umzusetzen. Daß dies nur in unzu-
reichendem Umfang geschehe, sei weniger auf sprachliche
Barrieren zurückzuführen, als auf finanzielle oder politische. Die bestehenden Schwierigkeiten und Mißverständnisse
zwischen Verwaltung und politischen Instanzen sowie der
Kriminologie könne man nur durch eine engere Zusammenarbeit
und eine gewisse Rücksichtnahme auf die gegenseitigen Interessen und Zwänge reduzieren. Eine Einbeziehung aller am
politischen Willensbildungsprozeß Beteiligten sowie Koor-
dinationsmaßnahmen von Forschungsvorhaben seien daher unumgänglich und auch wünschenswert.

Weitgehend einig war man sich darin, daß die derzeitige
Forschungspraxis mit erheblichen Schwierigkeiten behaftet
ist. Es wurde die Meinung vertreten, daß dies vor allem
daran liege, daß die Planung und Durchführung von Forschung
und die Implementation von Forschungsergebnissen weitgehend
getrennt seien. Dies könne man nur durch eine an der alltäglichen Praxis orientierte Forschung, die die Implementation
der Resultate von vornherein mit einbeziehe, in einer für
alle Seiten einigermaßen befriedigenden Art und Weise lö-

sen. Allerdings dürfe dies nicht so verstanden werden, daß
von der Praxis ausgewählte und definierte Auftragsforschung
durchzuführen sei, sondern daß jeder Forscher bzw. jede
Forschungsinstitution ihr eigenes Bewußtsein für die Probleme entwickeln und vor diesem Hintergrund relevante Forschungsprojekte konzipieren müsse. Unterschiedliche Vorstellungen und Ziele der einzelnen Forschungsinstitutionen
seien dabei ein unverzichtbarer Faktor, wodurch der Forschungsprozeß bereichert und vorangetrieben werde.

Auch wurde darauf hingewiesen, daß kriminologische Forschung sich nicht einseitig auf den juristischen bzw. justitiellen Bereich beschränken solle. Vielmehr müsse man versuchen, auch die Nachbardisziplinen, insbesondere die Soziologie und die Psychologie stärker als bisher·an kriminologischer Forschung zu beteiligen, um dadurch etwa auch die
Bandbreite der Forschungsthemen zu erweitern. So könnten
mit Hilfe der Nachbardisziplinen auch leichter echte Alternativen etwa zum derzeitigen Strafverfolgungssystem entwickelt werden.

Daß man sich auf dem richtigen Weg befinde, wenn man entsprechende Forschungsvorhaben betreibe, sei durch zahlreiche Untersuchungen belegt. So sei mehrfach bewiesen worden,
daß durch teuere stationäre Sanktionen (allein) kaum eine
Resozialisierung erreicht werden könne. Vielmehr stelle
sich nach jeder stationären Sanktion das Problem der Wieder-
eingliederung in die Gesellschaft. Eine von McClintock
durchgeführte Befragung an Vollzugsbeamten im stationären
Strafvollzug habe ergeben, daß selbst die Strafvollzugsbeam-
ten die Meinung vertraten, daß bei ca. 10 % bis 25 % der
Gefangenen die Inhaftierung eine nicht angebrachte Sanktion
darstelle.

Ad 2:

Um stationäre Sanktionen und die damit in Zusammenhang stehenden Probleme ging es im wesentlichen auch in den Diskussionen im Anschluß an die Vorträge von Böhm und Lahti.

Als Problem wurde die unterschiedliche Handhabung der vor-
zeitigen Entlassung aus dem Strafvollzug in den einzelnen
Bundesländern der Bundesrepublik Deutschland angesehen. So
hätten Untersuchungen in Baden-Württemberg und Hessen gezeigt, daß es erhebliche Differenzen zwischen den Quoten
für eine vorzeitige Entlassung in diesen Bundesländern
gibt. Die Differenzen wurden vor allem auf die unterschiedliche Bewertung der Entlassungsgesuche durch die Voll-
streckungskammern in Hessen und Baden-Württemberg zurückge-
führt. Aber nicht diese allein, sondern auch die den jeweiligen Anträgen beigefügten Beurteilungen des Inhaftierten
durch die Vollzugsanstalten seien für die unterschiedliche
Entscheidungspraxis mit verantwortlich. Als entscheidende
Gründe für die Ablehnung von Anträgen auf eine vorzeitige
Entlassung wurden in erster Linie die Anzahl der Vorstrafen
sowie fehlende Selbstmeldungen zum Vollzugsantritt genannt.
Dagegen hätten während der Haft verhängte Disziplinarmaßnahmen kaum Einfluß auf die Entscheidung.

Heftig diskutiert wurde auch über das Für und Wider von
geschlossenem bzw. offenem Vollzug. In diesem Zusammenhang
wurde darauf hingewiesen, daß nicht nur der geschlossene,
sondern auch der offene Vollzug für den Gefangenen eine
große psychische Belastung darstellen können, da der Strafgefangene im offenen Vollzug jeden Abend vor der Entscheidung stehe, in die Strafanstalt zurückzukehren oder draußen
zu bleiben. Die Fähigkeit, diese psychische Belastung bewäl-
tigen zu können, werde bei der Entscheidung, ob jemand in
den offenen Vollzug gelange, jedoch in geringerem Maße
berücksichtigt als andere Faktoren. Kriterien dafür, ob
jemand in den offenen Vollzug gelange oder nicht, seien

vielmehr das Sicherheitsrisiko, das von dem Strafgefangenen ausgehe sowie die Anzahl und Schwere der von ihm begangenen Delikte. Darüber, daß vor allem solche Inhaftierte in den offenen Vollzug verlegt werden sollten, die auch während ihrer Strafhaft die Möglichkeit haben, sich einen Arbeitsplatz zu sichern und auch sonst gute Resozialisierungsbedingungen aufweisen, bestand allseitig Einigkeit. Es wurde jedoch hervorgehoben, daß, sofern ausschließlich derartige Kriterien den Zugang in den offenen Vollzug entscheidend beeinflussen, bestimmte Gruppen von Straftätern, die diese Merkmale nicht zeigen, nicht in den Vorteil der im offenen Vollzug u.U. vorhandenen intensiven Betreuungs- und Resozialisierungsmöglichkeiten gelangen könnten. Gerade bei Tätern mit einer langen kriminellen Karriere oder bei solchen, die besonders schwere Straftaten begangen haben, erscheint es aber dringend notwendig, Vollzugslockerungen bzw. andere resozialisierende Bemühungen zur Verfügung zu stellen, um die kriminelle Karriere nicht endgültig festzuschreiben. Andererseits sei aber auch eine einseitig an der Person des Inhaftierten ausgerichtete Resozialisierungsarbeit nicht durchführbar, da diese in Kollision mit Interessen der Allgemeinheit geraten könne, deren Anspruch auf Schutz vor gefährlichen Tätern nicht unterschätzt werden dürfe.

Von Lahti wurde darauf hingewiesen, daß auch in den skandinavischen Staaten das Bedürfnis bestehe, den offenen Vollzug auszuweiten. Allerdings stünden diesen Bestrebungen verschiedene Gegebenheiten entgegen. So gäbe es finanzielle Schwierigkeiten, die auf einen erhöhten Personalbedarf im offenen Vollzug zurückzuführen sind, und auch die derzeitige Arbeitsmarktlage schaffe erhebliche Probleme, für die in Haft Befindlichen einen geeigneten Arbeitsplatz zu finden. In Finnland seien die Bestrebungen, den offenen Vollzug auszuweiten, im Gegensatz zu den anderen skandinavischen Staaten und der Bundesrepublik Deutschland besonders groß, da die hier verhängten Freiheitsstrafen im Durchschnitt von längerer Dauer seien. Zwar gäbe es Bemühungen, die Dauer der Strafen zu verringern, jedoch stelle sich hierbei das Problem der Schaffung wirksamer Alternativen zum Freiheitsentzug. Eine befriedigende Lösung hierzu habe man auch in Skandinavien noch nicht gefunden.

In der Diskussion über das Lübecker Modell wurde darauf hingewiesen, daß sich im Gegensatz zu den Ergebnissen anderer Untersuchungen hier gezeigt habe, daß weniger der Faktor der Schichtzugehörigkeit dafür entscheidend ist, ob Jugendliche durch Strafverfolgungsbehörden erfaßt werden, als vielmehr die Schwere der von ihnen begangenen Tat. Eine Überrepräsentation von Unterschichttätern sei vielmehr nur bei den Mehrfachtätern nachzuweisen.

Die konsequente Anwendung und Nutzung der Möglichkeiten des Jugendgerichtsgesetzes, wie sie im Lübecker Modell praktiziert wird, wurde allseitig begrüßt. Es wurde jedoch vorgeschlagen, diese Verfahrensweise im Umgang mit jugendlichen Delinquenten nicht nur auf den städtischen Bereich zu konzentrieren, sondern das Modell auch auf ländlich strukturierte Gebiete zu übertragen.

Im Anschluß hieran ergab sich eine Diskussion darüber, welche Verhaltensweisen bei Jugendlichen als strafrechtlich relevant qualifiziert werden sollten und welche eher als sogenannte "Jugendsünden" betrachtet werden müßten. Hierzu wurde angemerkt, daß einerseits Änderungen des Strafgesetzbuches nur schwer möglich seien, da man nicht übersehen dürfe, daß ein gesellschaftlicher Strafanspruch bestehe, daß es andererseits aber auch nicht das Anliegen der Gesellschaft sein könne, leichte Delikte übermäßig zu sanktionieren. Das Jugendgerichtsgesetz stelle ausreichende Möglichkeiten für einen Kompromiß zur Verfügung, wie das Lübecker Modell zeige. In diesem Zusammenhang wurde auf eine von Hauber in Holland durchgeführte Untersuchung zum Vandalismus hingewiesen, die gezeigt habe, daß auf seiten der Ju-

gendlichen eine regelrechte Erwartungshaltung im Hinblick
auf eine Sanktionierung nach der Begehung einer Straftat
bestünde. Dieses Ergebnis konnte jedoch durch die Untersuchungen in Lübeck nicht bestätigt werden. Vielmehr habe man
dort festgestellt, daß insbesondere im Bereich der Bagatelldelikte (Ladendiebstahl, Schwarzfahren) durch die hierbei
vorhandene Anonymität des Opfers, im Gegensatz zu den holländischen Untersuchungsergebnissen, eine Sanktionierung
nicht als gerechtfertigt empfunden werde.

Von einigen Diskussionsteilnehmern wurde die Auffassung vertreten, daß aufgrund der bestehenden gesellschaftlichen Situation, bei Jugendlichen nicht der Eindruck erweckt werden
dürfe, daß sie für ihre Taten nicht zur Verantwortung
gezogen würden und erst mit Beginn der Volljährigkeit bei
strafbaren Handlungen mit der Justiz konfrontiert werden
sollten. Vielmehr müßten Jugendliche lernen, die grundlegenden Normen unserer Gesellschaft zu akzeptieren. Verstößen
gegen diese Normen sollte allerdings mit adäquaten Sank-
tionsmaßnahmen begegnet werden. Dieser Auffassung wurde
zwar allseitig zugestimmt, jedoch wurde auch darauf verwiesen, daß adäquate Reaktionsmöglichkeiten noch nicht überall
zur Verfügung stünden bzw. auch in der Praxis eingesetzt
würden. Ferner könne die Frage nach der Angemessenheit von
Reaktionen nicht klar beantwortet werden. Ein Schritt in
die "richtige" Richtung sei das Lübecker Modell, da es eine
Art "moderater Reaktion", die sich pädagogisch sinnvoll auf
delinquente Jugendliche auswirke, darstellt. Auf die Frage,
ob das Lübecker Modell nicht die Gefahr in sich berge, daß
die Einstellungsmöglichkeiten nach § 170 Abs. 2 StPO vernachlässigt werden, wurde bemerkt, daß dies nicht der Fall
sei. Vielmehr hätten sich seit Beginn des Lübecker Modells
sowohl die Einstellungsziffern nach § 170 Abs. 2 StPO als
auch nach § 45 JGG erhöht.

Die Problematik, auf delinquente Verhaltensweisen von Jugendlichen adäquat zu reagieren, lag auch den Diskussionen

im Anschluß an den Vortrag von Beckmann zugrunde. Zunächst
wurde die dem Projekt zugrunde liegende Intention, die Zusammenarbeit zwischen den am Strafverfahren beteiligten Instanzen (Polizei, Staatsanwaltschaft, Gericht, Jugendgerichtshilfe) zu verbessern, diskutiert. Als großes Hemmnis
für eine verbesserte Kooperation zwischen den verschiedenen
Institutionen wurden die polizeilichen Dienstvorschriften
angesehen. So gäbe es beispielsweise Vorschriften, die
die Polizei anwiesen, ihre Ermittlungsergebnisse der Jugend-
gerichtsbehörde erst dann mitzuteilen, wenn die Sache an
die Staatsanwaltschaft abgegeben wird. Im Sinne einer besseren Zusammenarbeit sei es daher unumgänglich, eine frühere Information der Jugendgerichtshilfe durch die Polizei,
die sich für den delinquenten Jugendlichen äußerst positiv
auswirken könne, gesetzlich abzusichern. Gegenwärtige
Dienstvorschriften stünden auch dem Anspruch des § 38 Jugendgerichtsgesetz, der eine Beteiligung der Jugendgerichtshilfe im gesamten Verfahren vorschreibt, entgegen. Deshalb
könne es auch nicht im Interesse der Staatsanwaltschaft
liegen, die Jugendgerichtshilfe bis zum Abschluß der Ermittlungen durch die Polizei aus dem Verfahren herauszuhalten.
Auch sei zu berücksichtigen, daß die unteren Polizeibehörden ihren Verfolgungs- und Ermittlungsauftrag so verstün-
den, daß nicht nur der Tathergang als solcher, sondern auch
die Umstände, die zu der Tat geführt haben, zu ermitteln
seien. Von daher stünden die Polizeibehörden einer frühen
Beteiligung der Jugendgerichtshilfe durchaus positiv gegenüber.

Die im Interesse des Beschuldigten auszuweitende Zusammenarbeit zwischen den verschiedenen Institutionen sei jedenfalls nur dann zu erreichen, wenn derartige bürokratische
Hindernisse in Zukunft reduziert werden.

Über grundlegende Fragen hinsichtlich der Ausweitung von
Diversionsmaßnahmen ging es in den Diskussionen im Anschluß
an den Vortrag von Blau. So wurde festgestellt, daß Diver-

sionsbemühungen im außerjustitiellen Bereich durchaus nicht unproblematisch seien. Die dort verhängten Maßnahmen könnten im Einzelfall von dem Täter als einschneidender empfunden werden, als die durch staatliche Institutionen verhängten Sanktionen. Darüber hinaus bestehe auch die Möglichkeit, daß das Ausmaß dieser Sanktionen höher liege als in einem förmlichen Verfahren. Derartigen Tendenzen sei in jedem Fall entgegenzuwirken. Schwerpunktmäßig seien in der Bundesrepublik Diversionsprojekte vor allem bei Ladendieben und bei Schwarzfahrern in Angriff genommen worden.

Aber auch einer Ausweitung der in § 153a StPO liegenden Diversionsmöglichkeiten standen nicht alle Diskussionsteilnehmer uneingeschränkt befürwortend gegenüber. So wurde z.B. vorgeschlagen, die Einstellungsmöglichkeiten nach § 153a StPO dahingehend auszuweiten, daß auch Alkohol- und Straßenverkehrstäter durch die Erfüllung entsprechender Auflagen (z.B. Entziehungskuren oder Verkehrsunterricht) in den Genuß einer Einstellung kommen könnten. Dem wurde jedoch entgegengehalten, daß es äußerst zweifelhaft sei, ob der § 153a StPO derartige Verfahrensweisen abdecke. So wünschenswert es im Einzelfall auch sein möge, den § 153a StPO extensiv auszulegen, so gefährlich sei es jedoch, derart schwerwiegende Auflagen (Sanktionen) vom Richter auf den Staatsanwalt zu verlagern. Von Praktikern wurde der Vorschlag, den § 153a StPO extensiver zu nutzen als bisher, jedoch überwiegend begrüßt. Sie wiesen darauf hin, daß es aus der Sicht des Täters letztendlich unwichtig sei, ob der Staatsanwalt oder der Richter eine Sanktion gegen ihn verhänge. Gegen dieses Argument wurden jedoch rechtsstaatliche Bedenken geäußert, die allerdings, so die Meinung der meisten Diskussionsteilnehmer, nicht überbetont werden sollten.

Möglichkeiten und Fragen des Täter-Opfer-Ausgleichs bildeten den Schwerpunkt der Diskussionen im Anschluß an den Vortrag von Hering. Ein entscheidender Diskussionspunkt war, ob es bei Sexualdelikten überhaupt einen Täter-Opfer-Ausgleich, so wie er allgemein verstanden wird, geben könne. Hierzu wurde ausgeführt, daß sich ein Täter-Opfer-Ausgleich vor allem auf die Sekundärschäden beziehen solle, und zwar in der Form, daß eine intensive Opferbetreuung durchgeführt wird, die sich dann indirekt auch auf das Strafmaß des Täters auswirke. Dem wurde jedoch entgegengehalten, daß allein die Opferbetreuung keinen Täter-Opfer-Ausgleich im klassischen Sinne darstelle.

Ferner wurde die Frage aufgeworfen, ob es überhaupt wünschenswert sei, daß eine Institution wie die Gerichtshilfe Opferbetreuung im Bereich von Sexualdelikten betreibe. Die Vorbehalte wurden damit begründet, daß das Eindringen in die Intimsphäre durch die Gerichtshilfe im Zusammenhang mit der Berichterstattung über die Opfer problematisch sei. Hierauf wurde erwidert, daß in der Praxis die meisten Opfer von Sexualdelikten der Betreuung durch die Gerichtshilfe durchaus positiv gegenüberstünden. Den Erfahrungen von Hering zufolge hätten lediglich 2 von 50 betreuten Opfern die Aktivitäten der Gerichtshilfe als unangebracht empfunden.

Vorbehalte hinsichtlich einer Opferbetreuung durch die Gerichtshilfe wurden aber auch mit Datenschutzproblemen begründet. So würden die von der Gerichtshilfe verfaßten Berichte in die Gerichtsakten gelangen, womit der Zugang zu diesen Informationen, z.B. über den Rechtsanwalt des Angeklagten, auch an Dritte gegeben ist, was nicht im Interesse des Opfers sein könne. Es wurde angeregt, die ganze Problematik dadurch zu lösen, daß die Gerichtshilfe weniger eine Opferbetreuung mit ausführlicher Berichterstattung betreiben, sondern vielmehr eine Beraterfunktion übernehmen solle, die dem Opfer die Möglichkeit biete, seine Interessen bzw. Probleme mit Hilfe kompetenter Institutionen zu vertreten bzw. zu lösen (z.B. Beratungsstellen, Nebenklage).

Was die besondere Betreuung von Opfern von Sexualdelikten durch die Gerichtshilfe anbelangt, wurde betont, daß diese äußerst vorsichtig und zurückhaltend geschehen müsse und unübersehbar darauf hinzuweisen sei, daß die Inanspruchnahme einer wie auch immer gearteten Betreuung durch die Gerichtshilfe freiwillig sei.

Abschließend wurde seitens der Gerichtshilfe betont, daß diese sich in erster Linie als Mittler zwischen den am Verfahren Beteiligten verstehe, mit dem Ziel, eine für alle Seiten akzeptable Erledigung des Verfahrens zu ermöglichen. Ob für diese Bemühungen der Ausdruck Täter-Opfer-Ausgleich der passende sei, sei für die Gerichtshilfe nur von sekundärer Bedeutung.

Insgesamt wurde in den Diskussionen auf die große Bedeutung der Entwicklung von Modellen für einen Täter-Opfer-Ausgleich hingewiesen. Betont wurde allerdings zu Recht, daß dies selbstverständlich nur bei bestimmten Delikten möglich sei.

IV.

Verzeichnigs der Autoren, Register

Autorenverzeichnis

Albrecht, Hans-Jörg, Dr. jur., Max-Planck-Institut für ausländisches und internationales Strafrecht, Günterstalstraße 73, 7800 Freiburg.

Beckers, Christine, Dipl. Psych., JVA Meppen, Grünfeldstraße 1, 4470 Meppen.

Beckers, Dieter, Sozialarbeiter, Emslagestraße 51B, 4470 Meppen/Rühle.

Beckmann, Hermann, Gerichtshelfer, Holunderstraße 13, 4370 Marl.

Berckhauer, Friedhelm, Dr. jur., Referatsgruppe "Planung, Forschung, Soziale Dienste" im Niedersächsischen Ministerium der Justiz, Hohenzollernstraße 53, 3000 Hannover 1.

Bietsch, Erika, Dipl. Soz., Kriminologisches Forschungsinstitut Niedersachsen e.V. (KFN), Leisewitzstraße 41, 3000 Hannover 1.

Blath, Richard, Dr. rer. pol., Bundesministerium der Justiz, Heinemannstraße 6, 5300 Bonn 2.

Blau, Günter, Prof. Dr., Ruhr-Universität Bochum, Universitätsstraße 150, 4630 Bochum 1.

Bockwoldt, Renate, Dr. jur., Ossenmoorgraben 3, 2000 Norderstedt.

Böhm, Alexander, Prof. Dr., Johannes-Gutenberg-Universität, Saarstraße 21, 6500 Mainz.

Hauber, Albert, R., Dr. phil., Kriminologisches Institut, Reichsuniversität Leiden, Gavenmarkt 1a, Leiden 2311 PS, Holland.

Hering, Eike, Jurist, Universität Hamburg, Seminar für Jugendrecht und Jugendhilfe, Schlüterstraße 28, 2000 Hamburg 13.

Hering, Rainer-Dieter, Gerichtshelfer, Osterbergstraße, 7400 Tübingen.

Hesener, Bernhard, Dipl. Psych., Kriminologisches Forschungsinstitut Niedersachsen e.V. (KFN), Leisewitzstraße 41, 3000 Hannover 1.

Hilse, Jürgen, Dipl. Psych., Kriminologisches Forschungsinstitut Niedersachsen e.V. (KFN), Leisewitzstraße 41, 3000 Hannover 1.

Jacobsen, H.-Folke, Dipl. Sozialwirt, Kriminologisches Forschungsinstitut Niedersachsen e.V. (KFN), Leisewitzstraße 41, 3000 Hannover 1.

Kirchhoff, Gerd F., Prof. Dr., Fachhochschule Niederrhein,
Fachbereich Sozialwesen, Richard-Wagner-Straße 101,
4050 Mönchengladbach 1.

Kury, Helmut, Dr. phil., Dipl. Psych., Kriminologisches
Forschungsinstitut Niedersachsen e.V. (KFN), Leisewitzstraße 41, 3000 Hannover 1.

Lahti, Raimo, Prof. Dr., Universität Helsinki, Institut für
Straf- und Prozeßrecht, Hallituskatu 11-13, SF-00100
Helsinki 10.

Lerchenmüller, Hedwig, Dipl. Päd., Kriminologisches Forschungsinstitut Niedersachsen e.V. (KFN), Leisewitzstraße 41, 3000 Hannover 1.

Marks, Erich, Dipl. Päd., Deutsche Bewährungshilfe e.V.,
Friedrich-Ebert-Straße 11b, 5300 Bonn 2.

McClintock, F.H., Prof. Dr., Department of Criminology, Old
College, South Bridge, Edinburgh EH8 9YL, United
Kingdom.

Quensel, Stephan, Prof. Dr., Universität Bremen, Post-
fach 330 440, 2800 Bremen 33.

Retzmann, Edith, Dipl. Psych., Kriminologisches Forschungsinstitut Niedersachsen e.V. (KFN), Leisewitzstraße 41,
3000 Hannover 1.

Rosner, Anton, Dipl. Psych., Max-Planck-Institut für ausländisches und internationales Strafrecht, Günterstalstraße 73, 7800 Freiburg.

Sessar, Klaus, Prof. Dr., Universität Hamburg, Seminar für
Jugendrecht und Jugendhilfe, Schlüterstraße 28,
2000 Hamburg 13.

Wohlgemuth, Rüdiger, Dipl. Psych., Justizvollzugsanstalt
Lingen, Kaiserstraße 5, 4450 Lingen (Ems).

Zimmermann, Eva, Juristin, Kriminologisches Forschungsinstitut Niedersachsen e.V. (KFN), Leisewitzstraße 41, 3000
Hannover 1.

PERSONENREGISTER

Abel, R.L. 337, 339
Ahrens, W. 338
Albert, H. 103, 107
Albrecht, G. 65f., 69
Albrecht, H.-J. 16, 141ff.
Albrecht, P.A. 67, 69, 320,
    325, 337f.
Altmann, D. 306
Altmann, N. 306
Amelung, K. 337
Andenaes, J. 191, 203, 211,
    218
Andriessen 345
Angeli, S. 354, 368
Anttila, I. 166, 191, 202,
    205ff., 214, 216ff.
Arbab, M.A. 337
Aspy, D. 260, 276
Avenarius, H. 139

Badura, B. 51, 69
Bäuerle, S. 276
Bandura, A. 257, 276
Barnes, J.H. 276
Basaglia, F. 44, 59, 63, 65,
    69
Basaglia-Ongaro, F. 44, 59,
    63, 65, 69
Baumann, K.-H. 600
Beavin, J.H. 569
Beccaria, C. 393, 412
Beck, U. 59, 61, 65, 69
Becker, H. 44, 65, 69, 82,
    102f., 107
Beckers, Ch. 34, 67, 73,
    605ff., 617ff., 621
Beckers, D. 34, 605ff.,
    617ff., 621
Beckmann, H. 26, 374, 412,
    417ff.
Beddies, H. 66, 69
Behr, C. 65, 69
Beijer, G.G. 241, 254
Benders, R. 339
Bentham 66
Berckhauer, F. 9, 15, 38,
    65, 76, 129ff., 163, 168,
    529, 532, 603
Berger, P. 102, 107
Bernat de Celis, J. 331
Berner, W. 531f.
Biener, R. 55, 69, 530, 532
Bierbrauer, G. 339

Bietsch, E. 10, 30, 495ff.,
    550, 559, 561, 564
Bietz, H. 339, 473, 491
Birkmeyer, K. von 44, 69
Bishop, N. 163, 168, 218
Blankenburg, E. 65f., 70, 331f.,
    337, 397, 410, 412
Blass-Wilhelms, W. 104f., 107
Blath, R. 13, 66, 77ff., 104,
    107, 111
Blau, G. 22, 311ff.
Block, A. 68, 70
Bloom, M. 283, 305
Blumstein, A. 167
Bockwold, R. 10, 32, 38, 497,
    529f., 532, 549ff.
Böhm, A. 32, 575ff.
Böllinger, L. 65, 67, 70
Bönitz, D. 472
Bohnsack, R. 228, 237
Bondeson, V. 202
Bongartz-Quack, E. 350, 356,
    368, 410, 412
Borchert, G. 139
Boruch, R.F. 156, 168
Brandtstädter, J. 237, 284,
    305
Brauneck, A.E. 60, 65, 70
Breland, M. 603
Brosch, D. 592, 603
Brumlik, H. 65, 70
Brunner, R. 380, 389, 393,
    410, 412
Brusten, M. 44, 65ff., 70, 102,
    107, 138, 536f., 546, 570
Buchholz, E. 337
Büllesbach, A. 139
Buikhuisen, W. 240, 254
Bulmer, M. 123
Busch, M. 106f., 327, 338f.,
    472f.

Campbell, A. 167
Campbell, D.T. 145, 166
Camus, J. 67, 70
Caplan, N. 50, 66, 70
Cats, P.F. 256, 276
Chambliss, W. 68, 70
Chance, P.L. 355
Chiricos, T.G. 168
Christ-Bode, U. 569
Christiansen, K.O. 202, 205,
    209, 219

Christie, N. 61, 68, 70, 99,
   102, 106f., 191, 202,
   212f., 216, 218
Clark, R.V.G. 276
Cohen, J. 167
Cook, P.J. 167
Cosmo, C.-J. 216
Cottrell, L.S. 307
Cremer-Schäfer, H. 530, 533
Cressey, D.R. 154, 167
Croft, J. 168
Cullen, F.T. 166
Cullen, J.B. 166

Dahrendorf 65, 70
Dallinger, W. 393, 412
Damaska, M. 336
Demondon, S.A. 337
Diamond, A. 56, 71
Dodge, K.A. 304, 306
Dölling, D. 472f.
Dohrn, M. 366, 368
Donahoe, S.P.Jr. 305
Dreher, E. 402, 412
Dreitzel 65
Dünkel, F. 106f., 167, 570,
   575, 583ff., 587ff.,
   600, 618, 623
Dürkop 65
Dullemen, H. van 245, 250,
   254, 256, 261, 276
Durkheim, E. 60, 207

Eckert, H.-U. 473
Einsele, H. 534
Eisenberg, U. 374, 377,
   393, 412
Eisenhardt, T. 602
Elias, N. 104, 107
Elting, A. 70
Eser, A. 65, 71
Ewing, B.G. 151, 166f.
Eye, A. von 237, 284, 305
Eyrich 65

Falke, J. 339
Feest, J. 603
Feltes, Th. 65, 343, 368, 372,
   379f., 412
Fenn, R. 102, 106f.
Feyerabend, P. 57, 66, 71,
   103, 107
Fienberg, S.E. 168
Figlio, R.M. 167
Fischer, H. 490
Fischer, S. 237

Floerecke, P. 55, 69
Foucault, M. 46, 51, 64, 66ff.,
   71
Freedman, B.J. 304f.
Friday, P.C. 108
Frisch, W. 569
Frommann, A. 557, 569

Gaffney, L.R. 287, 304f.
Galtung 118f.
Geiger, T. 102, 108
George, B.J. 336
Gibbons, D.C. 167
Giesbrecht, N. 218
Giesen, B. 49, 54, 71
Giller, H. 168
Gipser, G. 65, 71
Gith, E. 530, 532
Gladstone, F.J. 259, 276
Göppinger, H. 257, 276, 452
Goffman 65
Golden, K.M. 166
Goldstein, A.P. 217
Gottwald, W. 339
Gouldner, A. 44, 65, 71
Graven, Ph. 602
Greenberg, D. 47, 55, 67, 71f.,
   320
Greve, V. 191
Grunsky 339

Habermas, J. 83, 102f., 108
Haferkamp, H. 166
Hager, B. 535, 546
Haisch, V. 285, 305
Hamm 338
Hannon, J.R. 306
Hardrath, K. 336
Hartmann, G. 106f.
Hartmann, H. 65, 71, 74
Hartmann, M. 61, 65, 71
Hartung, G. 529, 532
Hassemer, W. 65, 71, 339, 473
Hauber, A. 19, 229, 238ff.,
   255ff., 298ff.
Hay, D. 67, 71
Hazel, J.S. 306
Hegenbarth, R. 337
Heinz, W. 168, 374, 378ff.,
   387, 413, 471, 568
Heiskanen, M. 215
Henderson, H. 304f.
Hering, E. 24, 371ff., 386,
   409, 414
Hering, R.-D. 27, 433ff.
Hering, S. 102

Hermann 312
Hermann, D. 38
Hermann, D. 530, 533
Herriger, N. 67, 72
Herrmann, H.-J. 336, 381,
    387, 413
Hersen, M. 304, 306
Hesener, B. 10, 30, 495ff.,
    544, 546, 550, 559f.
Hilse, J. 10, 28, 374,
    379f., 413, 453ff., 490f.
Hirano, R. 315, 336
Hirsch, A. von 102, 110, 336
Hirschi, T. 103, 108, 258,
    276
Hobe, K. 104, 107
Hofer, H. von 168, 181, 215,
    218
Hopf 339
Howard, J. 582, 601
Hucke, J. 104, 108
Hugger, W. 104, 108
Hulsman, L. 68, 331
Humphries, D. 55, 71f.
Hurwitz, S. 202, 205, 209,
    217
Hyman 337

Innerhofer, P. 225, 237
Ittel, W. 602
Jaakkola, R. 191
Jackson, D.D. 569
Jacobsen, F. 31, 535ff., 550,
    559, 565f.
Jäger, H. 65, 72
Janssen, H. 343, 345ff.,
    349ff., 353, 357, 368,
    372, 375, 412f., 600
Jescheck 103ff., 108
Johnson, E.H. 216
Jongman, R.W. 240, 254, 256,
    276
Jouhy, E. 569
Junger-Tas, J. 276

Kaiser, G. 10, 38, 46, 53,
    61, 65f., 72, 91, 96, 102,
    105, 108, 138, 554, 568f.,
    601ff.
Kardoff, E. 75
Katkin 337
Kaufmann, H. 65, 72

Kerner, H.-J. 10, 38, 57, 67,
    72, 104, 108, 237, 276,
    343f., 349f., 354, 356,
    358f., 368f., 375, 377,
    394, 398, 412ff., 449, 452,
    471ff., 490, 529, 532f.,
    546, 569f., 600, 603
Kirchhoff, G.F. 23, 327, 336,
    338, 341ff., 372, 374,
    396, 410, 413
Klein-Schonnefeld, S. 65, 71
Knepper, H. 66, 69
Knieschewski, E. 531, 533
Knudten, R. 281, 285, 305
Kober, E.-M. 536f., 546
Köck, H.F. 102, 108
Koenen, E. 75
König, R. 104, 109, 415
Komulainen, L. 215
Koop, G. 369, 377, 415
Kos-Rabcerecz-Zubkuwski 312,
    337
Kotzur, S. 227, 237, 294, 305
Kramer 337
Krebs, A. 582, 601
Kreissl, R. 65, 72
Krisberg, B. 66, 72
Krüger, M. 47, 72
Kube, E. 276
Kühl, K.-P. 534, 547
Kühlhorn, E. 217
Kühling, P. 602f.
Kühnel, P. 535, 546
Kühnel, R. 490
Kunz, K. 67, 73, 338
Kury, H. 9ff., 35, 67, 73, 166,
    228, 237, 276f., 305, 312,
    336, 338, 368f., 412ff.,
    471ff., 490, 529, 532f.,
    534, 546, 568ff.

Lacassagne, J.A. 257, 276
Lackner, K. 393, 412, 570
Lättilä, R. 215
Lahti, R. 17, 169ff.
Lamneck, S. 67, 69
Landman, R. 276
Leavey, J. 337
Leferenz, H. 90
Leirer, H. 530, 533
Leithäuser, E. 377, 413
Lemert, E.M. 473
Lenke, L. 168, 216

Lerchenmüller, H. 10, 19,
    38, 223ff., 263, 276,
    296ff., 305, 312, 336,
    338, 368, 471f.
Liazos, A. 45, 73
Lipton, D. 102, 105, 109
Lösel, F. 231, 237, 279,
    284, 288, 305f.
Löwe-Rosenberg 399, 414
Lorenzen, P. 103, 109
Lucas, H. 276
Luckmann, T. 102, 107
Lüderssen, K. 71, 73, 339,
    473
Luhmann, N. 104, 109
Lukas, W. 600
Lundman 554, 569

Maassen, M. 54, 73
Macrae, D. 123
Maelicke, B. 534
Maetze, W. 600
Maguire, A. 306
Mannheim, K. 48, 73
Marks, E. 29, 374, 414,
    475ff.
Martin, E. 276
Martinson, R. 102, 105, 109,
    146, 167
Marx, G. 60, 73
Matthes, J. 105, 109
Mathiesen, T. 57, 68, 73,
    212, 218
Matsuo, K. 338
Matthijs, K. 244, 254
Matza, D. 398, 415
McClintock, T.H. 14, 111ff.
McFall, R.M. 287, 304f.
McSweeny, A.J. 168
Meier, P. 586, 602
Mey, H.-G. 600
Mikhailov, A.J. 337
Mikinovic, S. 53, 73
Miller, J. 319, 337
Minor, W. 167
Mitzlaff, S. 53, 73
Mohtar, A. 337
Momberg, R. 10, 38, 410, 414
Moor, L.G. 276
Moser, T. 46, 73
Müller, S. 65, 73
Müller-Dietz, H. 529, 533,
    568ff., 582, 602

Najin, D. 167

Naucke, W. 65, 71, 73, 83,
    102f., 109, 339, 373, 414,
    473
Newman, O. 257, 277
Niemeyer 65
Nijboer, J. 276
Nimmer, R.T. 337
Niskanen, T. 215
Noll, P. 602
Nowotny, H. 45, 74

Oelschlägel, D. 102
Österberg, E. 218
Offe, C. 54, 74, 136, 139
Ollendick, T.H. 304, 306
Opp, K.-D. 603
Orrick, D. 216
Otto, G. 529, 533
Oving, W. 240, 254

Papendorf, K. 166
Parker, H. 168
Paternoster, R. 168
Peizer, S.B. 306
Persson, L.G.W. 215
Peters, D. 46, 74
Peters, H. 530, 533
Petersilia, J. 167
Pfeiffer, Ch. 327f., 372f.,
    410, 414, 473, 482, 486
Pick, A. 306
Pilgram, A. 46, 67, 74, 529,
    533
Platt, J.J. 304, 306
Pohl-Laukamp, D. 327, 376,
    382, 386, 392, 409, 414,
    427
Polk, K. 281, 285, 306
Pommerehne, W. 61, 74
Pomper, G. 473
Pontow, Ch. 237
Popitz, H. 56, 60, 74
Popper, K. 123
Przybilla, K. 68, 74
Pulkkinen, L. 217
Puttkammer, I. 531, 534

Quadt, Th. 535, 546
Quensel, E. 600
Quensel, S. 12, 43ff., 111,
    121, 125, 600
Quinney, R. 67, 74, 105, 109
Quinsey, V.L. 304, 306

Radke, W. 363, 369, 410, 414

Radnitzky, G. 102f., 109
Ranke, L. von 549
Rasch, W. 529, 534, 543, 547
Rasehorn, Th. 339
Rautenberg, E.G. 389, 400,
    407, 414
Rehbinder 85, 103
Renschler-Delcker, U. 10, 39,
    435, 452
Retzmann, E, 19, 223ff.,
    294f., 305
Richard, B.A. 304, 306
Richerzhagen 66
Riedmüller, B. 67, 75
Riehle, E. 105, 109
Riess, P. 104, 109, 338
Roebuck, F. 260, 276
Röhl, K.A. 339
Röhl, S. 339
Rössner, D. 436, 452
Rokumoto, K. 338
Romaseo, A. 307
Rosenmayr, L. 51, 75
Rosenthal, L. 305
Rosner, A. 21, 229, 278ff.,
    575, 583ff., 587ff., 600,
    618 623
Rotenberg, M. 304, 306
Roth, J. 531
Rotter, F. 337
Rotthaus, K.-P. 600
Rüther, W. 102, 105, 473
Ruscheweyh, H. 373, 414
Ruß, W. 570
Rustigan, M. 66, 75

Sack, F. 38, 66, 73, 75,
    415, 473
Saltzman, L. 168
Sarnecki, J. 217
Satre, J.P. 65
Scarpitti 554, 569
Scull 320
Scura, W. 306
Sechrest, L. 166
Segall, M.H. 217
Sellin, Th. 167
Selman, R.L. 304, 306
Sessar, K. 24, 237, 276,
    368f., 371ff., 471ff.,
    490, 532f., 546, 569f.
Shelden, J. 306
Shermen, J.A. 306
Shure, M.B. 285f., 307
Siegmann, V. 237
Sieverts, R. 217

Simitis 339
Sirén, R. 215
Skirbeck, S. 191
Smith, M. 336
So Du-bin Im 338
Soderstrom, E.J. 168
Spiess, G. 102, 106f., 168,
    374f., 378ff., 387, 413,
    415, 471, 569f., 601
Spittler, G. 149, 167, 337
Spivack, G. 285f., 306f.
Springer, W. 105, 110
Sudarto, H. 337
Sullivan, D. 67, 76
Svensson, B. 217
Sveri, K. 192, 202, 215f.
Sykes, G.M. 398, 415

Schafer, W.E. 281, 285, 306
Schaffstein, F. 399, 415,
    534
Schalk, K. 374, 379f., 413,
    472f., 490f.
Scheerer, S. 59, 75, 102,
    105, 109, 122
Schellhoss, H. 38
Scheu, U. 66, 75
Scheuner, U. 102, 109
Schlothauer 335
Schlundt, D.G. 305
Schmidbauer, W. 75, 555, 565,
    569f.
Schmidt, B. 534, 547
Schmitt, G. 603
Schneider, H.J. 192, 215, 217,
    318, 601
Schöch, H. 335, 400, 415,
    434f., 452, 473, 603
Schönke, A. 399, 415
Schreiber, H.-L. 472
Schröder-Stree, H. 399, 415
Schüler-Springorum, H. 337,
    490
Schünemann, H.-W. 529, 534
Schultz, H. 602
Schulz, E.M. 536f., 547, 570
Schulz, W. 337
Schumacher 304
Schumann, K. 65, 66, 71, 75
Schur, E.M. 75, 281, 306
Schuster, L. 276
Schwemmer, O. 103, 109
Schwind, H.-D. 46, 67, 75,
    131, 532, 601ff.

Staeter, J. 378f., 415, 480f.,
    490

Stallberg, F.W. 58, 76, 105, 110
Stallberg, R. 58, 76, 105, 110
Stanley, J.C. 145, 166
Steenstra, S. 276
Steffen, W. 138f., 397, 410, 412
Stein, W. 535, 547
Steinert, H. 60, 67f., 74, 76, 92, 98, 105f., 110
Steinhilper, G. 65, 76, 138, 532, 603
Steinmetz, C.D. 168
Störzer, H.W. 96, 102, 105, 110, 139
Stratenwerth, G. 582, 602
Strempel, D. 338
Streng, F. 105, 110, 256, 277, 452
Sturz, H. 336

Tausch, R. 260, 277
Taylor, I. 46, 76
Terdenge, F. 534
Teubner 339
Tham, H. 218
Thorsson, U. 168
Tifft, L. 67, 76
Törnudd, P. 172, 174, 178, 191, 202, 205ff., 214ff.
Topitsch, E. 102f., 107, 110
Treiber, H. 47, 67, 76
Tröndle, H. 402, 412
Trotha, T. von 51, 65, 67, 76, 98, 102, 106, 110

Van Diyk, J.M. 168
Varney, G.W. 306
Verkko, V. 208, 217
Viet, F. 472, 482, 491
Voss, M. 166, 343, 372, 412, 471

Wachowius, W. 338, 342, 368
Waldo, G.P. 168
Walter, M. 67, 76, 338, 343, 358, 361, 369, 377, 415, 471, 473
Waltos, St. 337
Watzlawick, P. 554, 568f.
Weber, M. 44, 76
Wegener, H. 530f., 534
Weigend, Th. 336ff.
Weiss, C. 127
Wendisch 399

Wetzel, H. 285, 305
Westmeyer, H. 166
Wheeler, S. 282f., 307
White, S.O. 166
Wilks, J. 102, 105, 109
Wilson, J.Q. 166
Winter, G. 534
Winter, W. 530, 534
Wohlgemuth, R. 35, 617
Wolf, P. 216
Wolff, J. 63, 76
Wolfgang, M.E. 157, 167f.
Wollmann, H. 104, 108
Würtenberger, Th. 582, 602

Ylikangas, H. 208, 217
Young, J. 49, 76

Zacher 339
Zielke, M. 530, 534
Zimmermann, E. 30, 495ff., 550, 559, 561, 564, 568
Zipf, H. 103f., 110
Zimbardo, P.G. 260, 277

SACHREGISTER

Abgänger 584
Abgangszahlen 584
Abgrenzungsprobleme 289
Abhängige 539
Abhängigkeit, finanzielle
    521
Abolitionismus 78
Abschiebehaft 584, 594
Abstraktionsniveau 300
Abweichung 56, 153, 295,
    315
Adaption 323
Adoleszenz 239
Äquivalenzregeln 153
Ätiologie 287
Aggression 259, 261
Aggressivität 251, 299
Aktenanalyse 46, 383, 525
Aktionsbedürfnis 468
- forschung 63, 212
Aktivität 266, 270, 272
-, kriminelle 256f.
-, vandalistische 247
Akzeptanz 267ff.
Alkoholabhängige 317
- forschung 201
- gesetzgebung, Reformie-
    rung der 175
- konsum 175, 180, 214
- problematik 608
Alltagsprobleme 282
- theorien, kriminologische
    482
Alternative 62, 164, 212
Alternativprogramm 375
Altersgruppen 580
Altruismus 555f.
Analyse 54, 59, 149, 151,
    162, 207, 213, 386,
    389f., 446
-, rechtssoziologische 327
-, sozialwissenschaftliche 52
-, vergleichende 144, 146,
    156
-, wissenschaftliche 129
Analyse von Problemsitua-
    tionen 274
Anfälligkeit, kriminelle 173
Angaben, statistische 596
Angebot, außerunterricht-
    liches 282
Angebotslösung 456
Angehörige 577

Angeklagte 334, 446f.
Angstniveau 300
Anhörungsverfahren 54
Anklage 317, 321, 373f., 378f.
    380ff., 434, 480
- erhebung 434
- fähigkeit 398
- politik 380, 392
- quote 375, 378, 380
- schrift 458
- wahrscheinlichkeit 398
Annahme 148
-, vortheoretische 82, 84
Anonymität 260
Ansatz 261f.
-, interaktionistischer 258
-, kriminologischer 83
-, pädagogischer 274
-, personalbezogener 257
-, theoretischer 257
-, wissenschaftstheoretischer
    84
Anschlußhaft 584
Anstalt 61, 196, 576ff., 620
-, sozialtherapeutische 46, 50
    54f., 591
- der Sicherungsverwahrung 566
Anstaltsklima 617f., 621
- psychologe 46
Anteilnahme, menschliche 555
Anti-Kritik 344
Antizipationsfähigkeit 296
Antragsdelikte 399f.
Anwaltschaft 329
Anzeigebereitschaft der Bevöl-
    kerung 175
Anzeige 372
- verhalten 580
- vorgang 443
Apathie 289
Arbeit, präventive 290
Arbeiter 46
Arbeitsanfall 346
- atmosphäre 292
- auflage 327, 515
- aufträge 272
- beziehung 496f., 511ff., 537
    540ff., 559f.
- - zum Bewährungshelfer 510f
- -, Gestaltung der 510ff.
- dauer 564
- form 270
- -, schülerzentrierte 268

Arbeitsgerichtsbarkeit 329
- gruppe 477, 481ff.
- kraft 171
- leistung 374, 421
- losigkeit 52, 57, 171,
   210, 318, 320
- methode 113, 264, 267ff.
- motivation 258
- platzvermittlung 435
- praxis 436
- teilung, interne 480
- -, respektive 489
- unfall 180
- verhalten 433
- verhältnis 445
- weisung 342, 359, 458,
   479, 484
. - welt 262
Argumente, generalpräventive
   591
-, normativ-wertende 88
Armutskriminalität 53
Aspekt, kriminalpolitischer
   381
Auffällige 288
-, jugendliche 375
-, psychisch 566
Auffälligkeit 279f., 292,
   294f.
-, kriminelle 173
-, psycho-somatische 445
-, soziale 375
-, strafrechtliche 469
Auffälligkeitsraten 290
Aufgabe, generalpräventive
   579
Aufgabenanalysen 131
- bereich 439
Aufklärung 580
Aufklärungsprozentsatz der
   Straftaten 198
- ziffer 55
Auflage 317, 321, 324, 334,
   374, 398, 449, 496, 510ff.
   561f.
-, resozialisierende 321
-, richterliche 324
Aufnahmekriterien 362
Aufsicht 518
Aufsichtspflicht 259
Ausbildungssituation 366
- wege, alternative 282
Ausgang 590, 594, 618
Ausgleich 451
-, verfahrensorientierter
   437f.

Ausgleich zwischen Täter und
   Opfer 485, 488
Aushandlungsprozeß 517
Ausländer 584, 593f.
Aussage 81f.
-, ideologische 80
-, normative 82
Auswahlkriterien, Relevanz der
   158
Ausweisungsverfügung, vollzieh-
   bare 594
Ausweitung formeller Sozialkon-
   trolle 145
Autonomie 282
Aversionslernen 467

Bagatellbereich 489
- delikt 380, 418, 476
- eigentumskriminalität 150
- kriminalität 375f.
- tat 386
- täter 375
- verfahren 482.
Basisdaten 363, 366f.
- untersuchung 348, 356, 365
Beamtendelikt 596
Beauftragungsquote 434
Bedenken, rechtsstaatliche 424
Bedeutung, jugendstrafrecht-
   liche 385
Bedingung 261
-, delinquenzfördernde 295
Bedürfnis 247, 261
Beeinträchtigung, psychische
   437
-, soziale 437
Befindlichkeit, psychische 540
Beförderungserschleichung 390
Befragung 189, 298f.
-, schriftliche 264
Befragungsuntersuchung 190
Befund, kritisch-radikaler 46
Begleitung, therapeutische 285
Begleitforschung 383, 486ff.
- maßnahme, sozialpädagogische
   379
Begründung, theoretiche 274
Behandlung 143, 247, 288, 304,
   315, 563
Behandlungsbedürfnis 591
- form 144, 156, 209
- forschung 142ff.
- gründe 590, 597
- ideologie 78
- konzept 99

Behandlungsmaßnahme 156,
    592ff., 605ff., 621
- -, medizinisch-psychologi-
    sche 543
- mittel 590
- modell 115, 164, 598
- programm 144, 250, 315,
    592
- prozeß 591
- qualität 592
- vollzug 592
- zentrum 567
- ziel 590
Behörden 418f.
- forschung 205
Belastung 522, 580, 587
-, kriminelle 386
Belastungen im Ver-
    fahren 439
Belastungsgrößen 580
Belegungskapazität 99
Beleidigungsdelikte 403
Benachteiligte, sozial 599
Beobachtung 63, 210, 266ff.
-, teilnehmende 159, 477
Beobachtungszeitraum 422
Beratung 592
Beratungsdienste 282
- gespräche 421
- stelle 513
- -, psychosoziale 225
- zentrum 567
Bereich, familiärer 287
-, schulischer 281
Bereicherungstat 597
Berichtspflicht 501
Berührungsängste 428
Berufsausbildung 241
- verständnis 480
Beschäftigungsverhältnis
    595f.
Beschaffungskriminalität
    61
Beschuldigtenrechte
    (waiving) 321
Beschuldigter 314ff., 435
Bestrafung 196, 315ff.,
    362
-, strenge 250, 597
Besuchserlaubnis 593
Beteiligte am Strafver-
    fahren 61
Betreuung 320
-, ambulante 454
-, langfristige 294

Betreuung, persönliche 597
-, sozialpädagogische 477, 524
Betreuungsangebot 456
- arbeit 525, 553
- dauer 460
- fälle 459
- form 485
- gespräche 426
- gruppe 454ff., 469f.
- inhalte, sozialpädagogische
    478
- intensität 483
- maßnahme 483ff.
- -, ambulante 454
- verhältnis 511
- weisung 327, 359, 456ff.,
    483
- zeitraum 460, 467
Betroffener 45ff.
Betroffenenforschung 47
- perspektive 45
Betrug 596
Beugearrest 461
Beurlaubung 613ff.
Beurteilungsmuster 508
- spielraum 590
Bevölkerung 580f.
-, Anzeigebereitschaft der 175
Bevölkerungspyramide 580
- wachstum 580
Bewährung 176ff., 376, 496ff.,
    578, 581ff.
Bewährungsauflagen 335
- aufsicht 541
- beschluß 510, 515ff.
- helfer 325, 448, 496ff.,
    535ff., 554ff.
Bewährungshilfe 59, 150, 437,
    496ff., 535ff., 550ff., 619
- forschung 496, 554
- interaktion 560
- klienten 561ff., 565
- maßnahmen 554
- probanden 497, 541
- prozeß 510f., 518, 559ff.
- verhältnis 498
- verwaltung 162f.
Bewährungsproband 150, 554
- prozeß 510, 519
- unterstellung 496ff., 541f.,
    561f., 619
- verfahren 456, 507
- zeit 518, 586
- -, Gestaltung der 561
Bewegung, soziale 47

Bewußtseinsstruktur 52ff.
- veränderung 57
Beziehungen 258ff., 497
-, soziale 86
Beziehungslosigkeit 260
- probleme 252
Bezugsgruppe 56, 232
- person 258, 287, 459,
    591f.
Black-Box-Modell 145
blue model 119ff.
Braunschweiger Modell
    477ff.
Briefverkehr 593
Brücke-Projekte 345, 372f.
Bundesgerichtshof 590
Bundesverfassungsgericht
    593
Bundeszentralregister 596

Caseworker 353
common-law-Tradition 314
community-treatment 318
Controlology 123, 127
Curriculum 298ff.
Curriculumsphase 302

Daten 45, 146, 157ff., 179,
    193, 352, 386ff., 445,
    498
-, biographische 458
-, statistische 426
- der Aktenanalyse 525
- der polizeilichen Krimi-
    nalstatistiken 256
- erhebung 94, 141, 615f.
- material 157, 354
- schutz 133, 160, 366
- - gesetzgebung 160, 164
- - maßnahmen 160
- - vorschriften 159
- statistik 426
Dauerarrest 367
Dekriminalisierung 118
Delikt 52, 176ff., 241ff.,
    342, 361ff., 386, 438,
    442, 528
-, gemeingefährliche 539
-, polizeilich registrierte
    182, 383
-, schwere 580
-, tolerierbares 247
Deliktsart 402, 408
- bereich 256, 304, 373, 389
- gruppen 153
- klassifikation, juristische 288

Deliktsstruktur 390, 539
- verteilung 595
- zahl 181
Delinquent 286, 304, 468
-, jugendlicher 281, 287, 324
Delinquenz 231, 274, 279ff.,
    346
- belastetheit 289
- formen 287
- gefährdung 225, 294
- karriere 288
Delinquenzprävention 224, 230,
    261, 273f., 279ff.
-, primäre 287, 290
-, schulische 289
- sprojekt 289, 293
Delinquenzraten 290f., 297
- risiko 292
- - verminderung 294
- thema 302
- typus 175f., 189, 287
- vermeidung 283
- vorbeugung 280, 283
Deregulation 330, 333
Design, experimentelles 156f.
Destruktivität 299
Determinanten kriminellen Ver-
    haltens 144, 151
Diebstahl 176, 402
Diebstahlsdelikt 179f., 189,
    198, 241
- kriminalität 175, 189
Dienste, psychologische 320
Differenzen, schulspezifische
    267
Differenzierung 206
- der Trainingsmethoden 271
Diskriminierung 153
Diskussion, kriminalpolitische
    598
Disziplinarmaßnahmen 588, 622
Diversifikation 55
Diversion 115f., 118, 157, 312ff
    343ff., 372ff., 455, 482
-, intervenierende 318, 324
-, justizinterne 375, 396
-, kriminalpolitische 312
-, radikale 332
Diversionsaspekt 456
- bemühungen 345
- bewegung 344
- definition 346
- diskussion 325, 330
- etikett 361
- forschung 115, 148
- gedanke 464, 469

Diversionsgesichtspunkt 374
- kritik 348
- maßnahme 366
- modell 382
- möglichkeit 330, 334
- programm 115, 313, 317ff.,
   342, 344, 350, 372,
   375ff.
- projekt 145, 319, 345,
   407
- situation 382
- strategie 376ff., 402,
   407
- zug 343
Drogenabhängige 50, 317
- arbeit, polizeiliche 54
- delikte 383
- gebrauch 289
- gefährdete 593
- konsum 60, 326
- politik 50
- problematik 54, 608
- straftat 326
Druck, politischer 589
Dunkelfelderhebung 155
- forschung 331
- studie 240, 256
Dunkelziffer 60, 180
- der Kriminalität 179

Effekt, sanktionserwei-
   ternder 352
-, sozialpädagogischer 373
Effektivität 353, 557f.
Effizienzdimension 145f.
- forschung 145
- nachweis 290
Eigeninteresse 353
Eigentumsdelikte 179ff.,
   403, 426, 538
Einbruchsdiebstahl 402
Einbußen, materielle 437
Einflußbereich, schulischer
   293
Einflußgröße, forschungs-
   externe 141
Einflußnahme, kriminalpolitische 58
Eingliederung, soziale 595,
   598
Eingriffs, Intensivierung
   des 349f.
- dynamik 357
- intensität 365, 562
- -, strafrechtliche 349
- lösung 456

Eingriffsverdichtung 351
Einkommen 48
Einkommensverhältnisse 434
Einrichtung, staatliche 129
Einsatz, sozialpädagogischer
   374f.
Einsperren 576
Einstellung 147, 258, 345, 374,
   378ff., 385, 387ff.
-, folgenlose 357, 398
-, staatsanwaltliche 374, 379,
   394
Einstellungsmuster 243, 247
- quote 374, 378
- wandel 291
Einstiegsphase 301
Einzelbetreuung 483
- fallarbeit 295
- gespräche 375, 609ff.
- untersuchung 582
Eltern 224ff., 246, 258ff.,
   288ff., 351ff., 361, 363,
   366, 382, 417, 420ff., 445
-, Probleme mit den 239
- haus 289, 292, 296, 444f.
- kurs 294f. 297
- therapie 227
- training 224ff., 294
- trainingsprogramm 294
Empathie 229, 304, 499
Empfinden, subjektives 418
Entkriminalisierung 87, 373,
   425, 579, 581
Entlassene, hospitalisierte
   544
Entlassung 146, 578, 583ff.,
   588, 590
Entlassungsprognose 588
- rate 594
- vorbereitung 614
Entlastungseffekt 319
Entregelungsstrategie 330
Entschädigung 484
Entscheidungen 54, 334
-, jugendrichterliche 456
-, strafrechtspolitische 88
Entscheidungsfindung 621
- freiheit 563
- gremien 329
- hilfe 478
- -, gerichtliche 435
- kriterium 482
- muster 142
- probleme 144, 151
- prozeß 155
- -, politischer 163

- 656 -

Entscheidungsspielraum 592
Entstigmatisierung 319
Entwicklung 141, 146, 151,
    164, 173, 181, 213, 327,
    330ff.
-, abweichende 225
-, delinquente 224, 295
-, individuelle 146
-, internationale 326
-, optimale 279
-, persönliche 260
-, psychosoziale 260f.
-, wirtschaftliche 176
- sozialer Fähigkeiten 260
Entziehungsanstalten537f.,
    566
- kur 562f.
Erfassung, statistische 588
Erfolgskontrolle 560
Ergebnisse, deskriptive 498
-, kriminologische 63
Erhebungsmethode 264
- zeiträume 290
Erkenntnisbedarf 134
- bedürfnis 133
- fortschritt 79ff., 91,
    94f., 100
- interesse 560
Erkenntnisse 201, 275,
    581f., 593
-, entwicklungspsychologisch
    gesicherte 375
-, jugendkriminologische 381
-, kriminologische 90, 93
-, lerntheoretische 393
-, psychologische 357
-, soziologische 357
-, wissenschaftliche 95
Erklärungsansätze 286
- produkte, staatstragende
    46
- versuche, generalisierende
    575
Erledigungsmuster, alternative
    246
- politik 378
- struktur 387ff., 402
Ermahnung 358
-, richterliche 380
-, staatsanwaltliche 380
Ermahnungsgespräch 394, 407
- termin 353, 357f.
- -, richterlicher 392
- verfahren 478
Ermessensgesichtspunkte,
    generalpräventive 598

Ermessensgesichtspunkte,
    schuldbetonende 598
Ermittlung, polizeiliche 446
Ermittlungsakte 447
- verfahren 435, 439, 442
- -, strafrechtliches 314
Ersatzfreiheitsstrafe 584f.
Erstkontakt 440
Ersttäter 342, 350, 362, 366,
    382, 386, 389f., 407, 422,
    539
-, jugendliche 349, 420
Erwachsene 287, 316, 334, 380,
    433, 587
Erwachsenengerichtshilfe 433
- strafrecht 142, 155, 327,
    334, 380f., 399, 408
- welt 296
Erwartungsangst 418
- sicherheit 86
Erwünschtheit, soziale 244,
    298
Erziehung 361, 465f.
-, Humanisierung der 281
Erziehungsberatung 295
- - sstelle 294
- defizit 393
- fähigkeit 465
- gedanke 455, 464, 470, 481
- kompetenz 231
- konzepte 376
- kurs 97f., 478
- maßnahme 327, 423
- -, staatliche 481
- maßregeln 425f., 428
- register 367
- stil 282
- zweck 393
Erzwingungshaft 150
Ethik-Code 158
Etikettenwechsel 344
Etikettierung 468
- sprozeß 466
Evaluation 88f., 97, 114, 117,
    143ff., 150, 156, 228, 243,
    264f., 271, 273, 275, 284,
    290f., 298, 300, 489, 500
Evaluationsansatz 245
- forschung 143, 145, 156f.
- studien 133
- verfahren 164
Evaluierungsschwierigkeiten
    362
Existenz, materielle 56
- basis 61
- kampf 49

Existenzsicherung 564
expansionist perspective
    117ff.
Experiment 50, 60, 145,
    156f., 270, 319
Experimentalphase 470
ex-post-facto-Analyse 156
Extraversion 274

Fachdienst 609ff., 621
Fähigkeit, pädagogische 261
-, soziale 259f., 287, 295,
    304
Faktor 213
-, delinquenzfördernder 295
Fallbehandlung, richterliche
    398
- zahl 407
Familie 224ff., 247, 289,
    293ff., 361, 525
-, problembelastete 227
Familienanamnese 444
- arbeit 231
- berater 233
- interaktionen 234
- konflikt 619
- väter 595
- verhältnisse 252, 445
- verständnis, patriarcha-
    lisches 592
Förderungskonzept 286
Follow-up-Untersuchung 245
Forschung 45ff., 111ff.,
    141, 154ff., 170ff.,
    203ff., 288, 581, 588,
    593
-, behördeneigene 129
-, empirische 153, 156, 377
-, empirisch-analytische
    84
-, empirisch-kriminologische
    163
-, kriminalpolitische 201
    203
-, kriminologische 47f., 53f.,
    56, 58, 78, 94f., 100,
    111ff., 129, 135, 141ff.,
    199ff., 378, 464, 553f.
-, prognostische 205
-, psychiatrische 160
-, sozialwissenschaftliche
    78, 83f., 158, 160, 162
-, staatliche 49
-, theoriegeleitete 145
-, theorielose 581
-, traditionelle 58

Forschung, wissenschaftliche
    576
Forschungsanstrengungen 63
- betrieb 49
- befund 50
- defizit, kriminologisches
    551
- ergebnis 45, 47, 51ff., 135,
    576f.
- -, kriminologisches 50, 62
- feld 142
- förderung 141
- inhalte 155, 159
- interesse 81, 83, 136f.
- lage 141
- mittel 49
- methoden 81
- objekt 156
- planung 154
- perspektive 163
- praxis 63, 100
- problem 49
- programm, kriminologisches
    143
- projekt 48, 53, 135, 160, 204
    617
- prozeß 82
- rat 200ff.
- schwerpunkte 163
- vorhaben 55, 576, 622
- ziel 155
Fragebogen 522
- daten 522
- erhebung 519
Fragestellung, kriminalpolitische
    56
-, kriminologische 143, 151
Frauenkriminologie 204
Freigängerhäuser 598
Freigang 597
Freiheitsentzug 576
- strafe 50, 53, 150, 196, 198,
    325, 579ff.
- -, durchschnittliche Länge
    der 179
- -, unbedingte 176
- -, vollziehende 580
- - ohne Bewährung 179
- - zur Bewährung 449, 512,
    563
- strafvollzug 577
Freizeitarrest 367
- beschäftigung 593
- verhalten 382
Fremdwahrnehmung 564
Freundeskreis 246

Frustration 259
Führung, schlechte 591
Führungsaufsicht 535ff.,
    559, 565ff.
- sprobanden 536ff., 550
- sstellen 544, 567
Fürsorgeheime 50
- pflicht 439

Gastarbeiter 52, 57
Gefängnisstrafe 57
- system 345
- wesen 196, 200
Gefangenen-Personalakte 588
- population 580
- zahl 179, 580
Geldauflage 512
- buße 150, 359, 385
- strafe 116, 176, 179, 314,
    434
Gemeinde 282f.
- psychiatrie 567
Gemeinlästigkeit 565
- schaden 565
Generalprävention 144, 146f.,
    152, 156f., 164, 211, 381,
    455, 464, 579ff., 597f.
-, positive 147, 381, 400
Gericht 59, 115, 149, 283,
    314, 319ff., 356, 367,
    373f., 406, 433, 439,
    510ff., 591
Gerichtsgänger 364
- helfer 435f., 441, 449
- hilfe 434ff., 447ff., 476
- hilfearbeit 439
- hilfebericht 434, 443ff.
- psychiatrie 92
- system 115, 142
- urteil 118
- verfahren 319f., 330
Gesamtbevölkerung 580
- kriminalität 176, 256
- - sbelastung 146
- - slage 146
Geschädigte 439, 442, 447
Geschlechtsvariable 386
Gesellschaftsordnung 91
- schicht 198
Gesetzesbrecher 450
- kraft 112
Gesetzgeber 327f., 433, 590
- gebung 59
- - sverfahren 88 ff.
Gesichtspunkte, kriminalpoli-
    tische 150

Gesichtspunkte, ökonomische
    289
-, pädagogische 292
Gesprächsatmosphäre 443
- gruppen 468
Gewalt 126
-, zentrale 149
- in der Familie 125
- delikte 179ff., 190, 204,
    287
- kriminalität 151, 175, 180f.,
    208
- monopol, strafrechtliches
    56
- tat 180, 190
- täter 287, 304, 593
Gleichaltrige 286f., 297f.
Gnadenverfahren 434
- weg 585
green model 112
Grenze, normative 408
Grundkonzeption, philoso-
    phische 286
Grundlagen, normativ-wertende
    83, 95
- forschung 131, 151, 153f.,
    288
Gruppe, politische 64, 235
-, randomisierte 157
Gruppenarbeit 231, 267, 456ff.,
    483ff.
-, ambulante 467, 470
- betreuung 456, 484
- diskussion 298
- gespräche 375, 610
- kohäsion 463
- maßnahmen 484
Gutachten zur Schuldfähigkeit
    435

Haft 115
- dauer 605
- entscheidungshilfe 435
- erleichterungen 593f.
- raum 589
- verschonung 317, 321
- zeit 592
Halbstrafaussetzung 598
Handeln 45
-, kriminalisiertes 86
-, kriminalpolitisches 53, 96
-, sozialpädagogisches 497
-, sozialwissenschaftliches
    83, 95
-, staatlich-apparatives 47
-, unfähiges 274

Handlung 231
-, abweichende 239
-, instrumentelle 152
-, kriminelle 175, 257f.
-, strafbare 112f., 117,
   120ff.
Handlungsempfehlung 82
- kompetenz 228, 283, 286,
   296, 499f. 509
- -, individuelle 303
- strategie 312, 380f.
- system 79f.
Hauptschule 296f., 301
- verhandlung 321, 356, 367,
   374, 438, 440ff., 458, 479
Hausbesuch 355
- durch Sozialarbeiter 375
Heilbehandlung 562f.
Helfer, hilfloser 49
-, professioneller 565
- syndrom 353
helping service 119
Herrschaftsordnung 86
- sicherer 353
- sicherung 347
- struktur 58
Hilfe 281, 398, 434, 592
-, altruistische 556
-, ambulante 483
-, professionelle 556f., 560
-, psychische 441
- gewährung (Proband) 496,
   499f., 509
- leistung 253
- stellung, sozialpädagogische
   485
- syndrom, sozialarbeiteri-
   sches 357
- verhalten, elterliches 294
Hilfsangebote 443, 480, 485
- bedürftigkeit 344, 353,
   357
- -, persönliche 348
- maßnahmen 441, 444
- möglichkeiten 357
- -, objektive 507
Hochkriminelle 597
Hospitalismus 319
Hospitalisierungsschäden 567
Hypothesen 145, 147

Identifikation, emotionale
   49
- smöglichkeit 265
Identität 56
- sentwicklung 521

Ideologie 59
Impact-Evaluierung 488
Implementation 88, 144f.
- kriminalitätsbezogener Pro-
   gramme 142
Implementationsschwierigkeiten
   342
- untersuchung 132, 142
Implementierung eines Gesetzes
   376
- von Wirtschaftsstrafrecht 148
- sphase 352
Impulsivität 287
Indikatoren 171, 173, 206
Indikationskriterien 226
Industrialisierung 171, 175
Information 442
- sveranstaltung 249
- svermittlung 249
Inhaftierte 606
Inhalte, soziale 296
Initiativen 376, 456
Isolierung gefährlicher Rückfalltäter 179
Instanz 154
-, offizielle 441
Institution 55, 164, 287,
   291, 295, 444, 456
-, justizinterne 433
-, psychiatrische 538
-, repressive, totale 536
-, sozialpädagogisch ambulante
   536
-, totale 536, 539
Instrument, diagnostisches
   144
Instrumentarium, traditionel-
   les strafrechtliches 148
INTEG 342ff.
Integration 145, 154, 272
- von generalpräventiven
   Konzepten 147f.
- von spezialpräventiven
   Konzepten 148
- sprävention 142
- sversuche, synkretistische
   49
Intelligenztestwerte 288
Intensivtäter 151
Intensivierung des Eingriffs
   349f.
Interaktion 126, 207, 239,
   510
-, familiäre 224
-, gestörte 438
- sbedingungen 225

Interaktionsbeziehungen 224
- geschehen 56
- kompetenz 288
- merkmale, delinquenzfördernde 294
- modell 257
- muster 227
- partner 226, 497, 514
- problematik 544
- prozeß 226, 239
- struktur 497
- training 295
Interesse 61f., 203, 206
-, öffentliches 389
-, persönliches 461
-, wirtschaftliches 365
-, wissenschaftliches 79
- ngegensätze 59ff.
Intervention 156, 225ff.,
  297, 378, 448, 499, 509
-, jugendstrafrechtliche 357
-, soziale 317
-, strafrechtliche 157, 320
Interventionismus 329
Interventionsansatz 230
- zeitpunkt 231, 279
Interview 159, 190, 519ff.
-, klinisches 225
-, standardisiertes 498
Investition, finanzielle 151
Inzidenzraten 155

Jugend 239f., 249
- amt 382, 419f., 426f., 458
- arrest 327, 373
- delinquenz 454, 465
- - forschung 162
- gefängnis 315
- gericht 377, 400, 418, 476
- - sbarkeit 96, 346
- - sgesetz (JGG) 97, 377,
  381, 383, 387ff., 428ff.,
  455
- - shelfer 343, 350, 420ff.,
  457ff., 476ff.
- - shilfe 342, 350, 352,
  358ff., 374ff., 400, 417ff.,
  454, 456ff., 476ff.
- - - bericht 458
- - sverfahren 376
- hilfe 50, 97, 382
- - recht   455
- kriminalität 57, 112, 154,
  204, 209, 240f., 256ff.,
  299, 377, 380f., 398, 406
- -, Entstehung der 258

Jugendkriminalitätstheorien
  154
- kriminalrecht 155, 316
- - spflege 330, 428
Jugendliche 224ff., 239ff.,
  256ff., 280f., 285, 299,
  316, 342, 344ff., 372,
  374ff., 417ff., 456ff.,
  477ff.
-, deprivierte 345
Jugendrecht 333, 382, 478
- richter 316, 342, 346, 349,
  427, 456, 458f., 461, 483,
  486, 489
- staatsanwalt 342, 382, 387,
  398, 407, 456f., 483
- strafanstalten 319, 576
- strafe 373, 459
- strafjustiz 372, 376, 380
- - recht 97, 142, 240, 324,
  326, 334, 381, 393, 400,
  406f., 454f.
- - - spflege 344, 418, 455,
  470, 483, 488
- - - system 316
- - verfahren 361, 367, 376f.,
  380, 393, 407, 485, 487
- - vollzug 587, 598
Justiz 59, 96, 144, 242, 252,
  328f., 345, 348, 351, 372ff.,
  394, 400, 403, 406f., 438,
  449
- apparat 314
- behörden 352
- kapazität 349
- modell 313
- system 345, 449
- verfahren 316
- verwaltung 53, 59, 159,
  319, 542
- vollzug 576
juvenile delinquency 316
just desert model 120

Kapazitätsgründe 349
- problem 344
Kapitaldelikte 383
Karriere, berufliche 577
-, delinquente 303
-, kriminelle 89, 144, 152,
  378, 398, 454, 577f.
- abbruch 578
- forschung 151f.
Kausalitätsmodell 283, 285, 287
  291
-, differenziertes 286

Kavaliersdelikt 597
Kind 225ff., 243, 262, 274,
    294, 351, 353, 592
Kinder-Therapie 227
Kindheit 209, 444
Klage 193
Klassenatmosphäre 300f.
- justiz 599
- klima, diszipliniertes 300
- lehrerprinzip 296, 298
- system 281
Kleinkriminalität 190, 418,
    425
Kommunikation 84, 90, 94,
    100, 434, 459
    -, herrschaftsfreie 83
Kommunikationsforschung 554
- therapie 294
- training 294
Kompensation 61
Kompetenz 285, 292, 507
-, soziale 288, 295f., 304
- defizit 285
- förderung 293
Komponente, täterstrafrecht-
    liche 433
Konflikt 233, 262f., 269,
    271, 280, 296, 315, 439,
    441, 448, 587, 594
    -, jugendspezifischer 262
-, sozialer 323, 330, 436
-, zwischenmenschlicher 323
Konflikten, Umgang mit 262
Konfliktbearbeitung 511
- bewältigung 286, 441
- fähigkeit 286
- lösung 250, 264f., 267,
    272, 274, 299, 372, 437,
    448, 528
- -, nicht-kriminelle 477
- -, problematische 287
- - sfähigkeit 262, 287
- - skompetenz 260
- - smodelle, alternative
    204, 213
- - - , gesellschaftliche 331
- - sstrategie 272
- potential 335, 587f.
- regulierung 149, 436, 447,
    448f.
- situation 272
- täter 539
- vermeidungsgründe 407
Konformitätsposition 509
- theorien 147

Konsequenz 433
Konsequenzen, soziale 366
Kontakt 247, 357, 435, 442
-, interdisziplinärer 486
-, persönlicher 248
- aufnahme 444
- person 606, 608
- schwierigkeiten 239
- stelle 242
- verhalten 500
Kontrollapparat 50f.
- auftrag 507
- ausübung 498ff.
- ausweitung 375, 390
- -, Gefahr der 375
- bedingungen 346
Kontrolle 120, 152, 173, 344,
    445, 500f., 509, 511, 515
-, formelle 344
-, richterliche 590
-, sanfte 62
-, soziale 204, 207, 210, 243,
    324, 348, 350, 353, 361,
    487, 536
-, weiche 320, 324
Kontrollforschung 154
- gruppe 157
- -, randomisierte 145
- instanz 143
- netz, soziales 464, 469
- politik 50
- situation 509
- strategien, staatliche 345
- system 147, 149, 182, 198,
    207
- -, strafrechtliches 176
- verdichtung 344
- verhalten 509
Konzentrationsvermögen 266
- probleme 270
- schwierigkeit 265
Konzepte 288, 344
-, differenzierte 286, 288,
    304
-, spezial- und generalpräven-
    tive 148
-, straftheoretische 380
Konzeption, pädagogische 272
Kooperation 160, 200, 262,
    265, 268, 273
Korrelat, psychologisches
    143, 151
-, soziales 143, 151
Kosten, soziale 206f.
Ko-Trainer 273

Krankenhäuser, psychiatri-
    sche 537ff., 566ff.
Kohortenforschung 346
- studie 147
- untersuchung 147, 155, 164
Körperschaden 403
- verletzung 176, 189, 389
- - sdelikte 403
- - -, Entwicklung der 182
- - skriminalität 189
Kodifikation 314
Kriminalätiologie 205
- fälle 316
- gesetz 112
- justiz 145, 158
- politik 45ff., 83, 85, 91f.,
    131, 170, 199f., 205f.,
    210ff., 313, 326, 379,
    480, 486, 580
- prävention 101, 224, 258,
    262
- prognose 553
- psychiatrie 46
- recht 112ff.
- - ssystem 113, 115ff., 154,
    157
- statistik 46, 175, 182,
    208, 256
- -, historische 181
- wissenschaft 202
Kriminalisierung 62, 87,
    89, 210, 577
- des Drogenkonsums 60
Kriminalität 50, 118, 143,
    151ff., 170, 173ff.,
    240f., 256, 258, 313,
    325, 373, 382, 577ff.
-, registrierte 173, 179
-, Entwicklung der 171,
    175f., 212f.
-, statistische Erfassung
    der 182
- sbekämpfung 579
- sbelastung 257
- - der Arbeitslosen 52
- - der Gastarbeiter 52
- - der Obdachlosen 52
- - sziffer 256, 381
- sdaten, offizielle 155
- sforschung 158
- sfurcht 146f., 155
- skontrolle 130, 344
- smaßnahmen 206
- sopfer 201
- sprävention 144
- -, gemeindeorientierte 151

Kriminalitätsprävention, ge-
    sellschaftsunmittelbare
    144
- und Kontrollprogramm 144
Kriminalitätsprophylaxe 200,
    261
- rate 117, 214, 318
- reduktionseffekte 152
- schäden 179, 181
- schutz 46
- theorien 143, 145, 147, 154,
    164
- volumen 155
- welle 55
Kriminologe 44 ff., 48, 59,
    63f., 93, 123ff., 129f.,
    136f., 202, 212, 240, 346f.,
    372, 437
Kriminologie 45ff., 78ff., 111,
    113f., 129f., 133ff., 141,
    155, 170, 199ff., 326, 343,
    376, 480
-, deskriptive 205
-, historische 208
-, juristisch ausgerichtete
    202
-, justizbetriebene 131
-, klinische 123
-, marxistisch-leninistische
    208
-, orthodoxe 123
-, psychiatrisch ausgerichtete
    202
-, soziologisch ausgerichtete
    202, 204
-, staatliche 132f.
-, täterorientierte 90
-, traditionelle 44f.
Krisenintervention 295
Kurse, curriculum-orientierte
    484
Kurssystem 281, 460ff.

Labeling-Theorie 53, 148
Labeling-Theoretiker 466
Ladendiebe 375
-, jugendliche 349, 481
Ladendiebstahl 189, 240, 353,
    363, 372, 382, 390, 425f.
- sersttäter 342
Ländervergleich 589
Längsschnittuntersuchung 155f.
Landesjustizverwaltung 589
Langzeit-Effekt 245
Langzeit-Untersuchung 247
Lebensalter 577

Lebensbereich 253
- führung 565
- gestaltung 467
- probleme 282
- prozeß 285
- situation 150, 239, 269, 440, 444
- -, familiäre 258, 444
- standard 171, 564
- umstände 429
- wandel 465
Legalbewährung 619
Legal- und Sozialbereich 146
Legal- und Sozialbewährung 150
Legalitätsprinzip 193, 314, 325, 372
Legalnormen 153
Legitimation 53, 55ff.
- sbedarf 134
- sfunktion 55
- sgewinn 54f.
Legitimität 56, 159
Lehrer 228ff., 258, 260ff., 289ff.
- fortbildung 281, 302
- kollegien 353
- trainingsprogramm 261, 302
- verhalten 292
Lehrmethode 265
Leistung, intellektuelle 260
-, schulische 444
- sansprüche 564
- sdruck 293, 303
- sfähigkeit, wirtschaftliche 565
- sorientierung 259, 303
Lernansatz, kognitiver 228
-, schülerzentrierter 229
-, sozialer 229f.
Lernen, kognitives 228
-, soziales 228, 230, 232, 235, 260f., 280, 283, 293, 298
Lerneffekt 271
- erfolg 269
- gruppe 258
- klima 268
- möglichkeiten 467
- motivation 258
- organisation, schulische 258
- prinzip 294

Lernprogramm 230, 262
-, soziales 228, 232ff.
Liberalisierung 587
Likert-Skala 499
Lockerungen 587, 590, 591ff.
Lockerungsgewährung 593
- vorschriften 590
Lösung, kriminalpolitische 213
Lösungsmöglichkeiten 437
Lübecker Modell 382, 392, 406, 419, 427f.
Lübecker Staatsanwaltsprojekt 345

Machtanspruch, politischer 137
- ressourcen 48
Massenmedien 52
Maßnahmen, ambulante 372f., 455f., 478f., 488
-, delinquenzpräventive 285
-, erzieherische 342, 421ff., 480
-, freiheitsentziehende 581
-, gesetzgeberische 211
-, integrative 342
-, jugendgerichtliche 378
-, kriminalpädagogische 325
-, pädagogische 398, 482
-, präventive 243, 249
-, primärpräventive 258
-, repressive 578ff., 590
-, sozialpädagogische 374
-, stationäre 477
-, strafrechtliche 143
-, therapeutische 288
-, Gestaltung der 279
-, Ziel der 279
- zur Einstellungs- und Verhaltensänderung 257
- katalog, ambulanter 455
Maßregelentlassene 539, 566
Maßregeln, freiheitsentziehende 539f.
Maßregelvollzug 537ff., 543f.
-, psychiatrischer 537
Master Thesis 355
Material, statistisches 583
Mechanismen, generalpräventive 142
-, individualpräventive 144
Mediation 149, 324, 329
Mediatorenmodell 224
Medienmonopol 47

Mehrfachtäter 403
Meinung, öffentliche 577
Merkmale, täterspezifische
287
Methoden, sozialarbeiterische
541
-, sozialpädagogische 540
- probleme 145
- reinheit 49
Methodik 582
Mikro-Ebene, administrative
50
minimalist model 121
Minoritäten 112
- forschung 204
Mißbrauchsfrage 592
- gefahr 590, 593
Mißerfolgsquote 554
Mitteilungspflicht 461
Mittel, kriminalpolitische
214
-, strafrechtliche 85
- analyse 88
- stand 595
Mobilität 175
Modell, ätiologisches 290
-, handlungsleitendes 286
- Begleiteffekt, negativer
487
- delikt 389
- Täter 386
- versuch 46
- vorhaben 54, 131
Modifikation 270
- svorschläge 271
Motivation 297, 301, 461,
467f.
-, persönliche 239
- sdruck 318
- sverlust 461
"Münchner Trainingsmodell"
225
Multidimensionalität 465
Muster, interaktive 225

Nachbetreuung 611
Nächstenliebe 555
Nahgruppe, soziale 331
neighborhood-justice 329
Neoklassizismus 78, 99
Neukriminalisierung 148
Nichtintervention 345, 350,
372
Nichtrückkehr 590, 620
Nonintervention 347

Non-Interventions-Strategie
291
Normbruch 381
Normen 56, 327, 330, 389
- gefüge 56
- system 86
- -, außerrechtliches 85
Normgenese 54, 142, 148
- forschung 147, 152, 164
Normimplementierung 142
- setzung 58
- validierung 147
- - seffekte 147
- verdeutlichung 362, 393, 406
Normalisierung von Verhalten
148
Normalität 56

Obdachlose 52
Objektivität 45, 83
Öffentlichkeit 619
Opfer 59ff., 113, 154, 179ff.,
440ff., 484
-, gefährdete 62
- von Vergewaltigungen 439
- belastung 155
- entschädigung 488
- forschung 164
- hilfe 447, 451
- interesse 451
- perspektive 436, 448
- raten, Entwicklung von 155
- schicksal 451
- situation 446
Opportunitätsprinzip 314,
319, 324ff.
Ordnung 588
- svorstellungen 85
- swidrigkeit 150
- swidrigkeitenrecht 332
Organisationsanalysen 133,
143
- mängel 249
- studien 131

Pädagogisierung 475ff.
pain delivery 213
Paradigma, kriminologisches
173
Partizipation 282
Partnerschaftsprobleme 444
Perfektionsideal 538
Persönlichkeitsevaluierung
352
-, sozialpädagogische 347

Persönlichkeitsmerkmale 540
- störungen 567
- struktur 274
- studie 274
Personalkapazität 131
Personengruppen, gefährdete 593
Perzeption 155f.
Philosophie, konstruktivistische 83
piecemeal social engineering 123
Planungsstudien 132f.
plea bargaining 319, 321
Polizeiforschung 204
- klient 325
Politik, legislative 111
Population 288, 578
PPS-Projekt 325
Prävalenzraten 155
Prävention 114, 150, 257, 273, 279ff., 295ff., 406
-, primäre 288, 303
-, sekundäre 288
- von Jugendkriminalität 260, 274
- sansatz 259
- sbegriff 283
- sfaktor 258
- sgedanke 280, 283
- skonzept 286f., 302
- smaßnahmen 233, 236, 280, 283, 290, 303
- -, Gestaltung von 284
- smöglichkeiten 283
- sprojekte 144, 230, 273, 291, 302
- sstrategien 146, 258, 284
- sziel 292f.
Präventivmaßnahmen, polizeiliche 243
Pragmatismus 135
Praxis 50, 328
- modelle 487
- reflektion 476
- relevanz 486, 576
Prinzip, lerntheoretisches 460
-, pädagogisches 242
Privatklage 328, 389
- delikte 389, 399
Proband, auffälliger 288
- en, Problembelastung der 510
Probandenakten 545
- befragung 497, 501

Probandenpopulation 565
Probleme 325
-, finanzielle 519ff.
-, persönliche 229, 232, 265, 344, 356, 382
-, soziale 123, 125, 229, 265, 344, 356
Problemanalyse 88f.
- behandlung 270
- belastung 525, 564
- -, objektive 559
- -, subjektive 559
- bewertung 498
- lösungen, Erlernen von 262
Problemlösungsfähigkeit 230
- fähigkeiten, Training von 285
- kompetenz 304
- möglichkeit, informelle 372
Problemsituation 230, 294
Profilierungsinteresse 345
Programmberater, schulexterne 273
- durchführung 271, 274
- einsatz 264, 274
- evaluation 264
- implementationsforschung 148
- - theorie 145
- modifikation 274
Projekterfahrung 476
- supervision 487
Prozeß 59
- evaluierung 488
- kostenhilfe 132
Psychiatrie 201, 539
- entlassene 544
- politik 50
Psychologie 201
Psychotiker 539
Pubertät 260

radical-nonintervention 46
Rahmenbedingung, juristische 313
Randgruppen 293
Randomisierung 164
Rationalisierung, psychologische 47
Raub 182, 581, 597
Raum, außerschulischer 293
Reaktion, erzieherische 375
-, jugendstrafrechtliche 393, 464f.
-, strafrechtliche 88ff., 211, 375

Reaktion, traditionelle
  241
- sformen, ambulante 454
- smöglichkeiten 239f, 243,
  465
- -, alternative 242
- -, ambulante 459
Realität 57
-, gesellschaftliche 347
-, kriminalpolitische 58,
  63
-, kriminalstatistische 366
- sgehalt 50
Realschule 301
Recht, formales 148
- sbruch 46, 346
- seingriff 579
- frieden, sozialer 436
- sordnung 85, 91
- spfleger 434
- sprechung 53, 436, 593,
  598
- ssoziologie 89, 149
- sstaat, bürgerlicher 137
- ssystem 111, 142
red model 123
Reformbemühungen 179, 393
Regelurlaub 613, 618
Rehabilitation 115f.
Rehabilitierungsforschung
  142f., 157
Reintegration 157, 282
Relevanz, kriminalpolitische
  403
-, strafrechtspolitische 92
Reliabilität 508
Repression 580
Resozialisierung 315, 399,
  438, 591f., 598
- des Täters 437
- sangebot 435, 449
- sanstrengungen 315
- sgebote 334
- sgedanke 145
Ressourcenstruktur 62
Reststrafaussetzung 585
Reststrafenentscheidung 622
Richtung, abolitionistische
  212
Risikobereitschaft 274, 300
- population 303
Rollenerwartungen 483
- konflikt 253, 511, 518
- spiel 225ff., 262, 265ff.
Rückfällige 577
Rückfälligkeit 52, 496, 539,
  577

Rückfall 50, 579, 619
- gefährdung 540
- gefahr 599
- kriminalität 477
- quote 146, 450, 577f.
- täter 61, 179, 241, 619
- untersuchung 145, 489, 578
- verhinderung 579
Rückkehr, verspätete 616

Sachbeschädigung 180, 245f.,
  257, 420, 425f.
Sanktion 143, 147, 196, 392,
  406, 422, 433, 500
-, ambulante 372, 455, 477,
  483, 552
-, finanzielle 150
-, freiheitsentziehende 150
-, inoffizielle 207
-, offizielle 207
-, stationäre 144, 372, 455
-, strafrechtliche 141, 144,
  149, 157, 193, 536
Sanktionierung 147, 157, 176,
  181, 436, 485
Sanktionsapparat 50, 64, 239
- befugnis 149
- entscheidung 434, 465
- form 145f., 150
- -, ambulante 144, 454, 464
- -, traditionelle 241, 467
- forschung 142ff., 146, 164
- -, empirische 141, 147,
  150
- gewalt 326
- katalog, strafrechtlicher
  449
- möglichkeit 464
- monopol 56
- norm 149
- pattern 350
- praxis 198, 342, 348, 372,
  489
- pyramide 373
- schärfe 353
- schwere 362
- spielraum 469
- system 45
- verhalten 346, 350, 359
- verzicht 389
- vorschlag 458
- zweck 393
scale of suffering 198
Sekundärschäden 438f.
Selbstbehauptungsverhalten
  287
- bestimmung 296

Selbsthilfegruppe 122
- steller 595, 619
- stigmatisierung 467
- verantwortlichkeit 282
- verständnis 56, 518
- -, theoretisches 141
- -, Sozialarbeiter, 512
- vertrauen 282, 468, 578
- wertgefühl 287, 468
Sensibilisierung 298
Serientäter 362
Sexualdelikte 444
- strafrecht 50
- straftaten 539
Sicherungsanlagen 598
- grad 579
- verwahrte 538
- verwahrung 538, 566
Sittendelikte 180
Situation, persönliche 440
-, soziale 239, 620
- serfassung, adäquate 296
social engineering model 126
social service 119
Sonderuntersuchungen 179
- urlaub 613f.
Sozialarbeit 53, 59, 116,
    478, 482, 557
- arbeiter 318, 353ff., 429,
    434, 440, 448, 481, 553,
    557
- arbeitsstellen 61
- bewährung 150
- dienst 421
- -, Ableistung von 375
- gerichtsbarkeit 329
Sozialisation 52, 62, 450f.
- sagenten 53
- sinstanzen 224, 228, 258
- sleistungen 224
- smedium 243
Sozialisierungsprozeß 210
-, schulischer 258
Sozialisierte 598
Sozialkontrolle 86, 145, 149,
    344
-, strafrechtliche 91, 142,
    343
- ordnung 85
- recht 117
- staatsklause 334
- struktur 171
- technologie 144
- therapie 135, 144
- verhalten 85, 480

Sozialwissenschaftler 45
- wissenschaften 54, 84f., 92
    95, 148
-, empirische 81ff.
Soziologie 50, 89, 148, 201f.
Spannungsfeld 279
Spezialprävention 209
Sprachniveau 264, 272
- vermögen 266
Subsidiaritätsprinzip 332,
    458
Suchtgefährdete 619
- mittel 611
- - gebrauch 289
Sühneverfahren 328
Suizidversuch 444f.
Supervision 480
- visor 486
System, soziales 284
-, strafrechtliches 212ff.
- analysen 131

Schaden 386, 400, 403
- sausmaß 402
- sbehebung 242
- sregulierung 565
- sverursachung 402f.
- swiedergutmachung 242, 247,
    421, 442, 449
Schäden, körperliche 437
-, physische 439
Schichtzugehörigkeit 386
Schiedsgerichtsbarkeit 329f.
Schlichtungsgremien 329
- stelle 323
Schöffengericht 434
Schüler 228ff., 249ff., 258ff.,
    282ff.
-, leistungsschwache 259
- n, Reintegration von 282
- auffälligkeiten 282
- population 270
- probleme 292, 296
- schaft 282
- training 228, 264, 272ff.,
    296f.
- - sprogramm 296
- verhalten, abweichendes 282
Schulalltag 262
- ausschlußpraktiken 283
Schuld 402, 593
- ausgleich 599
- empfinden 418
Schuldenregulierung 564f.
Schuldspruch, gerichtlicher 319

Schuldspruch, richterlicher
   335
- unfähigkeit 539
- verarbeitung 591
- zuschreibung 467
Schule 229ff., 243ff.,
   259ff., 280ff., 386
-, Einstellung zur 259
-, Humanisierung von 285
-, Humanisierung der 289
-, Leistungsorientierung der
   259
Schulerfolg 259
- klasse 263, 353
- klima, autoritäres 251
- leben 296
- leistung 259
- leitung 289f.
- müdigkeit 291
- programm 259
- reform 281
- typ 250, 266, 271
- versagen 259, 291

Staatsanwalt 59, 112f., 116,
   155, 196, 317, 321, 342,
   373, 418, 440, 476
Staatsapparat 64
- forschung 44ff.
- - sergebnisse 46
- kriminologe 129ff.
- kriminologie 78, 95, 129ff.
- wesen 56
Statistik 366, 583f., 594
Status offenses 316
- verhältnis 45
Stellungnahme, testdiagno-
   stische 54
Stigmatisierung 148, 292f.,
   297, 303, 319, 372f., 377,
   399, 417, 468
- seffekt 101
- selement 577
- sprozeß 466
Störungen, psycho-soziale
   224
Störverhalten 298
STOP-Programm 342ff.
Strafanspruch, staatlicher
   438
- anstalt 50, 99
- anzeige 439, 446
- art 581
- aussetzung 586, 595
- - zur Bewährung 179

Strafbedürfnis 372
- bemessung, Vorschriften
   über die 198
- drohung 212
Strafe 114, 116ff., 253, 581
Strafempfindlichkeit 581, 593
- entlassene 59, 578
- fällige 52, 116, 120, 376
- fälligkeit 334, 377, 398,
   465, 619
- freiheit 553
- gefangene 61, 196
- gesetzgebung 85, 88, 91,
   182, 342
- höhe 581
- justiz 144, 372, 392, 406
- maßnahmen 240
- praxis 181, 196
- prozeßrecht 86, 316
- recht 85f., 91ff., 144, 149,
   207, 323ff., 332ff.
- rechtler 44
- rechtsgewalt 436
- - lehre 313
- - normen 86ff., 377
- - -, materielle 91
- - ordnung 85
- - pflege 85, 91, 94, 158,
   313, 322, 487, 593
- - -, soziale 448
- - -, spezialpräventiv orientierte 435
- - politik 78f., 85ff., 98ff.
- - praxis 578
- - schutz 87
- - system 87, 91f., 201, 212,
   372
- restaussetzungen, Widerrufe
   von 578
- sache 314
- täter 150ff., 206, 418,
   455ff.
- -, gewohnheitsmäßige 151
- -, jugendliche 243, 454,
   465, 470
- - gruppe 144
- tat 182, 198, 209, 297, 333,
   361, 378, 382, 417f., 480f.,
   511, 527f., 538f., 616
- -, Motivation zur 208
- - bestände 50, 87
- - endenken 408
- - enspektrum 349
- unmündigkeit 580
- verbüßung 345

Strafverfahren 92, 314ff.,
320, 326, 365, 378, 417,
433, 438, 444, 448
- verfolgung 87, 100f., 114,
118, 193, 291, 321, 365,
374, 390
- -, traditionelle 242
- -, Aussetzung der 324
- - saspekt 481
- - sbehörde 122, 149, 344,
352
- - smaßnahmen 88
- - sprozeß 455f., 477
- - ssystem 380f.
- verschonung 553
- verwirklichung 581
- verzichtsaktion 581
- vollstreckung 351, 537ff.
- -, ambulante 536, 545
- - skammern 542, 590
- vollzug 59, 86, 146,
535ff., 575ff.
- -, deutscher 582
- -, europäischer 582
- -, schweizerischer 582
- - sabteilung 582
- - sanstalt, schweizerische
582
- - ssystem 144
- zeit 585
- zumessung 152f., 447f.
- - sproblem 144, 151
- - sprogramm, normatives 153
- zweck 88, 381, 579
Straßenverkehrsdelikte 383,
403
Strategie, kriminalpolitische
142, 313
-, präventive 257, 325
-, repressive 257
-, sozialpädagogische 372
Strukturen, soziale 81
Strukturprobleme 101
- veränderungen, gesellschaftliche 257
Stufenstrafvollzug 587

Täter, jugendliche 316,
417ff.
-, prisoniert-stigmati-
sierte 62
- s, Persönlichkeit des 464f.
- befragung 375
- gruppe 317
- kreis 347

Täterneutralität 398
- orientierung 458
- Opfer-Ausgleich 433ff., 449,
484f., 488
- verhalten 366
Tatfolgen 448
- merkmale, psychologische
288
- opfer 444
- verdächtige 385f.
- -, jugendliche 372
Tendenz, neoklassische 313
Theorie, kriminologische 52,
95, 170
-, motivationsorientierte 209
- bildung 83, 94, 147, 154f.
- feindlichkeit 50
- genierung 131
- losigkeit 134
- perspektiven 56
Therapeutisierung 293
Therapie 53, 59, 512ff., 563f.,
592f.
therapieabstinent 353
Therapiediskussion 52
- einrichtung 563
- modell 313
- plätze 61, 563
Todesstrafe 57
Totschlagskriminalität 581
Training 229ff., 262, 265ff.,
271ff.
-, Soziales 262, 606
- sarbeit 226
- seinsatz 263
- sinhalt 264f.
- skurs 267
- -, sozialer 456
- smethode, Differenzierung
der 271
- sprogramm 228, 262, 266,
274, 294
- sverlauf 266

Ubiquität 376
Überführungsmittel 450
Umfeld, soziales 290, 429
Umfrageergebnisse 57
Universitätskriminologen 129,
133
Umweltfaktoren, situationsbezogene 209
- kriminalität 152
- schutz 148
- straftaten 596

Unrechtsgehalt, kriminelles
  481
Unschuldsvermutung 424
Unterbringung, gemeinschaftliche 589
-, menschenwürdige 593
- szeit 539
Unterhaltspflicht 596
Unterprivilegierte 296
Unterricht 283, 297
- sbeobachtung 298
- sgestaltung 282
- sklima 283, 292
- skonzepte, alternative
  285
- smaterialien 281
- smethoden 281
- sprogramm 283, 296, 299ff.
- sstil 282
- sthemen, soziale 298
Unterschicht, soziale 241
- sschulen 281
Unterstellung 517, 539
- sdauer 518
- sgründe 535
- sverhältnis 496
Unterstützungsfunktion 253
- verhalten, elterliches 294
Untersuchung, kriminologische
  161
-, wissenschaftliche 577,
  579
- shäftling 320
- shaft 317
- smethode 244
- speriode 246
- szeitraum 389
Unversehrtheit, körperliche
  438
Unwertgehalt 87, 89
Urbanisierung 170, 175, 213
Urlaub 354, 591ff., 605ff.,
  617ff.
- santrag 611ff.
- serfahrung 592
- sgewährung 592
- splanung 611
- svergabe 605, 617
- sverlauf 605, 611
- sversagen 611, 614ff.
- sversager 614ff.
- svorbereitung 605, 608ff.
Urteilsfindung 434
Ursachen, schuldbedingte 280
- forschung 207

Validität, externe 145
-, interne 145
Vandalismus 112, 242, 250ff.,
  257, 259, 262f., 298
-, jugendlicher 249, 273
Vera-Institut 317, 320f.
Veränderungen, abolitionistische 330
Verantwortungsgefühl von
  Lehrern 261
Verbalisierungsfähigkeit 268
Verbotsirrtum 424
Verbrechen 56, 208, 576
- sbekämpfungsmaßnahme 206
- skontrolle, formale 372
- sverhütung 201, 204, 211
Verfahren 314
-, anklagefähiges 378, 398
- mit Ersttätern 387
- sablauf 434
- sdauer 379, 392, 394, 396,
  403, 425
- seinstellung 344f., 362,
  374, 377, 390, 394, 404,
  457
- serledigung 379
-, informelle 374, 387, 400
- shindernisse 424
- spraxis 396
Verfassungsrecht 137, 333
Verfolger 59
Verfolgungsinteresse 366
- politik 389, 399
- zwang 380
Vergeltung 436, 576
Vergewaltigungen, Opfer von
  438
Vergleich, interkultureller
  164
- sgruppen 145
- suntersuchung 246
Verhältnisse, persönliche 439
Verhalten 114, 125, 153, 292,
  323f., 374f., 382ff., 497
-, abweichendes 151, 260, 291,
  334
-, autoritäres 300
-, delinquentes 240, 262, 286
-, deviantes 315
-, dissoziales 315
-, gesetzwidriges 209
-, kriminalpolitisches 53
-, kriminelles 144, 151, 155,
  209, 224, 239ff., 258
-, normüberschreitendes 260

Verhalten, sanktioniertes
    514
-, sozial-akzeptables 125,
    251
-, sozial-unerwünschtes
    262
-, unerwünschtes 279, 294
-, vandalistisches 247,
    250ff., 259, 262
-, vermeidendes 279
-, zerstörendes 248
- nach der Tat 433
- sänderung 248, 257, 271f.
- sanalyse 225
- sauffälligkeit 398
- sdisposition 501
- skennzeichen 260
- smerkmale 252
- smodifikation 294
- -, psychologische 225
- smuster 243, 247
- -, kriminelles 427
- ssicherheit 587
- sspielraum 45
- sstandard 362
- sstörung 291
- sweisen 60, 258, 285, 587
- -, delinquente 224
- -, kriminalisierte 528
- -, verkehrsgefährdende 422
Verhandlung 445f.
Verkehrsdelikte 595
- erziehungskurs 421f., 426
- straftäter 422
- -, jugendliche 423
- unfälle 180
Verletzungen 181
Vermögenskriminalität 403
- straftäter 586, 595
- verhältnisse 434
Vernehmungsmethode 443
Versagensquote 614ff., 619ff.
Versagerquote 614ff.
Verschuldung des Probanden
    565
Versorgung, medizinisch-psy-
    chiatrische 544
Versuchsanordnung, experimen-
    telle 156f.
Verteidiger 59
Vertrauensverhältnis 253
Verurteilter 586, 595
Verurteilung 176, 179, 374,
    378, 406, 527
- skapazität 349

Verurteilungsvermeidung 361
Verwaltungsrecht 149
- vorschrift 590
Verwarnung 342, 358
Viktimisierungsrisiko 146
Vollstreckung von Sanktionen
    150
- sunterlagen 596
- sverfahren 434
Vollverbüßung 585
Vollzug 448, 575ff.
-, geschlossener 589, 595ff.
-, offener 575, 589, 595ff.
- sakten 595
- sbedienstete 577
- sbehörde 590
- sentlassene 566
- sforschung 575f., 581, 598
- -, empirische 575
- slockerung 575, 592ff., 599,
    607ff., 617ff.
- splan 605ff.
- spraxis 575
Vorbelastung 362f., 396, 408
-, strafrechtliche 539
-, Anzahl der 402f.
Vorbeugung 279, 283
Vorschulerziehung 281
Vorstrafenbelastung 595f.
Vortaten 363
Vorurteil 52
Vorverfahren 366, 381, 387,
    394, 399, 406, 417ff.
Vorverurteilung 397

Wandel, sozialer 142, 148, 155
Wegschließen 576, 598
Weiße-Kragen-Kriminelle 595
Weisungen 359, 512ff., 561f.,
    590
-, richterliche 398
Weisungskatalog 562
Weiterbildungsmaßnahme 606
Werte 206
Wertfreiheit 45, 47, 49, 54, 83
- neutralität 44
- -, unreflektierte 45
- orientierung 564
- vorstellung 564
Wiedergutmachung 484
Wiederholungstäter 143, 406
Willensbildung, politische
    135
Wirklichkeit, soziale 81, 82
Wirksamkeit, erzieherische 465f

Wirkung, generalpräventive
    257, 581
-, resozialisierende 211
- sdimension 469
- sforschung 466
- snachweis 290
Wirtschaftsdelikt 333
- kriminalität 98, 176, 193,
    204
- strafrecht 148, 330
- straftaten 97f., 135
- struktur 171
Wissenschaft, kriminologische
    141
Wissenschaftlicher Beirat 354
Wissenschaftsbetrieb 581
- ideologie 137
- system 79f., 84
- theorie 82, 83
Wohlfahrtsstaaten, nordische
    170ff.
Wohnviertel, delinquenzbela-
    stete 288

Zählunterschiede, statistische
    584
Zeitperspektive 284
- reihendatenanalyse 158
Zeugen 438, 443
Ziele, institutionelle 280
-, kriminalpolitische 200
Zielanalyse 88f.
- gruppe 251, 280, 284, 289f.
- - nspezifität 288f.
- konflikt 89
- setzung, delinquenzpräven-
    tive 261, 280
- -, kriminalpräventive 296
- -, leistungsorientierte
    292
- -, psychosoziale 291
- - der Kriminalpolitik 207
- vorstellungen 58
- -, politische 81
Ziviljustiz 329
- recht 149, 323
Zuchthausstrafe 198
- mittel 327
Zufallsstichprobe 498
Zukunftsaussicht 578
- perspektive 300
Zustimmungsverweigerer 586
- verweigerung 586
Zuweisungskriterien 557
Zuwendungsarbeit 557

Zwangsanstalt 179
Zweckmäßigkeit, politische
    353
Zwei-Drittel-Zeitpunkt 585

Interdisziplinäre Beiträge zur kriminologischen Forschung

Band 1
Perspektiven und Probleme kriminologischer Forschung
Herausgegeben von Dr. Helmut Kury
1981. 707 Seiten. Broschur 38,– DM. ISBN 3-452-19021-8

Band 2
Methodische Probleme der Behandlungsforschung
– insbesondere in der Sozialtherapie
Herausgegeben von Dr. Helmut Kury
1983. 287 Seiten. Broschur 24,– DM. ISBN 3-452-19540-6

Band 3
Prävention abweichenden Verhaltens
– Maßnahmen der Vorbeugung und Nachbetreuung
Herausgegeben von Dr. Helmut Kury
1982. 864 Seiten. Broschur 49,– DM. ISBN 3-452-19338-1

Band 4
Schule, psychische Probleme und sozialabweichendes Verhalten
– Situationsbeschreibung und Möglichkeiten der Prävention
Herausgegeben von Dr. Helmut Kury und Hedwig Lerchenmüller
1983. 590 Seiten. Broschur 39,– DM. ISBN 3-452-19451-5

Band 5
Methodologische Probleme in der kriminologischen Forschungspraxis
Herausgegeben von Dr. Helmut Kury
1984. 568 Seiten. Broschur 44,– DM. ISBN 3-452-19904-5

Band 6
Deutsche Forschungen zur Kriminalitätsentstehung und
Kriminalitätskontrolle
German Research on Crime and Crime Control
Herausgegeben von Prof. Dr. Hans-Jürgen Kerner,
Dr. Helmut Kury und Prof. Dr. Klaus Sessar
1983. 3 Teilbände 2.187 Seiten. Broschur 46,– DM je Teilband.
ISBN 3-452-19678-X

Carl Heymanns Verlag KG · Köln · Berlin · Bonn · München

Band 10
Kriminologische Forschung in der Diskussion:
Berichte, Standpunkte, Analysen
Herausgegeben von Dr. Helmut Kury
1985. 672 Seiten. Broschur 49,– DM. ISBN 3-452-20281-X

Carl Heymanns Verlag KG · Köln · Berlin · Bonn · München